은퇴상담의 이론과 실제

김봉환 · 김은희 · 김이준 · 김효정 · 방혜진
육정원 · 이민아 · 이영란 · 정희숙 · 주수현 공저

Theory and Practice of Retirement Counseling

학지사

머리말

"은퇴라는 삶의 전환은 단지 직장을 떠나는 일이 아니라, 새로운 정체성을 받아들이는 과정입니다." 우리는 평균 기대수명 85세를 넘나드는 시대에 살고 있습니다. 은퇴는 더 이상 '마지막 장'이 아니라, 새로운 삶을 시작하는 중요한 전환점이 되었습니다. 그러나 이 전환을 마주하는 많은 사람은 준비되지 않은 채 갑작스럽게 삶의 궤도를 바꾸게 됩니다. 더 이상 '은퇴'는 노년층만의 문제가 아닙니다. 중장년의 조기 퇴직, 경력 전환, 자영업 실패, 자발적 퇴사 등 다양한 형태의 은퇴가 일상화되면서, 우리는 누구나 은퇴를 마주할 수밖에 없는 시대를 살고 있습니다.

이러한 변화 속에서 '은퇴상담'의 필요성은 점점 더 커지고 있습니다. 은퇴는 단순히 일자리에서 물러나는 것을 넘어서, 정체성의 상실, 삶의 의미 재정립, 관계의 재구성, 경제적 불안, 건강 문제 등 복합적인 과제를 수반합니다. 상담은 이러한 전환기에 있는 개인을 심리·사회적으로 지지하고, 새로운 삶을 설계하도록 돕는 전문적 개입입니다. 그러나 현재까지 은퇴상담은 진로상담이나 노인상담, 생애설계교육 등에 부분적으로 통합되어 있을 뿐, 독립적인 전문분야로서의 정체성과 체계를 충분히 확보하지 못한 실정입니다.

『은퇴상담의 이론과 실제』는 이러한 문제의식 속에서 기획되었습니다. 이 책은 은퇴상담의 개념과 필요성, 이론적 기반, 실제 개입방법과 도구, 다양한 맥락에서의 적용, 그리고 향후 과제까지 종합적으로 다루고 있습니다. 특히 상담자, 커리어 전문가, 생애설계 교육자, 중장년 진로지원 관계자 등이 현장에서 바로 적용할 수 있도록 이론과 실제를 균형 있게 엮고자 하였습니다.

이 책은 총 6부 16장으로 구성되어 있으며, 각 부는 다음과 같은 내용을 담고 있습니다. 제1부 '은퇴상담의 기초'에서는 은퇴상담의 전반을 아우르는 개요와 은퇴상담이 다루어야 할 주요 영역을 정리합니다. 이를 통해 은퇴상담의 전반적인 윤곽과 접근 틀을 제시합니다.

제2부 '은퇴상담의 이론'에서는 은퇴 관련 주요 이론을 서술하고, 생애발달이론을 통해 인간의 전 생애적 변화 속에서 은퇴를 이해하고자 하였으며, 진로상담이론을 기반으로 은퇴 전후의 진로전환과 의미 재구성을 조망합니다. 이 장에서는 은퇴상담에 실질적으로 활용 가능한 이론적 자원이 총망라되어 있습니다.

제3부 '삶의 맥락과 은퇴 유형'에서는 먼저 생애단계별 은퇴의 특성과 과제를 다루었고, 이어서 성별에 따른 은퇴 경험의 차이를 분석합니다. 그리고 조기은퇴, 강제퇴직을 비롯해서 상황

적 특성에 따라 달라지는 은퇴 유형을 분류하여 상담 개입의 차이를 구체화합니다.

제4부 '은퇴상담의 기법과 도구'에서는 상담기법 전반을 은퇴 상황에 맞게 정리하고, 은퇴상담에서 활용 가능한 진단도구와 측정도구를 소개합니다. 아울러 은퇴자에게 제공될 수 있는 공공정보 및 지원체계를 정리하였고, 실제로 활용 가능한 은퇴상담 프로그램의 구성과 사례를 제시합니다.

제5부 '은퇴상담 과정별 개입 방법'에서는 먼저 은퇴상담의 일반적인 진행과정을 설명하고, 이어서 그 과정별로 실제 상담에서 적용할 수 있는 구체적인 개입 전략을 제시합니다. 이 장은 상담자가 현장에서 바로 사용할 수 있는 실천 가이드를 제공합니다.

제6부 '은퇴상담의 동향과 과제'에서는 은퇴상담 관련 국내외 연구 동향을 정리하고, 이어서 향후 한국 사회에서 은퇴상담이 나아가야 할 방향과 과제를 조망합니다. 특히 제도화, 상담자 양성, 정책과의 연계 등 실천적 제언을 담고 있습니다.

이 책의 저자들은 모두 숙명여자대학교에서 상담을 공부하였습니다. 그리고 다양한 상담현장에서 내담자를 만나며 많은 사례 경험을 쌓아 왔습니다. 그 과정에서 저자들은 은퇴상담의 중요성을 인식하는 공통점을 가지고 있음을 알아차리고, 함께 모여서 이 책을 집필하기로 마음을 모았습니다. 열 명의 저자가 함께 모이는 시간을 잡기가 어려워서 주말에 학교에서 만나거나 평일 오후 9시 어떤 경우는 10시에 화상으로 만나 서로의 생각을 나누고 논의하는 시간을 가졌습니다. 힘든 과정을 거쳐서 집필한 책이 세상에 나오게 되어 기쁘기도 하고 어떤 평가를 받게 될지 다소 염려가 되기도 합니다.

이 책이 일반상담 전공자뿐만 아니라, 중장년 경력개발에 관심 있는 진로상담사, 직업상담사, 커리어코치, 기업 인사담당자, 공공기관 실무자, 그리고 생애설계 강사 등 은퇴 전환을 돕는 모든 전문가에게 실질적인 안내서가 되기를 바랍니다. 상담을 공부하는 대학(원)생들에게도 은퇴상담이라는 새로운 전문 영역을 접하고 진로를 넓히는 계기가 되기를 기대합니다.

무엇보다 이 책이 은퇴를 앞둔 수많은 이에게 따뜻하게 다가가는 상담자들의 마음에 작은 등불이 되기를 기원합니다. 은퇴상담은 단순한 노후 계획이 아니라, 존엄한 삶의 마지막 절반을 설계하고 지지하는 인간 중심의 실천이기 때문입니다.

끝으로 이 책을 집필할 수 있도록 격려해 주신 학지사 김진환 대표님께 진심으로 감사드립니다. 출판 과정에서 여러 가지로 수고해 주신 김순호 이사님과 성스러움 과장님의 노고에도 고마움을 표합니다. 좋은 책이 될 수 있도록 정성을 다해 주신 박나리 선생님께도 감사드립니다.

2025년 9월

저자 대표 김봉환

차례

제4부 은퇴상담의 기법과 도구

제5부 은퇴상담 과정별 개입 방법

제1부

은퇴상담의 기초

제1장 은퇴상담 개요

제2장 은퇴상담 영역

은퇴상담의 이론과 실제

제1장

은퇴상담 개요

• 김봉환

이 장에서는 먼저 '은퇴'의 개념을 알아보고, 유사하게 쓰이는 퇴직, 전직, 경력변화 등의 의미를 살펴보고자 한다. 이어서 '상담'의 개념을 토대로 '은퇴상담'이란 무엇인지 정의할 것이다. 은퇴는 단순히 직장을 떠나는 사건이 아니라, 개인의 정체성과 삶의 리듬에 중대한 변화를 초래하는 인생의 전환점이다. 이러한 인식을 토대로 은퇴상담의 목표를 은퇴에 대한 현실적 인식과 수용 촉진, 심리적 안정과 정체성 재구성 지원, 건강한 노후생활 설계 지원, 경제적 준비 상태 점검과 재정계획 동기화, 가족 및 대인관계 재조정 촉진, 생애 의미와 목적 탐색, 자기주도적 변화 역량 강화 등의 측면에서 살펴볼 것이다. 이어서 은퇴자들의 고민사항이 무엇인지 나열하고, 우리나라 은퇴자 현황과 은퇴상담 현황을 살펴볼 것이다. 끝으로 은퇴상담자의 역할과 태도 및 역량에 대해서 고찰하고자 한다.

1 은퇴의 의미

1) 은퇴의 개념

일반적으로 은퇴는 가장 오랫동안 근무했던 주된 일자리를 그만두는 것으로 유급 노동에서의 철수(withdrawal from paid working life)를 의미하며, 본업에서 물러나 더 이상 경제활동과 구직활동을 안 하는 상태(조관일, 2024)를 말한다. 이는 옥스퍼드 사전에서 정의한 '공직이나 직업에서 물러나 여가를 즐기기 위해 일을 그만두는 것, 특히 연금을 받을 수 있을 때'와도 일치한다(Denton & Spencer, 2009).

은퇴를 정의하는 데는 객관적인 방법과 주관적인 방법이 사용된다. 먼저, 객관적인 방법에서는 노동시간이나 임금 수준이 일정 수준 이하로 떨어지는 시점이나, 연금을 받는 시점을 은퇴라고 규정한다. 반면, 주관적인 방법은 은퇴에 대한 응답자의 주관적인 평가에 의존하는 것으로 은퇴 또는 경제활동을 하고 있는지 질문하여 이를 기준으로 은퇴를 정의하는 방식이다.

은퇴는 자발적 은퇴와 비자발적 은퇴가 있는데, 자발적 은퇴는 자신의 의사결정에 따라 은퇴한 경우이며, 비자발적 은퇴는 회사 또는 사업장 경영 악화, 자신의 건강문제, 가족돌봄 문제 등으로 은퇴한 경우를 말한다(전병주 외, 2019).

Weiss(2005)는 은퇴란 경제적으로는 노령자가 유급 근로를 그만둔 것을 의미하고, 사회학적으로는 더 이상 사회적으로 일을 하지 않는 것이 용인되는 나이에 이르렀다는 의미이며, 심리학적으로는 개인이 스스로 은퇴했다고 인정하는 때를 가리키는 것이라고 정의하였다.

은퇴는 '현직에서 물러난다'라는 뜻인 퇴직뿐 아니라 '생산 활동을 그만둔다'라는 광의의 개념으로 중년 근로자가 노동시장을 이탈하게 되는 단발적 사건뿐 아니라 변화된 삶을 인지하고 개인의 상황과 요구에 맞는 행동을 구축해 가는 일련의 과정으로 볼 수 있다(이은주, 이지연 2015).

은퇴는 단순한 사건이 아니라 복잡한 과정일 수 있고(점진적 은퇴 등), '더 이상 일하지 않는 것'이라는 부정적 개념에만 머물러서는 안 되며, 사람마다 다르게 나타나는 다양한 삶의 방식과 활동을 고려한 다차원적 개념이다(Denton & Spencer, 2009).

Wang과 Shi(2014)는 은퇴를 단일한 개념이 아닌, 다차원적 개념으로 정의하고자 하였다. 이들은 은퇴란 한 시점의 사건이 아니라 시간에 따라 변화하는 점진적 전환과정으로 과정지향적(process-oriented)이며, 동시에 더 이상 임금 노동에 종사하지 않는 상태인 상태지향적(status-oriented) 개념으로 보았다. 즉, 은퇴의 일반적인 의미는 유급 노동에서의 철수를 의미하지만, 개인이 노동시장 참여를 줄이거나 중단하면서 경험하는 복합적이고 점진적인 심리·사회적 전환과정으로 정의하고 있다.

은퇴는 개인이 오랜 기간 종사한 직업에서 물러나는 것을 의미하며, 생애주기에서 후기 단계로 진입하는 전환점을 나타낸다. 이는 새로운 삶을 시작하는 기회로 여겨질 수 있지만, 동시에 심리적·사회적 위기를 유발할 수 있는 사건으로도 간주된다. 예를 들어, 은퇴는 일상활동, 사회적 관계, 자아정체감 등 삶의 주요 측면에 변화를 초래하며, 특히 갑작스러운 은퇴는 적응에 어려움을 줄 수 있다(송민혜, 경정아, 2021).

2) 유사개념 검토

은퇴와 직접적 혹은 간접적으로 연상되는 유사개념에는 여러 가지가 있다. 여기에서는 그중 몇 가지를 선별하여 살펴보고자 한다.

(1) 퇴직

퇴직과 은퇴는 혼재되어 사용되는 경우가 대부분이나 엄밀히 구분하면, 퇴직은 '현재의 직업이나 일을 그만둔다'는 뜻이고, 은퇴는 '소득을 얻을 목적으로 정기적으로 일정한 일을 하지 않는 것'을 뜻한다(이동인 외, 2019). 따라서 현재 다니는 직장을 그만두고 생계를 위해 다른 직장을 구하거나 자영업을 시작한다면, '은퇴'를 한 것이 아니고 '퇴직'을 경험한 것이라 할 수 있다. '퇴직'은 주요 직업 중단이라는 측면에서 은퇴와 유사하다. 그러나 아직 법적 연금 수령이 가능한 연령까지는 기간이 남아 있고, '생애 주된 일자리'로부터 퇴직했으나 다른 방식의 일자리로 전환하는 과정으로서 현재 노동시장에서 이탈 중인 상태를 '퇴직'이라고 규정한다(구자복, 정태연, 2019).

(2) 전직

전직은 '직업전환'이나 '경력변경', '직업변경' 등의 용어와 혼용해서 사용되고 있다. 학자마다 정의도 조금씩 차이가 있는데, 박상철과 김명소(2008)는 특정 직업 종사자의 직업적 경력 이동으로 정의하였다. 김나래와 이기학(2016)은 본인의 전공과는 무관한 전혀 다른 분야에서 새로운 직업을 가지는 상태라고 정의하기도 하였다.

전직은 직업이나 직무를 바꾸어 옮기는 것을 뜻하며, 흔히 이직으로 표현하기도 한다. 전직에 대한 학문적 정의는 학자마다 다양하다. 근로자가 새로운 기업에 입사하거나 기업에서 사직 또는 해고되는 행위와 같이 기업과 근로자 간 고용관계의 체결 또는 해지 등 소속 직장의 변경(박상철, 김명소, 2008)으로 정의하기도 한다. 또한 사회시스템 구성체계의 경계를 넘나드는 개인의 이동(Price, 1977)과 같이 포괄적인 개념으로 정의하기도 한다. Macy(1983)는 작업자가 수행하던 직무를 그만두고 다른 직무나 조직으로 옮기는 것으로 정의하였다. 이 밖에 의사결정의 주체에 따라 자발적 · 비자발적 전직으로 구분하기도 한다.

(3) 경력변화

Carless와 Arnup(2011)는 경력변화를 직업 분야 자체가 바뀌는 주요 변화라고 정의하였으며,

Ibarra(2004)는 역할 변화 전반을 포함하는 광의적 개념으로 정의하였다. 이는 소규모 변화(같은 분야 내에서 직장을 바꾸거나 직위 변경 등: job change)와 대규모 변화(직무, 고용주, 직업 분야 자체의 변경: career change)로 구분할 수 있다.

Nalis 등(2021)은 경력 변화는 경력 충격(개인이 통제할 수 없는 상황에서 예기치 않게 발생하며 경력에 영향을 미치는 사건)의 결과일 수 있으며, 심리적 · 경제적 비용을 수반하고 정체성의 재구성이 요구된다고 보았다.

2 은퇴상담의 의미

1) 상담의 개념

상담은 개인이 삶의 변화에 적응하고 심리적 안정과 만족을 추구하도록 돕는 과정이다. 상담은 개인의 심리 · 사회적 적응을 지원하기 위한 체계적인 개입과정이며(김나연, 조항, 2021), 심리적인 어려움에 처한 이들에게 유용한 도움과 방법을 제공하여 삶의 의미를 증진시키는 활동이고, 자신의 내면을 깊이 들여다보고 존재의 목적을 찾도록 돕는 과정이다.

상담이란 전문적 훈련을 받은 상담자와 심리적 어려움으로 타고난 잠재력을 마음껏 발휘하지 못하는 내담자 간의 상호작용을 통하여 내담자의 문제를 해결할 뿐 아니라 내담자가 행복한 삶을 살아가도록 돕는 과정을 말한다(송민혜, 경정아, 2021). 상담은 내담자가 자신의 잠재력을 발휘하고 만족스러운 삶을 살 수 있도록 지원하는 것을 목표로 한다.

상담은 개인의 심리 · 사회적 상황에 대한 객관적이고 공적인 개입을 통해 적절한 적응을 돕는 과정으로, 문제해결과 더불어 개인의 성장 및 발달을 촉진하는 예방적 · 발달적 접근을 포함한다(김남원, 장선철, 2016). 상담은 개인이 삶의 질을 유지하고 새로운 변화에 적응할 수 있도록 돕는 과정으로 경제적 · 정신적 · 사회적 · 신체적 측면을 포함하여 삶의 전반적인 영역에서 개인의 만족을 증진시키는 데 기여한다(조소현, 최현자, 2025).

2) 은퇴상담의 개념

은퇴는 중요한 삶의 사건들 중 하나로, 최근 은퇴기는 길어지고 은퇴 인구가 확대되면서 은퇴 이후의 삶의 중요성이 점점 증대되고 있다. 따라서 은퇴상담은 은퇴 후 추구하는 삶의 의미를 찾는 과정을 도와주는 것으로, 자신이 진정 원하는 삶을 살아가기 위해 자신의 내면을 깊숙이 들여다볼 수 있도록 지원한다. 즉, 은퇴 후 어떤 삶을 살고 싶은지 그리고 자신이 은퇴 후 추구하는 삶의 의미에 대한 심층적인 고민을 할 수 있도록 돕는다. 또한 은퇴상담은 은퇴자가 은퇴 후 삶에 대한 준비를 할 수 있도록 재무적인 영역뿐만 아니라 삶을 구성하는 다양한 영역을 포괄하여 준비할 수 있도록 돕는다(조소현, 최현자, 2025).

은퇴를 어떻게 준비하고 적응하느냐에 따라 은퇴 후 생활이 달라지기 때문에 은퇴에 대한 긍정적인 태도를 형성하면 은퇴 후 삶을 성공적으로 가꿀 수 있다. 따라서 은퇴상담은 은퇴 및 노후 생활에 대해서 긍정적으로 인식하고, 은퇴 이후 삶을 수용할 수 있는 태도를 가질 수 있도록 도와야 한다(김남원, 장선철, 2016). 또한 은퇴상담은 은퇴 후 역할 상실감을 극복하고 의미 있는 삶이 가능하도록 개인의 역량을 활용할 수 있도록 도와주는 것이다. 그리고 사회적 가치를 창출하거나 사회에 공헌함으로써 개인적으로 자기효능감과 자부심을 높여 삶의 의미와 보람을 느낄 수 있게 지원한다.

은퇴상담은 개인이 직업적 역할에서 벗어나 새로운 생애주기로 전환하는 과정에서 겪는 심리적 · 사회적 · 경제적 · 신체적 변화를 통합적으로 이해하고, 이를 기반으로 삶의 방향성 재설정과 안정적인 적응을 지원하는 전문적인 상담 활동이다. 은퇴상담은 단순히 은퇴 후의 직업이나 경제적 문제를 해결하는 것을 넘어, 개인의 자아실현, 사회적 관계 재구성, 그리고 삶의 의미 탐색을 돕는 데 초점을 맞춘다. 이는 현대 사회에서 점점 중요성이 커지고 있는 은퇴 준비와 적응 문제를 효과적으로 해결할 수 있는 개념적 틀을 제공한다(송민혜, 경정아, 2021).

은퇴상담은 단순히 직업적 종료를 의미하는 사건이 아닌 생애 전환과정으로 '은퇴'를 이해하며, 은퇴자의 심리적 자원 향상을 다루는 것을 도와야 한다. 또한 역할 상실감을 경험한 은퇴자에게 삶의 의미를 새롭게 성찰하고 구성하도록 조력하며, 직업을 통해 얻던 의미를 다른 방식으로 재구성하도록 도와준다. 즉, 은퇴 후 삶에 대한 새로운 의미를 발견하고 재구성할 수 있도록 돕는 개입이 필요하다. 은퇴적응의 성공은 단순히 외적 안정성뿐만 아니라 개인의 내적 자원, 예를 들어 자아존중감, 회복탄력성, 삶의 의미 발견과 같은 심리적 요소에 의해 크게 좌우된다. 따라서 기존의 경제적 안정성이나 사회적 관계 강화와 같은 외적 요인(자산관리, 건강관리, 여가활동 개발)에 초점을 맞춘 프로그램과 달리 성공적인 은퇴적응의 본질적 요소인 개인의 심리적 자원과 내적 성장 과정을 충분히 반영할 수 있도록 해야 한다.

은퇴라는 사건은 개인의 심리 · 사회적 역할 변화를 가져오며 직업역할 상실 및 경제적 어려움을 초래하게 되는 중요한 전환기적 사건이다. 따라서 은퇴상담은 은퇴를 준비하고 있거나 은퇴한 후 경제적 어려움을 경험하고 있는 이들에게 실질적인 도움을 줄 수 있어야 한다. 더불어 은퇴자들의 심리적 안녕감을 조력하고 은퇴자 프로그램 개발을 통해 도움을 주는 것도 필요하다(양의주, 하정, 2020).

3 은퇴상담의 목표

은퇴는 단지 직장에서 물러나는 사건이 아니라, 한 개인의 삶의 방향과 정체성이 근본적으로 변화하는 인생의 전환기이다. 이러한 전환기를 건강하고 의미 있게 보내기 위해서는 체계적인 준비와 심리적 조정이 필요하며, 이에 대한 지원을 제공하는 것이 은퇴상담의 핵심적 역할이다. 은퇴상담은 내담자가 은퇴 이후의 삶을 주체적으로 설계하고, 다양한 변화를 유연하게 수용하며, 새로운 삶의 목적을 찾도록 돕는 데 그 의미가 있다. 다음은 은퇴상담에서 추구하는 주요 목표들이다.

• 은퇴에 대한 현실적 인식과 수용 촉진

많은 사람이 은퇴를 일생의 끝자락처럼 인식하거나, 반대로 지나치게 이상화하여 준비 없이 맞이하는 경우가 많다. 은퇴상담은 내담자가 은퇴라는 전환기의 의미를 현실적으로 이해하고, 그로 인한 정체성의 변화, 소득 감소, 사회적 역할 변화 등을 인식하고 수용하도록 돕는다. 이를 통해 내담자는 막연한 두려움이나 회피에서 벗어나, 은퇴 이후의 삶을 보다 구체적으로 준비할 수 있게 된다.

• 심리적 안정과 정체성 재구성 지원

은퇴는 오랜 기간 정체성의 근간이었던 직업역할의 종료를 의미한다. 이에 따라 자존감의 저하, 우울감, 무력감 등의 심리적 반응이 나타날 수 있다. 은퇴상담은 이러한 정서적 반응을 정상적인 전이과정으로 이해시키고, 내담자가 자신의 가치와 존재 의미를 재구성할 수 있도록 지원한다. 직업정체성에서 벗어나 새로운 사회적 역할과 자아상을 형성해 나가는 과정은 은퇴 이후 삶의 질을 결정짓는 중요한 요소이다.

• 건강한 노후생활 설계 지원

은퇴 이후의 삶은 기대수명이 증가함에 따라 수십 년에 이를 수 있다. 은퇴상담은 내담자가 이 기간을 건강하고 의미 있게 살아갈 수 있도록 도와주는 역할을 한다. 이를 위해 상담자는 내담자의 신체적 건강, 생활습관, 여가활동, 사회적 관계망 등을 함께 점검하고, 개인의 선호와 상황에 맞는 노후 생활계획을 함께 설계한다. 단순한 시간 보내기를 넘어 '삶의 질' 향상에 초점을 두는 것이 중요하다.

• 경제적 준비 상태 점검과 재정계획 동기화

은퇴는 소득 구조의 변화와 직결된다. 이에 따라 경제적 불안은 은퇴자들이 겪는 가장 큰 스트레스 요인 중 하나이다. 은퇴상담은 재무 전문가와의 협력을 통해 내담자의 현재 재정 상태를 점검하고, 향후 지출 계획 및 대안적 소득원에 대한 현실적인 조언을 제공할 수 있다. 상담자는 직접적인 재무설계를 담당하진 않지만, 내담자가 경제적 현실을 직시하고 스스로 계획을 세우도록 동기를 부여하는 역할을 한다.

• 가족 및 대인관계 재조정 촉진

은퇴 이후 가족 내 역할 변화(예: 배우자와의 관계 재정립, 자녀와의 거리감 조정 등), 사회적 관계망의 축소 등 다양한 인간관계의 변화가 발생한다. 은퇴상담은 이러한 변화를 다룰 수 있도록 내담자가 감정적으로 준비하고, 새로운 방식의 상호작용을 시도하도록 돕는다. 특히 퇴직 이후 배우자와 보내는 시간이 늘어나며 생기는 갈등이나 의사소통 문제를 예방하고 개선하는 데 상담의 개입이 효과적일 수 있다.

• 생애 의미와 목적 탐색

은퇴 이후 삶의 만족도를 결정짓는 핵심 요소 중 하나는 '의미 있는 삶'의 유무이다. 많은 이가 은퇴 후 '내가 여전히 필요한 존재인가?'라는 질문을 던진다. 은퇴상담은 내담자가 자신의 가치, 삶의 철학, 관심사, 남은 생애의 방향성 등을 탐색할 수 있도록 안내하며, 새로운 목적을 발견하도록 돕는다. 이는 자원봉사, 사회참여, 취미, 학습 등의 활동과도 연계될 수 있다.

• 자기주도적 변화 역량 강화

은퇴상담은 단순한 정보 제공이나 감정 표현에 머무르지 않고, 내담자가 변화에 능동적으로 대응하고 스스로 삶을 설계할 수 있는 역량을 갖추도록 하는 것을 목표로 한다. 은퇴는 계획만으로 되는 것이 아니라, 삶의 다양한 변수 속에서 끊임없이 선택하고 적응해야 하는 과정이기 때문이다. 따라서 은퇴상담은 내담자가 스스로 문제를 인식하고 해결하는 힘, 즉 자기주도성과 회복탄력성을 강화하는 데 중점을 둔다.

종합하면, 은퇴상담은 단지 '퇴직 후 무엇을 할 것인가'를 묻는 상담이 아니다. 그것은 '나는 앞으로 어떻게 살아갈 것인가', '무엇을 가치 있게 여길 것인가'에 대한 본질적인 탐색을 포함한다. 따라서 은퇴상담은 심리적 · 사회적 · 경제적 차원에서의 포괄적인 접근이 요구되며, 내담자가 은퇴 이후의 삶을 능동적이고 의미 있게 살아갈 수 있도록 돕는 것을 궁극적 목표로 삼는다.

4 은퇴자의 고민사항

은퇴는 단순한 직업의 종료를 넘어, 개인의 삶 전반에 큰 변화를 가져오는 전환점이다. 이 시기에는 누구나 다양한 심리적 · 사회적 · 경제적 고민을 경험하게 된다. 이러한 고민은 각 개인의 상황과 준비 상태에 따라 다르지만, 전반적으로 공통된 주제가 존재한다. 다음은 은퇴자들이 흔히 경험하는 주요 고민이다.

• 삶의 목적과 의미 상실

직장생활은 많은 사람에게 단순한 생계 수단을 넘어 삶의 리듬과 정체성을 제공해 왔다. 은퇴 후 이러한 일상의 구조와 사회적 역할이 사라지면서, 삶의 목적과 의미에 대한 공허함을 경험하는 이들이 많다. '이제 나는 무엇을 위해 살아가는가?', '나는 여전히 사회적으로 의미 있는 존재인가?'와 같은 질문은 은퇴자들에게 깊은 내적 갈등을 불러일으킨다. 이는 은퇴 초기의 우울감이나 무기력감으로 이어질 수 있다.

• 경제적 불안과 소득 감소

은퇴는 곧 고정적인 수입의 종료를 의미하며, 이에 따른 경제적 불안은 많은 은퇴자의 핵심적인 고민이 된다. 노후 생활비, 의료비, 자녀 지원, 주거비용 등은 계속 발생하지만, 수입은 연금과 저축에 의존하게 된다. 은퇴자들은 '내가 준비한 자산이 과연 충분할까?', '예기치 못한 지출에 대비할 수 있을까?'라는 불안 속에서 삶의 안정감을 잃기도 한다. 특히 준비 없이 맞이한 은퇴의 경우, 이 문제는 더욱 심각해진다.

• 건강에 대한 염려

노화는 자연스러운 생물학적 과정이지만, 은퇴를 기점으로 자신의 신체적 변화를 실감하게 되는 경우가 많다. 건강에 대한 염려는 은퇴자들에게 지속적인 심리적 부담이 되며, 실제로 만성질환이나 운동 기능 저하 등으로 인해 활동이 제한되기도 한다. '내가 혼자 병원에 갈 수 있을까?', '나중에 아플 때 누가 돌봐 줄까?'와 같은 걱정은 신체적 질병뿐만 아니라 정신적 불안을 가중시킨다.

• 배우자 및 가족과의 관계 변화

은퇴 이후 가장 많은 시간을 함께 보내게 되는 대상은 대개 배우자이다. 그동안 분리된 공간에서 일상생활을 해 오던 부부가 하루 종일 함께 있게 되면, 오히려 갈등이 발생하는 경우가 많다. 은퇴자는 자신의 역할이 축소되었다는 느낌을 받을 수 있으며, 반면 배우자는 '가사 간섭'이나 생활 패턴의 침해를 호소하기도 한다. 또한 자녀와의 관계에서도 '경제적 지원 요구'나 '거리감' 등이 복합적인 고민으로 나타난다.

• 사회적 관계망의 축소

직장이라는 사회적 공간이 사라지면, 자연스럽게 인간관계도 좁아진다. 정기적으로 만나던 동료, 고객, 상사와의 관계가 단절되면서 사회적 소속감이 약화되고, 고립감과 외로움을 경험하는 이들이 많다. 특히 외부 활동이 제한되거나 은퇴 이후 새로운 사회적 연결고리를 만들지 못한 경우, 심리적 고립과 우울증의 위험이 커진다. '나를 찾아 주는 사람이 없다.', '누구에게 연락해야 할지 모르겠다.'는 호소는 매우 흔하다.

• 시간 사용의 어려움

오랜 기간 규칙적인 일과 속에서 생활하던 사람에게 '무한히 주어진 자유 시간'은 오히려 부담이 되기도 한다. 은퇴 후 처음에는 자유를 만끽하다가도, 곧 '무엇을 해야 할지 모르겠다.', '하루가 너무 길게 느껴진다.'는 말을 하게 된다. 특히 별다른 취미나 관심사를 개발하지 못한 경우, 무의미한 시간 보내기가 반복되면서 무기력감에 빠지기 쉽다. 이로 인해 은퇴자들은 스스로 쓸모없다고 느끼며 자기효능감이 감소하게 된다.

• 죽음과 존재의 유한성에 대한 불안

은퇴는 인생의 '후반부'에 진입했다는 강한 자각을 동반한다. 이는 자연스럽게 죽음에 대한 불안과 존재의 유한성에 대한 성찰로 이어진다. 특히 주변 지인의 병환이나 사망, 자신의 건강 이상 경험 등이 이러한 감정을 증폭시킨다. '남은 시간이 얼마 없다는 생각에 불안하다.', '어떻게 기억되고 싶은가?' 등의 고민은 단순히 공포의 문제가 아니라, 은퇴 이후의 삶을 어떻게 살아가야 하는가에 대한 철학적 질문으로 확장된다.

이처럼 은퇴자들의 고민은 단일한 문제가 아니라, 정체성, 경제, 건강, 관계, 시간, 의미 등 삶 전반에 걸쳐 복합적으로 얽혀 있다. 은퇴상담은 이러한 고민을 단순히 해소하거나 제거하려는 것이 아니라, 그것을 있는 그대로 수용하고 다룰 수 있는 내담자의 역량을 길러 주는 과정이어야 한다. 상담자는 은퇴자의 다양한 내면의 목소리를 경청하고, 그 안에서 삶의 방향을 함께 재구성해 나가는 동반자로서의 역할을 수행해야 한다.

5 은퇴 및 은퇴상담 현황

1) 은퇴자 현황

은퇴자는 일반적으로 생계를 목적으로 하는 직업이나 소득 활동을 중단하고, 더 이상 일할 의사가 없는 사람을 의미한다. 즉, 단순히 직장을 그만둔 상태를 넘어서 경제활동에서 완전히 물러난 상태를 포함하는 개념이다. 우리나라의 통계청(2023) 조사에 따르면, 노동자의 주된 일자리 퇴직 연령은 평균 49.4세로 나타나고 있다. 하지만 실질 은퇴 연령은 평균 72.3세에 달하며, 이는 많은 고령층이 주된 일자리에서 퇴직한 이후에도 소득 활동을 계속하고 있다는 점을 시사한다. 따라서 은퇴자는 '완전 은퇴자'와 '부분 은퇴자'로 구분할 수 있으며, 이 중 '완전 은퇴자'는 향후 근로 의사조차 없는 상태를 말한다(송시영, 2024).

(1) 은퇴자의 인구통계학적 특성

먼저 평균 퇴직 연령(주된 일자리 퇴직 평균 연령)을 살펴보기로 한다. 주된 일자리란 생계유지에 중요하게 기여하는 정규직 또는 장기 고용상태의 직업을 의미하며, 평균 퇴직 연령은 이

직업을 떠나는 시점을 기준으로 한다. 통계청(2024a) 조사에 따르면, 한국의 주된 일자리 퇴직 평균 연령은 52.8세로 나타났다. 이는 OECD 평균(63.1세)보다 약 10년 정도 낮다. 남성의 평균 퇴직 연령은 54.9세, 여성은 51.0세로, 남성이 여성보다 약 3.9년 늦게 주된 일자리를 떠나는 경향을 보인다. 특히 55~64세 연령대의 취업경험자들의 주된 일자리 퇴직 평균 연령은 49.4세로 더 낮게 나타나, 50대 초반에 주된 일자리에서 퇴직하는 경향이 있음을 보인다. 공공부문(58.2세)보다 민간부문(53.5세)의 퇴직 연령이 낮고, 자영업자는 56.1세로 상대적으로 늦게 퇴직한다. 그러나 많은 이가 주된 일자리 퇴직 후 비정규직, 단기 계약직, 단순 노무직, 자영업으로 전환하는 경우가 많아 완전 은퇴로 바로 이어지지는 않는다.

이어서 실질 은퇴 연령(완전 은퇴 기준)을 알아보기로 한다. OECD 기준 한국의 실질 은퇴 연령은 72.3세(2018년 기준)로 조사되었으며, 이후 72.9세(2024년 기준)로 증가했다. 이는 성별로도 차이가 있어 남성은 72.9세, 여성은 70.6세로 나타났다. 특히 주목할 만한 점은 한국의 실질 은퇴 연령이 OECD 국가 평균인 약 65세보다 상당히 높다는 것으로, 한국 노인들이 다른 선진국에 비해 훨씬 오래 일한다는 점을 보여 준다. 이러한 실질 은퇴 연령과 법정 정년인 60세 사이에는 12.3세의 격차가 존재하며, 국민연금 수급 개시 연령과도 상당한 차이가 있어, 많은 고령층이 정년 이후에도 생계를 위해 계속 일해야 하는 현실을 반영한다.

다음은 완전 은퇴자 비율이다. 통계청(2024a)의 데이터를 보면, 2024년 5월 55~79세 인구 약 1,598만 명 중 비경제활동인구는 약 630만 명으로 39.43%에 이르고 있다. 그러나 이 수치는 '생계 목적 직업 활동 중단'과 '일할 의사 없음' 조건을 모두 충족하는 완전 은퇴자를 정확히 반영하지 않을 수 있으므로, 고령층의 장래 근로 희망 여부를 보완자료로 활용하면, 55~79세 완전 은퇴자는 약 30.6%로 추정된다.

(2) 완전 은퇴자의 경제적 상황

먼저 생활비와 소득 공백을 살펴보기로 한다. 완전 은퇴자는 정기적인 직업 활동을 중단한 상태로, 소득원이 급격히 줄어드는 것이 특징이다. 은퇴 후 생활비는 노후 설계의 핵심 요소로, 통계청(2024b) 조사에 따르면, 우리나라 중고령자가 생각하는 적정 노후생활비는 부부 기준 월평균 336만 원 수준이다. 그러나 은퇴 후 주요 소득원인 공적연금(국민연금)의 평균 수급액은 2022년 기준 월 57만 원에 불과하다. 이는 생활비와 소득 간 약 100만 원 이상의 공백이 발생함을 의미한다. 또한 2024년 통계청 자료에 의하면, 가구주와 배우자의 생활비 충당 정도가 '여유 있다'는 10.5%, '부족하다'는 57.0%였다. 주된 생활비 마련 방법은 '공적 수혜금'이 31.9%, '공적연금'은 29.5%, '가족의 수입 및 자녀 · 친지 등의 용돈'이 24.3%로 조사되었다.

완전 은퇴자는 근로소득이 없으므로, 이 공백을 메우기 위해 저축, 자산 활용 또는 연금에 의존해야 한다. 그러나 준비 부족으로 인해 많은 은퇴자가 빈곤에 직면하며, 65세 이상 노인 인구의 상대적 빈곤율은 2023년 기준 38.2%로, 소득만으로는 생활비를 충당하기 어려운 실정이다. 또한 통계청(2024c) 자료로 볼 때, 우리나라 은퇴 연령층(66세 이상)의 상대적 빈곤율은 OECD 가입국 중 높은 수준임이 확인되었다.

이어서 자산 구성을 알아보기로 한다. 완전 은퇴자의 자산 구성은 노후 빈곤 문제를 평가하는 데 중요한 요소로 다뤄진다. 한국개발연구원(2023)의 연구에 따르면 우리나라 65세 이상 고령자의 자산은 주로 부동산(특히 자가 주택)에 집중되어 있으며, 이는 전체 자산의 약 70~80%를 차지한다. 반면, 금융자산(예: 예금, 주식, 연금 등)의 비중은 상대적으로 낮아 유동성이 부족한 구조를 보인다. 이는 소득이 단절된 완전 은퇴자가 생활비를 충당하기 위해 자산을 현금화할 때 어려움을 겪을 수 있음을 시사한다. 정책적으로는 이러한 자산 구성의 불균형을 완화하기 위해 금융자산 축적을 장려하고, 주택자산을 유동화할 수 있는 방안(예: 주택연금 확대)을 제안한다. 이를 통해 완전 은퇴자들이 자산을 보다 효율적으로 활용해 노후 생활비를 마련할 수 있도록 지원해야 한다는 점을 강조한다. 즉, 부동산 중심의 자산 구성은 완전 은퇴자의 경제적 취약성을 높이는 요인이며, 이를 보완할 다각적인 정책이 필요하다.

다음으로 연금 의존도에 대해서 살펴보기로 한다. 완전 은퇴자의 소득에서 연금이 차지하는 비중은 크지만, 절대적 금액은 부족하다. 통계청(2024d) 조사에 따르면, 19세 이상 인구 중 69.7%가 노후준비를 하고 있으며, 그중 국민연금(59.1%)이 가장 많이 활용된다. 그러나 한국개발연구원(2023)의 보고서에서는 우리나라 고령층의 공적연금(국민연금 등)에 대한 의존도가 낮은 점을 주요 문제로 지적하고 있다. 65세 이상 고령층 소득에서 공적이전소득(주로 국민연금)이 차지하는 비중은 25.9%로, OECD 평균(57.1%)의 절반에도 미치지 못한다. 보고서는 또한 사적 연금(퇴직연금, 개인연금 등)의 활용도가 낮아 연금 의존도를 높이는 데 한계가 있다고 분석한다. 고령층 중 자산은 보유하고 있으나 소득이 부족한 '자산 부자, 소득 빈곤' 가구가 존재하며, 이들은 연금과 같은 안정적 소득원이 부족해 자산을 소득으로 전환하지 못하는 경우가 많다.

(3) 은퇴자의 사회적 참여 현황

완전 은퇴자의 사회적 참여도는 자원봉사, 동호회, 종교 활동, 지역사회 모임 등 다양한 형태로 나타나며, 건강 상태, 경제적 여건, 사회적 네트워크의 유무에 따라 크게 달라지는 경향이 있다. 통계청(2024c)의 보고에 따르면, 65세 이상 고령자 중 단체 활동(종교 단체, 동호회, 동창회 등)에 참여하는 비율은 57.1%로 조사되었다. 그러나 이는 완전 은퇴자만을 특정하지 않은 전체 고령자 수치로, 완전 은퇴자의 경우 경제활동 의사가 없으므로 시간적 여유가 더 많아 사회활동 참여율이 상대적으로 높을 수 있다. 반면, 같은 자료에서 고령자의 42.9%가 이러한 활동에 전혀 참여하지 않는다고 응답해, 완전 은퇴자 중에서도 소극적인 태도를 보이는 이들이 적지 않음을 시사한다.

(4) 은퇴자의 건강 상태

먼저 생활습관 개선 및 신체적 건강 상태 변화에 관한 사항이다. 은퇴는 개인의 생활 패턴에 변화를 가져와 건강생활습관에 영향을 미칠 수 있다. 이정택(2017)의 연구에 따르면 은퇴 전후의 건강생활습관을 비교한 결과, 은퇴 후 정기적인 운동을 하는 비율이 증가하고, 흡연 및 음주율이 감소하는 경향이 나타났다. 이러한 결과는 은퇴로 인해 여가 시간이 늘어나면서 건강 증진 활동에 참여하는 경향이 증가하는 것을 보여 준다.

이어서 정신건강에 관한 사항이다. 은퇴가 주관적인 건강 상태에 미치는 영향은 복합적이다. 은퇴 후 건강생활습관이 개선됨에도 불구하고, 심리적으로는 사회적 고립과 역할상실로 인한 우울 위험이 증가하였다. 이는 은퇴로 인한 사회적 역할의 변화, 경제적 불안정, 사회적 고립 등이 복합적으로 작용하여 개인이 느끼는 건강 상태에 부정적인 영향을 미칠 수 있음을 시사한다.

2) 은퇴상담 현황

은퇴상담 및 은퇴자 교육 서비스는 국가 수준의 정책적 접근, 지방자치단체 중심의 지역 밀착형 서비스 그리고 평생교육기관의 생애주기 기반 학습 제공이라는 세 축을 중심으로 구성되어 있다.

첫째, 국가 및 공공기관은 고용노동부, 공무원연금공단, 국민연금공단 등을 중심으로 비교적 정형화된 퇴직준비 프로그램을 제공하며, 주로 재무설계, 경력 전환, 건강관리 등의 요소를 포함하는 생애설계기반 서비스를 운영하고 있다.

둘째, 지방자치단체는 서울시의 50플러스재단 및 '서울런4050'과 같이 중장년층을 위한 통합지원 체계를 구축하며, 지역사회 중심의 통합형 서비스 모델을 구현하고 있다. 이들은 중장년 전환기 특화지원과 직무 재교육 프로그램을 병행하며, 다양한 경로로 은퇴자에게 접근하고 있다.

셋째, 평생학습기관은 은퇴자의 주체적 학습자로서의 전환을 지원하며, 비형식 또는 혼합형 교육프로그램을 통해 삶의 질 향상과 사회참여의 기반을 마련해 주고 있다. 특히 대학 부설 평생교육원, 여성발전센터, 지역 평생학습관 등이 활발히 활동 중이며, 디지털 소외 해소를 위한 프로그램도 확산되고 있다.

상대적으로 수도권을 제외한 지역에서의 은퇴상담 · 교육은 찾아보기 어려운 실정이다. 지방이 고령화가 더 높음에도 불구하고, 은퇴 관련 서비스가 수도권보다 부족한 이유는 단순히 은퇴 인구수의 문제라기보다는 사회 구조적 · 행정적 · 인프라적 요인들이 복합적으로 작용한 것임을 예측해 볼 수 있다. 지금까지의 정형화된 서비스들이 공무원, 대기업, 전문직에서 정년 퇴직한 사람들의 수요에 초점을 둔바, 앞으로 2차 시장의 노동자, 자영업자, 농축산업 종사자 등에 대한 은퇴개념을 정립하여 서비스를 제공할 필요가 있어 보인다.

이는 첫째, 지방에서도 중장년 및 은퇴자 대상 통합상담-교육 서비스의 체계화가 시급함을 보고하고 있다. 둘째, 지역 거점형 중장년 상담사 양성 및 배치, 디지털 문해력 기반 프로그램 병행이 필요함을 시사한다. 셋째, 중앙기관(고용노동부, 교육부 등)과 지자체 간 연계 강화 및 지역특화형 모델 개발이 요구됨을 시사하고 있다.

실제로 현재 운영되고 있는 은퇴상담 및 교육 서비스는 은퇴자보다 중장년층(대개 40~64세)을 주요 대상으로 하고 있다. 이 점은 단순한 대상 범위의 문제가 아니라 은퇴 전후 생애주기 전환에 대한 우리 사회의 관점과 정책 방향을 드러내는 중요한 시사점을 담고 있다.

첫째, 은퇴를 '종결'이 아닌 '전환기'로 보는 사회적 인식 변화를 보여 준다. 현대 사회에서는 65세 이후의 삶이 최소 20~30년 이상 지속되기 때문에, 은퇴를 '일의 끝'이 아니라 또 다른 시작, 즉 생애전환기로 인식하고, 이에 따라 정책과 서비스도 현실적인 '은퇴 이후'보다는 '은퇴 전 준비 단계'인 중장년층에 초점을 둔 것으로 판단된다.

둘째, 사전 예방적 접근을 강조하고 있다. 중장년기에 진로 재설계, 재취업, 학습, 관계, 건강 등을 점검하고 개입함으로써, 은퇴 후의 삶의 질 저하, 정체성 혼란, 사회적 고립 등의 문제를 줄이고자 하고 있다. 이는 진로상담에서 강조하는 발달적 측면에서의 상담 또는 진로 생애설계 상담과 일맥상통한다.

셋째, '은퇴자' 개념의 모호성과 정책 대상 설정의 유연성을 시사한다. '은퇴자'는 공식 퇴직을 전제로 하나, 비정규직, 자영업자, 경력단절 여성 등은 공식적 은퇴 없이 계속 일하거나 비공식적으로 은퇴하게 된다. 따라서 은퇴자보다 중장년이라는 포괄적 연령기준이 정책 적용에 유리하고 실제 대상자와도 잘 맞는 것으로 생각된다.

넷째, 진로상담의 패러다임 전환을 요구하고 있다. 기존의 진로상담은 아동과 청년층 중심의 선택 중심 모델이었다면, 중장년을 대상으로 '재설계 모델, 즉 경력 전환, 정체성 재구성, 의미 기반 진로 설계' 역시 중요한 한 축으로 보아야 한다.

결론적으로, 이러한 다층적 진로지원체계는 생애전환기 은퇴자의 정체성 변화, 사회적 역할 재설정, 심리·사회적 안정감 형성을 위한 진로상담의 중요성을 부각시키며, 정서적 지지와 현실적 설계가 통합된 중재와 개입을 설계할 필요가 있다. 특히 이러한 진로상담과 교육 서비스는 은퇴 이후에 대응적으로 제공되기보다, 중장년기부터 선제적으로 제공되어야 하며, 이를 위해 서비스 존재 자체에 대한 홍보와 정보 접근성 개선 또한 병행되어야 한다. 많은 이가 자신이 받을 수 있는 상담과 교육의 기회를 인지하지 못하거나 정보격차로 접근하지 못하는 현실은, 상담자와 정책 설계자가 함께 해결해야 할 과제이다.

6 은퇴상담자의 역할과 태도 및 역량

1) 은퇴상담자의 역할

은퇴자들은 역할상실로 인해 우울감을 경험하며 삶에 대한 중압감을 느끼고 삶의 방향을 잃어버리게 된다. 따라서 은퇴상담은 은퇴자들의 경제적·신체적 여건, 정서적 건강, 사회·가족관계, 사회적 지지체계 맥락 안에서 혼란감을 해소할 수 있도록 도와야 한다(김나연, 조항, 2021). 은퇴상담은 효과적인 커뮤니케이션을 기반으로 한다. 은퇴상담은 대인관계적이면서도 체계적인 성격을 지니므로, 효과적인 커뮤니케이션을 구성하는 기본 요소들을 이해해야 상담이 성공적으로 이루어질 가능성이 높다. 전문적인 커뮤니케이션은 경청, 정보수집, 해결 제시 간의 균형이 요구된다. 은퇴상담자로서 내담자가 속한 세대의 특성과 성향을 잘 이해할수록, 그 내담자에게 가장 효과적인 상담 방식을 더 빠르게 파악할 수 있다.

이상과 같은 점을 바탕에 두고 은퇴상담자가 수행하는 역할을 제시하면 다음과 같다(Lytle et al., 2015).

(1) 은퇴결정요인에 대한 통합적 평가

은퇴상담자는 고령 근로자가 은퇴를 앞두고 복잡한 결정을 내릴 때, 그들의 개인적·환경적·법적·다문화적 요인들을 통합적으로 고려해야 한다. 은퇴 선택과 관련된 성별, 인종, 결혼 여부, 사회경제적 계층(SES) 등에 대한 이해를 높임으로써, 전문가는 교육, 실천, 옹호 활동을 통해 이들의 결정을 더 효과적으로 조언하고 지원할 수 있다. 또한 이러한 분야에 대한 인식과 지식은 상담자들이 고령 근로자에 대한 자신들의 편견을 극복하는 데 도움을 줄 수 있다.

(2) 정보 및 서비스 제공

은퇴상담자란 은퇴계획 및 관련 혜택에 대해 정보 제공과 교육을 수행할 수 있는 위치에 있는 사람을 말한다. 은퇴상담자는 은퇴 혜택과 계획에 관련된 서비스를 제공하는 역할을 수행한다. 은퇴상담자로서 교육자, 안내자 그리고 지지자라는 다양한 역할을 수행한다.

(3) 교육과 조언

은퇴상담자는 교육자이자 안내자의 역할을 동시에 수행한다. 교육과 조언의 차이를 명확히 이해함으로써 상담의 기대치를 분명히 하고, 신뢰를 구축할 수 있다. 즉, 정보 전달과 개인화된 조언 간의 균형을 맞추는 것이 중요하다. 내담자가 복잡한 주제를 이해하고, 자신의 목표와 가치에 부합하는 선택을 내릴 수 있도록 돕는다. 상담자는 자신의 역할과 전문성의 범위를 명확히 인식하고, 내담자에게도 분명히 알려야 한다.

(4) 내담자 특성 파악

내담자의 지식수준, 감정 상태, 문화적 배경에 맞춰 접근 방식을 조정하면 정보가 보다 의미있게 전달된다. 내담자에 따라 상담 접근 방식을 맞춤화하려면 재정 이해도, 정서적 준비도, 의사결정 스타일, 문화적 배경 등의 요소들을 평가해야 한다. 그리고 개방형 질문을 하고, 언어적 · 비언어적 반응을 관찰함으로써 내담자를 더 깊이 이해해야 한다. 또한 말의 속도, 말의 난이도, 설명의 깊이를 내담자의 이해력과 편안함 수준에 맞춰 조절해야 한다.

(5) 다른 전문가들과의 협업

은퇴상담자는 다른 전문가들의 역할을 이해하고, 언제 내담자를 의뢰(전문가에게 연결)해야 하는지 판단할 수 있어야 한다. 자신의 전문 영역 안에서 활동하고, 객관성을 유지하며, 언제나 내담자의 최선의 이익을 우선시해야 한다. 은퇴계획에 참여하는 다양한 전문가 유형(재무설계사, 회계사 등)을 파악하고, 언제, 어떻게 다른 전문가에게 의뢰할 것인지를 이해하고 있어야 한다. 내담자의 성공적인 결과를 위해 협업 관계를 구축하는 것이 중요하다.

(6) 지역사회 기관과의 협력

은퇴상담자들은 고령자 및 소수 집단이 서비스에 접근하지 못하는 현실적인 장벽도 인지해야 한다. 특히 다양한 문화권의 고령자와 일하는 상담자는 내담자가 서비스 이용 장벽을 어떻게 극복했는지 탐색해야 하며, 이 장벽들이 자원 활용에 영향을 줄 수 있는 경우라면 더욱 그렇다. 고령자를 지원하는 지역사회 기관들과 협력하여 상담서비스의 이용가능성을 알리고, 성인 교육 프로그램 등을 통해 고령자 집단에 심리교육을 제공할 수 있는 기회를 탐색해야 한다.

(7) 은퇴 관련 교육 및 훈련의 확대

은퇴상담자는 퇴직을 인생의 또 다른 경력 단계로 확장해 인식하고, 경력개발을 평생 과정으로 지각하며, 이러한 접근을 교육 및 훈련 과정에 통합해야 한다. 상담자들은 퇴직이 경력개발 과정의 또 다른 단계임을 기억하고, 내담자의 가치관, 흥미, 능력을 탐색하며, 퇴직에 가까워질수록 이러한 요소들이 어떻게 변화했는지 살펴보도록 도와야 한다. 또한 고령자에 대한 노출을 늘리고, 나이 기반의 편견을 줄이며, 평생 동안의 진로 및 개인 발달을 지원하는 핵심 기술을 학습할 기회를 확대하는 역할을 해야 한다.

(8) 가족관계 탐색 및 지원

은퇴상담자는 은퇴 후 역할 변화 적응을 위한 심리상담 및 일상 관련 프로그램 안내를 해야 하며, 퇴직 후 배우자, 자녀와의 관계 설정 및 역할에 대한 적응 지원을 해야 한다. 필요시 가족관계 상담 전문기관과의 연계 및 정보 제공도 해야 한다.

(9) 사회적 관계 및 여가생활 탐색 및 지원

은퇴상담자는 여가형 모임뿐만 아니라 지역사회 지원, 재능기부, 협동조합 등 의미 있는 새로운 유형의 관계 모델을 안내할 수 있어야 한다. 또한 삶을 돌아보기 위한 내면 탐구 등 여가생활을 점검하고, 여가를 바라보는 새로운 인식 안내 및 '내면탐구', '인문학, 인생 설계과정 교육' 등 프로그램에 대한 안내 및 연계를 할 수 있어야 한다.

(10) 제도 및 법률 이해

은퇴상담자는 법률과 규정이 고령 근로자에게 어떤 영향을 미치는지 적절히 알고 있어야 하며, 이를 바탕으로 효과적인 조언을 제공하고, 내담자의 시민권을 보호하는 변화를 옹호할 수 있어야 한다. 퇴직을 고려 중인 내담자들에게 재정 상담가와 상담하도록 권유할 필요도 있다.

그들이 여전히 장벽으로 작용하는 불분명한 법률이나 국세청 규정을 이해하고 극복할 수 있도록 돕기 위해서이다.

2) 은퇴상담자의 태도

은퇴상담에서 신뢰를 구축하고 전문성을 유지하는 데 있어서는 상담자의 윤리적 행동이 필수적이다. 은퇴상담은 재정적·정서적 결정을 다루며, 그 결과는 장기적으로 영향을 미친다. 윤리 실천은 장기적인 관계 형성, 법적 책임 최소화, 직업적 기준 유지에 기여한다. 다음은 공인 은퇴상담자 윤리 강령의 주요 내용이다(International Foundation for Retirement Education, 2021). 이는 곧 은퇴상담자 태도의 지침이기도 하다.

① **정직성**: 내담자의 최선의 이익을 위해 정직하게 행동하라.
② **객관성**: 편견이나 이해 상충을 피하고, 전문적 판단을 유지하라.
③ **전문성**: 적절한 자격이 있는 경우에만 서비스를 제공하고, 지속적인 학습으로 역량을 유지하라.
④ **공정성**: 모든 내담자를 존중과 존엄을 가지고 차별 없이 대하라.
⑤ **비밀 유지**: 내담자의 정보와 사생활을 보호하라.
⑥ **전문성 유지**: 자신의 행동이 전문직에 긍정적인 이미지를 줄 수 있도록 하라.
⑦ **성실성**: 적시에 철저한 서비스를 제공하고, 책임 있는 후속 조치를 취하라.
⑧ **규정 준수**: 모든 관련 법률, 규정, 직업윤리 기준을 준수하라.

3) 은퇴상담자의 역량

은퇴상담자의 역량에 대해서 별도로 연구된 결과를 찾기는 어렵다. 그래서 여기에서는 은퇴상담자와 가장 유사한 역할을 수행하는 서울시50플러스재단 상담센터 직원의 역량을 분석한 결과를 그대로 제시하고자 한다(김지현 외, 2024).

(1) 상담 및 강의 역량

① **생애설계 상담 역량**: 진단도구 등을 활용하여 내담자의 경력 목표 설정, 경력설계 계획 수립, 실행과 관련된 상담을 하고 해결 방안을 함께 모색하는 능력

② **공감적 상담 역량:** 상담 대상자의 감정과 경험을 정확하게 이해하고, 진정으로 공감하며, 효과적인 상담 관계를 구축하고 해결 방안을 함께 모색하는 능력

③ **강의 및 퍼실리테이션 역량:** 효과적인 강의와 퍼실리테이션을 통해 지식과 정보를 전달하고, 참여자들의 참여와 협업을 유도하는 능력

④ **4064세대 이해:** 4064세대의 특성(경력, 가치관, 니즈, 어려움 등)에 대한 깊이 있는 이해

(2) 기본 업무 역량

① **커뮤니케이션 역량:** 다양한 이해 관계자(내담자, 컨설턴트, 외부 기관 등)의 특성을 이해하고, 필요한 정보를 명확하고 효과적으로 전달하는 능력

② **문제해결 역량:** 예기치 못한 돌발 상황이나 복잡한 민원 등을 포함하여 다양한 문제 상황을 유연하게 파악하고 분석하며, 창의적이고 실행 가능한 해결 방안을 제시하고 실천하는 능력

③ **기획력:** 새로운 사업 및 교육 · 상담 프로그램을 기획하고, 목표 설정 및 운영 전략 등을 수립하는 능력

④ **실행력:** 교육 · 상담 프로그램 운영 등 센터 사업을 실행함에 있어서 기획 내용을 구체적으로 반영하여 행동으로 옮기고, 목표 달성을 위해 노력하는 능력

⑤ **문서 작성 능력:** 정보를 체계적으로 정리하고, 이를 효과적으로 전달하기 위해 다양한 도구(예: 한글, 엑셀, PPT 등)를 활용하여 문서를 작성하는 능력

⑥ **자기관리 및 계발 역량:** 스트레스 관리, 감정 조절 등을 통해 심리적 안정을 도모하고, 자신의 능력과 잠재력을 향상시키기 위해 지속적으로 학습하는 능력

(3) 컨설턴트 관리 역량

① **인력 관리 능력:** 조직의 목표 달성을 위해 적합한 인력을 채용, 배치, 운영, 평가하는 능력

② **수퍼비전 역량:** 컨설턴트 및 내담자의 성장을 지원하기 위해 효과적으로 조언하고 지도하며, 정서적 지지를 통해 동기를 부여하는 능력

③ **성과 관리 능력:** 컨설턴트 실적 관리를 포함하여, 설정된 목표 대비 성과를 측정하고 분석하여 개선 방안을 제시하는 능력

(4) 센터 운영 역량

① **협력적 네트워킹:** 정보 교류, 공동 사업 추진 등을 위해 외부 기관들과 협력관계를 구축하

고 유지하는 능력

② **정보 구축 및 관리 역량**: 센터 운영에 필요한 다양한 정보를 수집하고 체계적으로 정리하며, 구축된 정보를 지속적으로 관리하고 업데이트하는 능력

③ **홍보 역량**: 교육 · 상담 프로그램 대상자에게 프로그램 목적과 내용을 효과적으로 알림으로써 인지도를 높이고, 참여자를 모집하는 능력

④ **지역사회 이해**: 해당 지역의 사회 · 경제적 특성, 인적 자원, 고용 환경, 주요 산업 등에 대한 이해

참고문헌

구자복, 정태연(2019). 대기업 임원들이 비자발적 퇴직 이후 겪는 심리적 어려움에 대한 질적 연구. **한국심리학회지: 문화 및 사회문제, 25**(4), 249-277.

김나래, 이기학(2016). 중장년 전직지원프로그램의 효과성 분석. **고용진로연구, 6**(1), 1-22.

김나연, 조항(2021). 은퇴자의 은퇴적응에 영향을 미치는 변인 연구. **취업진로연구, 14**(2), 165-186.

김남원, 장선철(2016). 은퇴 및 노후생활 인식, 은퇴준비 행동, 은퇴만족도 사이에서 경제적 은퇴준비 상황의 조절효과. **한국콘텐츠학회논문지, 16**(7), 522-531.

김지현, 송민혜, 심지현(2024). 중장년 경력설계 상담 인력의 역량 강화 방안 연구. 서울시50플러스재단.

박상철, 김명소(2008) 고령자의 전직지원 활성화 방안 연구. 한국노동연구원.

송민혜, 경정아(2021). 중장년층을 위한 생애설계상담 진단과 개선방안 연구. 서울시50플러스재단.

송시영(2024). 중고령 남성 은퇴자의 은퇴만족도 변화궤적 유형과 영향 요인. **한국노년학, 44**(2), 91-106.

양의주, 하정(2020). 60대 은퇴 남성의 역경대처 경험: 경제적 어려움을 중심으로. **한국심리학회지: 상담 및 심리치료, 32**(1), 173-196.

이동인, 강민정, 신지연, 한지은(2019). **고령기 생애설계**. 서울: 학지사.

이은주, 이지연(2015). 중년기 은퇴불안 척도개발 및 타당화. **상담학연구, 16**(4), 435-458.

이정택(2017). 은퇴가 건강생활습관과 정신건강에 미치는 영향. 한국보험연구원.

전병주, 곽현주, 김현수(2019). 남성 베이비부머의 은퇴 유형별 외상 수준과 외상 후 성장의 관계에서 사회적 지지의 조절효과. **한국웰니스학회지, 14**(1), 69-80.

조관일(2024). **은퇴자의 경력을 키워라**. 서울: 행복에너지.

조소현, 최현자(2025). 가족 내 금융사회화가 재무웰빙에 미치는 영향-재무관리역량과 재무관리행동의 매개효과를 중심으로. **소비자정책교육연구, 21**(1), 165-186.

통계청(2023). 2023년 5월 경제활동 인구조사 고령층 부가조사 결과. 통계청.

통계청(2024a). 2024년 5월 경제활동인구조사 고령층 부가조사 결과. 통계청.

통계청(2024b). 가계금융복지조사. 통계청.

통계청(2024c). 2024 고령자통계. 통계청.

통계청(2024d). 2023년 사회조사보고서. 통계청.

한국개발연구원(2023). 소득과 자산으로 진단한 노인빈곤과 정책 방향. 한국개발연구원.

Carless, S. A., & Arnup, J. L. (2011). A longitudinal study of the determinants and outcomes of career change. *Journal of Vocational Behavior, 78*(1), 80-91.

Denton, F. T., & Spencer, B. G. (2009). What is retirement? A review and assessment of alternative concepts and measures. *Canadian Journal on Aging, 28*(1), 63-76.

Ibarra, H. (2004). Career transition and change. INSEAD Working Paper Series.

International Foundation for Retirement Education (2021). Principles of retirement counseling and education: Certified Retirement Counselor® (CRC®) *Study program* (5th ed.). International Foundation for Retirement Education.

Lytle, M. C., Clancy, M. E., Foley, P. F., & Cotter, E. W. (2015). Current trends in retirement: Implications for career counseling and vocational psychology. *Journal of Career Development, 42*(3), 170-184.

Macy, B. A. (1983). Toward an ecology of human development in organizations. In H. P. Sims, Jr., & D. A. Gioia (Eds.), *The thinking organization* (pp. 293-323). San Francisco: Jossey-Bass.

Nalis, I., Kubicek, B., & Korunka, C. (2021). From shock to shift-A qualitative analysis of accounts in mid-career about changes in the career path. *Frontiers in Psychology, 12*, 641248.

Price, J. L. (1977). *The study of turnover*. Ames: Iowa State University Press.

Wang, M., & Shi, J. (2014). Psychological research on retirement. *Annual Review of Psychology, 65*(1), 209-233.

Weiss, R. S. (2005). *The experience of retirement*. ILR Press, an imprint of Cornell University Press.

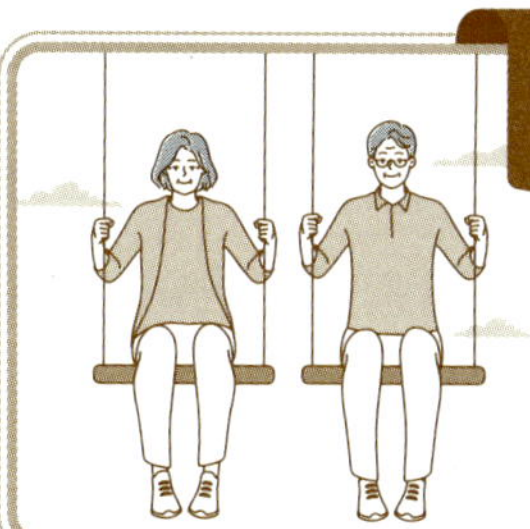

제2장

은퇴상담 영역

• 김은희

이 장에서는 은퇴상담의 개입 영역을 다차원적으로 구조화하고자 한다. 은퇴는 정체성, 관계, 재무, 건강, 여가 등 다양한 삶의 영역에서 동시에 일어나는 변화이므로 은퇴상담은 복합적인 삶의 과제를 통합적으로 이해하고 대응할 수 있어야 한다. 이를 위해 먼저 은퇴상담의 다차원적 개입 필요성과 국내외 은퇴상담 영역 설정의 흐름을 살펴본다. 이어서 건강한 삶, 안정된 미래, 새로운 도전을 위한 은퇴상담이라는 세 가지 주요 영역을 중심으로 구체적인 상담 접근을 제시한다. 각 영역은 은퇴기의 요구와 전환 과제를 반영하고, 상담자가 실제 상담 장면에 적용할 수 있도록 실천적인 방향을 제시한다. 은퇴상담의 영역 구분은 내담자의 삶을 보다 입체적으로 이해하고, 변화의 흐름에 적절히 대응할 수 있는 상담 전략을 구성하는 데 유용한 틀이 될 수 있다.

1 은퇴상담의 다차원적 접근과 영역

1) 은퇴상담의 다차원적 개입의 필요성

은퇴상담은 중대한 생애 전환기를 맞이한 개인이 변화에 적응하고 삶의 균형을 유지할 수 있도록 전문적으로 지원하는 상담이다. 은퇴는 직장을 떠나는 사건에 그치지 않고, 개인의 삶 전반에서 역할 정체성, 관계 구조, 경제적 기반, 건강과 생활 습관에 이르기까지 복합적인 변화를 수반한다. 은퇴상담은 개인의 삶의 양상과 배경에 따라 다르게 전개되기 때문에 내담자의 삶을 다차원적으로 조망하는 접근이 필요하다.

고령화 사회로의 이행 속에서 은퇴 후의 심리·사회적 어려움은 개인을 넘어 사회 전체가 함께 다루어야 할 과제로 주목받고 있다. 정체성 상실, 정서적 위축, 대인관계 축소, 경제적 불안, 신체 기능 저하 등의 변화는 상호 연관되어 나타날 수 있다. 이러한 복합적인 변화는 심리적 건강과 삶의 만족도를 위협하는 요소가 된다. 특히 관계의 재정비, 건강관리의 어려움, 재무 구조의 불안정성은 은퇴자의 주관적 행복감과 삶의 주도성에 영향을 미칠 수 있다(OECD, 2019; Wang & Shultz, 2010).

은퇴상담은 삶의 전환기에서 내담자의 심리적 요구를 파악하고 개인의 상황에 맞는 상담 전략을 설계한다. 따라서 은퇴상담의 영역은 신체 건강과 정서적 회복, 사회적 관계 강화 등을 포함한 건강 기반의 개입, 생활 구조 조정과 심리적 안정, 재무 계획, 여가 활용, 사회적 기여 등의 조화로운 미래 설계를 위한 개입이 포함된다. 또한 은퇴 이후 삶의 주체성을 회복하기 위한 재취업, 경력 재설계, 학습과 창업, 사회적 네트워크 재구성 등의 성장 지향적 개입이 통합적으로 포함되어야 한다.

고령화 사회에서 은퇴자가 겪는 신체적 문제, 정신적 어려움, 사회적 고립은 서로 밀접하게 연결되어 있다. 이에 대응하기 위해서는 다면적인 노후대책이 요구된다(정종철, 2021). 이러한 종합적 관점은 은퇴상담이 다양한 삶의 영역에 걸친 내담자의 요구를 입체적으로 다루어야 함을 시사한다.

상담 현장에서는 내담자의 신체적 상태, 정서적 경험, 관계망의 변화, 생활 패턴과 가치지향 등을 포괄적으로 이해해야 더 적합한 상담 목표를 설정할 수 있다. 은퇴자는 특정한 한 가지 문제가 아니라 복합적이고 유동적인 삶의 과제들에 직면해 있다. 상담자는 내담자의 현재 위치를 정확히 진단하고 필요한 자원을 연결하여 삶의 통합적 재구성을 도울 수 있어야 한다. 이러한 접근은 일시적인 위기 대응이 아니라, 은퇴 이후 삶의 지속 가능성과 의미를 함께 모색하는 과정이 된다.

은퇴상담은 개인의 삶에 영향을 미치는 다양한 요인을 유기적으로 연결한다. 예를 들어, 경제적 불안은 정서적 안정과 사회적 활동의 제약으로 이어질 수 있고, 고립된 대인관계는 신체 건강이나 자기효능감의 저하로 나타날 수 있다. 상담자는 이와 같은 상호작용을 이해하고, 내담자가 자신의 삶을 재구성할 수 있도록 돕는 복합적이고 유연한 상담 전략을 설계해야 한다. 이는 삶의 질을 향상하기 위한 구조적 접근이기도 하다.

이러한 점에서 은퇴상담은 생애 후반의 삶을 보다 의미 있고 안정적으로 설계할 수 있도록 지원하는 전문적인 심리 · 사회적 개입이다. 은퇴상담의 영역은 변화의 국면에서 개인의 내적 자원을 강화하고 변화하는 환경에 적응할 수 있도록 구성되어야 한다. 은퇴자가 자율적이고 지속적인 삶을 전환할 수 있게 하는 다차원적 접근이 필요하다.

2) 국내외 은퇴상담 체계와 영역

은퇴상담의 체계와 영역은 각국의 정책, 복지 시스템, 사회문화적 배경에 따라 다양하게 구성된다. 보건복지부는 「노후준비 지원법」에 따라 5년마다 노후준비 지원 기본계획을 수립하고 있다. 국민이 생애 전반에 걸쳐 노후를 준비할 수 있도록 지원하는 국가 전략이다. 은퇴상담의 중심 영역은 재무, 건강, 여가, 대인관계의 네 가지로 구성된다.

재무는 국민연금, 퇴직연금, 개인연금 등 공적 · 사적 자원을 활용할 수 있도록 지원한다. 자산관리, 지출계획 수립, 재무상담 등을 통해 경제적 자립을 돕는다. 건강은 만성질환 예방, 건강행태 개선, 지역 건강관리 서비스 연계 등을 포함한다. 여가는 평생교육, 취미 활동, 사회 참여를 중심으로 구성된다. 은퇴 후 일상 회복과 삶의 의미를 확장할 수 있도록 돕는다. 대인관계는 가족 및 사회적 관계 유지, 고립감 해소, 정서적 소통을 위한 개입을 포함한다.

이 네 가지 영역은 진단, 상담, 교육의 기준이 된다. 국민연금공단은 중앙노후준비지원센터로 지정되어, 전국 각지에 설치된 지역센터와 함께 서비스 전달체계를 운영하고 있다. 지자체는 자체 협의체를 구성하고 지역 기반 프로그램을 운영하고 있다.

은퇴상담의 실천과 연구에서는 더 세분화된 기준이 활용된다. 서울시50플러스재단은 은퇴자의 준비 상태를 입체적으로 평가하기 위해 50+ 생애설계 자기진단도구를 개발하였다. 이 지수는 여가, 일, 가족이나 친구, 주거, 마음의 안정, 재무, 건강의 일곱 가지 영역으로 구성된다. 각 영역은 은퇴 이후 삶의 질에 큰 영향을 미치는 핵심 요소로 설정되었다. 상담자는 이 지표를 활용해 내담자의 준비 수준을 다면적으로 진단하고 보다 정교한 상담 계획을 수립할 수 있다.

국내 은퇴상담은 제도 기반의 4대 영역을 중심으로 운영되고 있다. 또한 상담 현장에서는 7개 영역 이상의 요소를 반영하여 세분화된 개입이 이루어진다. 정보 중심의 접근을 넘어서 은퇴 이후 삶 전반을 구성하고 지원하는 실천으로 자리 잡고 있다.

해외 주요 국가들은 각기 다른 연금제도와 사회적 맥락을 바탕으로 다양한 은퇴상담 체계를 발전시켜 왔다. 미국에서는 사회보장제도(Social Security)와 개인 은퇴계좌(IRA, 401k 등)의 운영을 중심으로 재무상담이 활성화되어 왔다. 행동경제학의 원리를 반영한 자동 가입(auto-enrolment) 제도와 기본 펀드(default fund) 설계는 은퇴자의 재무 의사결정에 실질적인 영향을 미치고 있다. 이러한 제도적 기반은 은퇴자가 더 체계적이고 장기적인 관점에서 노후를 준비할 수 있도록 지원한다.

Wang과 Shultz(2010)는 은퇴상담이 재무적 조언에서 출발하여 점차 삶의 만족과 주관적 복지를 포괄하는 방향으로 발전하고 있다고 보았다. 미국 국립노화연구소(National Institute on Aging, 2020)는 심리적 건강, 인지 기능, 사회적 관계, 삶의 의미 등 다양한 요소를 함께 고려하는 통합적 접근의 중요성을 강조하였다. 특히 은퇴기를 생애의 연속적 흐름 속에서 이해하고 다양한 삶의 영역이 상호작용하는 총체적 맥락에서 상담적 개입이 이루어져야 함을 제시하고 있다.

유럽 국가들은 각자의 복지국가 모델에 따라 상담의 초점이 다르게 형성된다. 독일은 사회보험 기반의 비스마르크 모델을 기반으로 하고, 영국은 조세 재원을 중심으로 한 베버리지 모델을 채택하고 있다.

특히 스웨덴의 경우에는 적극적 노동시장 정책이 포함된 포괄적 복지국가 체계를 바탕으로 은퇴 이후 삶을 다차원적으로 지원하고 있다. 공적 연금제도의 지속 가능성을 높이기 위해 수급 연령을 상향하고 노동시장 참여 기간과 연동된 연금 체계를 적용하였고, 고령자의 경제활동 참여를 유도하기 위해 근로소득에 대한 세제 혜택을 마련하고 재취업을 위한 직업훈련과 고용서비스도 강화하였다. 또한 건강 유지와 정서적 안정을 위한 지역 기반 프로그램을 운영하고 있고, 사회적 관계 회복을 위한 활동도 병행하고 있다. 이러한 공공지원 서비스는 은퇴 이후 삶의 주도성과 사회적 통합을 높이는 데 목적이 있다.

OECD(2019)는 국가별 노후소득보장제도의 차이가 은퇴자의 재정 안정성뿐 아니라 삶의 만족과 적응 과정에도 영향을 미친다고 보았다. 유럽연합(European Commission, 2021)은 연금 적정성과 고령층 고용 지속을 위한 정책적 시사점을 제시하고 있으며, 국가별로 훈련 · 고용서비스 강화 등 맞춤형 지원의 필요성이 논의되고 있다.

일본은 후생노동성을 중심으로 공공기관과 연계한 생애설계 프로그램과 노후설계 세미나 등을 통해 통합적 상담체계를 운영하고 있다. 이 과정에는 재무, 건강, 관계, 여가 등 다양한 삶의 요소를 포함하고, 가족구성이나 배우자의 노동 상태 같은 사회적 요인도 함께 고려한다.

이처럼 미국, 유럽, 일본 등 주요 국가는 각자의 제도적 기반과 사회문화적 특성에 따라 은퇴상담 체계를 발전시켜 왔다. 공통적으로 재무 안정뿐 아니라 신체 건강, 정서적 지지, 사회적 관계, 자기실현 등 삶의 여러 영역을 포괄하는 방식으로 상담이 이루어진다. 은퇴상담은 특정 영역에 국한되지 않고 개인의 주체적인 삶을 설계하기 위한 통합적 접근으로 확대되고 있다.

2 은퇴상담의 세 가지 주요 영역

은퇴상담은 은퇴자의 삶 전반을 조망하고 구체적인 변화를 지원하기 위한 다차원적인 접근이 필요하다. 앞서 살펴본 국내외의 다양한 연구와 정책 지표는 건강, 재무, 관계, 여가, 일 등의 요소를 중심으로 은퇴준비의 핵심 영역을 구성하고 있다. 이는 실제 상담 장면에서도 내담자의 삶을 통합적으로 이해하고 지원하는 기준이 된다.

이러한 분석과 실천적 논의를 바탕으로 은퇴상담의 주요 개입 영역을 세 가지로 나눠 살펴보고자 한다. 첫째, 정신적 · 신체적 안녕과 사회적 관계 회복을 중심으로 하는 건강한 삶을 위한 상담 영역이다. 둘째, 경제적 안정과 일상의 재구조화를 지원하는 안정된 미래를 위한 상담 영역이다. 셋째, 자신의 경력을 토대로 삶의 주체성과 의미를 확장하는 새로운 도전을 위한 상담 영역이다. 이 세 영역은 서로 긴밀하게 연결되어 있다. 상담자는 내담자의 생애 맥락과 변화의 흐름에 따라 통합적이고 유연한 개입 전략을 설계할 필요가 있다.

1) 건강한 삶을 위한 상담 영역

(1) 정신건강 증진 및 정서적 회복 상담

은퇴는 삶의 구조와 정체성 전반을 다시 구성하는 전환기이므로 은퇴라는 생애 사건이 개인의 정서적 안정에 영향을 미칠 수 있다. 익숙했던 환경이 변화하면 마음의 균형을 유지하기 어려운 순간을 마주하게 되기도 한다. 오랜 기간 직업에 헌신해 온 사람은 은퇴 후 소속감과 자존감이 약화하여 공허감, 무기력, 우울감 등 정서적 어려움을 경험하기 쉽다. 은퇴 직후에는 기존의 사회적 인정과 활동 기반이 약화되면서 다양한 정서적 반응이 나타난다. 이러한 변화가 심리적 지원 없이 지속될 경우, 삶의 만족도와 안정감 저하로 이어질 수 있다.

고령자의 정신건강 문제는 상실 경험, 대인관계 단절, 경제적 불안정성과 밀접하게 연관되어 있다. 특히 자아존중감과 사회적 지지체계의 수준이 정신건강의 주요 결정요인으로 작용한다. 은퇴 이후 정서적 불균형은 다양한 환경적 요인과 맞물려 나타나므로 개별화된 상담적 접근이 필요하다. 예방 중심의 상담 접근을 통해 정서적 위기를 조기에 진단하고 완화하는 전문적인 심리 개입이 중요하다. 상실의 경험을 받아들이고 새로운 정체성을 구성하는 과정은 자기수용과 회복탄력성 증진에 기여한다.

정서적 안정과 우울감 완화를 위한 상담은 인지행동치료, 명상 기반 치료, 자서전 쓰기, 감정 표현 훈련 등이 있다. 특히 고령자에게는 자기 서사 재구성과 삶의 의미 회복을 중심으로 한 접근이 효과적이다. 임경희와 김연희(2011)는 기억 향상 요소를 통합한 집단 자서전 쓰기 프로그램이 고령자의 삶의 만족도와 자아존중감 향상에 긍정적인 효과를 미친다고 하였다. 이는 자서전 쓰기가 자기 서사를 재구성하고 정서적 회복을 돕는 상담 전략으로 활용될 수 있음을 보여 준다. 우울 위험에 노출된 고령자를 위한 상담은 단기적인 개입보다는 자아존중감과 사회적 지지를 회복하는 지속적인 접근이 필요하다. 장미희와 원정숙(2009)은 고령자의 우울 수준이 자아존중감과 사회적 지지 수준에 부적 상관을 보이고 지속적인 정서적 지원이 우울 완화에 효과적이라고 하였다.

상담적 개입으로는 스트레스 완화를 위한 인지의 재구성, 수용전념치료 등이 활용될 수 있다. 또한 같은 생애 전환기를 겪는 사람들과 함께하는 집단상담은 심리적 지지망을 형성하고 상호 공감을 통해 정서적 안정을 유도할 수 있다. 노인의 자살 위험 요인은 미해결된 정서적 상처와 만성적인 외로움에서 비롯된다. 이를 예방하기 위해 감정 표현과 자기 존재에 대한 재확인을 중심으로 한 상담 개입이 필요하다. 국내 집단상담 프로그램에 대한 메타분석 결과에서도 노인의 우울 감소와 자아통합감 향상에 유의미한 효과가 있는 것으로 나타났다(윤서연 외, 2021).

정신건강은 삶의 질을 결정하는 핵심 요소이므로 은퇴상담은 개인이 새로운 삶의 국면을 안정적으로 맞이할 수 있도록 심리적 지지와 정서적 회복의 기반을 제공하는 전문적 과정이다. 서울시50플러스재단은 은퇴자의 정신건강 증진을 위해 정서 지원 프로그램과 정신건강 검진 연계 상담을 운영하고 있고, 우울감 고위험군을 위한 심화 상담과 정보 제공을 병행하고 있다. 보건복지부의 정신건강 실태조사 결과를 보면 고령자의 정신건강 위험 요인으로 고립감, 외로움, 경제적 어려움 등을 제시하며 이를 완화하기 위한 지역사회 기반 상담의 필요성을 강조한다. 은퇴상담은 개인이 새로운 삶의 국면을 안정적으로 맞이할 수 있도록 심리적 지지와 정서적 회복의 기반을 제공하는 전문적 과정이다.

(2) 신체 건강관리 및 웰빙 상담

은퇴 이후의 신체적 활력과 건강 상태는 삶의 질에 직접적인 영향을 미친다. 은퇴 후에는 활동량이 줄고 식습관이 불규칙해지기도 하는 등의 규칙적인 건강관리 루틴이 약화하기 쉽다. 이러한 변화는 만성질환의 위험을 높이고 일상생활에서의 기능적 독립성을 저해할 수 있다. 신체적 건강은 질병이 없는 상태가 아니라 신체적 · 정신적 · 사회적 영역이 조화를 이루는 적극적인 웰빙의 개념으로 이해되어야 한다(Rowe & Kahn, 1997). 신체 건강과 웰빙이 정서적 안정 및 삶의 전반적인 만족도에 밀접하게 연결되어 있고 건강관리의 자기 결정성과 자율성이 개인의 삶의 질 향상에 긍정적 영향을 미친다. 특히 고령자의 건강 증진 행동은 일상생활 수행능력, 우울감 감소, 자아존중감 향상과 같은 정서적 지표와도 관련이 있다.

노화에 따른 신체 기능 저하에 대비하는 일은 은퇴준비의 중요한 부분이다. 운동 부족, 질병에 대한 저항력 약화, 식생활의 불균형 등은 중장년층에서 흔히 나타나는 위험 요인이다. 보건복지부와 한국보건사회연구원의 노인실태조사에 따르면 65세 이상 노인의 89.5%가 한 가지 이상의 만성질환을 앓고 있었다. 신체 건강이 양호한 은퇴자는 사회활동과 여가생활에도 더 적극적으로 참여하고 삶의 만족도 역시 높은 경향을 보인다(Rowe & Kahn, 1997). 이는 건강이 단지 생존의 조건이 아니라 삶의 질을 결정짓는 기반임을 보여 준다. 실제로 규칙적인 운동과 식생활 관리는 삶의 만족도와 정신건강 수준을 모두 향상시키는 주요 요인이 된다.

은퇴상담은 신체 건강 상태를 점검하고 실천 가능한 건강관리 계획을 수립하는 데 중점을 둔다. 운동 습관, 식습관, 수면의 질, 만성질환 예방 중심의 건강 전략 등은 상담을 통해 구조화될 수 있다. 신체 건강과 웰빙을 다루는 상담은 건강 정보의 제공과 함께 내담자의 생활 전반을 점검하고 변화 동기를 강화하는 심리교육적 접근이 필요하다.

고령자의 건강 증진 행위는 건강 정보 활용 능력, 자기효능감, 사회적 지지에 영향을 받는다(오현주, 김대희, 2012). 이러한 요인들은 건강행동 실천을 예측하는 핵심 요소이다. 사회적 지지와 정보 이해 능력은 건강관리를 지속하는 데 중요한 자원으로 작용한다. 따라서 은퇴상담에서는 이러한 심리 · 사회적 요인을 고려한 종합적 개입이 이루어져야 한다.

건강관리 행동에 대한 자각은 정보 제공만으로는 변화로 이어지기 어려우므로 상담자는 내담자가 스스로 동기화되고 건강관리를 주도적으로 실천할 수 있도록 심리적 개입을 설계해야 한다. 웰빙 상담은 생활습관의 코칭, 의료 서비스 접근성과 지역사회 자원 활용, 사회적 고립 해소 등을 포함한다. 지역사회와 연계한 운동 프로그램이나 식생활 코칭은 사회적 고립감을 완화하고 전반적인 삶의 활력을 회복하는 데 도움이 된다. 은퇴상담에서는 내담자가 신체의 변화를 수용하고 능동적으로 대응할 수 있도록 돕는 것이 중요하다. 신체 건강관리는 삶의 주도성을 유지하는 핵심 요소임을 내담자가 인식하도록 지원해야 한다.

(3) 사회적 관계 강화 및 고립감 극복 상담

은퇴는 사회적 관계의 지형을 변화시킨다. 오랜 시간 유지되던 직장 중심의 네트워크가 끊어지면 정서적 고립감과 소속감의 약화가 뒤따를 수 있다. 인간은 관계 속에서 정체성을 확인하고 삶의 의미를 발견한다. 그러나 퇴직 이후 새로운 관계를 만들거나 기존 관계를 유지하는 일이 어렵게 느껴지기도 한다. 따라서 은퇴상담에서는 내담자가 사회적 연결을 유지하고 확장할 수 있도록 지원하는 체계적인 개입이 필요하다.

사회적 고립은 심리적 · 신체적 건강에 부정적인 영향을 미치는 위험 요인이다. 사회적 고립이 지속되면 우울감, 인지 기능 저하, 수면 문제 등의 건강 문제가 발생할 수 있다. 고립은 고령자의 자살 위험을 높이는 요인이 되기도 한다. 일상적인 사회적 접촉이 줄어들면 정체성 혼란이 나타날 수 있다. 이는 삶의 만족감과 주관적 안녕감에 부정적 영향을 주기도 한다.

산업화와 핵가족화는 노년기의 사회적 관계를 축소시키는 데 영향을 미쳤다. 그 결과 외로움, 고립감, 단절감을 경험하는 고령자가 증가하고 있다. 친밀한 사회적 관계망은 노인의 건강과 장수에 긍정적인 영향을 미친다(Antonucci et al., 2004). 지역사회 모임이나 자원봉사활동에 참여하는 은퇴자는 그렇지 않은 이들보다 삶의 만족도가 높은 경향을 보인다(Rowe & Kahn, 1997). 은퇴상담은 이러한 관계 변화에 능동적으로 대응할 수 있도록 돕는 과정이 된다.

사회적 연결망 회복을 위한 상담적 개입으로는 대화기술 훈련, 지역사회 활동 추천, 관계 회복 계획 수립 등이 있다. 사회적 연결망을 회복하기 위한 상담은 관계 단절로 인한 심리적 위축과 소외감을 완화하는 데 중점을 둔다. 동호회 활동, 취미 활동 등 집단 기반의 사회참여는 새로운 역할과 소속감을 제공한다. 이는 정체성 회복과 삶의 만족감 향상으로 이어질 수 있다.

유사한 삶의 변화를 겪는 사람들과의 상호작용은 정서적 공감대를 형성하는 기회를 제공한다. 지속 가능한 관계로 발전할 가능성도 높인다. 특히 비자발적으로 은퇴한 경우 사회적 연결 상실이 더 두드러지게 나타날 수 있다. 이때는 맞춤형 상담 개입이 필요하다. 단절된 관계를 복원하고 새로운 관계를 맺을 수 있는 계기를 마련하기 위한 상담적 개입이 필요하다. 사회적 관계는 감정적 지지의 통로일 뿐 아니라 삶의 활력과 의미를 회복하는 기반이 된다. 은퇴상담은 내담자가 소속감과 연대감을 회복하도록 지원해야 한다. 상담자는 고립이 아닌 연결을 향한 다리를 놓는 안내자가 되어야 한다.

2) 안정된 미래를 위한 상담 영역

(1) 은퇴준비 및 심리적 적응 상담

은퇴는 익숙한 삶의 틀이 바뀌는 과정이다. 은퇴는 시간 사용의 방식, 사회적 관계, 정체성 전반에 영향을 받으며 전반적인 삶의 균형이 흔들릴 수 있다. 이러한 전환기를 충분히 준비하지 않으면 방향 상실과 역할 혼란을 겪기 쉽다. 때로는 불안이나 감정적 동요와 같은 심리적인 어려움으로 나타난다. 은퇴 전 시기에 심리적 준비를 위한 상담은 안정적인 적응을 돕는 기초가 된다.

은퇴적응은 변화된 현실을 받아들이고 새로운 일상에 의미를 부여하며 삶의 방향을 조율하는 과정이다. 외부 환경에 수동적으로 반응하기보다 자신에게 맞는 삶을 능동적으로 구성하는 흐름이라 할 수 있다. 은퇴상담은 이 전환과정을 정서적 안정과 자기 이해의 기반 위에서 설계할 수 있도록 지원해야 한다. 또한 자신을 새롭게 조직화하는 기회를 제공하는 대화의 과정이 되어야 한다.

은퇴 이후의 적응은 개인이 가진 자원과 밀접하게 연결된다. 정서적 회복력, 신뢰할 수 있는 관계망, 일상에 대한 주도성, 경제적 여유 등은 심리적 안정의 기반이 된다. 자원이 충분하면 변화에 유연하게 대처할 수 있다. 반대로 자원이 부족하면 통제감이 약화되고 적응의 어려움이 커진다. Wang 등(2011)이 제시한 자원기반 동적모델은 이러한 자원 간 상호작용이 적응 수준에 영향을 준다고 본다. 은퇴상담은 내담자가 활용 가능한 자원을 점검하고 보완이 필요한 영역에 현실적인 대안을 마련할 수 있도록 돕는 과정이다.

서울시50플러스재단의 생애설계상담 진단 연구에 따르면 은퇴적응은 직업적 변화에 그치지 않는다. 정서적 · 사회적 · 심리적 구조 전반의 재구성으로 접근해야 한다. 특히 퇴직 초기 1~2년은 정체성 혼란, 상실감, 공허감이 집중되는 시기로 나타난다. 이 시기의 상담은 자아 탐색과 감정 수용에 초점을 맞춰야 한다. 따라서 은퇴상담은 표준화된 지침만으로는 충분하지 않고 개인의 경험과 정서 상태를 반영한 맞춤형 접근이 필요하다.

은퇴적응은 정해진 절차로 이루어지지 않는 경우가 있다. 삶의 방향성과 역할에 대한 인식은 개인마다 다르기 때문이다. Atchley(1976)는 은퇴 이후의 적응 과정을 전환기, 환상기, 좌절기, 재구성기, 안정기로 구분하였지만, 은퇴는 반드시 선형적으로 진행되지는 않는다. 개인의 해석과 정서적 반응, 삶의 맥락에 따라 다양한 방식으로 나타난다. 은퇴상담은 획일적인 프로그램보다는 개인 중심의 설계가 필요하다. 상담자는 내담자의 변화 흐름을 평가하고 이에 맞는 개입을 계획해야 한다.

은퇴 전 시기에는 감정 수용과 변화에 대한 현실 인식이 필요하다. 은퇴 이후에는 생활 구조를 재정비하고 자신만의 균형을 찾아가는 과정이 요구된다. 상담자는 이러한 흐름에 동행하며 내담자가 삶의 의미와 역할을 새롭게 정립할 수 있도록 도와야 한다. 은퇴는 끝이 아니다. 다음 장을 여는 준비이다. 심리적 준비는 이후 삶을 스스로 설계하는 데 필요한 기초가 된다. 은퇴준비 및 심리적 적응을 위한 상담은 그 출발점을 마련하는 과정이 된다.

(2) 재무설계 및 자산관리 상담

은퇴 이후 삶의 안정은 심리적 요인만으로 유지되지 않는다. 재정적 기반이 뒷받침되어야 한다. 일정한 수입이 중단되거나 축소되면 경제적 불안이 커질 수 있다. 재무 불안은 자존감과 자율성을 약화시키고 일상생활 전반에 제약을 가져올 수 있다. 은퇴를 앞둔 시점에서의 재정 설계는 선택이 아니라 필수 과제가 된다.

통계청에 따르면 65세 이상 고령자 중 41.8%가 스스로 생활비를 감당하지 못하고 있다. 자녀나 정부에 의존하고 있다는 점은 노후 재무 준비의 미흡함이 경제적 자립에 영향을 미친다는 사실을 보여 준다. 은퇴상담은 생애주기 전반에 걸쳐 소득과 지출을 점검하고 자산을 구조화하는 과정을 지원해야 한다. 단기 재무 계획보다는 실행 가능한 중장기 설계를 돕는 실천적 상담이 되어야 한다.

은퇴상담은 재무설계를 포함하여 생애주기 전체의 소득과 지출 흐름을 예측하고 자산을 계획적으로 배분하는 과정을 조력하게 된다. 재무설계의 과정을 구조화하고 실행할 수 있도록 돕는 실천적인 상담이 된다. 재무상담은 금융정보를 포함하여 노후 생활비 추정, 연금 수령 계획, 주거 전략, 자산 포트폴리오 재구성까지 포함하는 전반적 생활 기반 설계로 확장된다. 특히 재무설계 상담은 개인의 재무 복지 수준을 향상시키는 효과가 있다. 오종윤 등(2014)은 재무상담이 재무 태도와 관리 능력, 연금 저축 실천 등에 긍정적인 영향을 미친다고 보고하였다. 이는 은퇴상담 장면에서 재무상담이 삶의 자율성과 안정감을 회복하는 데 기여할 수 있음을 시사한다.

정성훈 등(2022)은 100세 시대의 노후 재무설계 핵심으로 공적연금, 퇴직연금, 개인연금의 3층 구조를 제시하였다. 수령 시기와 방식, 운용 주체가 서로 달라 상호 보완적으로 설계되어야 한다. 고령기에는 예기치 못한 의료비, 자녀 지원, 주거비 증가 등의 지출 요인이 발생할 수 있다. 정기 소득 외에 긴급 자금과 유동성 자산의 확보가 필요하다. 은퇴상담에서는 연금 수령 계획뿐 아니라 자산구조의 유연성과 비상금 마련 전략까지 포함하는 통합적 접근이 요구된다.

중장년층 대상 재무 교육은 연금제도 이해를 넘어서야 한다. 소비 성향, 생활비 구조, 소비 습관에 대한 재무적 자아 인식이 함께 이루어져야 한다. 은퇴상담에서는 최소 생활비와 바람직한 생활 수준 간의 차이를 추산해 보는 실습이나 소비 패턴 점검 등을 통해 내담자가 자신의 재무 습관을 성찰하도록 도와야 한다.

고령층 자산은 실물 중심인 경우가 많다. 특히 부동산에 편중될 경우 유동성 부족으로 이어질 수 있다. 자산구조를 현금 흐름 중심으로 재구성하고 위험 요인을 사전에 점검하는 인식 전환이 필요하다. 이러한 변화는 상담을 통해 가능하다. 체계적인 재정 설계는 자아존중감과 심리적 안정을 높이고 삶의 질 향상에도 기여한다.

고용노동부가 제시한 재취업지원서비스 운영 가이드라인은 퇴직자의 재정 준비 부족이 사회적 비용 증가로 이어질 수 있음을 지적한다. 이에 대한 대비로 재무상담을 포함한 종합적인 지원 서비스가 필요하다고 강조하고 있다. 고용노동부의 신중년을 위한 경력설계 안내서에서도 퇴직 전후의 재무 점검과 자산구조 조정, 연금 수령 전략 등을 구체적 실천 방안으로 제시하고 있다. 이는 상담자가 내담자와 함께 현실 기반의 재무 계획을 수립할 때 참고할 수 있는 유용한 자원이 된다.

(3) 사회적 관계 유지 및 확대 상담

사회적 관계는 정서적 지지의 통로이자 은퇴 이후 삶의 활력을 유지하는 심리적 기반이다. 그러나 은퇴를 하면 직장에서의 일상적인 사회적 접촉이 자연스럽게 줄어든다. 그로 인해 사회적 관계망은 빠르게 축소된다. 일상적인 소통의 기회가 줄어들면서 정서적 고립감과 외로움이 커지기 쉽다. 이러한 단절은 우울감, 무력감, 자아존중감 저하로 이어질 수 있다. 사회적 연결의 약화는 삶의 만족도를 낮추는 주요 요인이다.

가족, 친구, 이웃과의 정서적 연결은 정체성을 유지하는 중요한 자원이다. 산업화와 핵가족화는 노년기에 사회적 관계를 유지하기 어렵게 만드는 구조적 배경이 되었다. 자녀의 독립, 배우자의 사망, 신체 기능 저하 등의 변화는 관계망 축소를 더욱 가속화시킨다. 이와 같은 관계 약화는 삶의 질 저하로 연결될 수 있다.

중장년층의 사회적 고립을 완화하려면 관계 회복을 중심으로 한 은퇴상담이 필요하다. 내담자의 관계 단절 경험, 대인기피 요인, 상호작용 방식 등을 진단하고 회복 가능한 관계의 범위와 새로운 소속의 지점을 함께 탐색해야 한다. 이러한 상담은 활동을 추천하는 것만이 아니라 정서적 유대와 신뢰 회복을 목표로 한 구조화된 개입이 되어야 한다.

지역사회 활동이나 자발적 상호작용은 정서적 안정을 높이는 데 기여한다. 자원봉사, 동호회, 평생교육 참여는 새로운 관계 형성의 계기가 된다. 이는 자존감 회복에도 긍정적인 영향을 준다. 사회적 활동에 적극적으로 참여하는 은퇴자는 높은 삶의 만족도를 보인다(Antonucci et al., 2004; Rowe & Kahn, 1997). 고용노동부는 중장년 일자리 희망센터를 운영하여 은퇴자의 사회적 재참여와 관계 회복을 지원하고 있다.

정년퇴직자는 은퇴 직후 사회적 관계의 재조직 필요성을 크게 느낀다. 관계 유지에 대한 개인차는 은퇴적응 수준에 영향을 준다. 인간관계가 원만한 은퇴자는 그렇지 않은 경우보다 은퇴 후 삶에 대해 긍정적인 태도를 보이고 일상생활의 활력도 높게 나타난다. Penn과 Lent(2021)는 사회인지 진로 자기관리 모델에 기반한 연구에서 은퇴계획 수준과 자기효능감이 높을수록 사회적 활동 참여와 정서적 안녕 수준도 높다고 분석하였다. 자기효능감과 소속감 회복이 함께 고려되어야 함을 강조한다. 사회적 관계 유지 전략은 심리적 적응과 연결된 핵심 요소이다.

은퇴상담은 사회적 관계의 회복과 확장을 지원하는 과정이다. 기존 관계를 점검하고 단절된 관계를 복원하거나 새로운 관계를 형성할 수 있도록 전략을 마련해야 한다. 정기적인 만남의 구조화, 관계에 대한 인식 전환, 감정적 거리 조절 등이 상담 과정에 포함된다. Rowe와 Kahn(1997)은 성공적인 노화의 핵심 요소로 사회적 관계 유지와 의미 있는 활동 참여를 제시하였다. 또한 사회적 상호작용 기술 강화, 지역사회 활동 연계, 관심 분야 탐색은 실천 가능한 상담 개입 방안이 된다. 은퇴상담은 내담자가 고립에서 벗어나 사회와 다시 연결될 수 있도록 돕는 통로가 된다. 자율성과 소속감을 회복할 수 있도록 구조화된 상담 전략을 제공해야 한다.

(4) 여가 활용 및 삶의 질 향상 상담

은퇴 후에는 일상의 구조가 느슨해지면서 늘어난 시간을 어떻게 활용할지 고민하는 상황에 놓인다. 여가활동은 소일거리가 아니라 은퇴 이후 삶의 의미를 확장하고 신체적 · 정서적 안녕을 유지하는 핵심 자원이 된다. 의미 있는 여가활동은 삶의 질을 높이는 중요한 요소로 작용한다. 이는 개인의 정체성 유지와 사회에 참여할 수 있는 계기를 제공한다.

그러나 여가를 능동적으로 활용하지 못하는 은퇴자들도 적지 않다. 여가의 가치를 인식하지 못하거나 익숙하지 않은 활동에 대한 거리감, 정보 접근의 제약, 건강상의 어려움 등이 이유가 된다. 그 결과 여가는 수동적이고 반복적인 방식으로 소비되는 경우가 많다.

여가의 질은 시간의 양보다 중요한 요인이다. 은퇴한 부부의 생활시간을 분석한 김혜중(2023)의 연구에 따르면 수동적 여가보다 활동적인 여가를 함께할 때 남편은 여가 만족도가, 아내는 기분 상태가 유의미하게 향상되는 것으로 나타났다. 이는 여가의 유형에 따라 심리적 효과가 다르고 신체활동이나 교류 중심의 여가가 정서적 안녕에 긍정적인 영향을 줄 수 있음을 보여 준다.

중년 여성의 여가에 관한 관심도 증가하고 있다. 경북여성정책개발원의 조사에 따르면 신중년 여성의 관심사 중 여가 및 취미 활동이 차지하는 비율이 8.6%에 이른다. 이는 건강이나 자녀 관련 이슈보다 낮지만 주목할 만한 수준이다. 여가는 스트레스 해소와 삶의 질 향상에 기여할 수 있는 핵심 자원이 된다. 자율성과 주체성 회복의 기회로 작용할 수 있다.

여가는 자아 성찰과 정서 회복을 위한 상담적 개입의 대상이 된다. 생애설계 상담에서는 여가를 정체성 확장의 매개로 다루어야 한다. 상담자는 내담자와 함께 여가 경험을 되짚는다. 흥미와 기질을 분석하고 시간 사용 일지를 통해 여가 자원을 구체화한다. 이러한 탐색은 삶의 방향을 재설정하도록 돕는다.

지역사회 차원의 문화 · 예술 · 여가 프로그램은 사회적 관계망을 확장하는 기회를 제공한다. 여가는 개인의 정서적 만족을 넘어서 사회적 연대와 자아 성장의 계기가 될 수 있다. 이러한 구조는 은퇴상담이 개인의 일상 회복을 넘어 사회적 참여의 방향으로 확장될 수 있음을 보여 준다.

여가는 의미 있는 시간 사용을 통해 자율성과 자존감을 회복하게 한다. 여가활동의 질과 참여 정도는 심리적 안녕감과 긴밀하게 연결된다. 은퇴상담은 여가를 중심 자원으로 인식하고 실천할 수 있도록 조력해야 한다. 상담자는 내담자의 관심사, 성격, 건강 상태, 생활 여건을 종합적으로 고려하여 여가활동을 설계해야 한다.

또한 내담자가 새로운 활동에 부담 없이 도전할 수 있도록 동기를 부여해야 한다. 자원봉사, 학습, 취미, 문화생활 등 다양한 여가 자원을 안내하고 실질적인 참여 전략을 함께 구성해야 한다. 여가는 은퇴 후 삶의 활력을 회복하는 중심 요소이다. 일상 속에서 에너지를 유지하고 재정비하는 과정을 통해 새로운 삶의 균형을 모색할 수 있다.

은퇴상담은 여가를 통해 의미 회복, 사회적 연결, 개인적 성장을 도모하는 과정이다. 상담자는 여가활동이 정서적 안정과 사회적 연계를 회복하는 매개가 되도록 조력해야 한다. 아울러 내담자가 일상을 주도적으로 구성할 수 있도록 지지하고 실천적 전략을 마련해야 한다.

(5) 사회적 기여 및 봉사활동 상담

은퇴 이후에도 사회에 참여하고 기여할 수 있는 방식은 다양하게 열려 있다. 기존의 일터 중심의 역할은 내려놓게 되더라도 축적된 경험과 지식은 여전히 가치 있는 자원으로 남는다. 은퇴자는 자신이 가진 역량을 지역사회나 타인과 나누며 의미 있는 활동을 지속할 수 있다. 이러한 참여는 삶의 의미를 회복하고 정서적 균형을 유지하는 데 기여한다.

서울시50플러스재단은 중장년층의 사회공헌 활동을 지원하고 있다. '가치동행일자리' 사업은 기존의 보람일자리에서 명칭을 바꾼 것으로 은퇴자의 경험과 역량을 지역사회에 기여하도록 연계하고 사회공헌형 일자리의 기반을 제공한다. 또한 '50+전문사회공헌단'은 서울시50플러스재단 산하 센터를 통해 운영되는 프로그램이며, 자원봉사와 교육을 통합한 형태로 지속가능한 참여 구조를 마련하고 있다. 이러한 프로그램은 단기 일자리 개념을 넘어서 삶의 주도성을 회복하고 새로운 역할을 정립하는 과정으로 설계되어 있다.

봉사활동은 은퇴 후 사회와의 연결을 이어 가는 중요한 방식이다. 은퇴자는 자신이 가진 경험과 역량을 바탕으로 청소년 보호, 노인 돌봄, 지역사회 활동 등 다양한 분야에 참여할 수 있다. 이러한 활동은 삶의 새로운 의미를 찾는 계기가 된다.

은퇴자의 자원봉사활동은 우울감을 줄이고 정서적 안정과 정신건강을 높이는 데 도움을 준다(김은경, 2024). 자발적으로 참여해 사회적 관계와 소속감을 쌓는 경험은 긍정적인 정서 유지에 중요한 역할을 한다. 자원봉사는 소득, 교육 수준, 정신건강 등과 맞물릴 때 그 효과가 더욱 커질 수 있다. 은퇴상담은 내담자가 자신의 가치와 삶의 경험을 돌아보고 이를 사회적 기여로 연결하도록 돕는 과정이다. 사회적 참여는 은퇴자의 존재감을 높이고 삶의 의미를 넓히는 기회가 된다.

상담자는 내담자의 성향과 관심을 고려해 적절한 참여 기회를 탐색하고 동기를 조율해야 한다. 또한 지역사회 자원과의 연계를 통해 활동의 기반을 마련해야 한다. 봉사활동이 일회성에 그치지 않고 개인적 의미와 지속성을 함께 가질 수 있도록 상담 과정에서 전략을 설계해야 한다. 은퇴상담은 사회적 참여를 통해 자율성과 성취감을 경험할 수 있도록 지원하는 구조로 이루어져야 한다.

3) 새로운 도전을 위한 상담 영역

(1) 재취업 및 경력설계 상담

일에 대한 동기와 열의는 은퇴와 함께 사라지는 것이 아니다. 삶의 의미를 찾고 사회적 연결을 지속하고자 하는 바람은 여전히 크다. 재취업과 경력설계는 은퇴 이후 삶의 방향을 구체화하는 핵심 요소이다. 이를 체계적으로 지원하는 과정은 은퇴상담에 포함된다. 새로운 일에 대한 의지는 있으나 막상 실행에 옮기려 하면 현실적 제약과 심리적 부담으로 인해 재취업이 쉽지 않게 느껴지는 내담자들도 있다. 퇴직 이후에는 진로의 방향을 다시 설정하거나 자신감을 회복하는 데에 시간이 걸릴 수 있고 익숙했던 경력을 바로 이어 가기 어려운 현실은 자존감에도 영향을 줄 수 있다.

한국노인인력개발원의 조사에 따르면 65세 이상 고령자의 90% 이상이 향후에도 어떤 형태로든 일에 계속 참여하고 싶다고 응답하였다. 이러한 추세는 지난 조사 결과에 비해 지속적으로 증가하고 있다. 고령자의 일에 대한 욕구는 경제적 필요뿐 아니라 삶의 주도성과 의미 회복으로 이어지고 있다. 서지원과 김남희(2023)는 재취업한 중장년을 대상으로 건강 상태, 직업

유형, 월평균 급여 수준 등이 일 만족도에 유의미한 영향을 미친다고 하였다. 이는 재취업을 고려할 때 직무 적합성뿐 아니라 건강, 근무 조건 등을 함께 고려해야 한다는 시사점을 제공한다.

은퇴상담은 이러한 현실에 대응하기 위한 전문적 개입이다. 구직 정보 제공과 함께 내담자의 특성과 생애 경로를 고려한 경력설계 상담이 필요하다. 은퇴상담에서는 자기 이해와 노동환경 분석을 바탕으로 하여 새로운 진로를 탐색할 수 있도록 돕는다. 내담자의 직무 역량, 경력 경험, 생활 여건을 고려하여 적합한 일자리 유형과 재취업 시점, 진입 방식 등을 구조화하고, 현실적인 목표 설정과 심리적 지지도 함께 제공해야 한다. 새로운 경력을 설계하려는 내담자가 자신감을 회복하고 방향을 찾을 수 있도록 돕는 것이 중요하다.

고령층을 위한 일자리 유형에는 공익활동형, 사회서비스형, 시장형 사업단, 취업알선형 등이 있다. 특히 시장형 사업단은 초기 투자비와 인프라 지원 확대를 통해 수익성과 자립 가능성을 높이고자 하는 정책이 추진되고 있다(김문정 외, 2025). 시장형 일자리에 참여한 고령자들은 경제력 확보, 성취감, 건강 향상 등의 긍정적 효과를 경험하고 있다.

재취업 기반을 마련하는 데 실질적으로 활용할 수 있는 자원으로는 공공기관과 민간의 다양한 프로그램이 있다. 고용노동부와 노사발전재단이 운영하는 '신중년 경력설계 서비스'와 '중장년일자리희망센터'는 중장년층을 위한 경력 진단, 전직지원, 재취업 상담 등을 제공하는 대표적인 공공서비스이다. 이 밖에도 일부 대기업은 퇴직자를 대상으로 아웃플레이스먼트 프로그램을 운영하고 있다. 이 프로그램은 퇴직자에게 이력서 작성, 면접 코칭, 심리상담, 창업 준비 등의 종합 서비스를 제공하여 재취업 성공률을 높이는 데 기여한다. 이러한 제도적 자원을 내담자에게 안내하고 연계하는 일은 은퇴상담의 실천적 역할이다.

경력 전환은 기존의 경험과 자산을 새로운 방식으로 재구성하여 사회적 역할을 넓혀 갈 수 있도록 지원하는 것이 중요하다. 은퇴상담은 내담자가 변화된 노동환경에 유연하게 적응하고 새로운 시작을 준비할 수 있도록 실질적인 조력을 제공하는 과정이다.

(2) 전직 및 평생학습 지원 상담

은퇴 이후의 삶을 새롭게 설계하기 위해서는 학습이 중요한 출발점이 된다. 빠르게 변화하는 노동시장과 기술 환경은 기존의 직무 경험만으로는 대응하기 어렵다. 디지털 대전환과 고용의 유연화는 새로운 역량을 요구한다. 이에 적응하지 못하면 경력단절뿐 아니라 정체성의 혼란도 경험할 수 있다. 그러나 학습에 대한 동기와 자신감은 퇴직과 함께 약화하기 쉽다. 나이가 많다는 이유로 학습하기 늦었다고 생각하거나 기술 변화에 대한 두려움으로 학습 자체를 꺼리는 경향도 나타난다.

'어떤 이에게 인공지능(AI)은 혹독한 겨울을 이기고 기어이 핀 한 송이 꽃이겠으나, 누군가에게는 벼락처럼 떨어진 이름이다'(임지선, 2023). 이 문장은 디지털 대전환 시대의 세대 간 기술격차와 학습 불평등을 상징적으로 표현한다. 실제로 은퇴자들은 새로운 일에 도전하고 싶지만, 기술격차나 자격 요건 등의 현실적 제약으로 인해 자신에게 적합한 교육 기회를 찾는 데 어려움을 겪는다.

은퇴상담은 내담자가 평생학습의 필요성을 인식하고 자기 주도적으로 전환을 준비할 수 있도록 돕는 과정이다. 학습에 대한 심리적 저항을 완화하고 진로 재정립의 기회로 연결되도록 상담을 구조화해야 한다. 내담자의 과거 직무 경험, 학습 스타일, 성격 특성 등을 종합적으로 고려하여 교육 경로를 설계하고 단기적인 직업훈련뿐 아니라 장기적인 진로 역량을 쌓을 수 있는 방향으로 안내해야 한다.

전직에 관한 관심은 재직근로자에게서도 증가하고 있다. 양명주(2020)는 재직근로자의 전직지원서비스에 관한 개념도 연구를 통해, 전직지원이 일자리 이전의 문제가 아니라 교육 · 상담 · 행정지원 등 다차원적인 개입을 요구한다는 점을 밝혔다. 재직근로자들이 가장 중요하게 인식한 요소는 직접적인 일자리 제공과 서비스 운영 개선이었다. 이는 은퇴자에 대한 전직지원은 교육 기회 제공과 함께 실질적인 실행 경로와 동기 유지 체계도 설계되어야 함을 시사한다.

또한 고령층을 대상으로 운영되는 시장형 일자리 사업단에서는 성장주기별 맞춤 지원 체계를 통해 초기역량 강화, 중간역량 확대, 자립역량 확보의 세 단계로 구성된 훈련이 연계되고 있다(한국노인인력개발원, 2025). 이러한 구조는 기술 적응과 전직을 준비하는 고령자에게 실제적인 학습 기반을 제공하고 은퇴상담 장면에서 유용한 정책적 자원이 된다.

평생학습은 기술 습득만을 의미하지 않는다. 자기 이해를 넓히고 사회적 역할을 재정립하면서 삶의 주도권을 회복하는 과정이기도 하다. 권대봉 등(2012)은 평생학습이 퇴직 이후 삶의 만족도에 긍정적 영향을 미치며 자아 성찰과 사회적 참여를 동시에 강화하는 효과가 있다고 밝혔다. 특히 중장년층의 학습은 자격 취득이라는 결과보다 과정 중심의 성장 경험으로 접근하는 것이 중요하다.

상담자는 내담자가 자신의 삶을 다시 배우고 재구성할 수 있도록 학습 환경과 기회를 연결해야 한다. 지역 평생학습관, 고용노동부 산하 직업능력개발 훈련기관, 온라인 교육 플랫폼, 대학의 신중년 프로그램 등의 실질적인 자원을 안내하고 연계하는 것이 필요하다. 교육훈련 과정이 단절되지 않도록 지속적인 상담 개입을 통해 동기를 유지하면서 실천의 흐름이 끊기지 않도록 격려하는 것도 은퇴상담 과정에 포함되어야 한다.

(3) 창업 및 프리랜서 활동 상담

은퇴 이후에도 일에 대한 열망은 다양한 방식으로 지속된다. 최근에는 조직에 소속되기보다는 자신의 경험과 기술을 바탕으로 독립적인 일의 형태를 추구하는 시니어가 늘고 있다. 창업이나 프리랜서 활동은 경제적 수입 확보를 넘어서 삶의 의미를 재구성하고 주도적인 역할을 이어 가려는 시도로 이해된다.

중소벤처기업부의 중장년 창업 실태조사에 따르면, 50세 이상 창업자의 비중이 꾸준히 증가하고 있다. 창업 동기로는 퇴직 후 자기 사업을 이어 가고자 하는 의지와 직장에서 익힌 지식과 기술을 계속 활용하고자 하는 바람이 주로 나타난다. 이들 중 다수는 퇴직금을 비롯한 자기자금을 창업자금으로 활용하고 있다.

그러나 창업과 프리랜서 활동은 새로운 기회가 되는 동시에 다양한 도전을 수반한다. 창업과정에는 아이템 선정, 자금 확보, 마케팅 전략, 법적 절차 등 복합적인 과제가 포함된다. 프리랜서 활동도 소득의 불안정성과 자기관리 부담이라는 현실적인 어려움이 존재한다. 소상공인시장진흥공단의 자료에 따르면 50대 이상 창업자의 1년 이내 폐업률은 30%를 상회한다. 준비되지 않은 창업이 오히려 불안정성을 증대시킬 수 있음을 시사한다.

은퇴상담은 이러한 현실을 반영해 창업과 프리랜서 활동을 무조건적인 대안으로 제시하기보다 내담자가 자기 삶의 맥락에서 신중히 숙고하고 준비할 수 있도록 구조화되어야 한다. 창업을 희망하는 내담자의 동기와 자원을 종합적으로 진단하고 실행 가능성과 지속성을 중심으로 상담 계획을 수립해야 한다.

정부는 고령자의 창업을 생계형과 구분하여 '전환형 창업'으로 정의하고 차별화된 정책을 시행하고 있다. 중소벤처기업부의 '신중년 기술창업 지원사업'은 시제품 제작비, 창업 공간, 경영컨설팅을 제공하고 있다. 고용노동부는 내일배움카드를 활용한 창업 훈련 과정을 운영하고 있다. 서울시50플러스재단 등 지방자치단체도 사회공헌형 일자리 사업 등을 통해 관련 자원을 마련하고 있다.

상담자는 이 같은 제도적 자원을 안내하고 내담자가 자신의 상황에 맞게 활용할 수 있도록 전략적으로 지원해야 한다. 프리랜서 활동을 준비하는 내담자에게는 계약서 작성과 이해, 소득 관리, 업무 조율 능력에 대한 실질적인 정보를 제공해야 한다. 고립감이나 자기효능감 저하에 대한 심리적 지원도 병행해야 한다. 창업과 프리랜서 활동은 유연성과 자율성을 기반으로 하지만 동시에 철저한 자기관리와 정서적 균형을 요구한다. 은퇴자는 이를 통해 삶의 주도권을 회복하고 지속 가능하도록 사회적 역할을 확장할 수 있다. 은퇴상담은 이를 위한 전략적 개입이 가능하도록 설계되어야 한다.

(4) 노동시장 변화 대응 및 적응 상담

은퇴 이후의 삶은 예전보다 훨씬 더 유동적인 노동환경 속에서 재편되고 있다. 기술 발전과 산업 구조 변화는 일의 방식과 기준을 빠르게 전환하고 있다. 중장년층은 디지털 대전환, 고령사회 진입, 평생직장 개념의 해체 속에서 기존 경력만으로는 대응하기 어려운 환경에 놓여 있다.

현재 40~64세 중장년층 취업자의 고용의 질은 안정적이지 않다. 고용노동부는 중장년 고용률이 증가하고 있으나 단기, 저임금, 비정규직 고용이 확산되고 있다고 보고하였다. 특히 60대 이상 고령층은 전체 연령대 중 비정규직 비율이 가장 높고, 재직자의 절반 이상이 단순 노무직 또는 단기 계약직에 종사하고 있다. 이러한 현상은 고용이 지속되는 것처럼 보이지만, 시장에서의 안정성은 약화되고 있어 직무의 질은 이전과 같은 수준을 유지하지 못하고 있음을 시사한다.

서울시50플러스재단은 중장년층의 이직 후 급여 감소율이 높은 점을 지적하였다. 40대, 50대 근로자는 평균보다 높은 임금 감소를 경험하는 것으로 나타났다. 이는 경력과 전문성이 자동적으로 좋은 일자리로 연결되지 않는 현실을 보여 준다. 통계청(2025)에 따르면 2024년 12월 기준 15~64세 고용률은 69.4%로 전년 대비 소폭 상승했으나, 실업률은 3.8%로 여전히 높은 수준이다. 서울시의 경우 50대 경제활동참가율과 고용률은 전국 평균보다 낮아 지역 간 격차도 확인된다.

노동시장의 변화는 새로운 적응 기준을 요구한다. 디지털 기술 습득, 산업별 업무 방식 이해, 새로운 조직 문화에 대한 적응이 포함된다. 그러나 이러한 변화에 대한 심리적 준비는 충분하지 않은 경우가 많다. 서울시50플러스재단은 중장년층이 변화된 환경에서 소외감과 자신감 저하를 경험한다고 지적하였다. 기존 경력을 그대로 이전할 수 없을 때 노동시장과의 괴리감이 심화되기도 한다.

이에 따라 은퇴상담은 변화에 대한 인식과 적응 역량 강화를 포함해야 한다. 직무 환경 변화와 요구 역량을 정확히 이해하도록 돕고, 현재 위치를 객관적으로 조망할 수 있도록 지원해야 한다. 예를 들어, 한국노인인력개발원은 태블릿 기반 업무, 플랫폼 활용, 앱 운영 등의 훈련을 제공하는 디지털 적응형 고령자 일자리 시범사업을 운영하고 있다. 이 사업은 실질적인 기술 훈련과 심리적 지원을 병행하는 구조로 설계되어 있다.

은퇴상담은 내담자가 노동시장의 새로운 기준을 이해하고 준비할 수 있도록 전략을 함께 설계하는 과정이다. 고용노동부의 '신중년 적합직무 고용장려금', '계속 고용 장려제도', 한국노인인력개발원의 시범사업 등 다양한 정책 자원을 안내하고 연계할 수 있도록 지원해야 한다.

오랫동안 익숙한 환경에서 일해 온 내담자는 변화된 시스템에 대한 불안감이나 자신감 부족을 느낄 수 있다. 서울시50플러스재단은 이러한 부담을 완화하고 변화에 능동적으로 대응할 수 있도록 돕는 것이 중요하다고 강조한다. 내담자가 기존 경력을 긍정적으로 해석하고 새로운 환경에도 유연하게 반응할 수 있도록 안내하는 것이 상담자의 역할이다.

은퇴상담은 은퇴자가 변화하는 노동시장에 능동적으로 적응하고 자신에게 의미 있는 역할을 새롭게 형성할 수 있도록 돕는 과정이다. 상담자는 내담자가 축적된 직무 경험을 바탕으로 자신의 전환 경로를 주도적으로 설계할 수 있도록 조력한다.

(5) 멘토링 및 네트워크 구축 상담

은퇴 이후에도 타인과 연결되어 있다는 경험은 삶의 만족감과 정서적 안정감에 긍정적인 영향을 미친다. 오랫동안 일터에서 형성되었던 관계가 약화되면 사회적 접촉의 밀도가 낮아질 수 있다. 은퇴 이후에도 사람과의 연결을 유지하거나 새롭게 넓히는 과정은 심리적 활력과 정체성 유지에 기여한다. 멘토링은 은퇴자가 자신의 경험과 지식을 다음 세대에 나누는 방식으로 진행된다. 이는 이전의 역할을 재구성하고 사회와 관계를 새롭게 정립하는 의미 있는 소통의 기회가 된다. 은퇴자는 멘토링을 통해 자신을 돌아보고 과거의 경험이 현재에도 유효하다는 인식을 강화할 수 있다. 이 과정은 본인의 삶의 흐름을 정리하고 사회적 자산으로 전환하는 의미를 가진다.

멘토링은 은퇴자의 경험과 지식을 다음 세대에 전달하는 방식으로 사회와의 새로운 연결을 가능하게 한다. 한국노인인력개발원은 '노인 일자리 플러스' 사업을 통해 고령자가 지역사회 멘토, 생활기술 지도자 등으로 활동할 수 있는 구조를 지원하고 있다. 이러한 멘토링 활동은 역할 재정립과 심리적 회복의 기회를 제공한다.

멘토링은 은퇴자가 변화하는 노동시장에 능동적으로 적응하고 자신에게 의미 있는 역할을 새롭게 형성할 수 있는 활동이다. 은퇴자는 자신의 직무 경험과 삶의 지혜를 바탕으로 타 세대와의 소통에 참여하면서 사회적 기여를 실현할 수 있다. 실제로 노인 멘토로 활동한 은퇴자와 청소년 멘티 간의 멘토링 경험을 다룬 연구에서는 멘티가 타인 수용, 변화 감지, 성장 기대감 등의 정서적 변화를 경험한 것으로 나타났다(유영주, 2017). 이는 은퇴자의 멘토링이 다른 세대의 정서적 성장과 사회적 관계 회복에 기여할 수 있음을 보여 준다.

사회적 네트워크의 구축은 은퇴 이후 삶에서 핵심적인 역할을 한다. 일터에서 형성된 관계가 약화되면 사회적 접촉이 줄어들 수 있다. 관계망이 축소되는 시기를 지나 새로운 네트워크를 형성해 가는 과정은 정보의 교환, 자아존중감의 회복, 삶의 활력 증진에 긍정적으로 작용한다. 이는 멘토링이 사회적 네트워크 확장의 방식 중 하나임을 보여 준다.

서울시50플러스재단은 '보람일자리', '사회공헌 아카데미', '동년배 기획단' 등을 통해 은퇴자의 사회참여와 관계 회복을 지원하고 있다. 이러한 프로그램은 정서적 안정과 사회적 활력을 높이는 데 기여한다. 특히 은퇴 이후에도 사회적 연결망을 유지하고 확장하는 것이 중요하다는 점에서 정책적 의미가 크다.

멘토링 프로그램은 분야를 확장하며 활성화되고 있다. 법률, 의료, 전문경영 등 다양한 영역에서 시니어 멘토 교육 프로그램이 운영 중이다. 은퇴자의 경험과 지식을 사회에 환원하는 구조가 마련되고 있는 것이다.

민간 영역에서도 멘토링 활동이 활발히 전개 중이다. 일부 기업은 사회공헌 재단을 통해 은퇴자를 포함한 다양한 연령층이 참여하는 멘토링 프로그램을 운영하여 지역사회와의 연계를 강화하고 있다. 공공부문에서도 유사한 시도가 이루어지고 있다. 문화체육관광부와 한국문화예술위원회가 운영하는 '인생나눔교실'은 은퇴자를 인문적 소양을 갖춘 멘토로 참여시켜서 세대 간 소통을 촉진하고 사회적 자산의 이전을 가능하게 한다. 이와 같은 프로그램은 은퇴자의 경험과 전문성을 사회와 연결하고 은퇴 이후의 새로운 역할을 모색하는 긍정적인 사례로 평가된다.

은퇴상담은 내담자가 사회적 연결의 필요를 인식하도록 돕는다. 또한 자신에게 적합한 관계 형성 방식과 참여 경로를 탐색할 수 있도록 지원한다. 오랜 시간 독립적으로 살아온 내담자일수록 새로운 관계 형성에 부담을 느낄 수 있다. 상담자는 내담자의 성향과 경험을 고려해 점진적이고 무리 없는 방식으로 참여를 안내해야 한다.

멘토링과 네트워크 활동은 양적인 확대보다 관계의 질과 정서적 안정의 회복에 중점을 두는 것이 바람직하다. 은퇴상담은 내담자가 자신의 삶의 경험을 사회적으로 의미 있게 전환하고, 새로운 소속감과 역할을 형성할 수 있도록 지원하는 과정이다. 관계를 새롭게 형성하거나 확장해 가는 경험은 은퇴 이후 삶의 의미를 재구성하는 데 중요한 기반이 된다. 정서적 안정뿐 아니라 사회적 활력과 일상 회복으로 이어질 수 있는 가능성을 열어 준다.

참고문헌

경북여성정책개발원(2021). 행복한 인생 2, 3막을 준비하는 신중년(5060세대)을 위한 상담, 교육, 커뮤니티, 활동 시스템 구축. 경북여성가족정책브리핑.

고용노동부(2024). **중장년 계속고용 우수기업 사례집**. 세종: 고용노동부.

권대봉, 김기민, 김영선(2012). 퇴직 후 삶의 질에 영향을 미치는 평생학습 참여요인 분석. **한국평생교육학회지**, 18(3), 45-67.

김문정, 유한나, 정현주(2025). 시장형 노인일자리 운영 혁신방안 연구(정책연구보고서 2025-02). 세종: 한국노인인력개발원.

김은경(2024). 자원봉사 활동이 노인 우울에 미치는 영향: 여가생활 만족의 매개효과. **비즈니스융복합연구**, 9(6), 251-255.

김혜중(2023). 은퇴 부부는 여가시간을 어떻게 보내는가?: 부부공유 여가시간과 여가만족도 및 기분상태의 관련성. **한국가족관계학회지**, 28(1), 159-181.

노사발전재단(2022). **중장년일자리희망센터 운영 사례집**. 서울: 노사발전재단.

보건복지부(2016). 제1차(2016-2020) 노후준비 지원 5개년 기본계획. 세종: 보건복지부.

보건복지부, 한국보건사회연구원(2021). 2020년 노후준비 실태조사 및 정책과제. 세종: 보건복지부.

서울시50플러스재단(2022). 중장년 생애설계상담 진단 연구. 서울: 서울시50플러스재단.

서울시50플러스재단(2024). 인구 고령화 시대의 중장년 고용정책 방향. 서울: 서울시50플러스재단.

서지원, 김남희(2023). 재취업 이후 중장년의 개인 및 일자리 특성이 일 만족도에 미치는 영향요인 분석: 전문직/비전문직에 따른 조절효과 분석. **HRD연구**, 25(3), 23-49.

양명주(2020). 재직근로자의 전직지원서비스 요구에 대한 개념도 연구. **평생학습사회**, 16(1), 53-78.

오종윤, 최현자, 이지영(2014). 재무복지수준으로 측정한 재무설계상담의 효과. *Financial Planning Review*, 7(1), 149-171.

오현주, 김대희(2012). 노인의 건강증진행위에 영향을 미치는 요인에 관한 연구. **보건과 사회과학**, 32, 173-197.

유영주(2017). 은퇴노인 멘토와의 멘토링에서 청소년 멘티의 변화과정에 관한 질적 연구. **청소년문화포럼**, 50, 59-89.

윤서연, 백유진, 권소연, 김혜미, 이영순(2021). 국내 노인 대상 집단상담 프로그램의 효과성 메타분석. **한국상담학회 연차학술대회 논문집**, 56.

임경희, 김연희(2011). 기억 향상 요소를 통합한 집단 자서전 쓰기 프로그램이 고령자의 삶의 만족도와 자아존중감에 미치는 영향. **한국노년학**, 31(3), 945-960.

임지선(2023. 9. 13.). 인공지능, 거버넌스 구축 중요… 금융분야 목표는 맞춤서비스. 한겨레신문. v.daum.net/v/20230913070506250

장미희, 원정숙(2009). 고령자의 우울 수준과 자아존중감 및 사회적 지지와의 관계. **한국심리학회지: 건강**, 14(2), 145-160.

정성훈, 김성일, 김용하(2022). **100세 시대 퇴직설계**. 서울: 박영사.

정종철(2021). 고령화 사회 은퇴자의 문제점과 대응방안. 한국복지실천학회.

중소벤처기업부(2022). 2022년 중장년 창업 실태조사. 세종: 중소벤처기업부.

중소벤처기업부(2024). 신중년 기술창업 지원사업 안내. 세종: 중소벤처기업부.

통계청(2025). 2024년 12월 및 연간 고용동향 [2025년 1월 15일 보도자료]. 대전: 통계청.

한국노인인력개발원(2024). 2024년 노인일자리 플러스 사업 안내. 세종: 한국노인인력개발원.

한국노인인력개발원(2025). 2025년 노인일자리 및 사회활동 지원사업 종합보고서. 세종: 한국노인인력개발원.

한국문화예술위원회(2024). 2024년 인생나눔교실 은퇴전문가 활용 멘토링 운영 대행 용역 제안요청서. 서울: 한국문화예술위원회.

Antonucci, T. C., Birditt, K. S., & Akiyama, H. (2004). Convoys of social relations: An interdisciplinary approach. In R. A. Settersten Jr., F. F. Furstenberg Jr., & R. G. Rumbaut (Eds.), *On the frontier of adulthood: Theory, research, and public policy* (pp. 355-376). Chicago, IL: University of Chicago Press.

Atchley, R. C. (1976). *The sociology of retirement*. Cambridge, MA: Schenkman Publishing.

European Commission. (2021). *Pension adequacy report 2021: Current and future income adequacy in old age in the EU*. Brussels: European Commission. ec.europa.eu/social/main.jsp?catId=738&langId=en&pubId=8396

National Institute on Aging. (2020). *Strategic directions for research, 2020-2025*. Bethesda, MD: U.S. Department of Health and Human Services. www.nia.nih.gov/sites/default/files/2020-05/nia-strategic-directions-2020-2025.pdf

OECD. (2019). *Pensions at a glance 2019: OECD and G20 indicators*. Paris: OECD Publishing. doi.org/10.1787/b6d3dcfc-en

Penn, L. T., & Lent, R. W. (2021). Retiring or rewiring? Test of a social cognitive model of retirement planning. *Journal of Counseling Psychology, 68*(5), 538-549. doi.org/10.1037/cou0000530

Rowe, J. W., & Kahn, R. L. (1997). Successful aging. *The Gerontologist, 37*(4), 433-440.

Wang, M., & Shultz, K. S. (2010). Employee retirement: A review and recommendations for future investigation. *Journal of Management, 36*(1), 172-206. doi.org/10.1177/0149206309347957

Wang, M., Henkens, K., & van Solinge, H. (2011). A review of theoretical and empirical advancements in retirement adjustment. *American Psychologist, 66*(3), 204-213. doi.org/10.1037/a0022414

제 2 부

은퇴상담의 이론

은퇴상담의 이론과 실제

제3장

은퇴이론

• 이민아

은퇴에 대한 정의만큼이나 이를 설명하는 이론 역시 다양하고 복합적이다. 은퇴이론은 '은퇴' 현상을 바라보는 여러 관점을 반영하며, 노동시장 변화와 기술 발전 등 시대적 흐름에 따라 그 의미가 점차 확장되고 있다. 이처럼 은퇴의 양상이 변화하고 있으나, 여전히 기존의 주요 이론들은 은퇴 과정을 이해하고 상담에 적용하는 데 중요한 틀을 제공한다. 특히 은퇴를 단순한 경제활동의 종료가 아니라 개인의 정체성과 삶의 전환이라는 관점에서 조망함으로써 상담자는 내담자의 은퇴 경험을 보다 심층적이고 통합적으로 이해할 수 있다. 이에 이 장에서는 은퇴를 '사건', '역할', '과정'으로 보는 관점을 중심으로 주요 은퇴이론을 검토하고, 각 이론의 상담 적용 가능성과 실천적 함의를 살펴보고자 한다.

1 은퇴를 '사건'으로 보는 관점

은퇴를 '사건(event)'으로 보는 관점은 은퇴를 특정 시점에 일어나는 급격한 삶의 전환으로 간주하며, 이로 인해 개인의 정체성, 사회적 지위, 일상 구조, 경제적 기반 등 다양한 영역에서 심리적·사회적 변화가 촉발된다고 본다. 이 관점은 은퇴를 점진적인 과정이 아닌 명확한 단절로 인식하고, 이 시기의 적응 수준이 이후 삶의 만족도와 정서적 안정성에 결정적인 영향을 미친다고 강조한다. 대표적인 이론으로는 분리이론, 활동이론, 지속이론이 있다.

1) 분리이론

(1) 이론의 개요

분리이론(disengagement theory)은 노화 과정을 생애주기의 주요 전환기로 보고, 노년기에 나타나는 심리적 · 사회적 변화를 설명하는 고전적 이론이다. 이 이론은 노인과 사회 간의 관계가 시간의 흐름에 따라 어떻게 재구성되는지를 다루며, 노화에 따라 개인이 사회적 역할과 상호작용에서 점차 이탈하게 된다고 본다. 미국의 사회학자 Cumming과 Henry는 1961년 『Growing Old: The Process of Disengagement』를 통해 이 이론을 제시하였으며, 이는 당시 급격한 고령화, 전통적 가족 구조의 해체, 산업사회로의 이행 등 사회구조의 변화 속에서 노인의 지위 약화와 역할 축소 현상을 설명하려는 시도였다.

분리이론은 노화를 개인의 심리적 준비와 사회적 요구 간의 조화를 위한 '상호철수' 과정으로 보며, 노년기의 사회적 후퇴와 역할 이탈을 자연스럽고 기능적인 현상으로 간주하였다. 이는 인구 고령화, 전통적 가족 구조의 해체, 산업사회로의 전환 등 급격한 사회 변화 속에서 노인의 지위와 역할 축소 현상을 이론적으로 설명하려는 시도에서 출발하였다. 이후 분리이론은 노화를 심리적 · 사회적 이탈의 과정으로 보는 관점에 대해 다양한 비판을 받았고, 활동이론과 지속이론 등 대안적 접근의 등장을 촉진하였다. 그럼에도 이 이론은 노년기 사회적 적응을 설명하는 초기 이론으로서 여전히 이론적 의의를 지닌다(정옥분, 2024).

(2) 주요 내용

분리이론은 은퇴나 노화와 같은 생애 전환기에 개인과 사회가 상호적으로 사회적 참여와 역할 수행을 점진적으로 축소해 나가며, 이 과정에서 '상호분리(mutual withdrawal)'가 자연스럽게 일어난다는 관점을 기반으로 한다. 이 이론은 노년기에 접어든 개인이 점차 사회적 활동에서 물러나고, 사회 역시 해당 개인에게 점차 적은 역할과 책임을 부여하게 되는 과정을 기능적이고 불가피한 적응 양상으로 설명한다. 분리이론의 주요 내용은 다음과 같다.

첫째, 분리이론에 따르면, 은퇴 후 노인은 점차 사회적 역할에서 물러나고, 사회 역시 노인의 활동 참여를 제한하거나 축소함으로써 상호적인 분리 과정이 형성된다. 이는 노인이 직업, 가족, 지역사회 등 주요 사회적 영역에서 단계적으로 이탈함으로써 개인의 부담을 경감시키고, 사회는 세대 간 역할 이양을 원활히 수행하기 위해 노인의 참여 기회를 재조정하는 방식으로 나타난다(이장호 외 공역, 2008; Cumming & Henry, 1961). 이러한 분리는 개인과 사회 간의 상호작용을 통해 점진적으로 진행되는 것으로, 어느 한쪽의 일방적인 결정에 의한 결과가 아니다.

이 과정에서 노인은 사회적 상호작용의 감소를 통해 기존의 역할과 규범으로부터 심리적 해방을 경험할 수 있으며, 사회는 세대교체를 통해 기능의 연속성과 체계의 역동성을 유지할 수 있다(Cumming & Henry, 1961).

둘째, 이 이론은 사회적 분리를 노화 과정에서 나타나는 자연스럽고 보편적인 현상으로 간주한다. 나이가 들면서 나타나는 신체적 · 정신적 능력의 저하는 개인이 사회적 역할에 대한 흥미를 잃거나 참여가 어려워지는 주요 요인이 된다. 이러한 내부적 변화는 외부 세계 대한 관심이 감소되고, 자기 내면에 대한 집중으로 이어질 수 있으며(정옥분, 2024), 이는 노화에 따른 정상적이고 건강한 적응 과정으로 해석된다. 즉, 분리는 단순한 사회적 후퇴가 아니라 인간 발달의 자연스러운 일부로 이해되며, 모든 노인에게 공통적으로 나타날 수 있는 경향인 것이다.

셋째, 분리이론에서는 노년기의 적응을 위해 활동을 지속하기보다는 점진적으로 분리되는 것이 개인과 사회 모두에 긍정적인 결과를 가져올 수 있다고 주장한다. 즉, 분리 과정은 단순한 소외나 퇴행이 아니라 적응적 메커니즘으로 이해될 수 있다. 은퇴자의 건강 악화, 피로도 증가 등 신체적 · 심리적 제약을 고려할 때, 활동을 줄이는 것은 스트레스를 완화하고 심리적 안정을 돕는 효과가 있다(김지경, 송현주, 2010). 또한 개인은 사회적 압력에서 벗어나 자신의 속도에 맞춰 삶을 정리할 기회를 갖게 되며, 이는 노년기 적응에 유리하게 작용한다. 동시에, 사회적으로는 세대 간 자원 재분배와 인력 구조 조정을 통해 시스템의 안정성과 지속 가능성을 확보할 수 있으며, 이는 사회적 자원의 효율적 운용이라는 측면에서도 중요한 의의가 있다(윤형준, 2010; Cumming & Henry, 1961).

(3) 상담 적용의 시사점

분리이론은 노년기에 접어든 개인이 사회적 역할과 대인관계에서 점차 물러나는 과정을 자연스럽고 적응적인 변화로 이해한다. 그러나 이 이론은 분리가 연령 그 자체보다는 노화와 관련된 신체적 · 사회적 요인에 더 밀접하게 연관되어 있으며, 단순한 생물학적 결과라기보다는 사회적 환경의 영향을 받은 결과라는 비판을 받았다(정옥분, 2024). 그럼에도 분리이론은 은퇴 초기 단계에서 내담자가 경험하는 역할 상실, 심리적 전환, 관계의 변화 등을 이해하는 데 유용한 이론적 근거를 제공하였다. 이에 따라 은퇴상담에서는 분리이론을 바탕으로 다음과 같은 상담 적용의 시사점을 도출할 수 있다.

첫째, 분리이론은 은퇴로 인한 역할 상실을 노화 과정의 자연스러운 현상으로, 이러한 역할 축소를 병리적 현상이 아닌 삶의 후반기에 나타나는 적응적인 전환으로 이해할 것을 강조한다(정옥분, 2024; Cumming & Henry, 1961). 은퇴상담자는 이러한 관점에 기반해 내담자가 직업적 역할 상실로 인해 겪는 무기력감, 상실감, 고립감 등을 병적인 반응이 아닌 보편적인 정서적 변화로 재해석하도록 도와줌으로써 은퇴에 대한 불안과 죄책감을 덜어 주는 데 중점을 두어야 한다. 이는 내담자가 자신의 감정을 정상적인 것으로 받아들이고, 과거에 대한 집착에서 벗어나 새로운 삶의 의미를 탐색할 준비를 하는 데 도움이 된다.

둘째, 분리이론은 기존의 사회적 활동이 줄어든 만큼 개인이 내면에 집중하고, 사회적 기대에서 벗어나 더 큰 자율성과 심리적 자유를 경험할 수 있다고 본다. 이러한 관점을 바탕으로 상담자는 내담자가 은퇴 후 외적 활동 중심의 삶에서 벗어나 자아 성찰과 삶의 의미를 재탐색할 수 있도록 지원해야 한다. 즉, 외부의 역할이나 규범에 얽매이지 않고 자신이 진정으로 원하는 삶의 방향을 주도적으로 설계하도록 돕는 것이 중요하다. 은퇴상담은 내담자가 자아 통합과 내면의 성숙이라는 발달과업을 수행할 수 있도록 조력하는 과정이며, 이는 은퇴 이후 삶의 질과 심리적 안정에 결정적인 영향을 미칠 수 있다(윤형준, 2010; 이종찬, 2020; Cumming & Henry, 1961).

셋째, 노년기에는 사회적 상호작용이 자연스럽게 감소하며, 특히 은퇴를 전후로 관계망이 변화하면서 은퇴자가 외로움이나 고립감을 경험하기 쉬워진다. 분리이론은 이러한 관계 축소를 단순한 단절로 보지 않고, 보다 선택적이고 의도적인 관계 재구성을 통해 정서적 안정과 자율성을 회복하는 기회가 될 수 있음을 강조한다(Neugarten, 1964). 이에 따라 상담자는 내담자가 관계 변화에서 오는 정서를 이해하고 수용할 수 있도록 도우며, 직장 중심의 관계에서 벗어나 가족, 친구 등 가까운 사람들과의 관계를 재조정하고, 여가활동 등을 통해 새로운 관계를 형성할 수 있도록 조력해야 한다.

넷째, 노년기는 삶의 종결을 준비하는 시기로, 분리이론은 이를 단순히 죽음을 기다리는 시간이 아니라, 삶의 유산을 정리하고 심리적 통합을 이루는 중요한 전환기로 이해한다(윤형준, 2010; Cumming & Henry, 1961). 이러한 관점은 현대 사회에서 과도한 생물학적 결정론으로 비판받기도 하지만 은퇴상담에서는 내담자가 삶의 유한성을 인식하고, 남은 시간을 어떻게 의미 있게 보낼 것인지를 성찰할 수 있도록 돕는 데 효과적이다. 이는 죽음에 대한 막연한 두려움을 완화하고, 현재의 삶에 대한 몰입과 만족을 증진시키는 데 기여할 수 있다.

2) 활동이론

(1) 이론의 개요

활동이론(activity theory)은 노년기 개인의 적응과 성공적인 은퇴를 설명하기 위한 초기 사회학적 노화이론으로, Havighurst, Neugarten과 Tobin에 의해 1960년대 초에 제안되었다. 제2차 세계대전 이후 고령 인구의 급격한 증가와 사회보장제도의 정착은 고령자의 심리적 적응과 사회 통합을 중요한 사회적 과제로 부상시켰으며, 이러한 시대적 맥락 속에서 활동이론은 노인의 적극적인 사회참여가 성공적 노화(successful aging)의 핵심 조건임을 강조하였다(Havighurst et al., 1968).

노년기의 사회적 활동 감소는 단순히 자연적인 현상이 아니라 오히려 사회적 배제나 참여 기회의 부족에서 비롯된 결과로 이해된다. 활동이론은 고령자 역시 활동적이고 생산적인 시민으로서 역할을 지속할 수 있다고 보며, 이러한 사회적 참여의 지속이 삶의 만족도와 심리적 안녕에 긍정적인 영향을 준다는 전제에 기반을 둔다(정옥분, 2024). 따라서 고령자의 적극적인 사회참여는 긍정적으로 평가되어야 하며, 이는 성공적 노화를 위한 핵심 조건이다(Atchley, 1976; Havighurst, 1968). 즉, 은퇴 이후에도 이전과 유사한 수준의 활동성과 사회참여를 유지하는 것은 노년기 삶의 질을 결정짓는 핵심 요소이며, 긍정적인 자아개념 형성에도 중요한 영향을 미친다(정옥분, 2024). 이러한 관점을 바탕으로 활동이론은 현대적 의미의 '성공적 노화' 개념의 기초를 마련하였고, 은퇴를 단순한 직장생활의 종료가 아니라 새로운 삶의 단계로의 전환과 재적응의 과정으로 이해할 필요성을 강조하였다.

(2) 주요 내용

활동이론은 은퇴 이후의 삶을 단절과 소외의 시기가 아니라 사회적 활동의 지속을 통해 삶의 만족과 심리적 안녕을 유지할 수 있는 중요한 시기로 보았다. 노년기는 단순히 후퇴하는 시기가 아니며, 이전의 생활양식과 활동 수준을 가능한 한 유지하려는 노력이 건강하고 성공적인 노화를 위한 핵심 요인임을 강조하였는데, 주요 내용은 다음과 같다.

첫째, 활동이론은 노인 역시 젊은 시기와 본질적으로 유사한 심리적 · 사회적 욕구를 지닌다고 전제한다. 생물학적 변화나 건강상의 제약을 제외하면, 노년기에도 사회적 상호작용과 집단 활동에 대한 욕구는 지속되며, 이는 중년기와 크게 다르지 않다(Havighurst et al., 1968). 특히 노인의 사회적 활동 참여는 삶의 만족도와 밀접한 관련이 있으며, 활동 수준이 높을수록 삶의 질 또한 향상되는 경향이 있다. 활동이론의 핵심 명제는 '활동이 많을수록 행복하다'는 것으로, 이는 노년기에도 적극적인 사회참여와 활동이 행복과 웰빙을 증진시킨다는 점을 강조한다(Havighurst, 1982).

둘째, 인간은 누구나 자아개념(self-concept)과 자아정체성(self-identity)을 유지하려는 욕구를 지니며, 이 과정에서 사회적 역할의 지속과 활동성은 핵심적인 요인으로 작용한다. 활동은 개인이 자신의 존재 가치를 확인하고 심리적 안정감을 유지하는 데 필수적인 수단이며, 역할 수행의 정당성을 부여하는 기능을 한다(이장호 외 공역, 2008). 활동이론은 은퇴를 단순히 직업인의 사회적 정체성을 상실하는 사건이 아니라 새로운 역할을 탐색하고 수용하는 전환의 기회로 본다. 은퇴자는 기존의 중요한 사회적 역할인 직장인의 지위를 내려놓게 되지만, 조부모, 자원봉사자, 취미 활동가, 지역사회 구성원, 멘토 등 다양한 대체 역할을 통해 자아정체성을 재구성할 수 있다. 따라서 노년기에 새로운 사회적 활동에 능동적으로 참여함으로써 긍정적인 자아상을 유지하고 강화하는 것이 심리적 안녕과 성공적 노화를 위한 중요한 과제가 된다(이예림, 2023).

셋째, 활동이론은 노년기 적응의 핵심으로 삶의 연속성 유지의 중요성을 강조한다. 특히 중년기까지 형성된 생활 방식, 가치관, 사회적 역할 등을 가능한 한 지속하는 것이 심리적 안정과 자아정체성 유지에 필수조건으로 보았다(윤형준, 2010). 이러한 관점은 은퇴 이후에도 과거와 유사한 활동이나 역할을 선택하고 이어 가는 것이 삶의 일관성을 확보하고 적응을 촉진하는 데 효과적이라는 점을 시사한다(이종찬, 2020). 나아가 삶의 연속성(life continuity)을 유지한다는 것은 단순히 이전 활동을 반복하는 것이 아니라 개인의 가치체계와 정체성을 존중하며, 이를 바탕으로 새로운 생활 구조를 재구성해 가는 과정이다. 따라서 활동이론은 은퇴를 삶의 단절이 아닌 연속의 일부로 보고, 이전과 유사한 활동의 지속이 노년기 삶의 만족과 심리적 안정성을 높이는 중요한 전략임을 강조한다(Atchley, 1989).

(3) 상담 적용의 시사점

활동이론은 은퇴상담에서 심리 · 사회적 개입 모델(psychosocial intervention model)로 유용하게 활용될 수 있는 이론으로, 개인이 은퇴 이후에도 일상적이고 지속 가능한 활동을 유지할 때 심리적 안정과 사회적 통합이 가능하다는 점을 강조한다(Havighurst, 1982). 이 이론은 은퇴로 인한 상실감, 우울감, 소외감 등 다양한 심리 · 사회적 어려움을 경험하는 내담자에게 활동 중심의 개입 전략을 제시함으로써 보다 효과적이고 현실적인 상담 개입의 방향을 제공할 수 있다(김명애 외, 1999).

첫째, 활동이론은 은퇴 후에도 노인이 지속적으로 활동을 유지하고 사회에 참여하는 것이 심리적 · 사회적 안녕에 중요하다고 강조한다. 노인은 중년기와 마찬가지로 다양한 심리적 · 사회적 욕구를 지니고 있으며, 은퇴 이후에도 의미 있는 활동을 지속하거나 새로운 활동에 참여하는 것이 필요하다(Havighurst et al., 1968). 이에 따라 은퇴상담에서는 활동의 단절이 무기력감, 자아존중감 저하, 삶의 만족도 감소로 이어질 수 있음을 내담자가 인식하도록 돕고, 신체적 · 인지적 · 사회적 활동을 지속할 수 있도록 적극적으로 격려해야 한다(김명애 외, 1999; 정옥분, 2024). 이를 위한 구체적 개입은 새로운 취미 개발, 자원봉사 참여, 학습 활동 시작 등 다양한 형태로 이루어질 수 있으며, 내담자가 자신의 삶을 주체적으로 재구성할 수 있도록 지원하는 상담 전략으로 활용될 수 있다.

둘째, 은퇴는 직업적 역할의 상실로 인해 내담자의 자아개념에 큰 영향을 미치게 된다. 활동이론은 개인이 다양한 활동을 통해 자아개념을 유지하고 강화할 수 있다고 보며, 이는 은퇴 이후 삶의 의미와 목적을 재정립하는 데 중요한 이론적 기반을 제공한다(윤형준, 2010). 따라서 삶의 정체성을 상실한 내담자에게는 과거의 역할과 연계된 활동을 통해 새로운 자아정체성을 형성하도록 돕는 상담적 접근이 필요하다. 상담자는 내담자가 지닌 경험, 기술, 가치 등을 함께 탐색하고, 이를 현재의 활동과 유기적으로 연결함으로써 새로운 삶의 방향성과 목적의식을 찾을 수 있도록 조력해야 한다. 예를 들어, 과거에 교사로 활동했던 내담자가 지역사회 교육 프로그램에 참여하게 된다면 이는 단순한 활동 참여를 넘어 자아존중감과 역할 정체성의 회복, 나아가 심리적 안녕과 삶의 만족도 향상에도 긍정적인 영향을 미칠 수 있다(김명애 외, 1999; 이예림, 2023).

셋째, 활동이론은 노년기에 타인과의 사회적 상호작용을 유지하는 것이 삶의 만족도와 심리적 안녕을 유지하는 데 필수적이라고 강조한다(김명애 외, 1999). 따라서 은퇴 이후 사회적 관계의 단절로 인해 우울감이나 고립감을 경험하는 내담자에게는 사회적 상호작용이 가능한 활동에 다시 참여하도록 유도하는 상담적 개입이 필요하다. 상담자는 내담자가 은퇴로 인해 축소될 수 있는 사회적 관계망을 유지하고 확장할 수 있도록 적극적으로 지원해야 하며, 이를 위해 기존 친구나 동료와의 관계 유지를 격려하고, 동시에 새로운 사회적 집단이나 활동에 참여하여 새로운 관계를 형성하도록 돕는 것이 바람직하다(김지경, 송현주, 2010). 이러한 접근은 내담자의 외로움과 고립감을 완화하고, 사회적 지지체계를 강화함으로써 전반적인 정서적 회복과 심리적 안정에 긍정적인 영향을 미치는 효과적인 개입 전략이 될 수 있다(Lemon et al., 1972).

3) 지속이론

(1) 이론의 개요

지속이론(continuity theory)은 은퇴를 단절이나 급격한 변화로만 보지 않고, 개인이 중년기까지 형성한 삶의 패턴과 특성이 노년기에도 일정 부분 유지된다는 점을 강조한다. 이러한 관점은 은퇴 이후의 적응 과정을 보다 유연하고 현실적으로 이해할 수 있는 이론적 틀을 제공하였다(Atchley, 1989). 지속이론은 1960년대 초 등장한 분리이론과 활동이론의 한계를 보완하기 위해 Atchley에 의해 제안되었다. 분리이론이 노인의 사회적 철수를 자연스러운 생애과정으로 간주한 반면, 활동이론은 사회적 활동의 지속을 성공적 노화의 핵심 요인으로 보았다. 그러나 이처럼 단선적이고 이분법적인 접근만으로는 노년기의 다양한 적응 양상과 개인차를 충분히 설명하기 어렵다는 점에서 지속이론은 보다 포괄적이고 개별화된 노화에 대한 이해를 가능하게 한 이론이다(이예림, 2023; 정옥분, 2024).

Atchley는 노인의 삶을 이해하는 핵심 개념으로 '지속성(continuity)'을 제시하며, 개인이 중년기까지 형성해 온 생활 방식, 가치관, 정체성 등을 가능한 한 유지하는 것이 노화에 효과적으로 적응하는 데 중요하다고 보았다. 그는 은퇴 이후에도 개인이 자신의 정체성과 삶의 일관성을 유지할 수 있다면, 보다 긍정적이고 안정적인 전환이 가능하다고 강조하였다(Atchley, 1989). 이러한 관점은 은퇴상담에서 내담자가 과거의 경험과 정체성을 기반으로 현재와 미래의 삶을 유기적으로 연결하도록 돕는 이론적 근거로 활용된다. 즉, 은퇴자의 삶에서 연속성을 유지하려는 접근은 자아정체성의 보존, 심리적 안정, 그리고 성공적인 노년기 적응을 촉진하는 핵심 요소로 작용할 수 있다.

(2) 주요 내용

지속이론은 은퇴와 노화 과정을 개인이 중년기까지 형성해 온 자아정체성을 지속적으로 유지하면서 사회적 · 심리적 안정을 도모해 나가는 과정으로 설명한다(김미혜, 서혜경, 2002). 이 이론은 은퇴 이후의 적응 양상에 있어 개인차를 중시하며, 기존의 사회적 관계와 일상적 활동을 유지하고자 하는 노력이 정서적 안정과 삶의 만족을 유지하는 데 핵심적인 역할을 한다고 보았다. 특히 변화보다는 지속성에 초점을 두어 은퇴 이후에도 자신에게 익숙한 생활 방식과 역할 정체성을 유지하려는 시도가 성공적인 노화로 이어질 수 있음을 강조한 이론이다.

첫째, 대부분의 개인은 오랜 시간에 걸쳐 형성된 선호 활동, 생활양식, 가치체계 등을 유지하려는 경향을 보이며, 노년기에도 성격, 기질, 자아개념, 신념, 습관, 선호도, 자아정체성 등 내면적 심리 구조가 비교적 안정적으로 지속되는 특징이 있다. 이러한 내부적 지속성(internal continuity)은 은퇴 이후에도 과거의 자아상을 기반으로 자신을 이해하고, 기존에 추구하던 목표와 가치를 유지하려는 행동양식으로 나타난다(김연진, 2012; Atchley, 1989). 내부적 지속성은 삶의 변화 속에서도 자기 일관성을 유지하며, 예측 가능하고 일관된 방식으로 반응하고 행동하게 하는 심리적 기반을 제공한다. 이는 자아존중감의 유지와 정서적 안정 확보에 중요한 역할을 하며, 은퇴 이후의 심리적 적응을 촉진하는 핵심 요소로 작용한다(정옥분, 2024).

둘째, 내부적 연속성과 함께 개인이 은퇴 이후에도 사회적 환경, 활동 패턴, 역할 등을 가능한 한 이전과 유사한 방식으로 유지할 때 나타나는 외부적 지속성(external continuity) 역시 성공적인 적응에 중요한 역할을 한다(정옥분, 2024). 외부적 지속성이란 노년기에도 사회적 관계, 일상 활동, 생활 방식, 거주지, 사회적 역할 등 외부 환경과의 상호작용 양식이 비교적 안정적으로 유지되는 경향을 의미한다(Atchley, 1989). 이러한 연속성은 은퇴자가 변화된 삶의 조건에 보다 원활하게 적응할 수 있도록 돕고, 동시에 삶에 대한 예측 가능성과 통제감을 높여 심리적 안녕과 사회적 유대감을 증진시킬 수 있다(김명애 외, 1999; 서훈, 2011).

셋째, 지속이론은 노화에 따른 적응을 단순히 기존 생활의 반복이나 변화의 수용으로 보지 않고, 지속성을 기반으로 한 유연한 적응으로 설명한다. Atchley(1989)는 지속성을 하나의 적응 전략으로 간주하며, 은퇴, 건강 변화, 배우자 사별 등과 같은 생애 전환기에서 개인이 과거의 경험, 습관, 성격 특성 등을 활용해 심리적 안정과 삶의 일관성을 유지하려 한다고 보았다(김연진, 2012). 이때 중요한 것은 고정성(fixity)이 아니라, 핵심 정체성과 가치가 유지되는 범위 내에서 새로운 환경에 적합한 역할과 활동을 수용할 수 있는 유연성이다. 즉, 은퇴자는 이전 역할을 단순히 반복하는 것이 아니라, 축적된 경험, 기술, 사회적 자원을 바탕으로 변화된 삶의 조건에 맞는 새로운 정체성과 활동을 구성해 나가야 한다(이장호 외 공역, 2008). 이러한 맥락에서 지속이론이 주장하는 '지속성'은 불변성이 아니라, 변화 속에서도 삶의 일관성과 심리적 안정성을 유지하려는 능동적이고 융통성 있는 적응 과정을 의미한다(이종찬, 2020).

(3) 상담 적용의 시사점

지속이론은 은퇴와 노화 과정을 자아정체성의 유지와 심리적 · 사회적 안정이라는 관점에서 설명하며, 개인이 은퇴 이후에도 내부적 특성인 정체성, 가치관 등과 외부적 환경인 사회적 관계, 일상 활동 등의 연속성을 유지하려는 경향이 있음을 강조한다(김명애 외, 1999). 이러한 관점은 은퇴상담에서 내담자가 과거의 경험, 관계망, 생활 패턴 등을 바탕으로 삶의 일관성을 인식하고, 정체성의 연속성과 환경의 안정성을 확보할 수 있도록 조력하는 것이 중요함을 시사한다(정옥분, 2024). 이는 은퇴 후의 심리적 불안정이나 정체성 혼란을 완화하고, 보다 안정적이고 만족스러운 삶의 전환을 가능하게 하는 핵심적 상담 전략으로 활용될 수 있다.

첫째, 상담자는 내담자의 과거 생활양식, 가치관, 성격 특성, 그리고 중요하게 여겼던 사회적 역할을 심층적으로 탐색해야 한다. 이는 내담자의 내부적 지속성을 파악하고 이해하는 데 핵심적인 과정이다(김명애 외, 1999). 내담자가 은퇴 이후에도 이러한 내면적 특성들을 어떻게 유지하고 있으며, 나아가 그것들이 어떤 방식으로 새롭게 표현될 수 있는지를 함께 논의함으로써, 정체성의 혼란을 완화하고 심리적 안정감을 증진시킬 수 있다. 예를 들어, 과거 직장에서의 책임감이나 성취 지향적인 태도가 은퇴 후에는 자원봉사, 지역사회 참여, 취미 활동 등 새로운 형태의 활동으로 전환될 수 있는 가능성을 탐색해야 한다(정옥분, 2024).

둘째, 지속이론은 은퇴자의 내부적 지속성뿐만 아니라 외부적 지속성 역시도 성공적인 적응을 위한 핵심 요소로 간주한다. 즉, 은퇴 이후에도 기존에 형성된 사회적 관계망, 일상생활의 패턴, 거주 환경 등을 가능한 한 유지하는 것이 심리적 안정과 삶의 만족도를 높이는 데 중요하다(Kathryn, 1995). 이에 따라 상담자는 내담자가 은퇴 전부터 유지해 온 사회적 관계, 취미 활동, 생활 습관 등 외부적 지속 요소들을 면밀히 파악하고, 이러한 요소들이 은퇴 이후의 삶 속에서도 자연스럽게 이어질 수 있도록 조력해야 한다. 특히 기존의 인간관계와 공동체 활동을 지속할 수 있도록 격려하고, 이를 위한 실질적인 자원을 탐색함으로써 정서적 안정과 사회적 유대감을 유지하도록 지원하는 것이 상담 개입의 중요한 과제가 된다(이장호 외 공역, 2008).

셋째, 지속이론은 은퇴자가 과거의 역할과 경험을 기반으로 이를 새로운 방식으로 재구성하여 변화된 환경에 유연하게 적응하는 과정을 중시한다. 이에 따라 상담자는 내담자가 변화된 삶의 조건 속에서도 창의적이고 능동적인 방식으로 의미 있는 삶을 지속해 나갈 수 있도록 적응 전략을 함께 탐색해야 한다(Atchley, 1989; Kathryn, 1995). 특히 은퇴로 인한 상실이나 환경 변화에 직면했을 때, 상담자는 내담자가 과거에 사용했던 성공적인 대처 전략이나 문제해결 경험을 인식하고 이를 현재의 상황에 적용할 수 있도록 지원해야 한다. 이러한 과정은 자기효능감을 증진시키고 새로운 도전에 대한 심리적 회복력을 강화하는 데 기여한다. 또한 내담자가 자신의 경험과 기술을 활용하여 은퇴 이후의 삶을 주체적으로 설계하고, 필요할 경우 새로운 역할 수행이나 기술 습득 과정에서도 과거의 학습 자원을 적극 활용할 수 있도록 조력하는 것이 필요하다(박창제, 2013).

2 은퇴를 '역할'로 보는 관점

은퇴를 역할 관점에서 이해하는 이론들은 이를 단순한 직업적 퇴출이 아니라, 사회적 역할의 변화와 재구성의 과정으로 간주한다. 역할이론은 개인이 은퇴를 통해 기존의 직업적 역할을 상실한 이후, 새로운 대체 역할을 형성함으로써 자아정체성을 유지하고자 하는 점에 주목한다(Goode, 1960; Turner, 1962). 한편, 역할전환이론은 은퇴와 같은 생애 전환기에 나타나는 역할 변화, 그로 인한 심리적 갈등과 적응 과제를 중심으로 전환과정을 설명한다(Schlossberg, 1981). 이 이론은 은퇴 전후 개인이 겪는 역할 상실과 정체성의 재구성 과정을 이해하는 데 유용한 틀을 제공하며, 상담 현장에서는 역할 재정립을 지원하고, 성공적인 은퇴적응을 촉진하기 위한 개입 전략의 이론적 기반으로 활용될 수 있다.

1) 역할이론

(1) 이론의 개요

역할이론(role theory)은 은퇴를 단순한 직업적 역할의 종료가 아니라, 개인이 수행해 온 사회적 역할이 변화하고 새롭게 재구성되는 과정으로 이해한다. 이 이론에 따르면, 개인은 사회적 맥락 속에서 다양한 역할을 수행하면서 자아정체성을 형성하고, 대인관계 및 사회적 소속감을 유지해 나간다. 이러한 관점은 Cottrell(1942) 등을 중심으로 사회학과 사회심리학 분야에서 발전된 역할 개념에 기초하며(이종찬, 2020), 1950~1960년대 산업화와 고령화의 진전에 따라 노년기와 은퇴를 주제로 한 연구에 본격적으로 적용되었다. 특히 이 시기에는 노인의 사회적 지위 변화, 역할 상실, 그리고 이로 인한 적응 문제에 대한 학문적 관심이 고조되었으며, 은퇴는 단순한 생물학적 현상이 아닌 사회적 정체성과 삶의 구조를 재조정해야 하는 복합적인 전환기로 인식되기 시작하였다.

역할이론은 개인이 사회화 과정을 통해 다양한 사회적 역할을 습득하고 이를 수행하는 가운데 자아정체성을 확립하며, 사회와의 관계 속에서 자신을 이해하게 된다고 본다. 개인은 생애 전반에 걸쳐 새로운 역할을 획득하거나 기존의 역할을 상실하며, 때로는 기존 역할을 재정의하는 역할전환(role transition)을 경험한다. 특히 은퇴는 '직업인'이라는 핵심 역할의 상실을 수반하는 대표적인 전환 사건으로, 자아개념과 사회적 정체성에 중대한 영향을 미칠 수 있다. 역할이론은 이러한 상실이 심리적 위기를 초래할 수 있음을 지적하며, 은퇴 이후에는 상실된 역할을 대체하거나 기존 역할의 의미를 재구성함으로써 심리적 안정과 삶의 만족을 회복할 수 있다고 제안하였다(김지경, 송현주, 2010).

(2) 주요 내용

첫째, 역할이론의 핵심 개념은 '역할(role)'이며, 이는 특정한 사회적 지위에 따라 기대되는 행동양식과 규범의 집합으로 정의된다(Biddle, 1986). 개인은 생애를 통틀어 다양한 사회적 위치에 놓이게 되며, 각 위치에 따라 해당 역할을 학습하고 수행한다. 예컨대, 사람은 가족 내에서 자녀로서의 역할을 시작으로, 학교에서는 학생, 사회에서는 직업인, 가정에서는 배우자나 부모로서 여러 역할을 수행하며 살아간다. 이러한 역할은 단순히 외적인 행동만을 규정하는 것이 아니라, 개인의 자아정체성과 자아개념을 구성하는 핵심적인 틀로 기능한다(Hooyman & Kiyak, 2008). 즉, 역할 수행은 사회적 기능을 이행하는 데 그치지 않고, 사회 질서를 유지하고 타인의 행동을 예측 가능하게 하며, 나아가 개인의 정체성 형성과 사회적 통합을 가능하게 하는 중요한 기반이 된다(Stryker & Statham, 1985).

둘째, 역할이론에서는 개인이 수행하는 다양한 역할 가운데 자아정체성과 밀접하게 연결된 중심역할(central role)과 그 영향력이 비교적 작은 주변역할(peripheral role)을 구분한다(Biddle, 1986). 중심역할은 개인의 삶의 만족도, 일상의 구조, 심리적 안정감에 깊은 영향을 미치며, 특히 성인기에는 직업 역할이 대표적인 중심역할로 작용한다. 이는 단순히 생계를 위한 기능을 넘어 자율성, 사회적 인정, 경제적 보상, 일상적 리듬을 제공하며, 개인의 존재 가치를 구성하는 핵심 기반이 된다. 반면, 주변역할은 상실 시 정체성에 미치는 영향이 상대적으로 적고, 그로 인한 심리적 충격도 제한적인 경향이 있다. 따라서 은퇴와 같이 중심역할이 상실되는 시기에는 정체성 혼란과 심리·사회적 불안정에 효과적으로 대응하기 위한 상담적 개입과 대체 역할의 탐색이 필수적이다(김효정, 2015).

셋째, 인간의 생애주기는 다양한 사회적 역할의 획득, 수행, 상실 그리고 재정의를 반복하는 과정으로 이루어진다. 이러한 역할전환(role transition)은 때로는 점진적으로 일어나지만, 은퇴와 같은 사건을 계기로 급격히 발생하기도 한다. 특히 은퇴는 오랜 시간 유지해 온 '직업인'이라는 중심역할을 내려놓고, '은퇴자'라는 새로운 정체성과 생활 구조를 수용해야 하는 중요한 전환점이다(Blau, 1973). 이 과정에서 은퇴자는 기존 역할의 상실로 인한 의욕 저하와 함께 새로운 역할에 적응해야 한다는 심리적 부담을 경험하는 경우가 많다(이종찬, 2020). 결국 은퇴는 익숙했던 삶의 틀을 재구성하고, 새로운 삶의 의미와 역할을 모색해야 하는 심리·사회적 도전의 시기라 할 수 있다.

넷째, 역할이론은 은퇴를 단순한 경제활동의 중단이 아닌, 중심역할의 상실에 따른 정체성 재구성과 심리·사회적 적응의 과제로 이해한다. 직업역할은 성인기 동안 자율성, 경제적 보상, 사회적 인정, 일상 구조를 제공하며, 이는 개인의 자아정체성과 자존감 형성에 핵심적인 기반이 된다. 따라서 이러한 중심역할이 상실되면 심리적 혼란, 삶의 의미 상실, 정체성의 불안정 등 다양한 정서적·사회적 어려움이 초래될 수 있다(정옥분, 2024). 특히 상실된 역할을 대체할 수 있는 새로운 사회적 역할이 적절히 마련되지 않을 경우, 개인은 '역할 공백(role void)' 상태에 빠질 수 있으며, 이는 소속감 약화와 삶의 만족도 저하로 이어질 가능성이 크다(Blau, 1973).

(3) 상담 적용의 시사점

역할이론은 은퇴상담에서 내담자가 경험하는 역할 상실과 전환과정을 이해하는 데 핵심적인 이론적 틀을 제공한다(Stryker & Statham, 1985). 이 이론은 내담자의 과거 역할 수행과 정체성을 심층적으로 탐색할 수 있는 기초를 마련해 주며, 은퇴 이후 새로운 사회적 역할을 형성하도록 지원함으로써 삶의 의미를 재구성하는 데 기여한다. 따라서 은퇴상담은 단순한 정서적 지지나 정보 제공을 넘어 자아개념의 회복과 성공적인 적응을 도모하는 구체적이고 체계적인 개입 방향을 제시할 수 있다.

첫째, 은퇴 후 중심역할의 상실로 인해 정체성의 혼란을 겪는 내담자에게 상담자는 과거에 수행해 온 다양한 사회적 역할을 체계적으로 재검토할 수 있도록 지원할 필요가 있다. 특히 의미 있었던 역할들을 새로운 맥락 속에서 재구성하거나 전환할 수 있도록 돕는 과정이 중요하다. 예를 들어, 전직 교사가 지역사회에서 독서지도 자원봉사자로, 혹은 퇴직 간호사가 복지기관의 건강 상담사로 역할을 지속하는 경우가 이에 해당한다(정옥분, 2024). 아울러 상담자는 은퇴 이전의 직업 역할에 가려졌던 부모, 배우자, 친구, 동호회 회원, 지역사회 구성원 등의 주변 역할을 재평가하도록 도와야 하며, 이를 통해 내담자가 다중 역할의 가치를 인식하고, 은퇴 이후 삶의 의미와 만족을 새롭게 구성할 수 있도록 조력해야 한다.

둘째, 은퇴 후에는 가족 내 기대와 역할 요구의 변화로 인해 역할 갈등이나 과부하가 발생할 수 있다. 예컨대, 전업 가사노동자로의 전환을 요구받는 남성 은퇴자나 손주 돌봄을 과도하게 맡게 된 여성 은퇴자가 이에 해당한다. 상담자는 이러한 역할 갈등을 체계적으로 파악하고, 기대 조율 및 자기표현 기술 향상을 통해 갈등을 완화하도록 개입해야 한다(Stryker & Statham, 1985). 또한 손주 돌봄, 배우자와의 관계 변화, 사회적 기대의 모호함 등으로 인해 나타나는 역할 혼란을 내담자가 인식하도록 돕고, 효과적인 의사소통과 역할 조정 전략을 함께 모색하는 것이 중요하다. 이러한 과정을 통해 내담자는 변화된 역할에 보다 유연하게 적응하고, 대인관계에서도 안정감을 유지할 수 있다.

셋째, 은퇴 후 사회적 고립을 예방하기 위해서는 사회적 지지체계 안에서 새로운 역할을 회복하는 과정이 중요하다. 상담자는 내담자가 손주 돌보기, 동호회 활동, 종교 모임 참여, 지역사회 자원봉사 등 다양한 사회적 맥락에서 의미 있는 역할을 형성하도록 격려함으로써 정서적 안정과 역할 충족감을 높일 수 있도록 도와야 한다(Blau, 1964). 아울러 은퇴로 인한 직업 역할 상실이 초래하는 상실감, 무기력감, 정체성 혼란 등의 정서적 반응에 대해 깊이 공감하고, 이를 정상적인 적응 과정으로 수용하도록 조력하는 것 역시 중요하다. 이는 내담자가 자신의 감정을 이해하고 건강하게 극복해 나가는 데 중요한 기반이 될 수 있다.

2) 역할전환이론

역할전환이론(role transition theory)은 전통적인 역할이론의 확장된 개념으로, 개인이 한 역할에서 다른 역할로 이행하는 과정과 그에 따른 심리적·사회적 적응 양상에 주목한다. 이 이론은 단순히 역할 상실의 측면을 넘어서, 삶의 전환기에서 개인이 경험하는 정체성의 변화, 역할 간 갈등, 새로운 역할의 수용 및 내면화 과정을 포괄적으로 설명한다(Meleis, 2010). 특히 은퇴, 직업 전환, 가족 구조의 재편성과 같은 생애주기상의 중대한 변화는 기존 역할을 종료하고 새로운 사회적 역할을 수용해야 하는 시점으로, 이 과정은 사회적 지위의 재구성, 정서적 재조정, 대인관계의 재정립 등 다차원적인 적응 과제를 포함한다(Sarbin & Allen, 1968).

(1) 이론의 개요

초기 역할이론은 개인이 사회 내에서 특정한 지위에 따라 기대되는 행동을 수행함으로써 사회질서를 유지한다는 전제하에 역할의 구조적 기능과 규범적 측면에 주목하였다(Biddle, 1986). 그러나 이러한 전통적 관점은 시간이 흐르면서 역할이 어떻게 변화하고, 그 변화가 개인의 심리·사회적 상태에 어떤 영향을 미치는지를 설명하는 데 한계를 드러냈다. 특히 1970년대 이후 성인발달이론과 생애과정 관점이 대두되면서, 인간의 삶은 고정된 상태가 아니라 일련의 발달 단계와 전환으로 구성된 연속적인 과정이라는 인식이 확산되었고, 이에 따라 '역할전환'에 주목하는 새로운 이론들이 등장하게 되었다.

역할전환이론은 전통적 역할이론의 한계를 보완하면서 개인이 특정 역할에서 다른 역할로 이행하는 과정을 정체성의 재구성, 자아개념의 조정, 사회적 관계의 재편성과 같은 심리·사회적 변화의 맥락에서 설명한다(Meleis, 2010). 이 이론은 역할전환을 단순한 지위의 상실이나 새로운 역할의 획득으로 보지 않고, 복합적이고 역동적인 적응 과정으로 이해한다. 특히 개인이 지닌 심리적 자원, 사회적 지지 체계, 스트레스 대처 전략 등은 전환의 성공 여부에 중대한 영향을 미치는 요인으로 작용한다는 점에서 은퇴와 같이 정체성에 큰 변화를 초래하는 전환기를 설명하는 데 매우 유용하다.

이러한 이론적 틀에서 역할전환은 시간적 흐름과 사회적 맥락 속에서 점진적이거나 급격하게 일어나는 변화의 과정으로 이해되며, 은퇴는 중심적인 사회적 역할이 종결되는 전형적인 사례로 간주된다. 직업인으로서의 정체성이 해체되고, 새로운 생활 구조와 자아개념을 형성해야 하는 은퇴 시점은 심리적 공백과 불안정성을 초래할 수 있는 주요 전환기이다. 따라서 역할 전환이론은 은퇴상담 및 노년기 적응을 위한 상담 개입의 이론적 근거로 활용될 수 있으며, 내담자의 전환 경험을 심층적으로 이해하고 효과적으로 지원하는 데 기여할 수 있다.

(2) 주요 내용

역할전환이론은 개인이 생애주기나 사회적 맥락의 변화에 따라 기존의 역할에서 이탈하거나 새로운 사회적 역할을 수용하게 되는 과정을 중심으로, 이러한 전환이 개인에게 갖는 심리적 · 사회적 의미를 설명하는 이론이다. 이 이론은 특히 전환 시기에 나타나는 정체성 변화, 정서적 반응, 사회적 재적응의 과정을 포괄적으로 이해하는 데 초점을 둔다.

첫째, 역할전환은 생애주기 전반에 걸쳐 반복적으로 나타나는 불가피한 발달 경험이다. 개인은 출생, 교육, 취업, 결혼, 은퇴 등 일련의 생애 단계에서 지속적으로 사회적 역할의 변화에 직면하게 되며, 이러한 전환은 단순한 사건의 나열이 아니라, 시간적 연속성과 사회문화적 맥락 속에서 전개되는 복합적인 과정으로 이해되어야 한다(Meleis et al., 2000). 이러한 역할전환 경험은 자아정체성의 형성과 삶의 질에 직접적인 영향을 미치는 핵심 요소로 작용한다.

둘째, 전환은 명확한 사건(event)뿐만 아니라, 기대했던 일이 일어나지 않은 경우인 비사건(non-event)까지 포괄하는 개념이다. 예를 들어, 은퇴, 이직, 결혼과 같은 구체적 사건뿐 아니라, 승진 실패나 은퇴 후 계획 무산과 같이 실현되지 않은 기대 역시 개인의 역할 변화와 심리적 적응에 중대한 영향을 미칠 수 있다(Schlossberg, 1981). 이는 전환의 핵심이 단순히 사건의 발생 여부가 아니라 개인이 그 경험을 어떻게 인지하고 해석하느냐에 달려 있음을 알 수 있다.

셋째, 역할전환은 개인과 환경 간의 상호작용 속에서 이루어지는 역동적인 과정이다. 이는 단순한 내적 심리 변화에 국한되지 않으며, 사회적 기대, 문화적 규범, 제도적 구조 등 외부 환경 요인과의 상호작용에 따라 그 양상이 달라진다(Ebaugh, 1988; Meleis, 2010). 예를 들어, 같은 은퇴 상황이라 하더라도 가족 내 역할 기대나 사회적 지지 체계의 차이에 따라 전환의 질과 적응 방식은 크게 달라질 수 있다. 이러한 전환과정은 정형화된 일회적 사건이 아니라 시간의 흐름에 따라 재구성되며 개인의 반응과 환경적 피드백에 따라 끊임없이 변화하는 유동적인 특성을 지닌다.

넷째, 전환의 영향은 개인이 이를 어떻게 인식하고, 어떤 자원을 활용할 수 있는가에 따라 크게 달라진다. 동일한 은퇴라는 사건이라 하더라도 개인의 해석과 대응 방식에 따라 정서적 안정감과 삶의 만족도는 현저하게 달라질 수 있다. 특히 이전의 역할 수행 경험, 성격 특성, 스트레스 대처 능력, 사회적 지지망, 경제적 자원 등은 전환에 대한 적응 과정을 결정짓는 핵심 요인으로 작용한다. 이처럼 역할전환은 개인의 내적 자원과 외적 환경이 상호작용하는 가운데 전개되는 복합적이고 역동적인 적응 과정으로 이해할 수 있다(Meleis et al., 2000).

(3) 상담 적용의 시사점

역할전환이론은 개인이 생애 전환기에서 겪는 사회적 역할의 상실과 획득, 그리고 이에 수반되는 심리·사회적 적응 과정을 설명한다. 특히 은퇴, 경력 변화, 가족 구조의 재편 등 주요 전환의 상황에서 나타나는 정체성 혼란과 사회적 관계의 재조정은 상담의 핵심 주제가 된다. 따라서 역할전환이론은 은퇴상담에서 이러한 전환과정을 이해하고 개입하는 데 유용한 틀을 제공한다(Meleis, 2010).

첫째, 상담자는 내담자가 현재 겪는 전환을 생애 발달의 연속선상에 있는 자연스러운 과정으로 인식하도록 도와야 한다. 특히 중심역할의 상실로 인해 내담자가 정체성 혼란을 겪는 경우라면 과거의 역할 경험을 재해석하고, 이를 새로운 정체성 형성의 자원으로 활용할 수 있도록 조력해야 한다(Meleis, 2010; Sarbin & Allen, 1968). 또한 건강 변화, 배우자 사별, 거주 환경 변화 등 은퇴 이후의 다양한 전환에 대한 인식과 대비를 통해 심리적 안정감과 통제감을 높일 수 있도록 한다.

둘째, 상담자는 전환기에 처한 내담자의 심리적 자원과 대처 능력, 그리고 사회적·제도적 지지망의 가용성을 종합적으로 평가해야 한다. 자기효능감과 회복탄력성 같은 은퇴자의 내적 자원과 외부 자원의 확보는 전환의 성공적인 적응에 중요한 역할을 하므로, 상담자는 내담자의 강점을 강화하고, 부족한 자원은 외부와의 연결을 통해 보완하도록 돕는다. 또한 문제해결, 감정 조절, 자원 활용 등의 구체적인 전략을 개발해 실생활에 적용할 수 있도록 지원해야 한다(이장호 외 공역, 2008; Blau, 1973).

셋째, 전환기는 단순한 외적 변화가 아니라 개인의 정체성과 사회적 관계 전반에 영향을 미치며, 다양한 정서 반응이 수반된다. 특히 은퇴와 같은 전환 상황에서는 상실감, 불확실성, 혼란, 기대 등 복합적인 감정이 나타나며, 이는 자연스러운 심리적 반응으로 이해되어야 한다(이장호 외 공역, 2008). 상담자는 이러한 감정을 정상적인 전환 반응으로 수용하며, 내담자가 정서를 안전하게 표현하고 이를 해소하고, 통합할 수 있도록 지지적인 상담 환경을 제공해야 한다. 이러한 정서적 수용과 반영은 전환에 대한 자각과 심리사회적 적응을 촉진하는 핵심 요소로 작용한다(Meleis et al., 2000).

넷째, 은퇴상담에서는 내담자가 전환을 위기나 손실로만 보지 않고, 삶의 재구성과 정체성 확장의 기회로 바라보도록 돕는 것이 필요하다. 상담자는 내담자가 과거와 현재의 경험을 통합하여 새로운 정체성을 능동적으로 형성할 수 있도록 반영적 질문과 내러티브 작업을 활용해야 한다. 이러한 접근은 내담자가 전환의 의미를 재구성하고, 변화된 삶의 방향성을 주체적으로 모색하는 데 기여할 수 있다(Ashforth, 2001; Schlossberg, 1981).

3 은퇴를 '과정'으로 보는 관점

은퇴를 단일한 사건이 아닌, 점진적이고 다층적인 전환과정으로 이해하는 '과정 중심' 이론들은 은퇴를 보다 입체적이고 역동적으로 해석할 수 있는 이론적 근거를 제공한다. 이러한 관점은 은퇴를 단순히 노동시장에서의 이탈로 보는 것이 아니라, 개인의 생애 전반에 걸쳐 지속되는 심리적 · 사회적 변화의 흐름 속에서 발생하는 중요한 삶의 전환기로 이해한다(한경혜, 2008). 특히 준비기, 전환기, 정착기와 같은 단계적 구분을 통해 은퇴자가 경험하는 정체성의 재구성, 사회적 역할의 변화, 환경에 대한 적응 등의 과업을 중심으로 은퇴 과정을 설명한다. 이러한 맥락에서 생애과정 관점, 자원 기반 동적 모델, 계획된 행동이론은 은퇴적응을 설명하는 데 자주 활용되는 대표적인 이론들이다(이예림, 2023). 이들은 서로 다른 이론적 접근을 취하고 있으나, 개인이 보유한 자원, 사회적 맥락, 그리고 인지적 준비성의 중요성 등에 공통적으로 주목하고 있다.

1) 생애과정 관점

(1) 이론의 개요

생애과정 관점(life-course perspective)은 인간의 삶을 고정된 발달 단계들의 순차적 연속으로 보지 않고, 역사적 시간과 사회적 맥락 속에서 전개되는 역동적이고 맥락화된 과정으로 이해하는 이론이다. 이 관점은 인간의 발달과 적응이 사회구조, 역사적 사건, 세대 간의 경험, 그리고 개인의 선택과 행위 간의 상호작용 속에서 이루어진다고 본다.

생애과정 관점의 대표적인 학자인 Elder(1998)는 대공황 시기를 겪은 아동들의 생애 궤적을 추적한 연구를 통해 생애과정에 영향을 미치는 네 가지 핵심 원칙을 제시하였다. 이는 역사적 시간과 장소(historical time and place), 삶의 시기(timing of life events), 연계된 삶(linked lives), 인간의 주체성(human agency)으로, 개인의 삶은 사회적 관계와 역사적 맥락 속에서 구성되며, 스스로의 선택과 행동을 통해 삶을 형성해 나간다는 점을 강조하였다.

이러한 관점에서 노년기와 은퇴는 단일한 사건이 아니라 생애 궤적의 일부로서 시기적 맥락과 사회적 조건에 따라 다양하게 경험되는 전환과정으로 이해된다. 즉, 은퇴 경험은 개인이 처한 사회적 관계망, 경제적 자원, 건강 상태, 성별, 세대적 위치 등에 따라 서로 다른 양상으로 나타나며, 동일한 사건이라 하더라도 개인이 부여하는 의미와 이에 대한 대응 방식에 따라 그 결과는 달라질 수 있다(김지경, 송현주, 2010).

또한 생애과정 관점은 개인의 선택과 행동이 특정 시점에만 국한된 영향을 미치는 것이 아니라 과거의 경험과 미래의 가능성을 유기적으로 연결하며 삶의 연속성을 형성한다고 본다(한경혜, 2008). 따라서 이 이론적 틀은 내담자의 생애사적 맥락을 고려한 정체성 변화와 전환기의 심리 · 사회적 과제를 통합적으로 이해하고, 상담에 개입할 수 있는 유용한 토대를 제공한다.

(2) 주요 내용

생애과정 관점은 은퇴를 단순한 직업적 이탈이나 경력의 종결로 보지 않고, 개인의 삶 전반에 걸쳐 누적된 경험과 사회적 맥락이 교차하는 중요한 전환점으로 이해한다. 이 관점에 따르면, 은퇴는 특정 시점에 고립적으로 발생하는 사건이 아니라, 가족관계, 경제적 조건, 건강 상태, 사회문화적 환경 등 다양한 요인이 복합적으로 작용한 결과이며, 이에 따라 개인은 정체성의 재구성, 사회적 역할의 조정, 정서적 재적응 등의 과정을 거치게 된다. Elder(1998)는 이러한 관점을 바탕으로 삶의 전개는 역사적 시기와 사회적 위치, 삶의 사건이 발생하는 시점, 인간관계의 얽힘, 그리고 개인의 능동적 선택이라는 네 가지 원칙에 따라 형성된다고 주장하였으며, 이는 은퇴 경험의 이질성과 개인차를 설명하기 위한 핵심적인 내용을 제공하였다(한경혜, 2008; Wang, 2007).

첫째, 생애과정 관점의 '역사적 시간과 장소의 원칙'은 개인의 삶이 특정한 시대적 조건과 사회적 환경 속에서 형성된다는 점을 강조한다. 동일한 은퇴라는 사건이라도 발생한 시대적 배경과 사회경제적 조건에 따라 그 의미와 결과가 달라질 수 있다는 것이다(이종찬, 2020). 예컨대, 경제가 안정된 시기의 은퇴는 비교적 안정된 정체감 재형성과 높은 삶의 만족을 경험할 수 있는 반면, 구조조정이나 고용 불안정과 같은 사회적 위기 상황에서의 은퇴는 심리적 불안과 정체성의 혼란을 초래할 가능성이 높다. 따라서 은퇴 현상을 보다 심층적으로 이해하기 위해서는 사회적 · 역사적 맥락에 대한 통합적 접근이 필요하다.

둘째, 생애과정 관점에서는 동일한 사건이라도 그것이 생애주기상 어느 시점에 발생하느냐에 따라 그 의미와 영향이 달라질 수 있음을 강조하며, 이를 '삶의 시기(timing)의 원칙'으로 설명한다. 삶의 주요 전환은 발생 시점과 개인의 발달적 위치에 따라 심리적 · 사회적 함의가 달라지며, 사회는 일반적으로 특정 연령대에 기대되는 전환 시점(예: 은퇴)을 전제한다. 이처럼 사회적으로 기대되는 시기의 전환(on-time transition)은 비교적 원활한 적응을 돕는 반면, 예기치 않은 조기 은퇴와 같은 시기에서 벗어난 전환(off-time transition)은 정체성 혼란이나 심리적 스트레스를 유발할 수 있다(Neugarten & Hagestad, 1976). 따라서 충분한 준비와 자율성이 수반된 은퇴는 개인으로 하여금 삶의 재구성과 긍정적 적응을 가능하게 하며, 은퇴 시점은 개인의 심리적 안정과 생애 의미 구성에 중대한 영향을 미치는 요인으로 작용한다(Elder, 1998).

셋째, 생애과정 관점은 개인의 삶이 독립적으로 존재하는 것이 아니라 가족, 친구, 동료, 지역사회 등 다양한 사회적 관계망 속에서 상호 연결되어 전개된다는 점에 주목하며, 이를 '연계된 삶(linked lives)'의 원칙으로 설명한다(Elder, 1998). 특히 은퇴와 같은 전환기에는 주변인과의 상호작용이 개인의 정체성, 정서, 행동 등에 큰 영향을 미친다. 예를 들어, 배우자의 지지는 은퇴자의 자존감과 삶의 만족도를 높이며, 자녀의 기대는 역할 변화와 일상에 영향을 줄 수 있다(김지경, 송현주, 2010). 반면, 직장 동료와의 관계 단절은 소속감의 약화와 고립감을 유발할 수 있으나, 지역 공동체의 참여는 새로운 사회적 유대와 심리적 안정감을 제공하는 보호 요인이 될 수 있다(한경혜, 2008).

넷째, 생애과정 관점은 개인이 단순히 환경에 반응하는 수동적 존재가 아니라, 삶의 방향을 조율하고 결정해 나가는 능동적 주체임을 강조한다(Elder, 1998). 은퇴를 앞둔 개인은 자신이 보유한 자원인 경제력, 건강, 사회적 지지 등을 고려하여 은퇴 시점과 방식을 선택하거나 은퇴 이후 삶의 방향을 자율적으로 설계한다. 동일한 조건에서도 어떤 사람은 여가활동이나 재취업 등 새로운 기회를 적극적으로 탐색하는 반면, 다른 사람은 변화에 소극적으로 반응하며 적응에 어려움을 겪기도 한다. 이는 개인의 신념과 삶의 태도, 과거의 선택 경험이 현재의 행동에 중요한 영향을 미친다는 것을 나타내며, 결국 자기 주도성은 은퇴 후 삶의 만족과 적응 수준을 좌우하는 핵심 요인으로 작용한다(Wang, 2007).

(3) 상담 적용의 시사점

생애과정 관점은 은퇴상담과 노후준비 지원에 있어 개인의 삶을 총체적으로 이해하고 접근할 수 있는 유용한 이론이다. 이 관점은 은퇴를 개인이 살아온 생애 궤적과 사회 · 역사적 맥락 속에서 나타나는 복합적이고 다차원적인 전환으로 바라본다. 또한 은퇴를 일생에 걸쳐 수행해 온 다양한 역할의 변화 속에서 전개되는 역동적인 과정으로 이해하며, 개인의 정체성과 역할 재구성에 주목한다(한경혜, 2008). 이에 따라 효과적인 은퇴상담은 내담자의 과거 경험과 현재의 삶의 조건, 그리고 미래에 대한 기대를 통합적으로 반영하는 방식으로 이루어져야 한다.

첫째, 생애과정 관점에 기반한 상담은 내담자의 생애 이력을 전체적인 삶의 흐름 속에서 이해하고 존중하는 데에서 출발한다. 은퇴는 단순히 직업 활동의 종료가 아니라, 직업 경력, 가족관계, 건강 상태, 경제적 조건 등 다양한 요소가 오랜 시간 축적되어 나타나는 복합적 전환이므로, 상담자는 내담자의 발달 경로와 삶의 맥락을 충분히 탐색해야 한다(한경혜, 2008). 이러한 접근은 내담자가 은퇴를 어떻게 인식하고 수용하는지, 그리고 그 과정에서 어떤 기대와 불안을 지니는지를 심층적으로 이해하는 데 도움이 된다. 또한 코호트 특성과 시대적 배경을 함께 고려함으로써 세대 간 은퇴태도와 적응 양상의 차이를 파악하고, 생애 전반을 반영한 개별화된 상담 개입을 설계할 수 있다(Elder, 1998).

둘째, 생애과정 관점은 은퇴를 고립된 사건이 아닌 시간의 흐름 속에서 점진적으로 전개되는 연속적 전환으로 보고, 이를 준비기, 전환기, 적응기의 세 단계로 구분한다. 각 단계에서 내담자가 겪는 심리 · 사회적 변화가 다르므로, 상담자는 단계별 특성과 개인적 맥락을 고려한 상담의 개입 전략을 마련해야 한다(한경혜, 2008). 특히 은퇴적응은 일정한 시간이 필요한 과정이므로, 단회성 상담보다는 장기적 개입과 정기적 추수 상담을 통해 내담자의 안정적인 전환을 돕는 것이 효과적이다. 이러한 접근은 은퇴자가 심리적 안정과 새로운 정체성 재구성을 자연스럽게 이루도록 지원할 수 있다.

셋째, 은퇴상담에서는 은퇴 시기에 대한 내담자의 주관적 의미를 면밀히 탐색할 필요가 있다. 은퇴가 사회적으로 '적절한 시기'에 이루어졌다고 인식하는지, 혹은 '너무 이르거나 늦었다'고 느끼는지에 따라 내담자의 정서적 반응과 적응 양상이 달라질 수 있기 때문이다. 특히 비자발적 조기 은퇴로 인한 부정적 감정을 수용하고, 이를 재해석하도록 돕는 은퇴상담을 통해 은퇴를 단순히 수동적으로 겪는 사건이 아니라 이후 삶의 방향을 주체적으로 설계하는 계기로 전환하도록 조력해야 한다(정옥분, 2024; 한경혜, 2008). 이러한 상담적 접근은 내담자가 삶에 대한 통제감을 회복하고, 미래에 대한 긍정적 기대를 형성함으로써 은퇴 후 삶의 질을 향상시키는 데 기여할 수 있다.

2) 자원 기반 동적 모델

(1) 이론의 개요

은퇴는 개인의 삶에서 핵심 자원의 변화를 동반하는 복합적인 생애 전환으로, 자원이론과 이를 확장한 자원 기반 동적 모델은 자원의 기능과 전환과정을 체계적으로 이해하고, 은퇴적응을 설명하는 데 유용한 이론적 근거를 제공한다. 여기서 자원이란, 개인이 가치 있는 욕구나 삶의 목표를 달성하기 위해 활용할 수 있는 총체적인 역량을 의미하며, 자원보존이론의 관점에서는 신체적 · 경제적 · 심리적 · 사회적 자원 등 은퇴기에 요구되는 다양한 유형의 자원을 포괄한다(Wang, 2007). 자원이론에 따르면 은퇴 시점에서 개인이 중요하게 여기는 욕구를 충족시킬 만큼의 자원을 충분히 보유하고 있다면, 은퇴 이후의 심리적 어려움은 상대적으로 완화될 수 있다. 반면, 자원의 손실이나 결핍은 심리적 스트레스를 가중시키며, 이는 궁극적으로 은퇴적응의 어려움 또는 실패로 이어질 가능성을 높인다(김효정, 2015).

이러한 자원이론을 바탕으로 Wang 등(2011)은 자원 기반 동적 모델(resource based dynamic perspective)을 제안하였으며, 은퇴적응의 다양한 양상과 결과를 설명할 수 있는 이론으로 발전시켰다. 기존 자원이론이 자원의 보유, 상실, 획득 여부에 따른 비교적 정태적인 설명에 초점을 두었다면, 자원 기반 동적 모델은 시간의 흐름에 따른 자원의 변화, 자원 간 상호작용, 그리고 개인의 자원 관리 전략을 통합적으로 고려함으로써 적응과 삶의 질에 미치는 영향을 보다 역동적이고 과정지향적으로 설명한다. 특히 이 모델은 은퇴적응을 하나의 고정된 상태가 아니라 자원의 유입과 소모, 회복과 재구성의 연속적인 과정으로 개념화하며, 개인의 능동적인 자원 관리 역량이 장기적인 삶의 질과 적응 수준에 결정적인 영향을 미친다고 보았다(이예림, 2023).

(2) 주요 내용

첫째, 자원 기반 동적 모델에서는 은퇴적응을 보다 심층적으로 이해하기 위해 자원을 신체적 · 재정적 · 사회적 · 정서적 · 인지적 · 동기적 자원 등 여섯 가지 차원으로 구분하고, 이들 자원 간의 상호작용을 강조한다(이종찬, 2020). 이는 은퇴자의 건강 상태, 경제적 여건, 사회적 지지망, 정서적 안정성, 인지적 기능, 삶의 목표와 동기 등 각 자원이 독립적으로뿐만 아니라 상호보완적이거나 때로는 상충적으로 작용함으로써 은퇴 후 삶의 질에 복합적인 영향을 미친다는 점을 시사한다. 예를 들어, 재정적 여유는 여가활동과 사회참여를 촉진함으로써 정서적 만족감을 높일 수 있는 반면, 신체 건강의 저하는 외부 활동의 제약을 가져와 사회적 고립과 정서적 저하를 초래할 수 있다(이예림, 2023). 이처럼 자원들은 고립된 정태적 요소가 아니라, 상호 연결된 동적 체계로서 기능하며, 은퇴적응의 경로와 결과에 결정적인 영향을 미칠 수 있다.

둘째, 자원 기반 동적 모델에서는 자원을 고정된 자산이 아니며, 시간의 흐름과 환경 변화에 따라 유기적으로 재구성되고 새로운 기능을 부여받는 동적인 체계로 개념화한다. 즉, 자원의 가치는 단순한 보유 상태에서 발생하는 것이 아니라 외부 환경 변화에 얼마나 민감하게 반응하고, 내부 자원 간의 조합이나 전환을 얼마나 전략적으로 수행할 수 있는지에 따라 달라질 수 있다(Wang et al., 2011). 이러한 관점은 개인이 보유한 자원이 축적, 소진, 회복, 재구성의 과정을 거치며 지속적으로 변화한다는 사실을 강조하며, 이에 따라 개인이나 조직은 환경 변화에 수동적으로 적응하기보다는 자원의 구성 방식과 활용 전략을 능동적으로 설계하고 조정해 나가는 것을 강조한다(이예림, 2023).

셋째, 자원은 고립된 요소가 아니라 서로 상호작용하며, 의미와 가치를 창출하는 구성체로 이해된다. 자원 간의 관계성과 결합 가능성은 자원의 활용성과 확장성을 결정짓는 중요한 요소이며, 단일 자원의 보유보다 다양한 자원을 어떻게 조합하고 활용하느냐가 더욱 핵심적인 성과 요인이 된다(이예림, 2023; Yeung, 2018). 예를 들어, 은퇴 후 창업을 준비하는 개인이 직무 경험(인적 자원), 업계 네트워크(사회적 자원), 그리고 디지털 기술 역량(기술 자원)을 효과적으로 통합할 경우, 이들 자원은 상호 보완적으로 작용해 새로운 기회를 만들어 낼 수 있다(이종찬, 2020). 이는 자원 간의 융합을 통해 기존에 없던 시너지와 혁신이 발생할 수 있음을 보여 준다. 따라서 은퇴 후 삶에서도 다양한 자원의 유기적 연결과 전략적 활용이 중요한 적응 전략으로 작용할 수 있다.

넷째, 자원 기반 동적 모델은 변화하는 환경 속에서 지속 가능한 적응과 성장을 이루기 위해 동적 역량의 중요성을 핵심 전제로 삼는다. 동적 역량이란 급변하는 외부 환경에 유연하게 대응하고, 보유한 자원을 상황에 맞게 재조합하거나 전환함으로써 새로운 기회를 창출하고 개인 또는 조직의 성과를 극대화하는 능력을 의미한다(Wang et al., 2011). 이는 자원의 단순한 보유보다 그것을 얼마나 효과적으로 활용하고 변화에 맞게 조정할 수 있는지가 성과를 좌우하는 핵심이라는 점을 강조하며, 전략적 민첩성과 혁신 역량의 기반이 되는 요인이다(Yeung, 2018). 특히 은퇴 전환기에는 고정된 역할이나 자원에 안주하기보다 변화하는 삶의 환경에 유연하게 적응하고 새로운 정체성과 삶의 방향을 주도적으로 구성해 나가는 데 있어 동적 역량의 중요성은 더욱 부각되고 있다.

(3) 상담 적용의 시사점

자원 기반 동적 모델은 은퇴를 개인이 보유한 경제적 · 사회적 · 신체적 · 심리적 자원이 시간의 흐름에 따라 축적되고 소진되는 역동적인 과정으로 개념화하며, 이러한 자원의 구성과 변화 양상은 은퇴 후 삶의 질과 적응 수준에 결정적인 영향을 미친다고 본다(이예림, 2023; Wang & Shultz, 2010). 이에 따라 은퇴상담에서는 내담자가 변화하는 환경 속에서도 다양한 자원을 효과적으로 관리하고 유연하게 재구성할 수 있도록 지원하는 데 중점을 두어야 한다.

첫째, 은퇴상담에서는 내담자가 현재 보유하고 있는 자원의 전반적인 상태를 다면적으로 진단하는 과정이 선행되어야 한다. 이는 단순한 재정적 준비 수준에 국한되지 않고, 사회적 관계망, 신체 건강, 정서 안정성, 심리적 회복력 등 다양한 차원의 자원을 포함하여 종합적으로 평가하는 것이 중요하다. 이러한 진단은 은퇴자의 자원 구성 양상을 이해하고, 그에 부합하는 맞춤형 개입 전략을 설계하는 데 필수적이다.

둘째, 은퇴 이후 다양한 영역에서 발생할 수 있는 자원 손실에 선제적으로 대응하기 위한 상담 전략이 필요하다. 예컨대, 은퇴자는 수입 감소, 사회적 역할의 축소, 정체성의 약화 등 다면적인 자원 저하를 경험할 수 있으며, 이로 인한 부정적 영향은 삶의 전반에 걸쳐 나타날 수 있다. 따라서 상담자는 기존 자원의 재구성뿐 아니라 대체 자원의 개발이나 새로운 자원의 획득을 지원하는 실천적 개입 방안을 마련해야 한다(Wang et al., 2011).

셋째, 은퇴상담에서는 내담자가 단순히 자원을 보완하는 수준을 넘어 자원을 효과적으로 관리하고 운용할 수 있는 역량을 강화하는 데 중점을 두어야 한다(이예림, 2023). 특히 변화하는 환경에 유연하게 대응하면서 보유 자원을 전략적으로 활용하고, 필요한 경우 새로운 자원을 창출할 수 있는 자기주도성, 회복탄력성, 문제해결 능력 등은 은퇴 후 삶의 안정성과 지속 가능성을 좌우하는 핵심적인 자산으로 활용할 수 있다.

넷째, 자원 기반 동적 모델은 단기적 위기 극복을 넘어, 은퇴자의 장기적인 삶의 질 향상을 은퇴상담의 핵심 목표로 제시한다. 자원의 지속적인 축적과 효과적인 활용은 은퇴 후 삶의 만족도를 결정짓는 주요 요인이며(이예림, 2023), 상담자는 이를 위해 장기적 안목에서 자원 관리 계획을 수립하고, 내담자가 새로운 삶의 구조와 의미를 주체적으로 재구성할 수 있도록 조력해야 한다.

3) 계획된 행동이론

(1) 이론의 개요

계획된 행동이론(theory of planned behavior)은 인간의 행동을 이해하고 예측하기 위한 심리학적 이론으로, 은퇴준비와 같은 주요 생애 전환에 대한 상담에 효과적으로 적용될 수 있다. 이 이론은 특정 행동의 실행 여부가 단순한 개인의 의지나 태도만으로 결정되는 것이 아니라, 사회적 기대와 해당 행동을 수행할 수 있다는 개인의 인식이 함께 작용한다는 점을 강조한다(Ajzen & Fishbein, 1975). 계획된 행동이론은 Ajzen과 Fishbein이 기존의 합리적 행동이론(theory of reasoned action)을 확장, 보완하여 발전시킨 이론으로, 특히 기존 이론에서 간과되었던 '지각된 행동 통제' 개념을 추가함으로써 개인의 실제 행동에 대한 예측력을 보다 높였다(Ajzen, 1991).

계획된 행동이론에 따르면, 개인의 행동은 세 가지 주요 요인, 행동에 대한 태도, 주관적 규범, 그리고 지각된 행동 통제에 의해 결정된다(소병한, 2019; 이종찬, 2020). 먼저, '행동에 대한 태도'는 특정 행동을 긍정적 혹은 부정적으로 평가하는 개인의 전반적인 인식을 의미하며, '주관적 규범'은 가족, 친구, 동료 등 사회적으로 중요한 타인들이 해당 행동을 어떻게 평가할 것인지에 대한 개인의 지각으로, 사회적 기대나 압력에 대한 민감도를 내포한다. 마지막으로, '지각된 행동 통제'는 개인이 해당 행동을 실제로 얼마나 쉽게 또는 어렵게 수행할 수 있다고 인식하는 정도를 의미한다.

계획된 행동이론에서 특히 주목할 점은, 개인이 지닌 행동에 대한 태도나 사회적 규범뿐만 아니라, 해당 행동을 실행할 수 있다는 인식, 즉 '자기 통제 인식(perceived behavioral control)'의 중요성을 강조한다는 것이다. 자기 통제 인식은 특정 행동을 수행하는 데 필요한 자원, 능력, 기회 등이 자신에게 충분히 존재한다고 느끼는 정도를 의미하며, 이는 단순한 행동 의도를 넘어 실제 행동의 실행 여부를 결정짓는 핵심 요인으로 작용한다(Ajzen, 1991).

(2) 주요 내용

계획된 행동이론은 인간 행동에 대한 이해와 예측을 위해 '행동 의도'를 핵심적인 결정 요인으로 간주한다. 즉, 개인이 특정 행동을 실천하고자 하는 의도가 그 행동이 실제로 발생할 가능성을 가장 잘 설명한다는 전제에서 출발한다(Ajzen & Fishbein, 1975). 이 이론은 인간 행동을 결정짓는 주요 심리적 요인들을 구조화함으로써 일상적인 선택은 물론 복잡하고 장기적인 의사결정까지 포괄적으로 설명할 수 있는 이론적 틀을 제공한다. 이와 관련하여 계획된 행동이론의 주요 내용은 다음과 같다.

첫째, 계획된 행동이론은 인간의 행동이 주로 '행동 의도'에 의해 결정되며, 이 의도는 행동에 대한 태도, 주관적 규범, 지각된 행동 통제라는 세 가지 심리적 요인에 의해 형성된다고 본다(김진연, 2017; 임윤정, 2008; Ajzen, 1991). 우선, 태도는 특정 행동이 긍정적인 결과를 가져올 것이라는 개인의 기대와 평가를 의미하며, 행동에 대한 전반적인 호감 또는 거부감을 반영한다. 다음으로, 주관적 규범은 가족이나 친구, 동료 등 중요한 타인의 기대나 사회적 압력에 대한 개인의 인식을 뜻하며, 사회적 맥락 속에서 형성되는 행동 동기의 일부로 작용한다. 마지막으로, 지각된 행동 통제는 개인이 해당 행동을 실제로 수행할 수 있다고 느끼는 정도로, 자원이나 능력에 대한 자기 인식과 밀접한 관련이 있다. 이 세 요인은 서로 상호작용하며 행동 의도를 형성하고, 나아가 그 의도가 실제 행동으로 실현되는 과정에 중요한 영향을 미치는 핵심 구성 요소이다.

둘째, 개인의 행동 의도는 실제 행동을 강력하게 예측할 수 있는 핵심 요인이다. 즉, 개인이 특정 행동을 수행하겠다는 명확한 의도를 지닌 경우, 실제 행동으로 이어질 가능성이 유의미하게 높아진다. 이러한 맥락에서 행동 의도는 단순한 계획의 차원을 넘어, 행동 실행을 유도하는 결정적 동력으로 작용하며, 이는 개인의 태도, 주관적 규범, 그리고 지각된 행동 통제와 같은 심리적 요인들이 상호작용하여 형성된 결과이다(Ajzen & Fishbein, 1980). 특히 개인이 자신의 행동과 관련된 구체적인 목표를 설정하고, 실행 전략을 명확히 수립하고 있을수록 그 의도는 실제 행동으로 전환될 가능성을 더욱 높이는 촉진 요인으로 작용한다(김진연, 2017).

셋째, 인간의 행동은 단지 개인의 내적 요인에 의해서만 결정되는 것이 아니라, 외부 환경과의 지속적인 상호작용 속에서 형성된다는 점에서 그 복합성을 지닌다. 계획된 행동이론은 개인의 의사결정 과정이 사회적 압력, 경제적 제약, 제도적 구조 등 다양한 환경적 요인의 영향을 받을 수 있음을 강조한다(임윤정, 2008). 다시 말해 동일한 행동 의도를 지닌 개인이라도, 그 행동이 실제로 실행될 수 있는지는 주어진 환경적 조건과 사회적 맥락에 따라 달라질 수 있다. 따라서 인간의 행동은 개인 내부의 동기뿐 아니라 외부 자원의 가용성과 구조적 제약 요인에 의해 촉진되거나 제한될 수 있다는 보다 포괄적인 관점이 필요하다(임윤정, 2008; Ajzen & Fishbein, 1975).

넷째, 계획된 행동이론은 행동 의도가 단순한 직관이나 감정적 반응의 결과가 아니라 합리적이고 체계적인 심리적 평가 과정을 통해 형성된다는 점을 전제한다. 다시 말해 행동 의도는 개인이 해당 행동의 결과에 대해 논리적으로 사고하고, 그것이 사회적으로 얼마나 수용 가능한지, 그리고 자신이 실제로 그 행동을 수행할 수 있는 자원과 역량을 갖추고 있는지를 종합적으로 고려한 판단의 결과로 나타난다. 이러한 관점에서 계획된 행동이론은 인간의 행동을 충동적 반응이 아니라 근거 있는 심리적 판단과 인식의 산물로 이해한다(김진연, 2017; Ajzen & Fishbein, 1980).

(3) 상담 적용의 시사점

계획된 행동이론은 다양한 사회적 행동을 설명하기 위한 일반이론으로 제안된 이후, 그 타당성과 적용 가능성이 지속적으로 검증되었으며, 현재까지 여러 분야에서 행동 의도와 실제 행동을 예측하고 설명하는 데 활발히 활용되고 있다(임윤정, 2008). 이 이론은 은퇴상담에서도 내담자의 행동을 이해하고 예측하며, 행동 변화를 유도하는 데 효과적인 이론적 근거를 제공한다(이종찬, 2020). 특히 내담자가 행동 의도를 형성하고 이를 실제 행동으로 전환하는 과정을 구조적으로 설명함으로써 상담자는 보다 체계적이고 전략적인 개입을 통해 행동 변화를 효과적으로 지원할 수 있다.

첫째, 은퇴상담은 내담자의 행동 의도를 강화하는 방향으로 구조화되어야 한다. 계획된 행동이론에 따르면 행동 의도는 실제 행동을 가장 강력하게 예측하는 요인(Ajzen & Fishbein, 1975)이므로, 상담자는 내담자가 은퇴 후 삶에서 지향하는 변화와 목표를 명확히 인식하고, 이를 구체적인 실행 의도로 전환할 수 있도록 조력해야 한다. 예를 들어, 경제적 준비, 사회적 관계 유지, 건강 증진 등과 같은 목표를 내담자가 설정하도록 돕고, 해당 목표를 실현하기 위한 구체적 실행 계획을 함께 수립하는 과정은 행동 의도를 실질적인 행동으로 연결하는 데 핵심적인 개입이 될 수 있다.

둘째, 내담자의 행동 의도 형성에 기반이 되는 태도 변화는 은퇴상담에서 핵심적으로 다루어야 할 요소이다(Ajzen, 1991). 특히 은퇴를 상실이나 단절의 사건으로 인식하는 내담자에게는 은퇴가 삶의 새로운 국면이자 개인적 성장과 성취의 기회가 될 수 있음을 인식시키는 상담적 개입이 요구된다. 이를 위해 상담자는 자원봉사 참여, 평생학습, 건강한 여가활동과 같은 긍정적인 삶의 대안을 제시함으로써, 내담자가 은퇴 이후의 삶을 보다 능동적이고 주체적인 태도로 재구성할 수 있도록 조력할 필요가 있다.

셋째, 개인의 행동 결정은 내면적 동기에만 의존하는 것이 아니라 주요 타인의 기대나 사회적 압력에 대한 인식인 주관적 규범의 영향을 함께 받아 이루어진다(Ajzen & Fishbein, 1980). 즉, 배우자, 자녀, 친구 등 사회적으로 중요한 타인의 의견은 내담자가 은퇴를 준비하거나 이를 실제로 실행하는 과정에 실질적인 영향을 미치므로, 상담자는 이러한 사회적 맥락을 충분히 고려해야 한다. 아울러 내담자가 외부 기대에 지나치게 의존하지 않고, 자신의 가치와 목표에 기반한 균형 잡힌 자기결정적 판단을 내릴 수 있도록 돕는 상담적 조력이 병행되어야 한다.

넷째, 은퇴상담에서는 내담자가 은퇴 이후 직면하게 되는 다양한 현실적 제약 속에서도 자신의 행동을 실행할 수 있다는 자기 통제 인식을 강화하는 것이 무엇보다 중요하다. 이는 단순한 낙관적 기대가 아니라 개인이 보유한 자원과 능력을 실제로 활용할 수 있다는 주관적 신념으로, 행동 실천의 중요한 선행 요인으로 작용한다(김진연, 2017). 따라서 상담자는 내담자가 자신의 역량과 가능성을 명확히 인식하고, 변화된 환경에 유연하게 대응할 수 있도록 구체적인 자원 점검 및 활용 전략을 마련해야 한다. 즉, 내담자의 자기 통제 인식이 높을수록 행동 실행 가능성이 증가하며, 이는 궁극적으로 자기효능감 증진, 스트레스 대처 능력 향상, 문제해결 역량 강화로 이어질 수 있다.

다섯째, 상담자는 내담자가 형성한 행동 의도를 구체적인 실행 단계로 전환할 수 있도록 구조적이고 실천적인 개입을 제공해야 한다. 막연한 결심이나 희망에 머무르지 않도록 은퇴준비와 관련된 재정 설계, 일상 양식 재구성 그리고 사회적 관계 유지 전략 등의 영역에서 실현 가능한 계획을 수립하도록 돕는 것이 중요하다. 이를 위해 SMART 기법에 기반한 목표 설정과 단계별 실행 목록과 같은 행동 촉진 도구를 활용함으로써 내담자의 구체적인 실천 가능성을 높이고, 행동 실행력을 효과적으로 강화할 수 있다(이규미, 2022).

참고문헌

김명애, 김태주, 문미영, 김태희(1999). 사회적 노화이론에 대한 고찰. **노인간호학회지**, 1(1), 85-96.

김미혜, 서혜경(2002). **노인복지실천론**. 서울: 동인.

김연진(2012). 한국형 은퇴준비 척도 타당화 연구. 단국대학교 대학원 박사학위논문.

김지경, 송현주(2010). 중고령 은퇴자들의 은퇴 후 경과기간별 은퇴생활적응의 영향요인. **대한가정학회**, 48(6), 83-101.

김진연(2017). 성직자의 노후생애설계행동에 관한 연구: 계획된 행동이론을 적용하여 목회자를 중심으로. 남부대학교 대학원 박사학위논문.

김효정(2015). 중·고령자의 은퇴 전후 생활만족도 변화에 관한 종단연구. 강남대학교 사회복지전문대학원 박사학위논문.

박창제(2013). 은퇴시기가 주관적 신체적, 정서적 건강에 미치는 영향에 관한 연구. **한국노년학**, 33(3), 681-698.

서훈(2011). 중년남성의 직장생활과 배우자와의 관계가 성공적인 노후준비에 미치는 영향. 호서대학교 대학원 박사학위논문.

소병한(2019). 프로티언 경력(Protean Career)의 통합적 개념모형과 측정도구 개발. 한양대학교 대학원 박사학위논문.

윤형준(2010). 성공적 노화에 미치는 영향요인과 인식에 관한 연구. 강원대학교 대학원 박사학위논문.

이규미(2022). **상담의 실제 과정과 기법**(2판). 서울: 학지사.

이예림(2023). 은퇴적응 척도 개발 및 타당화. 숙명여자대학교 대학원 박사학위논문.

이종찬(2020). 중소기업 사무직 중고령자의 은퇴준비도 검사도구 개발. 서울대학교 대학원 박사학위논문.

임윤정(2008). 계획행동이론을 적용한 외래관광객이 한류문화 콘텐츠 행동예측모형: 한국 드라마와 음반을 중심으로. 세종대학교 대학원 박사학위논문.

정옥분(2024). **성인 · 노인심리학**(제4판). 서울: 학지사.

한경혜(2008). 라이프코스 관점에서 본 은퇴경험의 남녀 차이. **한국사회학**, 42(3), 86-118.

Ajzen, I. (1991). The theory of planned behavior. *Organizational Behavior and Human Decision Processes, 50*(2), 179-211.

Ajzen, I., & Fishbein, M. (1975). *Belief, attitude, intention and behavior: An introduction to theory and research, reading*. Mass: Addison-Wesley.

Ajzen, I., & Fishbein, M. (1980). *Understanding attitude and predicting social behavior*. Englewood-Cliffs, NJ: Prentice-Hall.

Atchley, R. C. (1976). *The sociology of retirement*. New York: John Wiley and Sons.

Atchley, R. C. (1989). A continuity theory of normal aging. *The Gerontologist, 29*(2), 183-190.

Ashforth, B. E. (2001). *Role transitions in organizational life: An identity-based perspective*. New Jersey: Lawrence Erlbaum Associates.

Biddle, B. J. (1986). Recent developments in role theory. *Annual Review of Sociology, 12*, 67-92.

Blau, P. M. (1964). *Exchange and power in social life*. New York: Wiley.

Blau, P. M. (1973). *The organization of academic work*. New York: Wiley.

Cottrell, L. S. Jr. (1942). The adjustment of the individual to his age and sex roles. *American Sociological Review, 7*, 617-620.

Cumming, E., & Henry, W. (1961). *Growing old: The process of disengagement*. New York: Basic Books.

Ebaugh, H. R. F. (1988). *Becoming an ex: The process of role exit*. Chicago, IL: University of Chicago Press.

Elder, G. H. (1998). The life course as developmental theory. *Child Development, 69*(1), 1-12.

Goode, W. (1960). Theory of role strain. *American Sociological Review, 25*, 483-496.

Havighurst, R. J. (1968). A social-psychological perspective on aging. *The Gerontologist, 8*(2), 67-71.

Havighurst, R. J. (1982). The work and retirement. In W. Benjamin (Ed.), *Handbook of development psychology* (pp. 771-787). NY: Prentice Hall.

Havighurst, R. J., Neugarten, B. L., & Tobin, S. S. (1968). Disengagement and patterns of aging. In B. L. Neugarten (Ed.), *Middle age and aging*. Chicago: University of Chicago Press.

Hooyman, N. R., & Kiyak, H. A. (2008). *Social gerontology: A multidisciplinary perspective* (9th ed.). Boston: Pearson/Allyn & Bacon.

Kahana, E., & Kahana, B. (1996). Conceptual and empirical advances in understandingaging well through proactive adaptation. In V. L. Bengtson (Ed.), *Adulthood and aging: Research on continuities and discontinuities* (pp. 18-40). New York: Springer Publishing.

Kathryn, S. E. (1995). Maintaning cultural and personal continuity in a danish nursinghome. *Journal of Women & Aging, 7*(2), 169-185.

Lemon, B. W., Bengtson, V. L., & Petersen, J. A. (1972). An exploration of the activity theory of aging: Activity types and life expectation among in-movers to a retirement community. *Journal of Gerontology, 27*(4), 511-523.

Meleis, A. I. (2010). *Transitions theory: Middle-range and situation-specific theories in nursing research and practice*. New York, NY: Springer Publishing Company.

Meleis, A. I., Sawyer, L. M., Im, E. O., Messias, D. K. H., & Schumacher, K. (2000). Experiencing transitions: An emerging middle-range theory. *Advances in Nursing Science, 23*(1), 12-28.

Neugarten, B. (1964). *Personality in middle and late life*. New York: Atherton Press.

Neugarten, B. L., & Hagestad, G. O. (1976). Age and the life course. In R. Binstock, & E. Shanas (Eds.), *Handbook of aging and the social sciences* (pp. 35-55). New York: Van Nostrand Reinhold.

Richardson, V. E. (1993). *Retirement counseling: A handbook for gerontology practitioners*. New York: Springer Publishing. 이장호, 김연진, 김현주, 여정숙, 오경민, 윤석주, 이은경, 이회란, 정선화, 조성자 공역(2008). **은퇴상담**. 서울: 학지사.

Sarbin, T. R., & Allen, V. L. (1968). *Role theory*. In G. Lindzey & E. Aronson (Eds.), *Handbook of social psychology* (2nd ed., Vol. 1, pp. 488-567). Reading, MA: Addison-Wesley.

Schlossberg, N. K. (1981). Human adaptation to transition. *The Counseling Psychologist, 9*(2), 2-18.

Settersten, R. A. Jr. (Ed.). (2003). *Invitation to the life course: Toward new understandings of later life*. Amityville, NY: Baywood Publishing Company.

Stryker, S., & Statham, A. (1985). *Symbolic interaction and role theory*. In G. Lindzey & E. Aronson (Eds.), *Handbook of social psychology* (3rd ed., Vol. 1, pp. 311-378). New York: Random House.

Turner, R. H. (1962). Role-taking: Process versus conformity. In A. Rose (Ed.), *Human behavior* (pp. 2-40). Boston: Houghton Mifflin.

Wang, M. (2007). Profiling Retirees in the Retirement Transition and Adjustment Process: Examing the longitudinal change pattern of retirees's psychologicalwell-being. *Journal of Applied Psychology, 92*(2), 455-474.

Wang, M., & Shultz, K. S. (2010). Employee retirement: A review and recommendations for future investigation. *Journal of Management, 36*, 172-206.

Wang, M., Henkens, K., & van Solinge, H. (2011). Retirement adjustment: A review oftheoretical and empirical advancements. *American Psychologist, 66*, 204-213.

Yeung, D. Y. (2018). Adjustment to retirement: Effects of resource change on physical and psychological well-being. *European Journal of Aging, 15*(3), 301-309.

제4장

생애발달이론

• 김효정 · 정희숙

은퇴 과정에서 나타나는 성인의 심리적 변화와 적응을 이해하려면, 생애 전반에 걸친 발달 과정을 통합적으로 살펴보는 것이 중요하다. 생애발달이론에서는 개인이 겪는 심리 · 사회적 변화와 환경의 상호작용을 분석하며, 은퇴를 성숙과 성장의 일부로 재조명하고 있다. 특히 은퇴가 진로 과정의 연장선으로 인식되는 오늘날, 생애주기적 관점은 점점 더 중요해지고 있다. 완전 은퇴, 점진적 은퇴, 재취업 등 다양한 은퇴 형태가 공존하는 현실에서, 은퇴는 하나의 전환이자 새로운 정체성을 형성하는 과정으로 여겨진다. 이 장에서는 생애주기이론, 전환이론, 성공적 노화이론을 중심으로 은퇴를 둘러싼 발달적 의미를 이론적으로 조망하고, 은퇴상담에서 이를 어떻게 적용할 수 있을지를 살펴본다.

1 생애주기이론

1) Erikson의 심리사회적 발달이론

(1) 이론의 주요 내용

Erikson(1968)은 Freud의 심리성적 발달이론을 확장하여 심리사회적 발달이론(psychosocial development theory)을 제안하였다. 그는 인간의 발달을 전 생애에 걸친 8단계로 나누고, 각 단계에서 특정한 심리사회적 과제나 위기를 해결해야 건강한 성격 발달이 가능하다고 보았다. 이 과정에서 자아정체감 형성과 사회적 적응이 중요한 역할을 한다. 〈표 4-1〉은 Erikson(1982)의 이론을 참조하여 표로 정리한 것이다.

〈표 4-1〉 Erikson의 심리사회적 발달 단계

단계	단계명	시기	발달과업	적응 대 부적응 방식
1	유아기	출생~18개월	기본적 신뢰감 형성	신뢰 대 불신
2	초기 아동기	18개월~3세	자율성 발달	자율성 대 수치심
3	학령전기	3~6세	주도적 행동과 목표 설정 능력	주도성 대 죄책감
4	학령기	6~12세	성취감을 통한 자신감 형성	근면성 대 열등감
5	청소년기	12~18세	정체성 탐색과 확립	자아정체감 대 역할혼미
6	초기 성인기	18~40세	타인과의 친밀한 관계 형성	친밀감 대 고립감
7	중년기	40~65세	생산적이고 의미 있는 삶 유지	생산성 대 침체성
8	노년기	65세 이상	삶의 재조명, 수용과 통합	자아통합 대 절망감

출처: Erikson(1982)을 참조하여 정리함.

심리사회적 발달이론에 따르면 청소년기를 지나 초기 성인기에는 타인과의 친밀한 관계를 형성하는 것이 핵심 과제이다(Erikson, 1978). 이 시기의 성인은 서로 신뢰하고 애정을 나눌 수 있는 깊은 관계를 통해 정서적 안정을 얻고 사회적 유대감을 형성한다. 안정된 친밀감을 경험하면 삶에 대한 만족도가 높아지고 사회적으로 안정된 삶을 유지하게 된다. 하지만 친밀한 관계를 형성하지 못하거나 대인관계를 지속적으로 기피할 경우, 고립감과 외로움을 느끼게 되며 타인과의 관계를 더욱 회피하는 악순환을 겪을 수 있다. 따라서 이 시기의 개인은 친밀한 관계를 구축하고 유지할 수 있도록 적극적인 사회적 지지와 건강한 관계 경험이 매우 중요하다.

40세 정도에서 시작하는 중년기의 핵심 과제는 생산적이고 의미 있는 삶을 유지하는 것이다. 이 시기의 성인은 자신의 직업적 성취를 이루거나 가족과 사회를 위한 기여를 통해 삶의 보람과 가치를 경험하게 된다. 또한 자신의 경험과 지혜를 다음 세대에 전수하거나 사회적 공헌활동을 통해 사회적 기여를 실현하며 만족감을 얻을 수 있다. 그러나 이러한 기회를 갖지 못하거나 생산적 활동에서 소외되었을 때는 삶의 목적과 의미를 잃고 무력감이나 무기력에 빠져 침체감을 경험할 수 있다. 따라서 중년기의 개인은 삶의 의미를 지속적으로 발견하고 생산적인 활동을 유지할 수 있도록 하는 것이 중요하며, 은퇴 전후의 삶의 계획과 목표 설정이 특히 필요하다.

65세 이상 노년기의 핵심 과제는 자신의 삶을 통합적으로 돌아보며 의미를 재조명하고 받아들이는 것이다. 노년기에 접어든 사람들은 인생 전체를 회고하며 삶의 성취와 실패를 모두 수용하고, 자신의 경험과 선택을 긍정적으로 평가할 수 있을 때 자아통합을 이루게 된다. 이를 통해 과거를 있는 그대로 받아들이고, 현재와 미래를 평온하게 맞이할 수 있는 정서적 안정을 경험한다. 그러나 삶에 대한 후회와 불만, 이루지 못한 목표나 해소되지 않은 갈등에 초점을 맞추게 되면 절망감과 우울감을 경험할 수 있으며, 이는 삶의 질을 저하시킨다(Erikson, 1982). 따라서 노년기에는 자신의 삶을 긍정적으로 통합하고 수용하는 과정에서 의미 있는 인생 회고와 내적 평화에 이를 수 있도록 지원하는 것이 중요하다.

(2) 이론의 적용

Erikson의 이론은 은퇴를 앞두거나 경험한 중년기와 노년기 개인들의 정체성 변화, 사회적 역할의 전환, 심리적 적응 등을 이해하는 데 유용하다. 은퇴상담에 적용할 수 있는 점을 몇 가지 살펴보면 다음과 같다.

첫째, 생애주기 맞춤형 상담을 제공할 수 있는 토대를 마련해 준다. 은퇴자가 중년기 이후에 겪는 심리사회적 위기를 명확히 파악하고, 개인의 상황에 적절한 개입 방안을 설계할 수 있다. 중년기의 침체감 위기에서 벗어나 생산성을 유지하고 성공적으로 새로운 역할로 전환할 수 있도록 돕는 맞춤형 상담 프로그램을 개발할 수 있다. 또한 노년기 절망의 위기를 극복하고 삶의 의미를 통합적으로 이해하고 수용하도록 심리적 지원을 강화할 필요가 있다. 예컨대, 노년기의 은퇴자가 자신의 삶을 긍정적으로 회고하고 의미를 발견할 수 있도록 돕기 위한 접근을 적용할 수 있다.

둘째, 은퇴상담에서 은퇴자의 사회적 관계를 유지하고 강화하는 데 유용한 시사점을 제공한다. 초기 성인기와 중년기에서부터 친밀한 관계를 형성하고 유지하는 과제는 노년기에도 여전히 중요하다. 이에 은퇴자들이 친밀한 관계 형성을 지속적으로 할 수 있도록 집단상담과 사회적 연결망 구축을 지원하는 프로그램을 마련할 수 있다. 또한 고립감을 예방하기 위해 지역사회 활동 참여나 세대 간 멘토링 프로그램 등 다양한 사회적 참여 기회를 제공하는 것도 중요하다.

셋째, 은퇴 후 정체성 재구성 과정에서의 지원 역시 필수적이다. 중년기와 노년기의 역할 변화는 은퇴 이후 개인의 심리적 적응과 밀접하게 관련되어 있다. 따라서 은퇴상담에서는 퇴직 후 변화된 역할에 적응할 수 있도록 관련 심리교육을 제공하고, 새로운 목표 설정 및 자기 계발을 촉진하는 프로그램을 운영하는 것이 바람직하다. 이는 은퇴자들이 새로운 삶의 의미를 발견하고 활기찬 생활을 유지하는 데 도움이 될 수 있다.

(3) 이론의 평가 및 시사점

Erikson의 심리사회적 발달이론은 인간의 전 생애에 걸친 성격 발달과 사회적 관계의 중요성을 강조한 대표적인 이론으로 평가된다. 이전의 Freud 이론이 주로 아동기 경험에 집중했다면, Erikson은 중년기와 노년기까지 포함하여 인간 발달을 보다 폭넓게 바라본다는 점에서 높은 평가를 받는다. 또한 각 발달 단계에서 해결해야 할 과업을 명확히 제시하고, 이를 성공적으로 해결하지 못할 경우 다음 단계의 발달에 부정적 영향을 미친다고 설명하여 상담과 교육 현장에서 실용성이 높은 이론으로 평가된다.

그러나 Erikson의 이론은 개인의 내적 측면과 사회적 관계를 중심으로 발달을 설명하면서도 문화적 · 시대적 다양성을 충분히 반영하지 못했다는 비판을 받기도 한다. 특히 발달 단계와 과제 설정이 서구적 가치관을 반영하여 구성된 만큼 동양이나 다른 문화권에서는 그 적용이 제한적일 수 있다.

종합적으로 볼 때, Erikson의 이론은 은퇴상담에서 생애주기 관점의 중요성을 부각시키며, 발달 단계별 과업 해결을 위한 개입 프로그램 설계에 실질적인 기여를 한다는 점에서 중요한 시사점을 가진다. 다만, 문화적 · 개인적 다양성을 충분히 고려한 맞춤형 적용이 필요하다.

2) Levinson의 성인발달이론

Levinson(1978)의 성인발달이론(adult development theory)은 성인은 계속해서 변화하고 적응하는 존재라는 전제 아래 생애를 시기별로 구조화하였다. 그의 대표 저서 『남자가 겪는 인생의 사계절(The Seasons of a Man's Life)』은 이 이론의 핵심 내용을 담고 있으며, 특히 '인생구조'와 '전환기' 개념을 중심으로 전 생애를 단계적으로 설명한 것이 특징이다.

(1) 이론의 주요 내용

① 주요 개념

첫째, 인생구조(life structure)란 개인의 삶을 구성하는 기본적 틀이며 가족, 직업, 인간관계 등을 포함한 개인의 생활 방식이나 패턴을 말한다. 안정기와 전환기가 반복되며 인생구조가 지속적으로 수정되고 변화한다.

둘째, 안정기(stable period)는 명확한 인생구조가 확립된 단계를 말하며, 특정한 사회적 역할이나 지위를 가지고 생활이 비교적 안정된 상태이다.

셋째, 전환기(transitional period)는 기존의 인생구조를 평가하고 수정하여 새로운 구조를 세우는 불안정한 단계를 말하며 내적 혼란과 갈등, 자기 탐색, 인생의 재조정 과정이 나타난다.

② 인생의 사계절

성별, 문화, 시대에 따른 차이를 불문하고 계절이 주기적으로 변화하는 것처럼 성인발달은 구조적 변화를 수반하며, 인간의 생애는 서로 구분되는 계절이 교차되는 생애주기(life cycle)가 있다. 또한 계절의 환절기처럼 인생 주기마다 전환기가 있고, 그러한 전환을 겪고 나면 어느 정도의 안정된 시기를 거친다.

첫째, 봄은 성인 이전의 시기(0~17세)이다.

둘째, 여름은 성인 전기(22~40세)를 말하는데, 이 시기 동안 개인은 인생에서 중요한 선택을 하며 최고의 열정을 발휘하지만 가장 큰 스트레스를 경험하는 때이기도 하다.

셋째, 가을은 성인 중기(45~60세)로서 생물학적 능력이 다소 감소하나 사회적 책임은 더 커지는 시기이다.

넷째, 겨울은 성인 후기(65세 이상)로 인생의 마지막 단계인 노년기를 의미한다. 인생의 각 시기에서 만족스러운 인생구조를 세우는 데 있어서 개인마다 성공의 정도가 다양할 수 있다.

③ Levinson의 성인기의 발달 단계

Levinson은 인생을 사계절로 구분하고 네 개의 시기 사이에 약 5년간의 전환기를 두고 있다. 이 전환기는 시대들을 이어 주며 그들 사이에 연속성을 제공하는 역할을 한다. 그리고 각 시기에는 개인의 기본 삶의 양식인 인생구조가 있는데, 진입기, 전환기, 안정기로 구분된다. Levinson은 17~65세까지 9개의 주요 단계를 구성하고, 그 이후는 성인 후기로 보았다.

Levinson의 성인기 발달 중 다섯 번째 단계는 성인 중기 전환기(40~45세)이다. 성인 전기와 성인 중기, 즉 중년기의 발달적 교량 역할을 하는 시기이다. 또한 30대의 인생구조를 마무리 짓고 성인 전기에서와 같은 젊음이 끝났다는 사실을 수용하며, 청년기 이후 계속된 '내가 원하는 것이 무엇인가'를 생각하게 된다. 성인 중기에 걸맞게 젊음과 노화의 균형을 이루는 새로운 방법을 모색하며, 이러한 과정을 통해 중기 마지막까지 펼쳐질 수정된 자아와 삶의 내적 모형이 형성된다.

여섯 번째는 성인 중기 진입기(45~50세)이다. 이 시기의 일차적 과제는 중년기를 시작할 첫 인생구조를 세우는 것이다. 인생의 새로운 계절에 설 자리를 다시 마련하는 것이다. 이 시기에 성공적인 사람은 성인 중기(중년기)를 인생에서 가장 풍요롭고 창조적인 시기로 생각할 수 있고, 실패한 사람은 위축된 중년기를 보낼 수 있다.

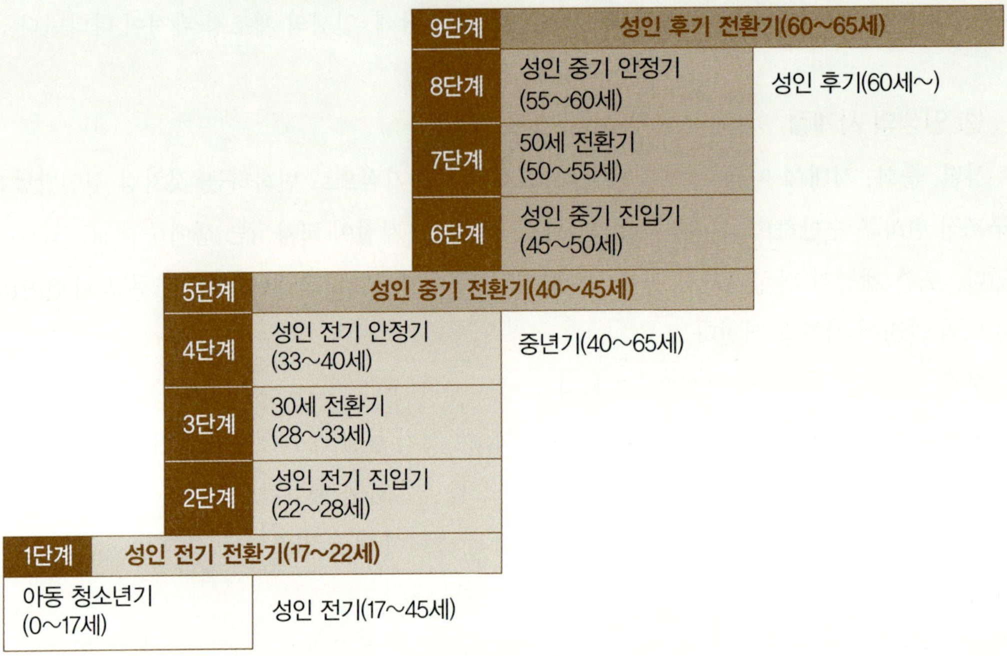

[그림 4-1] Levinson의 성인기 발달 단계

출처: Levinson(1980)을 참조하여 수정함.

일곱 번째 단계는 50세 전환기(50~55세)이다. 성인 중기 진입기의 인생구조를 재평가하고 자아와 세계에 대한 탐색에 더욱 관심을 가지며 다음 시기의 인생구조를 형성하기 위한 기초를 마련한다. 이전 10~15년 동안 의미 있는 삶의 변화가 별로 없었거나 부적절한 변화를 경험한 사람들은 이 시기에 발달적 위기를 겪을 수도 있다.

여덟 번째 단계는 성인 중기 안정기(55~60세)이다. 이 시기의 과제는 지금까지의 직업생활과 가족 관계에서 얻은 성취를 통합하고 한계를 수용하는 것이다. 개인과 사회의 필요 사이에 균형을 잡으며, 자아 변화에 성공적으로 적응한 사람은 만족스러운 시기가 될 것이다. 이 시기의 발달과업은, 첫째, 젊은 시절의 어떠한 특성은 포기하고 어떤 것은 변화시키면서 중년의 긍정적 의미를 찾는 것이다. 둘째, 어린 시절 상처나 어려운 경험이 많았던 사람일수록, 중년기에 그것을 재해석하고 새로운 의미를 부여하며 삶의 창조적 에너지로 전환하려 한다. 셋째, 남성적 부분과 여성적 부분을 통합하려고 노력한다. 넷째, 자신의 꿈을 이룬 남성들은 반대로 내면의 가치를 추구하게 되고, 자녀를 양육하거나 직업생활을 하지 않았던 여성들은 새롭게 무엇을 시작하려는 경향이 있다.

아홉 번째는 성인 후기 전환기(60~65세)이다. 성인 중기를 종결하고 성인 후기(노년기)를 시작하는 시기로, 지나온 과거를 심오하게 재평가해 보고 새로운 시기로 들어갈 인생구조를 형성하는 데 필요한 기반을 마련하는 것이 이 시기의 과제이다. 은퇴와 신체적 노화에 대비함으로써 인생주기에 있어 중요한 전환점이 된다.

이후는 성인 후기(65세 이상)로 신체적 노화에 대비하고 새로운 패턴의 인생구조를 확립해야 하는 시기이다. 인생의 무대 중앙에서 물러나는 정신적 상처를 경험하게 되지만 심리적으로 적응하고 다음 세대에게 유용한 도움을 줄 수 있다. 또한 죽음에 대한 준비, 인생의 궁극적 의미 정리 등을 통해 자아와 화해하는 시기이다.

(2) 이론의 적용

Levinson의 이론은 단순히 연령이나 역할 변화에 초점을 맞추는 데 그치지 않고, 개인의 삶 전체를 구조적이고 심리적으로 통합하는 데 중점을 둔다(Levinson, 1986). 그는 성인의 삶을 전환기와 안정기의 반복으로 설명하며, 특히 삶의 구조(life structure) 개념을 중심으로 개인이 시대적 · 사회적 · 심리적 환경 속에서 어떻게 변화하고 적응해 나가는지를 보여 준다. 이러한 관점은 은퇴라는 중대한 생애 전환기를 이해하고 상담하는 데 깊이 있는 통찰을 제공하며, 은퇴상담에서 유용한 이론적 틀로 활용될 수 있다.

이 이론을 은퇴상담에 적용하면, 내담자가 기존의 직업 중심의 정체성을 가진 삶의 구조를 내려놓고, 가족, 여가, 사회참여 등을 중심으로 한 새로운 삶의 구조를 설계하도록 도울 수 있다. 또한 중년 이후 형성된 가치관과 목표를 재조명하고, 앞으로의 삶의 의미와 방향성을 재정립하도록 지원하는 것도 상담자의 중요한 역할이다. 특히 전환기에서 나타날 수 있는 불안과 상실감을 생애주기의 자연스러운 과정으로 이해하고 수용하도록 돕는 것은 심리적 안정감 형성에 크게 기여한다.

이와 함께 내담자가 자신의 삶을 긍정적으로 재해석할 수 있도록 격려하는 것도 중요하다. 과거의 성취를 인정하고, 새로운 삶의 목적을 찾아가도록 돕는 과정은 자기 통합감과 삶의 만족도를 높이는 데 효과적이다. 따라서 은퇴상담자는 내담자의 생애 맥락과 구조적 전환을 충분히 고려하여 상담 개입을 설계해야 하며, 삶의 재구성과 의미 중심의 상담 전략이 적극적으로 요구된다.

(3) 이론의 평가 및 시사점

Levinson의 성인발달이론은 성인기의 삶을 체계적으로 조망한 점에서 큰 의의를 지닌다. 기존의 발달이론들이 주로 아동기와 청소년기에 집중된 것과 달리, 그는 성인의 전 생애를 구조화된 시기와 전환기의 반복으로 설명함으로써 성인기 발달에 대한 포괄적 이해를 가능하게 했다. 특히 전환기의 심리사회적 의미를 조명하며, 삶의 구조 변화에 따른 내적 갈등과 재구성 과정을 강조한 점은 '중년기 위기(mid-life crisis)'라는 개념을 학문적으로 정립하고 상담 현장에서 적용할 수 있는 기초를 마련해 주었다. 이러한 접근은 생애설계, 진로 재설계, 은퇴준비 등 다양한 상담 영역에서 응용 가능성을 보여 준다.

그러나 이 이론은 몇 가지 한계점도 지니고 있다. 우선, 초기 연구가 백인 중산층 남성 40명을 대상으로 수행되었기 때문에 성별이나 사회문화적 다양성이 충분히 반영되지 못한 편향의 문제가 존재한다. Levinson이 후속 연구를 통해 여성의 생애 발달에 대한 보완을 시도하였지만, 여전히 제한적인 수준에 머무르고 있다. 또한 발달 단계를 연령 중심으로 고정적으로 구분한 점은 개인차, 사회 변화, 비정형적인 생애 경로 등을 충분히 반영하지 못한다는 비판을 받는다. 질적 면담에 기반한 이론 구성으로 인해 경험적 일반화의 한계가 존재하며, 이후의 실증적 연구를 통한 보완이 필요하다.

그럼에도 Levinson의 이론은 성인 상담 및 교육 현장에서 유의미한 시사점을 제공한다. 성인 내담자가 생애 전환기에서 겪는 혼란, 정체성의 재구성, 삶의 방향 재설정 등의 과제를 이해하고 상담 개입의 방향을 설정하는 데 있어 이론적 틀로 활용될 수 있다. 상담자는 내담자의 삶을 단편적인 문제가 아닌, 전체 생애 흐름 속에서의 구조적 전환으로 바라보아야 하며, 이를 통해 진로, 은퇴, 관계, 삶의 의미에 대한 상담 개입이 더욱 심층적으로 이루어질 수 있다. 또한 이 이론은 상담자 교육 및 연수 과정에서도 활용 가능성이 높으며, 성인기의 생애설계를 기반으로 한 전문적 상담 역량을 강화하는 기반이 될 수 있을 것이다.

3) Super의 전 생애 진로발달이론

(1) 이론의 주요 내용

① 전 생애 발달적 관점

생애 진로발달(career development across the life span)은 개인이 일생 동안 여러 시기를 거치며 진로를 선택하고 결정하는 과정을 의미한다. 이 과정은 개인의 내적 변화뿐만 아니라 사회적 환경의 변화와도 상호작용하며 이루어진다. 개인은 다양한 생애 역할과 사건, 환경 속에서 자신을 구성하고 통합해 가며, 이러한 과정을 통해 자기개발 능력을 점진적으로 형성하게 된다. 진로발달이론 중에서도 Super의 전 생애 진로발달이론은 가장 대표적이면서도 포괄적인 접근으로 평가된다. 그는 기존 진로발달이론들이 청년기까지의 진로 선택에만 국한되어 있다는 점을 비판하며, 진로발달은 아동기부터 노년기에 이르기까지 생애 전반에 걸쳐 이루어져야 한다고 주장하였다(Super, 1967). 이는 Ginzberg 등(1951)이 제안한 진로이론이 20대 시기까지만 설명하는 데 그쳤다는 점에 대한 대안으로 제시된 것이다. 또한 Super(1984)는 진로발달이 단순한 직업 선택에 머무르지 않으며, 직업세계와 관련된 다양한 역할 및 영역들과 연계되어야 한다고 강조하였다. 이에 따라 각 생애 단계에서 개인이 수행해야 할 과업은 상이하며, 진로발달은 연속적이면서도 단계적으로 전개되는 발달적 과정으로 이해된다.

② 자아개념

Super 이론의 핵심 개념 중 하나는 자아개념(self-concept)이며, 이는 은퇴상담에서도 핵심적인 주제로 다루어질 수 있다. Super는 개인이 자신의 자아이미지와 부합하는 직업을 선택한다고 보았다. 즉, 개인은 스스로 인식하는 자아상을 바탕으로 진로를 결정하고, 이러한 인식은 진로 선택과 직업 수행에 반영된다는 것이다. 예컨대, 자신을 자신감과 리더십이 있는 사람으로 인식하는 경우, 그러한 이미지에 어울리는 직업이나 역할을 추구하게 된다.

자아개념은 유아기부터 발달을 시작하여 생애 전반에 걸쳐 계속해서 수정되고 보완된다. 특히 '형성기(formation)', '전환기(translation)', '실천기(implementation)'라는 세 단계를 거치며 진로 선택과 연계된다. 이와 같이 진로발달에 있어 자아개념은 동적인 구성 요소로 작용하며, 다양한 생애 경험을 통해 지속적으로 재구성된다. 은퇴상담에서는 내담자가 과거에 형성해 온 자아개념을 탐색하는 것이 중요하며, 이를 통해 내담자가 자신의 흥미, 가치, 능력 등을 기반으로 새로운 삶의 방향성을 재정립할 수 있도록 돕는 상담적 개입이 필요하다. 상담자는 이러한 자아 인식이 은퇴 이후의 삶에도 긍정적으로 통합될 수 있도록 지지적 환경을 제공해야 한다.

③ 진로 성숙도

진로 성숙도(career maturity)는 다양한 정의가 존재하지만, 일반적으로 개인이 연령이나 발달 단계에 적절한 진로 과업을 수행할 준비 상태를 의미하는 것으로 이해된다. Super의 진로발달이론에서 이 개념은 핵심 요소로 다루어지며, 진로발달의 과정을 평가하는 기준으로 활용된다. 성숙도는 정적인 상태로 완성되는 것이 아니라, 특정 시기와 발달 단계에 따라 달성 가능한 목표로 간주된다. 이러한 관점은 진로발달을 획일적이거나 고정된 패턴이 아닌, 유연하고 순환적인 '생애주기(life-cycle)'의 흐름 속에서 이해하는 데 기여한다. 이후 Super와 Knasel(1981)은 변화하는 노동 환경과 사회적 요구에 능동적으로 대처하는 능력을 강조하며, '진로 적응성(career adaptability)'이라는 개념을 도입하였다. 이는 진로 성숙도의 개념을 보다 확장시킨 것으로, 개인이 직면한 상황에 맞춰 진로 관련 행동을 조정하고 준비할 수 있는 능력을 의미한다. 진로 적응성은 여러 요소로 구성되며, 대표적으로 '계획성(planfulness)', '탐색성(exploration)', '정보활용(information)', '의사결정능력(decision making)', '현실 적응성(reality orientation)' 등이 포함된다. 이러한 요소들은 특히 성인기 및 은퇴 전후의 진로전환기에서 상담적 개입의 주요 평가 기준으로 활용될 수 있다.

(2) 이론의 적용

① 직업발달의 단계와 과업

Super 이론의 핵심적인 특징은 진로발달을 전 생애에 걸친 과정으로 보고, 이를 일련의 단계와 과업으로 구체화한 점이다. 그는 진로발달이 단지 개인의 심리적 변화에 국한되지 않고, 사회적 기대, 직업 기회의 환경적 맥락과 상호작용하며 진행된다고 보았다. 진로는 아동기에서 성인 초기까지만 국한된 과정이 아니라, 전 생애에 걸쳐 점진적으로 전개되는 발달적 여정으로 간주된다.

Super(1980)는 진로발달을 '성장기(growth)', '탐색기(exploration)', '확립기(establishment)', '유지기(maintenance)', '은퇴기(decline)'의 다섯 가지 주요 단계로 설명하였다. 각 단계는 특정한 연령대와 진로과업을 포함하며, 이러한 단계들은 순차적 또는 순환적으로 경험될 수 있다.

첫째, 성장기(growth stage, 0~14세)는 자아개념의 초기 형성과 직업 세계에 대한 기초적 이해가 이루어지는 시기이다. 부모, 교사, 또래와의 상호작용을 통해 아이는 자신에 대한 인식과 일의 세계에 대한 기본 개념을 형성한다. 하위 단계로는 환상기(fantasy), 흥미기(interest), 능력기(capacity)가 있으며, 점진적으로 현실에 기반한 진로 인식이 시작된다.

둘째, 탐색기(exploration stage, 15~24세)는 진로 계획을 수립하고 초기 의사결정을 내리는 시기로, 자기 이해와 직업 탐색이 활발하게 이루어진다. 세부적으로는 결정화기(crystallization), 구체화기(specification), 실행기(implementation)로 나뉜다. 이 세 단계는 개인이 자신의 진로를 명확히 하고, 실천 가능한 계획으로 전환해 나가는 점진적 과정을 설명하며, 초기 경력 형성에 있어 중요한 기반을 제공한다.

셋째, 확립기(establishment stage, 25~44세)는 직업 세계에 정착하고, 전문성을 확보하며, 자신의 경력을 확립해 가는 시기이다. 일반적으로 정규직 직업에 진입하고 지속적인 경력 관리를 하게 된다. 세부 단계로는 안정화기(stabilizing), 공고화기(consolidating), 발전기(advancing)가 있으며, 경력의 안정성과 성장 욕구가 동시에 작용한다. 확립 단계 전반에 걸쳐 직업 선택이 항상 성공적으로 이루어지는 것은 아니며, 때로는 직무와의 부적합성이나 만족감 결여로 인해 경력 재설정이 필요할 수 있다. 이 경우 개인은 다시 탐색 단계로 돌아가 적절한 진로를 재고하고 수정하는 순환적 경로를 경험하게 된다.

넷째, 유지기(maintenance stage, 45~65세)는 정해진 직업에 정착하여, 기존의 상태를 유지하는 상황을 맞이하는 시기이다. 이 시기에 개인은 유지기(holding), 갱신기(updating), 혁신기(innovating)의 하위 단계를 경험하게 된다. 유지기에는 어느 정도의 위치에서 이를 유지하기 위해 변화에 적응하고 새로운 것을 배우며, 자신의 일터를 확고히 하기 위해 노력한다. 갱신기에는 지속적인 교육을 받고 발전 동향을 살피며 최신 동향을 익히는 등 변화에 맞는 업데이트를 해 나간다. 혁신기는 갱신과 유사한 개념으로 전문성을 향상시키는 것을 의미하는데, 단순히 배우는 것을 넘어 새로운 영역을 찾고 개발하기 위해 노력하게 된다.

다섯째, 은퇴기(decline stage, 65세 이후)는 Super가 제시한 진로발달 단계 중 마지막에 해당하며, 개인의 신체적 에너지와 직업적 동기가 점차 감소하는 시기로 이해된다. 이 시기에는 직업 활동에서 서서히 물러나며, 은퇴를 준비하거나 실제로 은퇴 후의 삶을 재조정하려는 움직임이 나타난다. 하위 단계로는 점점 업무를 줄여 나가게 되는 감퇴기(decelerating), 재정 및 은퇴 후 활동을 계획하는 은퇴준비기(retirement planning), 은퇴 이후 생애역할의 변화에 적응하고 자유시간을 사용하는 과제를 안게 되는 은퇴생활기(retirement living)가 있으며, 나이가 들수록 점차 고려하게 되는 과제들이라 할 수 있다. 이러한 하위 단계들은 개인이 은퇴를 단절이 아닌 또 하나의 전환기로 인식하고, 새로운 삶의 구조를 형성해 나가는 데 있어 실질적인 상담 개입이 요구되는 시점임을 시사한다.

② 진로발달 및 상담 모델(C-DAC 모델)

Super는 자신의 이론을 진로상담과 접목하기 위해, 진로발달 및 상담(Career Development Assessment and Counseling: C-DAC) 모델을 제안하였다(Super et al., 1996). 이 모형에서는 진로상담에서 내담자의 진로문제, 자료검토에 초점을 맞추고 있으며, 다음의 4단계로 평가를 진행한다.

1단계는 내담자의 삶에서 직장인으로서의 역할이 얼마나 중요한지를 포함하여, 다양한 생애 역할들 간의 상대적 중요도를 평가한다.

2단계는 현재 진로단계와 문제, 내담자의 자원을 확인한 뒤, 이 자원이 자신의 직업세계에 적절한지 적합성을 평가한다.

3단계는 심리검사나 면담을 통해 내담자의 흥미, 능력, 가치관을 심층적으로 분석하고, 이들이 진로 선택과 발달에 어떤 의미를 가지는지 탐색한다.

4단계에서는 자아개념과 삶의 주제(life theme)에 대한 이해를 바탕으로, 진로결정에 영향을 주는 내면적 요인들을 질적으로 평가한다. 상담자는 지금까지의 평가와 면접자료를 통합하면서 내담자의 진로 문제와 발달 상황을 통합적으로 조망하고, 이에 적합한 상담 목표와 개입 계획을 수립하는 마지막 단계를 진행한다.

C-DAC 모델은 단순한 직업 매칭을 넘어서, 생애 전체의 발달과 의미 있는 삶의 방향을 설계하는 데 기여하는 통합적 접근이라 할 수 있다.

(3) 이론의 평가 및 시사점

Super의 진로발달이론은 발달심리학과 성격이론에 기반을 두며, 진로상담의 실천과 연구 양측에서 유용한 이론으로 평가받고 있다(Osipow & Fitzgerald, 1996). 또한 진로를 생애 전체의 발달 과정으로 확장하였다는 점에서 이론적으로 크게 기여했으며, 각 단계별 발달과업은 진로성숙도의 평가에 활용될 수 있다(Vondracek & Porfeli, 2002). 또한 이 이론은 은퇴를 단절이 아닌 발달의 연속으로 이해하고 있어, 상담자는 이를 바탕으로 내담자의 자아개념과 생애 역할을 통합적으로 지원할 수 있다. 특히 은퇴를 독립된 진로 단계로 포함시킨 점은 은퇴상담에 대한 실질적인 이론적 근거를 제공하고 있다.

2 전환이론

전환이론은 은퇴를 단발적인 사건이 아니라, 생애 발달의 한 과정으로 본다(Stambulova, 2001). 이 관점에서는 은퇴를 행동의 중단이 아닌 연속적 변화로 이해하며, 목표나 흥미의 포기가 아니라 점진적인 전환으로 해석한다(Greendorfer & Blinde, 1990). 은퇴에 따른 적응은 일시적인 어려움을 동반할 수 있으나, 자연스러운 변화로 간주된다.

1) Schlossberg의 진로전환모형

(1) 이론의 주요 내용

성인기의 진로전환을 설명하는 대표적 이론 중 하나는 Anderson 등(2012)이 제안한 진로전환모형(career transition model)이다. 이 이론에서는 '전환(transition)'을 개인의 삶 속에서 역할,

관계, 일상 생활의 구조 혹은 자기 지각에 의미 있는 변화를 일으키는 사건(event) 또는 비사건(nonevent)으로 정의하였다(Schlossberg, 1981). 전환은 개인에 따라 다르게 경험되며, 심리적 성장의 기회가 되기도 하고, 반대로 퇴보로 이어질 수도 있다. 특히 전환의 영향은 그 사건이 발생한 맥락에 따라 크게 달라진다(김봉환 외, 2018).

진로전환모형에서는 누구나 생애과정에서 전환을 경험한다고 보며, 전환의 예측 가능성과 준비 여부에 따라 진로전환을 '예측된 전환(predicted transition)', '예측하지 못한 전환(unanticipated transition)', '비발생 전환(nonevent transition)'의 세 가지 유형으로 구분하였다(Schlossberg, 1981).

첫째, 예측된 전환은 졸업, 결혼, 취업, 이직, 은퇴 등과 같이 '사전에 예상 가능한 사건'으로, 새로운 역할 변화가 동반된다.

둘째, 예측하지 못한 전환은 '준비 없이 갑작스럽게 발생하는 부정적 사건'으로, 교통사고, 실직, 이혼, 질병 등이 이에 해당한다. 이러한 전환은 계획되지 않았기에 낮은 수준의 의사결정으로 이어질 수 있다.

셋째, 비발생 전환은 '개인이 기대하거나 계획했던 변화가 실제로 일어나지 않은 상태'를 의미한다. 예를 들어, 승진 실패, 결혼 무산, 입학 무산과 같이 전환을 예상했으나 실현되지 못한 경우가 이에 해당한다. 이러한 전환의 부재는 외형상 변화가 없어 보일 수 있으나, 개인에게는 실망, 상실감, 자존감 저하와 같은 심리적 영향을 초래할 수 있으며, 내면의 적응을 요하는 중요한 전환 경험으로 작용한다.

생애과정에서의 진로전환에 대하여, 개인은 전환 상황의 맥락을 파악하고, 이를 성장의 계기로 삼아 진로 변화에 적극적으로 대응하는 것이 중요하다.

(2) 이론의 적용

① 전환모형

Anderson 등(2012)은 진로전환과정에서 개인이 보이는 적응의 차이를 설명하기 위해 '전환모형(transition model)'을 제안하였다. 이 모형은 유사한 상황에서도 개인이 서로 다르게 반응하는 이유를 구조적으로 설명하며, 시기와 맥락에 따른 차별적 반응을 이해하는 데 초점을 둔다.

전환모형은 세 가지 핵심 요소인 '진로전환의 접근(approaching transition)', '대처자원의 충격수용(taking shock of coping resources)', '부담수용(taking charge)'으로 구성된다.

첫째, 진로전환의 접근은 전환의 특성을 이해하기 위한 전환이해와 전환과정을 의미한다.

둘째, 대처자원의 충격수용은 개인이 보유한 잠재적 자원과 능력을 점검하는 것을 의미하는 데, 이를 활용하여 변화에 적응할 수 있는 가능성을 탐색할 수 있다.

셋째, 부담수용은 기존 자원을 강화하고 새로운 대처 전략을 개발함으로써, 변화에 주도적으로 대응하는 단계이다.

이 모형은 상담자가 내담자의 강점과 취약점을 함께 파악하고, 효과적인 대처 전략을 구축하도록 돕는 데 활용되며, 성인 전환자의 진로 적응과 성장을 지원하는 실천 중심 모델로 적용 가능하다(Anderson et al., 2012).

② 진로전환의 4S 체계

전환모형에서는 전환 상황에서 '개인 변화의 대처능력'은 단순한 성격 특성이나 기술 그 자체가 아니라 '전환을 통제할 수 있다고 인식하는 정도(지각)', '그 상황을 위협이 아닌 도전으로 인식하는 방식(태도)', '대처 가능한 자원에 대한 믿음(신념)'을 포괄하는 의미로 사용하고 있다. 전환에 대처하는 개인의 능력에 영향을 주는 것은 다음의 네 가지 요인이 있다. 즉, 무슨 일이 일어났고 전환을 유발하는 스트레스원이 무엇인지에 대한 '상황 요인(Situation)', 누구를 위해 일어났는지에 대한 '자기 요인(Self)', 어떤 도움이 가능한지의 '지지 요인(Support)', 어떻게 대처하는가에 대한 '전략 요인(Strategy)'이 있다. 이를 4S 체계라 하는데, 전환 상황에서 개인의 적응 자원을 진단하고 상담 전략을 수립하는 데 효과적인 분석 틀을 제공한다. 이를 세부적으로 살펴보면 다음과 같다(Anderson et al., 2012).

첫째, 상황(situation)은 근무환경이나 가정환경, 사회환경, 경제적 여건, 건강 상태, 직업 특유의 상황, 미래예측 등을 말하며, 촉발 사건이나 사건이 일어나는 시기와 예상 전환 기간, 유사한 경험이나 이전 경험, 자기 통제 등을 나타낸다. 전환 상황에 대한 개인의 통제나 사건이 일어나는 시기, 전환 상황에 대해 개인이 지각하는 것을 의미한다. 이는 진로전환 상황에서의 스트레스를 파악해야 함을 의미하며, 신체적 질병이나 부양할 가족 등에 대한 진로전환을 방해하는 상황 요인을 포함한다.

둘째, 지지(support)는 가족이나 친구, 기관, 지역사회 등으로부터 자원 및 관심을 받고 있다고 지각하는 수준을 말한다. 이는 진로전환의 성공과 만족감에 영향을 미치는 것으로, 지역사회 내의 지지 요소들을 확보하는 대처전략을 찾아야 한다는 점과 자신의 이야기나 진로와 관련된 문제를 나눌 수 있는 안정된 지지체계가 필요함을 의미한다.

셋째, 자기(self)는 개인의 심리적 특징과 사회적 · 경제적 지위, 성, 나이 등 인구 통계적 특성으로서, 낙관적인지, 유연한지, 불확실한 상황을 조절할 수 있는지 등 전환 상황에 대처하기 위한 내적 강점 요소들을 의미한다.

넷째, 전략(strategy)은 개인이 전환 중 끌어낼 수 있는 여러 인지적 · 행동적 대처 기술을 뜻한다. 이는 브레인스토밍이나 법적 대응, 진급이나 판촉을 이끌어 내는 상황 재구성, 명상이나 훈련과 같은 스트레스 조절 방법 등을 사용하는 기술이며, 다양한 대처전략을 사용하기 위해서는 유연성이 필요하다.

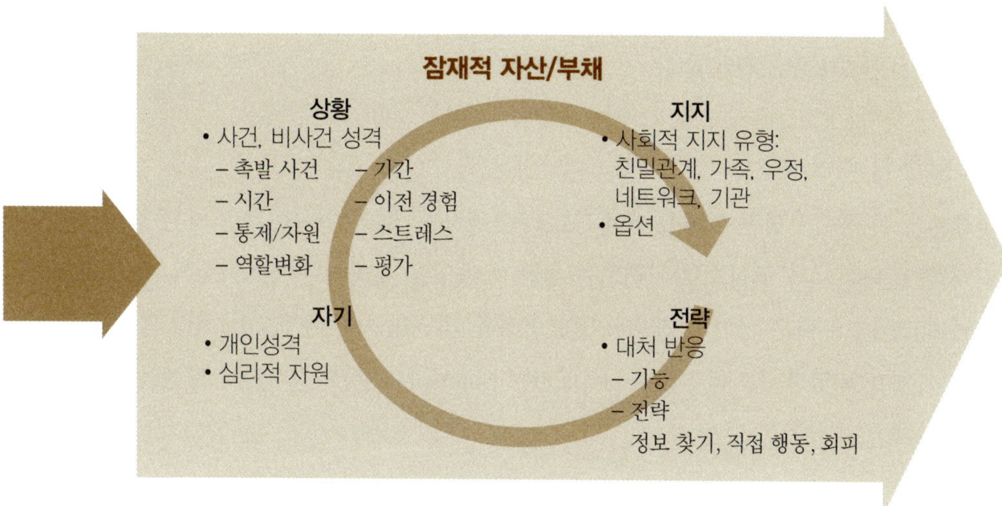

[그림 4-2] 진로전환의 대처자원-4S 체계

출처: Anderson et al. (2012).

(3) 이론의 평가 및 시사점

은퇴상담에서는 전환의 유형과 개인의 대처자원을 고려한 맞춤형 개입이 필요하며, 이를 통해 내담자가 변화에 능동적으로 대응할 수 있도록 돕는 것이 중요하다. 전환이론은 진로 변화 과정을 일회성 사건이 아닌 연속적 적응의 관점에서 이해할 수 있도록 한다는 점에서 의의가 있다. 특히 Schlossberg의 전환모형과 4S 체계는 개인의 자원과 환경 요인을 구조적으로 분석할 수 있는 틀을 제공하며, 은퇴와 같은 생애 전환기에서의 심리사회적 적응을 지원하는 데 효과적이다.

2) Hopson & Adams의 전환과정 모델

(1) 이론의 주요 내용

Hopson과 Adams(1977)는 개인이 전환이나 위기에 반응하는 방식에 따라 전환을 자발적 전환(voluntary transition)과 비자발적 전환(involuntary transition)의 두 가지 유형으로 구분하였다. '자발적 전환'은 개인의 능력이나 흥미에서 비롯된 변화로, 스스로의 선택과 성장을 위한 과정으로 인식된다. 이 경우 직업이나 경험은 자기표현과 발달의 수단으로 여겨진다.

반면, '비자발적 전환'은 외부의 구조적 요인으로 인해 진로를 수정해야 하는 상황을 의미하며, 진로 결정에 있어 안정성, 지위, 경제적 보상 등의 외적 요인을 중시하는 경향이 있다. 또한 비자발적 전환자는 자발적 전환자에 비해 위험을 감수하려는 태도가 낮으며, 변화에 덜 개방적인 면을 보인다(Kerka, 1991).

(2) 이론의 적용

대부분의 연구자는 경력 전환을 단계적으로 설명하며, 실직이나 이직에 따른 심리적 변화와 경력 전환 준비단계가 구직으로 이어지는 공통적 과정을 제시한다. Hopson과 Adams(1977)의 전환과정 7단계 모델은 성인의 진로위기와 변화를 개념화하는 체계로서 여러 경력 전환 단계 이론의 기초가 되었다. [그림 4-3]은 Hopson과 Adams의 전환과정 7단계 모델을 그림으로 정리한 것이다.

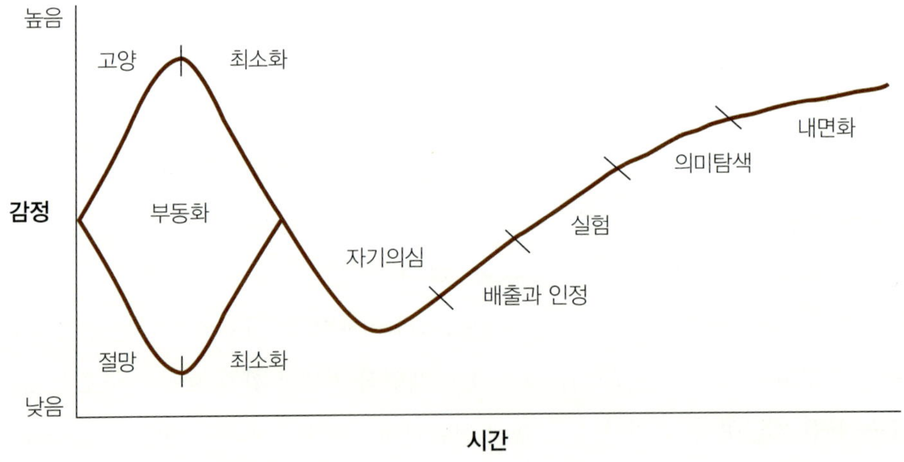

[그림 4-3] Hopson과 Adams(1977)의 전환과정 7단계 모델

출처: 주용국(2002) 재인용.

Hopson(1981)은 앞선 초기모델을 일부 개정하면서 경력 전환과정의 불안정한 심리적 요인들을 심도 있게 다루고, 다른 이론들보다 단계를 세분화하여 사례자들의 경력 전환과정을 상

세히 설명하였다. 이 모델에서는 성인들이 진로위기 상황에서 겪는 감정과 시간에 따른 전환과정을 다음의 7단계로 구분하였다.

1단계 부동화(immobilization)는 이직, 퇴직, 해고나 실직의 충격으로 감정이 과잉되거나 절망에 빠져 체계적 대응이 불가능한 단계이다. 이 상태에서는 계획 수립이나 의사표현조차 어려울 수 있으며, 기간은 일시적이거나 수개월까지 지속될 수 있고, 사건의 성질과 개인의 심리적 기질에 따라 차이가 있다.

2단계 최소화(minimization)는 변화의 충격이 실제보다 작기를 기대하는 단계로, 일어난 변화를 축소하려는 욕구를 의미한다. 개인은 변화를 부인하거나 사소하게 여기거나, 모든 것이 잘될 것이라고 자신을 안심시킨다.

3단계 자기의심(self-doubt)은 미래의 불확실성에 대해 자신과 자신의 능력을 의심하며, 불안, 두려움, 슬픔, 분노 등 복합적 감정이 나타나는 단계이다. '의심'이란 현명한 상황 판단을 할 수 없게 만들고 두려움을 극복하는 것이 아니라 회피하게 하는 원인이 된다(주용국, 2002).

4단계 놓아주기(letting go)는 지금까지의 자기와 단절하여 분노, 긴장, 좌절감을 극복하고 현실을 수용하면서 미래를 바라보기 시작하는 단계이다. 개인은 이 단계에서 화, 긴장, 좌절 등 부정적 감정을 해소하며 실제 상황을 받아들이고, 최초 상황에서 자신을 분리하여 앞을 바라본다.

5단계 실험하기(testing out)는 새로운 행동과 사고로 삶의 구조를 모색하여 자립 능력과 에너지를 개발하는 단계이다. 이는 자신의 감정과 현실을 직면하고 자신을 성찰하며 최선의 방법을 모색하고, 경력 전환에 필요한 능력 획득을 위한 학습을 추구하는 실천적 단계이다.

6단계 의미탐색(search for meaning)은 실직의 의미와 과거 직무를 재분석하는 단계로, 개인이 변화의 차이점과 이유를 이해하려 노력하는 인식과정이다. Kirk(1994)는 개인의 성향, 가치관, 역량을 진단하고 이를 기반으로 경력을 탐색하며 경력 전환 방향 설정과 활동계획 수립의 중요성을 강조했다(양인종, 2008).

7단계 내면화(internalization)는 변화대처의 마지막 단계로서, 문제 원인과 해결책이 외부가 아닌 자신의 경험에 기초한다고 인식하여 가치와 삶의 양식에 변화를 가져오는 단계이다(나혜숙, 2012). 이 마지막 단계에서 개인은 위기 극복을 통해 새로운 대처기술을 발달시키고 정서적·영적·인지적 성장을 이룰 수 있다.

(3) 이론의 평가 및 시사점

Hopson과 Adams의 전환과정 이론은 경력 변화가 개인에게 어떤 심리적 의미를 갖는지를 자발성과 비자발성의 관점에서 구분함으로써, 전환의 성격에 따라 상이한 반응을 설명할 수 있는 틀을 제시하였다. 이 이론은 특히 외적 요인에 의해 변화가 강제되는 비자발적 전환의 맥락에서 은퇴를 이해하는 데 유용하다. 은퇴상담에서는 내담자의 전환 유형에 따라 위험 회피 경향이나 심리적 저항 수준을 파악하고, 이에 맞는 대처 전략을 설계하는 데 활용될 수 있다.

3) Louis의 경력 전환이론

(1) 이론의 주요 내용

경력 전환에 대한 관심은 1970년대에 들어서면서 개인 삶의 성장과 성취에 대한 열망, 은퇴 이후 생애계획 등과 같은 사회환경의 변화와 함께 더욱 높아졌다(신재윤, 2018). Louis(1980)는 경력 전환을 개인이 실제로 다른 역할을 수행하며 역할 변화를 시도하는 행동이나 현재 수행 중인 일의 주관적 내용을 변화시키려는 방향결정으로 정의하였다. 이러한 경력 전환의 개념은 가시적인 직업과 직무 자체의 변화를 의미할 뿐 아니라, 직업이나 직무의 변화 없이도 자신의 직업 또는 직무에 대한 정체성이나 태도의 변화까지 함축하고 있다.

이 이론에서는 경력 전환과정을 다음과 같이 '변화(change)', '대조(contrast)', '놀람(surprise)'의 세 가지 양상으로 구분하고 있다(Louis, 1980).

첫째, 변화는 현재 맡고 있는 역할이나 상황이 과거와 다를 때 확인할 수 있는 객관적인 차이를 의미한다. 이는 외부에서 인식 가능한 명확한 변화로, 전환 상황의 구체적인 특성을 반영한다.

둘째, 대조는 외형적으로 드러나는 변화와 달리, 새로운 역할이나 상황에 대한 개인의 주관적인 해석에서 발생한다. 이는 같은 전환 상황을 경험하더라도 개인의 성향이나 경험에 따라 인식되는 차이가 달라질 수 있음을 의미한다.

셋째, 놀람은 기대했던 미래의 모습과 실제 경험 사이의 차이에서 비롯된 인지적 · 정서적 반응을 말한다. 놀람은 긍정적인 반응일 수도 있고, 부정적인 감정으로 나타날 수도 있으며, 개인의 적응 과정을 좌우하는 중요한 요소가 된다.

Louis는 이러한 세 가지 양상의 차이를 통해 개인이 기존의 인지 구조를 수정하고, 새롭게 요구되는 역할에 적응하는 과정을 '판단력 형성'으로 설명하였다. 이는 개인이 과거와 현재의 역할 차이에 의미를 부여하고, 새로운 환경에 맞는 행동으로 조정해 나가는 심리적 전환과정을 보여 준다.

(2) 이론의 적용

Louis는 경력 전환의 성격을 '역할 간 전환(interrole transitions)'과 '역할 내 전환(intrarole transitions)' 두 가지로 구분하였다. 역할 간 전환은 기존과는 완전히 다른 새로운 역할로의 실제적 전환을 의미하며, 역할 내 전환은 원래 수행하던 역할에 대해 새로운 업무적 접근을 시도하는 전환을 의미한다.

역할 간 전환의 '진입/재진입'은 대학 졸업 후 사회에 처음 진입하거나, 경력 단절 이후 다시 노동시장에 복귀하는 경우(재진입)를 의미한다. '회사 내 전환'은 동일한 조직 내 부서 이동과 같이 조직 내에서의 변화이며, '회사 간 전환'은 이직을 통해 직무뿐 아니라 조직문화, 인간관계 등 다양한 환경이 변하는 경우를 포함한다. '직무 간 전환'은 직장인이 창업을 하거나 학문 연구자로 전향하는 등 직업 자체가 달라지는 것을 의미하며, '퇴직'은 단기적 휴직, 강제 퇴사 등 경력에서의 일시적 또는 비자발적 중단을 포함한다.

역할 내 전환의 '역할 내 조정'은 부서장이 회의 준비나 회식 등 상황에 따라 다양한 역할을 수행하는 사례처럼, 같은 직무 내에서도 역할 인식의 변화가 발생하는 경우이다. 또, 역할 내 전환의 '역할 외 조정'은 교수가 학술저널 편집을 수락하면서 학생을 가르치고 연구하는 시간을 조정해야 하는 것처럼, 개인이 한 분야에서 다른 분야로 업무에서 역할의 조정이 불가피한 경우를 의미한다. '역할/경력단계 전환'은 조직 내에서 시간의 흐름에 따라 자연스럽게 경력이 진전되는 과정이며, '생애단계 전환'은 생애주기에 맞추어 심리사회적 변화로 인한 경력상의 전환을 의미한다.

경력 전환의 양상을 구분한 세부 내용은 〈표 4-2〉와 같다.

〈표 4-2〉 경력 전환의 다양성

역할 간 전환	역할 내 전환
진입/재진입(entry/re-entry)	역할 내 조정(intrarole adjustment)
회사 내 전환(intracompany)	역할 외 조정(extrarole adjustment)
회사 간 전환(intercompany)	역할/경력단계 전환(role/career-stage transition)
직무 간 전환(interprofession)	생애단계 전환(life-stage transition)
퇴직(exit)	

출처: Louis (1980).

(3) 이론의 평가 및 시사점

Louis의 경력 전환이론은 전환의 복잡성과 개인 차이를 반영하여, 경력 변화에 대한 심리적·인지적 반응을 구조적으로 이해할 수 있게 한다. 변화, 대조, 놀람이라는 개념은 은퇴 시 겪는 내적 반응을 설명하는 데 유용하며, 역할 간·역할 내 전환 구분은 은퇴 이후 재직업화나 새로운 역할 수용을 상담적으로 조명할 수 있는 틀을 제공한다. 이를 통해 상담자는 은퇴 전후의 정체성 변화와 역할 재구성 과정을 보다 입체적으로 다룰 수 있다.

3 성공적인 노화이론

1) Rowe & Kahn의 성공적인 노화 모델

(1) 이론의 주요 내용

Rowe와 Kahn(1997)은 기존의 질병과 기능 저하에만 초점을 맞춘 '정상 노화(normal aging)' 관점에서 벗어나, '성공적인 노화(successful aging)' 개념을 제시하였다. 이 이론은 노화를 개인의 능동적인 삶의 질 유지와 긍정적인 심리·사회적 기능의 지속이라는 관점에서 바라보며, 성공적인 노화의 세 가지 핵심 요소를 다음과 같이 제시하였다.

첫째, 질병 및 장애의 최소화(minimization of disease and disability)이다. 만성질환, 인지기능 저하, 신체적 장애 등의 발생을 예방하거나 그 영향을 최소화함으로써 건강한 신체 상태를 유지하는 것을 목표로 한다.

둘째, 신체 및 인지 기능의 고수준 유지(maintenance of high physical and cognitive function)이다. 일상생활 수행 능력, 운동 능력, 기억력, 사고력 등의 기능을 가능한 한 오래 유지하려는 노력이 강조된다.

셋째, 활동적 삶에의 지속적 참여(continued engagement with life)이다. 사회적 관계, 여가활동, 자원봉사, 생산적 활동 등 다양한 사회적 참여를 통해 심리적 만족과 삶의 의미를 추구하는 것이 포함된다.

이 세 요소는 상호작용하며, 성공적인 노화는 단순한 생물학적 조건이 아니라 개인의 선택, 행동, 환경적 자원과 밀접하게 연결되어 있다고 본다.

(2) 이론의 적용

Rowe와 Kahn의 성공적인 노화 모델은 다양한 실천 분야에서 활용 가능하다.

첫째, 노년기 상담 및 코칭에서의 활용이다. 상담자는 내담자의 건강 상태뿐만 아니라, 인지적 자원과 사회적 네트워크, 삶의 의미를 함께 조망하며 전인적 접근을 통해 노년기 삶을 설계하도록 지원한다. 또한 은퇴 이후 삶의 목적 재정립, 활동 계획, 건강 유지 전략 등을 통합적으로 다룰 수 있다.

둘째, 노인복지 및 보건 프로그램 개발에 활용할 수 있다. 건강검진, 운동 프로그램, 두뇌 활동 강화 교육, 사회참여 촉진 등 세 가지 요소를 반영한 통합 프로그램 개발에 이론적 기초를 제공한다. 이를 기반으로 참가자의 자율성과 자기효능감 향상에 중점을 둔 서비스를 설계할 수 있다.

셋째, 생애설계 교육 및 노화 예방 교육에서의 활용이다. 중·장년층을 대상으로 하는 생애설계 교육에서 조기 개입을 통해 '성공적인 노화'에 대한 긍정적 인식과 실천 행동을 유도할 수 있다.

(3) 이론의 평가 및 시사점

Rowe와 Kahn의 성공적인 노화 모델은 노화를 질병 중심이 아닌 기능 중심의 관점으로 전환시켰다는 점에서 매우 큰 의의를 지닌다. '질병과 장애의 최소화', '신체적·인지적 기능 유지', '적극적인 삶의 참여'라는 세 가지 명확한 기준을 제시함으로써, 노년기의 건강한 삶에 대한 구체적인 목표와 방향을 제공한다. 이는 건강, 복지, 정책 영역에서의 평가 기준 수립 및 프로그램 개발에 실질적 근거를 제공하는 강점이 있다.

그러나 이 모델은 비교적 이상적이고 표준화된 성공 기준을 제시하고 있어, 이를 충족하지 못하는 개인들에게 소외감이나 실패감을 유발할 가능성이 있다. 또한 질병이나 장애가 있음에도 불구하고 주관적으로 만족스러운 삶을 영위하는 개인의 다양한 삶의 형태를 충분히 포괄하지 못하는 한계도 존재한다. 따라서 은퇴상담에서는 이 모델을 참고하되, 기능적 기준뿐 아니라 심리적 만족과 개인적 맥락을 함께 고려하는 통합적 접근이 필요하다.

2) Baltes의 선택적 최적화 및 보상(SOC) 이론

(1) 이론의 주요 내용

Baltes와 Baltes(1990)는 노화를 단순한 기능 쇠퇴의 과정이 아닌, 능동적이고 전략적인 적응

과정으로 보았다. 이들은 선택적 최적화 및 보상(Selective Optimization with Compensation: SOC) 이론을 통해 인간이 삶의 전 영역에서 자원(시간, 에너지, 인지력 등)이 제한되는 상황에서도 효과적으로 적응하고, 의미 있는 삶을 유지하기 위한 핵심 전략을 다음의 세 가지로 제시하였다.

첫째, 선택(selection)은 개인이 중요하다고 판단하는 목표나 활동을 선별하여, 제한된 자원을 집중하는 과정이다. 이는 시간과 에너지 같은 자원이 한정된 상황에서 우선순위를 설정하는 전략으로, 예를 들어 은퇴자가 모든 사회활동에 참여하기보다는 자신에게 의미 있는 몇 가지 활동만을 선택해 지속하는 방식이다.

둘째, 최적화(optimization)는 선택한 영역에서 최대한의 역량을 발휘하기 위해 노력하거나 자원을 투입하는 과정이다. 연습, 학습, 자원 활용 등을 통해 목표 달성을 위한 기능을 향상시키는 전략으로, 예를 들어 피아노 연주를 계속하고자 하는 개인이 연습 시간을 늘리거나 전문적인 지도를 받는 경우가 해당된다.

셋째, 보상(compensation)은 신체적 또는 인지적 기능 저하로 인해 기존 방식으로는 목표 달성이 어려울 때, 대안적인 방법이나 도구를 활용해 기능 손실을 보완하는 과정이다. 예를 들어, 청력이 저하된 노인이 보청기를 사용하거나, 기억력이 약해진 경우 메모를 활용하는 방식이 이에 해당한다.

이 이론은 노년기에는 신체적 · 인지적 자원의 감소가 불가피하지만, 인간은 삶을 유지하기 위해 선택과 적응을 통해 이를 극복하려는 발달적 능동성을 가진다는 점에 특히 관심을 기울인다. 또한 발달은 단순한 성장이 아니라 이득의 극대화와 손실의 최소화 사이의 균형 과정임을 강조하고 있다.

(2) 이론의 적용

SOC 이론은 노화 과정에 있는 개인이 삶의 질을 유지하고자 할 때 활용할 수 있는 구체적인 전략을 제시함으로써 다양한 실천 영역에서 적용 가능하다.

첫째, 개인 상담에서는 내담자가 현재 삶에서 중요하게 여기는 목표를 선별하고, 그 목표를 달성하기 위해 필요한 자원을 분석하여 최적화 및 보상 전략을 수립하는 데 활용할 수 있다. 예를 들어, 건강상의 어려움으로 인해 직장을 그만둔 은퇴자가 새로운 삶의 의미를 찾기 위해 어떤 활동에 집중할지를 상담자와 함께 모색하는 데 적용할 수 있다.

둘째, 집단 프로그램에서는 은퇴자들이 자신의 변화된 능력과 자원에 맞는 목표를 설정하고, 공동의 학습이나 교류를 통해 이를 실현할 수 있는 방안을 찾도록 돕는 구조화된 활동으로 활용될 수 있다. 이를 통해 참가자들은 노화에 대한 수용과 동시에 자기효능감을 높일 수 있다.

셋째, 정책 및 복지 분야에서는 고령층이 자신의 능력과 관심에 맞는 활동에 참여할 수 있도록 선택의 폭을 넓히고, 기능 저하에 따른 보상을 지원하는 제도 설계에 기초 자료로 활용될 수 있다. 예를 들어, 고령 친화적 일자리나 평생교육 프로그램의 개발은 선택과 보상을 고려한 실천의 예라 할 수 있다.

(3) 이론의 평가 및 시사점

Baltes의 SOC 이론은 노화에 수반되는 자원의 감소와 기능 저하를 현실적으로 인정하면서도, 이를 극복하기 위한 전략적 적응과 발달의 가능성을 제시했다는 점에서 높은 평가를 받는다. 선택, 최적화, 보상이라는 세 가지 핵심 전략은 노년기 개인이 자신의 역량을 유지하거나 새로운 방식으로 삶의 의미를 재구성할 수 있도록 돕는 구체적인 실천의 틀을 제공한다.

이 이론은 특히 은퇴상담 현장에서 내담자가 자신의 변화된 상황에 맞춰 현실적인 목표를 설정하고, 기존의 방식이 어려운 경우 대안을 찾도록 유도하는 데 효과적으로 활용될 수 있다. 다만, 이 이론은 개인의 전략과 자기조절 능력에 초점을 맞추는 경향이 있어, 사회적 지원이나 자원의 불균형을 충분히 반영하지 못한다는 한계가 있다. 따라서 상담자는 내담자의 사회적 환경과 자원 수준을 함께 고려하여 SOC 전략을 현실적이고 유연하게 적용할 필요가 있다.

3) Ryff의 심리적 웰빙 모델

(1) 이론의 주요 내용

Ryff(1989)의 심리적 웰빙(Psychological Well-Being: PWB) 모델은 성공적인 노화를 개인의 내적 성장과 심리적 성숙의 관점에서 조명한 대표적인 이론이다. 그는 기존의 웰빙 개념이 행복, 만족, 긍정 정서 등 주관적 웰빙(SWB)에 편중되어 있다고 비판하며, 인간의 자아실현과 심리적 성장을 중심으로 한 심리적 웰빙 개념을 제안하였다. 이 이론은 특히 Rogers와 Maslow의 인본주의 심리학과 발달심리학 이론을 바탕으로, 삶의 질과 의미를 심리적 성숙의 관점에서 이해하며, 이를 여섯 가지 핵심 차원으로 체계화하였다.

첫째, 자기수용(self-acceptance)은 자신의 삶과 과거를 긍정적으로 바라보며, 있는 그대로의 자신을 수용하는 태도를 의미한다. 이는 심리적 안정과 자기이해의 토대가 된다.

둘째, 긍정적 대인관계(positive relations with others)는 타인과 따뜻하고 신뢰로운 관계를 형성하고 유지하는 능력으로, 정서적 지지와 삶의 만족에 중요한 영향을 미친다.

셋째, 자율성(autonomy)은 외부의 기대나 사회적 압력에 흔들리지 않고, 자신의 가치와 판단에 따라 삶을 주체적으로 살아가는 능력을 말한다.

넷째, 환경 통제(environmental mastery)는 자신이 처한 환경을 효과적으로 관리하고 삶의 조건을 조절할 수 있는 능력으로, 일상생활의 주도성을 반영한다.

다섯째, 삶의 목적(purpose in life)은 개인이 인생의 목표와 방향성을 가지고 살아가려는 태도를 의미하며, 노년기 삶의 의미를 재구성하는 데 중요한 역할을 한다.

여섯째, 개인적 성장(personal growth)은 끊임없이 새로운 경험을 추구하고, 자기 자신을 발전시키려는 열망을 의미한다. 이는 연령과 상관없이 인간의 성장 가능성을 강조한다.

(2) 이론의 적용

심리적 웰빙(PWB) 모델은 상담, 교육, 조직개발, 정신건강 등 다양한 실천 영역에서 삶의 질 향상과 심리적 성장 촉진을 위한 이론적 틀로 폭넓게 활용되고 있다. 특히 웰빙을 단순한 감정 상태가 아닌, 심리적 성숙과 자아실현이라는 관점에서 바라봄으로써 내담자의 삶의 의미와 방향성 회복을 돕는 데 효과적이다.

노년기 은퇴상담이나 생애설계 상담에서는, 은퇴 후 삶의 목적 상실, 역할 변화, 관계 단절 등으로 저하될 수 있는 웰빙 수준을 점검하고 회복을 유도하는 데 적용할 수 있다. 여섯 가지 웰빙 차원(자기수용, 관계, 자율성, 환경 통제, 삶의 목적, 성장)을 기준으로 내담자의 현재 상태를 진단하고, 각 차원별 회복 및 강화를 위한 맞춤형 개입이 가능하다.

심리적 웰빙 모델은 자가진단 도구(PWB Scale) 등을 활용하여 내담자의 심리 상태를 구조적으로 파악하고, 부족한 영역에 대한 구체적 목표 설정과 행동 변화를 유도하는 상담 및 코칭 전략 설계에 적합하다. 이는 단순한 문제해결을 넘어, 의미 중심의 삶을 설계하도록 내담자의 내적 동기를 자극하는 데 효과적이다.

또한 이 모델은 긍정심리학의 핵심 요소들과도 연계되어 프로그램화가 가능하다. 자아실현, 성장, 관계 증진 등 긍정적 자원을 중심으로 구성된 집단상담이나 교육 프로그램은 개인의 웰빙 수준을 증진시킬 수 있으며, 조직 현장에서는 자율성, 환경 통제, 삶의 목적 등을 중심으로 직무 스트레스 관리나 조직 내 개인 성장 프로그램 개발에도 활용될 수 있다.

(3) 이론의 평가 및 시사점

Ryff의 모델은 성공적인 노화를 단순히 기능이나 활동 수준이 아닌, 삶의 질과 내면의 성숙이라는 관점에서 조망한 점에서 매우 의미 있다. 자기수용, 긍정적 대인관계, 자율성, 환경 통제, 목적의식, 개인적 성장 등 여섯 가지 차원은 은퇴 이후 삶의 방향성과 의미를 재구성하는 데 중요한 심리적 자원을 제시한다.

이 모델은 특히 자기이해, 삶의 의미, 성찰과 같은 내적 요인에 집중함으로써, 외적인 조건이 제한적인 은퇴자라 하더라도 심리적 안녕을 추구할 수 있는 가능성을 열어 준다. 상담 장면에서는 내담자의 정체성과 가치, 삶의 목표 재정립을 도울 수 있는 개입 전략을 마련하는 데 활용될 수 있다. 그러나 이 모델은 외부 환경이나 구조적 요인의 영향력에 대한 논의가 상대적으로 약하므로, 은퇴상담자는 개인 내적 자원의 계발뿐 아니라 사회적 지지와 자원의 연계도 함께 고려해야 한다.

4) Havighurst의 발달과업 이론

(1) 이론의 주요 내용

Havighurst(1950)의 발달과업 이론(development & work theory)은 인간의 생애를 연속적인 발달 과정으로 보고, 각 시기마다 해결해야 할 과업이 존재한다는 전제에 기반한 고전적인 평생발달 이론이다. 그는 발달과업을 "특정한 삶의 시기 안에서 개인이 성공적으로 달성해야 하는 과제"로 정의하며, 이를 성공적으로 수행할 경우 개인의 행복과 다음 발달 단계로의 원활한 전이가 가능하다고 보았다. 반면, 발달과업의 실패는 심리적 갈등이나 사회적 부적응으로 이어질 수 있음을 강조하였다.

이 모델에서는 세 가지 주요 근원인 신체적 성숙, 개인적 가치, 사회적 기대로부터 발달과업이 비롯된다고 설명하였다(Havighurst, 1972). 신체적 성숙은 생물학적 성장과 변화에 따라 자연스럽게 요구되는 과업이며, 개인적 가치는 자아실현이나 목표 추구와 같은 내적인 동기에서 비롯된다. 사회적 기대는 특정 연령에서 사회나 문화가 요구하는 역할과 책임을 반영한다. 이러한 세 가지 요인은 상호작용하며, 개인이 속한 시대와 사회적 맥락에 따라 과업의 내용도 달라질 수 있다.

Havighurst는 인간의 생애를 '유아기', '아동기 후반', '청소년기', '성인기 초기', '중년기', '노년기'의 여섯 단계로 나누고, 각 단계마다 수행해야 할 발달과업을 제시하였다. 특히 노년기(60세 이후)에는 다른 시기와 구분되는 고유한 과업들이 강조되며, 이 시기의 성공적 적응은 노후의 삶의 질에 결정적인 영향을 미친다. 노년기의 주요 과업으로는 감소하는 신체적 능력에 대한 적응, 퇴직과 소득 감소에의 대응, 배우자나 가까운 사람의 죽음에 대한 수용, 사회적 역할 변화에의 적응, 여가 활용, 삶의 의미 재정립과 죽음에 대한 준비 등이 있다.

이러한 과업들은 노년기에도 인간이 여전히 성장하고 적응할 수 있는 존재임을 보여 주는 중요한 지표가 된다. 그는 노년기를 단순한 쇠퇴의 시기로 보지 않고, 인생의 한 단계로서 여전히 의미 있는 과업을 수행할 수 있는 시기로 인식하였다. 이는 노년기의 삶을 정체나 종결이 아닌 새로운 전환과 성숙의 시기로 이해하게 한다는 점에서 은퇴상담이나 노인 심리상담에 중요한 통찰을 제공한다.

(2) 이론의 적용

발달과업 이론은 은퇴상담 및 노년기 심리상담에서 개인이 어떤 삶의 과업에 직면하고 있는지를 구조적으로 이해하는 데 효과적인 틀을 제공한다. 특히 퇴직, 소득 변화, 건강 저하, 상실 경험, 사회적 역할 재구성 등 노년기에 공통적으로 경험하는 전환적 과업들을 상담자가 파악하고, 이에 대한 적응을 도울 수 있도록 한다(Havighurst, 1972). 상담자는 내담자가 어느 발달과업에서 어려움을 겪고 있는지를 진단함으로써 구체적인 개입 방향을 수립할 수 있다.

실제 상담 현장에서는 노년기의 주요 과업 중 하나인 '퇴직에 대한 적응'에 초점을 맞추어, 역할 상실과 정체감 재구성을 주제로 상담을 진행할 수 있으며, '배우자 사별'이나 '사회적 관계의 축소'에 따른 정서적 고립감을 다루는 데에도 활용될 수 있다. 또한 '여가의 재구성'이나 '삶의 의미 재정립' 같은 과업은 생애설계와 연계한 미래지향적 상담 개입으로 확장 가능하다. 이처럼 각 발달과업은 구체적인 상담 주제로 전환될 수 있으며, 개인의 삶을 실질적으로 변화시키는 상담의 출발점이 된다.

이 이론은 개별 상담뿐 아니라, 집단상담 및 생애설계 프로그램에도 폭넓게 적용될 수 있다. 참가자들이 자신의 삶에서 현재 직면한 발달과업을 인식하고, 이를 해결하기 위한 자기점검 및 실천 계획을 세우는 과정은 자기효능감 향상에 기여한다. 예를 들어, '죽음에 대한 준비'를 주제로 한 집단 프로그램에서는 삶을 정리하고 남은 시간을 의미 있게 보내는 전략을 탐색할 수 있으며, '사회적 역할 재구축'을 다루는 워크숍에서는 봉사, 지역사회 참여, 새로운 관계 맺기 등의 실천적 방향이 제시될 수 있다.

나아가 Havighurst의 이론은 은퇴 이후 삶의 방향성과 실천적 변화를 동시에 추구해야 하는 상담의 특성과 잘 맞는다. 발달과업 중심의 상담은 단순한 문제해결을 넘어, 변화된 환경에 맞춰 삶을 다시 설계하고 의미를 재구성하도록 돕는 과정으로 확장된다. 특히 상담자가 내담자의 현재 과업을 존중하면서도 그 과업을 성취할 수 있는 구체적인 활동과 연결해 주는 접근은, 노년기 상담의 목표를 더욱 명확하게 설정하고 실행할 수 있게 한다.

(3) 이론의 평가 및 시사점

Havighurst의 발달과업 이론은 인간의 생애를 지속적인 발달과 적응의 연속선상에서 이해한다는 점에서 매우 중요한 이론적 가치가 있다. 특히 노년기를 단순한 쇠퇴의 시기로 보지 않고, 변화에 대한 적응과 삶의 재구성이 가능한 시기로 제시함으로써, 노화에 대한 긍정적 관점을 확산시키는 데 기여하였다.

그러나 이 이론은 특정 연령대에 따라 보편적인 발달과업을 정해 두는 방식이기 때문에, 개인의 삶의 경로가 갖는 다양성과 비선형성을 충분히 반영하지 못할 수 있다는 한계가 있다. 예컨대, 늦은 은퇴, 재혼, 손자 양육, 창업 등 개별적이고 독특한 삶의 전환은 발달과업 범주에 완전히 들어맞지 않을 수 있다. 따라서 상담자는 이론을 경직되게 적용하기보다는, 개인의 삶의 맥락과 주관적 경험을 함께 고려하는 유연한 태도가 필요하다.

더불어 사회·문화적 변화 속에서 발달과업의 내용과 시기는 유동적일 수 있으므로, 상담자는 시대적 흐름과 개인의 사회적 조건(예: 경제 수준, 가족 구조, 건강 상태 등)을 함께 고려해야 한다. 이를 통해 발달과업 중심 접근이 개인의 심리적 요구와 실천적 개입 사이를 연결하는 다리 역할을 할 수 있으며, 노년기의 다양한 삶의 의미와 성취 가능성을 지지하는 상담으로 이어질 수 있다.

참고문헌

김봉환, 강은희, 강혜영, 공윤정, 김영빈, 김희수, 선혜연, 손은령, 송재홍, 유현실, 이제경, 임은미, 황매향 (2018). **진로상담**. 서울: 학지사.

나혜숙(2012). 실직자 재취업 과정에 대한 현상학적 연구: 중·고령자 취업지원프로그램 참여자를 중심으로. 백석대학교 기독교전문대학원 박사학위논문.

신재윤(2018). 평생교육 교강사로의 경력전환 과정 연구. 서울대학교 대학원 석사학위논문.

양인종(2008). 기업 근로자 전직지원서비스에 대한 인적자원개발담당자의 인식조사. 숙명여자대학교 대학원 석사학위논문.

주용국(2002). 전직지원서비스의 지원요인과 장애요인. **고용직업 능력 개발연구**, 5(1), 45-76.

Anderson, M. L., Goodman, J., & Schlossberg, N. K. (2012). *Counseling adults in transtion: Linking Schlossberg's theory with practice in a diverse world* (4th ed.). New York: Springer Publishing Company, LLC.

Baltes, P. B., & Baltes, M. M. (1990). Psychological perspectives on successful aging: The model of selective optimization with compensation. In M. M. Baltes & P. B. Baltes (Eds.), *Successful aging: Perspectives from the behavioral sciences* (pp. 1-34). New York: Cambridge University Press.

Erikson, E. H. (1968). *Identity: Youth and crisis*. New York: Norton.

Erikson, E. H. (1978). *Adulthood*. New York: Norton.

Erikson, E. H. (1982). *The life cycle completed: A review*. New York: Norton.

Ginzberg, E., Ginsburg, S. W., Axelrad, S., & Herma, J. L. (1951). *Occupational choice: An approach to a general theory*. New York: Columbia University Press.

Greendorfer, S. L., & Blinde, E. M. (1990). Structural differences and contrasting organizational models: The female intercollegiate sport experience. In L. Vander Velden & J. Humphrey (Ed.), *Psychology and sociology of sport: Current selected research* (Vol. 2, pp. 151-164). New York: ANS Press.

Havighurst, R. J. (1950). *Developmental tasks and education*. Chicago: University of Chicago Press.

Havighurst, R. J. (1972). *Developmental tasks and education* (3rd ed.). New York: David McKay Company.

Hopson, B. (1981). Transition: Understanding and managing personal change. In J. D. Adams, J. Hayes, & B. Hopson (Eds.), *Transition: Understanding and managing personal change* (pp. 3-25). London: Martin Robertson.

Hopson, B., & Adams, J. D. (1977). *Toward an understanding of transition: Defining some boundaries of transition*. In J. Adams, J. Hayes, & B. Hopson (Eds.), *Transition: Understanding and managing personal change* (pp. 1-19). Montclair, NJ: Allenheld & Osmun.

Kerka, S. (1991). *Adults in career transition* (ERIC Digest No. 115). Columbus, OH: ERIC Clearinghouse on Adult, Career, and Vocational Education.

Kirk, J. J. (1994). Putting utplacement in its place. *Journal of Employment Counseling, 31*(1), 10-18.

Levinson, D. J. (1978). *The seasons of a man's life*. New York: Alfred A. Knopf.

Levinson, D. J. (1980). Conceptions of the adult life course. In N. J. Smesler & E. H. Erikson (Eds.), *Themes of work and love in adulthood*. Cambridge, MA: Harvard University Press.

Levinson, D. J. (1986). A Conception of adult development. *American Psychologist, 41*, 3-13.

Louis, M. R. (1980). Career transitions: Varieties and commonalities. *Academy of Management Review, 5*(3), 329-340.

Osipow, S. H., & Fitzgerald, L. F. (1996). *Theories of career development* (4th ed.). Needham, MA: Allyn & Bacon.

Rowe, J. W., & Kahn, R. L. (1997). Successful aging. *The Gerontologist, 37*(4), 433-440.

Ryff, C. D. (1989). Happiness is everything, or is it? Explorations on the meaning of psychological well-being. *Journal of Personality and Social Psychology, 57*(6), 1069-1081.

Schlossberg, N. K. (1981). A model for analyzing human adaptation to transition. *The Counseling Psychology, 9*(2), 2-18.

Stambulova, N. B. (2001, May). *Sport career termination of Russia nathletes: Readiness to the transition*. Paper presented at the 10th World Congress of Sport Psychology, Skiathos, Hellas, Greece.

Super, D. E. (1967). *The psychology of careers: An introduction to vocational development*. New York: Harper & Row.

Super, D. E. (1980). A life-span, life-space approach to career development. *Journal of Vocational Behavior, 16*(3), 282-298.

Super, D. E. (1984). Career and life development. In D. Brown, L. Books, & Assciates (Eds.), *Career choice and development* (pp. 292-322). San Francisco: Jossey-Bass.

Super, D. E., & Knasel, E. G. (1981). Career development in adulthood: Some theoretical problems and a possivle solution. *British Journal of Guidance and Counseling, 9*(2), 194-201.

Super, D. E., Savickas, M. L., & Super, C. M. (1996). The Life-span, life-space approach to career. In D. Brown, L. Brooks, & Associates (Eds.), *Career choice and development* (3rd ed.). San Francisco: Jossey-Bass.

Vondracek, F. W., & Porfeli, E. (2002). Integrating person-and function-centered approaches in career development theory and research. *Journal of Vocational Behavior, 61*(3), 386-397.

제5장

진로상담이론

• 육정원

진로(career)는 개인이 일생 동안 경험하는 모든 직업적 활동과 그와 관련된 경험을 포함하는 개념이다. 즉, 진로는 특정 직업에 국한되지 않으며, 직업 외적인 활동뿐만 아니라 가정과 사회에서의 역할, 그리고 은퇴 이후의 삶까지 포괄할 수 있다. 개인의 진로발달, 진로 선택, 그리고 진로 문제를 지원하기 위한 다양한 진로상담 이론이 존재하지만, 은퇴 이후의 삶을 진로상담 이론의 틀에서 고찰한 논의는 상대적으로 부족하다. 은퇴는 단순히 직업에서의 역할을 마무리하는 과정이 아니라, 기존과 다른 비직업적 활동을 탐색하고 새로운 사회적 역할을 찾으며 삶의 방향을 재설정하는 과정이다. 이러한 변화 과정은 기존 진로상담 이론에서 다루는 직업적응 및 생애설계 과정 등과 유사한 성격을 띠는 부분이 있어 은퇴상담에서도 진로상담 이론의 적용이 가능함을 시사한다. 따라서 이 장에서는 은퇴상담에 적용할 수 있는 진로상담 이론을 선정하여 이를 간략히 검토하고, 해당 이론이 은퇴상담의 맥락에서 어떻게 활용될 수 있는지를 논의하고자 한다.

1 직업적응이론

1) 이론의 개요

직업적응이론(theory of work adjustment)은 1964년 처음 소개된 이론으로, 미국의 여러 기관(Rehabilitation Services Administration, Social and Rehabilitation Service, U.S. Department of Health, Education, and Welfare)의 지원을 받아 진행된 '직업적응 프로젝트(work adjustment project)'를 통해 확립되었다. 이 이론은 지속적인 수정과 보완을 거쳐, 1984년 이론과 적용 영역

을 포괄하는 단행본『A Psychological Theory of Work Adjustment』로 출간되었다.

직업적응이론은 '직업이 요구하는 능력과 그와 관련된 개인의 역량' 그리고 '개인의 욕구와 직업이 제공하는 보상'이라는 두 가지 차원으로 개인과 환경의 일치를 설명한다. 개인과 환경은 서로 보완적으로 상호작용하는데, 이 과정에서 환경은 개인에게 특정한 능력을 요구하고, 개인은 환경에게 자신의 욕구를 충족할 수 있는 조건을 요구한다(황매향 외, 2013).

2) 주요 내용

(1) 직업적응 모형

Dawis와 Lofquist(1984)는 직업적응을 "근로자가 직업 환경과 조화를 이루고 이를 유지하기 위해 지속적으로 노력하는 역동적인 과정"(p. 237)이라고 정의하며, 직업적응의 예측을 직업적응이론의 핵심 목표로 삼았다. 직업적응을 예측하는 데 중요한 두 가지 요소는 만족(satisfaction)과 충족(satisfactoriness)이다. 여기서 '만족'은 근로자가 자신의 직업에서 느끼는 주관적인 만족을 의미하며, '충족'은 고용주가 근로자의 근무 태도와 성과에 대해 느끼는 만족으로, 조직 차원의 만족을 뜻한다(이재창 외 공역, 2008). 개인과 조직의 만족 간 관계는 [그림 5-1]을 통해 설명할 수 있다.

조직의 만족도는 [그림 5-1]의 상단에서, 개인의 만족도는 [그림 5-1]의 하단에서 표현된다. 먼저 조직 만족도를 살펴보면, 조직은 해당 직무에 필요한 자격과 능력을 갖춘 개인에게 만족감을 느끼며, 이에 따라 개인은 재직, 승진, 직무 변경, 퇴직 또는 해고될 수 있다. 반면, 개인은 자신만의 가치와 욕구를 가지고 있으며, 조직이 이에 맞는 보상체계를 제공할 경우 만족감을 느끼게 된다. 개인은 자신의 가치와 욕구가 충족되고 동시에 회사의 요구도 만족시킬 때 직업을 유지할 가능성이 높아진다. 따라서 직업적응이론에서는 개인의 만족과 조직의 만족 모두를 중요하게 고려한다. 이 이론은 개인이 환경이 요구하는 기술과 역량을 갖추고 있고, 직업 환경이 개인이 원하는 요소를 제공할 수 있을 때 조화로운 상태가 형성된다고 설명하는데(김미진, 2016), 개인과 환경의 만족을 고려한다는 점에서 '개인-환경 조화 이론'이라고도 불린다.

직업적응이론에서는 개인의 능력이 환경에 얼마나 적합한지를 평가하기 위해 업무 수행 능력과 직업적 가치를 측정해야 한다고 본다(황매향 역, 2005). 여기에서 말하는 능력은 '직업 기술의 집합체'로, 특정 직업에서 요구되는 기술들의 공통 요소를 결합한 것이며, 가치는 '필요의 집합체'로, 개인의 욕구를 의미 있는 방식으로 묶은 개념이다. 능력과 가치는 직업적응이론에서 가장 주목해야 할 요인으로 간주된다(이재창 외 공역, 2008).

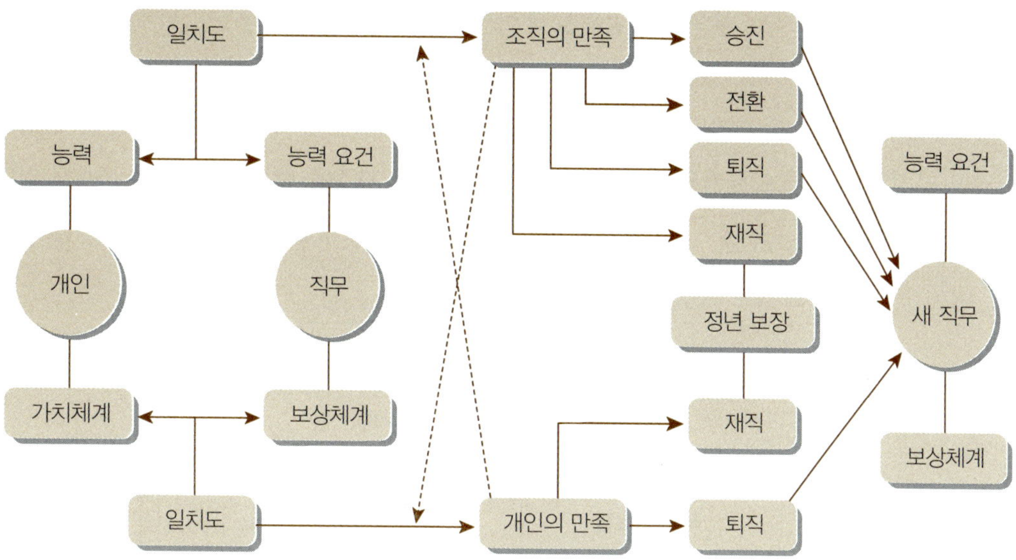

[그림 5-1] 직업적응의 예언

출처: Dawis & Lofquist (1984).

개인이 가진 능력과 가치 성향은 직업적성검사(GATB) 및 미네소타직업가치검사(MIQ) 등을 통해 평가할 수 있다. 우리나라에서는 노동부가 개발한 성인용 직업적성 검사(김명소, 김아영, 2004)와 직업가치관 검사(한태영 외, 2006)를 활용하여 이를 측정할 수 있다. 상담자는 이러한 심리검사 결과를 토대로 내담자가 현재 종사 중이거나 앞으로 선택할 직업이 요구하는 능력과 제공하는 보상체계를 비교하여 내담자-조직 간 적합성을 평가할 수 있다(황매향 외, 2013).

(2) 직업적응 양식

직업적응은 개인과 환경이 조화를 이루기 위해 지속적으로 노력하는 역동적인 과정으로, 개인과 환경의 적응 과정에는 적응 양식(adjustment style)이 영향을 미치게 된다. 적응 양식은 개인이 환경과 조화를 이루기 위해 사용하는 행동 방식을 의미하며, 유연성(flexibility), 적극성(activeness), 반응성(reactiveness), 인내(perseverance)의 네 가지 요소로 구성된다(Lofquist & Dawis, 1991).

적응 양식의 각 차원들 간 관계는 [그림 5-2]를 통해 설명할 수 있다. 직업적응 양식을 살펴보면, 개인은 환경과의 부조화 정도가 자신의 허용 범위, 즉 유연성의 범위 내에 있다면 별다른 대처 행동 없이 자연스럽게 환경에 적응한다. 그러나 부조화의 정도가 개인이 받아들이기 어려운 수준에 도달하면, 적극적 행동이나 반응적 행동과 같은 적응 전략을 통해 이를 해결하고자 한다. 이러한 노력이 부조화의 범위를 줄이면 개인과 환경 간의 적응이 이루어지지만, 지속적인 노력에도 불구하고 부조화가 해소되지 않으면 개인은 이직을 고려하게 된다. 이러한 적응 노력의 지속 기간은 인내(perseverance)와 밀접한 관련이 있어 사람들이 유사한 성격의 직업을 가지고 있더라도 각자의 적응 양식에 따라 그 적응 과정은 서로 다르게 나타날 수 있다 (김봉환 외, 2010).

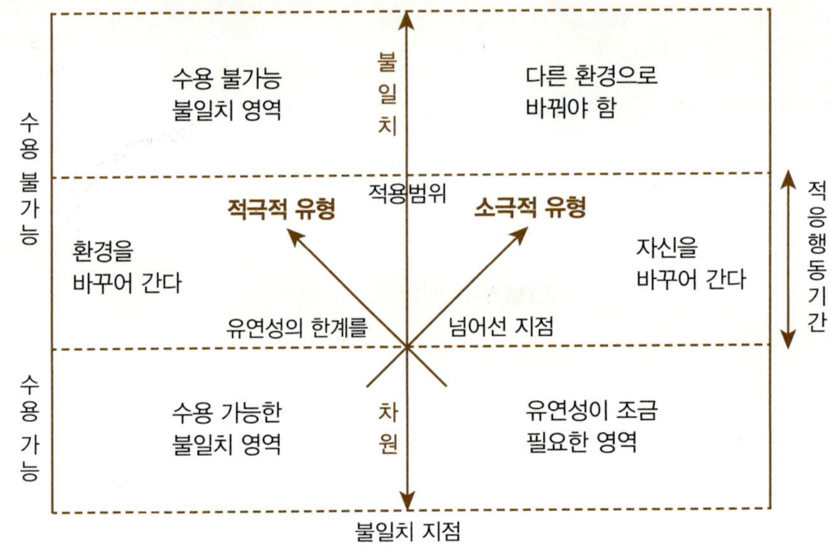

[그림 5-2] 적응유형의 관계

출처: Dawis & Lofquist (1984).

(3) 직업적응 상담 모형

직업적응이론은 개인과 환경 간의 일치를 중요하게 여기므로 내담자가 직업 환경에 적응하도록 돕는 것을 상담 목표로 한다. 변화는 내담자 측면과 직업 환경적 측면 모두 일어날 수 있기에 진로상담에서는 내담자가 적응을 위해 적극적으로 노력하는 것이 가능한지, 직업 환경이 변화될 가능성이 있는지를 탐색한다.

직업적응이론에서의 상담 과정은 다섯 단계로 나눌 수 있는데 이를 간략하게 살펴보면 다음과 같다(황매향 외, 2013).

• 단계 1: 내담자와 협력 관계 수립

이 단계에서 상담자는 내담자를 따뜻하게 맞이하고, 공감과 경청을 통해 내담자가 자신의 문제를 편안하게 이야기할 수 있도록 돕는다. 또한 상담자는 내담자가 상담 과정에 적극적으로 참여하도록 동기를 부여하는 것이 중요하다.

• 단계 2: 내담자의 호소 문제 탐색

이 단계에서 상담자는 내담자의 호소 문제를 검토한 후, 내담자가 가장 어려움을 느끼는 환경을 탐색해야 한다. 만약 내담자의 문제가 여러 가지일 경우, 문제의 심각성을 기준으로 우선순위를 정하고, 각 문제가 발생하는 환경을 확인하여 상담의 초점이 될 핵심적인 환경을 설정한다.

• 단계 3: 내담자의 직업적 성격 특성 평가

이 단계에서 상담자는 심리검사를 활용하여 내담자의 욕구, 능력, 가치 등을 평가한다. 상담자는 심리검사를 실시하기 전에 내담자가 자신의 욕구와 능력을 스스로 평정해 보도록 유도할 수 있다. 이후, 상담자는 내담자의 자가 평정 결과와 심리검사 결과를 비교하여 두 결과 간의 일치성을 탐색한다.

• 단계 4: 직업적 환경 평가

이 단계에서 상담자는 회사가 내담자에게 요구하는 능력과 제공하는 보상을 평가한다. 이 과정에서 상담자는 내담자의 능력과 욕구가 회사의 기대와 보상과 어느 정도 일치하는지를 분석해야 한다. 만약 내담자-조직 간의 일치 정도가 낮다면, 상담자는 내담자가 이에 어떻게 대응하는지를 탐색하며, 그의 성격 유형과 적응 방식을 파악해야 한다.

• 단계 5: 상담 효과 평가

이 단계에서 상담자는 내담자로 하여금 자신의 호소 문제를 요약하도록 하고, 해당 문제가 어느 정도 해소되었는지를 평가하게 한다. 필요할 경우, 상담자는 내담자와 추후 상담을 약속한 뒤 상담을 종결한다.

3) 은퇴상담에의 적용

직업적응이론은 개인과 환경 간의 상호작용을 통한 일치를 강조하는 이론으로, 개인의 직업생활 전반에서의 만족과 적응을 예측하는 데 있어 유용하게 활용될 수 있다. 직업적응이론의 상담 모형은 진로 선택, 직업적응, 직업 전환, 실업 극복, 직업 재활, 결혼 문제, 가족 문제, 스트레스, 중독, 자아존중감 등 다양한 영역에 적용될 수 있어(Lofquist & Dawis, 1991), 직업적응이론은 은퇴(예정)자들이 은퇴 이후 맞이하게 되는 비직업적 환경 속에서 적응해 나아가며 새로운 삶의 방향을 설정하는 데 도움을 줄 수 있다.

은퇴(예정)자들은 은퇴 후 비직업적 환경에서 새로운 일이나 활동을 찾아야 하는 과제를 갖는다. 이러한 생애 과제를 해결하기 위해, 은퇴(예정)자들은 새로운 환경에서 자신의 욕구를 충족시키고 변화하는 환경이 요구하는 능력을 발휘할 수 있는 활동을 모색해야 한다. 이를 위해 상담자는 내담자와 함께 직업적응이론의 핵심 개념인 적응과 만족도를 중심으로 논의할 수 있다. 상담자는 기존의 직업적응 상담 모형을 적용하여 내담자의 욕구, 가치, 기술, 능력을 평가하고, 내담자가 자신의 욕구와 능력을 조화시킬 수 있는 환경을 찾도록 조력해야 한다(이재창 외 공역, 2008). 이 과정에서 상담자는 내담자의 현재 생활에서 변화하는 측면과 증가하는 환경적 요구를 파악해야 하며 이와 관련된 내담자의 개인적 성향, 직업적 경험, 가치관을 명료화하는 것이 필요하다. 개인의 요구와 환경적 지원 간의 적합성은 완전 은퇴, 파트타임 근무 등과 같이 은퇴를 계획하고 은퇴를 선택하는 방식에 영향을 미칠 수 있기에(Brown & Lent, 2005), 개인의 요구와 환경적 지원 간의 적절한 적합성을 확보하고 유지하는 것은 매우 중요하다.

상담자는 은퇴(예정)자와 함께 개인과 환경 간의 조화 또는 적합성을 확보하고 유지하기 위해 내담자가 취해야 하는 행동을 논의해야 한다. 이에 상담자는 환경과 조화를 이루기 위해 사용하는 내담자의 행동 방식을 살펴보고, 새로운 환경에 적응하는 데 필요한 유연성, 적극성, 반응성, 인내 등의 적응 양식을 확인하여 이를 적절히 활용할 수 있도록 조력해야 한다.

이 외에도 직업적응이론을 적용한 상담에서는 내담자의 심리적 안정과 사회적 연결망을 강화시키는 것 역시 중요하게 여긴다. 사람은 나이가 들어 감에 따라 신체 능력이 변화하는데 이러한 변화를 평가하는 것은 은퇴상담에 있어 중요하다. 뿐만 아니라 개인의 소득에 대한 욕구는 지속되므로 내담자의 재정적인 욕구 역시 반드시 평가되어야 한다(이재창 외 공역, 2008). 신체적 건강과 경제적 욕구의 충족은 은퇴(예정)자의 심리적 안정감을 유지하는 데 매우 중요한 요소이기에 두 영역을 면밀하게 살펴보는 것이 필요하다. 이 외에도 부부관계, 일과 가족의 균형 등 삶의 다양한 영역에서 발생할 수 있는 문제를 살펴보고, 이를 잘 관리하고 있는지 점검해야 한다. 특히 개인-환경 간에 조화가 이루어졌음에도 내담자의 만족감이 낮을 경우, 상담자는 내담자 만족감에 영향을 주는 요인이 무엇인지 살펴보아야 한다.

2 사회인지 진로이론

1) 이론의 개요

사회인지 진로이론(social cognitive career theory)은 개인의 진로발달과 상담에서 사회적 맥락의 영향을 충분히 고려해야 한다는 필요성에 따라 등장한 이론이다. 이 이론은 개인의 기질, 환경적 상황 또는 사건, 학습 경험과 같은 객관적인 요소뿐만 아니라, 이에 대한 개인의 인지적 해석을 중요하게 여겨(황매향 역, 2005), 개인 변인과 맥락 경험 변인 모두를 진로 결정에 영향을 미치는 요인으로 포함시켰다(이근매, 양종국, 2015).

사회인지 진로이론은 여성의 진로발달과 선택을 설명하기 위해 진행된 Betz와 Hackett(1981)의 연구에서 처음 제안되었다. 이들은 여성들이 자신의 진로 대안 영역을 충분히 넓히지 못하는 이유에 주목했고, 이를 연구하는 과정에서 Bandura의 자기효능감(self-efficacy) 개념이 중요한 역할을 한다는 점을 발견하였다(김혜영, 2014). 이후 Lent 등(1994)은 여성뿐만 아니라 남성을 포함한 다양한 대상자의 흥미, 선택, 실행과 같은 진로발달 및 선택 과정을 설명하며, 보다 포괄적인 진로발달 모형을 제안하였다. 이 과정에서 결과기대와 개인적 목표라는 인지적 변인이 추가되었는데, 사회인지 진로이론에서는 이 두 변인이 자기효능감과 상호작용하여 개인이 스스로 진로와 관련된 행동 방향을 결정하게 된다고 본다(김봉환 외, 2010). 따라서 자기효능감, 결과기대, 개인적 목표는 개인의 진로발달과 선택에 영향을 미치는 핵심 요인으로 간주된다.

2) 주요 내용

(1) 자기효능감

자기효능감(self-efficacy belief)은 계획된 일을 수행하는 데 필요한 행동을 조직하고 실천하는 능력에 대한 개인의 신념을 의미한다(Bandura, 1986). 이는 수동적이거나 정적인 특성이라기보다 구체적인 수행 영역과 관련된 역동적인 개인 신념으로 이해된다(김봉환, 2019).

자기효능감은 과거 수행 성취, 대리 학습, 사회적 설득, 정서 · 생리적 경험을 통해 형성되고 변화하는데, 그중에서도 가장 큰 영향을 미치는 요인은 과거 수행 성취이다. 개인은 자신이 잘 할 수 있다고 생각하는 활동을 수행하려는 경향이 있어, Brown과 Lent(2000)는 자기 능력에 대한 객관적인 평가보다 자기효능감에 대한 주관적 평가가 직업적 홍미와 진로 선택에 더 밀접한 관련이 있다고 주장하였다.

(2) 결과기대

결과기대(outcome expectation)는 특정 과업을 수행함으로써 얻게 될 결과를 예측하고 평가하는 과정을 의미한다(Bandura, 1986). 자기효능감이 개인의 능력과 관련된 신념이라면, 결과기대는 특정 행동을 수행할 때 발생할 결과에 대한 믿음과 관련이 있다. 결과기대에는 물리적 보상, 사회적 평가, 자신에 대한 평가 등의 측면이 포함되는데, 이 중 개인이 중요하게 여기는 가치 측면이 개인 행동 수행의 주요 동기가 된다.

결과기대는 자기효능감과 유사한 방식으로 형성되고 변화한다. 과거 자신의 성취 경험에서 얻은 강화나 만족감, 형제자매의 성취에 대한 관찰, 특정 행동을 수행하도록 하는 주변의 설득 등의 경험이 개인의 수행 결과를 예측하는 중요한 근거가 된다. 결과기대는 특정 과업 수행을 전제로 하므로 자기효능감의 영향을 받는다(김봉환 외, 2010).

(3) 개인적 목표

개인적 목표(personal goal)는 특정 활동에 몰두하려는 결심 또는 미래 성과에 영향을 미치려는 결심을 의미한다(Bandura, 1986). 개인은 미래 행동을 조직하고 방향을 설정하기 위해 목표를 활용하는데, 개인적 목표가 구체적일수록 의지와 신념이 강해져 더욱 노력하게 된다(이현림 외, 2013).

자기효능감, 결과기대, 개인적 목표는 상호작용하며 개인의 진로 의사결정에 영향을 미친다. 개인의 자기효능감이 높고 긍정적인 결과를 기대할 수 있는 목표를 설정하면, 목표에 대한 확신이 증가하여 적극적으로 행동하게 된다. 이러한 내담자의 노력은 목표 도달 가능성을 높이며, 설정한 목표를 달성할 경우 해당 영역에서의 자기효능감과 결과기대도 증가할 수 있다(황매향 외, 2013).

(4) 개인적 요인 및 환경적 요인

개인의 경험은 다양한 환경 속에서 형성되므로, 사회인지 진로이론은 개인의 진로 선택과 발달에 영향을 미치는 개인적 요인과 개인이 통제할 수 없는 환경적 요인 모두에 주목한다.

개인의 진로 홍미나 진로 선택에 영향을 미치는 개인 요인으로는 성별, 인종, 민족, 신체적 건강 또는 장애, 유전적 재능 등이 주로 언급된다. 이러한 요인들은 진로 흥미나 선택에 독립적으로 영향을 미치기보다 환경적 요인과 상호작용하며 개인의 경험을 형성하는 데 중요한 역할을 한다.

한편, 환경적 요인은 근접맥락 변인과 배경맥락 변인으로 구분된다. 두 개념을 명확히 구별하기는 어렵지만, 근접맥락 변인은 개인의 진로 선택에 비교적 직접적으로 영향을 미치는 요인으로, 진로 선택 당시 가족의 정서적 · 재정적 자원, 경제 상황, 사회문화적 진로 장벽 등이 포함된다. 반면, 배경맥락 변인은 보다 거시적인 개념으로, 개인은 자신이 속한 가족과 사회문화 속에서 사회적 기능과 역할을 익히고 이를 내면화하는 과정을 거친다. 이 과정에서 배경맥락 변인은 자기효능감과 결과기대에 영향을 미치고 이는 결국 개인의 직업적 흥미 형성에 중요한 요인으로 작용하게 된다(김봉환, 2019).

(5) 진로장벽

사회인지 진로이론은 개인이 통제할 수 없는 환경적 요인에 주의를 기울이면서 진로장벽(career barrier)이라는 개념을 제시한다. 진로장벽은 개인이 진로와 관련된 다양한 경험을 수행하는 과정에서 자신의 진로 선택, 목표, 포부, 동기 등에 부정적인 영향을 미치거나 역할 행동을 방해하는 것으로 지각되는 사건이나 상황을 의미한다(손은령, 2004). 사회인지 진로이론에서는 내담자가 자신의 진로장벽을 찾아 이를 극복하도록 조력하는 것을 상담의 주요 목표로 삼는다.

(6) 모형

Lent 등(1994)은 직업적 흥미, 선택, 수행을 통합하여 [그림 5-3]에서 제시된 진로발달 모형을 수립하고, 이를 진로 선택 과정이라 명명하였다. 개인의 진로 선택 과정에는 개인적 배경, 환경적 배경, 자기효능감, 결과기대, 흥미, 목표의 선택, 활동의 선택, 수행 영역 및 성취 등이 모두 포함된다.

개인은 특정한 개인적 및 환경적 요인 속에서 성장하는데 이러한 요인은 진로발달에 중요한 영향을 미친다. 좀 더 구체적으로 살펴보면, 성별, 성격, 인종, 건강 상태 등의 개인적 변인과 가족의 사회경제적 지위, 대인관계, 지원체제 등의 환경적 변인은 개인을 다양한 활동에 노출시키는데, 이 과정에서 개인은 긍정적 혹은 부정적 강화를 경험하게 된다. 이러한 강화는 개인의 자기효능감과 결과기대 형성에 영향을 미치게 되고, 이는 다시 직업적 흥미의 발달로 이어진다. 그리고 직업적 흥미는 개인의 목표 설정에 영향을 주고, 계획을 행동으로 실행하여 궁극적으로 수행과 성취로 이어진다(황매향 외, 2013).

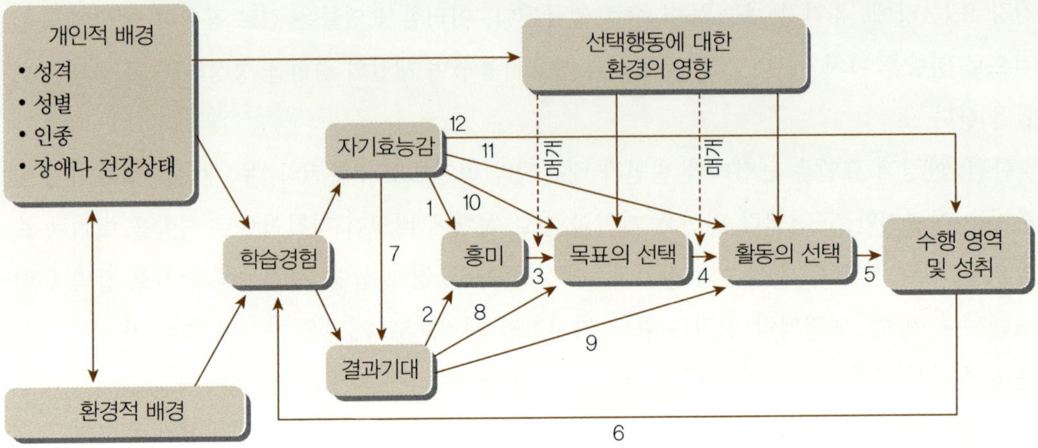

[그림 5-3] 사회인지 진로이론에서의 진로 선택

출처: Lent et al. (1994).

3) 은퇴상담에의 적용

은퇴(예정)자들은 은퇴를 준비하는 과정에서 다양한 환경적 지원과 장벽을 마주하게 되는데, 이는 은퇴 준비 및 과정에 여러 모양으로 영향을 미친다. 연구에서도 조직, 가족, 사회적 수준의 환경적 요인은 성공적인 근로환경에서의 노령화 과정과 은퇴로의 전환에 중요한 영향을 미치는 것으로 나타나고 있다(Wang & Shultz, 2010). 따라서 상담자는 은퇴(예정)자가 마주할 수 있는 개인적 · 환경적 장벽을 파악하고, 이에 적절하게 대처할 수 있는 방안을 함께 모색하는 것이 필요하다.

또한 은퇴로 인해 경험하게 되는 직업적 · 사회적 역할 상실은 개인의 자기효능감을 저하시킬 수 있다. 그러나 자기효능감은 은퇴 후 삶의 방향과 질을 결정짓는 매우 중요한 요소이기 때문에(유혜진, 2020), 상담자는 내담자의 자기효능감을 면밀히 평가하고 이를 향상시킬 수 있는 효과적인 방안을 적극적으로 검토해야 한다. 앞서 언급한 것과 같이 자기효능감은 개인의 성공 경험을 통해 가장 효과적으로 향상되므로(Bandura, 1986), 상담자는 내담자의 과거 성공 사례를 되짚어보거나 내담자와 유사한 경험을 가진 사람들의 긍정적 사례를 찾아보는 방식으로 내담자의 자기효능감을 향상시킬 수 있다.

동시에 상담자는 은퇴(예정)자가 현실적이고 긍정적인 결과기대를 형성할 수 있도록 조력해야 한다. 많은 은퇴(예정)자는 은퇴 후에도 계속 일하기를 희망하지만, 그러한 기대를 충족시킬 수 있는 기회는 제한적이다. 따라서 상담자는 내담자와 함께 일에 대한 기대를 재검토하고,

현실적인 조건에 맞게 달성 가능한 목표를 설정하도록 도와야 한다. 사회인지 진로이론에서는 목표 설정이 행동 변화를 촉진하는 중요 요소로 작용한다고 보고 있어, 내담자의 현실적인 목표 설정은 내담자가 실제적인 결과를 기대하고 그에 맞는 계획을 수립할 수 있게 하는 데 중요한 역할을 할 것이다. 구체적이고 현실적인 목표가 설정되었다면 상담자는 내담자가 목표를 달성할 수 있는 실행 계획을 수립하도록 조력해야 한다. 이 과정에서 상담자는 내담자에게 지속적인 피드백과 격려를 제공하여 내담자가 목표를 달성하고자 하는 동기를 유지하고 은퇴 이후 삶에 대한 긍정적인 태도를 형성할 수 있도록 지원해야 한다.

3 우연학습이론

1) 이론의 개요

진로 환경이 빠르게 변화하고 미래의 불확실성이 커지면서 개인은 자신의 주변 환경에서 발생하는 변화를 민감하게 파악하고 이에 적응하는 것이 중요해졌다. 이러한 변화로 인해 개인의 흥미나 적성에 맞는 직업을 찾아 매칭하는 기존의 방식에서 벗어나, 변화에 유연하게 대처할 수 있게 하는 새로운 인식 및 자질을 갖출 수 있도록 돕는 개입이 필요하게 되었다(McCortney & Engels, 2003). 이러한 필요성으로 인해 다양한 대안적 진로 이론들이 등장하게 되는데 그중 하나가 우연학습이론이다.

우연학습이론(happenstance learning theory)은 개인의 진로 선택과 진로 개발이 예상치 못한 사건이나 경험에 의해 변화할 수 있다고 보는 이론이다. Mitchell 등(1999)은 삶에서 발생하는 예상치 못한 일들에 주목하며, 모든 사람의 삶에는 계획하지 않은 사건들이 일어나는데, 이는 개인의 진로에 긍정적 또는 부정적 영향을 미칠 수 있다고 보았다. 이로 인해 개인의 진로 준비 과정에서 우연한 경험이 미치는 영향의 중요성이 부각되었다(김봉환 외, 2010).

2) 주요 내용

(1) 계획된 우연

우연(happenstance)이란 어떠한 일이 아무런 인과관계 없이 뜻하지 않게 발생하는 것으로,

예상하지 않았거나 의도하지 않게 일어난 사건을 의미한다. 우리는 살면서 수많은 우연을 마주하게 되는데, 이 중 개인의 진로에 긍정적으로 작용하는 경우를 가리켜 계획된 우연(planned happenstances)이라 한다(Krumboltz, 2009). 우연학습이론은 우연히 발생하는 사건 자체보다 이를 대하는 개인의 태도와 행동에 주목하는데, 이는 개인의 반응에 따라 우연이 긍정적인 진로 기회로 이어질 수 있기 때문이다(Kim et al., 2014). 이에 상담에서는 내담자가 우연적 사건을 진로 기회로 인식하고 이를 적극적으로 활용할 수 있도록 돕는 우연대처기술을 개발하고 촉진하는 데 중점을 준다(김보영, 조영아, 2021).

(2) 우연대처기술

우연대처기술이란 개인이 우연적 사건을 진로발달 과정에서 의미 있는 학습 경험으로 전환하고, 이를 기회로 활용할 수 있는 능력을 의미한다(Krumboltz, 2009). 우연대처기술은 개인의 노력에 따라 개발될 수 있는 개인 내적 특성이자 태도로, 예기치 않은 사건을 진로에 긍정적으로 작용하도록 만드는 탐색과 기술로 구성된다. 탐색은 계획되지 않은 사건에서 개인에게 유익한 기회를 찾는 적극적이고 자발적인 활동으로, 삶의 질을 향상시킬 수 있는 우연한 기회를 만드는 것과 관련이 있다(곽수미, 정종원, 2021). 반면, 기술은 개인 내적 특성이자 계획되지 않은 우연한 사건에서 기회를 만들어 내는 데 필요한 역량으로, 호기심(curiosity), 인내심(persistence), 유연성(flexibility), 낙관성(optimism), 위험감수(risk-taking) 등으로 구성된다(Mitchell et al., 1999). 각각의 기술을 좀 더 살펴보면, 호기심은 새로운 것을 학습할 기회를 탐색하는 것을 뜻하고, 유연성은 한번 정한 목표와 계획에 집착하기보다 상황에 따라 태도와 환경을 융통성 있게 변화시키는 것을 의미한다. 인내심은 예상치 않게 실패를 경험하게 되더라도 포기하지 않고 지속적으로 노력하는 것을 뜻하고, 낙관성은 뜻하지 않은 사건이 일어났을 때 이를 긍정적으로 인식하고 새로운 기회로 받아들이는 것을 의미하며, 위험 감수는 불확실한 결과 앞에서도 변화를 두려워하지 않고 행동하는 것을 의미한다(정성훈, 2015).

(3) 진로상담자의 역할 및 상담단계

Krumboltz(2009)는 상담자가 수행해야 할 다섯 가지 역할을 제시하면서, 이를 효과적으로 수행하기 위해 다음과 같은 단계별 접근을 적용할 것을 추천하였다(황매향 외, 2013).

• 단계 1: 내담자의 삶에서 나타나는 계획된 우연을 자연스러운 일로 만들기

단계 1에서 상담자는 내담자가 예상치 못한 일이 발생했을 때 이를 자연스럽게 받아들이도록 돕는다. 이를 위해 상담자는 내담자에게 우연히 겪은 경험에 대해 질문하고, 해당 사건이 발생하는 데 기여한 내담자의 유용한 행동을 구체화한다. 이러한 과정은 내담자의 행동이 예기치 않은 기회를 포착하는 데 어떤 영향을 미쳤는지 확인하기 위함이다. 이 단계에서는 계획하지 않은 일이 일어날 수 있다는 점과 사건의 전후로 내담자가 취한 행동이 결과에 영향을 미칠 수 있다는 점을 내담자가 인식하도록 도와야 한다. 이 단계에서 활용할 수 있는 유용한 질문들은 다음과 같다.

- "계획되지 않은 일은 ○○ 님의 진로에 어떠한 영향을 미쳤나요?"
- "그 일은 ○○ 님에게 어떠한 영향을 주었나요?"
- "앞으로도 ○○ 님의 삶에서 계획하지 않은 일들이 일어날 수 있는데 이에 대해 어떻게 생각하시나요?"

• 단계 2: 내담자의 호기심을 학습과 탐색을 위한 기회로 바꿀 수 있도록 돕기

내담자가 계획된 우연을 자연스럽게 받아들이게 되었다면, 상담자는 내담자가 예상치 못한 사건을 새로운 진로 탐색의 기회로 바라볼 수 있도록 조력할 필요가 있다. 또한 다수의 내담자는 상담자가 자신에게 완벽하게 맞는 직업을 찾아주기를 기대하는 경우가 많은데, 상담자는 내담자들이 호기심을 가지고 스스로 학습과 탐색의 기회를 찾을 수 있도록 도와줌으로써 이러한 비합리적인 기대를 재구조화하는 것이 필요하다. 이 단계에서 유용하게 활용할 수 있는 질문들은 다음과 같다.

- "○○ 님은 어떻게 호기심을 북돋울 수 있나요?"
- "어떻게 기회가 ○○ 님의 호기심을 불러일으키나요?"
- "○○ 님은 호기심을 높이기 위해서 어떻게 해 보셨나요?"
- "호기심이 ○○ 님의 진로에 어떠한 시사점을 줄 수 있나요?"

• 단계 3: 내담자가 진로에 바람직한 기회를 만들 수 있도록 가르치기

상담자는 내담자가 인생에서 예상치 못한 사건이 필연적으로 발생한다는 사실을 깨닫도록 돕는 동시에, 이러한 사건을 주도적으로 만들어 갈 수 있도록 조력해야 한다. 이를 위해 상담

자는 내담자가 다양한 사람과 교류하며 대인관계를 확장하고, 지속적으로 배움을 이어 가며 새로운 기회를 발견하도록 도와줄 수 있다. 이 단계에서 유용하게 활용할 수 있는 질문들은 다음과 같다.

- "흥미 있는 직업에 대해 배울 수 있는 기회를 만들기 위해 ○○ 님은 어떤 일을 할 수 있을까요?"
- "그 일이 ○○ 님에게 맞는지 알아보기 위해 더 해 볼 수 있는 일은 무엇일까요?"
- "명절에 가족이 모인 시간을 기회로 활용하여 진로에 대해 더 배울 수 있다면 무엇을 할 수 있을까요?"

• 단계 4: 내담자의 실천 행동에 방해되는 요인 극복하도록 돕기

이 단계에서는 내담자가 행동하는 데 방해가 되는 내적 · 외적 요인을 발견하고, 이를 극복할 수 있는 방법들을 함께 논의하는 것이 중요하다. 특히 내담자가 다섯 가지 우연대처기술을 효과적으로 발휘하는 데 어려움을 주는 요인들을 분석하고, 이러한 장애 요소들이 기회를 찾는 과정에서 어떻게 작용하는지를 깊이 탐색해야 한다. 이 단계에서 유용하게 활용할 수 있는 질문들은 다음과 같다.

- "그 일을 할 때 어떤 어려움이 예상되나요?"
- "특정 과정을 이수하는 데 어떤 어려움이 있었나요?"
- "그 어려움은 얼마나 지속되었나요?"
- "다른 사람들은 그러한 어려움을 어떻게 극복했나요?"

3) 은퇴상담에의 적용

은퇴자들은 은퇴 이후의 삶이 이전보다 자유롭고 편안하기를 기대한다. 그러나 현실에서는 직업적 역할의 상실, 재정 상태의 변화, 건강 문제 등 예기치 못한 변수들이 빈번히 발생하며 삶의 예측 가능성을 저해한다. 이에 따라 은퇴자들은 불확실성을 내포한 복합적인 변화를 일상 속에서 경험하게 된다.

우연학습이론은 개인이 예상치 못한 사건을 긍정적인 진로 변화와 새로운 가능성 탐색의 계기로 전환하는 과정을 설명하는데, 이는 은퇴자 상담에서 유용한 접근법으로 활용될 수 있다. 특히 은퇴자들이 은퇴 이후 삶에서 마주하는 변화와 불확실성을 긍정적으로 수용하고, 유연한 태도로 새로운 기회를 포착함으로써 보다 만족스러운 삶을 구축하도록 돕는 데 기여할 수 있다. 이를 위해 상담자가 할 수 있는 역할은 다음과 같다.

먼저, 상담자는 내담자가 일상에서 겪는 변화를 자연스러운 현상으로 인식하고 이를 새로운 기회의 가능성으로 받아들일 수 있도록 돕는 것이 중요하다. 이를 위해 상담자는 내담자가 우연히 참석한 모임에서의 대화를 통해 새로운 관심사를 발견하거나 의미 있는 사회적 네트워크를 형성할 수 있도록 조력할 수 있다. 은퇴 이후에는 익숙한 환경과 사람을 선호하는 경향성이 강해질 수 있으나, 삶의 질 향상을 위한 기회는 탐색을 통해 발생하고 우연은 개인의 노력에 따라 새로운 기회로 전환될 수 있다(Mitchell et al., 1999). 따라서 상담자는 은퇴자가 새로운 경험에 대해 열린 태도를 유지하도록 격려하고, 일상에서 마주하는 우연한 사건 속에서 의미 있는 활동의 기회를 찾도록 도와야 한다.

이어서 상담자는 내담자가 은퇴에 대해 갖는 인식과 정서를 확인하는 것이 필요한데, 이는 은퇴에 대한 개인의 태도와 수용 정도는 은퇴 이후 삶의 질에 중대한 영향을 미치기 때문이다. 만약 은퇴자가 은퇴에 대해 부정적으로 인식하고 있다면, 상담자는 은퇴를 새로운 삶의 출발점으로 인식하도록 인식의 전환을 유도하거나, 하나의 사회적 역할에서 다른 역할로 이동하는 것(Atchley, 1988)으로 볼 수 있도록 도와 은퇴에 대한 시각을 변화시킬 필요가 있다. 이러한 상담적 개입은 은퇴를 직업적 활동의 종료가 아닌, 개인 성장과 학습의 새로운 시작점으로 바라보게 하는 데 기여할 수 있다. 실제로 개인의 성장은 지속되며, 오히려 은퇴 이후에 자신이 원하는 영역에 집중할 수 있다. 따라서 상담자는 내담자가 과거에 시도하고 싶었지만 실행하지 못했던 활동들을 되돌아보게 하거나, 관심 있는 새로운 기술과 지식을 습득하고 새로운 분야에 도전할 수 있도록 도와 개인적 성장을 촉진해야 한다.

상담자는 단순히 내담자를 격려하여 행동하게 하는 촉진자 역할을 넘어서 내담자가 실질적으로 기회를 활용할 수 있도록 환경을 조성하는 것이 필요하다. 예를 들어, 은퇴자가 참여할 수 있는 다양한 모임, 활동, 학습 프로그램에 관한 정보를 제공하거나 관련 기관과 연결해 주는 지원이 포함될 수 있다.

이와 같은 상담자의 개입은 내담자의 다섯 가지 우연대처기술을 향상시키는 데 도움이 될 것이며, 은퇴자들이 변화와 불확실성을 긍정적으로 받아들이고 새로운 도전을 통해 보다 만족스러운 삶을 구축할 수 있도록 돕는 데 기여할 것이다.

4 진로구성주의 이론

1) 이론의 개요

빠르게 변화하는 진로 환경은 불확실성과 불안정성을 높이며, 일의 형태, 진로 형태, 고용 형태 등에도 변화를 가져오고 있다. 이에 따라 개인들은 진로를 선택하고 유지하는 데 많은 어려움을 겪고 있다. 이러한 변화에 대응하여, 21세기 진로상담의 패러다임은 기존 진로이론과는 달리 개인을 맥락 속에서 이해하고 개인과 맥락을 지속적으로 통합해야 함을 강조하고 있는데 이러한 접근 중 하나가 진로구성주의 이론이다. 진로구성주의 이론은 Savickas(2005)가 사회구성주의를 메타이론으로 삼아 기존 Super의 진로발달이론을 현대적인 진로 시각에서 재해석한 이론으로(이현림 외, 2013), 개인 특성, 발달 과제 그리고 삶의 주제에 초점을 두고 있다.

진로구성주의 이론(theory of career construction)은 개인이 자신의 진로 행동과 직업 경험에 의미를 부여하며 진로를 형성해 나가는 과정을 중시하는 이론으로, 개인의 진로구성 과정을 개인적 구성주의(personal constructivism)와 사회적 구성주의(social constructivism)의 관점에서 설명한다(황매향 외, 2013).

개인적 구성주의 관점에서는 개인이 실체(reality) 자체를 만들어 내는 것이 아니라 그 실체에 대한 표상(representation)을 구성한다고 본다. 즉, 개인은 자신의 진로와 관련된 경험에 개인적인 의미를 부여하면서 진로를 형성하고, 이에 필요한 행동을 실천해 나간다고 보는 것이다. 따라서 개인적 구성주의 관점에서는 진로구성 과정에서 개인의 경험과 의미를 부여하는 과정이 중요한 요소로 간주된다(최미미, 2019).

한편, 사회적 구성주의 관점에서는 진로발달은 개인의 내적 구조가 성숙하면서 이루어지는 것이 아니라 환경에 적응하는 과정을 통해 이루어진다고 본다. 즉, 진로는 단순히 시간의 흐름에 따라 자동적으로 발달하는 것이 아니라 개인이 스스로 구성해 가는 것으로 간주된다(황매향 외, 2013). 따라서 사회적 구성주의 관점에서는 개인이 주도적으로 자신의 진로를 구성해 가는 과정을 중요시한다(김봉환, 장계영 공역, 2019).

이에 진로구성주의 이론은 진로발달의 주체를 외부 환경이 아닌 개인으로 보고 있으며, 개인은 기존에 존재하는 무엇인가를 발견하는 것이 아니라 주체적으로 의미를 만들며 자신의 진로를 이끌어 간다고 본다(이재창 외 공역, 2008).

2) 주요 내용

Savickas는 진로구성주의 이론의 주요 개념으로 직업적 성격, 생애 주제, 진로적응도를 제시한다. 이들에 대한 설명은 다음과 같다.

(1) 직업적 성격

직업적 성격(vocational personality)이란 개인의 능력, 욕구, 가치, 흥미 등 진로와 관련된 특성을 의미한다. 진로구성주의 이론에 따르면, 개인은 독특한 특성을 가지고 있는데 이는 성격 유형과 밀접한 관계가 있으며, 이러한 성격 유형은 다시 직업적 특성과 연결될 수 있다. 이는 성격과 직업의 관계를 강조한 Holland 이론과 유사한 관점이다. 따라서 진로구성주의 이론은 개인의 직업을 평가하거나 개인의 특성을 이해하는 과정에서 Holland 이론을 활용한다(이재창 외 공역, 2008). 다만, Holland 이론이 진로 선택을 강조하는 것과 달리, 진로구성주의 이론은 개인의 성격과 직업의 관계를 보다 주관적인 개념으로 바라본다. 이에 상담에서는 사람들이 특정 진로 행동을 하는 이유와 그 행동이 생애 주제로 어떻게 표현되는지를 이해하는 데 초점을 둔다(이동혁 외 공역, 2013).

(2) 생애 주제

개인은 자신의 독특한 경험을 바탕으로 여러 생애 주제(life theme)를 갖게 되는데, 이러한 생애 주제에는 개인의 가치, 태도, 신념, 그리고 해결해야 할 문제가 담겨 있다. 생애 주제는 특히 어린 시절 해결하지 못한 문제나 불완전한 경험에서 비롯될 수 있어, 초기 기억 질문을 통해 과거의 어려웠던 사건이나 불완전하게 느꼈던 순간을 되짚어 봄으로써 내담자는 자신을 사로잡고 있는 문제와 그 원인을 이해할 수 있다(정문희, 2016).

개인은 자신의 고유한 생애 주제를 바탕으로 의미 있는 직업을 선택하고 직업적 역할에 적응해 나간다. 생애 주제가 담긴 개인의 진로 경험담을 '진로 이야기(career stories)'라고 하며, 내담자의 진로 이야기를 통합하여 생애 주제를 탐색하는 것이 진로구성주의 상담 과정의 핵심이다. 자신의 생애 주제를 이해하는 것을 통해 내담자는 일에 대한 개인적 의미와 사회적 의미를 발견할 수 있으며, 일에서 자아개념을 실현할 수 있는 방법을 찾을 수 있게 된다(김봉환, 2019).

(3) 진로적응도

진로적응도(career adaptability)는 특정한 직무나 환경에 맞게 자신을 조정하는 과정에서 발휘되는 개인의 태도, 능력 그리고 행동을 의미한다. 또한 진로적응도는 빠르게 변화하는 환경 속에서 개인이 직면하는 진로발달 과업, 직업 전환, 심리적 어려움을 극복하는 데 필요한 준비도와 자원을 의미하기도 한다. 이러한 특성 때문에 진로적응도는 개인의 변화 대응 능력을 반영하여 현대처럼 복잡하고 급변하는 환경에서 반드시 갖춰야 할 핵심 요인으로 간주된다(탁진국 외, 2015; Savickas, 2005).

Savickas는 진로적응도를 자원과 전략에 따라 네 가지 차원으로 세분화했으며, 네 가지 차원을 관심(concern), 통제(control), 호기심(curiosity), 자신감(confidence)이라 명명하였다. Savickas는 이러한 차원을 설명하는 모형을 〈표 5-1〉과 같이 제시하였다.

〈표 5-1〉 진로적응도 네 가지 차원

질문	진로 문제	적응 차원	태도와 신념	역량	대처 행동	관계 측면	개입
미래가 있는가?	무관심	관심	계획적인	계획하기	알아차리는 관여하는 준비하는	의존적	방향성 잡는 활동
내 미래의 주인은 누구인가?	미결정	통제	결정적인	결정하기	주장적인 훈육된 의도적인	독립적	의사결정 연습
미래에 원하는 것이 무엇인가?	비현실성	호기심	궁금해 하는	탐색하기	실험적인 질문하는 위험을 감수하는	의존적	정보탐색 활동
할 수 있을까?	억제	자신감	효과 있는	문제해결 하기	지속하는 노력하는 근면한	동등한	자기존중감 향상

이 모형에서 '질문'은 사회가 개인에게 던지는 것으로, 이에 적절히 대응하지 못할 경우 '진로문제'가 발생하며, 성공적으로 대처할 경우 '적응차원'으로 이어진다. 또한 진로적응도는 태도(attitude), 신념(belief), 역량(competencies)으로 구성되어, 이는 '진로적응도의 ABC'라고도 불린다. 여기서 태도는 대처 행동 시 느끼는 정서적 측면을, 신념은 행동을 이끌어 가는 능동적 측면을, 역량은 이해력과 문제해결 능력을 포함하는 인지적 측면을 의미한다. 이러한 진로적응도의 ABC는 개인이 발달과업을 성취하고, 직업 전환을 수행하며, 심리적 어려움을 극복하는 데 필요한 구체적인 대처 행동을 하게 한다(황매향 외, 2013).

(4) 상담 전략

진로구성주의 이론에서 대표적으로 활용되는 상담 전략은 '이야기하기(storytelling)'이다. 이는 표준화 검사 및 결과 해석 중심의 전통적인 진로 상담 방식에서 벗어나, 내담자가 자신의 진로 및 진로 선택에 대한 이야기를 자유롭게 풀어낼 수 있도록 돕는다. 내담자의 진로 이야기를 효과적으로 이끌어 내기 위해, 상담자는 진로양식면접(career style interview)을 활용할 수 있다. 상담자는 진로양식면접을 통해 내담자의 생애 주제를 발견하고, 직업적 성격과 진로적응도를 파악할 수 있다. 진로양식면접은 구조화된 면접 기법으로, 〈표 5-2〉에 제시된 총 8개의 질문을 기반으로 진행된다(김봉환, 2019).

〈표 5-2〉 진로양식면접 질문

영역	질문	의미
준비도	• ○○ 씨의 진로를 만들어 나가기 위해 이 시간을 어떻게 활용하고 싶나요?	상담의 출발점을 제시한다.
역할모델	• ○○ 씨가 자라면서 가장 존경했던 사람들은 누구입니까? • 어떤 사람의 삶을 따라 살고 싶나요? • 그 사람들의 어떤 면을 존경했나요? • 그 사람들을 얼마나 좋아했나요? • ○○ 씨는 그들과 어떻게 다른가요?	이상적 자아를 나타낸다. 질문의 초점은 '누구를 존경하는가'보다는 '어떤 점을 존경하는가'에 있다.
잡지와 TV 프로그램	• 정기적으로 구독하는 잡지가 있나요? 그 잡지의 어떤 점이 좋은가요? • 좋아하는 TV 프로그램 무엇인가요? 그 이유는 무엇인가요?	내담자의 생활양식에 맞는 환경에 대한 선호를 나타낸다.
책과 영화	• 좋아하는 책이나 영화는 무엇인가요? 그 이유는 무엇인가요?	동일한 문제에 처해 있는 주인공을 드러내고 그 문제를 주인공은 어떻게 대처하는지 나타낸다.
여가와 취미	• 여가 생활을 어떻게 보내고 싶나요? • 취미는 무엇이고 취미의 어떤 면이 좋은가요?	자기표현을 다루고 내담자의 드러난 흥미가 무엇인지 나타낸다.
명언	• 좋아하는 명언, 좌우명은 무엇인가요? • 기억하고 있는 명언이 있나요? 있다면 무엇인가요?	생애사 제목을 제공한다.
교과목	• 중 · 고등학교 때 좋아했던 과목은 무엇이고 싫어했던 과목은 무엇인가요? • 그 이유는 무엇인가요?	내담자가 선호하는 직무, 근로 환경과 관련이 있다.
생애 초기 기억	• 가장 어릴 적 기억은 무엇인가요? • 3~6세 시기에 ○○ 씨에게 일어났던 일 중 가장 기억에 남는 일 세 가지는 무엇인가요?	내담자가 몰두하여 노력을 기울이는 것이 무엇인지 나타낸다.

출처: Taber et al. (2011).

상담자는 첫 번째 질문을 통해 내담자의 진로 준비도를 파악하고 목표를 설정한 후 다른 질문들을 통해 내담자가 선호하는 흥미, 환경, 직무 등을 탐색하여 생애 주제를 도출해야 한다. 또한 상담자는 진로양식면접을 활용하여 내담자가 자신의 생각을 명확히 인식하고, 이야기에서 얻은 시사점을 스스로 깨닫도록 도와야 한다. 더 나아가 상담자는 이야기 속에서 드러난 생애 주제를 내담자의 주요 고민과 연결하여 상담 과정에서 의미 있는 통찰을 제공해야 한다(황매향 외, 2013).

3) 은퇴상담에의 적용

은퇴(예정)자는 새로운 삶의 여정으로 들어서게 되면서 자신의 정체성, 가치 그리고 미래를 재구성해야 하는 과제를 안게 된다. 이를 성공적으로 해결하기 위해 내담자는 자신의 과거를 되돌아보고, 이를 바탕으로 새로운 이야기를 만들어 가는 과정이 필요하다. 상담자는 이 과정에서 진로양식면접을 활용하여 내담자의 이야기, 특히 진로와 관련된 이야기를 깊이 탐색할 수 있도록 돕는 것이 필요하다. 상담자는 내담자가 진로양식면접의 질문들에 답하면서 자신의 생애 주제를 발견하도록 돕고 이를 기반으로 새로운 인생 목표와 방향을 설정할 수 있도록 도와야 한다.

상담 과정에서 내담자가 자신의 과거와 현재의 이야기를 연결하여 미래의 목표를 설정하는 것은 내담자가 기존의 직업적 정체성을 넘어 자신의 변화하는 역할을 받아들이는 데 도움이 될 수 있다. 따라서 상담자는 내담자가 자신의 경험을 통해 가치와 강점을 확인하고, 의미 있는 사건을 재해석하며 자기만의 내러티브를 발전시키면서 자신의 자아를 재정립할 수 있도록 조력하는 것이 필요하다.

상담자는 내담자가 자신의 과거 경험이 현재의 삶에서 어떤 의미를 갖는지 함께 탐색하는 동시에, 내담자의 진로적응도 역시 평가해야 한다. 노년기 근로자와 은퇴자의 진로적응도는 이들의 웰빙과 밀접한 관련이 있으므로, 이를 증진시키는 것은 노년기 진로와 은퇴 과정의 성공적인 전환을 위해 매우 중요하다(Brown & Lent, 2020). 이에 상담자는 은퇴자의 진로적응도를 향상시켜, 변화하는 환경 속에서 보다 유연하고 적응적인 개인으로 성장할 수 있도록 지원해야 한다. 즉, 상담자는 내담자가 자신의 미래에 관심을 가지고, 미래에 대한 통제력을 유지하며, 새로운 기회에 호기심을 갖고, 진로 목표를 적극적으로 추구하면서 자신감을 형성할 수 있도록 조력해야 한다.

또한 은퇴(예정)자들이 은퇴 후 새로운 취미나 일 등 다양한 활동을 할 수 있도록 조력하는 과정도 필요하다. 이때 상담자는 객관적인 도구를 활용하여 은퇴자의 성향과 관심사를 파악할 수 있다. 일반적으로 많이 사용되는 도구는 표준화된 직업흥미검사로, 이는 내담자의 직업적 성격을 여섯 가지 유형(실제형, 탐구형, 예술형, 사회형, 진취형, 관습형)으로 분류하여 측정한다. 상담자는 직업흥미검사를 통해 은퇴(예정)자들의 성격, 능력, 흥미, 관심사 등을 파악하고, 이를 바탕으로 적합한 봉사활동, 취미, 여가활동을 추천하여 원활한 적응을 도울 수 있다.

심리검사를 활용할 때 상담자가 기억해야 할 점은 내담자 스스로 검사 결과를 해석하는 과정 자체가 치료적 효과를 가질 수 있다는 것이다. 따라서 상담자는 단순히 검사 결과를 전달하는 것을 넘어, 내담자와 함께 결과를 검토하고 의미를 탐색하는 시간을 가져야 한다. 이를 통해 내담자는 자신의 특성을 좀 더 깊이 이해하고, 이에 맞는 여가활동이나 직업 외적인 활동을 모색할 수 있다. 특히 상담자는 기존의 직업에서 충분히 표현되지 않았던 성격적 특성을 발견하고 이를 적극적으로 발현할 수 있는 기회를 가질 수 있도록 조력해야 한다.

개인의 흥미는 시간이 지나면서 변화할 수 있으며, 이러한 변화에는 삶의 다양한 경험이 영향을 미친다. 따라서 상담자는 은퇴자들의 주관적인 경험을 깊이 탐색하는 것이 필요하다(김봉환 외, 2010). 이 과정에서 진로상담자는 '이야기하기'라는 상담 전략을 활용하여, 내담자가 자신의 삶과 진로에 대한 이야기를 주도적으로 풀어 나갈 수 있도록 해야 한다.

새로운 정체성과 삶의 구조를 구성해 가는 과정에서 내담자는 불안이나 상실감 같은 심리적 불편감을 경험할 수 있어, 내담자가 심리적 안정감을 느낄 수 있도록 지원하는 것이 중요하다. 이를 위해 상담자는 내담자에게 불안감을 느끼는 것은 미래에 대한 불확실성과 변화에 대한 반응으로서 나타나는 자연적인 심리적 현상임을 인식시킬 필요가 있다. 또한 호흡 조절, 명상 등과 같은 불안 관리 기법을 제시함으로써 내담자가 심리적 균형을 찾을 수 있도록 조력해야 한다. 아울러 상담자는 내담자가 개인의 사회적 지지 체계를 활용해 정서적 안정감을 확보할 수 있도록 장려하고, 자신의 삶에서 의미를 찾을 수 있는 활동을 탐색하는 과정을 함께 모색해야 한다.

참고문헌

곽수미, 정종원(2021). 우연학습이론을 적용한 대학생 진로상담프로그램 개발 및 타당성 검증. **교육방법연구, 33**(3), 479-510.

김명소, 김아영(2003). 성인용 직업적성검사 개정연구 최종보고서. 서울: 한국산업인력공단 중앙고용정보원.

김미진(2016). 놀이치료자 직업 적응과정에서의 의미 탐색. 협성대학교 대학원 박사학위논문.

김보영, 조영아(2021). 대학생의 계획된 우연 기술과 학습역량의 관계. **학습자중심교과교육연구, 21**(15), 713-722.

김봉환(2019). **진로상담의 이론과 실제**. 서울: 학지사.

김봉환, 이제경, 유현실, 황매향, 공윤정, 손진희, 강혜영, 김지현, 유정이, 임은미, 손은령(2010). **진로상담이론: 한국 내담자에 대한 적용**. 서울: 학지사.

김혜영(2014). 한국 교사의 직무 및 삶의 만족에 대한 사회인지 진로이론 통합모형 검증. 전북대학교 대학원 석사학위논문.

손은령(2004). 진로선택과정에서 지각된 진로장벽의 역할. **상담학연구, 5**(3), 623-635.

유혜진(2020). 은퇴자의 평생교육 참여가 자기효능감에 미치는 영향. 아주대학교 교육대학원 석사학위논문.

이근매, 양종국(2015). **콜라주 진로상담**. 서울: 학지사.

이현림, 송병국, 박완성, 어윤경, 김기홍, 박성미, 김순미, 이지연, 이동혁, 박가열, 변정현, 김민순(2013). **새롭게 보는 진로상담**. 경기: 교육과학사.

정문희(2016). 커리어 스토리 인터뷰를 활용한 대학생의 내러티브 진로상담에 관한 질적 연구. 한국기술교육대학교 대학원 석사학위논문.

정성훈(2015). 성격의 5요인과 계획된 우연 기술의 관계. 고려대학교 교육대학원 석사학위논문.

최미미(2019). 고용서비스 종사자의 무경계 진로태도와 진로구성 과정에 관한 연구. 경기대학교 대학원 박사학위논문.

탁진국, 이은주, 임그린(2015). 경력적응성 척도의 타당화 검증. **한국심리학회지: 산업 및 조직, 28**(4), 591-608.

한태영, 이병관, 이상희(2006). 직업가치관검사: 시범운영 및 평가 결과보고서. 서울: 한국고용정보원.

황매향, 김계현, 김봉환, 선혜연, 이동혁, 임은미(2013). **심층 직업상담: 사례적용 접근사례적용 접근**. 서울: 학지사.

Amundson, N. E., Harris-Bowlsbey, J., Niles, S. G. (2009). *Essential elements of career counseling: Processes and techniques* (2nd ed.). Upper Saddle River, NJ: Pearson/Merrill. 이동혁, 황매향, 임은미 공역(2013). **진로상담 과정과 기법**. 서울: 학지사.

Atchley, R. (1988). *Social focuses and aging* (5th ed.). Belmont, CA: Wadsworth.

Bandura, A. (1986). *Social foundations of thought and action: A social-cognitive theory*. Englewood Cliffs, NJ: Prentice-Hall.

Betz, N. E., & Hackett, G. (1981). The relationship of career-related self-efficacy expectations to perceived career options in college women and men. *Journal of Counseling Psychology, 28*(5), 339-410.

Brown, S. D., & Lent, R. W. (Eds.). (2005). *Career development and counseling: Putting theory and research to work*. Hoboken, NJ: John Wiley & Sons, Inc.

Brown, S. D., & Lent, R. W. (2020). *Career development and counseling: Putting theory and research to work* (3rd ed.). Hoboken, NJ: John Wiley & Sons, Inc.

Dawis, R. V. (1996). *The theory of work adjustment and person-environment correspondence counseling*. In D. Brown, L. Brooks, & Associates (Eds.), *Career choice and development* (3rd ed., pp. 75-120). San Francisco: Jossey-Bass.

Dawis, R. V., & Lofquist, L. H. (1984). *A psychological theory of work adjustment*. Miineapolis, MN: University of MInnesota Press.

Lent, R. W., Brown, S. D., & Hackett, G. (1994). Toward a unifying social cognitive theory of career and academic interest, choice, and performance. *Journal of Vocational Behavior, 45*, 79-122.

Kim, B., Jung, S. H., Jang, S. H., Lee, B., Rhee, E., Cho, S. H., & Lee, S. M. (2014). Construction and initial validation of the Planned Happenstance Career Inventory. *The Career Development Quarterly, 62*(3), 239-253.

Krumboltz, J. D. (2009). The happenstance learning theory. *Journal of Career Assessment, 17*(2), 135-154.

Lofquist, L. H., & Dawis, R. V. (1991). *Essentials of person-environment correspondence counseling*. Minneapolis: University of Minnesota Press.

Maree, J. G. (2013). *Counselling for career construction: Connecting life themes to construct life portraits*. New York: Springer. 김봉환, 장계영 공역(2019). **진로구성상담의 원리와 실제**. 서울: 학지사.

McCortney, A. L., & Engels, D. W. (2003). Revisiting the work ethic in America. *The Career Development Quarterly, 52*(2), 132-140.

Mitchell, K. E., Levin, A. S., & Krumboltz, J. D. (1999). Planned happenstance: Construction unexpected career opportunities. *Journal of Counseling & Development, 77*(2), 115-124.

Savickas, M. L. (2005). The theory and practice of career construction. In S. D. Brown, & R. W, Lent, (Eds.), *Career development and counseling: Putting theory and research to work* (pp. 42-70). Hoboken, NJ: Wiley.

Sharf, R. S. (2002). *Applying career development theory to counseling*. Belmont, CA: Thomson Brooks/Cole Publishing Co. 이재창, 조붕환, 안희정, 황미구, 임경희, 박미진, 김진희, 최정인, 김수리 공역(2008). **진로발달이론을 적용한 진로상담**(제4판). 서울: 아카데미프레스.

Swanson, J. L. (1999). *Career theory and practice*. Thousand Oaks, CA: Sage. 황매향 역(2005). **사례로 배우는 진로 및 직업상담**. 서울: 학지사.

Taber B. J., Hartung, P. J., Briddick, H., Briddick, W. C., & Rehfuss, M. C. (2011). Career style interview: A contextualized approach to career counseling. *The Career Development Quarterly, 59*, 274-287.

Wang, M., & Shultz, K. S. (2010). Employee retirement: A review and recommendations for future investigation. *Journal of Management, 36*, 172-206.

제 3 부

삶의 맥락과 은퇴 유형

은퇴상담의 이론과 실제

제6장

생애단계와 은퇴

• 주수현

은퇴는 일반적으로 성인기 후기 또는 노년기에 국한된 삶의 사건으로 인식되어 왔다. 하지만 최근의 발달심리학 및 상담학 연구에서는 은퇴를 단순한 '직업활동의 종료'가 아닌, 삶의 재구성과 전환의 관점에서 이해해야 할 심리사회적 과업으로 보고 있다. 은퇴를 단일한 시간 지점에서 발생하는 변화가 아니라, 성인기 전체를 통하여 서서히 인식되고 준비되며 실행되고 적응되어 가는 연속적 발달 과정으로 보는 관점이 요구되며, 은퇴상담은 성인기 전 생애를 아우르는 상담으로 전환되어야 한다.

이 장에서는 성인기 발달과 은퇴의 특성을 보다 명확히 이해하기 위해 성인기를 초기 성인기, 중년기, 노년기의 세 단계로 구분하였다. 각 단계별 발달적 특성과 심리사회적 과업을 중심으로 은퇴와 관련된 주요 쟁점을 고찰하고, 상담적 접근을 탐색함으로써 성인기 전 생애에 걸친 통합적 은퇴상담의 방향을 제시하고자 하였다.

1 초기 성인기(20~40세)

1) 초기 성인기 발달과 은퇴

(1) 직업정체성의 형성 및 경력 개발의 시기

초기 성인기(20대 초반에서 40세)는 개인의 생애주기상에서 직업정체성을 확립하고 경력을 개발하는 데 있어 핵심적인 시기로 간주된다. 이 시기에는 직업적 자율성, 독립성, 그리고 사회적 책임을 형성하며, 개인은 자신의 가치, 흥미, 능력, 사회적 맥락을 고려한 직업적 자아를 구축해 나간다. 단순한 직업 선택을 넘어서, 자아정체성의 중요한 일부로서 직업정체성을 확립하고 지속 가능한 경력 경로를 설계하는 것이다.

Erikson(1968)의 심리사회적 발달이론에 따르면, 초기 성인기는 '친밀감 대 고립(intimacy vs. isolation)'의 발달 과제를 중심으로 구성된다. 그는 이전 단계인 청소년기의 '정체성 대 역할 혼란(identity vs. role confusion)'에서의 성취가 전제되어야만 성숙한 친밀감이 가능하다고 보았다. Erikson은 직업정체성을 자아정체성의 하위 범주로 간주하였다. 사회 속에서의 역할 수행과 생산성, 책임감이 경력 형성과정에서 핵심적인 의미를 갖는다고 주장하였다. 이는 직업 선택이 단지 생계 수단이 아니라, '자기 실현'의 통로로 기능함을 시사한다.

Levinson(1978)의 생애구조 이론 역시 초기 성인기의 경력 개발을 이해하는 데 유의미한 틀을 제공한다. 그는 초기 성인기(17~45세)를 전환기와 안정기의 반복으로 구성된 구조적 발달 단계로 보았다. 특히 30대 초반 전환기(28~33세)와 30대 안정기(33~40세)의 개인은 자신의 생애 구조를 검토하고 수정하며 새로운 의사결정을 하고, 자신의 꿈을 실현하기 위해 노력하며, 사회에서 자신의 활동범위를 구축하고 사회에 기여하기 위해 노력한다.

Erikson의 자아정체성 이론은 경력 개발의 내적 기반을 제공하고, Levinson의 생애구조 이론은 시기별 전환과 경력 재구조화의 중요성을 부각시키고 있다. 초기 성인기의 직업정체성 확립과 경력개발은 발달심리학적·사회구조적인 관점으로 이해할 수 있다.

(2) 결혼, 가족형성 등 사회적 관계의 변화

초기 성인기는 결혼, 가정 형성과 같은 사회적 관계의 재구조화가 두드러진다. 이 시기 개인은 정서적 친밀감의 기반을 구축하고, 새로운 가족 체계 내에서의 역할을 습득하게 된다.

Erikson(1968)의 심리사회적 발달이론은 초기 성인기를 '친밀감 대 고립'의 시기로 정의하고 있다. 타인과의 깊은 정서적 유대와 지속 가능한 관계 형성 여부가 이 시기의 핵심 과제로 작용한다고 설명한다. Levinson(1978)의 생애구조 이론에 따르면 초기 성인기(17~45세)는 '성인기의 진입기'로서, 개인은 결혼, 자녀출산, 주거지 결정 등과 같은 가족 및 사회적 제도에 대한 중요한 결정을 내리게 된다.

초기 성인기의 사회적 관계 변화는 결혼과 가족 형성을 중심으로 구조적이고 발달심리학적인 핵심 과제로 나타난다. 이 시기의 사회적 전환은 생애 전반의 관계 패턴과 정서적 안정성, 심리사회적 안녕에 심대한 영향을 미치며, 이는 자아정체성 및 경력 발달과 더불어 성인기 전환기의 축을 형성한다.

(3) 경제적 독립과 재무 관리 습관의 형성

초기 성인기는 개인이 경제적 독립을 달성하고 재무 관리 역량을 형성하는 데 있어 중추적인 발달 시기이다. 이는 생애 전반의 재정적 안정성을 위한 기초를 형성하는 과정이라 할 수 있다. 이 시기의 경제적 전환은 단순한 소득 창출 이상의 의미를 가지며, 금융적 자기효능감, 소비 습관, 저축 행동 등 복합적으로 이해되어야 한다. Butterbaugh 등(2020)은 경제적 독립을 초기 성인기의 성숙을 상징하는 핵심 지표로 간주하며, 재정적 자율성의 획득이 곧 성인기의 정체성 확립과 긴밀히 연관된다고 강조하였다.

재무 습관의 형성은 장기적 금융 안녕(financial well-being)과도 연결된다. Shim 등(2009)은 초기 성인기에 재무 관리 기술을 습득하는 것은 단기적인 생존 전략을 넘어서 생애 전체의 만족도와 직결되며, 이를 위해서 금융 리터러시뿐 아니라 심리적 요인(예: 자기통제력, 낙관성)이 중요한 역할을 한다고 보았다.

Hlavatovic(2021)의 연구는 초기 성인기의 재무 습관이 중년기 이후의 재정적 안정성과 성공을 예측하는 중요한 선행지표라고 제시하였다. 특히 저축 행동, 소비 통제, 신용 관리 등의 습관이 비교적 이른 시기에 형성되는 것이 지속적 재정적 안정에 기여한다고 보았다.

초기 성인기의 경제적 독립은 단순한 고용 상태 이상을 의미하며, 자기주도적 재정 의사결정능력, 일관된 재무관리 습관, 장기적 재정목표 등을 형성해야 하는 것이다. 이러한 경제적 자율성은 생애주기 전반에 걸쳐 사회적 적응력과 삶의 질에 중대한 영향을 미친다.

2) 초기 성인기 은퇴 관련 특징

(1) 은퇴에 대한 인식 부족과 재정적 불안정성

초기 성인기의 은퇴 관련 주요 문제는 은퇴에 대한 인식 부족과 재정적 불안정성이다. 초기 성인기는 삶의 방향성을 정립하고 경제적 자립 기반을 다지는 시기로, 은퇴에 대한 계획은 일반적으로 우선순위에서 밀려나는 경향이 있다. 초기 성인기 단계의 많은 성인은 현재의 생계 유지와 경력개발에 집중하며, 일반적으로 노후준비, 특히 은퇴에 대해 인식이 낮고, 동시에 재정적으로 불안정성이 크다.

초기 성인기 개인들은 현재 소득과 지출에 집중한 나머지, 장기적인 재정 계획이나 은퇴 저축에 대한 인식 및 행동이 매우 부족하며(Shim et al., 2009), 이는 해당 시기의 재무 관리가 생계 중심적이며, 미래에 대한 계획성이 결여되어 있음을 의미한다. 초기 성인기 개인들은 '지금'의 소비 성향과 단기 목표에 몰두함으로써 은퇴와 같은 장기 재무 이슈에 무관심하거나 회피적인 경향을 보인다(Hlavatovic, 2021). 특히 고용 형태의 불안정성과 낮은 금융 리터러시 수준은 이 시기의 은퇴 대비 행동을 더욱 약화시키는 요인으로 작용한다. 실제적으로 성인기 초기에는 불안정한 고용 형태, 학자금 대출, 높은 생활비로 인해 저축여력은 감소되고, 장기 재정 계획을 세우는 것도 어렵다. 특히 자영업자나 프리랜서 같은 비정규직 노동자들은 퇴직연금 제도 접근성이 떨어져 제도적 사각지대에 놓이기 쉽다. 또한 많은 청년이 금융지식이 부족하며, 이는 은퇴준비를 어렵게 만든다. 고등교육 과정에서 체계적인 금융교육은 아직 미흡한 상황이다.

결론적으로, 초기 성인기는 생애주기상 경제적 독립이 이루어지는 중요한 시기임에도 불구하고, 은퇴에 대한 준비와 인식은 현저히 낮은 수준에 머물러 있다. 이는 재정적 불안정성과 맞물려 장기적으로 경제적 취약성을 심화시킬 수 있다. 장기 재정 계획과 은퇴 대비에 대한 인식의 제고가 필요하다.

(2) 초기 성인기의 진로설정 및 은퇴계획 수립의 중요성

초기 성인기는 개인이 사회적 역할과 직업정체성을 형성해 가는 중요한 발달 시기로, 이 시기에 이루어지는 진로 선택과 경력 방향 설정은 이후 삶의 질에 중대한 영향을 미친다. 특히 현대 사회에서는 경제적 불안정, 고용 유연화, 평균 수명의 증가 등으로 인해 장기적인 관점에서의 생애설계가 필수적으로 요구된다. 이러한 맥락에서 직업 및 커리어 설계와 더불어 은퇴에 대한 장기적 계획 수립의 통합적 접근은 더욱 중요하게 부각된다.

초기 성인기의 직업 선택과 은퇴준비는 상호 보완적인 관계를 이루며, 개인의 생애 전반에 걸친 삶의 질을 결정하는 핵심요인이 된다. 초기 성인기의 진로결정은 후속 경력 조정 및 적응에 광범위한 영향을 미치며, 이는 생애 전반에 걸친 만족도와 직업 안정성의 기반이 된다(Crites, 1976). 초기 커리어의 방향성은 단지 현재의 고용 여부만이 아니라 미래의 직업 유연성, 소득 구조, 심지어 은퇴 시기까지 결정짓는 주요 변수가 된다. 또한 조기 은퇴준비는 직업 조건, 소득 수준, 건강 상태와 같은 요인과 함께 미래 삶의 질을 결정하는 주요 심리사회적 변수이며(Moen et al., 2005), 초기 성인기에 연금 가입, 저축 계획, 재무교육 등을 포함한 전략적 개입은 향후 재정적 자율성과 심리적 안녕에 긍정적인 영향을 미친다.

종합적으로, 초기 성인기의 직업 선택과 은퇴준비는 상호 보완적인 관계를 이루며, 개인의 생애 전반의 웰빙을 위한 핵심 요인으로 작용한다. 따라서 진로상담 및 은퇴설계는 성인기 초기의 개인을 대상으로 통합적으로 이루어져야 하며, 이는 생애설계 상담(life design counseling)의 실천적 기반을 제공한다.

(3) 초기 성인기의 조기 퇴직 현상

이례적으로 초기 성인기에 퇴직 상황이 일어나는 경우가 있다. 초기 성인기는 직업 정착, 자아실현, 가족 형성 등 다면적인 발달과업이 집중되는 시기이며, 조기 퇴직에 대한 결정은 외부 구조적 요인과 개인 내적 동기의 상호작용에 기반한다. 이 시기에 일어나는 퇴직 현상은 직업활동 또는 공식적인 경제활동에서 물러나는 은퇴의 개념이라기보다는 일시적이며, 직업적 변화의 과정에서 일어나는 현상으로 볼 수 있다. 따라서 이 시기 직업활동의 중지는 은퇴 현상이라기보다는 전환을 위한, 즉 삶의 역할 및 정체성 변화를 위한 일시적 퇴직 현상으로 볼 수 있다.

① 직무 스트레스 및 조직 내 불안정성

초기 성인기의 근로자는 노동시장 진입 후 정규직 여부, 조직 내 안정성, 승진 가능성 등의 구조적 조건에 직접적으로 영향을 받는다. 특히 비정규직, 계약직, 프리랜서와 같은 고용 형태의 증가와 조직 내 미래에 대한 불확실성은 조기 퇴직 혹은 이직 충동을 유발하는 주요 요인으로 작용한다. 특히 이들은 정규직 대비 자기효능감 감소, 경력 개발 기회의 제한 등으로 인해 조직에 대한 장기적 헌신을 낮게 인식하는 경향이 있다.

② 개인 건강 문제: 심리적/신체적 소진

초기 성인기의 성인은 직무수행과 사회적 역할 이행에 있어 지속적 스트레스에 노출되며, 이는 심리적 · 신체적 건강에 큰 영향을 미칠 수 있다. 초기 성인기 성인은 높은 업무 강도, 직무 자율성의 부족, 조직 내 경쟁적 분위기, 불투명한 전망 등으로 인해 심리적 자원을 급속히 소진하는데, 이는 직무 만족감 및 효능감의 저하로 이어지며, 직무 이탈의 동기가 되기도 한다. 신체적 소진은 정신적 · 육체적 과부하로 인해 발생하는 생리적 탈진 상태로 정의된다. 특히 신체적 기능 저하는 작업 수행능력을 낮추고 결근율 증가로 이어지며, 이로 인한 자기효능감의 상실은 직무 지속 동기를 약화시킨다. 이는 초기 성인기 성인의 일시적 퇴직 결정을 가져온다.

③ 자발적 경력 전환 욕구: 창업, 유학, 자기계발 등

조기 퇴직을 적극적 선택으로 인식하는 사례도 존재한다. 이는 단순한 직무 회피가 아니라, 삶의 방향성과 자아실현에 대한 새로운 모색으로 이해된다. 경력관리의 필요성을 인식하여 자발적 경력 전환을 시도하는 경우이다. 예컨대, 창업, 자기계발, 학업 연장 등의 이유로 직장을 이탈하는 경우이다. 따라서 조직은 구성원의 자발적 경력 전환 욕구를 병리적 현상이 아닌 정상적 발달 과정으로 인식하고, 재입사 기회, 유연한 근무체계, 학습 및 성장 지원 시스템을 제공함으로써 유능한 인재의 순환적 확보를 고려할 필요가 있다.

④ FIRE 운동

FIRE(Financial Independence, Retire Early) 운동은 개인이 조기에 경제적 자립을 달성하여 전통적인 은퇴 시점보다 앞서 경제활동으로부터 자유를 누리는 것을 목적으로 한다. 이 운동은 2000년대 중반부터 확산되었으며, 특히 밀레니얼 세대와 Z세대를 중심으로 인기를 얻고 있다. 핵심 원리는 젊은 시절 수입의 상당 부분을 절약하고 투자하여 자산을 조기에 축적한 뒤, 일반적인 은퇴 연령보다 훨씬 이른 시점에 경제적 자유를 이루는 것이다. 소비 절제와 저축 극대화, 장기 투자 전략을 결합한 재무적 삶의 방식으로 자리 잡았다. FIRE 운동은 경제적 자유를 통해 '일에서의 자유'뿐 아니라 '삶의 의미 재발견'을 추구하는(Inkinen, 2024) 삶의 방식을 재정의하는 철학적 태도이기도 하다.

⑤ 노동시장 구조 변화: 기술 진보 및 직무 소멸

디지털 전환과 자동화의 가속화는 일부 산업과 직무를 불필요하거나 한시적인 형태로 변화시키고 있다. 특히 반복적이고 중간 수준의 기술을 요구하는 직무는 인공지능과 알고리즘에 의해 자동화되어 대체되었다. 이에 초기 성인기의 근로자들은 조기 실직과 경력 재설계의 압박에 직면하고 있다. 이러한 구조적 환경 변화는 개인이 비자발적으로 조기 퇴직하거나, 일시적인 실업 상태에 진입할 가능성을 증가시킨다. 이는 전환기적 불안정성을 심화시키는 요인으로 작용할 수 있다.

⑥ 가족돌봄에 대한 책임

초기 성인기는 직업적 정착과 더불어 가족을 형성 후 가족적 책임이 본격적으로 시작되는 시기이다. 이 시기의 개인은 생산적 노동과 자녀에 대한 양육, 부모 부양 등의 이중 부담에 직면하며, 이는 직업생활과의 양립을 어렵게 한다. 사회적 지지망이 부족한 근로자일수록 돌봄 부담에 의한 조기퇴직 가능성이 높다.

가족 돌봄의 필요는 돌발적 상황으로 인해 발생하는 경우가 많으며, 이에 따라 개인은 자발적이기보다는 비자발적 경력 중단을 경험하게 된다. 이는 단순한 경제적 문제를 넘어서 자아정체성, 경력 자기효능감에도 심대한 영향을 미친다.

이러한 요인들은 초기 성인기의 조기 퇴직이 단순한 개인 차원의 선택을 넘어서, 구조적·사회문화적 배경과 깊이 맞물려 있음을 보여 준다. 따라서 관련 정책 및 상담 개입은 퇴직 결정의 다차원적 원인을 이해하고, 이에 기반하여 설계되어야 할 것이다. 또한 초기 성인기에 조기 퇴직을 선택한 개인은 대부분 생애주기상 '완전 은퇴'라기보다는 이행기적 경로에 놓인 것으로 보아야 하며, 이들의 이후 발달 방향은 개인적 성장 과업과 사회적 재구성이라는 두 축으로 볼 수 있다.

3) 초기 성인기 은퇴상담

(1) 초기 성인기 상담 개입: 통합생애설계 개념과 생애재무설계 개념의 도입

초기 성인기는 생애 전환기의 출발점으로, 개인의 진로 정체성, 재정적 자율성, 그리고 삶의 전반적인 방향성이 형성되는 결정적 시기이다. 이 시기의 상담 개입은 단기적 문제해결에 국한되어서는 안 되며, '진로와 노후를 통합한 생애설계 개념'과 '장기적 관점에서의 생애재무설계 상담'을 기반으로 하는 접근이 필요하다.

① 진로와 노후를 고려한 생애설계 개입

현대 진로상담은 전통적인 직업경로 중심의 접근에서 벗어나, 개인의 생애 전반을 설계하는 방향으로 전환되고 있다(Savickas, 2015). 진로뿐만 아니라 관계, 건강, 재정 등 삶의 다양한 영역을 통합적으로 조망하며, '어떻게 살 것인가'에 대한 근본적인 물음을 중심에 두고 상담이 이루어져야 한다. 특히 초기 성인기부터의 생애설계를 통해 조기 은퇴, 직무 전환, 제2의 커리어 등 다양한 삶의 가능성을 사전에 인식하고 구조화하는 접근이 요구된다.

② 재정 교육 및 습관 형성

생애재무설계 상담은 개인의 생애주기를 고려하여 재정적 목표를 수립하고, 재정 관련 개념에 대한 이해를 증진시키며, 건강한 저축과 소비 습관을 형성할 수 있도록 지원하는 것을 목표로 한다. 특히 초기 성인기는 재무적 습관이 형성되는 초기 단계로, 향후 자산구조와 경제적 안정성을 결정짓는 핵심적인 시기이므로 그 중요성이 강조되어야 한다. 체계적인 재정계획은 개인의 삶에 대한 자율성을 확대시킬 뿐만 아니라, 심리적 안정감, 미래에 대한 통제감, 그리고 자아정체감의 강화를 촉진하는 데 기여할 수 있다. 따라서 상담자는 재무설계가 단순한 경제적 관리 차원을 넘어, 삶의 질과 심리적 복지 향상에 직결된다는 점을 내담자가 인식하도록 도와야 한다.

(2) 조기 퇴직 내담자에 대한 상담 개입

초기 성인기는 생애주기에서 자율성 확립, 직업적 정착, 친밀한 관계 형성 등의 주요 발달과업이 집중되는 시기이다(Erikson, 1968). 이 시기의 개인이 조기 퇴직을 경험하는 경우, 이는 단순한 직무 이탈을 넘어, 자아정체성, 심리적 안정성, 사회적 관계망, 생애설계 전반에 영향을 미치는 복합적인 전환기적 사건으로 해석되어야 한다. 따라서 이와 같은 내담자를 상담하는 상담자는 내담자의 발달적 맥락, 정서 상태, 사회적 환경을 종합적으로 고려한 다차원적 상담 개입 전략을 수립해야 한다.

① 정체성의 재구성 및 생애설계 지원

Erikson(1968)은 초기 성인기를 '친밀감 대 고립'의 과업 시기로 보았고, Super(1980)는 이 시기를 경력 확립기(establishment stage)로 정의하였다. 그러나 조기 퇴직으로 인해 이러한 발달경로가 중단될 경우, 혼란을 경험할 수 있다. 상담자는 생애 진로 재설계의 관점에서 내담자가 경력과 자아정체성의 새로운 경로를 설계할 수 있도록 도와야 한다.

초기 성인기의 퇴직자는 여전히 높은 학습능력과 경력 유연성을 갖추고 있기 때문에, 경력 전환 가능성이 매우 높다. 따라서 상담자는 내담자의 직업적 흥미, 기술, 가치 등을 평가하여 새로운 경로 설계를 위한 실질적인 지원 정보를 제공해야 한다.

② 심리적 안정성 회복과 자기효능감 증진

조기 퇴직은 특히 자발적이지 않은 경우, 내담자로 하여금 무기력감, 자기비난, 미래에 대한 불안 등을 경험하게 할 수 있으며, 이는 자기효능감 저하로 이어질 수 있다. 상담자는 정서 조절 전략을 제공하고, 개인적 강점 탐색 및 성공경험 재구성을 통해 자기효능감을 회복할 수 있게 도와야 한다. 또한 조기 퇴직이 실패가 아닌 전환과 성장의 계기로 해석할 수 있도록 함으로써 내담자의 자기존중감 회복을 도와야 한다.

③ 사회적 지지망과 관계의 회복

퇴직은 단지 직무의 중단뿐만 아니라, 해당 직무를 통해 형성되었던 사회적 관계망의 축소 또는 상실이 동반된다. 사회적 지지 부족은 조기 퇴직 이후의 삶의 질과 심리적 안정성에 부정적 영향을 미친다. 상담자는 내담자가 사회적 연결성을 회복할 수 있도록 도우며, 특히 가족,

배우자, 친구, 동료와의 관계 재정립을 통해 소속감과 정서적 안전감을 회복하도록 중재할 필요가 있다.

④ 퇴직 경험의 수용과 전환기 적응 촉진

퇴직이 내담자의 삶에서 갖는 의미는 단일하지 않으며, 상담자는 퇴직의 개인적 해석을 깊이 있게 탐색해야 한다. Schlossberg(1981)는 전환기 상담을 통해 개인이 변화된 환경을 인식하고 적응 전략을 강화할 수 있도록 개입하는 모델을 제시하였다. 상담자는 내담자가 퇴직을 단순한 상실로 보지 않고, 새로운 시작으로 인식하도록 돕는 의미 재구성 작업을 통해 자율성과 자기결정감을 회복시킬 수 있다.

2 중년기(40세~60대 중반)

1) 중년기 발달과 은퇴

(1) 중년기 위기와 삶의 재평가 시기

중년기(40세~60대 중반)는 성인기 발달의 중요한 전환기로, 개인은 정체성과 삶의 의미에 대한 깊은 자기 성찰을 경험하게 된다. 이 시기에는 '중년기 위기(middle crisis)'로 불리는 현상이 나타나는데, 성인기 중반에 접어들면서 개인이 자신의 삶, 성취, 죽음, 미래에 대해 심각하게 반성하고 회의하는 시기로, 정체감 혼란과 감정적 불안정이 동반될 수 있는 심리적 전환기이다.

발달심리학에서는 중년기 위기를 성인기 중기 발달의 자연스러운 일부로 간주한다. 특히 Levinson(1978)의 생애구조 이론에서는 40세 전후의 '중년 전환기(midlife transition)'를 삶의 전반에 대한 재조정 시기로 보며, 이는 자아 정체성과 미래 전망 간의 갈등을 중심으로 전개된다. 이 시기 개인은 과거 성취와 실패를 평가하며, 이후 삶의 목표에 대한 새로운 방향성을 수립하려 한다. 이 시기는 고통스러운 자기 재평가를 수반하는 위기의 시점이 될 수 있다. 중년의 위기가 생기는 이유로는 노화에 대한 인식, 사회적 역할의 변화, 이전 성취에 대한 회고 등이다. Erikson(1980)의 심리사회적 발달 단계에서는 이 시기의 핵심을 '생산성 대 침체기(generativity vs. stagnation)'의 갈등에서 비롯된 것으로 본다. 개인은 생산적인 삶을 지속할 수 있는가 혹은 자기중심적인 침체 상태에 머무르는가에 대한 질문을 마주하게 된다. 생산성을 발휘하지 못하면 침체감과 무력감에 빠질 수 있다고 보았다.

이와 관련해 Menks(1981)는 중년기를 통과하면서 나타나는 자기 재평가는 내면적 갈등과 심화된 자기 성찰을 동반한다고 분석하였다. 이는 단순히 나이 듦에 대한 반응이 아니라, 삶의 전반에 대한 구조적 재검토로 볼 수 있다. 특히 '자아 재정의'는 이 시기의 핵심 과업 중 하나로 간주된다.

이러한 관점들을 종합하면, 중년기는 단순한 생물학적 나이의 문제가 아닌 심리사회적 변화의 중요한 국면이다. 이 시기의 위기와 자기 재평가는 자아 통합을 위한 내적 재구성의 과정이며, 이는 궁극적으로 삶의 질을 높이고 노년기로의 성공적인 이행을 가능하게 한다.

(2) 사회적 책임과 가족적 책임의 이중 부담

중년기는 사회의 핵심 노동력으로서 중요한 역할을 수행하는 시기이다. 이 시기 개인은 직업 활동을 통해 사회의 생산성과 경쟁력을 유지·발전시키는 데 기여하며, 자신의 전문성을 사회에 환원하는 역할을 한다. 또한 조직 내에서는 단순한 업무 수행을 넘어 후배를 양성하고, 조직 운영에 기여하는 역할을 하며, 변화와 혁신을 주도하는 위치에 놓인다. 또한 사회적으로는 사회의 안정과 발전에 공헌하는 역할을 한다.

더불어, 중년기는 생애 주기상 '가족적 돌봄 책임'이 집중된다. 이 시기의 개인은 자녀 양육과 부모 부양이라는 이중의 돌봄 부담을 동시에 감당해야 한다. 특히 자녀의 진학 및 취업 지원은 장기간의 재정 지출이며, 가계 자원의 상당 부분을 차지한다. 동시에 부모의 고령화로 인한 부양비가 증가되면서 중년층의 경제적 여력은 감소한다. 이러한 가족돌봄 부담은 경제적 문제를 넘어 심리적 소진과 자기 돌봄의 기회를 제한한다. 이로 인해 우울감, 무력감, 자아상실감을 경험하게 된다(성미애 외, 2017).

중년기는 사회적·가족적 책임이 집중되는 시기로, 이러한 이중 부담은 개인에게 여러 부정적 영향을 미친다. 직업 활동과 가족 돌봄이 중첩됨에 따라 시간과 체력의 여유가 줄어들어 자기계발의 기회가 제한된다. 직장과 가정의 요구를 동시에 충족시키기 어려운 상황은 심리적 스트레스와 역할 갈등을 심화시키고, 이는 번아웃이나 우울감으로 이어질 수 있다. 또한 지속적인 부담은 자기 관리를 소홀하게 만들며, 장기적으로는 건강 악화와 삶의 질 저하를 초래할 가능성이 높다. 양쪽 세대를 부양하는 과정에서 발생하는 경제적 압박은 은퇴 준비를 지연시키고 미래 계획 수립을 어렵게 한다. 이처럼 중년기의 사회적·가족적 이중 부담은 단순한 생활상의 어려움을 넘어 심리적 안정성과 재정적 안정성을 동시에 위협하는 요인이며, 은퇴 이후의 삶의 질과도 직결되는 중요한 과제이다. 따라서 이 시기의 개인이 단순한 사회적 역할 수행 및 가족 부양자 역할에 머무르지 않고 자기 주도적 삶을 설계할 수 있도록, 체계적인 사회적 지원과 자원 연결이 병행되어야 한다.

(3) 정년제도와 국민연금 수급 연령의 불일치로 인한 소득의 공백

대한민국은 1963년 「국가공무원법」 개정을 통해 정년제도의 법적 기반을 마련했다. 당시에는 직급에 따라 정년이 달랐으며, 5급 이상은 61세, 6급 이하는 55세였다. 이후, 민간부문에서도 점진적으로 정년 규정이 도입되었다. 그러나 2000년대 초까지는 실질적인 퇴직 연령이 평균 53세였고, 조기퇴직 및 명예퇴직의 관행이 광범위하게 존재하였다. 이러한 상황은 중장년층의 노동시장 이탈과 소득 공백을 초래하였다. 이에 대한 제도적 대응으로 2013년 「고용상 연령차별금지 및 고령자고용촉진에 관한 법률」 개정을 통해 법정 정년을 만 60세로 상향 통일하는 조치가 도입되었다. 이 개정안은 2016년부터 300인 이상 사업장에, 2017년부터는 모든 사업장에 적용되었다. 2024년부터 행정안전부 소속 공무직 근로자의 정년이 출생 연도에 따라 단계적으로 연장되었다. 이는 국민연금 수급 개시 연령에 맞춰 소득 공백을 최소화하기 위한 조치라고 볼 수 있다. 아울러 정년 연장으로 인한 기업의 부담을 완화하기 위해 임금피크제가 병행 도입되었으며, 대기업을 중심으로 이에 대한 수용이 확산되었다. 하지만 법적 정년인 60세를 주된 직장에서의 은퇴시점으로 인식하지만, 실질 은퇴 연령은 49.3세(통계청, 2022)로 큰 차이를 보이고 있다.

한편, 국민연금 제도 역시 제도 도입 초기의 만 60세 수급 기준에서 벗어나, 1998년 「국민연금법」 개정을 통해 출생 연도에 따른 수급 개시 연령의 상향 조정이 도입되었다. 이에 따라 1953년생 이후부터는 4년 단위로 1세씩 연금 개시 연령이 상향되었다. 예를 들면, 1953년생인 경우 만 61세에, 1961년생인 경우에는 만 63세에, 1969년생부터는 만 65세부터 연금을 수령할 수 있게 되었다. 이 조정은 연금 재정의 지속 가능성을 높이고, 고령층의 노동시장 참여를 장려하기 위한 구조적 조치로 해석된다.

문제는 정년과 연금 수급 연령 간의 시차가 존재한다는 점이다. 예를 들어, 64세에 연금을 받게 되는 1965년생은 정년이 만 60세이므로 4년간의 소득 공백 기간을 감내해야 한다. 이에 따라 정부는 일부 공공부문에서 공무직 근로자 정년을 기존 60세에서 단계적으로 만 65세까지 연장하는 조치를 시행하고 있으며(행정안전부, 2024), 민간부문에서도 계속고용제도나 계약직 전환 등의 방식으로 대응이 이루어지고 있다.

이러한 정년제와 연금 수급 연령 간의 불일치는 상담 현장에서 주요한 개입 주제가 된다. 은퇴를 앞둔 중장년층 내담자의 경우, '소득 공백기'에 대한 불안과 재취업 계획의 부재로 인해 심리적 스트레스를 경험하기 쉽다. 따라서 상담자는 제도 변화에 대한 정확한 정보를 제공함과 동시에, 생애설계 차원의 재무 전략 수립, 경력 재구성, 그리고 대안적 소득 활동에 대한 탐색을 병행할 필요가 있다.

궁극적으로 정년제와 연금제도는 고령자의 삶의 질을 결정짓는 핵심 정책 축이며, 상담자는 이 두 제도의 구조와 연계성을 깊이 이해하고, 개인의 생애주기에 맞춘 통합적 상담을 제공해야 한다. 정책적 변화는 제도적 지식을 요구하는 동시에, 개인의 의미 재구성 과정과 맞물려 있음을 인식하는 것이 중요하다.

2) 중년기 은퇴 관련 특징

(1) 본격적인 은퇴준비의 필요성 증가

중년기에 본격적 은퇴준비가 필요한 이유는 다음과 같다. 첫째, 은퇴 후 생존기간이 길어지면서 경제적 자기 책임이 늘었다. 노후 생계비, 의료비, 주거비용 등 사전 대비의 필요성이 증가하고 있다. 둘째, 제도적 보장체계의 불안정성이다. 공적연금의 수급률 감소와 고령화에 따른 재정 압박은 개인의 사적 준비에 대한 부담을 증가시키고 있다. 셋째, 중년기 사회적 역할의 변화는 자아정체성에 대한 재구성을 필요로 한다. 이를 위한 심리적 사전준비가 필요하다. 넷째, 예측 불가능한 삶의 사건에 대한 대처 능력이다. 건강 악화, 배우자의 질병 또는 조부모 역할 등은 갑작스러운 생활방식의 전환을 요구하며, 이로 인해 유연한 인생 계획 수립이 더욱 중요해진다(Moffatt & Heaven, 2017).

중년기는 은퇴전환을 앞두고 있는 단계로서, 개인은 본격적인 노년기 진입을 대비한 복합적 준비를 해야 한다, 경제적 · 신체적 · 심리사회적 영역의 총체적 재구성이 요구되는 시기이다. Erikson(1968)의 심리사회적 발달이론에서 제시하는 '생산성 대 침체기'는 중년기의 핵심 과업으로, 다음 세대에 대한 책임감과 자기효능감의 유지를 통해 생애 말기 자아통합의 기초를 형성한다. 구체적으로 준비해야 하는 부분은 다음과 같다.

① 경제적 준비

경제적 자립은 은퇴 이후 삶의 질을 결정짓는 가장 기초적인 조건이다. 중년기에는 이를 위한 실질적 재무 계획이 수립되어야 한다. 퇴직연금 및 공적연금 수급을 위한 정보 탐색, 자산 포트폴리오의 다각화, 소비 및 저축 비중의 조정 등의 장기적 재정안정성을 담보하기 위한 전략을 세워야 한다. 중년기의 재무 준비는 연령, 교육 수준, 자산 소유 여부, 그리고 재정교육 경험 여부에 따라 유의미한 차이를 보인다고 보고하였다(홍성희, 2018). 또한 은퇴 관련 재무계획을 세우는 것은 개인의 재정적 자기효능감과 미래 시간 관점에 의해 심리적으로 조절된다고 분석된다(Hershey & Mowen, 2000).

② 건강관리

중년기의 생활습관과 예방적 건강관리 여부에 의해 노년기의 건강 상태가 결정된다. 이에 따라 정기 건강검진, 만성질환 조기 진단 및 치료, 운동 및 식이습관 개선은 모두 신체적 건강을 위한 투자라고 볼 수 있다. 특히 의료 접근성 및 건강정보 활용능력이 향후 삶의 질에 영향을 미친다.

③ 심리사회적 준비

은퇴는 단순한 경제 활동의 중단이 아니라, 자아정체성의 재정립을 수반하는 심리사회적 전환이다. 은퇴 후 '나는 누구인가?'라는 질문에 대해 직업 중심의 정체성에서 벗어나 자기 존재의 의미를 새롭게 정의하여야 한다. 여가 및 자원봉사, 취미활동, 교육 활동 등을 통해 자신을 재정의하는 과정이 필요하다. 이러한 활동은 은퇴 후 삶의 목적성을 재구성하는 유의미한 활동이며, 사회적 관계를 유지하고 확장시키는 과정이기도 하다. 또한 은퇴에 대한 우울, 상실감, 역할 공백 등의 감정을 자연스럽게 받아들이고, 감정 조절 전략을 익혀야 한다. 은퇴 후 일상유지를 위해 시간관리와 구조화 역시 필요하다.

④ 가족관계 조정

중년기 은퇴준비는 가족 단위의 사회적 체계 속에서 진행되어야 한다. 중년기 은퇴준비를 하며 배우자와 다음과 같은 점을 의논하는 것이 필요하다. 가정의 여러 상황을 고려하여 은퇴 시점을 고려할 수 있으며, 은퇴 후 재정 문제에 대한 계획, 은퇴 후 건강관리 및 의료에 대한 대비, 거주지 및 주거 형태에 대한 논의, 일상생활의 계획 및 역할에 대한 재조정 등이다. 특히 퇴직 이후 부부가 공유하는 시간과 생활공간이 확대되면서 심리적 거리 조절, 의사소통의 방식 등의 재정립이 필요하며, 기존의 역할분담이나 상호기대 등에 대한 조정이 필요하다. 또한 은퇴준비 과정 중 자녀와의 관계에서는 자녀에 대한 경제적 지원의 명확한 기준을 세우고, 손자녀 돌봄 역할 등에 대한 명확한 계획이 요구된다. 또한 자녀의 자립과 결혼 등으로 인해 자녀와의 관계가 수평적 · 조력적 관계로 전환됨에 따라 자녀의 간접적 지지자로 역할을 재정의하는 것이 필요하다.

⑤ 전문가 활용 및 정보 탐색

은퇴준비의 전문성을 높이기 위해서는 공공기관의 노후설계 교육 프로그램에 참여하고, 생애설계 전문가와 상담하며, 연금 관련 정보 플랫폼을 적극적으로 활용하는 전략이 권장된다. 특히 재정 상담과 진로전환 코칭은 복잡한 정보 구조 속에서 개인이 올바른 의사결정을 내릴 수 있도록 돕는다는 점에서 정책적 중요성이 강조되고 있다.

(2) 조기 퇴직 또는 강제적 퇴직과 같은 비자발적 은퇴의 경험

비자발적 은퇴(involuntary retirement)는 구조조정, 해고, 질병, 가족 돌봄 등의 외부 요인에 의해 개인의 의사와 무관하게 은퇴를 하게 되는 상황을 말한다. 즉, 조기 퇴직, 강제적 퇴직이라고 할 수 있다. 조기 퇴직은 일반적인 정년 이전에 퇴직하는 것을 의미하며, 일부는 자발적 조기 퇴직을 고려하기도 하나, 일부는 비자발적 조기 퇴직을 경험하기도 한다. 중년기는 경력의 정점에 있으면서도 동시에 조직 내 구조조정 등으로 인해 비자발적 조기 퇴직을 경험할 가능성이 증가하는 시기이다. 비자발적 은퇴는 외형상으로는 '노동에서의 이탈'이지만, 실제로는 개인의 정체성, 경제, 가족 관계의 균열을 초래하는 복합적 위기로 작용한다.

비자발적 은퇴는 개인의 직업적 정체성 상실을 유발한다. 특히 한국 사회의 남성 중년층은 오랜 기간 '가장'으로서의 사회적 역할과 자신의 자아개념을 동일시하는 경향이 강하다. 중년 남성들은 비자발적 조기 퇴직 이후 심리적으로 '역할 상실감'과 '사회적 유용성의 붕괴'를 경험하게 되며, 이로 인해 자존감 저하와 우울감이 동반되기도 한다(이철원, 2014). 비자발적 은퇴는 통제 상실의 경험으로 인식되며, 이는 자아정체감의 붕괴와 자기효능감 저하로 이어진다. 특히 직무 중심의 자기 개념을 형성해 온 개인에게 비자발적 은퇴는 정체성 해체의 위기로 작용한다.

비자발적 은퇴자는 종종 분노, 우울, 무기력 등의 부정적 감정을 경험한다. 자발적 은퇴자의 경우 은퇴를 '전이(transition)'로 보며 정체성 전환이 이루어지지만, 비자발적 은퇴자는 은퇴를 '상실(loss)'로 경험하며 심리적 회복이 늦는 경향이 있다. 중년층은 과거에 설정한 인생 목표와 현재 처한 환경 간의 불일치를 인지하면서 삶의 방향성과 만족도에 혼란을 겪기도 하는데(한금선, 2007), 조기 퇴직은 이러한 괴리를 더욱 부각시키며, 미래에 대한 불안과 후회, 무력감을 유발하는 경향이 있다.

경제적 갈등 또한 심각한 문제로 나타난다. 특히 자녀 교육비, 주거비, 부모 부양 등 경제적 책임이 여전히 큰 시점에서의 은퇴는 가계 재정의 급격한 위축을 불러일으킨다. 비자발적 은퇴는 곧 경제적 자립 불안정과 노후 대비 실패로 연결된다.

비자발적 은퇴 이후 가족 내 역할 변화에 따른 갈등이 발생한다. 특히 은퇴 후 남성의 경우, 집안에서 '무기력한 존재'로 인식되며 배우자와의 관계 재조정에 어려움을 겪는다. 이는 부부 갈등, 심리적 위축, 가족 내 의사소통 단절로 이어질 수 있다. 이에 비자발적 은퇴는 단순한 고용 종료 이상의 의미를 가지며, 심리적 · 경제적 · 사회적 차원의 적응 과정을 수반하는 사건이라 할 수 있다.

3) 중년기 은퇴상담

중년기는 개인의 생애주기에서 중요한 전환기로, 은퇴를 앞두고 다양한 심리적 · 사회적 도전에 직면하는 시기이다. 또한 실제 은퇴를 경험하고 이에 적응하는 시기이기도 하다. 따라서 이 시기 내담자를 대상으로 한 상담 개입은 단편적인 정보 제공이나 정서 지지를 넘어서, 정체성의 재구성, 역할전환, 생애 재설계까지 포함한 다층적 접근이 요구된다.

(1) 은퇴로 인한 정체성 혼란과 상실감에 대한 상담 개입

상담자는 내담자가 경험하는 정체성 혼란과 심리적 상실감을 인식해야 한다. 중년기는 직업 정체성이 약화되고, 은퇴는 곧 '역할 상실'과 '존재 가치'에 대한 위기로 전이될 수 있다. 이에 따라 상담자는 내담자가 은퇴에 대해 지니고 있는 인식을 탐색하고, 이를 재해석할 수 있도록 인지적 재구조화와 자아 재정립을 촉진하는 개입이 필요하다(이철원, 2014). 기존의 직업정체성에서 새로운 자아인식으로 정체성 가교를 세울 수 있어야 한다.

상담자는 은퇴를 상실로 인식하는 내담자의 정서적 고통을 완화하기 위한 심리적 수용과 불안 감소에 대한 상담을 진행해야 한다. 은퇴불안, 무력감, 우울증 등에 도움이 되는 효과적인 접근을 활용해야 하며, 내담자가 불확실성에 대한 내적 힘을 기를 수 있도록 돕고, 삶의 통제감을 회복할 수 있도록 돕는다. 예를 들면, 인지행동치료(CBT), 마음챙김 기반 스트레스 감소 프로그램(MBSR) 등이 있다.

(2) 중년기 은퇴준비를 위한 재정 상담

실질적인 재정 계획 수립을 도와 경제적 불안에 대해 개입해야 한다. 중년기 개인은 자녀 교육, 주거 비용, 부모 부양 등 지속적 지출과 동시에 노후 소득을 대체할 계획을 수립해야 한다. 상담자는 내담자가 국민연금, 개인연금, 퇴직금, 부동산 등 가용 자산을 활용할 수 있도록 재정 정보의 탐색을 돕고, 필요시 외부 자원과 연계해야 한다. 이를 통해 재정적 자기효능감을 강화해야 한다(성미애 외, 2017).

(3) 중년기 이중 돌봄 부담에 대한 상담 개입

상담자는 내담자가 감당하는 이중 돌봄 부담, 즉 자녀 양육과 부모 부양으로 인한 심리적 소진과 무기력에 주목해야 한다. 이 시기의 개인은 자기 돌봄을 후순위로 두는 경향이 강하므로, 자기 관리와 감정 표현 회복이 상담 개입의 핵심이 되어야 하며, 이는 자존감 회복과 은퇴 후 삶에 대한 태도에도 긍정적 영향을 미친다(김은정, 2018).

(4) 가족관계와 사회적 관계 재조정에 대한 상담 개입

은퇴 이후의 가족관계와 사회적 관계의 재조정도 중요하다. 특히 조기 은퇴는 배우자와의 갈등이나 역할 충돌을 심화시킬 수 있으므로, 상담자는 부부간 기대치 조율, 자녀 독립 이후의 관계 설정, 부모 부양 부담의 분산 등에 대한 중재를 수행해야 한다. 부부 동반 상담 또는 가족 상담의 병행이 효과적이며, 가족 내 대화 구조화를 통해 정서적 유대와 실천적 계획 수립을 동시에 도모할 수 있다.

결론적으로, 상담자는 중년기의 내담자가 은퇴라는 생애 과도기를 성공적으로 이행할 수 있도록 돕기 위해 심리 · 사회 · 경제 영역을 통합한 다차원적 개입을 수행해야 한다. 이는 단순한 위기 개입을 넘어, 자기 주도적 삶의 재구성과 의미 중심의 생애설계로 연결되어야 한다.

3 노년기(65세 이후)

1) 노년기 발달과 은퇴

(1) 신체적 · 인지적 기능저하와 건강관리의 필요성 증가

노년기(65세 이후)는 신체적 · 인지적 기능의 점진적 저하가 두드러지며 이에 따른 건강관리의 중요성이 더욱 강조되는 시점이다. 이러한 변화는 노화에 따른 자연스러운 생리적 퇴행으로 간주될 수 있으나, 기능 저하가 삶의 질 전반에 미치는 영향을 고려할 때 보다 적극적이고 다차원적인 개입이 요청된다. 노년기에는 근감소증, 보행장애, 골다공증, 낙상위험 등 신체적 기능의 전반적인 저하가 나타나며, 이는 독립적 일상생활 수행능력의 감소와 직결된다. 또한 인지기능의 현저한 감퇴를 경험하게 되며, 이는 기억력, 집중력, 판단력의 저하뿐만 아니라 노년기 우울의 심화와도 밀접한 연관성이 있다(황정은, 이연진, 2024). 이에 따라 조기 인지선별과 예방중재의 중요성이 부각된다.

따라서 건강관리의 통합적 접근이 필요하다. 노년기의 건강관리는 단순한 질병 예방을 넘어, 신체적 기능, 인지능력, 정서적 안정성을 포괄하는 통합적 접근을 요구한다. 개인의 복합적 건강문제를 다루기 위한 맞춤형 건강관리 체계가 필요하다. 또한 독거노인의 일상생활 기능유지를 위한 ICT 기반 건강기술관리의 필요성이 강조되기도 한다(백민소 외, 2021).

(2) 사회적 역할의 축소와 변화 및 사회적 고립의 위험 증가

노년기에 접어들면서 대부분의 노인은 직업인, 부모, 조직 구성원 등과 같은 기능적 역할에서 벗어나게 된다. 이와 같은 역할 상실은 사회적 유용성의 감소로 인식될 수 있으며, 이는 자아존중감 저하와 심리적 위축을 초래할 수 있다. 특히 은퇴와 자녀의 독립, 배우자와의 사별 등 주요 인생사건들은 사회적 정체성과 역할 구조의 해체를 가져오며, 이에 따른 사회적 고립의 위험이 증가한다. 고령자의 사회적 고립은 단절된 인간관계, 상호작용 부족, 정서적 지지의 부재 등의 형태로 나타나며, 이는 건강지표 및 생존율 저하와 관련된다. 노년기의 고립감과 자살 생각 사이를 사회적 참여활동이 부정적으로 매개하고 있음을 볼 수 있는데(이묘숙, 2012), 이는 적극적 사회참여가 고립예방 및 심리건강 증진에 유효한 전략임을 보여 주고 있다. 노년기의 사회적 고립을 예방하고 사회적 역할을 재구성하기 위해서는 지역사회 기반의 참여기회 확대가 필요하다.

(3) 자아통합과 삶의 만족도 관리 필요성

노년기는 은퇴 후 일정 시간이 지난 시점으로, 새로운 일상과 자율적 삶이 자리를 잡아 가는 시기이다. 노년기는 Erikson(1968)의 심리사회적 발달이론의 마지막 단계인 자아통합 대 절망(integrity vs. despair)의 시기에 해당한다. Erikson은 노년기에 이르면 개인이 자신의 삶을 되돌아보며 긍정적인 의미와 일관성을 발견함으로써 자아통합에 도달할 수 있다고 보았다. 반면, 삶을 후회와 실망으로 평가할 경우 절망이라는 감정에 지배당할 수 있다고 하였다. 자아통합은 삶의 유한함을 받아들이고, 존재에 대한 긍정적 태도를 유지함으로써 발현되는 상태로, 이는 곧 '지혜(wisdom)'라는 심리사회적 덕목으로 연결된다. 은퇴는 이 시기의 삶의 의미 재구성에 중대한 영향을 미친다. 강지숙(2008)은 은퇴를 '심리사회적 구조의 재편이 요구되는 전환기'

로 정의하며, 이에 대한 적절한 적응이 자아통합 수준에 결정적인 영향을 미친다고 보았다. 은퇴 이후 사회적 역할의 상실은 정체성 혼란과 심리적 위축으로 이어질 수 있으나, 자발적인 사회참여나 자아통합 집단프로그램 참여는 자아통합을 촉진하는 보호 요인으로 작용한다(이가옥, 이현송, 2004).

2) 노년기 은퇴 관련 특징

(1) 은퇴 이후 일상생활과 역할 변화에 따른 적응 문제 심화

노년기의 은퇴는 단순한 직업적 역할의 종료만을 의미하는 것은 아니다. 일상생활 전반에 걸쳐 개인의 삶의 구조와 정체성, 대인관계, 시간 사용 방식에 이르기까지 다양한 측면에서의 변화와 재조정을 요구하는 전환적 사건이다. 특히 은퇴 이후 나타나는 일상생활의 구조 변화 및 사회적 · 심리적 역할의 상실은 노년기 적응에 어려움을 가져온다.

은퇴 후 하루의 구조를 지배하던 직업활동이 사라지면서 일상생활의 시간 활용구조가 급격하게 변화된다. 초기에는 자유로운 시간에 대해 긍정적으로 반응할 수 있으나, 시간이 경과함에 따라 무기력감을 경험하는 경우가 많다. 특히 일 중심적으로 살아왔던 은퇴자는 여가 활용 능력의 부족, 새로운 일상을 구성하는 어려움 등으로 심리적 불안정 상태를 겪을 수 있다.

은퇴는 '직업인'으로서의 사회적 정체성과 역할의 상실을 가져온다. 이는 자기존중감, 유능감, 사회적 기여감의 약화로 이어질 수 있다. 직업적 역할 외에도 자녀 양육자, 지역사회 일원 등 다양한 사회적 역할도 은퇴 및 고령화로 인해 축소되거나 변화되며, 이는 상실감과 존재의 위축으로 이어질 수 있다. 이러한 정체성의 혼란은 우울, 무가치감, 사회적 고립으로 이어지기 쉽다.

일상과 역할의 변화에 따른 적응문제가 일시적인 문제로 그치지 않고 심화될 경우 만성적인 정서적 고통과 심리적 고립, 삶의 질 저하로 이어질 수 있다. 따라서 은퇴 초기 적극적인 상담적 개입이 이러한 문제의 예방과 완화에 중요하다.

(2) 부분 은퇴, 재취업 등 은퇴 후 노동참여 지속현상

최근 노년기 인구의 증가와 더불어, 은퇴 이후에도 부분 은퇴(partial retirement)나 재취업(re-employment)을 통해 노동시장에 지속적으로 참여하는 고령자의 수가 증가하고 있다. 이는 생계유지 차원의 경제적 이유도 있으나, 사회적 역할 유지, 자기효능감 향상, 삶의 질 제고와 같은 심리사회적 요인과도 긴밀하게 연관되어 있다.

'베이비붐 세대'가 대규모로 은퇴 연령에 진입함에 따라 은퇴 후 노동시장 재참여에 대한 사회적 수요가 늘고 있고, 이에 정책적 대응이 요구된다(변루나 외, 2011). 은퇴 후에도 건강하고 능동적인 노후를 추구하는 노인이 증가함에 따라, 고령자의 사회참여와 경제활동을 연계하는 전략이 필수적이다. 한국 중 · 고령자의 은퇴 후 노동지속 양상과 형태를 분석해 보면, 불완전 은퇴자(부분 은퇴자)가 일정 비율 존재하며, 이들은 기존 직무에서 완전히 벗어나지 않고 일정 기간 근무시간을 축소하거나 역할을 조정하는 방식으로 은퇴 과정을 유연하게 조절하고 있다(강은나 외, 2012). 은퇴 이후 재취업은 경제적 필요 외에도 사회적 관계 유지, 일상생활의 활력, 나아가 개인의 존재가치를 확인받고자 하는 심리적 동기에 기반을 두고 있다. 김미혜 등(2008)은 정년퇴직 이후 구직 활동을 통해 재취업에 성공한 남성 노인을 대상으로 한 질적 연구에서, 이들이 재취업을 통해 자기 정체성 회복과 정서적 안정을 경험하였다고 보고하였다.

반면, 고령자의 부분 은퇴와 재취업 현상에 나타날 수 있는 문제점은 다음과 같다. 노동환경에서의 차별 및 저질 일자리 문제가 있다. 종종 낮은 임금, 불안정한 고용, 단순 반복적 업무 등에 배치되어 삶의 질을 저해할 수 있다. 재취업한 여성 노인들이 다시 가사노동적 역할로 회귀하고 저임금 노동에 종사하게 되는 현실적 문제점이 있으며, 재취업이 고령자의 건강을 유지시킨다는 결과와는 달리, 과도한 노동부담은 신체적 피로누적과 건강저하를 가져올 수 있다. 고강도 노동과 근로시간 조절 실패가 고령자의 건강 리스크를 가져올 수 있다. 한편, 고령자가 노동시장에 남아 있는 것은 젊은 세대의 취업기회와 경쟁구도를 형성하여 세대 간 갈등 요소가 될 수 있다. 특히 청년실업이 심화된 국가에서는 정책적 균형을 이루려는 노력이 필요하다.

노년기 노동참여의 긍정적 효과를 높이고, 부정적 측면을 최소화하기 위해서는 고령자 맞춤형 고용정책, 유연한 근로시간제, 직무 재설계 등이 병행되어야 한다. 또한 노년기의 노동참여가 노년기 삶의 질 향상과 사회통합을 위한 중요한 사회정책적 과제로 인식되어야 한다.

(3) 건강, 경제, 관계망의 부족 속에서 삶의 질 유지 문제 부각

노년기는 신체적 건강의 저하와 경제적 자원, 사회적 관계망의 제한이 심화되는 시기이다. 이로 인한 삶의 질을 유지하는 문제가 중요한 사회적 · 개인적 과제로 대두된다. 특히 만성질환의 증가, 일상생활 자율성 감소, 소득 부족 등은 고령자의 일상생활과 심리적 안녕에 직접적으로 부정적 영향을 미친다. 노년기에는 소득이 고정되어 있는 재정적 구조를 갖는다. 이는 예측 불가능한 의료비용, 생활비 지출, 사회활동 참여비용 등을 감당하기 어렵게 만든다. 소득수준이 낮을수록 정신건강, 자아존중감, 사회적 관계 등에 부정적 영향을 미치고, 이는 전반적인 삶의 질 하락과 밀접한 관계가 있다(권현수, 2009).

노년기 삶의 질을 잘 유지하기 위해서는 건강, 경제 그리고 관계망이라는 세 가지 축이 통합적으로 뒷받침될 필요가 있다. 경제적 안정감, 건강 상태, 사회적 관계망의 확보가 삶의 만족도에 가장 직접적인 영향을 미친다고 밝혔으며 이러한 다차원적 자원 기반의 삶 설계가 요구된다(노유지 외, 2018). 또한 사회적 지지체계가 부족한 독거노인의 경우 건강과 경제적 어려움이 복합적으로 나타나면 심리사회적으로 고립되고 자신감이 저하되어 대인관계가 축소되고 사회참여가 줄어드는 경향이 있다. 이를 완화하기 위해서는 지역사회 기반의 맞춤형 복지개입이 필요하다(권혁철, 2019).

3) 노년기 은퇴상담

노년기 내담자와의 상담은 단순한 심리적 개입을 넘어서, 발달적 과업, 은퇴에 따른 역할 변화, 건강 및 경제 불안정, 사회적 고립 등의 통합적 삶의 맥락을 고려한 접근이 요구된다. 상담자는 노년기의 특수성을 반영한 다차원적 개입 전략을 수립해야 한다. 다음과 같은 핵심 요소를 중심으로 접근할 수 있다.

(1) 발달 단계와 생애 과업에 대한 이해

상담자는 Erikson의 이론에 근거하여, 내담자가 자아통합의 상태로 나아갈 수 있도록 돕는 것이 중요하다. 특히 은퇴와 상실 경험으로 인해 삶에 대한 후회나 절망감을 경험하는 경우, 주요 상담의 과업은 삶의 의미 재정립, 자아통합, 상실의 수용 등이다. 생애회고를 활용하여 수용과 통합의 심리적 상태가 되도록 지원한다. 이를 통해 삶의 의미를 재구성하고, 감사와 수용의 관점을 확립할 수 있도록 돕는다.

(2) 은퇴 및 역할 상실에 따른 정체성 재구성

은퇴는 단지 직업정체성의 상실에 그치지 않고, 사회적 지위, 유능감, 인간관계 구조 등 삶의 전반적인 변화를 가져온다. 직업, 지위, 수입 등 외적 사회적 역할에 기반하였던 삶에서 벗어나, 은퇴 이후에는 보다 내면화된 삶의 구조를 재구성하고 정체성을 새롭게 형성할 필요가 있다. 이에 따라 상담자는 내담자가 자아에 대한 성찰과 탐색을 통해 새로운 역할을 발견하고, 변화된 삶의 맥락에서 사회적 상호작용을 유지·확장할 수 있도록 조력해야 한다.

또한 은퇴 후의 일과 시간에 대한 구조화된 계획 수립, 취미 활동 탐색, 지역사회 봉사활동 등과 같은 실질적 개입도 병행되어야 한다. 이러한 과정은 개인이 자기효능감을 회복하고, 자신만의 가치와 존재 의미를 재발견함으로써 삶의 새로운 정체성을 확립할 수 있도록 돕는다. 결국 은퇴는 상실이 아닌 전환의 기회로 인식되어야 하며, 상담자는 그 전환이 심리사회적으로 의미 있게 이루어질 수 있도록 다면적 개입을 수행해야 한다.

(3) 인지적 · 정서적 건강 상태 평가와 개입

노년기는 생애주기상 다양한 형태의 상실 경험과 직면하는 시기로, 배우자의 사별, 친구나 지인의 죽음, 건강 기능의 약화 등은 개인에게 심리사회적 충격을 야기할 수 있다. 이러한 상실은 정서적 반응으로 이어지기 쉬우며, 특히 우울감, 고립감, 자존감 저하 등의 증상으로 나타난다. 노년기에는 우울, 무기력, 불안과 같은 정서적 문제들이 만성질환과 병행하여 발생할 가능성이 높으며, 이는 인지 기능 저하와도 밀접하게 상호작용한다.

노년기 상담은 초기 면담 과정에서 간단한 인지기능 선별검사 및 정서 상태 평가를 실시하는 것이 바람직하며, 이상 징후가 발견될 경우 정신건강의학과 등 의료기관과의 협력적 연계를 고려해야 한다. 특히 인지저하와 정서 문제는 독립적인 영역이 아니라 상호 영향을 주고받는 경우가 많으므로, 상담자는 이 두 영역을 통합적으로 이해하고 개입할 수 있는 역량을 갖추어야 한다.

(4) 사회적 고립 예방과 관계망 회복

상담자는 내담자의 사회적 지지망 구조를 파악할 필요가 있다. 가계도 작성 및 Lubben Social Network Scale(LSNS-6) 등의 구조화된 도구가 활용된다(Lubben, 1988). LSNS-6은 6개 문항으로 구성되며, 가족과 친구로부터의 사회적 지지와 교류의 빈도를 평가할 수 있다.

사회적 고립을 줄일 수 있도록 커뮤니티 자원과의 연결을 중재할 수 있어야 한다. 노인복지관 이용, 종교단체, 자원봉사 기회 및 여가활동 권장 등을 통해 정서적 소속감을 회복하고, 지속 가능한 사회참여 경로를 만들어 가는 것이 중요하다. 또한 비판단적 표현, 정서 표현 훈련, 갈등 관계 조정 등의 구체적이고 실제적인 상호작용 관계기술을 습득할 수 있도록 돕는다. 스마트폰 사용, SNS 이용 등 정보화 역량을 강화하여 자녀, 친지 및 사회적 네트워크와의 디지털 소통을 증진할 수 있도록 하는 것도 중요한 개입요소이다.

(5) 노년기 상담 시 고려사항

노년기를 대상으로 상담을 진행할 때는 신체적 · 인지적 · 심리적 · 사회적 변화 등을 충분히 고려하여야 한다.

먼저, 노년기에 신체기능이 전반적으로 감소되는 것을 고려해야 한다. 특히 청력 및 시력의 저하가 의사소통에 영향을 미칠 수 있으므로, 상담자는 발화 속도를 조정하고 명료한 언어를 사용하여야 한다. 또한 노년기에는 정보처리 속도 둔화, 기억력 저하, 주의 집중의 어려움 등이 나타날 수 있으므로 상담자는 상담시간을 조절할 필요가 있으며, 명확하고 구체적 언어를 사용하고, 핵심내용을 반복적이고 간결하게 전달할 필요가 있다.

노년기는 배우자, 친구 등 중요한 타인의 상실, 은퇴로 인한 정체성의 재조정 등 다양한 상실 경험을 하게 되며, 이로 인해 우울과 불안을 경험하는 시기이다. 인생의 의미를 확보할 수 있도록 돕고, 상실에 대한 애도 과정을 지지하며, 인생의 의미를 찾고 새로운 삶의 목적을 탐색할 수 있도록 돕는다. 노년기에는 사회적 관계의 축소로 고립감 증가와 가족 내 역할의 변화가 일어난다. 상담자는 내담자의 사회적 단절을 완화할 수 있도록 지원해야 한다.

상담자는 노년층 세대의 문화적 가치를 반영하고 존중해야 한다. 상담자와 내담자 사이의 세대적 배경, 가치관 차이, 표현 방식 등을 민감하게 인식하고 조정할 수 있어야 한다. 또한 자율성과 결정권을 존중하여야 한다. 노년기 상담은 문제 중심이 아닌 의미 회복 중심의 접근이 필요하며, 상담자는 내담자의 생애전환기 특성을 이해하여, 정서, 역할, 관계, 건강까지 통합적으로 다루어야 한다.

참고문헌

강은나, 김혜진, 김영선(2012). 베이비부머의 노년기 근로지속의사 및 근로형태에 관한 연구. **노인복지연구**, 55, 159-182.

강지숙(2008). 노인의 은퇴 적응과정에 대한 근거이론적 접근. **한국노년학**, 28(3), 477-496.

권혁철(2019). 독거노인의 사회적 고립과 빈곤에 관한 질적 연구. **사회과학연구**, 26(3), 135-160.

권현수(2009). 노인 문제음주가 우울, 자아존중감을 매개로 삶의 만족도에 미치는 영향: 빈곤노인 및 비빈곤노인 집단에 대한 잠재평균분석의 적용. **한국노년학**, 29(4), 1521-1538.

김미혜, 이현주, 서미경(2008). 정년퇴직 후, 재취업에 성공한 한국 남성노인의 구직경험에 관한 현상학적 연구. **한국노년학**, 28(1), 123-142.

김은정(2018). 중년자녀의 시각을 통해 본 노부모와 중년자녀 간 교환관계에 대한 연구. **현상과 인식**, 42(4), 69-104.

노유지, 이혜경, 이원형, 조정래(2018). 경제, 건강, 관계자원과 다차원적 삶의 만족: 중고령인구 패널자료를 중심으로. **행정논총**, 56(3), 233-267.

백민소, 신준섭, 신유선(2021). 독거노인의 ICT 기반 돌봄 보조 기기 사용의향 및 필요 기능 인식에 대한 기술적 연구. **한국노년학, 41**(1), 25-48.

변루나, 김영숙, 현택수(2011). 베이비붐 세대 은퇴 후 사회참여 지원정책에 관한 한·일 비교연구. **보건사회연구, 31**(4), 315-344.

성미애, 최연실, 최새은, 이재림(2017). 부모-비혼 성인자녀 관계의 재조명: 동거 및 경제적 의존 여부에 따른 집단별 특성 차이를 중심으로. **가정과 삶의 질 연구, 35**(1), 139-158.

이가옥, 이현송(2004). 노년기 자아통합 집단 프로그램 개발: '나의 살아온 이야기'. **한국노년학, 24**(1), 37-52.

이묘숙(2012). 노인의 사회참여활동은 사회적 고립과 자살생각 간의 관계를 매개하는가?. **정신보건과 사회사업, 40**(3), 231-259.

이철원(2014). 중년 남성의 여가 제약과 여가 권태에 관한 질적 탐구. **한국여가레크리에이션학회지, 38**(2), 1-16.

통계청(2022). 2022년 5월 경제활동인구조사 고령층 부가조사 결과. KOSIS. kosis.kr

한금선(2007). 중년기 스트레스와 정체성 갈등에 대한 심리적 고찰. **한국스트레스학회지, 15**(3), 211-230.

행정안전부(2024). 행정안전부 공무직 등에 관한 운영규정(행정안전부 훈령 제2024-366호 2024. 10. 14. 시행). www.mois.go.kr

홍성희(2018). 중년층의 은퇴설계 및 노후 경제적 준비 여부에 영향을 미치는 요인. **가족자원경영과 정책, 22**(2), 25-43.

황정은, 이연진(2024). 한국 노인의 우울증상과 인지기능 저하와의 상호 인과관계 연구. **보건교육건강증진학회지, 41**(2), 57-67.

Butterbaugh, S. M., Ross, D. B., & Campbell, A. (2020). My money and me: Attaining financial independence in emerging adulthood through a conceptual model of identity capital theory. *Contemporary Family Therapy, 42*(1), 33-45.

Crites, J. O. (1976). A comprehensive model of career development in early adulthood. *Journal of Vocational Behavior, 9*(1), 105-118.

Erikson, E. H. (1968). *Identity: Youth and crisis*. New York, NY: Norton.

Erikson, E. H. (1980). *Identity and the life cycle*. New York, NY: W. W. Norton & Company.

Hershey, D. A., & Mowen, J. C. (2000). Psychological determinants of financial preparedness for retirement. *The Gerontologist, 40*(6), 687-697.

Hlavatovic, E. C. (2021). *Financial independence in early adulthood* [Bachelor's capstone project, Purchase College, State University of New York].

Inkinen, S. (2024). *Financial independence, retire early: What motivates consumers to practice FIRE* (Master's thesis, Aalto University).

Levinson, D. J. (1978). *The seasons of a man's life*. New York, NY: Alfred A. Knopf.

Lubben, J. (1988). Assessing social networks among elderly populations. *Family & Community Health, 11*, 42-52.

Menks, F. (1981). Changes and challenges of mid life: Part 1: A review of the literature. *Occupational Therapy in Mental Health, 1*(3), 15-28.

Moen, P., Sweet, S., & Swisher, R. (2005). Embedded career clocks: The case of retirement planning. *Advances in Life Course Research, 9*, 237-265.

Moffatt, S., & Heaven, B. (2017). 'Planning for uncertainty': Narratives on retirement transition experiences. *Aging and Society, 37*(5), 879-898.

Savickas, M. L. (2015). *Life-design counseling manual*. Vocopher.

Schlossberg, N. K. (1981). A model for analyzing human adaptation to transition. *The Counseling Psychologist, 9*(2), 2-18.

Shim, S., Xiao, J. J., Barber, B. L., & Lyons, A. C. (2009). Pathways to life success: A conceptual model of financial well-being for young adults. *Journal of Applied Developmental Psychology, 30*(6), 708-723.

Super, D. E. (1980). A life-span, life-space approach to career development. *Journal of Vocational Behavior, 16*(3), 282-298.

제7장

성별 및 가구 형태와 은퇴

• 정희숙

현대 사회에서 은퇴는 단순히 직업 활동에서 물러나는 것을 넘어, 개인의 정체성, 인간관계, 생활양식의 전환을 요구하는 중요한 생애 사건이다. 은퇴의 경험은 모든 이에게 동일하게 나타나지 않으며, 특히 성별과 가구 형태는 은퇴에 대한 인식과 적응 과정에 뚜렷한 차이를 만든다. 남성과 여성은 생애 동안 사회적 역할과 직업 경로, 돌봄 책임에서 차이를 보이며, 이는 은퇴 후의 삶에도 영향을 미친다. 또한 부부 가구, 1인 가구 등 다양한 가구 형태는 은퇴 생활의 질을 결정짓는 요소로 작용한다. 이 장에서는 성별과 가구 형태에 따른 은퇴 경험의 차이를 들여다보고, 은퇴상담에서 이를 어떻게 반영할 수 있을지에 대해 살펴본다.

1 성역할 사회화와 은퇴

1) 성역할 사회화와 은퇴관의 형성

성역할(gender role)은 한 사회, 문화 안에서 남성 또는 여성에게 적합한 것으로 간주되고 기대되는 행동을 뜻하며(O'Neil, 1981), 개인이 속한 사회의 가치와 개인이 형성한 세계관, 그리고 그 사회의 구성원에게 내면화된 남성 또는 여성으로서의 역할 수행에 대한 기대나 규범과 관련된 태도를 말한다(Osmond & Martin, 1975).

성역할 사회화는 유년기부터 시작되어 생애 전반에 걸쳐 다양한 사회화 기관—가족, 교육기관, 또래 집단, 대중매체, 종교 등—을 통해 지속적으로 강화된다. 우리나라 사람들의 생애주기별 성역할 발달과 갈등을 연구한 자료(곽삼근 외, 2005)는 생애주기를 다섯 단계로 구분하고, 각 시기별로 성별에 따라 기대되는 역할 수행 방식이 달라진다고 설명하였다. 예컨대, 유아기에는 부모와의 동일시를 통해 성정체성이 형성되고, 청소년기에는 또래와 교육 환경 속에서 성별 고정관념이 구체화되며, 성인기에는 직장과 가족을 통해 사회적으로 정형화된 성역할이 더욱 견고해진다.

은퇴에 대한 기대와 준비는 단지 개인의 경제력이나 직업 경력의 유무로만 설명되기 어렵다. 이 과정은 개인이 성장 과정에서 내면화한 성역할 사회화의 영향 아래 형성된 가치관, 정체성, 삶의 의미 해석과 깊은 연관을 갖는다. 즉, 은퇴를 어떻게 인식하고 준비하는가는 개인이 어떤 성별로서 사회적 역할을 수행해 왔는가에 따라 뚜렷이 구분된다.

유교적 가치에 기반한 한국 사회는 산업화 과정을 거치며, 남성에게는 가족 부양과 직업적 성공, 여성에게는 돌봄과 관계 유지라는 역할을 강하게 부여해 왔다. 이러한 구조는 직업 선택, 경력 지속 여부, 가사와 돌봄 분담, 노후 생활 계획에까지 영향을 미치며, 결국 은퇴에 대한 태도와 기대를 성별에 따라 다르게 구성하게 만든다.

젠더 관점에서 은퇴를 분석한 연구(한경혜, 2008)에 따르면, 남성은 직업을 중심으로 정체성을 형성하는 경향이 강해 은퇴를 '생산성의 중단', '사회적 존재감 상실'로 인식하는 반면, 여성은 가족 내의 비공식적 역할을 기반으로 정체성을 구성하기 때문에 은퇴를 특별한 사건으로 인식하지 않거나, 돌봄 역할의 연장으로 받아들이며, 때로는 해방감으로 경험하기도 한다.

이러한 차이는 성별에 따라 은퇴준비 영역의 우선순위가 다르게 나타난다는 점에서도 확인할 수 있다. 한국보건사회연구원(2022)의 '중고령자 은퇴준비도 진단도구'에 따르면, 은퇴준비는 일, 재무, 건강, 가족 및 사회관계, 여가, 심리 · 정체성의 여섯 영역으로 구분되며, 남성은 일과 재무 영역에서, 여성은 여가와 관계 영역에서 상대적으로 높은 비중을 보였다. 이는 성역할 사회화를 통해 내면화된 가치체계가 은퇴에 대한 인식과 준비 행동에 지속적인 영향을 미치고 있음을 보여 준다.

따라서 은퇴상담자는 내담자가 성별에 따라 경험한 삶의 궤적을 세심하게 탐색하고, 내담자의 은퇴관이 성역할 사회화의 영향 아래 형성된 것임을 깊이 이해해야 한다. 특히 남성의 경우 성취 중심의 삶에서 관계 중심으로 전환하는 과정에서 심리적 저항을 경험하는 반면, 여성은 은퇴를 돌봄 부담에서 벗어날 수 있는 기회로 여기거나, 새로운 부담으로 느끼는 이중적인 시각을 나타내기도 한다. 이에 대한 이해는 내담자가 은퇴라는 삶의 전환기를 통합적이고 유연하게 받아들이도록 이끄는 데 중요한 토대를 제공한다. 이러한 성역할에 기반한 기대와 내면화된 은퇴관을 구조적으로 분석하고 해석함으로써, 상담자는 보다 실질적이고 구체적인 개입 전략을 마련할 수 있다. 궁극적으로 상담자는 내담자가 자신의 성별 정체성과 은퇴에 대한 기대를 재구성하고, 더욱 적합한 은퇴 후의 삶의 목표를 설정할 수 있도록 지원할 필요가 있다.

2) 성별에 따른 은퇴준비 행동

성별은 은퇴준비 행동의 전반적인 특성과 방향을 결정짓는 중요한 요인이다. 따라서 은퇴준비에 대한 논의는 단순히 '남성은 더 준비하고 여성은 덜 준비한다'는 이분법적 관점에서 벗어나, 각 성별이 처해 온 사회적 구조와 정체성을 종합적으로 고려하여 접근할 필요가 있다. 은퇴준비의 내용과 방식, 시기, 심리적 동기 등은 성별에 따라 다르게 나타나며, 이는 개인이 생애 동안 경험한 관계 및 사회적 역할과 밀접하게 연결되어 있기 때문이다.

남성은 오랜 기간 생계부양자로서의 책임을 중심으로 사회적 역할을 수행해 왔기 때문에 은퇴 이후에도 경제적 자립성과 생산성을 유지하고자 하는 욕구가 뚜렷하게 나타난다. 중년 남성의 은퇴준비 수준과 삶의 만족도를 분석한 연구(박지희, 함경애, 2023)는 중년 남성이 은퇴를 앞두고 재취업 계획, 자산관리, 연금 수급 계획 등을 사전에 체계적으로 준비하는 경향이 강하며, 이러한 자기주도적 준비가 은퇴불안을 줄이고 전반적인 삶의 만족도를 높이는 데 효과적이라고 분석하였다. 이는 남성에게 있어 은퇴준비가 단순한 경제적 대비를 넘어, 일생 동안 구축해 온 자아정체성과 사회적 위치를 유지하기 위한 중요한 심리사회적 전략임을 보여 준다.

반면, 여성은 공식적 노동 경력의 단절이나 비정규직 형태의 고용 경험으로 인해 은퇴 시점을 명확하게 인식하지 못하는 경우가 많고, 이에 따라 은퇴를 위한 경제적 준비가 체계적으로 이루어지지 않는 사례가 많다. 그러나 이는 준비 부족의 문제가 아니라, 준비 방식의 차이를 보여 주는 현상으로 해석할 수 있는데, 여성은 여가, 건강, 가족 관계 등 정서적 · 사회적 측면에서 은퇴를 대비하며, 비공식적인 방식으로 준비를 수행하고 있기 때문이다.

이렇게 여성은 경제적 은퇴준비에 어려움을 겪는 반면, 정서적 · 사회적 자원 준비에 있어 더 강한 역량을 보인다. 친구, 가족과의 관계 유지, 지역사회 참여, 자기 돌봄을 통해 은퇴 이후 삶의 안정성을 확보하려는 행동이 더 활발하게 나타난다. 이는 성별에 따른 사회적 자본 형성 방식의 차이를 보여 준다(손유경, 최성문, 2020). 그러나 최근에는 고학력 여성, 전문직 종사 여성의 증가와 더불어 경제적 준비 행동도 점차 증가하고 있는 추세이다. 최은경(2021)은 여성 은퇴자가 자신을 위한 시간을 새롭게 조직하고, 자율성과 건강, 여가 활용을 통해 삶의 질을 높이려는 경향을 보인다고 지적했다. 이처럼 은퇴준비 행동의 성별 차이도 점차 변화하고 있다는 점에 주목해야 한다.

은퇴 시기를 결정하는 데 자녀의 특성이 미치는 영향에서도 성별에 따른 차이를 보인다(김진영, 강주연, 2018). 자녀 수와 교육비 부담이 클수록 남성은 은퇴 시기를 늦추고, 여성은 가족 내

돌봄 역할을 계속 수행하는 경향이 강하게 나타난다. 이로 인해 남성은 경제적 기능을 유지하기 위한 노동시장 참여를 지속하고, 여성은 가족 내 비공식 노동자로서의 역할을 유지하며 은퇴기를 맞이하게 된다. 이러한 차이는 '준비의 내용과 방식'이 성별에 따라 구조적으로 다르다는 점을 보여 준다.

은퇴상담에서는 성별에 따른 은퇴준비 행동의 양상 차이를 충분히 이해하며 접근해야 한다. 상담자는 남성에게는 퇴직 후 정체성 재구성, 생산성 상실에 대한 대처, 목적 중심의 생활계획 수립을 중점적으로 다루고, 여성에게는 자율성과 자기 돌봄을 강조한 여가 설계, 경제적 자립 역량 강화, 관계 재정립을 중심으로 하는 접근이 유용하다. 동시에 성별을 넘어서 개인의 생애사, 가족 구조, 가치체계를 반영한 통합적 상담 전략이 마련되어야 하며, 이는 은퇴준비를 개인의 '삶 전체를 위한 준비'로 재해석하는 데 기여할 수 있다.

2 성별에 따른 은퇴 경험

1) 직업 생애 및 은퇴 경로

한국 사회에서 남성과 여성의 직업 생애는 구조적으로 매우 다른 경로를 따른다. 남성은 비교적 정규직 중심의 연속적인 경력 축적이 가능하고, 장기간 동일 직장에서 근무하며 정년퇴직이라는 명확한 은퇴 시점을 경험하는 경우가 많은 반면, 여성은 결혼, 출산, 육아 등 생애 사건으로 인해 직업 경력의 단절을 빈번하게 경험하며, 비정규직이나 시간제, 자영업과 같은 불안정 고용 형태에 노출되는 빈도가 높다. 이러한 차이는 단지 경력의 길이와 고용 안정성에 국한되지 않고, 은퇴를 맞이하는 방식과 은퇴 이후의 경제적 기반, 사회적 정체성에까지 장기적인 영향을 미친다.

남성의 경우 은퇴는 사회적 생산성과 생계부양자 역할의 종결로 인식되며, 많은 이가 이에 대한 준비와 계획을 사전에 수립한다. 일정한 연령에 이르면 퇴직을 예상하고 연금, 저축, 부동산 투자 등 경제적 수단을 마련하며, 퇴직 이후를 위한 재취업 계획이나 여가활동도 함께 고려한다(최유진, 여윤경, 2016). 그러나 이러한 계획이 실현되지 않거나, 예기치 않은 조기 퇴직, 구조조정 등의 상황을 맞이하게 되는 경우, 정체성 혼란과 상실감, 자존감 하락과 무력감으로 이어지는 경우가 많다. 중년 남성은 은퇴준비의 충실도에 따라 은퇴 후 삶의 만족도에 유의미한 차이가 발생하는데, 준비의 부족은 곧바로 불안과 삶의 공허감으로 연결된다(박지희, 함경애, 2023).

이에 비하여 여성은 은퇴 자체를 명확한 전환점으로 인식하지 못하거나, 비공식적인 방식으로 노동을 지속하는 경우가 많다. 특히 가족 내 역할이 중심이 되어 경력 단절 이후에도 손주 돌봄, 노부모 간병, 가사노동 등 다양한 돌봄 노동을 담당하게 되며, 은퇴라는 개념 자체가 흐릿해지는 경향을 보인다. 중년기의 취업 여성과 비취업 여성 간의 은퇴기대와 노후준비를 비교해 보면, 경제활동을 지속한 중년 여성의 경우 은퇴 후 자율성과 자기 삶에 대한 기대가 높았으며, 계획적인 은퇴준비도 활발하게 이루어지는 것으로 나타났다. 이에 비하여 비취업 여성의 경우 경제적 준비가 미비하고, 은퇴 이후 삶에 대한 자기주도적 설계가 부족한 경향을 보였다(조현숙, 2012).

또한 여성 내에서도 종사했던 직종에 따라 은퇴 후 경험에 차이가 나타났다. 전문직 여성은 정년퇴직 이후에도 자원봉사, 사회참여 활동 등을 통해 '일하는 사람'으로서의 정체성을 유지하는 반면, 생산직, 판매직 등 단순노무 종사 여성은 은퇴 이후에도 생계형 노동을 지속할 필요를 느끼거나, 가족 내 역할로 자연스럽게 복귀하는 경우가 많았다(한경혜, 최새은, 2013). 이는 여성의 은퇴 경험이 단지 퇴직이라는 사건이 아니라, 생애사 전반의 사회적 조건과 구조적 요인에 의해 영향을 받는다는 점을 명확히 보여 준다.

2) 은퇴 후 정체성과 사회적 역할의 변화

은퇴 이후의 삶에서 가장 뚜렷하게 나타나는 변화는 '정체성'과 '사회적 역할'의 변화이다. 남성은 대체로 직업 중심의 정체성을 형성해 왔기 때문에, 은퇴 이후 이러한 정체성이 흔들리면서 사회적 존재감 상실을 경험하며, 이는 심리적 불안, 고립감, 우울로 이어질 수 있다. 이들은 새로운 역할을 설정하고 사회적 활동을 재조직하는 데 어려움을 겪으며, 특히 재취업 실패나 건강 악화, 가족과의 거리감 등이 복합적으로 작용할 경우, 삶의 의미 자체를 재구성하는 데 위기를 맞이하게 된다(소연옥, 2023).

반면, 여성의 경우 가족 내 역할을 중심으로 정체성을 형성해 온 경향이 강하기 때문에, 은퇴 이후에도 손주 양육, 노부모 돌봄, 가사노동 등의 활동을 통해 가정 내 일정한 역할을 지속적으로 수행하는 경우가 많다. 그러나 이 역시 반드시 긍정적으로 작용하는 것은 아니며, 새로운 자유와 자율성을 기대했던 여성들에게는 돌봄 노동의 연속이 스트레스와 피로로 작용할 수 있다. 여성 은퇴자의 경우 직업정체성과 가족 역할 간의 균형이 은퇴 후 삶의 만족도와 밀접하게 관련되며, 자신의 시간과 공간을 자율적으로 구성할 수 있는 기회가 은퇴 이후 삶의 질에 결정적인 영향을 준다(최은경, 2021). 또한 조규영 등(2019)의 연구에 따르면, 은퇴 만족 여부가 삶의 만족도에 미치는 영향은 성별에 따라 차이가 나타나며, 특히 여성이 은퇴에 만족할 경우 삶의 만족도가 취업자보다 오히려 더 높은 것으로 나타났다. 이는 여성의 경우, 은퇴가 사회적 역할에서의 해방감을 가져다주는 계기가 될 수 있음을 시사한다.

은퇴 후 부부 관계의 변화도 중요한 요소로 작용한다. 은퇴한 남성이 배우자에게 감정적 · 일상적 의존도를 높이면, 아내는 정서적 부담과 동시에 자율성의 침해를 경험하게 된다. 은퇴 이후 부부가 함께 시간을 보내는 양이 늘어날수록 관계의 친밀감이 증가하는 경우도 있지만 그 반대의 경우도 많으며, 특히 정서적 거리감이 커지거나 생활 리듬의 충돌로 갈등이 심화되는 경우가 많다(이현주, 정은희, 2023).

정리하면, 은퇴 후 정체성과 사회적 역할의 변화는 단지 심리적 적응의 문제가 아니라, 경제적 자립 여부, 사회적 자원 접근성, 지역사회 참여 가능성 등 다양한 요소와 맞물려 복합적으로 작용한다. 남성은 지역사회 활동, 자조모임, 여가 프로그램 등을 통해 새로운 사회적 정체성을 형성할 수 있는 기회를 모색할 필요가 있으며, 여성은 가족 중심의 관계망에서 벗어나 자기중심적 시간 설계, 여가와 자율성 중심의 삶을 조직할 수 있도록 상담적 지원이 요구된다.

결국 은퇴 이후의 사회적 역할은 외부로부터 주어지는 것이 아니라, 자율적으로 선택하고 구성해야 할 과제이다. 은퇴상담자는 이러한 정체성 전환과정에서 내담자가 자신이 누구인지를 다시 정의하고, 의미 있는 역할을 재설정할 수 있도록 정서적 지지와 실천 전략을 제공해야 한다. 특히 성별에 따른 기대, 문화적 배경, 직업 경력, 가족 구조를 통합적으로 고려하는 상담이 은퇴 후 삶의 질 향상에 핵심적인 역할을 할 수 있다.

3) 은퇴 후 삶의 질과 심리적 적응

은퇴 후 삶의 질은 단지 경제적 안정이나 건강 상태와 같은 외형적 조건에 의해 결정되지 않는다. 오히려 삶의 의미를 어떻게 구성하고 해석하는가, 인간관계를 어떻게 유지하며 새로운 사회적 역할을 어떻게 수용하고 실천하는가 등의 심리사회적 요소가 삶의 만족도를 결정짓는 데 중요한 역할을 한다. 이러한 요소들은 성별에 따라 서로 다른 양상으로 나타나며, 은퇴 후 적응의 양극화 현상을 낳기도 한다.

남성의 경우, 생애 전반에 걸쳐 직업과 성취 중심의 정체성을 형성해 온 만큼 은퇴 이후 생산성 상실로 인하여 더 이상 '쓸모 있는 존재'가 아니라는 자기 인식에 따라 심리적 위축과 정서적 고립을 경험할 수 있다. 은퇴한 남성 고령자들은 사회적 관계망이 급속히 축소되며, 이는 우울감, 무기력감, 삶의 의욕 상실로 이어지는 경향이 있다. 특히 디지털 기기 활용 능력이 낮은 남성의 경우, 온라인 커뮤니케이션을 통한 사회적 연결이 어려워 정서적 고립이 심화되기도 한다(김명일 외, 2020; 이호선, 2024). 이는 단순한 기술적 접근성의 문제가 아니라, 은퇴 이후 사회적 관계 유지와 재형성의 중요성을 강조하는 실증적 증거로 이해할 수 있다.

반면, 여성의 경우, 비공식적 사회적 관계망과 가족 내 역할을 중심으로 정체성을 유지해 왔기 때문에 은퇴 후에도 일정한 역할의 지속성이 보장되며, 이로 인해 삶의 만족도가 급격히 하락하지 않는 경우가 많다. 특히 손자녀 양육, 자원봉사, 지역사회 활동 등에서 사회적 기여감을 유지하며 자아정체성을 유지할 수 있다. 은퇴 부부의 여가시간에 관한 연구(정선미, 이윤석, 2022)에서는 여성이 여가시간을 배우자와 함께 보내는 경우 정서적 안정과 심리적 만족도가 높게 유지된다는 결과를 보고하였는데, 이는 여성의 삶의 질이 정서적 유대와 관계 지속을 통해 강화됨을 시사한다.

그러나 모든 여성이 동일한 방식으로 안정된 은퇴 후 삶을 영위하는 것은 아니다. 직업적 배경과 계층에 따라 여성의 은퇴 후 삶의 질은 크게 달라질 수 있다. 예를 들어, 전문직 여성은 평생교육, 사회참여 활동 등을 통해 고도의 자율성과 삶의 의미를 유지하지만, 비정규직이나 단순노무직 출신 여성의 경우, 가족 내 돌봄 역할을 반복적으로 수행하면서 자기표현의 기회나 자율성이 제한되고, 정서적 고립감이 심화되기도 한다(한경혜, 최새은, 2013). 이는 은퇴 후 삶의 질이 단순히 성별만이 아니라, 직업적 지위, 사회자본의 유무, 관계망의 밀도 등에 의해 복합적으로 영향을 받는다는 사실을 보여 주는 것으로 개별적 경험의 차이에 주의를 기울여야 함을 말해 준다.

은퇴자들의 심리적 건강의 변화를 살펴본 연구(두송화, 장재윤, 2015)는 은퇴자의 심리적 건강 궤적을 유지형, 증가형, 감소형으로 유형화하고, 여성이 증가형 궤적에 속할 가능성이 높다고 분석하였다. 이는 여성이 은퇴 후에도 대체로 안정된 관계망 속에서 의미 있는 활동을 유지하려는 경향이 있으며, 자기효능감과 정체성의 연속성을 보다 유연하게 재구성할 수 있다는 점을 반영한다. 반면, 남성은 비자발적 은퇴, 건강 악화, 사회적 고립 등의 요인에 노출될 경우, 심리적 붕괴나 우울, 삶의 의미 상실 등의 부정적 궤적을 따라갈 가능성이 높아진다. 삶의 만족도에 영향을 주는 요인도 성별에 따라 상이하게 작용한다. 남성에게는 경제적 준비와 건강 상태가, 여성에게는 관계 만족도와 정서적 안정이 주요한 영향 요인임이 실증적으로 드러났다(김지경, 송현주, 2010).

또한 은퇴 시점과 가구 형태도 삶의 질과 심리적 적응에 영향을 미친다. 부부가 동시에 은퇴할 경우 여가 활용이나 생활 리듬 조율이 비교적 원활할 수 있으나, 은퇴 시점이 일치하지 않을 경우 한 명은 정서적 고립을, 다른 한 명은 경제적 부담을 동시에 겪게 되어 관계 갈등이 증가할 수 있다. 윤현숙과 이미진(2006)의 연구는 남성의 경우 은퇴가 심리적 안녕감에 부정적인 영향을 미치지만, 여성은 오히려 자율성과 독립성의 기회로 받아들여 긍정적으로 수용할 가능성이 높다고 밝혔다.

은퇴 후 삶의 질 향상을 위한 상담 개입 전략으로는 역할 재구성과 활동 연속성을 빼놓을 수 없다. 백은영(2009)은 은퇴 전 활동을 은퇴 후에도 지속하거나 재구성하는 것이 삶의 만족도에 긍정적 영향을 미친다고 하였다. 남성에게는 지역사회 활동, 동호회, 자원봉사 등의 참여 기회를 제시하고, 여성에게는 손주 돌봄이나 가족 돌봄 외에도 자기중심적 활동을 탐색할 수 있도록 도와야 할 것이다.

3 가구 형태와 은퇴적응

은퇴 이후의 삶은 경제적 준비나 건강 상태뿐만 아니라 생활을 공유하는 동반자 또는 가족의 존재와 구조에 따라 심리적 적응과 삶의 질에 큰 영향을 받는다. '누구와 함께 사는가'를 의미하는 가구 형태(living arrangement)는 가족에 의해 형성되는 일차적이고 핵심적인 사회적 환경이자 관계구조로서, 개인은 일상의 삶에서 이 환경과 마주하면서 사회적 역할을 수행하고 관계를 형성한다(Hughes & Waite, 2002). 점차 다양화되는 가구 형태의 변화 전망과 함께 주요 가구 형태별 은퇴적응 특성을 살펴보자.

1) 미래의 가구 형태 변화

통계청에서 발표한 장래가구추계(2022~2052년)에 따르면 우리나라 가구 구조는 급격한 변화를 예고하고 있다. 총 가구 수는 2022년 2,166만 가구에서 증가하다가 2042년 2,437만 가구를 정점으로 감소하여, 2052년에는 2,328만 가구로 감소할 것으로 예상되고 있다. 평균 가구원 수는 점차 줄어들어 2034년 1.99명, 2052년에는 1.81명까지 감소할 것으로 전망된다. 1인 가구가 늘고 저출생으로 자녀 수가 감소하면서 가구당 평균 가구원 수는 점차 감소하고 있는 추세이다.

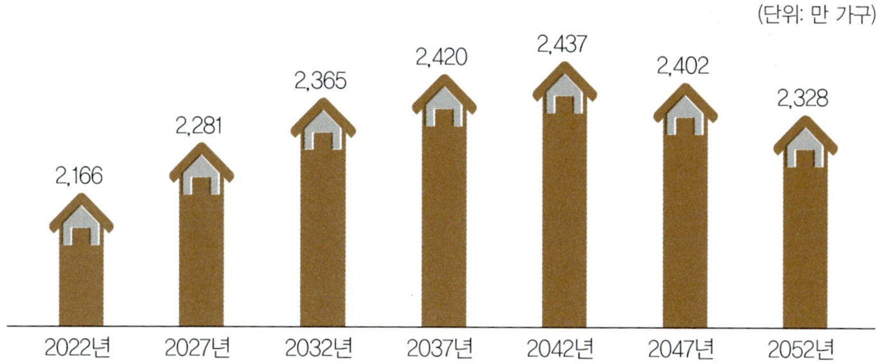

[그림 7-1] 총 가구(2022~2052년)

출처: 통계청(2024).

가구 유형별 변화도 주목할 만하다. 2022년에는 1인 가구가 전체의 34.1%로 가장 큰 비중을 차지했으며, 부부+자녀 가구(27.3%), 부부 가구(17.3%)가 그 뒤를 이었다. 그러나 2052년에는 1인 가구 비중이 41.3%로 증가하고, 부부+자녀 가구는 17.4%로 감소할 것으로 예상된다([그림 7-2] 참조). 특히 1인 가구의 증가 원인은 80세 이상 고령자 가구의 비중이 크게 증가할 것이라는 데 있다. 2022년에는 1인 가구 중 20대가 가장 높은 비율(18.7%)을 차지했지만, 2052년에는 80세 이상이 23.8%로 가장 높은 비중을 차지할 전망이다.

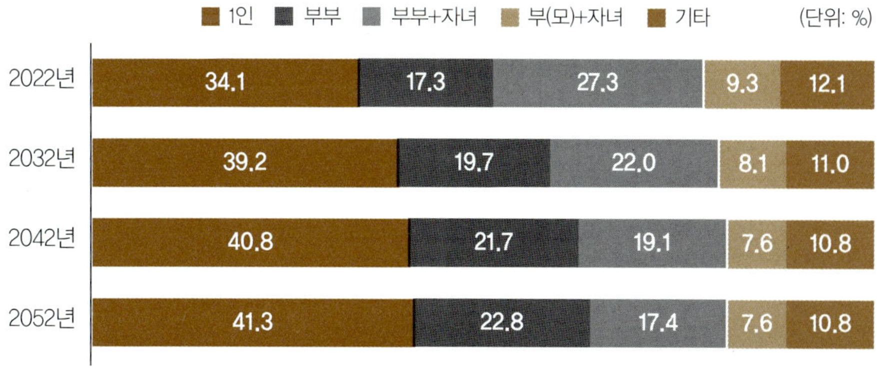

[그림 7-2] 주요 가구 유형별 구성비 추이(2022~2052년)

출처: 통계청(2024).

가구주의 연령 변화도 두드러진다. 2022년에는 40~50대 가구주가 41.8%로 가장 많았지만, 2052년에는 70대 이상이 41.5%로 가장 높은 비중을 차지하게 된다. 가구주의 중위연령은

2022년 53.2세에서 2052년 65.4세로 상승할 것이며([그림 7-3] 참조), 고령자 가구의 수는 같은 기간 522만 5천 가구에서 1,178만 8천 가구로 2.3배 증가할 전망이다. 고령자 가구의 비중도 2022년 24.1%에서 2052년 50.6%로 확대될 것으로 보인다.

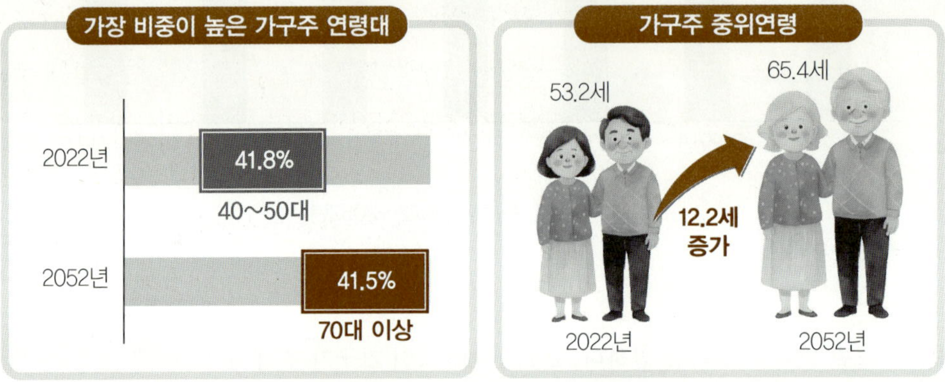

[그림 7-3] 가구주 특성(2022~2052년)

출처: 통계청(2024).

고령자 가구 유형을 보면, 2022년에는 1인 가구(36.8%), 부부 가구(35.0%), 부부+자녀 가구(9.2%)의 순이었으나, 2052년에는 1인 가구 비중이 42.1%까지 증가하고 부부 가구는 34.4%, 부부+자녀 가구는 7.1%로 감소할 것으로 예상된다([그림 7-4] 참조). 이는 고령자의 1인 가구화가 급격히 진행되며, 고령자에 대한 사회·정책적 지원이 더욱 절실해지고 있음을 보여 준다.

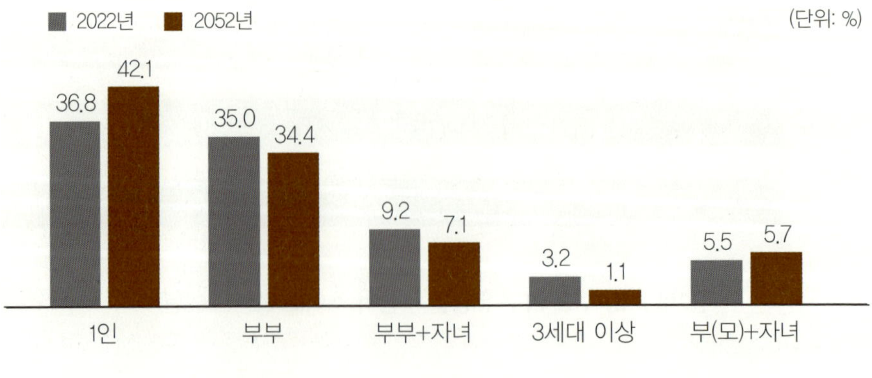

[그림 7-4] 65세 이상 가구 유형별 구성비 변화(2022~2052년)

출처: 통계청(2024).

이와 같은 변화는 은퇴적응 관점에서도 중대한 함의를 지닌다. 향후 노년기 삶의 중심 단위가 '가족'에서 '개인'으로 옮겨 갈 가능성이 높으며, 은퇴 이후 삶의 질과 심리사회적 안정을 위한 상담적 개입 역시 새로운 방향으로 재편되어야 할 필요성을 시사한다. 특히 상담자는 은퇴자의 가구 구조 변화가 정체성, 관계, 경제, 건강 등 다양한 측면에서 어떤 영향을 미치는지 통합적으로 분석하고, 변화된 현실에 부합하는 맞춤형 지원 전략을 모색해야 한다.

2) 전통적 부부 동거 가구의 은퇴

전통적인 부부 동거 가구는 여전히 가장 보편적인 노후 가구 형태로 간주되며, 한국 중고령 인구의 다수가 이러한 구조 속에서 은퇴를 맞이한다. 그러나 은퇴 후 배우자와 함께 보내는 시간의 증가는 정서적 안정과 만족을 보장하기보다는, 때로는 관계의 갈등을 심화시키는 계기가 되기도 한다.

실제 연구에서도 은퇴 부부가 여가시간을 함께 보내는 정도가 높을수록 부부간 정서적 친밀감이 강화되고 긍정적인 기분 상태가 유지되는 경향이 있지만 이는 부부 관계가 원만한 경우에 해당하며, 갈등이 누적된 부부에게는 오히려 공동생활 시간이 스트레스 요인으로 작용할 수 있음도 함께 보고되었다(정선미, 이윤석, 2022). 특히 은퇴 이후 시간이 늘어난 남편이 감정적으로 아내에게 의존하거나, 아내의 일상에 간섭하는 방식으로 인하여 부부 관계의 균형을 깨뜨릴 위험이 존재한다.

성별에 따른 은퇴 후 생활 리듬의 차이는 적응 과정에서 갈등을 유발하는 주요 요인이다. 남성은 직장생활 중심의 일상에서 벗어나 일과 여가의 구분이 사라지며, 갑작스러운 시간의 여유에 당황하거나 무기력감을 경험한다. 이로 인해 배우자에게 정서적 · 생활적으로 의존하는 경향이 높아진다. 반면, 여성은 오랫동안 가사 및 돌봄 중심의 생활 루틴을 유지해 왔기 때문에, 배우자와 함께 있는 시간이 늘어날수록 자신의 자율성과 루틴이 침해당한다고 느낄 수 있다. 특히 가사 · 감정노동이 여전히 여성에게 집중되는 현실 속에서 남편의 은퇴는 아내에게는 '또 하나의 돌봄 노동'으로 인식되기도 한다.

전통적 부부 동거 가구의 은퇴적응은 부부의 고용 형태와 은퇴 시점, 성역할 정체성에 따라 다양한 양상을 보인다. 먼저 맞벌이 부부와 외벌이 부부는 은퇴에 대한 기대와 현실에서 뚜렷한 차이를 보인다. 맞벌이 부부의 경우, 양측 모두 직업정체성을 가졌기 때문에 은퇴 후 역할 재조정이 보다 수평적이고 상호 협의적일 가능성이 있다. 그러나 동시에 두 사람 모두 은퇴하게 되면 가사 분담, 여가 활용, 시간 배분, 경제 계획 등에 대한 협상과 충돌의 가능성이 높다.

특히 은퇴 이전까지 가사노동의 대부분이 여성에게 집중되었던 경우, 남편이 집에 머무는 시간이 늘어나면서 아내의 부담이 오히려 증가할 수 있다.

외벌이 부부의 경우, 경제활동을 수행하던 배우자가 은퇴하면서 정체성의 큰 변화를 경험하게 된다. 이때 남편이 은퇴한 경우에는 기존의 '생계부양자'라는 사회적 역할을 상실하게 되며 자존감이나 역할 정체성에 큰 흔들림을 겪는다. 반면, 아내는 상대적으로 생활 루틴이 유지되지만, 남편의 은퇴로 인해 집안에 머무는 시간이 늘어나면서 정서적·물리적 공간의 침범을 경험하거나 일상생활이 방해받는다고 느낄 수 있다. 이는 기존의 가족 역할 위계에 변화를 초래하며, 부부 모두에게 적응을 요구하는 새로운 갈등 구조를 형성할 수 있다.

은퇴 시점의 동기화 여부도 적응 방식에 큰 영향을 미친다(홍백의 외, 2009). 부부가 동시에 은퇴하는 경우, 새로운 생활 리듬을 함께 만들어야 하며, 여가활동이나 지역사회 참여, 경제활동에 대해 의견을 조율해야 한다. 이 과정은 부부가 서로를 동반자로 인식하고, 공통의 목표를 형성하는 계기가 될 수 있지만, 동시에 개인의 자유와 독립성을 유지하는 데 어려움을 줄 수도 있다. 반대로 부부간 은퇴 시점에 차이가 있을 경우, 먼저 은퇴한 배우자는 정서적 고립감을 느끼고, 늦게 은퇴한 배우자는 경제적 부담과 직장 스트레스를 지속적으로 감당해야 하는 이중 과제를 겪는다. 이로 인해 상호 간의 이해 부족과 감정적 소외가 발생할 수 있다.

누군가와 함께 살아간다는 것은 돌봄을 받고 있다는 느낌, 사랑과 소속감, 안전 및 정서적 안정감을 제공받는 것으로, 은퇴한 부부에게 중요한 정서적·도구적 지지의 원천이 될 수 있다(Ha, 2008; Leopold, 2012). 그러나 이러한 사회적 지지는 단지 긍정적 영향만을 의미하지 않는다. 관계를 유지하고 상호작용을 지속하는 데에는 심리적·시간적 비용이 수반되며, 갈등이나 부담감 같은 부정적 측면도 함께 발생할 수 있다. 따라서 은퇴 이후에는 단순히 사회적 관계망의 크기나 접촉 빈도보다, 그 관계를 어떻게 인지하고 느끼는가라는 주관적 평가와 정서적 만족감이 더 중요할 수 있음을 고려해야 한다(Berkman, 2000; Fiori et al., 2006).

결과적으로 전통적 부부 동거 가구에서의 은퇴는 '부부 관계의 재정립'이라는 중심 과제를 내포한다. 이는 단순히 가사 분담의 문제를 넘어, 생활 리듬의 공유, 개인 시간의 확보, 새로운 가족 정체성의 설정 등 복합적 조정이 필요한 영역이다. 은퇴 이후의 부부 관계는 더 이상 기존의 위계적 구조나 역할 고정성을 기반으로 유지될 수 없으며, 상호 협력과 자율성을 중심으로 한 재구성이 필요하다.

이러한 전환적 시기에 은퇴상담자는 다음과 같은 실천적 개입이 요구된다. 첫째, 부부가 은퇴 이후 생활에 대해 사전에 충분한 의사소통을 할 수 있도록 돕고, 상호 기대와 우려를 명확히 언어화할 수 있도록 안내해야 한다. 둘째, 은퇴 후 갈등이 표면화되기 이전에 역할 재조정

워크숍이나 공동생활 계획 수립을 통해 현실적인 조율이 가능하도록 상담 구조를 설계할 필요가 있다. 셋째, 부부의 개인적 욕구와 자율성을 존중하면서도 공동체적 삶의 의미를 새롭게 형성할 수 있도록 돕는 정서적 지지와 관계 증진 기술을 제공해야 한다. 궁극적으로 은퇴상담은 이들의 관계 변화를 성장과 회복의 기회로 전환시키는 데 초점을 맞춰야 하며, 장기적이고 통합적인 지원이 중요하다.

3) 1인 가구의 은퇴

1인 가구의 증가 추세는 고령 사회에서 매우 두드러지는 현상이며, 특히 사별, 이혼, 비혼으로 인해 노년기에 접어든 중·고령층의 비율이 빠르게 증가하고 있다. 통계청(2023)에 따르면, 65세 이상 고령자의 1인 가구 비율은 전체 고령 가구의 약 25%를 차지하고 있으며, 이 중 여성의 비율이 상대적으로 더 높다. 이러한 추세는 개인주의의 확산, 가족 구조의 다변화, 고령자의 자립 의식 증대 등 사회문화적 요인의 영향을 반영한다.

은퇴 가구의 자산 보유 수준과 그에 영향을 미치는 요인을 분석한 자료에 따르면, 1인 가구는 다른 가구 형태에 비해 자산 수준이 낮고, 사회적 지원체계에 대한 접근도 제한적인 것으로 나타났다. 특히 여성 1인 가구의 경우 경제적 취약성이 더욱 두드러지며, 혼자 거주하거나 자녀와 분리되어 거주할 때 빈곤 위험은 남성보다 여성이 더 클 수 있다(김주영, 2021; 박경숙, 김미선, 2016). 이는 여성들이 생애 전반에 걸쳐 노동시장 참여나 자산 축적의 기회에서 상대적으로 불리한 위치에 있었기 때문이다(김영란, 2006; 박명선, 2002).

한편, 노인의 빈곤 위험이 전반적으로 개선된 서구 사회에서도 혼자 사는 여성 노인의 빈곤율은 여전히 높은 수준으로 나타났다. 보편적인 노후소득보장제도가 발달한 캐나다, 핀란드, 스웨덴 등에서는 그 빈곤율이 비교적 낮은 반면, 제도적 기반이 상대적으로 취약한 영국과 미국에서는 혼자 사는 여성 노인의 빈곤율이 높은 것으로 보고되었다(Smeeding & Sandstrom, 2005).

이는 특히 여성에게서 두드러지지만, 전반적으로 1인 가구가 은퇴 이후 안정적인 삶을 유지하기 위한 구조적 기반이 부족하다는 점을 보여 주며, 상담 개입과 더불어 제도적·정책적 지원의 필요성을 강하게 시사한다.

정서적 측면에서도 1인 가구는 외로움, 고립감, 무기력감 등의 정서적 위협에 더 쉽게 노출된다. 엄사랑 등(2020)은 남성 노인 1인 가구의 경우, 은퇴 이후 사회적 관계망의 축소와 디지털 기기 활용 부족이 복합적으로 작용하여 우울감과 자존감 저하를 유발한다고 밝혔다. 이는 디지털 정보 접근성이 정서적 안정성과 직결된다는 점에서, 상담자와 정책 수립자 모두의 관심이 필요한 부분이다. 남성 독거노인의 우울 감소에 있어 비동거 자녀나 형제자매, 친인척 등 가족관계가 중요한 역할을 한다는 연구 결과는, 공식적 관계망이 현저히 감소하는 상황에서 가족을 통한 사회적 지지도 충분치 않다면 더욱 심각한 우울에 이를 수 있음을 보여 준다(김미영 외, 2011; 이현주, 정은희, 2023).

신체적인 기능과 활동의 측면에서 노화의 유형을 살펴본 연구(이은진, 2022)에서는 노인 1인 가구를 건강문제형, 안전인식 문제형, 긍정적 활동형 등으로 유형화하며, 이에 따라 복지적 개입 전략이 달라져야 한다고 강조하였다. 특히 신체기능 저하, 만성질환 경험, 사회적 고립, 안전사고에 대한 불안은 노인 1인 가구에 공통적으로 나타나는 주요 특성으로, 은퇴 이후 삶의 질을 위협하는 주요 요인이 된다.

성별에 따른 삶의 질 차이도 주목할 만하다. 노년기 1인 가구로의 전환은 대부분 배우자와의 사별에 의해 발생하는데, 사별은 일반적으로 정신건강을 악화시키기는 하지만 이러한 심리적 고통은 지속적으로 유지되기보다는 일정 기간에 집중되는 경향이 있다(Stone et al., 2013). 사별 이후 여성은 자녀, 친인척, 친구 및 이웃 등과 같은 사회적 관계자원을 더 풍부하게 유지하는 경향이 있어 변화에 대한 적응력이 높은 반면, 남성은 이러한 사회적 자원의 부족으로 인해 사별의 부정적 영향을 더 심각하게 겪는다(이현주, 정은희, 2023). 따라서 여성 1인 가구의 증가와 그에 따른 높은 빈곤율 역시 중대한 사회문제이지만, 사별 후 독거하는 남성 노인이 일상생활과 정신건강 면에서 더 큰 어려움을 겪는다는 점에서 이들에 대한 사회적 관심과 지원이 특히 필요하다.

생활을 위해 소비하는 지출의 변화를 살펴보면, 은퇴 이후 1인 가구의 소비지출이 약 8% 감소하며, 특히 주거비, 피복비, 가구집기비 등의 항목에서 뚜렷한 지출 축소가 관찰되었다(박지원, 2019). 이는 은퇴 후 생활비 절감을 위한 주거환경 축소, 소비 성향 변화 등에서 나타나는 자구적 대응으로 해석할 수 있다.

1인 가구 은퇴자의 상담 시 주요 개입 지점은 다음과 같다. 첫째, 신체적 및 정신적 건강 상태를 정기적으로 평가하여 자립생활 가능성과 위험요소를 사전에 파악한다. 둘째, 경제적 자원 현황을 면밀히 진단하고, 공공 지원제도 및 지역사회 자원과의 연계를 통해 생활 안정성을 확보할 수 있도록 한다. 셋째, 정서적 고립 해소를 위한 사회적 관계망 재구성과 일상 활동 프로그램(예: 마을 단위 커뮤니티 참여, 온라인 소셜 활동 참여 등)을 안내한다.

특히 남성 독거노인의 경우, 감정표현에 대한 저항감과 대인관계 회피 성향이 우울감 심화와 자존감 저하로 이어지므로, 감정표현 훈련, 정서적 교류 증진, 의미 있는 역할 부여와 같은 심리상담 개입이 유용하다. 여성 독거노인의 경우에도 경제적 자원 부족, 건강문제와 복지 정보 접근 제한 등이 복합적으로 작용하므로, 현실적 자원 안내와 함께 자존감 유지 및 건강한 행동으로 유도하는 중심의 상담 전략이 요구된다.

4) 다세대 및 확대가족 가구의 은퇴

다세대 및 확대가족 가구는 고령자와 자녀 세대, 혹은 손주 또는 노부모가 함께 거주하는 형태로, 한국의 전통적인 가족 구조를 유지하고 있는 중요한 가구 유형이다. 이러한 가구 형태에서는 은퇴자의 역할이 단순히 가정 내 거주 구성원을 넘어, 여전히 가족의 '중심축'으로 기능하는 경우가 많다. 즉, 은퇴 이후에도 경제적 · 정서적으로 돌봄의 책임이 완전히 종료되지 않으며, 다양한 세대 간 역할 갈등 및 기대 불일치가 복합적으로 발생할 수 있다.

다세대 가구에 거주하는 고령 여성은 자녀가 맞벌이일 때 손주 양육이나 가사노동 등 보이지 않는 형태의 노동을 지속적으로 수행하게 된다(김진영, 강주연, 2018). 이는 공식적인 직업에서 은퇴한 이후에도 사실상 끊임없이 노동하는 상황을 초래하는데, 사회적으로 보상이나 인정이 이루어지지 않아 외부에서는 노동하지 않는 것처럼 여겨지는 모순이 발생한다. 이러한 현실은 여성 노인이 은퇴 이후 자신의 자율성과 쉼, 자기 돌봄을 위한 여건을 충분히 확보하지 못하게 만들며, 삶의 만족도와 자존감에도 부정적인 영향을 미친다.

은퇴자가 부모를 부양하거나 미혼인 성인 자녀를 지원해야 하는 다중 부담을 지게 되는 경우, 정서적 소진과 더불어 경제적 고갈의 위험도 높아진다. 가구주의 은퇴와 가구의 소비수준을 살펴본 연구(박지원, 2019)에 따르면, 은퇴자가 여전히 가족 내에서 생활에 필요한 자원의 제공자로 기능하며, 이러한 경제적 책임이 은퇴자의 소비 및 생활 방식에 영향을 미친다고 밝혔다. 이는 은퇴 이후에도 은퇴자가 단순한 수혜자가 아니라 가족의 생계 유지 또는 돌봄을 위한 핵심 제공자 역할을 계속 수행하고 있음을 의미한다.

특히 조손가구의 조부모는 은퇴 이후에도 자녀의 부재로 인해 손주를 양육하며, 체력적 · 정서적으로 큰 부담을 안게 된다. 이는 자녀 세대의 경제적 자립 지연과 가족 해체 현상, 복지 사각지대 등이 복합적으로 작용한 결과이며, 은퇴자의 여생이 전혀 계획대로 흘러가지 않는 현실을 반영한다. 성인 자녀와의 동거 또한 은퇴자의 생활 계획에 예기치 못한 영향을 주며, 자녀의 실직, 이혼, 미혼 등의 이유로 부모의 집으로 재입주하는 경우 은퇴자의 주거, 재정, 심리 상태에 부담을 줄 수 있다.

은퇴상담자는 이러한 다세대 및 확대가족 가구 내 은퇴자의 정체성 변화와 역할 재조정에 민감하게 반응할 필요가 있다. 우선 세대 간 의사소통의 단절, 기대 불일치, 정서적 거리감 등을 탐색하고, 이를 해소하기 위한 실천 전략을 제시할 수 있어야 한다. 예를 들어, 가사 및 돌봄 역할 분담을 명확히 하거나, 은퇴자의 감정노동을 가족 구성원이 인지하고 존중하는 가정 내 '감정 사용 규칙'을 설정하는 것도 상담 개입의 일환이 될 수 있다.

또한 세대 간 갈등이 표면화된 경우에는 가족상담적 접근이 효과적일 수 있다. 확대가족은 단일한 구조가 아니라 다양한 욕구와 가치, 정체성을 지닌 구성원의 결합이므로, 상담자는 가족 전체의 역동성을 파악한 후 상호이해와 공감, 역할 조정이 가능하도록 중재하는 것이 필요하다. 감정적으로 위축된 은퇴자에게는 자기표현의 권리와 필요성을 인식시켜야 하며, 가족에게는 은퇴자의 감정 및 건강 상태를 공감할 수 있는 대화 구조를 제안할 수 있다.

한편, 다세대 및 확대가족 가구의 은퇴자는 자율성과 의존성 사이에서 균형을 조율해야 한다. 경제적 지원을 하면서도 자신의 소비와 건강을 지키기 위한 계획이 필요하며, 돌봄 역할을 수행하면서도 자기 돌봄을 위한 시간과 공간을 확보할 수 있어야 한다. 이를 위해 상담자는 다음과 같은 구체적인 개입 전략을 제시할 수 있다. 첫째, 은퇴자 스스로가 자신의 역할을 객관적으로 점검하고 재설계할 수 있도록 생활 리듬 및 활동일지를 활용한 자기분석 도구를 제공한다. 둘째, 가족 회의를 정기적으로 유도하여 역할과 책임의 분배, 감정 표현 방식 등을 공유하게 함으로써, 가족 내 협업 기반을 강화한다. 셋째, 은퇴자가 가족 외부의 사회적 관계망(이웃, 자조모임, 평생교육기관, 교회 등 종교기관)을 활성화하여 가족 내 역할에만 종속되지 않도록 지원한다.

결론적으로, 다세대 및 확대가족 가구에서의 은퇴는 가족 구조와 생활 조건에 따라 예측 불가능한 다양한 적응 과제를 동반한다. 그러므로 상담자는 내담자가 가족 구조 내에서 어떤 위치에 있으며, 어떤 기대를 받고 있고, 무엇에 지쳐 있는지를 면밀히 탐색하고, 이들 요소를 바탕으로 실질적인 변화와 조율이 가능하도록 돕는 통합적 상담 전략을 수립해야 할 것이다.

5) 가구 형태의 변화와 은퇴

고령화 사회로 접어들면서 노년기 가구 형태는 점차 다양해지고 있다. 특히 사별, 이혼, 졸혼, 자녀의 독립이나 재혼과 같은 생애 사건을 겪으며 가구 형태가 변화하는 경우가 많아지고 있으며, 이러한 변화는 개인의 은퇴적응 과정에 중대한 영향을 미친다. 비전형적 가족 구조를 경험하는 은퇴자는 정체성의 재구성, 관계망의 변화, 일상생활의 재편 등 여러 심리사회적 과제를 동시에 마주하게 된다.

배우자와 사별한 노인의 경우, 삶의 일상적 구조가 붕괴되고 주요 정서적 지지 기반이 사라짐으로써 심리적 혼란과 고립감을 경험할 수 있다. 또한 졸혼이나 이혼 후 재혼과 같은 복잡한 가족관계 재편의 경우, 새로운 정체성 확립과 자녀 및 타 가족 구성원과의 경계 재설정, 경제적 분담 등에 대한 협상이 뒤따르게 된다. 이는 은퇴 이후 생활의 안정성을 저해하거나 삶의 만족도를 감소시키는 원인이 되기도 한다.

가구 형태의 변화는 주거 환경과 삶의 질 전반에도 영향을 미친다. 예컨대, 배우자와 사별한 여성이 독거 생활을 선택하거나 자녀와의 동거를 결정할 때, 새로운 주거 환경에 적응하는 과정에서 비자발적으로 돌봄 책임을 떠안거나 자율성이 침해되는 경험을 할 수 있다. 또한 부부가구에서 1인 가구로 전환된 남성 노인은 우울 수준이 현저히 상승하는 경향을 보이며, 여성 노인의 경우 자녀와의 동거가 정서적 갈등의 원인이 되기도 한다(조남연, 2023). 실제로 노인가구의 우울 유병률을 보면, 독거노인이 자녀 동거 노인이나 노인 부부 가구에 비해 높은 우울 수준을 보이고 있어(윤경순, 이유진, 2022), 가구 형태의 변화가 삶의 질과 심리적 건강에 상당한 영향을 미침을 알 수 있다(이현주, 정은희, 2023).

최근 졸혼, 동거, 비혼, 사별 및 이혼 등 가족 구조의 유동화 현상이 더욱 보편화되고 있으며, 이는 은퇴자의 정체성 재구성 과정에도 큰 영향을 준다(김혜영, 2014). 예를 들어, 졸혼 후 은퇴를 맞이한 경우 한편으로는 자유와 독립감을 느끼기도 하지만, 동시에 관계 해체에서 오는 정서적 상실감, 주거환경 변화에 따른 불안, 경제적 불확실성 등을 경험하게 된다. 이러한 어려움은 단순히 혼자 사는 생활 양식 때문이 아니라, 사회적 관계의 단절과 삶의 통제력 상실이라는 보다 근본적인 원인에서 비롯된 것이다. 따라서 가구 형태의 변화가 위기로 작용할지, 아니면 자율성 강화의 기회로 작용할지는 개인이 가진 사회적 자본, 정서적 회복탄력성, 외부 자원과의 연결 정도에 따라 달라질 수 있다.

이러한 맥락에서 은퇴상담자는 가구 형태의 변화가 내담자의 은퇴적응 과정에 어떤 의미를 가지는지를 체계적으로 이해하고, 실질적인 상담 개입 전략을 수립해야 한다. 특히 다음과 같은 세 가지 측면의 개입이 중요하다.

첫째, 정서적 지원이다. 사별이나 이혼과 같은 가족관계 변화로 인한 정서적 상실과 애도 과정에 대한 심리적 지원이 필수적이다. 상실 경험을 충분히 표현하고 의미화할 수 있도록 도와 심리적 회복을 촉진해야 한다.

둘째, 정체성 재구성 지원이다. 가구 형태의 변화는 배우자, 부모, 생계부양자와 같은 기존의 역할 정체성을 재정립하거나 새롭게 형성할 것을 요구한다. 상담자는 내담자가 의미 있는 새로운 역할과 사회적 활동을 모색하고 이를 적극적으로 설계할 수 있도록 정체성 탐색 과정을 촉진해야 한다.

셋째, 생활 안정 지원이다. 주거 환경의 변화, 소득 감소, 복지 서비스 접근성 등을 고려하여 지역사회 복지 자원을 적극적으로 연결하고, 주거 선택 및 돌봄 등 중요한 의사결정 과정에서 실질적인 정보를 제공하며 원활한 의사소통을 지원해야 한다.

결론적으로, 가구 형태의 변화는 단순한 생활 양식의 변경에 그치지 않고, 은퇴자의 정체성, 심리적 안정, 대인관계, 경제적 자립, 사회적 참여 가능성 등에 복합적이고 심층적인 영향을 미친다. 따라서 은퇴상담자는 내담자가 속한 실제적인 관계망과 사회적 맥락을 이해하고, 유연하고 통합적인 상담 전략을 설계하여 은퇴 후의 삶을 성공적으로 재구성하도록 도울 필요가 있다.

4 상담 적용의 시사점

성별 및 가구 형태는 은퇴자의 은퇴준비, 적응 과정, 그리고 은퇴 이후 삶의 질에 결정적인 영향을 미친다. 이에 따라 은퇴상담은 단순한 정보 제공이나 진로 재설계 수준에 머물러서는 안 되며, 보다 정교하고 통합적인 접근이 요구된다. 은퇴상담자는 내담자의 성별 정체성, 생애 궤적, 가족 구조, 은퇴 유형, 그리고 사회적 자원 접근 가능성 등을 총체적으로 고려하여 상담 목표를 수립하고 개입 전략을 설계해야 한다. 특히 성인지적 관점과 가족 맥락 중심의 민감성을 기반으로 한 상담 전략은 현재와 미래 은퇴상담 실천의 핵심이 된다. 은퇴상담에 주는 시사점은 다음과 같다.

첫째, 성별과 정체성 기반의 의미 재구성이 중요하다. 남성과 여성은 생애 동안 경험한 사회화 방식과 역할 수행 양상이 다르기 때문에, 은퇴를 받아들이는 방식과 이후 삶에 대한 기대 역시 다르게 형성된다. 남성은 직업 중심의 자아정체성이 강해 은퇴를 생산성 상실로 인식하며 불안을 경험하는 반면, 여성은 가족 및 관계 중심의 역할을 수행해 왔기에 은퇴를 오히려 자기 돌봄과 자율성 회복의 기회로 인식하는 경우가 많다. 상담자는 이 같은 성별 정체성의 차이를 깊이 이해하고, 은퇴를 삶의 재구성 기회로 활용할 수 있도록 내담자가 새로운 정체성을 탐색하고 확장해 나갈 수 있게 도와야 한다. 남성에게는 생산성의 재정의와 사회적 소속감 회복을 중심으로, 여성에게는 자기중심적 삶의 설계와 감정 해소, 여가와 관계 확장을 중심으로 상담 목표를 설정할 수 있다.

둘째, 가구 형태와 생활 구조에 따른 맞춤형 개입 전략이 필요하다. 부부 가구, 1인 가구, 다세대 및 확대가족 가구 등 가구 형태의 다양성은 은퇴자의 심리사회적 요구와 생활 양상을 결정짓는 중요한 변인이다. 부부 가구에서는 동반 은퇴 여부, 가사 분담, 생활 리듬의 재조정, 부부간 정서적 거리 조율 등이 핵심 과제가 된다. 1인 가구의 경우 정서적 고립과 안전, 경제적 불안정이 주요 이슈이며, 자조적 네트워크 구축과 지역사회 연계 전략이 요구된다. 다세대 또는 확대가족 가구 내 은퇴자는 세대 간 갈등, 돌봄 과잉, 경제적 책임 지속 등 복합적인 역할 스트레스에 노출되므로, 가족상담적 접근과 역할 협상 기술이 상담에 통합되어야 한다. 상담자는 이처럼 다양한 가구 형태가 갖는 고유의 심리사회적 특성을 기반으로, 내담자의 생활 상황에 적합한 조정과 개입을 시도해야 한다.

셋째, 통합적 생애설계 관점과 다학제적 실천 연계가 요구된다. 은퇴상담은 단일한 심리적 문제해결에 국한되지 않으며, 재정, 건강, 주거, 여가, 사회적 관계, 정체성 등의 삶의 전반을 조망하는 '생애설계'의 틀 속에서 수행되어야 한다. 상담자는 다영역 진단 프레임을 활용하여 내담자의 삶을 총체적으로 평가하고, 그 결과를 바탕으로 맞춤형 상담 계획을 수립해야 한다. 일과 여가 영역에서는 생산적 활동과 자기 주도적 시간의 구성, 건강과 재무 영역에서는 지속 가능한 생활 유지 기반 마련, 관계와 심리 영역에서는 소속감 회복과 자아 통합의 경로 제시가 중요하다. 이러한 다영역 상담은 심리상담 전문가 외에도 재무설계사, 의료인, 사회복지사 등 다양한 전문가와의 협업을 전제로 하며, 은퇴자의 삶 전반을 실질적으로 뒷받침할 수 있도록 연계망을 구축해야 한다.

결론적으로, 은퇴상담은 단순한 노후설계가 아닌, 성별 정체성의 재구성, 가족 구조 내 역할 재정립, 심리적 회복탄력성 강화, 그리고 삶의 전환기로서의 은퇴 재정의 등 통합적 과제를 아우르는 상담 영역이다. 상담자는 내담자의 가구 형태, 성별, 생애사, 관계구조 등을 기반으로 한 맞춤형 개입 전략을 설계하고, 이를 시각화한 워크시트, 체크리스트 등을 활용하며 함께 실천적 변화로 연결될 수 있도록 도와야 한다. 이는 은퇴를 단절이 아닌 재시작의 계기로 전환시키는 전문적 개입의 출발점이 된다.

참고문헌

곽삼근, 조혜선, 윤혜경(2005). 생애주기별 성역할 발달 및 갈등. 한국여성학, 21(2), 147-179.

김명일, 김영선, 엄사랑(2020). 중고령자의 디지털 정보 활용 유형과 삶의 만족에 관한 연구. 한국지역정보화학회지, 23(1), 51-74.

김미영, 김정은, 김상희(2011). 노인의 가구 형태와 우울의 관계: 남녀 차이를 중심으로. **노인복지연구, 52**, 101-122.

김영란(2006). 새로운 사회적 위험과 여성빈곤 그리고 탈빈곤정책. **한국사회학, 40**(2), 189-226.

김주영(2021). 은퇴가구의 자산보유와 영향요인 분석. **재정정책연구, 43**(1), 101-129.

김지경, 송현주(2010). 중고령 은퇴자들의 은퇴 후 경과기간별 은퇴생활적응의 영향요인. **대한가정학회, 48**(6), 83-101.

김진영, 강주연(2018). 중·고령자의 자녀 특성이 은퇴시기 결정에 미치는 영향. **가족과 문화, 30**(2), 1-26.

김혜영(2014). **유동하는 한국가족: 1인가구를 중심으로**. 서울: 민속원.

두송화, 장재윤(2015). 은퇴자들의 심리적 건강의 변화: 성장혼합모형의 적용. **정신보건과 사회사업, 43**(1), 37-66.

박경숙, 김미선(2016). 노인 가구형태의 변화가 노인 빈곤율 변화에 미친 영향. **한국사회학, 50**(1), 221-253.

박명선(2002). 여성노인의 일과 빈곤: 전북지역을 중심으로. **한국사회학, 36**(2), 175-204.

박지원(2019). 중·고령자 가구의 가구주 은퇴와 가구소비와의 관계. **사회복지정책, 46**(1), 117-141.

박지희, 함경애(2023). 중년 남성의 은퇴 준비 수준과 삶의 만족도 관계 연구. 한국노동연구원 보고서.

백은영(2009). 베이비부머의 은퇴 준비와 준비 유형 결정요인 분석. **사회보장연구 사회보장학회, 27**(2), 357-383.

소연옥(2023). 신중년 은퇴 남성의 성역할 변화 과정 연구. 백석대학교 대학원 박사학위논문.

손유경, 최성문(2020). 중·고령자의 은퇴 후 생활만족도에 영향을 미치는 노후준비 요인에 대한 성별 차이 분석. **노인복지연구, 88**, 125-144.

엄사랑, 김수경, 김지원(2020). 남성노인의 은퇴와 우울과의 관계: 사회접촉의 매개효과와 전자기기 활용능력의 매개된 조절효과 분석. **보건사회연구, 40**(3), 248-285.

윤경순, 이유진(2022). 노년기 가구 형태와 우울: 대처자원의 상호작용효과를 중심으로. **한국노년학연구, 31**(2), 33-56.

윤현숙, 이미진(2006). 은퇴가 심리적 안녕에 미치는 영향에 대한 종단적 연구: 노인의 성과 거주지역을 중심으로. **한국사회복지학회, 58**(4), 197-217.

이은진(2022). 활동적 노화 유형과 예측 요인 연구: 노인 1인 가구를 중심으로. **사회복지연구, 73**(3), 207-231.

이현주, 정은희(2023). 노년기 가구 형태의 변화와 선택 이유 및 우울에 미치는 영향. **한국노년학연구, 32**(1), 77-100.

이호선(2024). **노인상담**. 서울: 학지사.

정선미, 이윤석(2022). 은퇴한 노인부부의 여가시간과 여가동반자가 삶의 만족도에 미치는 영향: 성별차이를 중심으로. **가족과 문화, 34**(1), 101-138.

조규영, 김형준, 정은숙(2019). 중고령자의 은퇴 만족 유형과 삶의 만족도: 성별에 따른 차이를 중심으로. **노인복지연구, 85**, 45-70.

조남연(2023). 은퇴 전후 베이비붐세대의 주거결정요인 비교 분석. **인문사회21, 14**(1), 561-573.

조현숙(2012). 중년기 취업여성과 비취업여성의 은퇴기대와 노후준비: 충남 서해안 지역을 중심으로. **한국가**

정관리학회지, 30(5), 1-17.

최유진, 여윤경(2016). 노후자산 부족확률의 성별 차이에 관한 비교연구. 노인복지연구, 70, 73-94.

최은경(2021). 여성의 은퇴 경험에 관한 내러티브 탐구. 여성학연구, 36(4), 121-153.

통계청(2023). 고령자 통계. kostat.go.kr

통계청(2024). 장래가구추계. kostat.go.kr

한경혜(2008). 은퇴 후의 정체성과 삶의 의미: 성별 관점에서 본 생애경로. 한국사회학, 42(3), 73-106.

한경혜, 최새은(2013). 여성 베이비부머의 근로생애와 부부관계의 질: 은퇴과정과 직종에 따른. 한국가정관리학회지, 31(1), 49-68.

한국보건사회연구원(2022). 중고령자 은퇴준비도 진단도구 개발연구. 보건복지부.

홍백의, 신유미, 공주영(2009). 은퇴결정에 대한 배우자의 영향 연구. 사회복지정책, 36(2), 503-522.

Berkman, L. F. (2000). Which influences cognitive function: Living alone or being alone?. *Lancet, 355*(9212), 1291-1292.

Fiori, K. L., Antonucci, T. C., & Cortina, K. S. (2006). Social network typologies and mental health among older adults. *Journals of Gerontology: Psychological Sciences and Social Sciences, 61B*(1), 25-32.

Ha, J. (2008). Changes in support from confidants, children, and friends following widowhood. *Journal of Marriage and Family, 70*(2), 306-318.

Hughes, M. E., & Waite, L. J. (2002). Health in household context: Living arrangements and health in late middle age. *Journal of Health and Social Behavior, 43*(1), 1-21.

Leopold, T. (2012). The legacy of leaving home: Long-term effects of coresidence on parent-child relationships. *Journal of Marriage and Family, 74*(3), 399-412.

O'Neil, J. M. (1981). Patterns of gender role conflict and strain: Sexism and fear of femininity in men's lives. *Personnel & Guidance Journal, 60*(4), 203-210.

Osmond, M. W., & Martin, J. (1975). Sex role stereotypes and clinical judgments of mental health: The Broverman study revisited. *Journal of Consulting and Clinical Psychology, 43*(3), 395-396.

Smeeding, T. M., & Sandstrom, S. (2005). Poverty and income maintenance in old age: A cross-national view of low income older women. *The Luxembourg Income Study (LIS) Working Paper Series 398*.

Stone, J., Evandrou, M., & Falkingham, J. (2013). The transition to living alone and psychological distress in later life. *Age and Ageing, 42*, 366-372.

제8장

상황적 특성과 은퇴

• 김효정

은퇴 과정과 은퇴 이후의 적응에 영향을 미치는 상황적 특성은 매우 다양하며, 이들은 유기적으로 서로 연결되어 영향을 주고받는다. 이번 장에서는 은퇴준비, 은퇴에 대한 기대와 자발성, 개인적 특성, 사회적 특성 등 은퇴와 관련하여 많이 연구되고 있는 상황적 특성들이 은퇴 경험에 미치는 주요한 영향을 살펴보려 한다. 은퇴준비와 관련해서는 전반적인 은퇴계획 수립, 그리고 은퇴 이후의 삶에서 가장 중요한 부분인 경제적 은퇴준비에 대해 알아보겠다. 이어서 은퇴를 받아들이는 관점인 은퇴에 대한 기대가 어떠한지, 은퇴결정이 자발적이었는지 여부는 은퇴에 대한 내담자의 관점에 영향을 미쳐 은퇴상담의 방향이 달라질 수 있기에 함께 살펴보겠다. 또한 은퇴 이후의 삶에 영향을 미치는 요소 중 개인적 특성인 신체적 요소, 심리적 요소, 가족들과의 관계를 다루고, 마지막으로 사회적 특성인 사회활동 참여, 사회적 관계 그리고 여가활동 부분까지 다루어 보겠다.

1 은퇴준비

고령화 사회의 심화와 함께 은퇴 후의 삶은 더욱 길어지고 있으며, 이에 대한 체계적 준비의 중요성이 강조되고 있다. 은퇴준비란 개인이 은퇴 이후의 삶에 대비하여 체계적으로 계획하고 실행하는 전 과정을 의미한다. 은퇴준비를 재정적 대비와 동일시하는 경우도 있을 만큼 경제적 은퇴준비의 비중이 크기에, 좀 더 자세히 살펴보려 한다. 은퇴를 준비하는 것은 수동적인 삶으로 들어가기 위한 것이 아니라, 새로운 삶의 전환을 준비하고 적응하기 위한 통합적 노력이라는 인식을 갖는 것이 은퇴상담의 출발점이라 할 수 있다.

1) 은퇴계획 수립

(1) 은퇴계획 수립의 효과

은퇴준비는 은퇴 이후의 삶의 질을 결정짓는 핵심 요소로 작용하며, 준비 수준에 따라 은퇴 후 만족도, 심리적 안정감, 사회적 적응력에 유의미한 차이가 발생한다(Atchley, 1991). 선행 연구에 따르면, 은퇴준비가 부족한 경우 은퇴 후 경제적 빈곤, 건강 악화, 사회적 고립, 심리적 불안 등 다양한 문제가 발생할 가능성이 높다(배문조, 2006). 특히 고령화가 가속화되고 평균 수명이 증가하는 사회적 흐름 속에서, 은퇴준비는 개인뿐만 아니라 사회적 차원에서도 중요한 과제가 되고 있다. 은퇴준비를 위해서는 우선 은퇴계획을 수립하는 것이 도움이 된다. 점차 많은 기업, 공공기관 등에서 은퇴 시기가 되기 이전부터 근로자들에게 은퇴계획을 돕는 다양한 프로그램을 진행하고 있다.

체계적인 은퇴계획 수립의 효과는 다음과 같다.

첫째, 경제적 안정성이 높아질 수 있다. 회사나 기관에서 제공하는 은퇴설계는 주로 재무 관리 교육, 연금 및 투자 상담, 퇴직 후 소득 예측 등을 포함한다. 이러한 지원을 통해 은퇴자들은 자신의 경제적 상황을 더 정확히 파악하고, 은퇴 후 필요한 자금을 준비하는 데 도움을 받을 수 있다. 예를 들어, 금융 상품 선택, 투자 방법, 노후자금 확보 전략 등에 대한 전문적인 조언은 은퇴 후 경제적 어려움을 줄이고 안정적인 생활을 유지하는 데 긍정적인 영향을 미친다. 반면, 체계적인 은퇴설계 없이 스스로 은퇴를 준비해야 하는 경우, 정보 부족, 금융 지식 부족, 계획 수립의 어려움 등으로 인해 충분한 노후자금을 마련하지 못할 가능성이 커진다. 특히 갑작스러운 퇴직이나 예상치 못한 경제적 어려움에 직면했을 때, 적절한 대비가 되어 있지 않으면 노후 생활의 경제적 불안이 더욱 심화될 수 있다.

둘째, 은퇴 이후 자신이 원하는 삶을 구체화하고 대비할 수 있게 된다. 은퇴계획 프로그램은 은퇴자들이 단순히 경제적인 측면뿐만 아니라 은퇴 후의 삶 전반에 대한 계획을 세우도록 도울 수 있으며, 이는 여가활동 계획, 건강관리, 사회적 관계 유지, 새로운 직업 또는 사회참여 등 다양한 영역을 포함한다. 미리 은퇴 후의 활동을 계획하고 준비하는 것은 은퇴 후의 무력감이나 상실감을 줄이고, 삶의 만족도를 높이는 데 기여할 수 있다. 반면, 은퇴 후 무엇을 해야 할지, 어떻게 시간을 보내야 할지에 대한 뚜렷한 계획 없이 은퇴를 맞이하게 되면, 무력감, 무료함, 정체성 혼란 등을 경험할 수 있다. 특히 직장이라는 사회적 역할에서 벗어난 후 새로운 목표를 설정하고 의미 있는 활동을 찾는 데 어려움을 겪을 수 있다.

셋째, 은퇴설계 지원을 통해 은퇴자들의 막연한 불안감을 해소하고 심리적 안정감을 제공할 수 있다. 구체적인 계획을 수립하고 실행해 나가는 과정 자체가 미래에 대한 통제감을 높여 은퇴 후의 불안과 두려움을 줄이는 효과를 가져올 수 있다. 특히 재취업이나 창업과 같은 새로운 도전을 계획하는 경우, 관련 정보나 교육 지원은 자신감을 높이는 데 도움이 될 수 있다. 반면, 준비 없이 은퇴를 맞이하게 된다면, 경제적 불안, 역할 상실, 사회적 고립감 등을 느낄 수 있고, 이로 인해 우울, 불안, 외로움과 같은 부정적인 감정을 겪게 되기도 한다. 은퇴에 대한 충분한 준비 없이 맞이하는 변화는 심리적 적응에 어려움을 초래하고, 전반적인 삶의 만족도를 낮출 수 있다.

넷째, 은퇴 이후에도 사회적 연결을 유지하고 확장해 나가는 데 도움이 된다. 일부 회사나 기관에서는 퇴직자 커뮤니티 운영이나 사회 공헌 활동 연계 등을 통해 은퇴자들이 기존의 사회적 관계를 유지하거나 새로운 관계를 형성하도록 지원하기도 한다. 이는 은퇴 후 사회적 고립감을 예방하고, 지속적인 사회참여를 통해 삶의 활력과 만족도를 유지하는 데 중요한 역할을 할 수 있다. 건강한 심신을 유지하는 것은 편안한 가정생활에도 매우 중요한 부분으로 작용하게 된다.

〈표 8-1〉 은퇴설계의 필요성

연구자	내용
R. C. Atchley (1971)	은퇴란 개인이 전임(full-time)보다 적게 고용되고, 수입이 은퇴연금에 의존된 상태
P. J. Young (1973)	경제문제, 가정 내 지위 문제, 사회활동 단절로 인한 문제가 심각해지고 개인 문제보다는 사회문제화
L. K. George (1980)	은퇴는 특별한 직업이 없거나, 직업적인 경력이 중단되어 생활을 시작하는 전환점
C. E. Ferrans & M. J. Powr (1992)	현재 생활을 지속하면서 대부분 은퇴 이후의 삶에서도 여가생활 기대
S. J. Warburton et al. (1995)	은퇴로 인한 시간적인 여유로 잃어버린 신체적 · 정신적 건강회복 기대
B. Bernheim (2000)	은퇴를 경제활동의 유무와 고용 여부에 따라 분류
권석만, 민병배(2000)	신체적 · 심리적 · 사회적 변화에 대한 설계 필요

출처: 황은성(2021).

한편, 준비 없이 은퇴를 맞이하면서 경제적 어려움을 겪거나, 은퇴 후 적응하지 못하게 된다면 가족 관계에 부정적인 영향을 미칠 수 있다. 은퇴 후 배우자와의 관계 변화, 자녀와의 경제적 의존 문제 등은 가정 내 갈등의 원인이 될 수 있으며, 심리적 안정을 저해하는 요인으로 작용할 수 있다. 회사나 기관으로부터 체계적인 은퇴설계를 지원받는 것은 은퇴 후 경제적 안정, 구체적인 삶의 계획, 심리적 안정감, 사회적 연결 유지 등에 긍정적인 영향을 미쳐 더욱 풍요롭고 만족스러운 노후 생활을 가능하게 한다. 따라서 개인 차원에서도 적극적인 은퇴준비 노력이 필요할 뿐 아니라, 사회적으로도 은퇴설계 지원 시스템을 확대하고 강화하는 것이 중요하기에, 앞으로 은퇴상담의 영역에서 은퇴계획 수립은 더욱 보편화될 것으로 예상된다.

(2) 계획과정이론을 활용한 은퇴계획 수립

은퇴준비는 개인적 노력만으로는 충분하지 않으며, 전문가의 상담과 제도적 지원이 병행될 때 더 효과적이다. 상담자는 내담자의 현재 상태와 준비 수준을 평가하고, 각 영역별로 필요한 자원을 탐색하도록 도울 수 있다. 특히 경제적 준비에만 편중되지 않도록 정서적·사회적 측면에 대한 상담적 개입이 중요하며, 자아개념의 재구성과 생애 전환 적응을 촉진하는 개별화된 상담 전략이 요구된다.

은퇴계획 수립은 은퇴예정자에 대해 '은퇴 이후 삶에서의 목표 달성에 대한 욕구, 인지적 자극, 정서적 동기'를 알아보는 것에서 출발한다. 은퇴계획 수립을 위해서는 과거의 경험, 현재의 조건, 미래의 기대를 통합하여 개인적 맥락에서 실천 가능한 계획을 발전시키는 것이 핵심이다. 계획은 단순히 일회적인 판단이 아니라, 행동과 관련된 다양한 요소에 대한 인지적 이해와 반복된 경험을 통해 형성되며, 실제로 문제해결 능력을 통해 구체적인 실행 전략을 개발하고 수정해 나가는 과정을 의미한다(이수연, 2014).

계획과정이론(planning process theory)은 단순한 목표 설정을 넘어서, 목표 달성을 위한 사고와 행동의 연속적 과정을 구조화하는 틀로 설명된다(Friedman & Scholnick, 1997). 이 이론은 개인의 심리적 욕구, 성격 특성, 사회문화적 배경을 종합적으로 고려하며, 은퇴와 같은 인생 전환기의 계획 수립 과정에 효과적으로 적용될 수 있다. 은퇴계획과정척도(The Process of Retirement Planning Scale: PRePS)는 이러한 이론적 배경을 바탕으로, 은퇴준비의 구체적 측정을 위해 개발되었다(Noone et al., 2010). 이는 은퇴계획의 다양한 단계와 심리적 요인을 반영한 대표적 도구로, 계획의 질과 준비 수준을 평가하는 데 활용된다.

은퇴상담자는 내담자가 스스로의 은퇴준비 상황을 정확하게 인식하고, 잠재적인 어려움을 예측하며, 주체적으로 은퇴계획을 수립하고 실행하도록 지원하는 역할을 수행한다. 이를 위해 상담자는 내담자의 다양한 정보를 수집하고 분석하며, 개인에게 맞는 맞춤형 정보와 자원을 제공해야 한다. 또한 내담자의 심리적 안정과 긍정적인 태도 형성을 돕고, 계획 실행 과정에서의 어려움을 극복하도록 지지해 주어야 한다. 더 나아가 은퇴 후에도 내담자가 새로운 삶에 성공적으로 적응하고 지속적인 성장을 이루도록 안내하는 것이 중요하다(최용희, 2020). 계획과정이론에서는 은퇴를 생애 전환기의 단순한 사건으로 보기보다 시간을 두고 진행되는 심리적 · 행동적 준비 과정으로 이해하고 있으며, 계획을 문제해결의 인지적 과정으로 본다. 은퇴준비는 단일 행동이 아닌 일련의 과정으로, 은퇴 인식, 목표 설정, 준비 결단, 행동 실행의 네 단계로 구성된다. 상담자는 이 이론을 통해 내담자의 은퇴준비 상태를 다차원적으로 분석하고, 구체적인 계획 수립과 실행 전략을 함께 세울 수 있다.

은퇴상담에서 이 이론을 적용하기 위해서는 다음과 같은 4단계 접근이 효과적이다.

① 1단계. 은퇴 인식(Retirement representation): 은퇴에 대한 심리적 표상 탐색

상담 초기에는 내담자가 은퇴를 어떻게 인식하고 있는지를 파악하는 것이 중요하다. 이를 통해 은퇴에 대한 내담자의 내면적 해석과 인지 구조를 파악하고, 그에 따른 상담 방향을 설정할 수 있다. 개방형 질문을 통해 은퇴에 대한 감정, 기대, 불안, 준비 정도 등을 표현할 수 있게 유도하는 것이 좋다(예: "선생님께서 생각하시는 은퇴는 어떤 모습인가요?").

② 2단계. 목표 설정(Retirement goal): 구체적인 목표 설정 지원

내담자의 은퇴 후 생활에 대한 구체적 목표를 함께 설정한다. 이 과정에서 상담자는 내담자가 갖고 있는 자원(시간, 건강, 재정, 가족 지지 등)을 함께 점검하며 현실 가능성 있는 목표 수립을 조력한다(예: 경제적 안정 확보, 건강한 생활 유지, 의미 있는 여가활동 계획 등).

③ 3단계. 준비 결단(Decision to prepare): 준비 시작에 대한 동기화

은퇴준비를 행동으로 옮길 수 있도록 동기를 강화하는 단계이다. 내담자가 준비를 미루거나 회피하는 경향이 있을 경우, 은퇴 미준비의 위험성과 준비가 가져올 긍정적 변화에 대해 구체적으로 피드백을 제공한다. 상담자는 이 단계에서 내담자가 실행 결정을 내릴 수 있도록 실질적인 상담 계약이나 행동 과제를 설정할 수 있다(예: 재무상담 신청하고 오기, 걷기 동호회 가입하고 오기 등).

④ 4단계. 행동 실행(Preparing for retirement): 실행 전략 수립 및 점검

계획 수립 이후에는 구체적인 행동 실행을 지원하고, 중간 점검을 통해 전략을 수정한다. 필요시 중장기 계획으로 분리하여 단계별 행동 계획을 수립하고, 내담자의 실천 정도에 따라 상담자의 피드백 및 지지가 계속 이루어져야 한다(예: 가계 지출 진단, 금융 상담 연계, 운동 루틴 계획, 가족과의 역할 조정, 여가 프로그램 참여 등).

이러한 접근을 통해 계획과정이론은 상담 장면에서 단순히 정보만 전달하는 것이 아닌, 내담자와 함께 고민하고 실행하는 상호작용적 상담으로 구현된다. 특히 은퇴에 대한 불안이 크거나 준비가 부족한 중·장년층 내담자에게 이 이론은 현실 인식 → 목표 설정 → 실행 강화의 일관된 개입 구조를 제공하여, 성공적인 은퇴 전환을 위한 심리적 토대를 마련해 준다.

[적용 예시] 중년 남성 내담자의 상담 사례

* 배경: 58세 남성, 공공기관 근무 중 퇴직 예정, 은퇴 후 계획 없음

1단계[은퇴 인식] "은퇴 후 무엇이 가장 걱정되시나요?" → 경제적 불안, 역할 상실 우려

2단계[목표 설정] 월 200만 원 수입 확보, 건강 관리 시작

3단계[준비 결단] 금융 상담 연계, 걷기 모임 등록

4단계[행동 실행] 매주 상담 후 행동 점검, 준비 체크리스트 제공

이 과정을 이수연(2014)은 '정신적 표상'에서 출발하여, 인지적 통찰을 바탕으로 목표를 설정하고, 효능감 있는 행동을 통해 이를 실현하는 구조로 해석하였다. 목표 설정 이후에는 실행 단계에 진입하여, 실천 가능한 전략을 수립하고 필요한 조정을 수행하는 것이 강조된다. 이처럼 계획과정이론은 은퇴준비 과정에서 단순한 계획 수립을 넘어서, 자기 이해와 문제 인식, 전략적 실천을 통합한 총체적 접근을 제공하며, 성공적인 은퇴를 위한 핵심 개입 전략으로 활용될 수 있다.

2) 경제적 측면의 준비

(1) 경제적 은퇴준비

경제적 측면의 은퇴준비는 노후에도 경제적 자립성을 유지하기 위해 필요한 자산을 사전에 계획적으로 축적하는 일련의 과정을 의미한다. 노후생활에서 경제적 안정은 기본적인 삶의 질을 보장하는 핵심 요인이며, 경제적 준비가 충분하지 못할 경우 은퇴 이후의 생활 전반에 걸쳐 다양한 어려움이 발생할 수 있다(김주성, 최수일, 2010). 특히 경제적 기반이 취약한 고령자는 생계유지뿐만 아니라 건강관리, 여가활동, 심리적 안정 등 전반적인 삶의 영역에서 부정적인 영향을 받기 쉽다.

가계의 경제적 은퇴준비 현황을 파악하기 위해서는 재정적 구조를 분석하는 것이 중요하다. 구체적으로는 자산 보유 수준, 저축률, 소비지출 구조 등을 종합적으로 살펴봄으로써 가계의 노후 대비 수준을 가늠할 수 있다. 특히 가계저축률은 노후생활의 안정성을 가늠할 수 있는 대표적인 지표로, 가계의 장기 재정 목표 달성 수준을 나타내며 현재의 경제적 선택이 미래의 생활수준에 미치는 영향을 예측하게 해 준다(김종진, 2017).

생애주기이론(life-cycle hypothesis)에 따르면, 가계는 생애 전반에 걸쳐 소득과 소비를 조정하며 은퇴를 준비한다. 일반적으로 근로소득이 있는 시기에 저축을 통해 자산을 축적하고, 이를 바탕으로 은퇴 후에는 소득이 감소하더라도 소비 수준을 유지할 수 있게 된다. 따라서 가계저축률의 증가는 부의 누적을 가능하게 하며, 이는 노후에 발생할 수 있는 긴급 상황이나 불확실성에 대비할 수 있는 재정적 기반을 제공한다. 경제적 은퇴준비는 단순히 자산 축적에 국한되지 않으며, 건강관리, 여가생활, 심리적 안정과도 밀접한 관련을 가진다. 경제적 결핍으로 인해 영양 섭취 부족, 의료 접근성 저하, 자존감 감소, 여가 참여 제한 등 다양한 생활 영역에 부정적인 파급효과가 나타나게 될 수도 있다(이인수, 2001). 따라서 경제적 준비는 은퇴 이후 삶을 전반적으로 설계하는 데 있어 핵심적인 요소이다.

이와 같은 측면에서 고령자의 은퇴 이후 삶의 질을 보장하고, 가족의 경제생활에도 부담을 최소화하기 위해서는 체계적인 경제적 준비가 필요하다. 구체적으로는 개인의 소비수준, 인플레이션 등 외부 경제 요인을 고려하여 필요한 생활자금을 추산하고, 이를 바탕으로 안정적인 생활이 가능하도록 다양한 형태의 자산을 구성해야 한다. 부동산, 예 · 적금, 투자형 금융상품 등 다양한 수단을 활용한 자산 포트폴리오의 구축은 편안한 노후생활을 위한 전략적 접근이라 할 수 있다(정영자, 2011).

(2) 경제적 준비가 은퇴 후 삶에 미치는 영향

한국 사회는 급속한 고령화에 직면하면서 노후소득이 턱없이 부족한 현실을 맞이하고 있으며, 이에 따라 경제적 노후준비의 중요성과 관련한 다양한 연구가 진행되어 왔다. 강유진(2005)은 노년기에 접어들기 이전부터 체계적이고 장기적인 계획을 통해 경제적 은퇴준비를 해야 한다고 강조하였다. 남성 급여생활자를 대상으로 은퇴계획을 조사한 연구에서는 은퇴에 대해 긍정적인 태도를 가질수록, 건강 상태가 좋을수록, 순자산금액이 높을수록, 자존감이 높을수록, 그리고 노후를 대비한 투자금액이 많을수록 은퇴계획의 정도가 높게 나타났다(홍성희, 곽인숙, 2007). 또한 연령이 높을수록, 여성보다 남성이, 자산이 많고 부채가 적을수록 노후준비도가 더 높은 것으로 분석되었다. 또 다른 연구에서는 소득이 많고 재직기간이 길며 은퇴자금을 충분히 확보한 경우 은퇴준비를 잘 수행하는 경향이 있다는 결과를 제시하였다(여윤경 외, 2007). 이러한 연구들은 은퇴준비의 수준이 개인의 경제적 자산, 건강, 심리적 태도, 직업경력과 밀접한 관련이 있음을 시사하며, 조기부터 체계적인 은퇴 대비가 필요하다는 점을 공통적으로 강조한다.

이렇듯 은퇴 이후 삶의 질을 결정짓는 가장 핵심적인 변수 중 하나인 경제적 요소가 은퇴자의 삶에 미치는 주요한 영향은 다음과 같다.

첫째, 경제적 여유는 은퇴자의 심리적 안정과 생활 만족에 긍정적인 영향을 미치는 중요한 요소인 반면, 경제적 빈곤은 은퇴자가 기본적인 삶의 조건을 유지하는 데 많은 제약을 가져오며, 이는 곧 삶의 만족도 저하로 연결된다(권중돈, 조주연, 2000). 이에 따라 노후의 삶의 질은 경제력의 보유 여부에 따라 뚜렷한 차이를 보이게 된다. 경제적 여유는 은퇴자의 심리적 안정성을 유지하고, 나아가 삶의 만족도를 높이는 역할을 한다(김윤정, 최혜경, 2000). 일정 수준 이상의 경제적 여유가 있는 경우에는 삶의 만족도에 영향을 미치지 않는다는 연구 결과도 보고된 바 있기는 하지만, 대부분의 경우 경제력 부족은 사회참여 기회의 박탈로 이어지며 은퇴자의 사회적 고립을 초래하게 된다(김미령, 2006).

둘째, 은퇴자의 경제적 능력은 여가활동과 사회참여에도 중요한 영향을 준다. 자신의 경제적 조건이 좋을수록 주관적 소속감이 높아지고, 용돈이 넉넉할수록 삶의 만족도가 증가함을 보이는데, 이는 은퇴자가 자신을 사회적으로 유의미한 존재로 인식하는 데 경제적 기반이 작용함을 시사한다(박기남, 2004). 또한 은퇴자의 직장 참여가 사회적 소외를 줄이고, 새로운 사회적 관계를 맺는 데 도움이 되는 것으로 나타났는데, 은퇴 후에도 일을 지속하거나 새로운 직업에 종사하는 것은 경제적 이득이 될 뿐 아니라, 은퇴자가 사회 내에서 정체성을 유지하고, 긍정적인 자아 개념을 형성하는 데에도 기여한다(김미령, 2008).

셋째, 은퇴 이후에도 일자리를 통해 일정 수준의 경제력을 확보하는 것은, 경제적 자립을 위한 수단이 될 뿐만 아니라 삶의 질 유지를 위한 핵심 요소이다. 은퇴자들 중 70% 이상이 경제적 여유 부족을 가장 큰 문제로 인식하고 있으며, 은퇴 후에도 계속해서 일을 하고 싶어 하는 이유 역시 경제적 목적이 주요하다(이금자, 이현지, 2008). 직장을 구하는 은퇴자 중 대부분은 '용돈이 필요해서'라는 경제적 이유로 구직 활동을 하고 있으며, 이는 경제력이 낮을수록 더욱 뚜렷한 경향을 보인다(정경희 외, 2005). 특히 직장이 없는 저소득층 은퇴자들에서는 직업을 통해 최소한의 생활비를 충당하고자 하는 욕구가 강하게 나타난다. 이와 같은 결과는 은퇴 이후의 삶이 단순히 '일하지 않는 자유로운 시간'이라는 환상에서 벗어나, 현실적으로는 '경제적 생존'이라는 과제를 중심에 두고 전개되고 있음을 보여 준다.

넷째, 경제적 자립은 은퇴자의 자아존중감과도 밀접하게 연결되어 있다. 소득이 있거나 경제적 여유가 있는 은퇴자는 자신이 여전히 생산적이고, 가정과 사회에 기여할 수 있다는 감각을 유지할 수 있으며, 이는 삶의 목적의식과 자기효능감을 높이는 데 기여한다. 반면, 경제적으로 의존적인 상황에 놓이게 되면 무력감, 수치심, 고립감, 자존감 하락과 같은 정서적 문제를 경험하며, 이는 우울이나 삶의 의욕 저하로 이어질 수 있다.

이처럼 경제적 요인은 단순한 생활비의 문제를 넘어서, 은퇴자의 삶의 전반에 중대한 영향을 미친다. 따라서 은퇴상담의 현장에서는 은퇴자의 경제적 현실을 세심하게 파악하고, 필요한 경우 일자리 탐색이나 재정 상담, 연금 활용 전략 등을 통해 실질적인 지원을 제공할 수 있어야 한다. 경제적 자립은 은퇴자의 자율성과 자아 존중을 지탱하는 중요한 기반이 되며, 삶의 질 향상을 위한 필수 조건으로 작용한다.

2 은퇴에 대한 기대와 자발성

은퇴기대(retirement expectation)는 은퇴 이후의 삶에 대해 개인이 가지는 주관적 기대와 심리적 반응을 의미한다(Hornstein & Wapner, 1986). 개인이 은퇴를 어떻게 인식하느냐에 따라 그 기대는 서로 다른 양상으로 나타나며, 대체로 은퇴를 위기 상황으로 보는 관점과 삶의 연속선상으로 해석하는 관점으로 구분할 수 있다(배문조, 2006). 은퇴에 대한 기대는 은퇴결정의 자발성 정도와도 밀접한 관련이 있다. 자발적 은퇴와 비자발적 은퇴는 은퇴 이후 삶의 질, 심리적 적응 과정, 사회적 관계에 중대한 영향을 미치므로, 은퇴상담에서 중요한 논의 주제로 다루어진다.

1) 은퇴기대

(1) 위기 관점과 연속성 관점

은퇴를 위기의 시점으로 보는 시각에서는, 사회적으로 부여된 역할의 상실과 같은 환경적 변화로 인해 은퇴가 인간 발달에서 하나의 위기 상황으로 작용한다고 본다. 이러한 관점의 대표적 학자로 Miller(1965)가 있는데, 그는 은퇴로 인해 지위와 역할이 상실되고, 무의미한 여가

시간과 자아정체감의 혼란이 초래된다고 하였다. 이러한 견해는 은퇴 이후 기존 직무를 대체할 새로운 역할이 부재할 경우 발생하는 심리적 공백을 반영하는 것이다.

반면, 은퇴를 연속적인 삶의 일부로 바라보는 관점에서는, 은퇴 역시 다른 생애 사건과 마찬가지로 자연스럽게 발생하는 전환이며, 새로운 역할 수행을 통해 기존의 생활 흐름을 유지할 수 있다고 본다. Campione(1987)은 정체감의 혼란 없이 새로운 활동에 참여하며 은퇴를 하나의 생활단계로 해석할 수 있다고 제안하였고, Atchley(2000) 역시 은퇴를 지나치게 비관적으로 볼 필요는 없다고 강조하였다. 이처럼 은퇴에 대한 기대는 은퇴 후 대체할 수 있는 새로운 역할의 존재 여부, 은퇴를 생애주기의 일부로 받아들이는 인식 등에 따라 달라질 수 있다(김현진, 2023).

(2) 은퇴기대 유형

은퇴기대에 대해 알아보기 위해, Hornstein과 Wapner(1986)는 다양한 직업군에 속한 24명을 대상으로 심층 면담을 실시하여 은퇴 전 1개월부터 은퇴 후 8개월에 이르는 경험을 질적 연구를 통해 분석하였다. 이를 통해 은퇴에 대한 기대를 '강요된 좌절 유형', '새로운 출발 유형', '노년기로의 전환 유형', '삶의 지속 유형'이라는 네 가지 유형으로 처음으로 구조화하였는데, 이 연구에서는 은퇴가 개인에게 어떻게 인식되고 경험되는지 심리적 · 사회적 의미에 초점을 두었다. 또한 이들은 은퇴기대의 4유형을 토대로 은퇴기대도구(Retirement Expectation Inventory)를 개발하였다. 이후 Gee와 Baillie(1999)는 앞선 분류체계를 계승하면서 다양한 변수(직업몰입, 여가 등)와의 관계로 분석하여 다음과 같은 네 가지로 은퇴기대 유형을 제시하였다(배문조, 2006).

첫째, 강요된 좌절(imposed disruption) 유형은 은퇴를 개인의 선택이 아닌 외부 요인에 의한 강제적인 변화로 인식한다. 직업의 상실을 대체할 수 있는 다른 활동이 존재하지 않는다고 느끼며, 은퇴 이후 삶에 대해 무력감이나 좌절을 경험한다. 특히 직무 중심의 정체감을 강하게 지닌 사람들이 이러한 경향을 보인다.

둘째, 새로운 출발(new beginning) 유형은 은퇴를 자율성과 자유가 보장되는 새로운 삶의 시기로 받아들이는 태도를 말한다. 그동안 미루어 왔던 관심사에 몰두하거나, 개인적 목표를 추구할 수 있는 시기로 인식하며, 긍정적이고 능동적인 자세가 특징이다.

셋째, 휴식으로의 전환 유형(transition to rest)은 은퇴를 삶의 속도를 늦추고 조용한 생활로 이행하는 시기로 해석한다. 기존의 직업활동을 더 이상 지속하지 않으며, 새로운 직업을 찾기보다는 휴식을 취하며 노화를 준비하는 시기로 인식한다.

넷째, 삶의 지속(continuity) 유형은 은퇴를 삶의 구조나 활동에서 본질적인 변화가 없는 상태로 바라본다. 이전의 일상 패턴을 유지하며, 가치 있는 활동에 지속적으로 참여함으로써 삶의 연속성을 유지하고자 한다.

2) 자발적 은퇴와 비자발적 은퇴

은퇴는 개인의 삶에 깊은 변화를 가져오는 중대한 사건이며, 그 과정은 은퇴가 자발적인지, 비자발적인지에 따라 매우 다르게 전개된다. 자발적 은퇴(voluntary retirement)는 개인의 의지와 계획에 따른 은퇴를 의미하며, 비자발적 은퇴(involuntary retirement)는 외적 요인에 의해 본인의 의사와 무관하게 결정되는 은퇴를 말한다. 특히 예상치 못한 순간에 비자발적으로 은퇴하게 되는 경우, 개인에게 미치는 영향은 자발적인 은퇴와는 매우 다를 수 있다. 이에 따라 상담자들은 은퇴를 단순히 직업생활의 종료라는 단편적인 사건으로 이해하기보다는, 개인 삶의 맥락 속에서 경험되는 복합적이고 연속적인 과정으로 이해해야 한다(Atchley, 2000). 은퇴는 경제적 변화뿐만 아니라, 정체성, 사회적 관계, 심리적 안정성 등 개인의 삶 전반에 걸쳐 영향을 미치기 때문에, 전문적 상담을 통해 은퇴자가 새로운 삶에 성공적으로 적응하도록 돕는 것이 매우 중요하다.

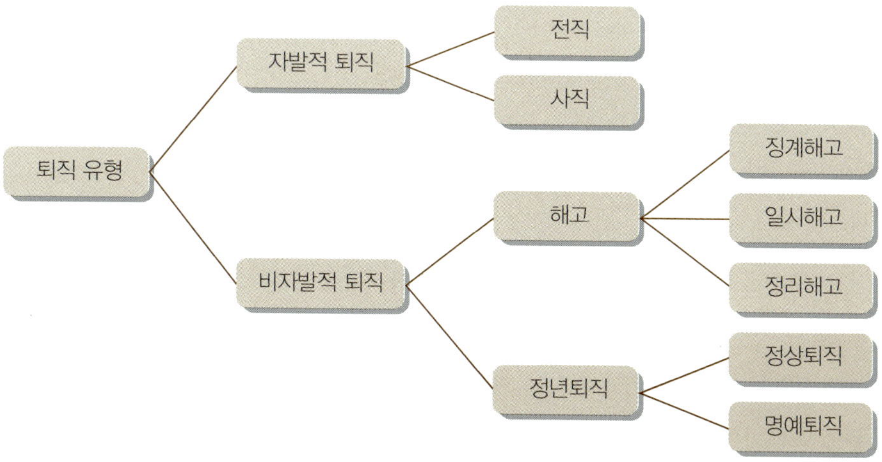

[그림 8-1] 우리나라 퇴직 유형

출처: 송희영(2016).

(1) 자발적 은퇴

은퇴 자발성은 은퇴가 자발적으로 이루어졌느냐 아니면 비자발적으로 이루어졌느냐에 대한 은퇴자의 인식을 뜻한다. 자발적으로 결정한 은퇴는 일반적으로 긍정적인 심리적 효과와 높은 삶의 만족도를 가져오는 경향이 있다. 또한 자발적 은퇴는 은퇴자의 건강 상태와도 밀접한 관련이 있는데, 건강이 양호한 개인은 은퇴 후에도 활발한 사회활동과 자아실현을 추구할 수 있어, 긍정적인 은퇴 경험을 할 가능성이 높다.

퇴직 자발성 여부에 따른 은퇴 유형에 대한 연구에서(여혜수, 2014), 비자발적 퇴직자는 자발적 퇴직에 비해 노동시장으로 재진입하는 비율이 높았으며, 은퇴 시기도 더 늦은 경향을 보였다. 그러나 노동시장 재진입 후 자발적 퇴직자는 상용직이나 자영업 형태로 재진입하는 경우가 많았던 반면, 비자발적 퇴직자는 임시·일용직 형태로 재진입하는 경우가 많았다. 은퇴 자발성은 은퇴를 위한 경제적 준비 및 심리적 적응과도 밀접한 관계를 가진다. 자발적 은퇴는 개인의 '자유로운 의사결정'에 따라 직업생활을 마무리하는 경우를 의미한다. 이는 정년퇴직을 앞두고 계획적으로 이루어질 수 있으며, 개인적인 목표 달성, 건강상의 이유, 새로운 삶의 추구 등의 동기에 의해 예상보다 일찍 이루어질 수도 있다. 직장 내에서의 역할 변화나 개인적인 가치관의 변화로 인해 '자발적으로 퇴사'를 선택하는 경우도 상황에 따라 자발적 은퇴의 한 형태로 볼 수 있다.

자발적 은퇴의 특징과 심리적 경험을 살펴보면 다음과 같다.

① **계획성과 예측 가능성**: 자발적 은퇴는 일반적으로 개인이 은퇴 시점을 예측하고 준비할 수 있는 시간적 여유를 가지는 데 도움이 된다. 이러한 계획성은 은퇴 후의 삶에 대한 기대를 형성하고, 필요한 자원을 준비할 수 있게 한다.

② **긍정적인 기대와 새로운 시작**: 자발적 은퇴자들은 은퇴를 직장으로부터의 해방, 새로운 인생의 시작으로 인식하며 긍정적인 기대를 가질 수 있다. 이는 취미활동, 여가생활, 가족과의 시간 등 자신이 원하는 삶을 설계하고 실현할 수 있다는 희망으로 이어질 수 있다.

③ **능동적인 역할 변화**: 자발적 은퇴는 개인이 능동적으로 자신의 역할을 변화시키고 새로운 활동을 탐색할 수 있는 기회를 제공한다. 예를 들어, 은퇴 후 자원봉사, 학습, 새로운 기술 습득 등을 통해 사회적 연결을 유지하고 삶의 의미를 발견할 수 있다.

자발적인 은퇴라고 하더라도 은퇴는 누구에게나 커다란 변화과정이므로, 은퇴상담을 통해 충분한 준비를 돕는 것이 필요하다. 자발적 은퇴상담 시 다루어야 하는 주요한 내용은 다음과 같다(황은성, 2021).

① **은퇴준비 점검:** 자발적 은퇴자라 하더라도 경제적 준비, 건강 관리, 사회적 관계, 여가활동 계획 등 다각적인 측면에서의 준비가 충분한지 점검해야 한다. 특히 은퇴 후 예상되는 생활비, 의료비 등을 고려하여 재정 계획의 현실성을 평가하고, 부족한 부분을 보완할 수 있도록 지원해야 한다.

② **은퇴 후 목표 설정:** 은퇴 후에도 삶의 만족도와 행복감을 유지하기 위해서는 구체적인 목표 설정이 중요하다. 상담자는 은퇴자의 가치관, 흥미, 강점 등을 파악하여 새로운 역할, 활동, 학습목표를 설정하도록 돕고, 이를 실현하기 위한 정보 탐색 및 자원 연결을 지원할 수 있다.

③ **심리적 적응 지원:** 자발적 은퇴라 하더라도 역할 상실, 사회적 관계 변화 등에 따른 심리적 어려움을 경험할 수 있다. 상담자는 은퇴자의 감정을 공감하고 지지하며, 긍정적인 자아 개념을 유지하고 새로운 정체성을 확립을 지지해 주어야 한다.

④ **관계 변화에 대한 준비:** 은퇴는 배우자 및 가족과의 관계에 큰 변화를 가져올 수 있다. 상담자는 은퇴자가 가족 구성원들과의 원활한 소통과 관계 재정립을 통해 더욱 건강하고 행복한 노후를 보낼 수 있도록 지원해야 한다.

(2) 비자발적 은퇴

비자발적 은퇴는 개인의 의사와는 상관없이 외부적인 요인에 의해 강제로 직업생활을 마무리하게 되는 경우를 의미한다. 비자발적 은퇴의 주요 원인은 정년/명예 퇴직, 기업 구조 조정(조기 퇴직 포함), 계약 만료, 권고사직 등 회사의 사정에 기인하는 경우도 있고, 가구 상황(이사, 결혼, 가족간병이나 돌봄), 본인의 건강 상태 등 개인 사정에 의해 발생할 수도 있다(성지미, 안주엽, 2006). 비자발적 은퇴는 은퇴자의 자아정체성과 사회적 역할에 대한 상실감을 초래할 수 있으며, 이는 우울감, 불안, 사회적 고립 등의 심리적 문제로 이어질 수 있다. 따라서 비자발적 은퇴자를 위한 심리적 지원과 재사회화 프로그램을 제공하는 것이 중요하다.

비자발적 은퇴의 특징과 이로 인한 은퇴자의 심리적 경험은 다음과 같다(구자복, 2020; 김형종, 2018).

① **통제감 상실과 불안감:** 비자발적 은퇴는 예고 없이 갑작스럽게 발생하여 개인에게 큰 충격과 혼란을 야기할 수 있다. 자신의 의지와 상관없이 직장을 잃게 되면서 통제감 상실을 경

험하고, 미래에 대한 불안감을 느낄 수 있다.

② **정체성 위기와 역할 상실**: 직업은 개인의 정체성을 형성하는 중요한 기반이 되므로, 비자발적 은퇴는 자아정체성 혼란과 함께 직업인으로서의 역할에 대한 상실감을 심화시킬 수 있다. 특히 오랫동안 조직에 헌신해 온 경우, 상실감은 더욱 클 수 있다.

③ **부정적인 감정과 심리적 고통**: 비자발적 은퇴는 분노, 슬픔, 좌절감, 무기력감 등 다양한 부정적인 감정을 동반하며, 심한 경우 우울증, 불안장애 등의 심리적 문제로 이어질 수 있다. 특히 경제적 어려움에 대한 우려가 클 경우, 심리적 고통은 더욱 심화될 수 있다.

④ **사회적 관계 변화와 고립감**: 직장 동료와의 갑작스러운 단절은 사회적 지지 네트워크 약화와 고립감을 초래할 수 있다. 특히 직장 내 관계가 사회적 관계의 대부분을 차지했던 경우, 은퇴 후 느끼는 외로움은 더욱 클 수 있다.

오랫동안 적응해 온 일터를 벗어나는 은퇴는 그 자체로 충격적인 경험이며, 특히 본인의 의사에 반하는 비자발적 은퇴는 커다란 상실과 다양한 심리적 어려움을 줄 수 있기에 은퇴자와의 상담에서 더욱 세심한 접근이 요구된다. 다음은 비자발적 은퇴상담 시 다루어야 하는 주요한 내용이다(최용희, 2020).

① **정서적 지지와 공감**: 상담의 초기에는 비자발적 은퇴자들이 경험하는 상실감, 분노, 불안 등의 감정을 수용하고 공감하는 것이 가장 중요하다. 내담자가 자신의 감정을 충분히 표현하고 이해받는 과정을 통해 안전하고 지지적인 경험을 하는 것이 중요하다.

② **위기 개입 및 자원 연결**: 갑작스러운 실직으로 인해 겪을 수 있는 경제적 어려움에 대한 긴급 지원 방안을 모색하고, 필요한 정보 및 자원을 연결해 주어야 한다. 예를 들어, 실업 급여, 재취업 지원 프로그램, 금융 상담 등을 안내할 수 있다.

③ **정체성 재확립 및 의미 재발견**: 직업 상실로 인해 흔들리는 자아존중감을 회복하고 새로운 정체성을 탐색하도록 돕는 것이 중요하다. 은퇴 전 직장에서의 경험과 강점을 바탕으로 새로운 역할과 목표를 설정하고, 자신의 가치를 재발견하도록 지지해 주어야 한다.

④ **대처 전략 및 심리적 회복 탄력성 강화**: 비자발적 은퇴라는 외상적 경험에 대한 건강한 대처 전략을 개발하고, 심리적 고통으로부터 회복할 수 있는 내적 자원과 회복 탄력성을 강화하도록 지원해야 한다. 종교적 경험이 비자발적 은퇴자의 적응 과정에서 긍정적인 역할을 할 수 있다는 점을 고려할 수도 있다.

⑤ **사회적 연결망 회복 및 확대**: 은퇴 후에도 사회적 지지를 유지하고 고립감을 해소하기 위

해 가족, 친구, 지역사회 활동 등에 적극적으로 참여하도록 격려해야 한다. 새로운 인간관계를 형성하고 소속감을 느낄 수 있도록, 다양한 모임이나 프로그램을 찾아볼 수 있도록 한다.

⑥ **과거에 대한 수용 및 미래 지향적 태도 함양:** 과거 직장생활에 대한 미련이나 후회에 갇히기보다는, 현재 상황을 수용하고 미래를 향해 나아갈 수 있도록 긍정적인 관점을 갖도록 도와야 한다. 새로운 기회를 탐색하고 자신의 잠재력을 믿도록 격려하는 것이 중요하다.

Taylor와 Ogilvie(2001)는 은퇴 과정에서 가장 중요한 점은 '개인이 행복하고 생산적인 사람으로 살아가기 위해 스스로 삶의 방식에 대한 태도와 신념을 재구성하는 것'이라고 강조하였다. 이는 은퇴상담 장면에서 은퇴자의 은퇴 동기를 진단하고, 그에 맞는 개입 전략을 수립하는 데 있어 중요한 출발점이 된다. 은퇴상담은 심리적 지원을 넘어 경제, 건강, 사회관계까지 포괄하는 통합적 접근이 필요하며, 은퇴자의 개인적 특성과 상황에 맞춘 맞춤형 상담이 이루어져야 한다. 은퇴 후 적응은 단기간에 이루어지는 것이 아니라 지속적인 과정이므로, 경우에 따라 장기적인 상담을 제공하고 정기적인 사후 관리를 통해 은퇴자의 안정적인 삶을 지원하는 것이 필요하다.

3 개인적 특성과 은퇴

개인적 특성은 다양한 요소를 생각해 볼 수 있으나 여기에서는 은퇴자들과 관련되어 많은 연구에서 주로 언급되고 있는 신체적 요소, 심리적 요소, 가족관계를 중심으로 살펴보려 한다. 신체 건강은 은퇴 후 삶의 만족과 적응을 좌우하는 핵심 요인 중 하나로, 성공적인 노화(successful aging)를 평가하는 주요 지표로 사용된다. 일반적으로 의료 및 복지 분야에서 삶의 질(quality of life)은 흔히 건강 상태를 중심으로 측정하는 경우가 많은데, 이는 건강이 일상 기능, 자율성, 그리고 사회적 참여 등 다양한 삶의 영역에 영향을 미치기 때문이다.

은퇴 후 노년기에도 삶의 만족을 유지하거나 심리적 안녕을 유지하는 것은 중요하다. 따라서 은퇴자가 자신의 삶을 수용하고, 과거를 후회하지 않으며, 현재의 자신을 긍정적으로 인식할 수 있도록 돕는 상담 접근이 필요하다.

신체적 요소, 심리적 요소와 더불어 은퇴자의 삶에 가장 큰 영향을 미치는 요소인 가족관계는 은퇴로 인한 역할 상실이나 심리적 어려움을 완화시킬 수 있는 보호 요인이며, 반대로 갈등의 원인이 될 수도 있다(전귀연, 배문조, 2008). 가족 중 가장 중요한 대상인 배우자 및 자녀와의 관계가 은퇴에 미치는 영향을 살펴보기로 한다.

1) 신체적 요소

(1) 신체적 노후준비의 중요성

신체적 노후준비는 중년기부터 계획되어야 하는 은퇴준비의 핵심 요소이며, 이는 노년기의 건강한 삶을 가능하게 하는 기초가 된다. 노년기에는 만성 질환 및 신체기능 저하의 위험이 증가하므로, 조기부터 건강한 생활습관을 갖추는 것이 중요하다. 신체적 건강은 자립적 생활 유지를 가능하게 하며, 심리적 위축이나 사회적 고립을 예방하는 데도 결정적 역할을 한다(정영자, 2011). 은퇴 이후 건강 악화는 노동력 감소 및 경제적 부담을 심화시키며, 사회적 활동 축소로 이어져 고립, 무기력, 심리적 노화를 초래한다(추기철, 2000). 또한 은퇴자의 주관적 건강 인식이 높을수록 삶의 질이 긍정적으로 평가되는 경향이 있고, 일상생활수행능력이 높은 경우에 삶의 만족도도 높게 나타난다(허준수, 2004).

은퇴 후 삶에서 건강은 단순한 신체적 조건이 아니라, 경제적 안정과도 밀접한 관계를 가진다. 건강 상태가 양호하면 의료비 부담이 줄어들고, 활동성을 유지할 수 있으므로 사회적 관계 유지와 적극적 여가활동 참여가 가능해진다. 이처럼 신체적 건강은 여가생활과도 상호 밀접한 영향을 주고받으며, 특히 건강한 신체를 바탕으로 한 여가활동은 삶의 만족도를 높이고 은퇴 후의 우울감과 무기력감을 줄이는 데 효과적이다.

(2) 신체적 노후준비와 은퇴 후 적응

신체적 노후준비는 은퇴 후 삶의 질과 적응을 결정짓는 현실적인 요소이다. 신체적으로 건강한 노인은 높은 자율성과 독립성을 유지하며, 다양한 여가활동과 사회적 참여를 통해 긍정적인 삶의 태도를 지속할 수 있다. 건강 상태는 치료 효과 및 돌봄의 수준을 판단하는 기준이 되며, 외부 요인이 건강에 미치는 영향을 평가할 수 있는 유용한 지표이다. 또한 건강 상태는 인생 만족도, 심리적 안녕, 일상 기능 수행과 밀접한 관련이 있다(Pearlman & Uhlmann, 1991). 그러나 객관적으로 건강 상태가 좋지 않더라도 주관적으로 성공적인 노화를 경험하는 경우가 있기에, 건강만이 성공적 노화의 유일한 기준인 것은 아니다(Erikson et al., 1986).

노년기의 일상생활능력은 건강 상태를 반영하는 중요한 지표이므로, 일상생활활동(Activities

of Daily Living: ADL)과 일상생활동작(Instrumental Activities of Daily Living: IADL)의 수행 여부를 통해 독립적인 생활 가능성을 판단할 수 있다(Horgas et al., 1998). 노년기의 일상생활활동은 개인의 동기와 삶의 목표를 반영하며, 단순한 생존을 넘어서 사회적 참여, 여가활동, 자아실현 등 삶의 질 전반에 영향을 준다. 활동적인 일상은 목표 지향적 행동 선택의 결과이며, 다양한 활동 참여가 곧 개인의 삶을 구성하는 기반이 된다는 것이다. 이에 따라 휴식만으로 대부분의 시간을 보내는 노인보다, 적극적인 여가활동이나 사회참여를 지속하는 노인이 더욱 성공적인 노화를 경험할 가능성이 높다고 할 수 있다. 반면, 신체적 준비가 미흡한 경우 일상생활동작(IADL)이 제한되고, 타인에 대한 의존성이 높아지며 자아존중감과 생활 만족도가 저하될 가능성이 높다. 이러한 점에서 신체적 건강관리는 단순한 질병 예방 차원을 넘어, 은퇴 후 삶의 주체성을 확보하는 핵심 준비 과정이라고 할 수 있다. 은퇴상담에서도 신체적 노후준비를 중요한 실천 과제로 설정하고, 중년기부터 체계적인 건강관리를 유도하는 접근이 필요하다.

2) 심리적 요소

(1) 자아통합

심리적 · 주관적 안녕은 신체적 기능이나 사회적 환경과는 독립적으로 유지될 수 있는 영역이므로, 자아 수용과 인생에 대한 의미 찾기를 주요 과제로 삼아야 한다. 또한 은퇴상담에서는 인생 만족도뿐만 아니라 미래지향적 태도를 어떻게 형성하고 있는지, 자신의 삶을 재구성하려는 의지가 있는지를 함께 살펴보아야 한다. 이를 통해 은퇴자는 단순히 생활을 유지하는 것을 넘어, 새로운 정체성을 형성하고 성장할 수 있는 기회를 만날 수 있을 것이다.

Erikson(1964)의 인생발달이론에서는 노년기를 '자아통합(ego integrity) 대 절망(despair)'의 시기로 설명하였다. 자아통합의 상태는 지금까지의 인생을 긍정적으로 수용하고, 자신의 한계를 받아들이며 죽음을 삶의 자연스러운 일부로 인정하는 심리적 태도를 의미한다. 반면, 절망은 지나온 삶을 후회하고, 인생의 시간적 제한에 불만을 가지며, 다시 삶을 되돌릴 수 있다면 다르게 살고 싶다는 비현실적 바람으로 인해 절망감에 빠지는 상태를 말한다. 이 이론은 노년기에 자아통합을 유지하는 태도가 삶의 만족도를 높이고, 성공적인 노화를 가능하게 한다는 점을 강조한다. 또한 Havighurst(1973)는 노년기에 반드시 해결해야 할 발달 과제를 신체적 기능 저하에 대한 적응, 퇴직과 소득 감소에 대한 수용, 가까운 사람의 죽음에 대한 심리적 대응, 또래 집단과의 관계 재구성, 사회 역할의 변화에 대한 유연한 수용 등으로 제시하였다. 이렇듯 자신의 삶의 과제 전반을 통합하는 것은 노년기의 삶의 질과 적응 수준을 결정짓는 중요한 요인이 된다(모선희, 이지영, 2002).

(2) 주관적 안녕감

은퇴 후 삶의 적응을 이해하는 데 있어 심리적 요인은 매우 중요한 구성 요소로, 그 중심 개념 중 하나가 '심리적 · 주관적 안녕감(psychological subjective well-being)'이다. 이 개념은 특히 노인을 대상으로 한 연구에서 폭넓게 활용되며, 개인의 내면적 정서 상태와 삶의 만족 정도를 포괄적으로 이해하는 데 유용하다(Lee & Ishi-Kuntz, 1987). 주관적 안녕감은 일반적으로 긍정적 정서(positive affect), 부정적 정서(negative affect), 인생 만족도(life satisfaction)라는 세 가지 하위 요인으로 구성된다(Andrew & Withey, 1976). 긍정적 · 부정적 정서는 일상에서 경험하는 감정적 반응을 의미하며, 인생 만족도는 개인이 자신의 삶을 어떻게 평가하는지를 나타내는 인지적이고 판단적인 요소이다. 대부분의 연구자는 이 세 가지를 통합된 하나의 지표로 보기보다는, 상호 연관되어 있으면서도 독립적인 요소로 분석한다(Fletcher et al., 1992).

이러한 접근은 성공적인 노화(successful aging)를 설명할 때 유용하게 사용된다. 예를 들어, 신체 기능이나 인지 능력에서 손실이 있는 노인이라도 인생 만족도와 정서적 안녕이 높은 경우, 성공적으로 노화하고 있다고 평가할 수 있다. 그러나 주관적 만족이 높더라도 일상생활의 자율성이 크게 결여되어 있는 경우라면 성공적인 노화로 보기 어렵다는 점에 유의해야 한다(Heidrich & Ryff, 1995).

(3) 미래감

인생 만족과 성공적인 노화는 기존의 연구에서 혼용되는 경향이 있으나, 두 개념은 명확히 구분할 필요성이 있다. 인생 만족은 과거의 삶에 대한 수용과 반성을 중심으로 하는 정적인 개념인 반면, 성공적인 노화는 과거의 경험을 토대로 현재를 통합하고, 지속적인 성장과 미래지향을 추구하는 역동적인 개념이다. Fisher(1995)는 은퇴 이후의 성공적인 노화를 위해서는 '미래감(sense of future)'이 중요한 심리적 요소라 하였다. 즉, 성공적으로 나이 드는 사람은 과거의 경험을 현재 상황에 적용하며, 지속적인 학습과 성장의 과정을 통해 미래를 설계하고, 자아정체성과 발달을 현재의 과제로 삼는다. 이러한 점에서 인생 만족은 삶의 기초적인 욕구를 충족하는 수준이라면, 성공적인 노화는 자기이해, 타인을 향한 봉사, 삶의 의미 추구와 같은 보다 고차원의 욕구와 관련된다고 할 수 있다(홍현방, 최혜경, 2003).

3) 가족관계

(1) 배우자와의 관계

은퇴기에 배우자와의 관계는 은퇴적응에 매우 중요한 영향을 미친다. 결혼생활의 질은 은퇴 준비와 적응을 돕는 주요 가족 요인이며(Wang & Shultz, 2010), 은퇴과정모델(retirement process model)에서도 배우자는 중간 수준에서 은퇴자의 적응에 영향을 미치는 중요한 변인으로 제시된다(Wang & Shi, 2014).

여러 선행연구에서는 결혼한 은퇴자가 미혼 또는 이혼 · 사별한 은퇴자보다 더 나은 적응을 보이는 경향이 있으며, 결혼생활의 만족도가 은퇴 전환과 적응에 긍정적 영향을 준다고 보고되었다(성영모, 2014). 은퇴 이후 건강한 부부관계는 심리적 안정을 제공하는 기반이 되며, 가족생활에서의 역할 재조정은 은퇴로 인한 정체감 변화에 효과적으로 대응할 수 있게 한다(한경혜, 이정화, 2012).

은퇴는 개인뿐 아니라 가족 전체에게 영향을 주는 사건으로, 은퇴 전부터 부부가 함께 준비하는 것이 중요하다. 배우자와의 의사소통 및 재정, 역할 분담 등에 대한 합의는 은퇴 후의 부부갈등과 부적응을 줄이는 데 도움이 된다(성영모, 2014). 은퇴불안과 부부관계의 질이 심리적 안녕감에 영향을 미치며, 은퇴기 이후 긍정적인 정서 교류와 친밀한 부부관계는 부부갈등의 예방에 효과적이다(이은주, 이지연, 2015). 은퇴 이후 배우자는 단순한 동거자 이상의 의미를 가지기에, 상호 정서적 지지와 공감 능력을 공유하는 '동반자'로 관계를 재정립할 필요가 있다. 이러한 관계는 은퇴 이후 삶의 질을 높이며, 서로의 성장을 촉진하는 기반이 된다(이나련, 강주연, 2015).

(2) 자녀와의 관계

한국 사회에서는 전통적으로 자녀중심주의 가치관이 강하게 유지되어 왔다. 자녀중심주의란 부모의 삶의 의미와 목표, 문제해결의 우선순위가 자녀를 중심으로 형성되는 경향을 의미한다. 한국의 경우, 자녀가 잘되는 일이라면 자신의 희생도 기꺼이 감수하겠다는 태도가 매우 강하다(김태현, 2001). 이러한 태도로 인해 은퇴기 이후 부모에게 자녀가 심리적 지지의 핵심적 기반이 되며, 자녀의 존재는 소속 욕구 충족과 자아정체감의 유지에 크게 기여하는 것으로 나타난다(김윤정, 최혜경, 2000).

자녀는 은퇴자의 삶의 질에 직간접적으로 영향을 미치는 중요한 존재로 작용한다. 배우자가 주로 정서적 지지를 제공하는 데 비해, 자녀는 신체적 · 경제적 측면에서 실질적인 도구적 지지를 제공하는 경우가 많다(안경숙, 2005). 부모-자녀 간 정서적 교류는 노년기 삶의 질을 높이는 중요한 요인이며, 성인 자녀와의 관계가 원만할수록 노후생활 만족도가 높고 삶의 질 향상에 긍정적으로 작용한다(권중돈, 조주연, 2000). 자녀와 자주 연락하거나 만나 시간을 보내는 등 자녀와의 친밀한 관계는 노인의 생활 만족도와 심리적 안녕감에 중요한 영향을 미치기에(김숙경, 2004), 전반적으로 자녀와의 친밀감이 있는 노인이 그렇지 않은 노인보다 삶의 질이 높다. 한국 사회에서는 전통적으로 효 의식이 여전히 강하게 작용하고 있어 자녀로부터의 지원을 당연하게 여겨 왔으나, 이러한 경향은 급속하게 변화되고 있다. 하지만 여전히 자녀와의 긍정적 관계와 효행은 부모 중심의 가족 화합과 노인의 정신건강 및 삶의 질에 긍정적인 영향을 주는 것으로 나타난다(배나래, 박충선, 2009).

4 사회적 특성과 은퇴

1) 사회활동참여와 사회적 관계

(1) 은퇴자의 사회활동 참여

은퇴 후 삶에서 사회활동의 참여는 개인의 생활 만족도, 심리적 안녕감, 자아정체감 유지에 있어 매우 중요한 요인으로 작용한다. 활동이론(activity theory)은 노인의 사회활동 참여가 높을수록 심리적 만족감과 생활 만족도가 높아진다고 강조하며, 이는 중년기와 마찬가지로 노년기 역시 여전히 심리적 및 사회적 욕구를 지니고 있다는 전제에서 출발한다(윤형준, 2010). 생물학적 변화나 건강의 불가피한 손실을 제외하고, 노년의 삶 역시 능동적 사회참여를 통해 의미 있게 유지될 수 있다는 것이다.

활동이론은 퇴직이라는 제도적 전환이 노인의 사회적 기능을 단절시키는 비합리적인 결과를 초래한다고 비판하며, 노인이 갖고 있는 고유한 능력과 개인차를 고려하지 않는 법적 강제 은퇴제도에 대해 문제를 제기한다. 즉, 퇴직은 단순한 역할 상실이 아닌, 사회적 가치의 상실로 인식되며, 이는 무기력감, 사기 저하, 우울, 분노와 같은 심리적 위축으로 이어진다(고영복, 1991). 따라서 은퇴 이후에도 친밀한 사회적 활동에 지속적으로 참여할 필요가 있으며, 기존의 역할을 대체할 수 있는 활동을 새롭게 구축하는 것이 중요하다.

우리나라 노인의 사회활동 참여율은 선진국에 비해 상대적으로 낮은 수준을 보이며, 그 활동 영역 또한 제한적인 경향을 보인다. 특히 단체 중심의 조직 활동보다는 경로당 등 지역사회 내 소규모 비공식 활동에 집중되는 경향을 보인다. 국내에서 진행된 연구에서 65세 이상의 사회단체 가입률은 종교단체(47.9%)와 사교단체(35.5%)에 집중되어 있으며, 운동단체(3.9%), 정치단체(2.1%), 문화활동단체(0.9%) 등 보다 적극적인 사회참여 형태의 활동 참여는 현저히 낮은 것으로 나타났다(정경희 외, 2005). 이는 한국에서 은퇴자의 사회적 활동이 특정 영역에 편중되어 있고, 다양한 분야로의 참여 기회가 부족하다는 점을 시사한다. 이러한 사회참여의 협소함은 삶의 질 저하와도 연결된다. 또한 조기 퇴직 증가로 인해 직업 수명이 단축되면서 은퇴자의 가장 역할이 약화되고, 가족 내 지위 하락과 자존감 저하를 초래할 수 있다. 이는 은퇴 후 사회적 고립과 심리적 소외를 심화시키는 요인이 된다.

(2) 은퇴 후 사회적 관계의 의의

은퇴 이후 사회적 관계 활동은 생활 만족도와 밀접한 관련이 있다. 은퇴 후에는 일상생활에서의 기존 사회적 역할이 상실되기 때문에, 이를 대신할 새로운 사회활동에 참여함으로써 노인의 심리적 안정을 도모할 수 있다. 중년기와 노년기에 대한 비교연구에서 은퇴 이후에는 직업 외적인 사회활동을 보다 적극적으로 추구할 필요가 제기되었는데, 이는 사회와의 지속적인 관계 유지가 노인의 자아정체감 유지와 생활 만족을 높이는 데 기여하기 때문이었다(김태현, 2001).

선택적 사회활동(selective activity)은 상징적 상호작용론(symbolic interactionism)의 관점에서 볼 때 '중요한 타자(significant others)'와의 관계를 중심으로 형성되며, 이는 퇴직 후 삶의 질을 좌우하는 핵심 요인이다. 퇴직 이후의 생활 세계는 기존의 직장 중심에서 가정, 이웃, 종교단체, 지역사회 클럽 등으로 옮겨지며, 이 과정에서 '중요한 타자' 역시 직장동료에서 배우자, 자녀, 친지, 친구 등으로 전환된다. 따라서 노년기는 정서적 고립이나 사회적 상실감을 경험하게 되는 시기이며, 이 시기의 친구 관계는 매우 중요한 심리적 자원으로 작용한다. 동년배와의 교류를 통해 자기 가치감, 충족감, 수용, 지원 등의 긍정적 경험을 하게 되며, 이는 사회 통합의 기초가 된다. 이러한 관계는 자발적이며, 비슷한 생활방식, 가치관, 경험을 공유함으로써 공감과 상호 선택의 기반 위에서 이루어진다.

사회활동 참여는 활동 그 자체로 의미 있을 뿐 아니라, 역할 지지를 통해 자아 존중감을 유지하고, 이를 통해 생활 만족도를 높이는 심리적 메커니즘을 제공한다. 사회활동은 단순히 공식적인 역할 수행을 넘어서, 의미 있는 대인관계와 상호작용을 포함하는 모든 활동을 포괄한다(장인협, 최성재, 2009). 친구, 직장, 사회단체 활동과 같은 친밀한 사회적 관계는 은퇴적응에 긍정적인 영향을 미치며, 생활 만족도를 향상시키는 데 중요한 자원이 된다(Crosnoe & Elder, 2002).

결국 은퇴 후 사회적 관계의 유지는 단순한 여가나 정서적 지지 그 이상을 의미하며, 자아정체성 유지와 공동체 소속감의 형성, 삶에 대한 만족의 핵심 요소임을 알 수 있다(윤종주, 1994). 활동이론의 관점에서 은퇴 이후의 삶도 이전 생애 단계와 동일하게 의미 있는 사회적 활동의 연속선상에 위치해야 하며, 은퇴로 인한 상실을 새로운 활동으로 대체하는 것이 성공적인 은퇴적응의 핵심이다.

2) 여가활동

(1) 은퇴자의 여가활동

은퇴 후 여가활동은 단순한 시간활용을 넘어, 삶의 만족도와 삶의 질을 결정짓는 핵심 요소라 할 수 있으며, 노년기의 삶에서 여가활동은 의료보장이나 소득보장 못지않게 중요한 복지 영역을 구성한다(이유리, 박미석, 2005). 특히 은퇴 이후의 생활에서 여가는 자아실현, 성장 욕구 충족, 정서적 안정, 건강 증진 등 다양한 측면에서 중대한 기능을 수행하며, 노년기의 성공적인 삶을 위한 필수 조건으로 간주된다. 여가를 통해 사회 구성원으로서 성장과 발달의 권리를 경험할 수 있고, 삶의 의미를 확대할 수 있다. 또한 여가는 고독과 소외감을 해소하고, 정신건강 증진 및 만성질환 예방에도 기여한다(김동진, 2007).

(2) 은퇴 이후 여가의 특성과 제한요인

은퇴 후 여가활동은 단순한 심신의 회복이나 오락을 넘어서, 일상생활과 깊이 연계된 삶의 통합적 방식으로 나타난다. 특히 활동적 여가(능동적 여가활동)는 수동적 여가에 비해 여가만족도와 삶의 만족에 긍정적 영향을 미치는 것으로 나타났으며, 신체적 건강 증진, 사회적 접촉 기회 확대, 자존감 고양, 자기효능감의 향상, 자율성 증진 등 다면적인 이점을 제공한다. 또한 은퇴자의 여가는 단순한 활동을 넘어 사회적 네트워크를 형성하고, 역할과 의미를 부여받을 수 있는 기회를 얻는다는 점에서, 사회적 통합과 정서적 지지의 통로가 된다. 특히 가까운 친구와의 우정은 삶의 위기 상황을 대처하는 데 있어 중요한 심리적 자원으로 작용하며, 상호존중과 동등한 관계 속에서 정체성 유지에 도움을 준다(나항진, 2002).

은퇴자의 여가 참여 수준과 만족은 전반적 생활 만족도와 밀접한 관련을 보이는데, 이는 여가가 삶 전반에 긍정적 영향을 미칠 수 있는 정서적 촉진 요인임을 시사한다(지승훈, 2009). 그러나 현실적으로 생활환경 변화와 가족 구조의 축소, 노동시간 감소로 인해 여가시간은 증가하였지만, 여가활동에 대한 인식 부족, 경제적 여건의 한계, 여가시설 및 프로그램의 부족으로 인해 질 높은 여가활동의 참여가 어려운 실정이다(조연철, 박영욱, 2001). 특히 저소득층 노인의 경우 여가활동 참여율이 낮아 무료함과 고독, 우울을 경험할 위험이 높기에, 은퇴상담에서는 이들의 여가활동 계획 수립, 안정적인 참여 지지 등도 중요한 부분이라 할 수 있다.

참고문헌

강유진(2005). 한국 성인세대의 노후준비에 관한 연구. **한국지역사회생활과학회지**, 25(1), 159-174.

고영복(1991). **현대사회문제**. 서울: 사회문화연구소출판부.

구자복(2020). 한국 대기업 임원들의 비자발적 퇴직에 대한 적응 과정 연구. 중앙대학교 대학원 박사학위논문.

권중돈, 조주연(2000). 노년기의 삶의 만족도에 영향을 미치는 요인. **한국노년학**, 20(3), 357-376.

김동진(2007). **활기찬 노년을 위한 여가활동**. 서울: 서울대학교출판부.

김미령(2006). 전기후기 여성노인의 삶의 질 및 영향요인 비교연구. **한국사회복지학**, 58(2), 197-222.

김미령(2008). 여성노인의 삶의 만족도에 영향을 미치는 성공적 노화의 구성요소. **한국노년학**, 28(1), 33-48.

김숙경(2004). 농촌노인의 삶의 질 향상에 영향을 미치는 요인. **노인복지연구**, 23(1), 179-202.

김윤정, 최혜경(2000). 사회적 지지로서 노인부양. **한국노년학**, 20(1), 209-223.

김종진(2017). 경제적 신체적 노후준비가 은퇴생활에 미치는 영향. 한세대학교 대학원 박사학위논문.

김주성, 최수일(2010). 라이프스타일이 노후준비도 및 생활만족도에 미치는 영향. **한국가족복지학**, 15(3), 97-119.

김태현(2001). **노년학**. 서울: 교문사.

김현진(2023). 댄스스포츠 선수의 은퇴기대와 은퇴준비수준, 진로결정자기효능감이 진로적응성에 미치는 영향. 한양대학교 대학원 박사학위논문.

김형종(2018). 급여생활자의 은퇴설계 경험에 관한 근거이론 접근. 홍익대학교 대학원 박사학위논문.

나항진(2002). 성공적 노화를 위한 노인의 여가에 관한 연구. **노인복지연구**, 18(1), 131-163.

모선희, 이지영(2002). 노인의 스트레스와 대처방식에 관한 연구. **한국노년학**, 22(1), 65-80.

박기남(2004). 노년기 삶의 만족도의 성별차이: 2004년도 한국사회학회 전기 사회학대회. **한국사회학회**, 6, 111-118.

배나래, 박충선(2009). 노년기 삶의 질에 영향을 미치는 생태계적 요인에 관한 연구. **한국노년학**, 29(2), 761-779.

배문조(2006). 개인적 심리적 직업관련 변인인 은퇴기대와 은퇴준비에 미치는 영향. 경북대학교 대학원 박사학위논문.

성영모(2014). 은퇴자부부들의 부부관계에 대한 현상학적 연구. 숭실대학교 대학원 박사학위논문.

성지미, 안주엽(2006). 중고령자 취업 결정요인. **노동정책연구**, 6(1), 39-74.

송희영(2016). 비자발적 퇴직 후 재취업에 성공한 베이비붐세대 중년남성의 학습경험 연구: 금융권 종사 경험자를 중심으로. 서강대학교 대학원 석사학위논문.

안경숙(2005). 노인부부가구 · 노인독신가구의 사회적 지지가 삶의 질에 미치는 요인에 관한 연구. **한국노년학**, 25(1), 1-19.

여윤경, 정순희, 문숙재(2007). 한국가계의 은퇴준비에 관한 연구. **소비문화연구**, 10(3), 129-155.

여혜수(2014). 중 · 고령기 퇴직 자발성 여부에 따른 은퇴유형 분석. 서울대학교 대학원 석사학위논문.

윤종주(1994). 노인과 사회참여: 그 현황과 전망. **한국노년학회**, 14(1), 169-178.

윤형준(2010). 성공적 노화에 미치는 영향 요인과 인식에 관한 연구. 강원대학교 대학원 박사학위논문.

이금자, 이현지(2008). 노인 코호트에 따른 삶의 질 결정요인. **노인복지연구**, 41(1), 159-182.

이나련, 강주연(2015). 은퇴부부의 가족관계와 지원방안. (재)경기도가족여성연구원정책과제 2015-37.

이수연(2014). 사무직 종사자의 퇴직 준비 척도 개발 및 타당화 연구. 성균관대학교 대학원 박사학위논문.

이유리, 박미석(2005). 시설거주노인의 여가프로그램 참여 제약요인에 관한 연구. **한국노년학회**, 25(3), 41-59.

이은주, 이지연(2015). 중년기 은퇴불안 척도개발 및 타당화. **상담학연구**, 16(4), 435-458.

이인수(2001). **노인복지론**. 서울: 양서원.

장인협, 최성재(2009). **노인복지학**. 서울: 서울대학교출판부.

전귀연, 배문조(2008). 성인기 노후준비의식과 노후준비행동에 관한 연구. **한국가정관리학회지**, 28(1), 13-24.

정경희, 오영희, 석재은, 도세록, 김찬우, 이윤경, 김희경(2005). 2004년도 전국 노인실태 및 복지욕구 조사. 한국보건사회연구원.

정영자(2011). 울산광역시 베이비부머의 노후준비 및 생산활 동에 관한 연구. 울산대학교 대학원 박사학위논문.

조연철, 박영욱(2001). 노인들의 생활체육 참여가 여가만족도와 정신건강과의 관계. **한국사회체육학회지**, 15(1), 289-299.

지승훈(2009). 노인의 여가활동 만족도와 성공적인 노화에 관한 연구. 원광대학교 대학원 박사학위논문.

최용희(2020). 비자발적 은퇴자의 은퇴 후 적응 과정에서의 영적 경험에 대한 연구. 연세대학교 대학원 박사학위논문.

추기철(2000). 한국 중년층의 노후대책에 대한 실증적 연구: 서울시를 중심으로. 한양대학교 대학원 석사학위논문.

한경혜, 이정화(2012). **대한민국 중년을 치밀하게 분석한 보고서 지금, 중년을 말할 때**. 경기: 교문사.

허준수(2004). 지역사회 거주 노인들의 생활만족도에 관한 연구. **노인복지연구**, 24(1), 127-151.

홍성희, 곽인숙(2007). 은퇴태도와 은퇴계획수준의 인과관계에 관한 연구. **한국가정관리학회지**, 25(2), 89-104.

홍현방, 최혜경(2003). 성공적 노화 정의를 위한 문헌연구. **한국가정관리학회지**, 21(2), 145-154.

황은성(2021). 공무원의 은퇴설계가 개인 삶의 질에 미치는 영향: 심리적 안녕감과 자아존중감의 매개효과. 서울벤처대학원대학교 박사학위논문.

Andrews, F. M., & Withey, S. B. (1976). *Social indicators of well-being*. New York: Plenum Press.

Atchley, R. C. (1991). The influence of aging or frailty on perceptions and expressions of the self: Theoretical and methodological issues. In J. Birren, J. Lubben, J. Rowe, & D. Deutchman (Eds.), *The concept and measurement of quality of life in the frail elderly* (pp. 207-225). Academic Press.

Atchley, R. C. (2000). *Socail forces and aging* (9th ed.). Belmont, California: Wadsworth.

Campione, W. A. (1987). The married woman's retirement decision: A methodological comparison. *Journal of Gerontology, 42*(4), 381-386.

Crosnoe, R., & Elder, G. H., Jr. (2002). Successful adaptation in the later years: A life course approach to aging. *Social Psychology Quarterly, 65*(4), 309-328.

Erikson, E. H. (1964). *Childhood and Society* (2nd ed.). New York: Norton.

Ericson, E. H., Erikson, J. M., & Kivnick, H. Q. (1986). *Vital involvement in old age: The experience of old age in our time*. New York: Norton.

Fisher, B. J. (1995). Successful aging, life satisfaction, and generativity in later life. *International Journal of Aging & Human Development, 41*(3), 239-250.

Fletcher, A. E., Dickinson, E. J., & Philp, I. (1992). Review: Audit measures quality of life instruments for every day use with elderly patients. *Age and Aging, 21*, 142-150.

Friedman, S. L., & Scholnick, E. K. (1997). An evolving "blueprint" for planning: Psychological requirements, task characteristics, and social-cultural influences. In S. L. Friedman, & E. K. Scholnick (Eds.), *The developmental psychology of planning: Why, how, and when do we plan* (pp. 3-22). London, UK: Psychology Press.

Gee, S., & Baillie, J. (1999). Happily ever after? An exploration of retirement expectations. *Educational Gerontology, 25*(2), 109-128.

Havighurst, R. J. (1973). *Developmental tasks and education* (3rd ed.). New York: D. Mckay Co.

Heidrich, S. M., & Ryff, C. D. (1995). Health, Social comparisons, and psychological well-being: Their cross-time relationships. *Journal of Adult Development, 2*(2), 173-186.

Horgas, A. L., Willis, H., & Baltes, M. M. (1998). Daily life in very old age: Everyday activities as expression of successful living. *The Gerontologist, 38*(5), 556-568.

Hornstein, G. A., & Wapner, S. (1986). Modes of experiencing and adapting to retirement. *The International Journal of Aging and Human Development, 21*(4), 291-315.

Lee, G. R., & Ishi-Kuntz, M. (1987). Social interaction, loneliness, and emotional well-being among the elderly. *Research on Aging, 9*(4), 459-482.

Miller, S. J. (1965). The social dilemma of the aging leisure participant. In A. Rose & W. Petersen (Eds.), *Older people and their social world*. Philladephia: Davis.

Noone, J., Alpass, F., & Stephens, C. (2010). Do men and women differ in their retirement planning? Testing a theoretical model of gendered pathways to retirement preparation. *Research on Aging, 32*(6), 715-738.

Pearlman, R. A., & Uhlmann, R. F. (1991). Quality of life in elderly, chronically ill outpatient. *Journal of Gerontology, 46*, 31-38.

Taylor, J., & Ogilvie, B. C. (2001). Career termination among athletes. In R. N. Singer, H. A. Hausenblas, & C. M. Janelle (Eds.), *Handbook of sport psychology* (2nd ed., pp. 672-691). Hoboken, NJ: John Wiley & Sons.

Wang, M., & Shi, J. (2014). Psychological research on retirement. *The Annual Review of Psychology, 65*, 209-233.

Wang, M., & Shultz, K. S. (2010). Employee retirement. A review and recommendations for future investigations. *Journal of Management, 36*(1), 172-206.

제 4 부

은퇴상담의 기법과 도구

은퇴상담의 이론과 실제

제9장

은퇴상담 기법

• 김은희 · 주수현

이 장에서는 은퇴상담 장면에서 활용할 수 있는 주요 기법들을 체계적으로 정리하고자 한다. 은퇴상담은 정서적 지지뿐만 아니라, 삶의 방향을 탐색하고 변화에 적응할 수 있도록 돕는 과정이다. 이를 위해 상담자는 구조화된 개입 전략과 상담 기술을 바탕으로 내담자에게 적절한 도움을 제공할 수 있어야 한다. 따라서 이 장에서는 관계 형성, 내담자 특성 파악, 목표 설정, 의사결정 지원이라는 네 가지 영역을 중심으로 기법을 소개한다. 각 영역에서는 상담 초기의 신뢰 형성, 인지 · 정서 및 생애 특성의 이해, 목표 설정, 의사결정 명료화를 위한 실천적 방법을 다룬다.

제시된 기법들은 은퇴 시기의 심리적 요구와 전환 과제를 반영하여 구성하였고, 실제 상담 장면에서 활용할 수 있도록 구체적인 적용 방안을 포함하였다. 이를 통해 내담자의 특성과 상황에 맞는 상담 개입이 효과적으로 이루어질 수 있도록 하고자 한다.

1 내담자와 관계 형성을 위한 은퇴상담 기법

1) 상담초기 관계 형성의 중요성

상담 과정에서 초기 단계는 상담자와 내담자 간의 기본적인 상호작용이 형성되는 시기이다. 이 시기의 관계 형성은 상담자와 내담자 간의 심리적 신뢰를 구축하고, 상담 환경을 안전하고 개방적인 공간으로 인식하게 하는 데 결정적인 역할을 한다. 상담은 개인의 어려운 문제를 해결을 목표로 하는 만남이기 때문에, 내담자와 상담자의 관계 형성은 상담성과에 영향을 미칠 수 있는 중요한 요소이다.

상담 초기 관계 형성은 단순한 인간적 친밀감을 넘어, 전문적 관계의 기초가 되는 상담 라포(rapport) 및 작업동맹(working alliance) 형성으로 이어진다. 이는 내담자에게 자신의 감정과 경험을 심리적으로 안전하게 탐색할 수 있는 공간을 마련해 주는 것이며, 이는 궁극적으로 상담 성과에 기여한다.

은퇴는 단순한 직무의 종료를 넘어 개인의 정체성, 역할, 사회적 지위의 재구성이 요구되는 심리사회적 전환기이다. 이 시기 내담자들은 종종 정체성 혼란, 사회적 고립감, 상실감, 미래에 대한 불확실성을 경험한다. 따라서 상담 초기 단계에서의 신뢰롭고 안정된 관계 형성은 은퇴 관련 상담 효과성의 핵심 요인으로 작용한다.

2) 라포 형성을 위한 초기상담 기법

상담심리학 분야에서 라포(rapport)는 상담자와 내담자 사이에 형성되는 심리적 유대, 정서적 공감, 그리고 상호 신뢰의 기반이 되는 의사소통으로 정의된다. 이는 상담 관계의 기초를 구성하는 요소로서, 상담의 지속 가능성과 상담 효과를 결정짓는 선결 조건으로 간주된다. Heintzman 등(1993)은 라포를 "따뜻한 감정과 관심을 담은 의사소통"이라 정의하며, 비언어적 요소와 정서적 반응의 중요성을 강조하였다. Collins과 Miller(1994)는 "상호 신뢰와 감정적 유대의 형성"이라고 라포를 설명함으로써, 이를 상담적 친밀감의 핵심 지표로 보았다. Norfolk 등(2009)은 라포를 "상담자와 내담자 간 상호작용을 개선하는 효과적인 의사소통 방식"이라 설명하면서, 라포를 감정적 유대를 넘어선 실천적 기술로 보았다.

상담 초기 회기에서 라포 형성은 심리적 안정감을 제공하고, 내담자의 개방성과 상담 참여 동기를 증가시킨다. 라포가 성공적으로 형성되지 못할 경우, 내담자는 상담을 회피하거나 방어적인 태도를 취하게 되며, 이는 상담의 효과성을 크게 저해할 수 있다. 특히 1~2회기 상담의 중요 목표 중 하나는 라포 구축이라고 할 수 있다.

이처럼 라포는 상담 과정의 출발점이라 할 수 있으므로, 상담자는 체계적인 라포 형성 기술을 훈련하고 실천해야 하며, 이를 통해 내담자가 느끼는 상담 공간의 심리적 안전성을 강화할 필요가 있다.

(1) 관심 기울이기

관심 기울이기(attending)는 상담자가 의식적으로 내담자의 말, 감정, 행동, 비언어적 신호에 주목하고 있다는 태도를 나타내는 상담기술로, 이는 치료적 관계를 위한 전제조건이며, 대부분 비언어적 행동을 통해 전달된다. 즉, 관심을 기울인다는 것은 상담자가 신체적으로나 심리적으로 내담자와 함께할 수 있는 방법이며, 내담자에게 "나는 지금 이 자리에 당신과 함께 있으며, 온전히 집중하고 있습니다."라는 비언어적 신호의 집합이다.

상담 장면에서 상담자의 태도는 내담자의 정서와 자아에 대한 가치 판단 없는 수용과 인간적 연결감을 형성하는 데 필수적인 도구로 기능한다. 특히 상담 초기의 라포 형성과 신뢰 구축 과정에서 상담자의 비언어적 행동은 내담자에 대한 관심을 직접적으로 반영한다. 이러한 맥락에서 Egan(1994)은 상담자의 비언어적 주의집중을 구조화한 모델로서 SOLER 모델을 제시하였다. SOLER의 각 요소는 내담자에게 상담자의 정서적 수용감과 집중 태도를 전달하는 데 핵심적인 기능을 한다.

- S(Squarely face the client, 내담자를 정면으로 바라보기): 내담자를 정면으로 바라보는 자세는 신체적 정렬을 통해 심리적 전념 상태를 표현하며, 관계 형성의 초석이 된다. 이는 내담자에게 자신이 상담자의 주된 관심 대상임을 느끼게 하는 매우 중요한 신호이다.
- O(Open posture, 열린 자세): 개방적인 자세는 내담자에 대한 비판 없는 수용의 태도를 전달한다. 팔짱을 끼거나 다리를 꼬는 폐쇄적 자세는 방어적이거나 소극적인 태도로 인식될 수 있으므로 주의가 필요하다.
- L(Lean toward the client, 몸을 약간 앞으로 기울이기): 몸을 약간 앞으로 기울이는 행동은 내담자의 말에 대한 정서적 공감과 인지적 집중을 상징한다. 과도한 근접은 위협감을 줄 수 있으므로 적절한 거리 조절이 필요하다.
- E(Eye contact, 눈맞춤 유지): 눈맞춤은 상담자의 정서적 존재감과 응시를 통한 공감적 동조를 표현하는 비언어적 행위이다. 지속적이고 부드러운 눈맞춤은 신뢰 형성에 기여하나, 문화적 맥락과 내담자의 반응에 따라 조절되어야 한다.
- R(Relax, 편안하고 자연스러운 자세): 신체적으로 긴장되지 않은 자연스러운 자세는 상담자의 내면적 안정성과 진정성을 반영하며, 내담자에게도 정서적 편안함을 제공한다.

앞의 기술을 기계적으로 적용하는 것보다 더 중요한 것은 상호작용의 원천인 자기 몸과 목소리를 자각하는 것이다. 효율적인 상담자는 내담자와 상호작용할 때 자기 몸을 통해 전달되는 단서와 메시지를 알아차린다. 예를 들어, 상담자가 내담자와 말을 할 때 몸의 떨림을 느낀다면 '내가 불안을 느끼는구나, 불안을 느끼는 원인이 무엇인가? 그리고 내담자에게 어떤 단서를 보내고 있는가?'라고 자문해 볼 수 있다. 상담자가 자신의 반응을 읽으면 자기 몸을 통해 적절한 메시지를 전달할 수 있다(Egan, 1994).

(2) 적극적 경청

적극적 경청(active listening)은 상담자가 내담자의 언어적 표현뿐 아니라 비언어적 행동, 정서, 맥락 등을 통합적으로 수용하고 이를 공감적으로 반영하는 일련의 의사소통 과정이다. 이는 단순히 말의 내용을 듣는 것을 넘어, 내담자의 전체적인 존재를 깊이 있게 이해하고자 하는 상담자의 태도와 기술을 포함한다. 상담자는 이러한 경청을 통해 내담자에게 '진정으로 이해받고 있다'는 감각을 제공하며, 이는 상담관계의 신뢰와 심리적 안전감 형성에 핵심적인 역할을 한다.

Egan(1994)은 효과적인 경청을 위해 다음과 같은 요소들이 요구된다고 제안하였다. 첫째, 상담자는 내담자의 언어적 메시지를 정확히 듣고 이해할 수 있어야 한다. 둘째, 내담자의 자세, 얼굴표정, 몸짓, 목소리 톤 등 비언어적 단서를 민감하게 관찰하고 해석할 수 있어야 한다. 셋째, 내담자가 속한 사회적·문화적 맥락 속에서 그들의 경험을 이해할 수 있어야 하며, 넷째, 내담자가 아직 명확히 인식하지 못한 문제나 정서적 이슈까지도 수용할 수 있어야 한다. 이처럼 적극적 경청은 내담자의 경험, 행동, 정동, 상황 등을 총체적으로 파악하려는 통합적 접근을 필요로 한다.

적극적 경청은 다양한 기술적 요소들을 통해 구체화되며, 이는 상담자의 이해 수준을 내담자에게 피드백함으로써 상호이해를 심화하고 자기 탐색을 촉진하는 기능을 수행한다. 적극적 경청은 다음과 같은 주요 기술적 요소로 구성된다. 첫째, 주의집중된 수용(attentive presence)으로, 이는 내담자의 언어적·비언어적 메시지를 있는 그대로 수용하려는 편견 없는 태도로, 모든 적극적 경청의 전제가 된다. 둘째, 감정 반영(reflection of feeling)으로 내담자가 직접적으로 표현하지 않은 정서까지도 상담자가 공감적으로 읽어 내어 언어화하는 기술이다. 예를 들어, "그 말씀이 참 속상하게 느껴지셨군요."와 같은 표현이 이에 해당한다. 셋째, 내용 재진술(paraphrasing)로 내담자의 발화를 상담자의 언어로 간결하게 요약하고 재구성하여, 이해의 일치 여부를 확인하는 방식이다. 예컨대, "직장 내 상사와의 갈등이 가장 힘들게 느껴진다는 말씀이시군요."와 같은 표현을 들 수 있다. 넷째, 명료화(clarification)로 내담자의 모호하거나 복합적인 표현을 정리하여 질문하거나 반영함으로써 그 의미를 보다 선명하게 하는 기술이다. 예를 들어, "모든 게 불안하고 막막하다고 하셨는데, 특히 어떤 부분이 가장 크게 느껴지시나요? 생활비, 자녀 문제, 건강 같은 것 중에서요."라는 방식이 이에 해당한다.

이와 같은 언어적 기술은 상담의 흐름을 안정적으로 유지하는 데 기여하며, 내담자의 자기 인식과 감정탐색을 촉진하는 데 필수적이다. 적극적 경청의 상담적 효과는 다양하게 나타난다. 첫째, 내담자의 심리적 안정감과 신뢰감이 증진되며, 둘째, 자기 표현과 감정 개방이 촉진된다. 셋째, 감정 정화와 자기 이해가 심화되고, 넷째, 상담에 대한 지속적 동기가 강화된다. 이러한 효과는 적극적 경청이 단순한 기술의 차원을 넘어, 상담자의 존재적 태도와 윤리적 실천으로서 기능하고 있음을 시사한다.

결론적으로, 적극적 경청은 상담의 전 과정에 걸쳐 내담자의 내적 세계에 대한 깊은 이해와 수용을 가능케 하는 핵심적 개입이며, 효과적인 상담관계 형성과 변화 촉진의 기반을 제공하는 주요 수단이라 할 수 있다.

(3) 공감

공감(empathy)은 상담 장면에서 가장 핵심적인 치료적 요소 중 하나로 간주된다. 공감은 상담자가 내담자의 정서적 경험과 인지적 입장을 왜곡 없이 정확히 이해하고, 이러한 이해를 적절하게 반영함으로써 내담자가 자신의 내면세계를 보다 깊이 이해하도록 돕는 과정을 의미한다(Rogers, 1957). 공감적 반응은 단순한 감정의 동일시를 넘어서, 타인의 입장을 인지적으로 수용하고, 그에 대한 정서적 반응을 조율하는 복합적인 심리적 과정으로 정의된다(Clark, 2010).

Rogers(1957)는 공감을 상담관계의 세 가지 핵심 조건 중 하나로 제시하였으며, 타인의 감정 상태를 '상대방의 입장이 되어서(as if)' 느끼고 이해하며, 그 경험을 왜곡 없이 반영하는 과정을 강조하였다. 그는 공감을 단순한 감정 이입의 상태를 넘어, 타인을 지속적으로 이해하고자 하는 능동적이고 역동적인 과정이라 하였다(Rogers, 1975). 이러한 관점은 상담자가 내담자의 의미 세계에 세심하게 반응하고, 이를 적절히 피드백함으로써 내담자가 깊이 있게 이해받고 있다고 느끼게 하는 상호작용으로 이어진다(Clark, 2014).

상담자 변인에 대한 연구에서 공감은 상담 성과에 긍정적인 영향을 미치는 주요 요인으로 나타났으며(Clark, 2010), 특히 상담자의 공감 능력은 내담자의 자기개방, 신뢰 형성, 정서적 안정 및 관계 형성에 기여하는 핵심적 요인으로 강조된다.

상담 초기에 공감은 심리적 안전감 형성과 자발적 자기개방을 유도하는 데 중요한 역할을 수행한다. 상담자가 비판단적인 수용과 정서적 민감성을 기반으로 공감적 반응을 제공할 때, 내담자는 상담 상황을 심리적으로 안전한 공간으로 인식하게 되며, 이는 상담 과정의 신뢰 형성과 깊이 있는 작업을 가능하게 한다. 나아가, 공감은 상담 전 과정에 걸쳐 내담자의 감정을 함께 '머무르며' 진정성 있게 반응함으로써 정서적 통합과 인지적 재구조화를 촉진하고, 상담

관계를 심화시킨다. 공감은 단순한 기술이나 상태를 넘어서, 상담자와 내담자 간의 관계 안에서 작동하는 복합적이고 역동적인 치료적 기제로서, 상담 전 과정의 질적 기초를 제공한다.

공감 사용 예시

내담자: 앞으로 20~30년은 더 살아야 할 텐데……. 뭘 하면서 살아야 할지 막막해요.

상담자: 그 막막함과 불안감이 얼마나 크실지 짐작이 돼요. 오랫동안 예측 가능한 일정 속에서 살아오셨다가 이제는 그 미래가 안 보인다는 게 참 당황스럽고 걱정도 많으실 것 같아요.

내담자: 이제 집에만 있으니까 아내가 귀찮아하는 것 같기도 해요. 괜히 민폐처럼 느껴져요.

상담자: 갑작스러운 생활 변화 속에서 가족들과의 관계에도 조심스러움이 생기셨군요. 그동안 가족을 위해 일해 오셨는데, 이제는 같이 있는 시간 자체가 불편하게 느껴지신다니 마음이 참 무거우시겠어요.

2 내담자의 특성 파악을 위한 은퇴상담 기법

1) 사고, 감정 특성 파악 기법

(1) 사고탐색

상담자가 내담자의 생각을 듣는 것은 내담자가 자신의 문제에 대한 생각을 할 수 있도록 도와주는 것이다. 문제에 대해 이야기하면서 내담자는 자신의 이야기를 충분히 들어 보게 되고, 자신의 반응에 대해 새로운 방식으로 듣고 이해하게 된다. 이 과정에서 상담자는 내담자의 자동적 사고나 핵심 신념을 파악할 수 있으며, 이는 보다 현실적이고 건강한 인지 재구성을 지원하는 데 중요한 단서가 된다. 특히 부정적인 사고 패턴을 인식하고 수정하는 작업은 내담자의 심리적 건강에 긍정적인 영향을 미친다.

은퇴는 '일'과 '정체성'의 관계가 재구성되는 전환과정이기 때문에, 내담자가 가지고 있는 신념이나 미래에 대한 기대 등은 내담자의 심리적 적응에 직접적 영향을 미칠 수 있다. 이러한 사고를 탐색하고 변화시키기 위해, 상담자는 재진술과 개방형 질문과 같은 상담기법을 활용할 수 있다.

① 재진술

재진술(paraphrasing)은 내담자가 말한 내용을 같은 의미를 유지하면서 상담자의 언어로 요약하거나 바꾸어 말하는 기술이다. 내담자의 이야기를 상담자의 언어로 간결하고 명확하게 다시 표현함으로써 내담자가 자신의 사고 내용을 객관적으로 인식할 수 있게 돕는다. 단순히 반복하는 것이 아니라, 핵심 내용을 요약하면서 내담자의 주요 사고, 주제, 의미를 명확하게 드러내는 데 목적이 있다. 상담자는 내담자의 주요 인지 패턴이나 신념을 파악할 수 있으며, 내담자는 자신의 말을 객관적으로 듣고 성찰할 수 있다.

재진술은 내담자가 자신의 문제가 다른 사람에게 어떻게 들리는지 들을 수 있게 한다. 재진술을 통해 내담자는 자신의 이야기를 평가할 수 있으며, 스스로 말한 것에 대해 그렇게 생각하는지 돌아보면서 더 깊게 자신의 문제에 대해 숙고하고 새로운 이해에 도달할 수 있다. 내담자의 말을 듣고 짧고 정확한 형태로 요약하는 것은 상담자에게 집중을 요구하며, 내담자가 드러낸 것의 핵심적인 부분을 잘 알아내도록 요구한다. 상담자는 재진술을 하기 위해 내담자 경험의 핵심을 파악하고 그것을 돌려주기 위해 능동적으로 몰두해야 한다.

재진술은 "제가 당신이 말을 들으니~", "그건 마치 ~처럼 들리는군요.", "당신은 ~라고 말하고 있군요." 등과 같은 방식으로 할 수 있으며, 상담자는 재진술의 형태를 다양하게 할 수 있다.

재진술 사용 예시

내담자: 은퇴하고 나니 이제 나는 아무 쓸모없는 사람이라는 생각이 자꾸 들어요. 사는 의미도 없고 뭐하는 사람인가 싶어요.

상담자: 지금은 일을 하지 않게 되면서, 자신이 가치 없게 느껴진다는 생각이 반복해서 드시는 거군요.

내담자: 퇴직하고 나서 이것저것 뭔가 시작해 보려 알아보고 있지만, 막상 무언가를 해 보려 하면 이 나이가 무언가를 하기엔 너무 늦은 건 아닐까 자꾸 망설여져요.

상담자: 새로운 걸 시도하고 싶으시지만, 늦었다는 생각에 시작을 못하고 계시네요.

② 사고탐색을 위한 개방형 질문

사고에 관한 개방형 질문은 내담자가 자신의 생각을 명확히 하고, 탐색할 수 있게 돕는다. 네, 아니요로 답하는 폐쇄형 질문과는 달리 내담자의 생각을 탐색하고 명료화하기 위한 형태로 질문을 한다. 예를 들면, "그것에 대해 어떻게 생각하나요?", "○○에 대해 더 말해 보세요.", "그것이 당신에게 갖는 의미는 무엇이지요?", "당신이 ○○에 대해 생각할 때 마음속에 무엇이 떠오르나요?" 등의 방식으로 질문을 한다. 한꺼번에 많은 질문은 피하고, '왜'라는 질문을 피한다. '왜'라는 질문은 내담자가 답하기 어려울뿐더러 내담자를 방어적으로 만들 수 있다. '왜'라는 질문 대신, 상담자는 '무엇이' 또는 '어떻게'라고 물어야 한다. 예를 들면, "왜 당신은 은퇴 후 계획을 세우지 않았나요?" 대신에 "무엇이 당신이 은퇴 후 계획을 하지 않게 하였나요?"라고 하는 것이다. 또한 질문은 내담자에게 초점을 맞춰야 하며, 질문을 하는 의도가 있어야 한다.

개방형 질문은 내담자가 혼란스러울 때 생각을 명확히 하도록 돕고, 새로운 생각으로 내담자를 이끌며, 모순되는 생각을 풀고 문제의 다른 측면에 대해 생각할 수 있도록 돕는다. 개방형 질문은 상담자가 내담자가 계속 말하도록 격려하고 충분히 관심을 가지고 귀 기울이고 있음을 보여 준다.

사고탐색을 위한 개방형 질문 사용 예시

- "은퇴를 처음 떠올렸을 때 어떤 생각이 드셨나요?"(은퇴에 대한 기본 인식 탐색)
- "일을 그만둔 지금, 자신에 대해 어떤 생각이 드세요?"(자아개념 변화에 대한 인지 탐색)
- "앞으로의 삶에 대해 어떤 그림을 그리고 계신가요?"(미래 인식 탐색)
- "은퇴하고 나서 '나는 필요없는 사람이다'라는 생각이 드신다고 하셨죠. 그 생각은 어디에서 비롯된 것 같으세요?"(은퇴 경험에 대한 인식 탐색)

(2) 감정탐색

Rogers(1957)는 감정은 우리 경험의 핵심이라고 하였다. 감정은 우리가 세상에 대해 어떻게 반응하고 있는지를 알려 준다. 자신의 감정을 느낄 수 있어야 하며, 그래야 스스로의 감정에 대해 무엇을 해야 할지 결정을 내릴 수 있다. 내담자는 자신의 감정과 접촉할 때 자신의 문제를 가장 잘 해결할 수 있다(Elliot et al., 2004). 감정을 경험함으로써 자신의 내적 경험의 측면에서 사건을 평가할 수 있다.

내담자가 자신의 감정을 수용한다면 내담자는 새로운 감정과 경험에 개방적이 될 수 있다. 감정은 일단 경험하게 되면, 그 감정은 변화하게 된다. 하지만 감정이 수용되지 않는다면 그 감정에 갇혀 버리게 되고, 그 감정은 파괴적 방법으로 '유출'되기 쉽다. 감정은 한 가지 주제에 대해 상충적으로 나타날 수 있으며, 감정이 층을 이루며 존재하기도 한다.

감정을 경험하고 수용하고 소유할 수 있어야 내담자는 어떻게 행동할지 결정할 수 있다. 감정이 표면화될 때 무엇을 할지 잘 알고 결정 내릴 수 있으며, 감정을 알고 있어야 무심코 그 감정에 의해 행동하지 않을 수 있게 된다. 감정탐색을 위한 기법으로 감정반영, 감정탐색을 위한 개방적 질문, 감정개방 등이 있다.

① 감정반영

감정반영은 내담자의 감정에 대해 명확히 파악하고, 이에 대해 내담자의 진술을 반복하여 말하고 재표현하는 것이다. 내담자가 진술한 것과 내담자의 비언적 행동, 내담자 메시지 내용에서 추론하여 감정을 중심으로 내담자에게 표현하는 것이다. 반영은 가설적으로 조심스럽게 표현할 수 있고 또는 명확한 진술로 표현할 수 있다.

내담자는 자신이 어떻게 느끼는지 잘 모르거나, 감정에 대해 부정적이어서 감정을 파악하고 수용하고 표현하는 것을 어려워한다. 상담자가 표현한 감정반영이 내담자가 느끼는 것과 비교적 가깝다면 내담자는 상담자로부터 충분히 이해받고 있다고 느끼며, 보다 자신의 감정을 분명히 이야기할 수 있게 된다(Hill, 2009). 감정반영은 내담자가 정말로 무엇을 느끼는지 재검토할 수 있도록 하며, 내담자가 자신의 내적 경험으로 들어갈 수 있게 하여, 내담자의 억압되었거나 혼란스러운 감정을 명료화하는 데 도움이 된다. 감정반영을 통해 내담자가 자신의 감정을 인정하고 수용할 수 있으며, 상담자는 내담자의 감정을 자연스럽고 정상적인 것으로 수용한다. 또한 상담자가 내담자를 이해하려 적극적으로 관여하고 있음을 보여 주며, 상담자와 내담자 사이에 신뢰를 구축하게 된다.

감정반영은 내담자의 느낌이나 감정을 인지하고, 이를 묘사할 수 있는 단어를 선택한 후, 규정짓는 것이 아닌 반영하는 방법으로 내담자에게 상담자의 지각을 전달한다. 내담자의 감정을 가설적으로 표현함으로써 내담자가 좀 더 자신에게 관심을 기울여 자기탐색을 촉진하게 할 수 있다. 감정반영의 형식은 "당신은 ~을 느끼는 것처럼 보입니다.", "당신은 ~때문에 ~을 느끼는 것 같군요.", "내가 듣기에는 당신은 ~을 표현하는 것 같습니다." 등이 있다.

감정반영 사용 예시

내담자: 퇴직하고 나니 매일이 공허해요.

상담자: 일을 그만두고 나서 허무하고 외로운 감정이 드시는군요.

내담자: 예전에는 사람들이 나를 필요로 했는데, 지금은 그냥 잊힌 느낌이에요.

상담자: 지금은 외롭고 소외된 느낌이 드시는 것 같네요.

② 감정탐색을 위한 개방적 질문

내담자가 자신의 감정을 표현하도록 하기 위한 방법 중 하나는 '감정에 대한 탐색'이다. 사고에 대한 개방적 질문처럼 감정에 대한 탐색을 위해 개방형 질문을 사용한다. 감정에 대한 개방적 질문은 내담자의 감정을 분명히 하거나 탐색하기 위해 질문을 하는 것이다. 상담자는 구체적인 정보에 대해 묻지 않고, 네, 아니요로 이끄는 폐쇄형 질문을 하지 않는다. 개방형 질문은 내담자를 탐색하는 데 도움이 될 만한 질문과 탐색을 한다.

감정탐색을 위한 개방형 질문 예시

- "그 일을 겪으셨을 때, 어떤 감정이 가장 먼저 떠오르셨나요?"
- "지금 말씀하시면서 마음속에서는 어떤 느낌이 드시나요?"
- "그때 복잡한 감정이 들었을 것 같은데, 어떤 감정들이 함께 있었나요?"
- "그 감정의 강도를 0에서 10으로 표현한다면 몇 정도였을까요?"
- "그 감정은 시간이 지나면서 어떻게 변해 왔나요?"
- "그 감정을 느낄 때, 몸이나 행동에는 어떤 반응이 있었나요?"

감정탐색을 위한 개방형 질문 사용 예시

상담자: 은퇴하신 이후에 생활 패턴이 많이 달라지셨다고 하셨는데요, 그런 변화가 어떻게 느껴지셨나요?

내담자: 글쎄요, 처음엔 그냥 낯설다고만 생각했는데, 지금 생각해 보면 좀 외로웠던 것 같아요.

③ 감정개방

감정개방이란 내담자와 비슷한 상황에서 상담자가 느낀 감정상태에 대해 표현을 하는 것이다. 이러한 개방은 사실일 수도, 가정일 수도 있으며, 혹은 상담자가 내담자의 이야기를 듣고 어떻게 느끼는지에 대한 표현일 수도 있다. 감정개방은 내담자가 느낄 만한 감정에 대한 모델이 될 수 있다. 상담자의 감정개방은 내담자를 자극하여 자신의 감정을 인지하거나 표현하도록 할 수 있으며, 내담자가 자신의 감정을 개방하도록 촉진할 수 있다. 또한 감정개방은 다른 사람도 자신과 비슷한 감정을 느낀다는 것을 알게 하여 내담자가 자신의 감정을 정상적이라고 느낄 수 있게 한다. 상담자는 감정개방 이후에 "당신이 어떻게 느끼는지 궁금하군요."와 같은 말을 하면서 내담자에게 다시 주의를 돌려 상담의 초점을 항상 내담자에게 두어야 한다. 초보상담자는 자신의 필요에 의해 자기개방을 사용하지 않도록 주의해야 하며, 자기개방을 하는 의도에 대해 심사숙고해야 한다.

감정개방 사용 예시

상담자: 저도 오랫동안 다녔던 직장을 그만두고 새로운 직장을 구하기 위해 일을 쉬었던 적이 있었어요. 매일 아침 무엇을 해야 할지 막막했고, 내가 더 이상 누군가에게 '필요하지 않은 사람'이 된 것 같은 기분도 들더라고요. 선생님은 아침에 눈 뜰 때 어떤 느낌이 드시나요?

상담자: 저도 예전에 갑작스러운 큰 변화 앞에서 제가 참 작게 느껴져서 사람 만나는 것을 피하고 두려워했던 경험이 있어요. 선생님은 사람들과의 관계에서 어떤 변화가 있으셨나요?

2) 생애 및 진로 특성 파악을 위한 기법

(1) 생애진로사정: 내담자의 이야기를 돕는 구조화된 면접

진로상담에서 질적인 진단평가 과정은 정보 수집 단계에서 특히 유용하다. 이는 내담자의 적극적인 참여를 유도하고 전체적인 인식 및 자기이해를 높일 수 있기 때문이다. 생애진로사정(Life Career Assessment: LCA)은 질적 평가 방식의 하나로, 구조화된 면접 형식을 통해 내담자 자신에 대한 지각뿐 아니라 내담자의 세계관, 환경적 제약, 인종 및 문화적 정체성, 성역할, 장애 관련 이슈 등을 자연스럽게 탐색할 수 있게 해 준다.

생애진로사정은 Alfred Adler의 개인심리학(individual psychology)에 이론적 근거를 두고 있다. Adler는 세상과 개인의 관계를 세 가지 핵심 영역—즉, 일(학교), 사랑(사회적 관계), 우정—으로 나누었다(Rule & Bishop, 2006). 이들 영역은 상호 긴밀히 연결되어 있어, 하나의 영역에서 발생한 문제가 다른 영역에도 영향을 미치며, 개별적으로 분리하여 이해할 수 없다. 개인은 이러한 세 가지 삶의 영역에서 일관된 방식으로 문제를 해결하고 만족을 추구하는 경향이 있으며, 이러한 개인의 고유한 적응 양식을 설명하기 위해 '생애진로주제(life career themes)'라는 개념이 사용된다. 생애진로주제들은 개인이 자신, 타인 그리고 세계를 어떻게 인식하고 해석하는지를 반영하는 신념, 태도, 가치관 등을 포함하며, 이는 곧 개인의 세계관을 구성하는 요소로 작용한다.

이러한 주제들은 개인의 삶의 방식을 형성하지만, 개인은 종종 자신이 사용하는 이러한 접근방식을 명확히 인식하지 못하고, 오히려 피상적인 감정이나 일시적인 반응에 매달려 자신의 발달 양식을 혼란스럽게 만들기도 한다(Mosak, 1971). 따라서 LCA는 이와 같은 숨겨진 일관성과 삶의 패턴을 탐색하고 이해하는 데 도움을 주는 질적 평가 도구로 기능한다.

LCA는 짧게는 20~30분 이내에 실시될 수 있으며, 필요에 따라 여러 회기에 걸쳐 심층적으로 진행될 수도 있다. 또한 종이나 검사지를 사용하지 않고 구술 중심의 대화 방식으로 진행되기 때문에, 내담자가 평가상황에 대한 부정적 연상을 하지 않도록 하며, 내담자와의 신뢰 형성 및 상담 협력 관계 형성에 긍정적인 효과를 가져온다.

LCA의 목적은 내담자가 진로발달의 어느 단계에 있는지를 파악하고, 관련된 내적 · 외적 역동을 이해하는 데 있으며, 이를 통해 내담자의 진로계획을 구체화하고 실행을 유도한다. 강점, 환경적 제약, 생애 역할 간 기능 상태 등을 논의하는 과정에서 추가적 평가(예: 표준화 검사, 능력 측정 등)가 필요할 수도 있다.

생애진로사정(LCA)은 내담자의 진로와 관련된 다양한 정보를 수집하기 위한 질적 면접 형식으로 구성되며, 다음과 같은 네 가지 주요 영역으로 이루어진다.

① 진로탐색(Career Exploration)

- **직업경험**: 이전에 수행한 직업과 현재 직업 모두에 대해 이야기(시간제나 전일제, 유급 · 무급 등)하도록 함. 해당 직무에서 좋았던 점과 싫었던 점 등을 탐색함으로써 내담자의 직업적 선호와 회피 요인을 파악
- **교육 및 훈련 경험**: 교육 · 훈련의 전반적 경험에 대한 평가, 긍정적 · 부정적 요소, 반복된 학습 유형 등을 통해 학습 양식과 진로 관련 태도를 확인

- **여가활동**: 내담자의 여가 활용 방식과 그 속에서의 사회적 관계(친구, 사회활동 등)를 파악함으로써 삶의 균형 및 동기 요인을 탐색

② 전형적인 하루(A Day in the Life)

- **독립적 vs. 의존적**: 의사결정에서의 자기주도성과 타인에 대한 의존 수준을 파악
- **체계적 vs. 임의적**: 일상생활에서의 구조화된 행동 및 계획성 등을 평가하여 작업 방식과 성향을 이해

③ 강점과 장애(Strengths and Barriers)

- **세 가지 주요 강점**: 내담자가 인식하고 활용 가능한 개인적·환경적 자원 및 그 자원의 의미를 확인
- **세 가지 주요 장애**: 강점 또는 삶의 주제와 관련된 제한 요인을 분석하여 진로결정 및 실행상의 걸림돌을 파악. 또는 장애물 뒤에 숨겨져 있는 강점을 찾을 수 있음

④ 요약(Summary)

- **삶의 주제 통합**: 내담자의 언어를 반영하여 핵심 생애진로주제를 명료화하고 통합
- **목표 설정 및 문제해결**: 이를 통해 구체적인 진로목표 설정이나 실질적 상담 개입으로 연결되도록 함

이러한 구조는 고정된 틀로 작동하기보다는, 상담자와 내담자의 스타일에 유연하게 통합되어야 하며, 기계적인 접근이 아니라 상호작용적인 과정으로 활용되어야 진정한 진로정보 수집이 가능하다. 상담자는 자신의 고유한 상담 스타일을 반영하여 LCA를 탄력적으로 적용할 필요가 있다.

(2) 진로가계도

진로가계도(career genogram)는 진로상담의 초기 단계에서 내담자에 대한 심층적 정보를 수집하는 데 유용한 도구로 사용된다. 진로가계도는 3세대에 걸친 가족의 직업 및 진로 관련 정보를 시각적으로 구조화한 것이며, 단순한 결과물이 아니라 진로가계도를 진행하는 과정 자체가 상담에 중요한 역할을 한다. 이는 Bowen(1980)의 가족상담 가계도 개념에서 유래되었으며, 진로상담에서는 이를 가족 맥락에 적용해 내담자의 세계관, 진로장벽, 개인-직업-가족 역

할 갈등, 인종적 정체성 문제와 문화적응 수준 등을 탐색하는 데 활용한다. 내담자에게 영향을 미친 환경적 문화적 요인을 이해할 수 있는 틀을 제공한다. 내담자는 원가족에 대해 탐색하고, 그들의 현재 믿음과 가치에 대해 이해하게 된다(McMahon et al., 2003).

Dagley(1984)는 개인은 가족이라는 사회적 · 심리적 · 문화적 · 경제적 맥락에서 가장 잘 이해될 수 있다고 강조하면서, 진로가계도가 내담자의 배경을 파악하는 데 효과적인 틀임을 밝혔다. 특히 진로가계도는 일-가족-사회화-정체감 관련 갈등을 겪는 내담자에게 유용하다. 진로가계도는 내담자가 자신의 성장 배경과 가족 내 진로 영향 요인을 자연스럽고 편안하게 이야기할 수 있는 기회를 제공한다. 이러한 자기 개방을 통해 상담자는 내담자의 진로 결정에 영향을 미친 가족 가치관, 성역할 고정관념, 직업 신화, 문화적 사회화 경험 등을 파악할 수 있으며, 이는 상담 목표 설정 및 개입 전략 수립에 중요한 단서가 된다(DeVries et al., 1990).

또한 진로가계도는 구조화된 상담 도구로서, 저항적이거나 방어적인 내담자에게도 효과적으로 사용될 수 있다. 진로가계도는 신뢰와 호기심을 북돋아 주면서 작업동맹을 형성해 가는 데 도움을 준다. 내담자는 자신의 가족이나 먼 친척에 대한 정보를 '사실'로 전달하면서 상대적으로 부담 없이 상담에 참여할 수 있으며, 이러한 접근은 정서적 긴장 완화와 자기이해 촉진으로 이어진다(Wachtel, 1982).

진로가계도 작성은 일반적으로 세 가지 단계로 구성된다.

① 1단계: 목적 공유

상담자는 진로가계도의 목적을 내담자에게 설명하고, 이 작업이 내담자의 정체감, 진로신념, 역할 갈등 등을 이해하는 데 어떻게 기여할 수 있는지를 안내한다. 이를 통해 내담자는 자신의 진로 이야기를 구조화하고, 가족과 공동체 내 사회화 과정을 탐색하게 된다.

② 2단계: 가계도 그리기

내담자는 부모, 조부모, 형제자매를 포함한 3세대 가족의 구조를 작성하고, 각 인물의 이름, 출생일, 사망일, 직업 정보를 포함시킨다. 이때 다양한 가족 형태(이혼, 재혼, 입양 등)를 고려한 기호가 사용되며, 가족 내 직업 패턴과 구조적 특징이 시각적으로 드러난다.

③ 3단계: 분석 및 탐색

완성된 진로가계도를 바탕으로 상담자는 내담자의 가족사 및 진로경험에 대한 해석을 도출한다. 탐색 과정에서는 가족관계, 가족 가치, 진로 기대, 교육 메시지 등 다양한 질문을 통해 상담 주제를 확장한다.

진로가계도는 내담자의 사회화 과정과 그것이 정체성 형성에 끼친 영향을 질적으로 이해하는 데 중요한 수단이며, 세대 간 전해 내려온 가족 가치, 신념, 역할, 직업 패턴 등을 시각화하고 논의하게 한다. 반복되는 주제나 직업 패턴, 심리적 압력 등은 상담 개입의 실마리가 되며, 상담자는 이를 통해 상담 목표 설정 및 문제해결을 위한 기반을 마련한다.

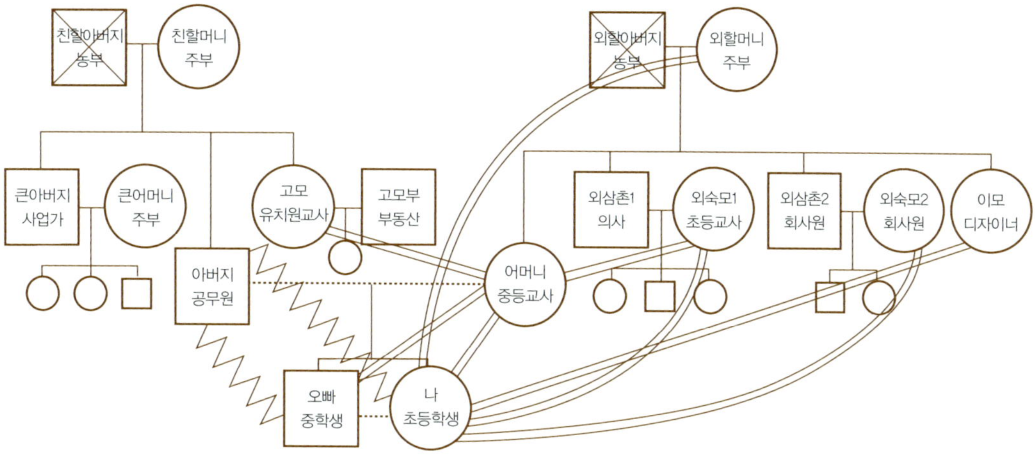

[그림 9-1] 진로가계도의 예

출처: 오인수(2008).

(3) 진로카드

진로상담에서는 내담자의 진로 관련 정보 탐색을 위하여 다양한 평가 방법이 활용된다. 생애진로탐색(life career assessment)과 진로가계도(career genogram)는 내담자의 세계관과 진로 배경을 이해하는 데 유용한 도구로 널리 사용되고 있다. 그러나 내담자의 요구와 특성은 다양하므로 특정 기법에만 의존하는 것은 한계를 지닌다. 이에 Goldman(1983)은 진로상담 현장에서 유용하게 적용할 수 있는 방법으로 직업카드분류(vocational card sort)를 제시하였다.

여러 종류의 진로카드가 개발되었는데, 이들을 내용 면에서 분류해 보면 직업카드와 학과카드, 가치관 카드 등으로 나누어 볼 수 있다. 향후 필요성과 목적에 따라 더 다양한 카드가 개발된다면 진로지도 및 상담에 유용할 것이다. 진로카드는 주 활용 대상의 연령, 성별, 발달적 특징을 고려하여 개발된다.

진로카드를 활용하는 방법으로 직업카드 분류를 들 수 있다. 직업카드 분류는 구조화되지 않은, 즉 비표준화된 질적 접근 기법으로, 점수나 규준에 의존하지 않고 내담자의 주관적 세계를 자유롭게 탐색할 수 있다는 점에서 강점을 가진다. 활용 방법의 예를 들면, 상담자는 직업명이 적힌 카드를 내담자에게 제공하고, 내담자는 이를 '좋아하는 것', '무관심한 것', '싫어하는 것'의 범주로 분류한다. 이후 세 가지 범주 중 하나를 선택해 이 카드들을 보면서 그 직업들의 명성, 수입, 사회적 지위, 요구되는 능력 등 공통된 주제를 기준으로 세분해 본다. 이러한 분류 주제는 상담자가 제안할 수도 있으나, 내담자 스스로가 의미 있는 주제를 정하는 경우도 많다. 이는 카드분류법이 내담자의 인지구조와 사고방식을 반영할 수 있는 유연한 도구임을 보여 준다. 이 외에도 다양한 진로카드 활용 방법이 있다.

카드분류의 효과는 내담자가 자신의 진로 선호를 언어화하고 조직화할 수 있는 능력에 달려 있으며, 이러한 과정을 촉진하는 상담자의 기술력에 따라 성과가 좌우된다. 특히 자기 탐색적 대화를 어려워하는 내담자에게 카드분류는 자연스럽고 흥미로운 방식으로 자기이해를 증진시키는 데 기여할 수 있다.

카드분류는 다양한 형태로 활용 가능하며, 각 카드분류 기법이 공통으로 가지고 있는 장점들이 있다. 이러한 장점들은 진로상담 과정에서 내담자의 자기 탐색을 촉진하고, 진로 이해를 심화하는 데 효과적으로 작용한다. 공통적인 장점들을 다음과 같다. 첫째, 카드분류는 일정한 구조를 제공하여 내담자가 복잡하거나 생소한 과제에도 보다 쉽게 접근할 수 있도록 돕는다. 과제를 점차 조직화해 나가면서 자기 이해를 자연스럽게 확장시킨다. 둘째, 카드분류 과정을 통해 내담자가 특정 항목을 선택하거나 배제하는 이유를 탐색할 수 있으며, 이를 통해 선택의 논리성과 확실성을 평가할 수 있다. 즉, 개인의 내적 판단 근거를 드러내는 데 효과적이다. 셋째, 카드분류는 상담자와 내담자가 정보 탐색과 해석을 함께 진행하며, 즉각적이고 지속적인 피드백을 주고받는 상호작용을 가능하게 한다. 넷째, 카드분류는 내담자의 자각과 자기효능감을 증진시키며, 상담자에 대한 의존을 줄이고 내담자가 스스로 진로 문제를 인식하고 해결해 나갈 수 있는 주체적 태도를 강화한다. 다섯째, 카드분류는 규준이나 표준화된 점수에 의존하지 않기 때문에, 문화적 배경이 다양한 내담자에게 효과적이다. 특히 사회적 소수자나 다문화적 정체성을 지닌 내담자와의 상담에서, 개인의 독자적 지각과 경험을 존중하는 방식으로 활용될 수 있다. 여섯째, 카드분류 과정에서 상담자와 내담자 간의 유대 형성에 유리하며, 상담자는 내담자의 언어적 표현과 사고의 흐름을 확인하고 이를 반영함으로써 상담의 맥락을 정교하게 다듬을 수 있다. 상담자가 내담자의 세계를 보다 정확하게 이해하고 공유할 수 있는 기회를 제공한다.

이처럼 카드분류는 단순한 분류 작업을 넘어 내담자의 진로 탐색을 심화시키고, 상담자와의 상호작용을 강화하며, 진로결정 과정을 심층적으로 이해하는 데 기여하는 유용한 상담기법으로 자리매김할 수 있다.

(4) 진로수레바퀴

내담자에 대한 특성을 파악하는 방법 중 하나로 진로수레바퀴(커리어휠, career wheel)를 들 수 있다. 진로수레바퀴는 개인의 진로 탐색과 경력 개발을 돕기 위해 사용되는 시각적 도구로, 다양한 삶의 영역과 진로 관련 요소들을 원형으로 배열하여 자신의 흥미, 기술(적성), 가치, 개인적 스타일, 중요한 타인의 의견(피드백), 교육배경(전공), 직업 또는 여가경험, 노동시장에 대한 이해 등을 통합적으로 살펴볼 수 있다. 진로수레바퀴는 특히 진로상담에서 자기이해를 돕고, 장기적인 직업 계획을 수립할 때 유용하다.

진로수레바퀴를 사용하여 내담자와 상담을 진행하는 방법 중 한 가지 예시는 다음과 같다. 내담자가 수레바퀴를 구성하는 항목들을 작성해 보도록 안내한다. 내담자가 명확하게 작성할 수 있는 부분과 그렇지 않은 부분을 파악하여, 내담자가 떠올리기 어려운 부분에 대해 우선순위를 두고 상담을 진행한다면 내담자에 대한 특성을 파악하며 효율적으로 상담을 진행할 수 있다. 각 수레바퀴의 요소에 대한 탐색이 완료되면 내담자의 진로목표(진로방향)를 설정할 수 있다고 안내한다.

진로수레바퀴를 구성하는 항목 중 흥미, 기술, 가치, 개인적 스타일(성격유형) 등은 진로수레바퀴의 하단부에 나타나 있다. 각 바퀴의 부분을 탐색하고, 이 정보를 바탕으로 전체적으로 일관성 있게 조직하는 것이 진로상담에서 핵심이다. 이러한 탐색을 수행하는 방법으로는 심도 깊은 질문, 이야기하기, 표준화 및 비표준화 검사 등이 있다. 심도 깊은 질문과 이야기를 통해 탐색할 수 있는 첫 번째 주제는 열정과 몰입감을 느끼는 활동을 찾는 것이다. 이 주제에 맞는 몇 가지 전형적인 질문은 다음과 같다. "당신의 인생에서 개인적으로 보람 있는 성취를 했던 경험을 이야기해 보세요.", "학교에서 어떤 과목이 재미있었나요?", "어떤 취미나 흥미가 있나요?", "어렸을 때 몰두했던 활동에 대해 이야기해 보세요.", "당신이 정말 활력을 느꼈던 상황을 이야기해 보세요." 제공된 정보를 확장시키는 보충 질문을 추가하여, 처음에 했던 대답을 더 자세히 설명할 수 있는 기회를 주도록 한다. 두 번째 주제는 경탄할 만한 타인의 자질과 행동에 대해 탐색하는 것이다. 사람은 자신이 가치를 두는 자질과 강점을 가진 사람을 인정하는 경향이 있다. "당신이 존경하는 사람의 목록을 만들고, 각각에 대해 존경할 만한 이유를 적어 보세요.", "책에서 읽은 인물 중에서 어떤 등장인물이 존경할 만했고, 그 인물이 어떻게 했으며,

어떤 점 때문에 존경할까요?" 등의 질문을 통해 존경할 만한 이유를 찾고, 이것이 가치, 흥미, 성격, 강점의 측면에서 무슨 의미가 있는지에 초점을 두고 이야기를 전개해 나간다. 이런 방식으로 다른 사람과의 관계를 바라보면서 과거, 현재, 미래를 탐색해 볼 수 있다. 또한 표준화 검사 및 비표준화 검사 등의 다양한 평가 도구를 통해 개인의 특징을 이해하고 탐색할 수 있다. 이런 평가를 위해서는 검사에 대한 훈련을 통한 전문지식이 필요하다.

진로수레바퀴 상단에는 중요한 타인, 교육배경, 직업 또는 여가 경험, 노동시장 등의 광범위한 환경적 요인 등이 위치해 있다. 사람은 세상과 함께 살아가므로, 자기와 외적 세계를 함께 고려하는 통합적인 관점을 가져야 한다. 중요한 타인 부분은 내담자가 진로계획을 할 때 중요한 타인이 내담자에게 부여하는 의미에 대한 탐색을 하는 것이다. 가까운 사람의 목록을 만들고, 그들이 어떤 방법으로 지지를 제공하였는지, 그리고 진로에 대해 어떤 조언을 했는지를 작성해 보도록 한다. 내담자가 자신이 들었던 조언을 고려하고, 이 조언에 대해 어떻게 반응해 왔는지에 따라 진로의 여정이 달라질 수 있다.

또한 사람들이 자신의 일자리를 찾을 때 교육배경 그리고 직업 및 여가 경험을 참고해야 한다. 하지만 교육적 배경과 직업 및 여가경험이 노동시장과 어떻게 연결되는지를 이해하는 것이 때때로 제한적일 수 있다. 따라서 교육적 배경과 직업 및 여가의 경험을 확장시켜 다른 영역으로 전환될 수 있다는 것을 알게 하는 것이 필요하다. 이미 가지고 있는 교육적 배경과 직업 및 여가 경험이 다양한 곳에 적용될 수 있다는 것을 내담자는 스스로 알기 어렵기 때문에 진로상담자는 내담자가 그들의 경험과 노동시장 사이의 연관성을 이해하도록 돕는 핵심적인 역할을 할 수 있다.

노동시장의 변화에 대해 이해하는 것은 진로탐색 과정에서 필요한 과정이다. 노동시장의 일반적인 경향성의 예를 들면 다음과 같다. 높은 수준의 교육과 훈련에 대한 요구, 정보화 기술(IT) 이용의 증가, 유연한 고용 패턴(임시직, 파트타임직)의 증가, 가치관의 변화(생활과 일의 균형에 초점, 환경적 관심) 등을 들 수 있다. 더 중요하게 인식해야 하는 것은 '개인적 노동시장'인데, 이는 개인적인 관계와 활동에 따라 존재하는 기회와 대안을 의미한다. 접촉할 수 있는 네트워크를 확인하고, 이를 확장 및 활용할 수 있어야 한다. 개인적 노동시장을 넓히기 위해서는 개방성과 의사소통이 필요하다. 새로운 접촉을 시도하고, 직업에 대한 정보를 얻기 위해 사람들과 면담을 하면서 개인적 노동시장을 확장할 수 있다. 또 다른 방법은 직업 탐색에만 머물지 않고, 보다 주도적인 입장을 취하는 것이다. 즉, 직업 탐색자는 이력서를 작성하는 것뿐 아니라, 계획서를 만드는 것도 필요하다. 자신이 공헌할 수 있는 일을 찾고, 제안서를 만들어 보고, 잠재적인 고용주에게 자신을 고용했을 때 얻을 수 있는 가치와 혜택을 보여 주는 것이다.

진로수레바퀴는 시각적 자료로 직관적 자기이해가 가능하며, 통합적 분석을 할 수 있어 상담자와 함께 다양한 경로 설계가 가능하다. 진로수레바퀴는 진로의사결정 활동에 활용할 수도 있다. 각 항목에 맞는 정보를 구축하여 진로수레바퀴를 완성하면 모든 정보를 전체적인 관점에서 볼 수 있게 된다. 이 활동지를 가운데 두고 다양한 진로대안에 대해 브레인스토밍을 해 볼 수 있다. 그리고 진로수레바퀴를 활용하는 또 다른 방법은 하나의 대안을 진로수레바퀴의 가운데 두고, 각 측면에 얼마나 맞는지 살펴보는 것이다.

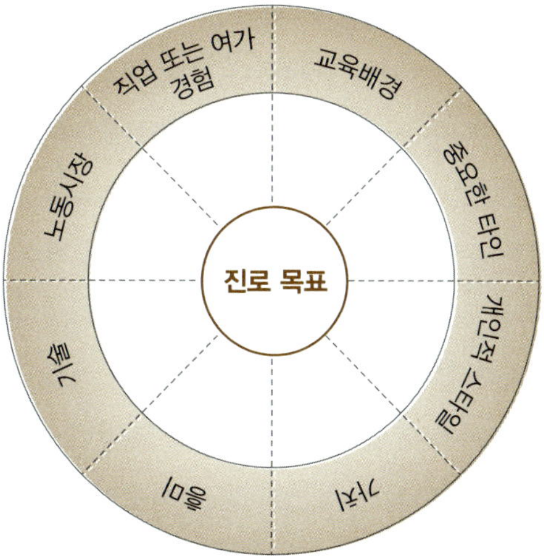

[그림 9-2] 진로수레바퀴

출처: Amundson & Poehnell (1996): 이동혁 외 공역(2013) 재인용.

3 목표 설정을 위한 기법

1) 목표 설정의 준거 활용

은퇴상담에서 목표 설정은 상담의 전 과정을 이끄는 핵심 단계이다. 목표는 내담자의 삶의 방향을 구체화하고 의미 있는 변화를 이끌어 낼 수 있는 중심축이 된다. 상담자는 목표 설정의 준거를 활용하여 내담자가 자발적으로 수용할 수 있는 기준을 중심으로 목표를 함께 구성해야 한다. 목표 설정의 준거란 내담자가 삶의 방향을 정할 때 참고할 수 있는 기준이나 틀을 의미한다(Gladding, 2018). 목표는 상담자가 일방적으로 제시하는 것이 아니라 내담자가 삶의 맥락과 내면의 가치에서 자연스럽게 도출되도록 해야 한다. 목표 설정의 준거는 이러한 삶의 중요도, 가치, 현실적인 조건, 바람 등을 반영하는 지표라고 할 수 있다. 이를 통해 내담자는 막연했던 희망이나 계획을 구체적인 행동 목표로 전환할 수 있다.

은퇴상담 과정에서 목표 설정의 준거는 다음과 같은 몇 가지 측면을 고려할 수 있다. 첫째, 목표는 내담자의 가치관과 삶의 우선순위를 반영해야 한다. 은퇴 후의 삶은 개인의 정체성과 의미 지향성에 따라 다양한 형태로 나타난다. 예를 들어, 가족과의 시간이나 관계 회복을 삶의 중심에 두는 사람이 있는가 하면, 경제적 안정이나 사회적 기여를 중요하게 여기는 사람도 있다. 상담자는 내담자의 인생 경험을 살피고 삶에서 중요하게 여기는 가치를 탐색한다(Hackney & Cormier, 2012). 이를 바탕으로 내담자 중심의 목표 설정을 지원해야 한다. 이러한 접근은 내담자의 내면적 동기를 강화할 수 있고 상담 과정에서 목표에서 벗어나는 것을 예방할 수 있다.

둘째, 현실적 조건을 고려한 목표 설정이 필요하다. 내담자의 건강 상태, 재정 상황, 가족 구조, 사회적 관계망 등은 목표의 실현 가능성에 영향을 준다. 예를 들어, 건강상의 어려움이 있는 경우에는 활동 중심의 목표가 부담이 될 수 있으므로 조정이 필요하다. 사회적 고립 상태에 있는 경우에는 관계 회복을 위한 단계별 접근이 먼저 이루어지는 것이 바람직하다. 상담자는 이러한 현실 조건을 객관적으로 점검하고 목표의 실행과 지속 가능성을 함께 살펴야 한다.

셋째, 목표는 미래 지향성을 가져야 한다. 내담자가 향후 삶에서 성장과 만족을 지속해서 경험할 수 있도록 설계되어야 한다. 상담자는 내담자가 바라는 이상적인 삶의 모습과 장기적 비전을 탐색한다. 또한 성취하고자 하는 바를 명확히 하도록 돕는다. 이 과정에서는 '앞으로 어떤 삶을 살고 싶은가?'라는 질문을 통하여 내담자가 삶의 큰 그림을 그릴 수 있도록 촉진해야 한다.

넷째, 목표는 유연성이 있어야 한다. 은퇴 이후의 삶은 여러 예측 불가능한 상황의 영향을 받는다. 이에 따라 목표도 변화할 수 있다. 상담자는 내담자가 상황 변화에 따라 목표를 조정할 수 있도록 돕는다. 또한 새로운 목표를 설정할 수 있도록 정서적으로 지지해야 한다. 목표 달성 자체보다 변화과정에서의 의미와 성장을 강조하는 접근이 필요하다.

상담자는 설정된 목표가 내담자의 삶에 실질적인 변화로 이어질 수 있도록 목표 설정의 준거를 구체적이고 실행할 수 있는 형태로 연결해야 한다. 이를 위해 SMART 목표 설정, WDEP 전략과 같은 단계적으로 계획을 수립하는 상담기법을 활용할 수 있다. 다음에서는 이러한 기법들을 통해 목표를 실천 가능한 형태로 구체화하는 방법을 살펴본다.

2) SMART 목표 설정 기법

SMART 목표 설정 기법은 은퇴상담에서 내담자의 목표를 구체적이고 실행 가능한 형태로 전환하는 데 효과적인 전략이다. SMART는 구체성(Specific), 측정 가능성(Measurable), 달성 가능성(Achievable), 관련성(Relevant), 기한 설정(Time-bound)의 다섯 가지 요소로 구성된다(Doran, 1981; Locke & Latham, 2002). SMART 기법의 각 요소는 목표 설정 과정에서 내담자의 행동을 어떻게 구체화할 수 있는지를 보여 준다.

은퇴상담에서 이 기법은 다음과 같은 측면에서 유용하게 활용된다. 첫째, 내담자가 퇴직 이후 삶에 대해 구체적인 계획이 없는 경우, 구조화된 기준을 통해 목표를 설정할 수 있도록 한다. 둘째, 내담자의 현실적 여건과 심리적 동기를 함께 반영함으로써 실현 가능성을 높인다. 셋째, 설정한 목표를 상담자가 함께 점검함으로써 상담의 방향성과 지속성을 유지할 수 있다. 목표는 상담 초기에 설정되기도 하지만 상담이 진행되는 과정에서 내담자의 자각과 변화에 따라 조정되기도 한다.

SMART 기법은 내담자의 목표가 지나치게 이상적이거나 추상적인 경우에 유용하게 적용할 수 있다. 은퇴 후에 자기효능감이 낮아진 내담자에게는 작고 구체적인 성공 경험을 제공함으로써 상담 참여의 동기를 강화할 수 있다(Bandura, 1997). 상담자는 내담자의 이야기를 경청하고 구체화 가능한 표현을 이끌어 낼 수 있는 질문을 통해 SMART 각 항목에 부합하는 내용을 함께 구성해야 한다. 예를 들어, '건강하게 살고 싶다'라는 바람은 SMART 기법을 적용하면 '주 3회 걷기 운동을 30분씩 실천하고, 2개월 후 건강검진 수치를 상담자와 함께 점검한다'라는 식으로 구체화할 수 있다. 이와 같은 목표 설정은 실행 가능성을 높이고 상담자의 피드백과 점검을 통해 지속적인 실천으로 이어질 수 있다. 각 요소의 개념과 은퇴상담 장면에서 적용 가능한 예시는 〈표 9-1〉에 정리하였다.

〈표 9-1〉 SMART 목표 설정 기법의 구성요소와 적용

항목	요소	적용	적용의 예
S	구체성	목표는 명확하고 분명해야 한다.	매주 월 · 수 · 금 오전에 30분 걷기 운동, 지역 문화센터 수채화 강좌 수강 등록
M	측정 가능성	목표 달성 여부를 확인할 수 있어야 한다.	활동 횟수 기록, 주간 계획표 작성, 실천 여부 체크
A	달성 가능성	내담자의 상황에서 실현이 가능한 수준이어야 한다.	거리와 건강 상태를 고려한 근거리 활동 설정, 경제적 부담이 없는 무료 프로그램 선택

항목	요소	적용	적용의 예
R	관련성	내담자의 가치관과 삶의 맥락과 연결되어야 한다.	기존 직무와 관련된 봉사활동, 오랫동안 관심 있었던 그림 그리기에 재도전
T	기한 설정	일정한 시간 안에 실행 여부를 확인할 수 있도록 기한을 명시해야 한다.	2개월 또는 3개월 후 점검 시점을 설정, 활동 일지 작성하여 상담할 때 점검

은퇴상담에서 SMART 기법을 은퇴상담 장면에 적용한 상담 사례를 두 가지 소개하고자 한다.

(1) 김정우 님의 사례

30년 가까이 시청의 행정직 공무원으로 근무하다 퇴직을 앞둔 김정우 님은 은퇴 이후 지역사회에 기여하고 싶다는 바람이 있다. 그러나 구체적인 활동 계획은 없었고 자신이 어떤 방식으로 시작해야 할지에 대해 막연함을 느끼고 있었다. 상담자는 김정우 님의 경험과 삶의 맥락을 반영하여 SMART 목표 설정 기법을 적용하였다.

① **구체성(S)**: '복지관에 자원봉사자로 등록하고 정기적으로 활동하기'라는 명확한 목표를 설정하였다. 김정우 님은 본인의 행정 경험을 살려 문해교육 프로그램의 학습 보조 활동에 참여하기로 하였다.

② **측정 가능성(M)**: '월 2회 봉사활동 참여'라는 기준을 정하여 실천 여부를 점검할 수 있도록 하였다. 김정우 님은 봉사 일정표에 참여 일정을 기록하고 상담 시 진행 여부를 확인하였다.

③ **달성 가능성(A)**: 건강 상태, 이동 거리, 개인 일정 등을 함께 고려하여 복지관 내 근거리 프로그램을 선택하였다. 주 2회 활동은 부담 없이 지속 가능하다고 판단되었다. 실제로 김정우 님은 해당 활동에 대한 일정 조율이 가능하였다.

④ **관련성(R)**: 공직에서의 오랜 대민 업무 경험과 행정 능력을 지역사회를 위한 공헌 활동으로 확장하고자 하는 김정우 님의 가치관과 긴밀히 연결된 활동이었다. 사회적 관계 유지와 역할 회복이라는 정서적 측면에서도 도움이 되었다.

⑤ **기한 설정(T)**: '3개월 후 활동 일지를 상담자와 함께 점검한다'라는 평가 일정을 설정하여 실행 과정의 중간 점검 기회를 마련하였다.

이러한 목표 설정 과정을 통해 김정우 님은 막연한 희망을 실제 행동으로 옮길 수 있는 구체적 계획으로 전환하였다. 자신의 전문성을 지속해서 활용하면서 사회적 역할과 자기효능감을 유지할 수 있었다.

(2) 이영미 님의 사례

28년간 고등학교에서 국어 교사로 재직하다가 은퇴한 이영미 님은 퇴직 후 1년이 지나면서 일상의 의미를 잃고 무기력함을 호소하였다. 퇴직 초기에는 독서와 산책 등으로 시간을 보냈지만, 점차 반복적인 생활에 흥미를 잃고 일상이 무의미하다고 느끼는 일이 잦아졌다. 삶의 활력을 되찾고 싶다는 마음으로 상담이 시작되었고 상담자는 SMART 목표 설정 기법을 적용하여 일상 활동의 구조화를 도왔다.

① **구체성(S)**: '주 1회 지역문화센터 강좌 수강'이라는 명확한 활동 목표를 설정하였다. 이영미 님은 예전부터 관심이 있었던 수채화 그리기 강좌를 선택하였고 이는 새로운 자기표현의 기회를 충족할 수 있는 활동이었다.

② **측정 가능성(M)**: 수강 횟수와 출석 여부를 기준으로 실천 여부를 점검할 수 있도록 하였다. 상담자와 함께 주간 계획표를 작성하였고 출석 여부와 수강 소감을 간단히 기록하는 일지를 병행하기로 하였다.

③ **달성 가능성(A)**: 이영미 님의 시간 여유, 건강 상태, 경제적 부담을 고려하여 지역문화센터를 검색하고, 거주지 인근 주민센터에서 열리는 무료 강좌에 등록하기로 하였다. 도보로 15분 거리에 위치하고 추가 비용이 거의 들지 않아 실천 가능성이 컸다.

④ **관련성(R)**: 퇴직 후에도 '무언가를 배우는 사람'으로서의 정체성을 유지하고 싶다는 이영미 님의 내적 동기를 반영하였다. 과거에도 미술에 관한 관심은 있었지만, 업무에 밀려 실현하지 못했다. 이번 활동은 오랫동안 미뤄 두었던 개인적 목표를 실현하는 기회가 되었다.

⑤ **기한 설정(T)**: '2개월 후 수강 경험을 상담자와 함께 점검한다'라는 중간 평가 시점을 정하였다. 이영미 님은 수강 이후의 변화와 느낀 점을 간단히 정리하여 상담 시 공유하기로 하였다.

이와 같은 SMART 기법의 적용은 내담자가 삶의 방향을 구체적인 계획으로 전환하고 실천을 통해 자기효능감을 회복하는 데 효과적으로 작용할 수 있다. 상담자는 각 요소를 내담자의 언어와 삶의 맥락 속에서 조율하고 구체화하여 현실에 기반한 실행 가능한 목표를 함께 구성해 나가야 한다.

3) 현실치료 WDEP 기법

현실치료는 William Glasser가 개발한 상담이론으로 인간이 자신의 삶을 스스로 선택하고 책임진다는 선택이론에 기반한다. 이 이론에서 실천적으로 활용되는 WDEP 기법은 내담자가 자신의 욕구와 행동을 점검하고 효과적인 변화 계획을 세울 수 있도록 돕는다(Wubbolding, 2011). 은퇴상담에서 WDEP 기법은 내담자가 현재 삶을 점검하고 주체적으로 목표를 설정하는 데 효과적으로 활용될 수 있다. 이 기법은 또한 상담 현장에서 일상의 활력 회복에 기여한다. 은퇴상담에서는 삶의 방향 재정립과 생활 구조의 재조정이 중요한 과제인 만큼 WDEP 기법은 내담자가 자신의 현재 상태를 점검하고 의미 있는 삶의 목표를 주체적으로 구성하는 데 유용하게 활용할 수 있다.

(1) WDEP 기법의 활용

WDEP 기법의 네 가지 요소는 다음과 같다. 욕구(Wants)는 내담자가 삶에서 중요하게 여기는 바람이나 가치를 탐색하는 과정이다. 자신이 진정으로 원하는 것이 무엇인지, 어떤 삶을 바라고 있는지를 점검할 수 있도록 돕는다. 행동(Doing)은 내담자가 현재 어떤 행동을 하고 있고 그것이 자신의 욕구 충족과 어떤 관련이 있는지를 살펴보는 단계이다. 반복되는 일상의 습관이나 구체적인 행동을 분석한다. 평가(Evaluation)는 현재의 행동이 자신의 욕구 충족에 효과적인지를 스스로 평가하는 과정이다. 행동이 삶의 방향성에 부합하는지를 점검하도록 이끈다. 계획(Planning)은 내담자가 바라는 삶을 위해 실천 가능한 구체적인 계획을 세우는 단계이다. 실현 가능하고 책임질 수 있는 행동 계획으로 연결되어야 한다.

이러한 WDEP 기법은 목표 설정을 위한 상담 대화에도 유용하게 적용될 수 있다. WDEP 기법은 내담자의 현재 상태를 객관적으로 점검하고 욕구와 행동의 불일치를 인식하게 하며 실행 가능한 계획으로 전환할 수 있도록 구조화된 틀을 제공한다. 상담자는 이 과정을 통해 내담자가 삶의 방향을 재설정하고 실제적인 변화를 경험할 수 있도록 함께해야 한다(Corey, 2021). 다음은 각 요소에 따라 상담자가 활용할 수 있는 질문 예시이다.

① 욕구(W) 질문

- 지금 가장 바라는 삶의 모습은 어떤 것인가요?
- 앞으로 1년 안에 달성하고 싶은 개인적인 목표가 있으신가요?
- 현재 생활에서 가장 만족스럽지 않은 부분은 무엇인가요?

- 제가 도와드릴 수 있다면 어떤 부분이 가장 필요하다고 느끼시나요?

② 행동(D) 질문

- 최근에 그 목표를 위해 어떤 일을 해 보셨나요?
- 이전에 의미 있다고 느낀 활동 중 어떤 것이 가장 기억에 남으시나요?
- 가장 즐거웠던 시간은 언제였고 그때 무엇을 하고 계셨나요?

③ 평가(E) 질문

- 지금의 생활 방식이 자신이 원하는 방향에 부합한다고 느끼시나요?
- 지금의 일상이 만족스럽지 않다면 그 이유는 무엇이라고 생각하시나요?
- 현재의 행동을 계속하면 앞으로 어떤 결과로 이어질 것 같으신가요?

④ 계획(P) 질문

- 바라는 삶을 위해 오늘 당장 실천할 수 있는 일이 있다면 무엇일까요?
- 이번 주 안에 시작할 수 있는 구체적인 활동은 무엇이라고 생각하시나요?
- 다음 상담 전까지 시도해 볼 수 있는 실천 항목을 하나 정해 보시겠어요?

(2) 박동석 님의 사례

제조업체에서 30년 이상 관리직으로 근무하다 퇴직한 60세의 박동석 님은 은퇴 후 삶에 대한 목표가 불분명하고 일상에 활력이 없다는 이유로 상담을 의뢰하였다. 상담자는 박동석 님의 삶의 만족도 회복과 활동 계획 수립을 위해 WDEP 기법을 적용하였다.

① **욕구(W)**: 박동석 님은 사람들과 어울리며 의미 있는 시간을 보내고 싶다. 과거 봉사활동 경험을 긍정적으로 생각하고 있었으므로 그와 유사한 활동을 다시 하고 싶다는 바람을 가지고 있었다.

② **행동(D)**: 그러나 현재는 대부분의 시간을 집에서 보내고 있었고 특별한 사회적 접촉이나 정기적인 외부 활동이 없는 상태였다.

③ **평가(E)**: 박동석 님은 현재의 생활이 만족스럽지 않고 삶에 의미가 부족하다고 평가하였다. 과거와 비교해 활력이 떨어졌다고 느끼고 있었고 변화의 필요성을 스스로 인식하였다.

④ **계획(P)**: 이에 따라 박동석 님은 가까운 지역 복지관에서 운영하는 시니어 자원봉사 프로그램에 참여하기로 하였다. 매주 1회 정기적으로 활동하고 활동 후 경험을 간단히 기록하여 상담 시 공유하기로 하였다. 이후에는 활동 영역을 확장하는 방안을 함께 모색하기로 하였다.

이처럼 WDEP 기법은 내담자의 현재 상태를 객관적으로 점검하고 욕구와 행동의 불일치를 인식하게 하며 실행 가능한 계획으로 전환할 수 있도록 구조화된 틀을 제공한다. Glasser(1998)는 이러한 접근이 인간이 자신의 삶을 선택하고 그 결과에 책임진다는 이론적 관점에서 출발한다고 보았다. 상담자는 이 기법을 활용하여 내담자가 삶의 방향을 명확히 하고 자신의 선택을 통해 실제적인 변화를 만들어갈 수 있도록 지원할 수 있다.

4 의사결정 지원을 위한 기법

1) 의사결정유형검사의 활용 기법

(1) Harren의 의사결정유형

은퇴 전후 시기는 삶의 방향과 생활 구조를 새롭게 정해야 하는 시기이다. 내담자가 자신의 의사결정 방식에 대해 자각하고 이를 점검하는 것이 필요하다. Harren(1979)은 의사결정의 차이를 구조적으로 이해하기 위해서 개인이 진로와 관련한 결정을 내릴 때 사용하는 방식을 합리형, 직관형, 의존형의 세 가지로 구분하였다. 합리형은 정보를 분석해 신중히 결정한다. 직관형은 내면의 감각에 따라 판단하고, 의존형은 타인의 의견에 기대는 경향이 있다. Harren의 모형은 실제 행동 양식을 반영하므로 은퇴 이후의 선택 상황에도 적용할 수 있다. 내담자의 의사결정 방식을 구조화하여 파악하고 반복되는 판단 오류나 회피 경향을 인식하도록 도울 수 있다. Harren의 의사결정유형검사 문항은 내담자의 판단 경향을 반영하므로 상담자는 응답 결과를 해석하여 유형을 파악하고 상담 방향을 정할 수 있다. 상담 과정에서 활용할 수 있는 의사결정유형검사의 문항과 채점 방법은 〈표 9-2〉와 〈표 9-3〉에 제시하였다(김봉환 외, 2017). 검사 결과를 바탕으로 상담자는 내담자의 의사결정유형을 구체적으로 설명할 수 있다.

〈표 9-2〉 Harren의 진로의사결정유형 검사 문항

번호	내용	그렇다	아니다
1	나는 중요한 의사결정을 할 때 한 단계, 한 단계 체계적으로 한다.		
2	나는 나 자신의 욕구에 따라 매우 독특하게 의사결정을 한다.		
3	나는 얻을 수 있는 모든 정보를 수집하지 않고는 중요한 의사결정은 거의 하지 않는다.		
4	의사결정을 할 때 내 친구들이 나의 결정을 어떻게 생각할 것인가를 매우 중요시한다.		
5	의사결정을 할 때, 이 의사결정과 관련된 결과까지 고려한다.		
6	나는 다른 사람의 도움 없이는 중요한 의사결정을 하기가 힘들다.		
7	나는 어려운 문제에 부딪히면 재빨리 결정을 내린다.		
8	나는 의사결정을 할 때, 나의 즉각적인 느낌이나 감정에 따른다.		
9	내가 하고 싶은 것보다 다른 사람이 어떻게 생각하느냐에 영향을 받아 의사결정을 한다.		
10	어떤 의사결정을 할 때 나는 시간을 갖고 주의 깊게 생각해 본다.		
11	나는 문제의 본질에 대해 찰나적으로 떠오르는 생각에 따라 결정을 한다.		
12	나는 친한 친구에게 먼저 이야기하지 않고는 의사결정을 거의 하지 않는다.		
13	나는 중대한 의사결정 문제가 예상될 때, 그것을 계획하고 생각할 시간을 충분히 갖는다.		
14	나는 의사결정을 못 한 채 뒤로 미루는 경우가 많다.		
15	의사결정 전에 올바른 사실을 알고 있나 확인하기 위해 관련된 정보들을 다시 살펴본다.		
16	나는 의사결정에 관해 실제로 생각하지는 않지만, 갑자기 생각이 떠오르면서 무엇을 해야 할지를 알게 된다.		
17	어떤 중요한 일을 하기 전에 나는 신중하게 계획을 세운다.		
18	의사결정을 할 때 다른 사람의 많은 격려와 지지가 필요하다.		
19	나는 의사결정을 할 때, 마음이 가장 끌리는 쪽으로 결정을 한다.		
20	나의 인기를 떨어뜨릴 의사결정은 별로 하고 싶지 않다.		
21	나는 의사결정을 할 때, 예감 또는 육감을 중요시한다.		
22	나는 조급하게 결정을 내리지 않는데, 그 이유는 올바른 의사결정임을 확신하고 싶기 때문이다.		
23	어떤 의사결정이 감정적으로 나에게 만족스러우면 나는 그 결정을 올바른 것으로 본다.		
24	올바른 의사결정을 할 수 있는 자신이 없으므로 주로 다른 사람의 의견에 따른다.		
25	종종 내가 내린 각각의 의사결정을 일정한 목표를 향한 진보의 단계들로 본다.		

번호	내용	그렇다	아니다
26	내가 내린 의사결정을 친구들이 지지해 주지 않으면 그 결정에 대해 확신을 갖지 못한다.		
27	의사결정을 하기 전에, 나는 그 결정을 함으로써 생기는 결과에 대해 가능한 한 많이 알고 싶다.		
28	나는 '이것이다'라는 느낌에 의해 결정을 내릴 때가 종종 있다.		
29	대개 나는 주위 사람들이 바라는 방향으로 의사결정을 한다.		
30	여러 가지 정보를 수집하거나 검토하는 과정을 갖기보다, 나에게 떠오르는 생각대로 결정을 내리는 경우가 자주 있다.		

〈표 9-3〉 진로의사결정유형 검사 답안지

일련 번호	문항 번호	그렇다	아니다	문항 번호	그렇다	아니다	문항 번호	그렇다	아니다
①	1			2			4		
②	3			7			6		
③	5			8			9		
④	10			11			12		
⑤	13			16			14		
⑥	15			19			18		
⑦	17			21			20		
⑧	22			23			24		
⑨	25			28			26		
⑩	27			30			29		
합계	합리형:		개	직관형:		개	의존형:		개

(2) 의사결정유형별 특징과 적용

① 합리형

합리형은 정보를 충분히 수집하고 대안을 분석하여 논리적인 근거를 바탕으로 결정을 내린다. 선택에 앞서 예상 결과를 따져 보며 실행 가능성까지 고려하는 특징이 있다. 이 유형은 은퇴 이후의 경제적 계획, 거주지 선택, 건강관리 전략 등에서 실질적인 계획 수립에 유리하다. 그러나 지나치게 많은 정보를 탐색하거나 완벽한 결정을 추구하는 경향이 있어 결정 지연이나 실행 회피로 이어질 수 있다. 상담자는 내담자가 필요 이상의 정보를 수집하려는 성향을 조절하고 실천을 유도할 수 있어야 한다.

예를 들어, 퇴직 예정인 김기범 님은 생활비, 의료 접근성, 지역 분위기를 비교하고 거주지를 선택했다. 실제 거주를 고려한 지역에 여러 번 방문하여 교통편, 주변 상권, 병원 이용의 편의성 등을 살펴보았고, 이러한 체험을 통해 자신의 생활 방식에 맞는지를 점검하였다. 여러 요소를 종합적으로 고려한 끝에 거주지를 결정하였고 이후 삶에 만족하고 있다.

② 직관형

직관형은 판단 시 직감이나 순간적인 느낌에 크게 의존한다. 복잡한 분석보다는 그 순간의 감정이나 내면의 인상에 따라 결정을 내리는 경향이 있다. 빠르게 선택을 내릴 수 있다는 장점이 있지만, 은퇴 이후와 같이 장기적 안목이 필요한 결정 상황에서는 결과를 예측하지 못하거나 결정을 후회하게 될 수 있다. 상담자는 감정에 근거한 선택을 존중하되 구체적인 근거와 대안 검토를 유도하여 판단을 보완할 수 있도록 도와야 한다.

예를 들어, 퇴직한 이민호 씨는 한적한 전원생활에 대한 막연한 동경과 여유로운 삶에 대한 기대만으로 갑작스럽게 귀촌을 결정하였다. 당시에는 자연 속에서 지내는 삶이 자신에게 잘 맞을 것이라 느꼈지만, 막상 병원 접근의 불편함과 사회적 고립감이 커지면서 심리적 불안과 후회를 경험하게 되었다. 이는 감정에 따른 직관적 판단으로 장기적 생활 조건을 충분히 고려하지 못한 결과였다.

③ 의존형

의존형은 스스로 결정하기보다는 주변 사람의 의견에 기대거나 권위자의 판단에 따르는 경향이 강하다. 결정을 미루거나 타인의 반응에 따라 행동을 조정하는 경우가 많다. 가족이나 전문가의 권유로 퇴직 후 활동을 선택한 경우에는 지속 동기가 약해질 수 있다. 이 유형의 내담자는 자신의 결정 경험이 부족할 수 있고 선택에 대한 책임을 회피하려는 태도를 보일 수 있다. 내담자가 자신의 기준을 세우고 독립적인 판단을 시도할 수 있도록 상담자는 점진적인 자율성 확보를 위한 환경과 피드백을 제공해야 한다.

예를 들어, 은퇴한 박현숙 씨는 자녀의 권유로 지역 커뮤니티센터의 재취업 프로그램에 등록하였다. 처음에는 자녀의 기대에 부응하고자 참여하였으나, 프로그램의 내용이 자신의 흥미나 가치와 크게 다르다는 점을 느꼈다. 이후 수업에 결석하는 일이 잦아졌고, 활동에 대한 몰입과 지속 의지도 크게 낮아졌다. 이는 타인의 판단에 의존한 선택이 내적 동기로 이어지지 못한 사례이다.

은퇴상담에서는 내담자가 충동적이거나 타인의 의견에 과도하게 의존하는 방식에서 벗어나 자신의 경험과 정보에 기반한 의사결정을 하도록 지원하는 것이 핵심이다. 의사결정은 문제 인식, 정보 수집, 대안 탐색, 평가와 선택, 실행 및 점검의 흐름으로 전개된다. 이러한 구조화된 의사결정 과정은 진로 및 생애 전환 시기의 주요 판단 상황에서 내담자의 성향과 맥락을 반영한 상담 개입이 효과적이라는 점에서 강조되어 왔다(Phillips & Pazienza, 1988). 각 단계에서는 내담자의 특성과 상황에 맞는 구체적 개입이 필요하다. 상담자는 내담자가 선택 상황을 명확히 인식하고, 관련 정보를 스스로 탐색하고 해석하도록 구조화된 안내를 제공한다. 이때 장단점 목록 작성, 가치 명료화 기법, 브레인스토밍 등의 도구를 활용할 수 있다. 대안을 비교할 때는 삶에 미치는 영향이나 현실적 제약 등을 함께 고려하도록 하고, 선택한 이후에는 실행 계획을 구체화하여 실천 여부를 정기적으로 점검할 수 있도록 안내한다.

특히 직관형과 의존형 내담자에게는 각 단계에서 사고를 구조화하고 판단을 구체화하는 도구가 필요하다. 직관형 내담자는 선택지에 대한 근거를 명확히 하도록 질문지를 제공한다. 의존형 내담자에게는 자기 결정력을 높일 수 있는 소규모 실천 과제를 부여하고 회기마다 그 경험을 평가하면서 강화하면 좋다. Harren(1979)은 개인의 의사결정 방식이 비교적 안정된 특성으로 반복되고 상황에 따라 합리적 조정이 필요하다고 보았다. 따라서 은퇴상담자는 내담자가 오랜 시간 익숙하게 사용해 온 판단과 결정 방식에서 조금씩 벗어나서 보다 합리적인 의사결정을 시도할 수 있도록 돕는 것이 중요하다.

2) 주관적 기대효용 기법을 활용한 의사결정 전략

(1) 주관적 기대효용 기법

은퇴 이후에는 일, 건강, 여가, 관계 등 여러 선택지 앞에서 중요한 결정을 내려야 하는 상황이 발생한다. 이때 내담자가 무엇을 선택할 것인지 고민할 때 주관적 기대효용 기법은 대안을 평가하고 결정 방향을 정하는 데 유용한 도구가 된다. 이 기법은 각 선택지에 대해 내담자가 주관적으로 느끼는 '만족도(효용)'와 '실현 가능성(기대)'을 각각 평가하고 이를 곱하여 상대적 우선순위를 정하는 방식이다. 내담자의 가치관, 심리적 태도, 현실 인식을 함께 다룰 수 있는 구조화된 의사결정 전략이다.

상담자는 내담자가 직면한 선택 상황을 정리하고 선택지를 명확히 나열하도록 돕는다. 그런 다음에는 각 대안이 내담자에게 얼마나 만족감을 줄 수 있을지, 실제 실행 가능성은 얼마나 되는지를 각각 10점 척도로 평가하도록 한다. 다음으로는 두 점수를 곱해 상대적 순위를 비교한다.

(2) 주관적 기대효용 기법의 적용

은퇴를 앞둔 이경수 님은 퇴직 후 어떤 방향으로 나아갈지를 고민하고 있었다. 시니어 창업, 단기 계약직 근무, 지역사회 자원봉사 세 가지 대안이 있었으나, 각각의 장단점이 명확하지 않아 결정을 내리기 어려웠다. 상담자는 주관적 기대효용 기법을 적용하기로 하였다. 내담자에게 각 대안의 만족도와 실현 가능성을 수치화해 평가하도록 안내한 뒤, 이를 곱하여 기대효용 점수를 산출하게 하였다.

〈표 9-4〉 주관적 기대효용 평가 결과

대안	만족도 점수 (0~10점)	실현 가능성 점수 (0~10점)	기대효용 점수 (만족도×가능성)
시니어 창업	9	4	36
단기 계약직 근무	6	8	48
지역사회 자원봉사	7	6	42

〈표 9-4〉는 이경수 님이 평가한 각 대안의 기대효용 점수를 정리한 것이다. 점수를 살펴보면 단기 계약직 근무가 가장 높은 기대효용 점수를 기록하였다. 자원봉사 역시 만족도와 실현 가능성의 균형이 잘 반영되어 높은 점수를 보였다. 반면, 시니어 창업은 높은 만족도에도 불구하고 낮은 실현 가능성으로 인해 상대적으로 낮은 총점이 산출되었다. 이러한 비교를 통해 이경수 님은 단기 근무와 자원봉사가 자신의 상황에서 현실적인 대안임을 인식하게 되었다. 이처럼 내담자는 기대효용 점수를 통해 선택지를 구조화하고 판단의 방향을 설정할 수 있다.

주관적 기대효용 기법은 점수를 통해 선택지를 시각화하고 비교하게 하므로 막연했던 고민을 구조화할 수 있는 장점이 있다. 이 기법은 내담자의 가치, 동기, 감정 상태가 수치화된 평가로 드러나게 한다(Phillips & Pazienza, 1988). 다만 점수는 결정의 절대 기준이 아니다. 상담자는 수치화 과정에서 드러나는 내면의 판단 기준, 갈등 요소, 심리적 의미를 함께 탐색해야 한다.

Krieshok 등(2009)은 진로 의사결정이 단지 합리적 분석으로 이루어지지 않고 비의식적 요인과 감정적 판단이 큰 영향을 미친다고 하였다. 내담자의 언어와 정서 반응을 함께 고려하여 다면적 해석을 제공해야 한다. 또한 Janis와 Mann(1977)은 의사결정이 갈등과 심리적 부담의 과정에서 이루어진다고 보았다. 선택지 간 비교는 단순한 정보 처리 이상의 의미를 포함한다. 상담자는 내담자의 심리적 저항이나 결정 회피 경향을 함께 조망할 수 있어야 한다.

이 기법은 의사결정유형이 직관형인 내담자에게는 감정적 선택을 구체적인 판단 근거로 바꿀 기회를 제공한다. 의존형 내담자에게는 자기 판단 기준을 연습할 수 있는 상황을 마련해 준다. 수치화된 비교를 통해 내담자는 자신의 결정 과정을 논리적으로 인식할 수 있다. 이를 통해 내담자는 자신의 선택에 대해 책임감을 가질 수 있다. 이 기법은 내담자가 자신의 기준을 명확히 하면서 현실적인 선택을 할 수 있도록 돕는 데 활용 가능하다.

3) 생애사 기반 의사결정 명료화 기법의 활용

은퇴 전후는 삶을 다시 정비해야 할 중요한 전환점이다. 이때의 의사결정은 자신이 걸어온 길을 돌아보고 앞으로의 삶을 새롭게 설계하는 통합적 접근이 필요하다. 생애사 기반 의사결정 명료화 기법은 내담자가 자신의 생애 경험을 구조화하고 일관된 삶의 흐름 속에서 새로운 선택의 실마리를 찾을 수 있도록 돕는 상담 전략이다.

이 기법은 진로구성주의(career construction theory)와 생애사 접근(career narratives)에 기초한다. 진로 결정은 개인의 삶 전체에서 구성되는 이야기이다(Savickas, 2005). 특히 은퇴 전환기의 내담자는 과거의 역할과 삶의 경험을 다시 조명할 필요가 있다. 반복된 행동의 맥락과 그 안에 담긴 의미를 재해석하는 과정이 중요하다. 이를 통해 내담자는 새로운 정체성을 형성하고 앞으로의 삶의 방향을 구체화해 나갈 수 있다(Savickas, 2011).

상담자는 내담자와 함께 과거의 전환점, 반복된 선택의 경향, 관계에서의 상호작용 등을 중심으로 삶의 흐름을 정리한다. 그 과정에서 내담자는 자신이 어떤 맥락에서 어떤 결정을 해 왔는지를 스스로 돌아보고 반복적으로 나타난 내면의 기준이나 삶의 의미를 인식하게 된다.

(1) 박성진 님의 사례

50세에 조기 퇴직한 박성진 님은 이후의 진로를 정하지 못한 채 답답함과 막막함을 느끼며 상담실을 찾았다. 상담자는 박성진 님이 학창 시절, 직장 경험, 가족 관계 등 주요한 생애 장면들을 시간순으로 나열하도록 안내하였다. 특히 전환점마다 느낀 감정, 반복된 역할, 타인과의 상호작용에서 나타난 자신만의 태도를 중심으로 이야기를 구성할 수 있도록 도왔다. 이 과정을 통해 박성진 님은 일상 속에서 정보를 전달하거나 누군가에게 설명할 때 가장 몰입하고 즐거움을 느껴 왔다는 점을 떠올릴 수 있었다. 또한 그러한 경험들이 자신에게 의미 있었고 성취감을 준 순간이었다는 사실을 새롭게 인식하게 되었다. 이를 바탕으로 박성진 님은 지역 평생교육원에서 운영하는 강사 양성과정에 등록하였고 이후 커뮤니티 강연 활동으로 삶의 방향을 확장해 나갈 수 있었다.

(2) 생애사 기반 의사결정 탐색을 위한 질문 방법

생애사 기반 접근은 외부 환경이나 타인의 기대가 아니라 내담자의 삶의 이야기 안에서 선택의 근거를 재발견하도록 돕는다. 상담자는 내담자의 생애 전반에 흐르는 주제와 가치, 관계의 의미를 함께 탐색한다. 그 안에서 앞으로의 선택이 어떤 맥락과 연결되어 있는지를 조명한다.

다음은 상담자가 활용할 수 있는 질문의 예시이다. 모든 질문은 내담자의 이전 경험이 풍부하다는 점을 염두에 두고 삶의 흐름을 자연스럽게 회고하면서 미래를 상상할 수 있도록 구성되어야 한다. 이러한 내러티브 탐색 방식은 내담자가 자신의 생애를 의미 있는 이야기로 구성하고 미래를 그 이야기의 연속선상에서 설계할 수 있도록 돕는다(Savickas & Hartung, 2012). 〈표 9-5〉에 제시한 질문들은 내담자가 자기 이해를 바탕으로 은퇴 이후의 삶을 성찰하고, 보다 주체적이고 일관된 방향으로 의사결정을 내릴 수 있도록 돕는다.

〈표 9-5〉 생애사 기반 의사결정 탐색을 위한 질문

질문 영역	질문 내용
과거의 중요한 선택	• 지금까지 살아오신 인생에서 가장 인상 깊었던 선택의 순간은 언제였나요? • 그 선택을 통해 어떤 변화를 경험하셨고 지금 돌이켜 보면 어떤 의미가 있었나요?
특성과 역할 돌아보기	• 어떤 상황에서 '나는 이런 사람인 것 같다'라는 느낌을 받으셨나요? • 주변에서 자주 들었던 말이나 자연스럽게 맡게 되었던 역할이 있으신가요?
현재 고민과 연결 짓기	• 과거에 하셨던 선택이 지금의 고민과 어떤 방식으로 연결되어 있다고 느끼시나요?
앞으로의 삶 그려 보기	• 앞으로 삶에서 해 보고 싶은 일이나 남기고 싶은 것이 있다면 무엇인가요? • 과거의 내가 지금의 나에게 조언을 해 준다면 어떤 이야기를 해 줄 것 같으신가요? • 지금 이후의 삶에서는 어떤 사람으로 기억되고 싶으신가요?

상담자는 내담자의 답변 속에 반복되는 주제, 내면의 갈등, 잠재된 가치 기준을 민감하게 포착해야 한다. 선택은 생애의 연속선상에 놓여 있으므로 새로운 결정 또한 과거의 이야기와 단절된 것이 아님을 함께 확인하는 과정이 중요하다. 은퇴상담에서 생애사 기반 의사결정 기법은 내담자가 자신의 삶을 의미 있게 재해석하고 이후 삶의 구조를 주체적으로 설계할 수 있도록 이끄는 통합적 접근이 된다.

4) 동기강화 상담을 활용한 의사결정 명료화 기법

(1) 동기강화상담기법의 방법과 활용

동기강화상담(Motivational Interviewing: MI)은 내담자가 변화에 대해 느끼는 양가감정을 탐색하고 조율하여 자발적인 선택을 이끌어 내는 상담기법이다(Miller & Rollnick, 2013). 은퇴 전후 시기의 의사결정은 새로운 생활 방향을 선택해야 하는 중요한 전환점이자 내적 갈등이 표출되는 지점이기도 하다. 특히 '해야 할 것'과 '하고 싶은 것' 사이의 갈등, 또는 '하고 싶지만 두려운 것'에 대한 정서적 충돌은 의사결정을 어렵게 만든다.

동기강화상담에서는 이러한 갈등을 접근-접근 갈등(approach-approach conflict), 접근-회피 갈등(approach-avoidance conflict), 회피-회피 갈등(avoidance-avoidance conflict)으로 구분하여 이해할 수 있다(Rollnick & Miller, 1995). 예를 들어, 퇴직 후 지역사회 활동과 여행을 모두 원하지만 둘 다 선택하기 어려운 경우는 접근-접근 갈등이다. 새로운 일을 하고 싶지만, 실패에 대한 두려움이 클 경우는 접근-회피 갈등이다. 어느 것도 내키지 않지만, 무엇인가를 결정해야 하는 상황은 회피-회피 갈등에 해당한다. 이러한 의사결정 갈등 상황에서 동기강화상담은 다음과 같은 방식으로 활용될 수 있다.

① 양가감정의 시각화

상담자는 내담자가 느끼는 양가감정을 구체적으로 시각화할 수 있도록 돕는다. 이를 위해 결정균형표(decisional balance worksheet)를 활용할 수 있다(Miller & Rollnick, 2013). 이는 변화의 장단점, 현재 상태를 유지하는 것의 장단점을 표로 정리하여 내담자가 선택지를 구조적으로 바라볼 수 있도록 하는 전략이다.

② 변화언어의 강화

내담자가 변화하고자 하는 이유, 기대, 능력, 필요 등을 직접 언어화하도록 돕는다. 이를 통해 내담자는 의사결정에 대한 자신의 내적 근거를 스스로 인식하게 된다. 상담자는 "그 선택이 당신에게 어떤 의미인가요?", "이전에 시도했던 경험에서 배운 점은 무엇인가요?"와 같은 질문을 통해 변화언어(change talk)를 유도(evoking)하고 자기 탐색을 촉진할 수 있다.

③ 유지언어의 수용과 반영

유지언어(sustain talk)는 내담자가 변화보다는 현재 상태를 유지하려는 이유나 두려움을 표현하는 발화(utterance)이다. 상담자는 이러한 발화를 판단 없이 반영하여 내담자가 자신의 생각과 감정을 객관적으로 바라보도록 돕는다. 이를 통해 내담자는 자기 인식을 확장하고 변화 가능성을 탐색할 수 있다.

④ '접근-회피' 갈등의 균형 조율

변화하고 싶은 마음(접근)과 불안감(회피)이 공존할 때, 상담자는 내담자의 가치와 장기적 목표를 되짚으며 회피 요인의 실체와 영향력을 함께 탐색한다. 이를 통해 불확실성을 줄이고 내담자가 변화를 수용할 준비도를 높일 수 있다.

⑤ '결정하지 않음'의 결과 탐색

회피-회피 갈등이나 의사결정 유보 상태에서는 아무것도 결정하지 않았을 때의 장단점을 살펴보도록 한다. 이는 무의식적 회피를 의식화하여 내담자가 선택의 책임을 자각하게 하는 데 효과적이다.

(2) 사례를 통한 이해

다음은 동기강화상담이 의사결정 상황에 어떻게 활용될 수 있는지를 이해하기 위해 구성한 예시이다. 각 사례는 접근-접근, 접근-회피, 회피-회피와 같은 대표적인 갈등 유형을 중심으로 내담자의 양가감정을 어떻게 탐색하고 변화 동기를 강화할 수 있는지를 보여 준다. 이 과정을 통해 상담자는 내담자의 가치, 욕구, 두려움을 균형 있게 다루며 주체적인 결정으로 나아가도록 지원할 수 있다.

① 접근-접근 갈등 사례

김지영 님은 은퇴 후 그림을 본격적으로 배우고 싶다는 마음과 해외 배낭여행에 대한 오랜 꿈 사이에서 고민하고 있었다. 두 선택 모두 긍정적이고 매력적인 대안이었지만 시간과 비용의 제약으로 둘 다 실현하기는 어려운 상황이었다. 상담자는 두 선택이 모두 삶에 의미가 있으므로 각각의 가치와 감정을 비교하는 결정균형표를 활용하였다. 그 결과, 김지영 님은 미술 활동을 우선 실현하고 여행은 이후 단계로 유보하는 결정을 내렸다. 이 과정은 김지영 님이 자신의 가치를 구조화하고 우선순위를 재정렬하는 데 도움이 되었다.

② 접근-회피 갈등 사례

오정호 님은 평생 해 보고 싶었던 요리 강좌에 참여하고자 했지만, '너무 늦은 것 아닐까'라는 유지언어와 실패에 대한 두려움이 있었다. 상담자는 "요리를 배운다는 생각에 마음이 끌리는 이유는 무엇인가요?"라는 질문을 통해 접근 요소를 강화하고, "실패한다면 어떤 점이 가장 두렵다고 느껴지시나요?"라는 질문을 통해 회피 요소를 구체화하였다. 오정호 님은 요리 활동을 시작하되 결과보다는 배우는 경험 자체에 의미를 두기로 하며 실행에 나설 수 있었다.

③ 회피-회피 갈등 사례

최명자 님은 일상생활이 무료하다고 느끼면서도 새로운 활동에 대한 의욕이나 자신감이 없었다. 어떤 것도 원하지 않지만, 아무것도 하지 않는 것도 괴로운 상태였다. 상담자는 "지금 상태가 계속될 때와 바뀔 때의 차이를 한번 상상해 보면 어떨까요?"라는 질문을 통해 선택 지연으로 인한 비용과 정서적 부담을 언어화하도록 하였다. 이를 통해 최명자 님은 '일단 주민센터 프로그램 설명회를 들어 보기'라는 최소 실행 행동을 선택하였고 더 구체적인 참여 계획이 형성되었다.

동기강화상담은 내담자의 내면에 이미 존재하는 가치와 동기를 발견하고 이를 바탕으로 변화에 대한 주체적인 선택이 가능하도록 지원하는 접근이다. 의사결정 장면에서의 적용은 내담자가 자신을 이해하고 삶을 책임지는 힘을 회복하는 과정이 된다. 상담자는 내담자의 갈등 구조를 명확히 하고 그 언어 속에서 변화의 실마리를 찾아낸다. 그 과정에서 보다 현실적이고 지속 가능한 선택이 이루어질 수 있도록 안내해야 한다.

참고문헌

김봉환, 김은희, 김효원, 문승태, 방혜진, 이지연, 조붕환, 허은영(2017). **진로교육개론**. 서울: 사회평론아카데미.

오인수(2008). 초등학생 진로교육의 새로운 접근:가계도를 활용한 진로상담. **초등교육연구**, 21(2), 49-73.

Amundson, N. E., Harris-Bowlsbey, J., Niles, S. G. (2009). *Essential elements of career counseling: Processes and techniques* (2nd ed.). Upper Saddle River, NJ: Pearson/Merrill. 이동혁, 황매향, 임은미 공역(2013). **진로상담 과정과 기법**. 서울: 학지사.

Amundson, N. E., & Poehnell, G. R. (1996). *Career pathways*. Richmond, BC: Ergon Communications.

Bandura, A. (1997). *Self-efficacy: The exercise of control*. New York: W. H. Freeman.

Bowen, M. (1980). *Key to the genogram*. Washington, DC: Georgetown University Hospital.

Clark, A. J. (2010). Empathy: An integral model in the counseling process. *Journal of Counseling and Development, 88*, 348-356.

Clark, A. J. (2014). *Empathy in counseling and psychotherapy: Perspectives and practices*. New York, NY: Routledge.

Collins, N. L., & Miller, L. C. (1994). Self-disclosure and liking: A meta-analytic review. *Psychological Bulletin, 116*(3), 457-475.

Corey, G. (2021). *Theory and practice of counseling and psychotherapy* (10th ed.). Belmont, CA: Cengage.

Dagley, J. (1984). *A vacational genogram* [Mimeograph]. Athens, GA: University of Georgia.

DeVries, B., Birren, J. E., & Deutchman, D. E. (1990). Adult development through guided autobiography: The family context. *Family Relations, 39*(1), 3-7.

Doran, G. T. (1981). There's a S.M.A.R.T. way to write management's goals and objectives. *Management Review, 70*(11), 35-36.

Egan, G. (1994). *The skilled helper*. New York, NY: Brooks/Cole. 제석봉, 유계식, 박은영 공역(2014). **유능한 상담자**. 서울: 학지사.

Elliott, R., Watson, J. C., Goldman, R. N., & Greenberg, L. S. (2004). *Learning emotion-focused therapy: The process-experiential approach to change*. Washington, DC: American Psychological Association.

Gladding, S. T. (2018). *Counseling: A comprehensive profession* (8th ed.). Boston, MA: Pearson.

Glasser, W. (1998). *Choice theory: A new psychology of personal freedom*. New York: HarperCollins.

Goldman, L. (1983). The vocational card sort technic: A different view. *Measurement and Evaluation in Guidance, 16*(2), 107-109.

Hackney, H. L., & Cormier, S. (2012). *The professional counselor: A process guide to helping* (7th ed.). Boston, MA: Pearson.

Harren, V. A. (1979). A model of career decision making for college students. *Journal of Vocational Behavior, 14*(2), 119-133.

Heintzman, M., Leathers, D. G., Parrott, R. L., & Cairns, A. B. (1993). Nonverbal rapport-building behaviors' effects on perceptions of a supervisor. *Management Communication Quarterly, 7*(2), 181-208.

Hill, C. E. (2009). *Helping skills: Facilitating exploration, insight, and action* (3rd ed.). Washington, DC: American Psychological Association. 주은선 역(2012). **상담의 기술: 탐색-통찰-실행의 과정**. 서울: 학지사.

Janis, I. L., & Mann, L. (1977). *Decision making: A psychological analysis of conflict, choice, and commitment*. New York: Free Press.

Krieshok, T. S., Black, M. D., & McKay, R. A. (2009). Career decision making: The limits of rationality and the abundance of non-conscious processes. *Journal of Vocational Behavior, 75*(3), 275-290.

Locke, E. A., & Latham, G. P. (2002). Building a practically useful theory of goal setting and task motivation: A 35-year odyssey. *American Psychologist, 57*(9), 705-717.

McMahon, M., Patton, W., & Watson, M. (2003). Developing qualitative career assessment process. *The Career Development Quarterly, 51*, 194-202.

Miller, W. R., & Rollnick, S. (2013). *Motivational interviewing: Helping people change* (3rd ed.). New York: Guilford Press.

Mosak, H. H. (1971). Lifestyle. In A. G. Nikelly (Ed.), *Techniques for behavior change* (pp. 77-81). Springfield, IL: Charles C Thomas.

Norfolk, T., Birdi, K., & Patterson, F. (2009). Developing therapeutic rapport: A training validation study. *Quality in Primary Care, 17*(2), 99-106.

Phillips, S. D., & Pazienza, N. J. (1988). History and theory of the assessment of career development and decision making. In W. B. Walsh & S. H. Osipow (Eds.), *Career decision making* (pp. 1-31). Hillsdale, NJ: Erlbaum.

Rogers, C. R. (1957). The necessary and sufficient conditions of therapeutic personality change. *Journal of Consulting Psychology, 21*(2), 95-103.

Rogers, C. R. (1975). Empathic: An unappreciated way of being. *The Counseling Psychologist, 5*(2), 2-10.

Rollnick, S., & Miller, W. R. (1995). What is motivational interviewing? *Behavioural and Cognitive Psychotherapy, 23*(4), 325-334.

Rule, W. R., & Bishop, M. (2006). *Adlerian lifestyle counseling: Practice and research*. New York: Routledge.

Savickas, M. L. (2005). The theory and practice of career construction. In S. D. Brown & R. W. Lent (Eds.), *Career development and counseling: Putting theory and research to work* (pp. 42-70). Hoboken, NJ: John Wiley & Sons.

Savickas, M. L. (2011). *Career counseling*. Washington, DC: American Psychological Association.

Savickas, M. L., & Hartung, P. J. (2012). My career story: An autobiographical workbook for career construction and life design. *Journal of Vocational Behavior, 80*(3), 201-213.

Wachtel, E. F. (1982). The family psyche over three generations: The genogram revisited. *Journal of Marital and Family Therapy, 8*(3), 335-343.

Wubbolding, R. E. (2011). Reality therapy and WDEP system: Concepts and application. *Journal of Counseling & Development, 89*(1), 118-125.

제10장

은퇴상담 관련 척도

• 김이준

은퇴는 단순한 직업 활동의 종료가 아니라 삶의 방향과 정체성을 재구성해야 하는 중요한 전환기이다. 이러한 변화에 효과적으로 대응하기 위해서는 개인의 심리적 자원, 준비 수준, 적응 능력 등을 객관적으로 진단할 수 있는 도구가 필요하다. 최근 국내에서도 은퇴적응, 은퇴준비, 은퇴불안, 재취업 준비, 정서 상태 등을 평가할 수 있는 다양한 척도가 개발되고 있으며, 은퇴상담 및 진로상담 장면에서 중요한 기초자료로 활용되고 있다. 이 장에서는 이러한 척도들의 개발 배경과 목적, 신뢰도 및 타당도 검증 결과, 실무 적용 가능성 등을 중심으로 체계적으로 소개하고자 한다. 이를 통해 은퇴상담의 실제 장면에서 보다 정교하고 맞춤형 개입이 가능하도록 하는 데 기여하고자 한다.

1 은퇴적응 관련 척도

1) 은퇴적응성 척도

노인 인구의 급증과 은퇴 후 기대여명의 증가로 은퇴가 새로운 인생의 단계로 여겨지면서 능동적으로 대처할 수 있는 심리적 자원에 대한 관심이 증가하고 있다. 이에 예비 은퇴자와 은퇴자들의 내면 자원을 기반으로 한 다차원적 은퇴적응 능력을 진단할 수 있는 도구 개발의 필요성 또한 높아지고 있다.

은퇴를 앞둔 사람과 이미 은퇴를 고민하는 사람들은 변화하는 현실에서 무엇을 어떻게 대응해야 하는지 혼란스러울 수 있다. 이러한 배경하에 강정희(2024)는 '은퇴적응성(retirement adaptability)'이라는 개념을 기반으로 예비 은퇴자와 은퇴자의 심리적 적응 역량을 평가할 수 있는 척도를 개발하였다. 은퇴적응성은 은퇴자가 은퇴라는 주요 생애 전환기에 직면하는 심리적 · 사회적 · 환경적 변화에 유연하게 대처하고, 삶의 만족도와 의미를 유지하거나 증진하기 위해 필요한 심리적 자원과 능력으로 정의된다. 은퇴적응성 척도(Retirement Adaptability Scale)는 삶의 전환기를 스스로 인식하고 적극적으로 대처하는 개인의 태도와 실행 능력을 측정하는 데 중점을 두고 있다. 이는 개인이 은퇴 후 변화와 도전을 주체적으로 준비하고, 새로운 역할과 정체성을 받아들여 은퇴 후에도 긍정적인 삶을 영위할 수 있도록 하는 잠재적 태도와 능력이 필요함을 의미한다. 강정희(2024)는 은퇴적응성과 은퇴적응의 개념을 구분하여 소개하였는데 은퇴적응(retirement adaptation)이 개인의 삶의 질을 높이기 위해 환경과 상호작용해 가는 과정이라면 은퇴적응성은 은퇴 이후 환경이나 상황에 자신을 적절히 맞추고 주체적 의지를 갖고 선택하고 행동하며, 은퇴 환경이나 상황을 자신의 욕구 충족을 위해 잘 이용할 수 있는 개인의 인식 및 태도이다.

〈표 10-1〉 은퇴적응성과 은퇴적응 비교

은퇴적응성	은퇴적응
미래준비, 자기주도성, 개방성과 탐색, 회복력과 자신감 같은 개인의 인식과 태도	삶의 만족도, 심리적 안정감, 웰빙 수준과 같은 은퇴 후 삶에서 나타나는 적응의 과정

이 척도는 은퇴적응에 관한 논문 20편과 은퇴 관련 척도 관련 선행 연구를 고찰하여 은퇴적응성 구성요인과 문항을 도출하였다. 문헌 고찰과 전문가 집단의 자문을 바탕으로 문항을 개발하였고, 예비조사(300명)와 본조사(300명)를 통해 최종 31문항을 확정하고 구성개념 타당도와 준거 타당도, 신뢰도를 검증하였다.

연구 참여자는 전국의 만 40세 이상의 10년 이상 직장 또는 경제활동 경력이 있는 예비 은퇴자 및 은퇴자를 대상으로 하였으며, 성별, 학력, 은퇴 유무 등 다양한 배경을 가진 이들로 구성되었다.

최종 척도는 수용 적응성, 가족관계 적응성, 사회관계 적응성, 가치추구 적응성, 실행 적응성, 재정 자원 마련 적응성, 신체 자원 마련 적응성의 7개 하위 요인, 총 31문항으로 구성되어 있다. 각 요인별 문항 수와 대표 문항은 다음과 같다.

- 수용(5문항): 은퇴라는 현실을 심리적으로 수용하는 태도 → 예: '나는 은퇴가 새로운 인생의 출발점이라 생각한다.'

- **가족관계(5문항)**: 가족과의 정서적 유대 및 관계 회복 → 예: '나와 배우자는 서로를 지지해 준다.'
- **사회관계(4문항)**: 사회적 소속감 및 인간관계 유지에 대한 태도 → 예: '나는 봉사를 통해 사회적 기여를 한다.'
- **가치추구(5문항)**: 삶의 의미와 가치를 찾으려는 동기 → 예: '나는 삶의 의미를 탐구하려고 노력한다.'
- **실행(4문항)**: 계획을 수립하고 실천하려는 실행력과 목표 지향성 → 예: '나는 자기계발을 위해 끊임없이 노력한다.'
- **재정 자원 마련(4문항)**: 경제적 기반 확보에 대한 준비성 → 예: '나는 노후자금 확보를 위해 재테크를 하고 있다.'
- **신체 자원 마련(4문항)**: 건강 관리와 신체 기능 유지를 위한 노력 → 예: '나는 규칙적인 식사와 운동을 한다.'

7개 요인에 대한 확인적 요인분석의 적합도 지수 검정 결과 양호한 모형 적합도를 보였고, 전체 척도의 신뢰도(Cronbach's α)는 .954이다. 본 척도는 Diener 등(1985)이 개발한 삶의 만족도 척도와 이종찬(2020)이 개발한 은퇴준비도 척도와 상관분석을 실시하여 준거 타당도를 확보하였다.

은퇴적응성 척도는 개인의 정서적 · 심리적 강점을 측정함으로써 은퇴적응 과정에서 외부환경의 변화와 지속적으로 상호작용하는 개인 내적 특성을 평가하는 도구라는 점에서 의미가 있으며, 은퇴상담 시 은퇴자의 심리적 자원 향상을 다루는 프로그램 내용 구성의 기초 자료로 활용될 수 있다. 또한 은퇴적응성의 하위 요인으로 도출된 '사회관계', '가치추구', '실행' 등의 요소는 퇴직 이후의 인생에서 사회적 지지체계의 중요성과 미래에 대한 희망적인 자세, 삶의 자기 정체성 회복과 의미 있는 삶의 재발견, 능동적인 실천 자세의 중요성을 시사한다.

은퇴적응성 척도는 은퇴적응을 다양한 심리 · 사회적 자원으로 구조화함으로써, 상담자가 내담자의 구체적인 적응 영역별 강점과 취약점을 파악하고 개인 맞춤형 상담 목표를 수립하는 데 유용하게 활용될 수 있다. 예컨대, '사회관계' 영역의 점수가 낮은 경우 대인관계 회복 중심의 개입을, '실행' 영역의 점수가 낮은 경우 은퇴 후 일상 설계 및 실천 전략을 상담 내용으로 설정할 수 있다. 또한 진로전환이나 퇴직 이후 진로 설계를 다루는 상담에서는, 은퇴적응성의 하위 요인을 통해 개인의 실행, 가치추구, 사회적 관계 적응성 등 진로와 밀접한 심리적 자원을 평가하고 상담 방향을 설정할 수 있다. 특히 '적응'이라는 심리적 자원을 단일 요인이 아닌 다차원적인 역량의 조합으로 측정했다는 점은 기존 도구와의 차별성으로 평가된다. 해당 연구에서는 은퇴적응성 척도가 은퇴상담뿐 아니라, 복지기관의 은퇴설계 프로그램이나 집단상담 장면 등에서도 유용한 평가 도구로 활용될 수 있다고 제안하였다. 은퇴적응성 척도의 최종 문항은 다음과 같다.

〈표 10-2〉 은퇴적응성 척도

문항	문항 내용	전혀 그렇지 않다	그렇지 않다	보통이다	그렇다	매우 그렇다
1	나는 삶에 대해 긍정적인 태도를 가지고 있다.	①	②	③	④	⑤
2	나는 배우자와 소통하기 위해 노력한다.	①	②	③	④	⑤
3	나는 은퇴 후 하고 싶은 일이 있다.	①	②	③	④	⑤
4	나는 새로운 활동에 대한 도전을 잘하는 편이다.	①	②	③	④	⑤
5	나는 미래를 설계하고 그것을 이루기 위한 방안 등을 찾을 수 있다.	①	②	③	④	⑤
6	나는 배우자와 갈등이 생겨도 잘 해결할 수 있다.	①	②	③	④	⑤
7	나는 노후자금 확보를 위해 재테크를 하고 있다.	①	②	③	④	⑤
8	나는 다양한 취미생활을 통해 지역 사람들과 소통한다.	①	②	③	④	⑤
9	나의 가족은 나를 지지한다.	①	②	③	④	⑤
10	나는 예금, 적금, 연금, 보험 등을 꾸준히 활용하고 있다.	①	②	③	④	⑤
11	나는 은퇴가 새로운 인생의 출발점이라 생각한다.	①	②	③	④	⑤
12	나는 규칙적인 식사와 운동을 한다.	①	②	③	④	⑤
13	나는 친목도모를 위해 동호회나 지역 커뮤니티에 참여한다.	①	②	③	④	⑤
14	나는 나의 성장과 변화를 위해 성찰을 잘하는 편이다.	①	②	③	④	⑤
15	나는 일주일에 3일, 30분 이상 운동한다.	①	②	③	④	⑤
16	나는 은퇴가 능동적인 삶을 살 수 있는 기회라 생각한다.	①	②	③	④	⑤
17	나는 자기계발을 위해 끊임없이 노력한다.	①	②	③	④	⑤
18	나와 배우자는 서로를 지지해 준다.	①	②	③	④	⑤
19	나는 건강이 나빠지지 않도록 건강 관리에 힘쓴다.	①	②	③	④	⑤
20	나는 스스로의 마음을 돌볼 줄 안다.	①	②	③	④	⑤
21	나는 봉사를 통해 사회적 기여를 한다.	①	②	③	④	⑤
22	나는 미래를 위해 재정적인 계획(주식, 부동산, 재테크 등)을 세우고 있다.	①	②	③	④	⑤

문항	문항 내용	전혀 그렇지 않다	그렇지 않다	보통이다	그렇다	매우 그렇다
23	나는 건강과 관련된 정보를 관심 있게 찾아본다.	①	②	③	④	⑤
24	나는 은퇴를 위기가 아니라 기회라 생각한다.	①	②	③	④	⑤
25	나는 봉사나 재능기부로 지역사회에 기여하려고 노력한다.	①	②	③	④	⑤
26	나는 내 삶에 진정한 의미가 있다고 믿는다.	①	②	③	④	⑤
27	나는 가족과 의사소통을 잘하는 편이다.	①	②	③	④	⑤
28	나는 은퇴에 대한 재정적 정보를 잘 알고 있다.	①	②	③	④	⑤
29	나는 은퇴가 하고 싶은 일을 할 수 있는 기회라고 생각한다.	①	②	③	④	⑤
30	나는 나만의 경쟁력을 위해 새로운 기술 및 정보를 습득할 수 있다.	①	②	③	④	⑤
31	나는 삶의 의미를 탐구하려고 노력한다.	①	②	③	④	⑤

출처: 강정희(2024).

〈표 10-3〉 은퇴적응성 척도-요인별 문항

	수용	가족관계	사회관계	가치추구	실행	재정 자원	신체 자원
문항 수	5	5	4	5	4	4	4
문항 번호	3, 11, 16, 24, 29	2, 6, 9, 18, 27	8, 13, 21, 25	1, 14, 20, 26, 31	4, 5, 17, 30	7, 10, 22, 28	12, 15, 19, 23

출처: 강정희(2024).

2) 은퇴적응 척도

은퇴는 더 이상 일시적 사건이 아닌 인생 2막을 준비해야 하는 복합적 과제로 인식되고 있다. 특히 은퇴 이후 삶의 질은 단지 경제적 요인뿐 아니라 심리적 적응과 사회적 통합에 크게 영향을 받는다는 점에서, 보다 정교한 은퇴적응 진단 도구의 필요성이 커지고 있다. 이에 이예림(2023)은 기존 척도의 한계점을 바탕으로 은퇴적응이론인 자원기반 동적모델(resource-based dynamic perspective)을 기반으로 한 통합적 은퇴적응 척도(Retirement Adjustment Scale)를 개발하였다.

이예림(2023)은 기존의 척도들이 실태조사 차원의 단편적인 접근을 바탕으로 하여 은퇴적응의 개념이 충분히 반영되지 않았다는 점을 지적하며, 은퇴적응의 개념 및 하위 요인에 대한 이론적 · 경험적 탐색을 바탕으로 구성요인을 도출하였다. 또한 기존의 척도는 타당도 검증 또는 신뢰도 검증을 진행하지 않은 경우가 다수를 차지하여, 은퇴적응 연구에서 충분히 활용되지 못하였음을 언급하며 엄밀한 척도 개발 단계를 거쳐 신뢰할 만한 척도를 개발하는 것을 목표로 하였다.

특히 한국 은퇴자를 대상으로 한 문화적 특수성을 반영하여, 한국 은퇴자의 적응 문제를 이해하고 그들의 안정적인 적응을 돕기 위한 상담 및 교육 프로그램에 활용될 수 있는 현실적이고 학문적인 확장에 기여할 수 있는 척도를 개발하고자 하였다. 이 척도의 연구대상은 50세 이상이면서 스스로를 은퇴자라고 여기는 자, 주된 직장에서 물러난 자로 세 가지 기준을 모두 충족하는 이들로 한정하였다. 문헌고찰, 개방형 질문, 심층면담을 통해 155개의 초기 문항을 구성하고, 전문가 타당도 검증을 거쳐 46문항을 최종 예비 문항으로 확정하였다. 이후 탐색적 요인분석과 확인적 요인분석을 통해 6개 요인, 27개 문항으로 구성된 최종 구조를 확정하였다. 탐색적 및 확인적 요인분석 결과, 각 요인은 독립성과 타당성을 갖춘 구조를 보였으며, 전체 신뢰도 계수는 .964로 우수한 수준이었다. 준거관련 타당도를 확보하기 위해 삶의 만족, 삶의 질, 은퇴 스트레스와의 상관 분석을 실시하였으며, 은퇴적응은 삶의 만족 및 삶의 질과 유의한 정적 상관을 보였고 은퇴 스트레스와는 부적 상관관계를 나타냈다.

최종 은퇴적응 척도는 신체적 적응, 재정적 적응, 사회적 적응, 정서적 적응, 동기적 적응, 가족관계 적응의 총 6개 하위 요인, 27개 문항으로 구성되며, 하위 요인별 설명과 대표 문항은 다음과 같다.

- 신체적 적응: 건강관리에 관한 문항 → 예: '나는 규칙적으로 운동을 하고 있다.'
- 재정적 적응: 재정 상황 인식, 은퇴 자금과 관련된 문항 → 예: '나는 은퇴를 대비하여 필요한 자금을 준비했다.'
- 사회적 적응: 대인관계, 여가 및 사회활동에 대한 문항 → 예: '나는 동호회나 봉사활동에 참여한다.'
- 정서적 적응: 자신과 현재 삶에 대한 만족감, 은퇴준비로 인한 편안함에 대한 문항 → 예: '나는 은퇴한 지금의 삶을 즐긴다.'
- 동기적 적응: 적극적 태도, 시간 활용, 역할 변화, 새로운 활동에 대한 문항 → 예: '나는 시간을 효율적으로 사용하려고 노력한다.'
- 가족관계 적응: 가족 지지나 가족들과 조화롭게 지내려는 태도에 대한 문항 → 예: '나는 은퇴 후에 가족의 소중함을 더 느낀다.'

이 척도는 은퇴상담 실천 현장에서 상담의 기초 자료로 활용 가능성이 높다. 한국 은퇴자의 은퇴적응 수준 및 영역별 어려움을 파악하고 구체적인 은퇴상담의 목표를 설정하며, 필요한 정보를 제공할 수 있다. 또한 집단 프로그램 등을 구성할 경우, 여섯 가지 은퇴적응 영역의 증진을 위한 체계적인 프로그램을 개발할 수 있다. 또한 '삶의 만족', '삶의 질'은 은퇴적응 척도의 하위 요인 중 정서적 적응, 재정적 적응, 동기적 적응과 높은 상관을 보였다. 이러한 결과를 토대로 은퇴자를 위한 진로상담 시 내담자의 정서와 동기, 재정 안정성을 위한 구체적인 계획과 실행, 미래에 대한 낙관성 등을 강화하는 것이 중요함을 알 수 있다. '재정적 적응'이 낮은 경우 현실 인식 및 경제적 대응 전략에 대한 논의가 필요하며, '동기적 적응'이 약한 경우 생애설계나 역할 탐색을 주제로 한 가교 일자리의 연계, 사회공헌 프로그램, 자원봉사나 지역사회 참여와 같은 구체적인 개입 방향 설정이 효과적일 수 있다.

이예림(2023)은 아직 국내에서 은퇴적응의 개념적 정의와 은퇴적응의 과정적 관점에 대한 논의가 충분히 무르익지 않았다는 점과, 미래 사회에는 여가 및 은퇴준비가 더욱 강조될 수 있다는 점을 들어 후속 연구를 제안하였다.

〈표 10-4〉 은퇴적응 척도

문항	문항 내용	전혀 그렇지 않다	그렇지 않다	보통이다	그렇다	매우 그렇다
1	나는 규칙적으로 운동을 하고 있다.	①	②	③	④	⑤
2	나는 나의 재정 상황이 괜찮다고 생각한다.	①	②	③	④	⑤
3	나는 취미생활을 공유하는 사람들이 있다.	①	②	③	④	⑤
4	나는 은퇴한 지금의 삶을 즐긴다.	①	②	③	④	⑤
5	나는 현재의 삶에 최선을 다하려고 한다.	①	②	③	④	⑤
6	나는 가족들과 사이가 가까운 편이다.	①	②	③	④	⑤
7	나는 은퇴 이전부터 건강관리에 신경 쓰고 있다.	①	②	③	④	⑤
8	나는 하고 싶은 일을 하기에 적당한 돈이 있다.	①	②	③	④	⑤
9	나는 정기적으로 참여하는 사회활동이 있다.	①	②	③	④	⑤
10	나는 은퇴한 나에 대해 만족감을 느낀다.	①	②	③	④	⑤
11	나는 시간을 효율적으로 사용하려고 노력한다.	①	②	③	④	⑤
12	나의 가족들은 나를 지지해 준다.	①	②	③	④	⑤
13	나는 건강이 더 나빠지지 않도록 노력하고 있다.	①	②	③	④	⑤

문항	문항 내용	전혀 그렇지 않다	그렇지 않다	보통 이다	그렇다	매우 그렇다
14	나는 현재의 소득에 맞춰 살아가는 게 어렵지 않다.	①	②	③	④	⑤
15	나는 사람들과 어울리려고 노력한다.	①	②	③	④	⑤
16	나는 다가올 은퇴에 대한 마음의 준비를 했었기에 편안하다.	①	②	③	④	⑤
17	나는 내가 할 일을 찾아 새로운 역할을 맡고 있다.	①	②	③	④	⑤
18	나는 은퇴 후에 가족의 소중함을 더 느낀다.	①	②	③	④	⑤
19	나는 은퇴를 대비하여 필요한 자금을 준비했다.	①	②	③	④	⑤
20	나는 동호회나 봉사활동에 참여한다.	①	②	③	④	⑤
21	나는 은퇴 후에 일상적인 일들에서 기쁨과 만족을 느낀다.	①	②	③	④	⑤
22	나는 은퇴 후에 생긴 새로운 관심거리가 있다.	①	②	③	④	⑤
23	나는 은퇴 후에 가족들에게 더 많은 관심을 기울인다.	①	②	③	④	⑤
24	나는 안정적인 소득원이 있다.	①	②	③	④	⑤
25	나의 은퇴 후 생활은 내가 기대한 것보다 낫다.	①	②	③	④	⑤
26	나는 은퇴 후에도 스스로 보람을 느낄 만한 활동이 있다.	①	②	③	④	⑤
27	나는 가족들과 잘 지내려고 노력한다.	①	②	③	④	⑤

〈표 10-5〉 은퇴적응 척도-요인별 문항

	신체적 적응	재정적 적응	사회적 적응	정서적 적응	동기적 적응	가족관계 적응
문항 수	3	5	4	5	5	5
문항 번호	1, 7, 13	2, 8, 14, 19, 24	3, 9, 15, 20	4, 10, 16, 21, 25	5, 11, 17, 22, 26	6, 12, 18, 23, 27

출처: 이예림(2023).

2 은퇴준비 관련 척도

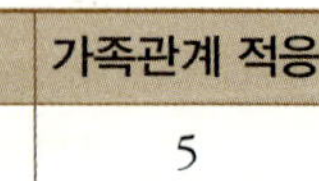

1) 중소기업 사무직 중고령자의 은퇴준비도 척도

한국 사회에서 중소기업 사무직 중고령자의 은퇴 문제는 점점 더 현실적인 과제가 되고 있다. 특히 중소기업 재직자의 경우 은퇴 전 사전 교육이나 제도적 지원이 부족하여 체계적인 은퇴준비가 취약한 것으로 나타났다. 이에 이종찬(2020)은 중소기업 사무직 중고령자를 위한 맞춤형 은퇴준비도 검사도구(Retirement Readiness Inventory for Middle and Old Aged Office Workers in Small & Middle-Sized Corporation)를 개발하였으며, 은퇴준비영역(내용)과 은퇴준비 단계(과정)를 모두 고려한 통합적인 이론적 고찰을 통해 개념 정의와 요인 구조를 설정하였다.

본 척도는 예비조사 235명, 본조사 908명을 대상으로 문항분석, 구인타당도, 준거타당도, 교차타당도, 내적일관성 신뢰도, 개념신뢰도 분석 등을 실시하였다. 탐색적 요인분석과 확인적 요인분석을 통해 검증한 결과 6요인 구조 23개 문항으로 구성되었다. 타당도와 신뢰도 모두 양호한 수준으로 보고되었으며 전체 신뢰도는 .951로 높게 나타났다.

최종 확정된 문항은 생애설계 준비(4문항), 일 준비(4문항), 건강 준비(4문항), 재무 준비(4문항), 관계 준비(4문항), 여가 준비(3문항)로, 총 6개 요인 23개 문항이다. 최종 도출된 하위 요인과 대표 문항은 다음과 같다.

- 생애설계 준비(4문항): 퇴직 이후 삶에 대한 목표와 이를 달성하기 위한 준비 → 예: '은퇴 후 시간을 어떻게 보낼지에 대한 목표가 있다.'
- 일 준비(4문항): 생애 주된 일자리(직장)에서 퇴직 이후에 할 일(재취업/창업/사회공헌활동 등)과 이와 연계된 학습의 준비 → 예: '퇴직 후 할 일(재취업/창업/사회공헌활동 등)에 대해 적극적으로 구상하고 알아보고 있다.'
- 건강 준비(4문항): 신체적 · 정신적 건강을 관리하고 유지하여 은퇴 후에도 활기차고 행복한 삶을 영위하기 위한 준비 → 예: '건강을 위해 정기적인 운동을 하고 있다.'
- 재무 준비(4문항): 현재 보유하고 있는 재무상태(소득/자산 등)와 은퇴 후 필요한 재무상태를 점검 및 관리하는 경제적 준비 → 예: '은퇴 후 재무상태(소득, 자산 등)에 대한 목표가 있다.'
- 관계 준비(4문항): 가족(배우자/자녀/친척 등) 및 가족 이외 사람들(친구/동료/이웃 등)과 친밀하고 원만한 관계를 지속하기 위한 준비 → 예: '은퇴 후 가족 및 가족 이외 사람들(친구/동료/이웃 등)과 원만한 관계를 위한 계획을 수립하고 있다.'
- 여가 준비(3문항): 혼자 또는 여럿이 즐기는 휴식을 겸한 다양한 취미 활동을 은퇴 후에도 지속할 수 있는 준비 → 예: '은퇴 후 여가(취미)활동을 위한 준비를 잘할 수 있다.'

이 척도는 하위 요인에 '생애설계 준비'와 '일 준비' 요인이 포함되어 있어, 평생 직무 중심으로 살아온 중장년층이 은퇴 이후의 삶을 설계하고 준비하는 데 있어 은퇴라는 전환기에 전반적인 진로 준비 정도를 진단할 수 있다는 점에서 실용적 가치가 있다. 특히 직업교육과 평생교육의 측면에서도 가교 일자리 연계의 필요성을 확인하는 데 도움이 될 수 있다.

영역별 은퇴준비도를 평가하여 은퇴를 맞이하는 막연한 불안, 경력 전환으로 인한 심리적 동요, 은퇴 이후 삶의 방향성 설정 등에 참고할 수 있으며, 개별화된 진로상담과 연계한 심층적 개입 설계에 적합한 기초 자료로 활용 가능하다.

이종찬(2020)은 특히 이 도구가 1,000명 이상의 대기업 재직자에게만 제공되는 재취업 서비스가 중소기업 사무직 중고령자를 위해서도 제공되어야 하며, 중소기업 사무직 중고령자 전체 집단의 은퇴준비도를 향상시킬 수 있는 체계적인 개입의 필요성을 강조하였다. 또한 하위 요인별 규준을 제공함으로써 은퇴상담 시 개별적 상황에 맞는 해석과 개입을 제공하는 데 용이하게 설계되었다는 점도 실천적 강점으로 평가된다.

〈표 10-6〉 중소기업 사무직 중고령자의 은퇴준비도 척도

문항	문항 내용	전혀 그렇지 않다	그렇지 않다	보통이다	그렇다	매우 그렇다
1	은퇴 후 시간을 어떻게 보낼지에 대한 목표가 있다.	①	②	③	④	⑤
2	은퇴자로서 유지하고 싶은 미래의 역할에 대한 목표가 있다.	①	②	③	④	⑤
3	생애설계(은퇴설계) 계획을 수립하고 있다.	①	②	③	④	⑤
4	은퇴 후 행복하고 성공적인 삶을 위해 필요한 준비를 하고 있다.	①	②	③	④	⑤
5	퇴직 후 할 일(재취업/창업/사회공헌활동 등)에 대해 적극적으로 구상하고 알아보고 있다.	①	②	③	④	⑤
6	퇴직 후 할 일(재취업/창업/사회공헌활동 등)을 위해 정보를 알아본 적이 있다.	①	②	③	④	⑤
7	퇴직 후 할 일(재취업/창업/사회공헌활동 등)과 연계된 학습에 대한 목표가 있다.	①	②	③	④	⑤
8	퇴직 후 할 일(재취업/창업/사회공헌활동 등)과 연계된 학습을 위해 필요한 정보를 알아본 적이 있다.	①	②	③	④	⑤
9	건강을 위해 정기적인 운동을 하고 있다.	①	②	③	④	⑤
10	가능한 한 규칙적인 생활로 건강을 유지하려고 하고 있다.	①	②	③	④	⑤
11	평소 스트레스를 자주 받지 않으려고 노력하고 있다.	①	②	③	④	⑤

문항	문항 내용	전혀 그렇지 않다	그렇지 않다	보통이다	그렇다	매우 그렇다
12	정신건강(스트레스 대처, 치매예방, 심리안정 등)을 위해 긍정적으로 생활하려고 하고 있다.	①	②	③	④	⑤
13	은퇴 후 재무상태(소득/자산 등)에 대한 목표가 있다.	①	②	③	④	⑤
14	은퇴 후 재무상태(소득/자산 등)를 위한 계획을 수립하고 있다.	①	②	③	④	⑤
15	은퇴 후 재무상태(소득/자산 등)를 위해 필요한 정보를 알아본 적이 있다.	①	②	③	④	⑤
16	은퇴 후 주거 생활을 어떻게 할지에 대해 알아본 적이 있다.	①	②	③	④	⑤
17	은퇴 후 가족 및 가족 이외 사람들(친구/동료/이웃 등)과 원만한 관계를 위한 계획을 수립하고 있다.	①	②	③	④	⑤
18	은퇴 후 가족들 사이에서 내 역할에 대해 가족들과 이야기한 적이 있다.	①	②	③	④	⑤
19	가족과 은퇴준비를 포함한 많은 대화를 나누고 있다.	①	②	③	④	⑤
20	은퇴 후 가족 및 가족 이외 사람들(친구/동료/이웃 등)과 원만한 관계를 유지하기 위해 노력하고 있다.	①	②	③	④	⑤
21	은퇴 후 여가(취미)활동을 위한 준비를 잘할 수 있다.	①	②	③	④	⑤
22	은퇴 후 여가(취미)활동을 즐길 수 있을 것이다.	①	②	③	④	⑤
23	은퇴 후 여가(취미)활동을 위한 계획을 수립하고 있다.	①	②	③	④	⑤

출처: 이종찬(2020).

〈표 10-7〉 사무직 중고령자의 은퇴준비도 척도-요인별 문항

	생애설계	일	건강	재무	관계	여가
문항 수	4	4	4	4	4	3
문항 번호	1, 2, 3, 4	5, 6, 7, 8	9, 10, 11, 12	13, 14, 15, 16	17, 18, 19, 20	21, 22, 23

출처: 이종찬(2020).

2) 한국판 은퇴준비 척도

김연진(2012)은 한국 근로자에게 적합한 은퇴준비 척도의 필요성을 제기하며, 계획과정이론(Frieman & Scholnick, 1997)을 기초로 개발된 Noone 등(2010)의 PRePS(The Process of

Retirement Planning Scale)를 기반으로, 한국 근로자에게 적합한 다차원적 은퇴준비 척도(K-PRePS)를 타당화하였다. 이 척도는 서울 · 경기 · 충청권에 거주하는 만 35세 이상 60세 이하 근로자 246명을 대상으로 문항분석과 탐색적 요인분석, 확인적 요인분석을 실시하였다.

한국형 은퇴준비 척도(Korea-The Process of Retirement Planning Scale: K-PRePS)는 총 29문항 5요인으로 구성되며, 하위 요인은 심리사회, 재정, 미래시간조망, 생활양식, 건강이다. 본 척도의 탐색적 요인분석은 남성 143명(58.1%), 여성 103명(41.9%) 총 246명을 대상으로 수행되었고, 확인적 요인분석은 남성 413명(68.8%), 여성 187명(31.2%) 총 600명을 대상으로 진행되었다. 대상자는 국공립학교, 일반기업, 국영기업에 종사하는 만 35~60세의 근로자였다.

K-PRePS의 전체 신뢰도는 .918이며 한국판 은퇴준비 척도의 하위 요인은 다음과 같다.

- 심리사회: 은퇴와 관련된 문제를 이해하는 심리적인 문제와 사회에 적응하는 특성
- 재정: 은퇴 후 생활에 필요한 금전적인 준비에 대한 계획
- 미래시간조망: 은퇴 후에 재정, 건강, 역할, 시간 등 은퇴 생활 전반에 대해 예측하고 준비하는 과정
- 생활양식: 은퇴 후 시간을 어떻게 보낼지, 은퇴자의 역할에 대한 분명한 의식과 목표
- 건강: 은퇴 후의 건강을 위한 행위

K-PRePS는 근로자나 퇴직 예정자, 중장년층 내담자를 대상으로 은퇴준비 수준을 다차원적으로 평가할 수 있는 도구로서, 은퇴상담 및 진로상담 초기에 상담의 구조화를 도울 수 있다. 다만, 이 척도는 서양의 기존 척도를 한국 문화에 맞게 번안하고 일부 수정한 것으로, 문화적 차이에 대한 면밀한 검토가 다소 부족하고 연구 참여자의 직업군이 제한적이며, 여성 표집 비율이 낮아 일반화에는 한계가 있다.

김연진(2012)은 향후에는 다양한 지역, 직종, 성별을 포괄한 규준 개발이 요구되며, 성별 및 직업군 간 차이를 분석하는 후속 연구가 필요하다고 제언하고 있다.

〈표 10-8〉 한국판 은퇴준비 척도

문항	문항 내용	전혀 아니다	아니다	그저 그렇다	그렇다	매우 그렇다
1	나는 은퇴자들이 겪게 되는 재정적인 문제들에 대해 가족들과 자주 이야기한다.	①	②	③	④	⑤
2	나는 장기적인 나의 건강에 대하여 많이 생각한다.	①	②	③	④	⑤
3	나는 나의 현재의 건강과 내가 미래에 원하는 건강 상태를 자주 비교한다.	①	②	③	④	⑤
4	나는 나의 미래의 건강문제에 대해 가족들과 자주 이야기한다.	①	②	③	④	⑤
5	나는 은퇴 후에 시간을 어떻게 보낼지에 대해 생각해 본 적이 많다.	①	②	③	④	⑤
6	나는 현재 시간을 보내고 있는 방식과 은퇴 후에 시간을 보내고 싶어 하는 방식을 자주 비교한다.	①	②	③	④	⑤
7	나는 은퇴한 사람들의 시간을 어떻게 보내는지 정확하게 이해한다.	①	②	③	④	⑤
8	나는 은퇴한 사람들이 시간을 어떻게 보내고 있는가에 대해 가족들과 자주 이야기한다.	①	②	③	④	⑤
9	나는 은퇴자로서 가족 내에서 나의 역할에 대해 생각해 본 적이 많다.	①	②	③	④	⑤
10	나는 은퇴자로 내가 속한 공동체 안에서 나의 역할에 대해 생각해 본 적이 많다.	①	②	③	④	⑤
11	나는 은퇴 후의 사람들의 역할이 어떻게 변할 수 있는지를 정확하게 이해하고 있다.	①	②	③	④	⑤
12	나는 현재의 나의 역할과 은퇴자로서 희망하는 나의 역할을 자주 비교한다.	①	②	③	④	⑤
13	나는 은퇴한 사람들의 역할에 대해 가족들과 자주 이야기한다.	①	②	③	④	⑤
14	나는 은퇴를 한다는 것이 어떤 것인지에 대해 은퇴한 사람과 자주 이야기한다.	①	②	③	④	⑤
15	나는 내가 은퇴 시 원하는 재정 사정에 대해 분명한 목표를 갖고 있다.	①	②	③	④	⑤
16	나는 은퇴 후 소일하는 방법에 대해 구체적인 목표를 가지고 있다.	①	②	③	④	⑤

문항	문항 내용	전혀 아니다	아니다	그저 그렇다	그렇다	매우 그렇다
17	나는 은퇴자로서 나의 미래 역할에 대한 분명한 목표를 가지고 있다.	①	②	③	④	⑤
18	나는 은퇴 후 재정을 미리 생각하는 것은 시기상조이다.	①	②	③	④	⑤
19	나의 장래 건강 상태를 지금 생각하는 것은 시기상조이다.	①	②	③	④	⑤
20	내가 은퇴하고 어떻게 시간을 보낼 것인지를 지금 생각하는 것은 시기상조이다.	①	②	③	④	⑤
21	은퇴 후에 무엇을 하며 시간을 보낼까에 대해 지금 생각하기보다는 일단 은퇴하고 나서 결정하겠다.	①	②	③	④	⑤
22	은퇴한 뒤에 나의 역할을 미리 생각해 보는 것은 시기상조이다.	①	②	③	④	⑤
23	나의 미래의 역할에 대한 문제에 대해 지금 준비하기보다는 그런 문제가 야기될 때 다루겠다.	①	②	③	④	⑤
24	만약 내가 65세에 은퇴하게 된다면, 나는 은퇴에 잘 대처할 만큼 충분한 돈을 갖고 있을 것이다.	①	②	③	④	⑤
25	내 가족들은 가족의 수입 중에서 상당한 부분을 저축하거나 투자할 수 있다.	①	②	③	④	⑤
26	은퇴할 때 은퇴를 하고 나서 내가 원하는 생활수준을 보장해 줄 만큼 충분한 수입을 갖게 될 것이다.	①	②	③	④	⑤
27	은퇴할 때, 나는 융자금이 없는 집을 소유하고 있을 것이다.	①	②	③	④	⑤
28	은퇴할 때, 예상치 못한 지출을 감당할 수 있을 만큼 충분한 돈을 가지고 있을 것이다.	①	②	③	④	⑤
29	내가 오늘 은퇴를 당하더라도 시간을 보낼 수 있는 할 일들이 있다.	①	②	③	④	⑤

출처: 김연진(2012).

〈표 10-9〉 한국판 은퇴준비 척도-요인별 문항(R: 역채점)

	심리사회	재정	미래시간조망	생활양식	건강
문항 수	11	5	6	4	3
문항 번호	1, 5, 6, 7, 8, 9, 10, 11, 12, 13, 14	24, 25, 26, 27, 28	18(R), 19(R), 20(R), 21(R), 22(R), 23(R)	15, 16, 17, 29	2, 3, 4

출처: 김연진(2012).

3 은퇴 정서곤란 척도

1) 중년기 은퇴불안 척도

은퇴불안은 은퇴 후 삶에 대한 불확실성과 통제력 상실에 대한 심리적 불안정 상태로, 중년기 성인의 적응 행동을 방해하며 삶의 질을 저하시키는 요인이다. 한국 사회에서 실직, 조기퇴직, 재취업 실패 사례가 빈번히 보도되는 가운데, 중년층은 경제적 부담과 노화, 관계 변화가 복합적으로 나타나는 전환기에 심리적 어려움에 놓여 있다. 이러한 배경에서 이은주와 이지연(2015)은 중년기 은퇴불안의 고유한 구조를 반영하는 타당한 측정도구의 개발이 시급함을 인식하고 중년기 은퇴불안 척도(Middle-Aged Retirement Anxiety Scale: MARAS)를 개발하였다. MARAS는 은퇴불안을 단순한 정서 반응이 아닌, 중년기의 심리사회적 현실과 미래 불확실성에 대한 경제적 · 사회적 · 신체적 · 심리적 요인의 복합체로 정의하고 있다.

이 척도는 서울, 인천, 경기 외 8개 지역에 거주하는 40~65세의 중년기 성인 235명을 대상으로 문항분석과 타당화 과정을 거쳐 개발되었다. 탐색적 요인분석과 확인적 요인분석을 통해 4요인 구조의 적합성이 검증되었다. 하위 요인은 중년기 성인의 심리적 특성을 나타내는 심리적 요인(5문항), 신체적 특성을 나타내는 신체적 요인(5문항), 경제적 특성을 나타내는 경제적 요인(5문항), 사회적 특성을 나타내는 사회적 요인(3문항)이다. 이들 4개 요인의 모형 적합도는 양호하였으며, 전체 신뢰도는 .89로 나타났다. 준거 관련 타당도 분석에서는 직업 만족도 및 심리적 안녕감과 부적 상관관계를 보였으며, 4개 요인 모두 준거 변인과 유의미한 상관을 보여 척도의 구조적 타당성과 실용성을 동시에 입증하였다. 다음은 4개 하위 요인과 대표 문항이다.

- 심리적 요인(5문항): 심리적 특성 → 예: '나는 은퇴를 생각하면 속상하다.'
- 신체적 요인(5문항): 신체적 특성 → 예: '나는 은퇴 후 노인성 질병(치매, 우울증, 암, 치과질환, 뇌졸중, 관절염, 퇴행성 질환) 및 성인병 만성질환(고혈압, 당뇨, 심혈관 질환), 불치병에 걸릴까 두렵다.'
- 경제적 요인(5문항): 경제적 특성 → 예: '나는 은퇴 후, 개인적으로 준비해 온 노후자금과 연금으로 생활이 가능할까 걱정이다.'
- 사회적 요인(3문항): 사회적 특성 → 예: '나는 은퇴를 하면 직장동료들과 계속 연락하기 어려울 것이다.'

MARAS는 은퇴에 대한 막연한 불안부터 구체적인 신체, 경제, 사회적 불안까지 폭넓게 측정할 수 있어, 상담자가 은퇴 전후 중년 성인의 불안 수준과 특성을 파악하는 데 유용하며 각 하위 요인에 따라 심리상담, 재정코칭, 가족상담, 사회참여 연계 상담 등 분야별 맞춤형 개입 전략 수립이 가능하다. 은퇴상담에서는 특히 '심리적 요인'과 '사회적 요인'을 중심으로 퇴직 이후의 역할 상실로 인한 혼란과 새로운 도전을 가로막는 심리적 어려움을 경험하는 주요인을 파악하는 데 활용할 수 있을 것이다. MARAS는 퇴직 전 직업정체감의 불안을 줄이고 진로전환에 대한 수용성과 실행력 향상을 위한 기반 자료로도 활용될 수 있다.

그러나 본 척도는 성별 분포에서 남성 표본에 치중되어 있다는 점이 제한적이며, 은퇴불안 척도 문항이 모두 부정문항으로 구성되어 결과 해석에 신중을 기해야 한다. 또한 은퇴불안은 여러 가지 변인의 영향을 받기 때문에 사회적 지지, 긍정적인 은퇴태도와 준비, 자기효능감, 스트레스 대처 등 중년기와 관련된 다양한 변인과의 상호작용에 대한 후속 연구가 필요하다.

〈표 10-10〉 중년기 은퇴불안 척도

문항	문항 내용	전혀 그렇지 않다	그렇지 않다	보통 이다	그렇다	매우 그렇다
1	나는 은퇴를 생각하면 속상하다.	①	②	③	④	⑤
2	나는 은퇴를 생각하면 마음이 불편하다.	①	②	③	④	⑤
3	나는 은퇴를 생각하면 걱정된다.	①	②	③	④	⑤
4	나는 은퇴를 생각하면 초조하다.	①	②	③	④	⑤
5	나는 은퇴를 생각하면 긴장된다.	①	②	③	④	⑤
6	나는 은퇴 후 노인성 질병(치매, 우울증, 암, 치과 질환, 뇌졸중, 관절염, 퇴행성 질환) 및 성인병 만성질환(고혈압, 당뇨, 심혈관 질환), 불치병에 걸릴까 두렵다.	①	②	③	④	⑤
7	나는 은퇴로 인한 신체 노화로 체력저하, 기억력 감퇴, 근력 감소와 질병이 걱정된다.	①	②	③	④	⑤
8	나는 과식, 음주, 흡연을 절제하지 못하고 있어서 은퇴 후의 건강이 염려된다.	①	②	③	④	⑤
9	나는 현재의 불규칙적 생활 때문에 은퇴 후의 건강이 걱정된다.	①	②	③	④	⑤
10	나는 은퇴 후의 예상되는 불규칙적 생활 때문에 무기력, 비만이 걱정된다.	①	②	③	④	⑤

문항	문항 내용	전혀 그렇지 않다	그렇지 않다	보통 이다	그렇다	매우 그렇다
11	나는 은퇴 후 개인적으로 준비해 온 노후자금과 연금으로 생활이 가능할까 걱정이다.	①	②	③	④	⑤
12	나는 은퇴 후 경제적 어려움에 대해 퇴직금이나 연금을 어떻게 활용할 것인지에 대해 고민을 한다.	①	②	③	④	⑤
13	나는 은퇴를 위한 경제적 준비의 필요성을 인식하나 저축, 연금, 보험, 퇴직금 등의 준비를 못하고 있어서 걱정이다.	①	②	③	④	⑤
14	은퇴 후 경제적 어려움이 예상되어 은퇴 후의 월평균 생활비가 얼마 정도 필요할지에 대해 생각해 본다.	①	②	③	④	⑤
15	나는 은퇴 후, 발병으로 인한 의료비 지출과 물가 상승으로 인한 주택 구입 및 전세 자금 등의 목돈이 갑자기 필요해져서 가정 재정 상태가 어려워질까 불안하다.	①	②	③	④	⑤
16	나는 은퇴를 하면 직장동료들과 계속 연락하기 어려울 것이다.	①	②	③	④	⑤
17	은퇴 후, 사람들은 결코 어떤 일을 함께하자며 나를 찾지 않을 것이다.	①	②	③	④	⑤
18	현재 나의 사회적 지위(직위), 위치는 은퇴하면 상실될 것이다.	①	②	③	④	⑤

출처: 이은주, 이지연(2015).

〈표 10-11〉 중년기 은퇴불안 척도-요인별 문항

	심리적 요인	신체적 요인	경제적 요인	사회적 요인
문항 수	5	5	5	3
문항 번호	1, 2, 3, 4, 5	6, 7, 8, 9, 10	11, 12, 13, 14, 15	16, 17, 18

출처: 이은주, 이지연(2015).

2) 통합적 한국판 CES-D 우울척도

우울은 암, 심혈관계 질환 등 다양한 신체 질환의 위험 요소로 확인되기 때문에 일반인 및 비임상 집단의 우울 증상 선별에 대한 필요성이 증가하고 있다. 특히 신체적 노화와 일의 상실, 관계의 변화로 인해 큰 스트레스를 경험하는 은퇴세대에게 특히 더 중요한 요소일 수 있다. 그간 국내에서는 세 가지 버전의 CES-D가 혼용되어 사용되었으나 전겸구 등(2001)은 기존의 한국판 CES-D를 통합하고 신뢰도를 높인 통합적 한국판 CES-D 우울척도(Center for Epidemiologic Studies Depression Scale)를 개발하였다. 통합형 CES-D는 기존 임상용 우울척도들과는 달리 일반인을 대상으로 우울 정서를 평가하는 도구로, 정서적 반응과 무기력, 대인관계 인식, 신체 기능 저하에 따른 정서 반응 등을 다차원적으로 평가하는 자기보고식 척도이다.

문항 구성 시 미국판 CES-D와 비교하는 동시에 국내 현실에 맞는 언어적 표현과 문화적 적합성을 고려하여 번안하였으며, 최종 문항은 문항-전체 상관 분석과 요인분석을 통해 선정되었다. 본 척도는 4개 요인(우울/무기력, 긍정정서, 대인관계, 정서적 반응)으로 구성되어 있으며, 이 4개 요인은 총 설명 변량의 58.7%를 차지하며 전체 신뢰도는 .91로 우수하였다. 본 척도는 대학생, 성인, 일반인 등 다양한 집단에서 사용 가능하며, 우울의 조기 선별을 위한 심리적 평가도구로서 유용하다. 특히 상담 및 보건 현장에서 개인의 정서 상태를 평가하거나 집단 프로그램의 사전·사후 효과 검증에 활용될 수 있다. 본 척도는 지난 1주일간의 경험을 바탕으로 '극히 드물게(1일 이하)'부터 '거의 대부분(5일 이상)'까지의 빈도로 응답하도록 되어 있다. 다음은 하위 요인과 대표 문항이다.

- 우울/무기력 요인: '평소에는 아무렇지도 않던 일들이 귀찮게 느껴졌다.'
- 긍정정서 요인(역채점): '생활이 즐거웠다.'
- 대인관계 요인: '사람들이 나에게 차갑게 대하는 것 같았다.'
- 정서적 반응 요인: '갑자기 울음이 나왔다.'

이 통합형 우울척도는 우울 선별 및 심리적 안정성 진단이 필요한 상황에서 간편하게 적용할 수 있으며, 집단 상담 전·후의 변화 측정, 개인상담 시 정서 상태의 추적 및 중재 시 기초자료로 활용될 수 있다. 은퇴상담 초기 면접 시 내담자의 내면 상태를 객관적으로 파악하고 정서적 어려움을 이야기할 때 효과적인 도구가 될 수 있다.

은퇴상담 현장에서도 이 척도의 활용 가능성은 크다. 은퇴 전후의 삶에서 정서적 불안, 무기력감, 대인관계 단절, 자기효능감 저하 등은 흔히 겪는 심리적 어려움이다. 이 척도를 통해 은퇴자의 심리적 건강 상태를 정량적으로 평가함으로써, 우울 수준이 높은 경우, 심리 정서 중심의 개입을 우선 고려하거나, 삶의 만족도 및 의미 추구 요인을 진단하고 회복 관점에서 접근하는 데 사용할 수 있다. 특히 '생활이 즐거웠다.', '슬픔을 느꼈다.', '내 인생은 실패작이라는 생각이 들었다.' 등의 문항은, 은퇴 후 기분의 변화와 내면적인 상실감 등을 평가하거나 정서에 초점을 둔 상담 개입 시 유용한 정보로 활용 가능하다.

전겸구 등(2001)은 CES-D의 유용성을 높이기 위해 향후 임상 집단에 대한 cut-off score 설정, 검사-재검사 신뢰도 검증, 수렴/변별 타당도 추가 분석 등 후속연구의 필요성을 제안하였다.

〈표 10-12〉 통합적 한국판 CES-D 우울척도

아래에 적혀 있는 문항을 잘 읽으신 후, 지난 1주 동안 당신이 느끼시고 행동하신 것을 가장 잘 나타낸다고 생각되는 숫자에 ○표 하시기 바랍니다.
0. 극히 드물게(1일 이하)
1. 가끔(1~2일)
2. 자주(3~4일)
3. 거의 대부분(5~7일)
(4, 8, 12, 16 역채점 문항)

나는 지난 1주 동안…….	극히 드물게 (1일 이하)	가끔 (1~2일)	자주 (3~4일)	거의 대부분 (5~7일)
1. 평소에는 아무렇지도 않던 일들이 귀찮게 느껴졌다.	0	1	2	3
2. 먹고 싶지 않았다. 입맛이 없었다.	0	1	2	3
3. 가족이나 친구가 도와주더라도 울적한 기분을 떨쳐 버릴 수 없었다.	0	1	2	3
4. 다른 사람들만큼 능력이 있다고 느꼈다.	0	1	2	3
5. 무슨 일을 하든 정신을 집중하기가 힘들었다.	0	1	2	3
6. 우울했다.	0	1	2	3
7. 하는 일마다 힘들게 느껴졌다.	0	1	2	3
8. 미래에 대해서 희망적으로 느꼈다.	0	1	2	3
9. 내 인생은 실패작이라는 생각이 들었다.	0	1	2	3
10. 두려움을 느꼈다.	0	1	2	3
11. 잠을 설쳤다. 잠을 잘 이루지 못했다.	0	1	2	3
12. 행복했다.	0	1	2	3
13. 평소보다 말을 적게 했다. 말수가 줄었다.	0	1	2	3
14. 세상에 홀로 있는 듯한 외로움을 느꼈다.	0	1	2	3
15. 사람들이 나에게 차갑게 대하는 것 같았다.	0	1	2	3
16. 생활이 즐거웠다.	0	1	2	3
17. 갑자기 울음이 나왔다.	0	1	2	3
18. 슬픔을 느꼈다.	0	1	2	3
19. 사람들이 나를 싫어하는 것 같았다.	0	1	2	3
20. 도무지 무엇을 시작할 기운이 나지 않았다.	0	1	2	3

출처: 전겸구 외(2001).

4 퇴직 관련 척도

1) 사무직 종사자의 퇴직준비 척도

사무직 종사자들은 조직 생활에 대한 몰입도가 높고, 일 중심의 삶을 살아온 경우가 많아 퇴직 이후의 삶에 대한 불확실성과 심리적 부담을 크게 경험할 수 있다. 그러나 그동안의 퇴직준비 관련 척도들은 주로 경제적 준비에 치중되어 있거나, 외국의 문화와 현실을 기반으로 한 경우가 많아 국내 사무직 종사자의 맥락을 충분히 반영하지 못하는 한계가 있었다.

이수연(2014)은 사무직 종사자의 퇴직준비 척도(White Color Employee's Retirement Preparation Scale)를 통해 퇴직을 하나의 사건이 아닌 연속적 과정으로 정의하며, 이를 세 가지 주요 영역으로 구분하였다. 먼저 퇴직 현상의 구조에서 직면하게 되는 각 영역을 '퇴직계획', '가교고용', '퇴직적응'이라는 세 단계로 정의하였으며, 개인이 퇴직을 어떻게 인식하고, 구체적으로 준비하며, 이후의 삶에 적응하려고 하는지를 평가하도록 하였다.

각 영역에서 개인이 준비하는 심리적 절차는 Friedman과 Scholnick(1997)의 계획 과정이론을 국내 현실에 맞게 적용하여 문제 이해, 목표 설정, 계획 결정, 효능감, 전략 실행의 5개 하위 차원으로 개념화하였다. 이러한 내용의 구성은 퇴직의 구조적 영역과 준비의 심리적 절차 모두를 포괄하기 위함이다.

퇴직준비 척도의 타당성을 살펴보기 위한 탐색적 요인분석 결과, 퇴직계획 준비는 문제 이해 및 목표 설정, 결정지연, 계획 효능감, 전략 실행의 4요인, 가교고용 준비는 문제 이해, 목표 설정, 결정지연, 구직 효능감, 전략 실행의 4요인, 퇴직적응 준비는 문제 이해, 목표 설정, 결정지연, 적응 효능감, 전략 실행의 5요인으로 확정하였다.

본 척도는 최종적으로 총 45문항(퇴직계획 13문항, 가교고용 13문항, 퇴직적응 19문항)으로 구성되었으며, 각 문항은 4점 척도로 구성되어 있다. 탐색적 요인분석과 확인적 요인분석을 통해 척도의 요인 구조와 타당성이 검증되었다. 퇴직준비 척도의 하위 요인과 대표 문항은 다음과 같다.

- **퇴직계획 준비**→ 예: '나는 퇴직 계획을 구체적으로 짜 놓았다.', '나는 퇴직 계획에 문제가 생길까 봐 불안하다(역문항).'

- 가교고용 준비→ 예: '나는 내가 원하는 일을 새롭게 시작할 수 있을 것이다.'
- 퇴직적응 준비→ 예: '나는 은퇴 후 시간을 어떻게 보낼 것인지에 대해 많이 생각해 왔다.', '노후를 대비해 재테크를 하고 있다.'

연구는 전국의 사무직 종사자 954명을 대상으로 실시되었으며, 응답자의 평균 연령은 41~55세, 근속연수는 15년 이상이 가장 많았다. 확인적 요인분석 결과 모형의 적합도가 우수하였으며, 각 하위 요인의 내적 신뢰도도 대부분 .70 이상으로 안정적인 수준을 보였다.

본 연구에서는 척도 개발과 퇴직준비 모형에 대한 연구를 수행하였으며, 은퇴상담의 관점에서는 퇴직준비의 구조가 퇴직계획에서 가교고용으로, 가교고용에서 다시 퇴직적응으로 연결되는 경로를 가진다고 가정하고 그 관계를 살펴보았다. '가교고용 준비'가 퇴직계획 준비와 퇴직적응 준비에 영향을 매개하고 있음을 확인하였으며, 이는 가교고용 준비가 퇴직적응 준비에 긍정적인 영향을 미친다는 것을 보여 준다.

이수연(2014)의 연구에서는 퇴직자를 대상으로 한 퇴직준비 과정에서 심리적 유연성의 중요성을 강조하였고, 퇴직 결정의 시기보다는 퇴직 전환의 과정에서 개인이 느끼는 자기효능감에 주목하고 있다. 이러한 결과를 은퇴상담 영역에서 고려해 본다면, 퇴직 예정자들의 퇴직 준비도를 진단하고 구직기술 훈련 위주의 교육보다는 퇴직 계획을 위한 심리적 유연성을 강화하고 심리적 지지와 직무수행 지원, 자기개발 지원 등을 통한 자기효능감을 높이기 위한 전문적인 상담 개입 과정을 고려하는 것이 하나의 대안이 될 수 있을 것이다.

2) 사무직 중장년 퇴직자의 재취업 준비도 척도

사무직 종사자는 기술직과 달리 전환 가능한 직무 기반이 제한적이며, 조직 중심의 경력 특성상 퇴직 후 사회적 연결망이 약화될 가능성이 크다. 이와 같은 현실을 반영하여, 이영희와 이동혁(2023)은 사무직 중장년 퇴직자의 특성과 재취업 준비 과정의 심리 · 행동적 요인을 반영한 전문화된 진단 도구 개발의 필요성을 제기하였다.

사무직 중장년 퇴직자의 재취업 준비도 척도(Reemployment Readiness Scales for Retired Middle-Aged Office Workers)는 재취업을 준비하는 중장년 퇴직자의 긍정심리자본, 재취업 욕구, 재취업 준비 행동, 적응 수행의 정도를 측정하기 위해 설계되었다. 초기 102문항에서 출발하여 문항분석, 신뢰도 분석, 확인적 요인분석을 통한 타당도 검토를 거친 후, 최종적으로 48문항, 4개 구성 요인, 12개 하위 요인으로 구성되었다. 대표 문항은 다음과 같다.

- **긍정심리자본**: 개인의 발전과 성공을 추구하는 긍정적인 심리역량 → 예: '힘든 상황은 곧 지나갈 것이라고 생각한다.'
- **재취업 욕구**: 재취업하고자 하는 이유나 동기 → 예: '일은 나의 자존감을 살려 준다.'
- **재취업 준비 행동**: 재취업을 위한 일련의 과정 → 예: '나의 조건에서 현실적으로 취업이 가능한 회사(직종)들을 검색한다.'
- **적응 수행**: 새로운 업무 환경에 적응하고 적절하게 대처하는 능력 → 예: '나는 새로운 업무를 빠르게 습득하여 수행할 수 있다.'

이 척도는 서울, 광역/특별시 및 (특별자치)도 단위 지역에 거주하는 45~64세의 사무직 퇴직자를 대상으로, 1차 270명을 대상으로 설문조사를 실시하여 척도를 개발하였고, 개발된 척도의 타당화를 위해 265명을 대상으로 검증하였다.

응답자는 남녀가 고르게 분포되었고, 학력과 이전 직무 유형도 다양하게 포함되어 연구의 대표성을 높였다. 본 척도의 확인적 요인분석 결과, 주요 적합도 지수가 기준치를 충족하였으며 전체 신뢰도는 .939로 우수하였다.

준거타당도 검증에서는 진로전환검사(Transition Guide Questionnaire: TGQ), 구직준비척도, 진로미래검사(Career Future Inventory: CFI) 등과의 상관을 분석하였고, 모든 주요 요인이 진로 관련 변인들과 유의미한 정적 상관을 보여 구조적 타당성을 입증하였다.

이 도구는 재취업뿐만 아니라 재취업 이후의 적응과정까지 진단할 수 있는 내용으로 이루어져 있다. 퇴직자 대상 재취업 상담 시에는 구체적인 상담 목표 설정과 개입 방향 수립이 가능하다. 예를 들어, '적응 수행' 점수가 낮은 내담자에게는 변화관리 훈련이나 대인관계 기술 향상 프로그램을 활용하거나, '재취업 욕구'가 낮은 경우에는 동기강화 면담 기법 등을 적용할 수 있다. 또한 은퇴상담 분야에서 '긍정심리자본'과 '재취업 준비 행동' 요인은 경력 전환 시 개인의 동기 수준과 실행력 진단에 효과적이며, '적응 수행'은 향후 직무 지속성과 재취업 후 만족도를 예측하는 데도 활용될 수 있다. 재취업을 희망하는 이들의 단기적인 취업 성공뿐 아니라 지속적인 경력 개발의 관점에서 적응과 대처 정도를 묻고 있다는 점에서 의의가 있다.

5 진로 관련 척도

1) 준 · 고령자 직업선호도검사

급속한 고령화와 기대수명의 연장으로 인해 고령자들의 노동시장 참여 욕구는 계속 증가하고 있다. 그러나 기존의 심리검사 대부분은 청 · 중년층을 중심으로 개발되어 고령자에게 적절한 진단 정보를 제공하지 못하고 있으며, 고령자에게 적합한 직업심리검사의 부재는 진로 및 취업 상담의 실효성을 저해하는 요인으로 작용해 왔다. 이에 정윤경(2010)은 고령자인재은행 등 취업지원 기관의 현장 요구를 기반으로, 50세 이상 준고령자와 55세 이상 고령자를 대상으로 한 표준화된 직업선호도검사 개발의 필요성을 제기하였다.

준 · 고령자 직업선호도검사(Vocational Preference Inventory for the Middle-Older Aged)는 Holland의 여섯 가지 직업흥미유형 이론을 기반으로, 고령자의 심리적 특성과 직업 적합성, 취업 가능성을 반영하여 진단할 수 있도록 개발된 준 · 고령자용 직업선호도 검사이다. 이 척도는 전국 50세 이상 준고령자와 55세 이상 고령자를 대상으로 예비조사와 본조사를 거쳐 타당화되었다. 본조사에는 592명이 참여하였으며, 전국에서 남성 37.1%, 여성 62.9%, 연령은 50대가 전체 55%, 학력은 고졸이 39.4%였다. 월 수입은 150만 원 이하인 경우가 전체 응답자의 77.4%로 대체로 소득이 적었으며, 현재 직업을 가지고 있는 사람은 전체 응답자 중 51.6%였다. 신뢰도는 .80 이상으로 양호하였고, 문항별 내적 일치도 지수는 .61~.81로 대체로 만족스러운 수준이었다. 유형별 규준 및 성별 · 연령별 규준도 함께 개발되었다.

초기 문항은 총 204개였으나, 예비조사와 문항 분석, 타당도 분석 과정을 거쳐 최종적으로 총 72문항으로 구성된 척도를 개발하였다. 이 척도는 Holland 흥미유형 6개와 3개 하위척도(활동, 유능감, 직업선호도)로 이루어졌다. 6개의 흥미유형은 Holland의 RIASEC 유형(현실형, 탐구형, 예술형, 사회형, 기업형, 관습형)에 따라 분류된다. 본 척도는 현재 [고용24] 홈페이지(www.work.go.kr)에서 직업심리검사 메뉴-성인 직업심리검사 바로가기 메뉴를 통해 무료로 사용할 수 있다. 중고령자용 직업선호도 검사의 3개 구성 요소(활동, 유능감, 직업선호도)와 대표 문항은 다음과 같다.

- 활동(좋아함 vs. 좋아하지 않음)
  → '예술, 문화, 음악 관련 글을 읽는다.'
  → '프로젝트나 집단의 리더가 된다.'
  → '학생들을 가르치거나 선도한다.'
  → '자동차를 정비한다.'
  → '사회과학 분야를 연구한다.'

- 유능감(잘할 수 있음 vs. 잘할 수 없음)
  → '가구를 수리할 수 있다.'
  → '추진력 있게 업무를 수행한다.'
  → '실내를 독특하고 아름답게 꾸밀 수 있다.'

- 직업선호도(하고 싶음 vs. 하고 싶지 않음)
  → '전기기술'
  → '유아교육'
  → '산업디자인'
  → '생리학'
  → '사회복지'

이 검사를 통해 준고령자의 직업 흥미를 체계적으로 진단할 수 있으며, 고령자 맞춤형 직업 탐색, 재취업 상담, 직업 재설계 상담에서 핵심 도구로 활용될 수 있다. 검사 결과는 자동 채점 프로그램과 연동되며, 준고령자에게 적합한 직업 리스트가 제공되어 상담 시 효율적으로 진단 결과를 안내할 수 있다.

은퇴상담 시에는 준고령자를 대상으로 적합한 제2의 진로 유형을 탐색하고, 개인의 흥미 기반 진로전환 계획 수립에 활용될 수 있다. 특히 '유능감' 하위척도는 자기효능감 기반의 진로 재설계 과정에서 참고 자료로 적용 가능하다. 기존의 주된 일자리에서 퇴직하여 새로운 업무를 희망하는 경우 본 척도의 활용도는 매우 높다고 할 수 있다.

다만 Holland 이론에 기초한 흥미 유형에 국한되어 있어, 준고령자 집단 내 세부 직무별 분석은 부족하며 세부적인 직무 변경을 희망하는 경우에는 정밀한 정보를 제공하는 데 어려움이 있다. 따라서 다차원적 경력 요구(예: 가치, 생활양식, 역할 등)를 반영하는 보완 도구와의 병행

사용이 필요하다.

2) 중장년 고용가능성검사

중장년층은 조기 퇴직, 비자발적 이직, 재취업 등의 진로전환을 반복적으로 경험하고 있다. 특히 한국 사회에서는 생애 주된 일자리를 그만두는 연령이 평균 49.4세이지만, 다시 일하기를 원하는 비율은 69.4%, 실질 은퇴 나이는 72세에 이른다. 은퇴 이후에도 경제활동을 이어 가야 하는 현실 속에서 고용가능성 향상의 필요성이 더욱 강조된다. 이처럼 우리나라의 중장년들이 더 나은 일자리로의 진입 및 지속적인 고용 등 성공적인 경력 전환을 지원하기 위해서는 중장년 대상의 고용가능성 연구가 절실히 요구되는 실정이다. 그러나 기존의 고용가능성 관련 연구들은 포괄적이고 통합적인 방향으로 이루어지지 못했고, 대부분 청년이나 대학생, 실업자 등을 중심으로 개발되어 중장년층의 특성을 충분히 반영하지 못했다. 이러한 배경하에 서현주(2021)는 중장년층(45~65세)을 위한 고용가능성검사를 개발하고, 심리 측정학적으로 타당한 도구로서의 가능성을 검증하고자 하였다.

중장년 고용가능성검사(Employability Inventory for Middle-Aged Adults)는 전국의 중장년(45~65세) 934명을 대상으로 타당화를 실시하였으며, 탐색적 요인분석과 확인적 요인분석을 통해 7개 요인, 총 36개 문항을 도출하였다. 선행 연구를 통한 초기 문항 수는 105개였으나, 내용타당도 검토 및 문항분석을 통해 문항 수는 점진적으로 축소되어 최종 7개 요인, 36문항으로 확정되었다. 신뢰도는 요인별로 .856~.894 범위로 나타났으며, 공인 타당도 검증은 고용가능성을 측정하는 기존 검사와의 상관분석을 통해 이루어졌고, 예측타당도는 진로성공(주관적 · 객관적), 웰빙의 변인을 기준으로 상관분석을 통해 확인되었다.

본 척도의 7개 하위 요인과 대표 문항은 다음과 같다.

- **직업능력**: 직무를 수행하기 위한 기술, 지식, 역량에 대한 자기 인식 → 예: '나는 업무에 필요한 전문적 기술을 가지고 있다.'
- **변화적응성**: 고용환경 변화에 대한 수용과 유연한 대처 능력 → 예: '나는 새로운 직무환경의 변화를 잘 받아들인다.'
- **경력정체성**: 자기 경력에 대한 주체적 태도와 명확한 정체성 인식 → 예: '나는 내 삶에서 무엇이 중요한지를 알고 있다.'
- **경력관리**: 경력 목표 설정과 실행을 위한 계획 능력 → 예: '나는 명확한 경력 목표를 설정

하고 있다.'

- 구직기술: 이력서 작성, 면접 준비 등 실제 구직에 필요한 기술 → 예: '나는 면접 시 질문에 유연하게 대응할 수 있다.'
- 네트워킹: 사회적 관계 형성을 통한 기회 탐색과 정보 공유 능력 → 예: '나의 경력에 도움이 되는 사람들을 알고 있다.'
- 고용환경 모니터링: 노동시장 변화 및 산업 동향에 대한 지속적인 탐색 → 예: '나는 최근 고용동향을 구체적으로 파악하고 있다.'

은퇴상담 과정에서 본 척도를 활용한다면 퇴직을 앞두었거나 경력 전환을 고민하는 중장년층을 대상으로 고용가능성 수준을 평가하고, 그 결과에 따라 개인별 상담 전략을 수립하는 데 용이하며, 각 요인별 결과는 경력개발, 역량 강화, 구직기술 교육 등 맞춤형 상담 개입을 위한 기초 자료로 활용될 수 있다.

6 기타 척도

1) 은퇴 스트레스 척도

본 척도는 은퇴로 인한 스트레스를 측정하기 위하여 최성재(1989) 및 George(1980)의 연구를 기초로 지연경과 조병은(1991)이 개발한 척도이다. 총 15문항의 단일 요인으로 구성되어 있으며, '거의 그렇지 않다(1점)'부터 '매우 그렇다(5점)'의 리커트 5점 척도로 응답한다. 점수가 높을수록 은퇴에 대한 스트레스가 높음을 의미한다. 지연경과 조병은(1991)의 연구에서 본 척도의 신뢰도(Cronbach's α)는 .86으로 나타났다.

〈표 10-13〉 은퇴 스트레스 척도

문항	문항 내용	거의 그렇지 않다	그렇지 않다	보통 이다	그렇다	매우 그렇다
1	은퇴 후 경제적인 어려움을 겪고 있다.	①	②	③	④	⑤
2	앞으로의 경제적인 상황이 염려된다.	①	②	③	④	⑤
3	할 일이 없어서 시간 보내는 것이 문제가 되고 있다.	①	②	③	④	⑤
4	수면, 식욕, 성욕 등 일상생활의 곤란을 느낀다.	①	②	③	④	⑤
5	은퇴 후에 가족 내의 지위가 약화되었다고 느낀다.	①	②	③	④	⑤
6	은퇴 후에 사회적으로 인정받는 기회가 줄었다고 생각된다.	①	②	③	④	⑤
7	때때로 내 자신이 능력 없는 사람이라는 생각이 든다.	①	②	③	④	⑤
8	직업인으로서의 지위를 잃은 것이 상실감으로 느껴진다.	①	②	③	④	⑤
9	은퇴 후 친구들과의 관계가 소원해졌다.	①	②	③	④	⑤
10	은퇴 후 이웃이나 지역사회에서 할 일이 적어졌다.	①	②	③	④	⑤
11	은퇴 후 사기가 저하되었다고 느낀다.	①	②	③	④	⑤
12	요즘 여가생활이나 새로운 관심거리를 갖지 못하고 있다.	①	②	③	④	⑤
13	은퇴란 새로운 인생을 시작하는 계기가 된다.	①	②	③	④	⑤
14	은퇴란 사회나 개인을 위해서 바람직한 제도이다.	①	②	③	④	⑤
15	은퇴라는 것을 생각하면 불안해진다.	①	②	③	④	⑤

2) 은퇴태도(기대) 척도

은퇴태도(기대) 척도는 Hanson과 Wapner(1994)의 퇴직에 대한 태도 척도를 수정하여 사용한 오병철(2012)의 척도를 안경진(2018)이 다시금 수정하여 사용한 척도이다. 척도의 문항은 네 가지 태도에 대하여 3개 문항씩 총 12문항으로 구성되었다. 은퇴태도(기대) 척도의 네 가지 태도 요인은 '노년기 시작'(3문항), '새로운 출발'(3문항), '계속'(3문항), '강요된 좌절'(3문항)이고, 응답은 각 문항별로 5점 리커트 척도(1점: 전혀 아니다~5점: 매우 그렇다)로 측정되며, 점수가 높을수록 해당 은퇴태도(기대)가 높음을 의미한다. 단, 은퇴태도(기대) 척도는 연구자마다 문항을 수정하여 사용하고 있어 향후 우리나라 현실에 맞는 은퇴태도(기대) 척도가 개발될 필요가 있다.

〈표 10-14〉 은퇴태도(기대) 척도

문항	문항 내용	전혀 아니다	아니다	그저 그렇다	그렇다	매우 그렇다
1	은퇴 후에는 모든 일에서 물러나 천천히 자신을 돌아보아야 한다.	①	②	③	④	⑤
2	은퇴는 직업으로부터 물러나 생활의 여유를 즐기며 편안히 쉬는 시간이다.	①	②	③	④	⑤
3	은퇴는 노년기로 들어가는 첫 관문이다.	①	②	③	④	⑤
4	은퇴는 새로운 인생을 시작할 수 있는 전환점이다.	①	②	③	④	⑤
5	은퇴는 그동안 꿈꿔 왔던 일을 할 수 있는 기회이다.	①	②	③	④	⑤
6	은퇴 후에는 그동안 했던 직업과는 전혀 다른 일을 하는 것이 바람직하다.	①	②	③	④	⑤
7	은퇴를 한다고 해서 그 전의 삶과 크게 달라지지 않을 것이다.	①	②	③	④	⑤
8	은퇴 후에도 가능하면 그동안 해 오던 일을 그대로 하는 것이 바람직하다.	①	②	③	④	⑤
9	은퇴는 은퇴 이전의 활동을 약간 다른 방식으로 할 뿐이다.	①	②	③	④	⑤
10	은퇴는 의미 없는 시간의 연속일 뿐이다.	①	②	③	④	⑤
11	은퇴 후 삶은 내 인생에서 아무런 의미도 없다.	①	②	③	④	⑤
12	은퇴자가 된다는 것은 사회에 아무런 쓸모없는 존재가 된다는 것이다.	①	②	③	④	⑤

〈표 10-15〉 은퇴태도(기대) 척도-요인별 문항

	노년기 시작	새로운 출발	계속	강요된 좌절
문항 수	3	3	3	3
문항 번호	1, 2, 3	4, 5, 6	7, 8, 9	10, 11, 12

참고문헌

강정희(2024). 은퇴적응성 척도 개발 및 타당화. 인제대학교 대학원 석사학위논문.

김연진(2011). 한국형 은퇴준비 척도 타당화 연구. 단국대학교 대학원 박사학위논문.

서현주(2021). 중장년 고용가능성검사 개발 및 타당화. 숙명여자대학교 대학원 박사학위논문.

안경진(2018). 공무원의 퇴직준비교육과 퇴직에 대한 태도 및 노후 준비도. 한세대학교 대학원 박사학위논문.

오병철(2012). 베이비붐 세대 남성 직장인들의 퇴직 태도, 노후준비, 노년기 사회참여 의향. 한서대학교 대학원 박사학위논문.

이수연(2014). 사무직 종사자의 퇴직 준비 척도 개발 및 타당화 연구. 성균관대학교 대학원 박사학위논문.

이영희(2023). 사무직 중장년 퇴직자의 재취업 준비도 척도 개발 및 타당화. 건국대학교 대학원 박사학위논문.

이영희, 이동혁(2023). 사무직 중장년 퇴작자의 재취업 준비도 척도 개발 및 타당화. **진로교육연구, 36**(4), 131-173.

이예림(2023). 은퇴적응 척도 개발 및 타당화. 숙명여자대학교 대학원 박사학위논문.

이은주, 이지연 (2015). 중년기 은퇴불안 척도개발 및 타당화. **상담학연구, 16**(4), 435-458.

이종찬(2020). 중소기업 사무직 중고령자의 은퇴준비도 검사도구 개발. 서울대학교 대학원 박사학위논문.

전겸구, 최상진, 양병창(2001). 통합적 한국판 CES-D 개발. **한국심리학회지: 건강, 6**(1), 59-76.

정윤경(2010). 준고령자 직업선호검사 개발. **진로교육연구, 23**(2), 153-175.

지연경, 조병은(1991). 내외통제성 및 은퇴로 인한 스트레스 지각과 생활만족도. **대한가정학회지, 29**(2), 217-240.

최성재(1989). 퇴직 예정자의 퇴직에 대한 태도 및 퇴직후 생활 전망의 인식에 관한 연구. **사회복지 연구, 창간호**, 47-65.

Diener, E., Emmons, R. A., Larsen, R. J., & Griffin, S. (1985). The satisfaction with life scale. *Journal of Personality Assessment, 49*, 71-75.

Friedman, S. L., & Scholnick, E. K. (1997). An evolving 'Blueprint' for planning: Psychological requirements, task characteristics, and social-cultural influences. In S. L. Friedman & E. K. Scholnick (Eds.), *The developmental psychology of planning: Why, how, and when do we plan?* Mahwah, NJ: Lawrence Erlbaum Associates.

George, L. K. (1980). *Role transitions in later life, brooks*. Pacific Grove, CA: Cole Publishing Company.

Hanson, K., & Wapner, S. (1994). Transition to retirement: Gender differences. *International Journal of Aging and Human Development, 39*(3), 189-207.

Noone, J. H., Stephens, C., & Alpass, F. M. (2010). The process of retirement planning scale (PRePS): Development and validation. *Psychology Assessment, 22*(3), 520-531.

제11장

은퇴자 지원을 위한 정보

• 방혜진

이 장에서는 은퇴(예정)자가 은퇴를 준비, 결정하고 은퇴 이후의 삶에 성공적으로 적응해 나갈 수 있도록 지원하는 데 도움이 되는 정보를 다룬다. 우선 은퇴자 지원을 위한 관련 법령을 살펴봄으로써 은퇴자 지원을 위한 제도와 정책이 어떤 법적 근거를 토대로 마련되어 있는지를 알아볼 것이다. 또한 은퇴자들에게 실질적인 도움을 줄 수 있는 관련 기관과 사이트를 살펴봄으로써 은퇴(예정)자가 은퇴 과정에서 겪는 어려움을 해결해 나갈 수 있도록 은퇴상담자가 어떤 정보적 지원을 할 수 있을지 알아보도록 하겠다. 은퇴상담자는 이러한 정보를 숙지하여 은퇴의 준비, 결정, 적응과 관련하여 어려움을 겪고 있는 내담자들을 충실하게 도울 수 있도록 노력하는 것이 바람직하다.

1 은퇴자 지원을 위한 제도와 정책

1) 은퇴자 지원 관련 법령과 제도

현재 우리나라의 현행 법령 중 은퇴자 지원을 법률의 명칭에 직접적으로 명시한 법은 없다. 우리나라의 현행 법령 정보는 법제처 국가법령정보센터(www.law.go.kr) 사이트에서 찾아볼 수 있는데, '은퇴'를 주제어로 검색했을 때 조회되는 법령은 없는 것으로 확인된다. 다만 고령자에 관한 지원이나 노후준비를 지원하는 법령 등을 통해 은퇴자나 은퇴예정자를 간접적으로 지원하고 있으므로 은퇴자 지원과 관련이 있는 법령에 관한 정보를 폭넓게 알아보는 것이 필요하다. 몇 가지 주제어를 중심으로 은퇴자 지원과 관련 있는 현행 법령을 검색해 본 결과는 다음과 같다.

〈표 11-1〉 은퇴자 지원 관련 현행 법령

주제어	법령명	소관 부처
고령	• 고령친화산업 진흥법	보건복지부
	• 고용상 연령차별금지 및 고령자고용촉진에 관한 법률	고용노동부
	• 장애인 · 고령자 등 주거약자 지원에 관한 법률	국토교통부
	• 저출산 · 고령사회기본법	보건복지부
노인	• 노인복지법	보건복지부
	• 노인 일자리 및 사회활동 지원에 관한 법률	보건복지부
	• 노인장기요양보험법	보건복지부
	• 대한노인회 지원에 관한 법률	보건복지부
노후	• 노후준비 지원법	보건복지부
평생	• 국민 평생 직업능력 개발법	고용노동부
	• 평생교육법	교육부

출처: 법제처 국가법령정보센터 사이트(www.law.go.kr)의 내용 재구성.

은퇴자 지원과 관련 있는 법령을 살펴본 결과 주로 노후를 준비하고 노년의 삶을 지원하며 고령사회로 변화되고 있는 사회 환경을 뒷받침하기 위해 복지, 교육, 고용, 일자리, 사회활동, 고령친화산업 진흥 등의 법령이 마련되어 있는 것을 확인할 수 있으며, 소관 부처는 보건복지부, 고용노동부, 국토교통부, 교육부 등인 것을 볼 수 있다.

이러한 법령 중 은퇴자 지원과 보다 밀접한 관련이 있는 법령에 대해 세부적인 내용을 살펴봄으로써 은퇴상담 현장에서 만나는 내담자들에게 도움을 줄 수 있는 정보를 알아보기로 하겠다.

(1) 「노후준비 지원법」과 노후준비지원센터 지정 · 운영

「노후준비 지원법」은 국민의 건강하고 안정된 노후생활을 위하여 노후준비 지원에 관한 사항을 정한 법으로서 2015년에 제정되었으며 소관 부처는 보건복지부이다. 이 법에서 말하는 '노후준비'란 노년기에 발생할 수 있는 빈곤, 질병, 무위, 고독 등에 대하여 사전에 대처하는 것을 말한다. 「노후준비 지원법」에 따라 국가와 지방자치단체는 노후준비 지원을 위한 법적 · 제도적 장치를 마련하고 필요한 시책을 수립 및 시행해야 한다. 더불어 직원을 고용한 사업주는 노후준비 지원을 위한 국가와 지방자치단체의 시책에 적극 협조하고, 소속 직원의 노후준비를 권장하고 지원하도록 노력하여야 한다.

「노후준비 지원법」은 중앙 · 광역 · 지역에 노후준비지원센터를 지정 · 운영하도록 명시하고 있다. 이에 따라 보건복지부장관은 「국민연금법」에 따른 국민연금공단에 중앙노후준비지원센터를 지정 · 운영하도록 되어 있고, 시 · 도지사는 사업을 직접 수행하거나 지방자체단체가 출연하거나 경비를 지원하는 법인, 「공공기관의 운영에 관한 법률」에 따른 공공기관 등을 광역노후준비지원센터로 지정 · 운영할 수 있도록 명시하고 있다. 시장 · 군수 · 구청장은 「사회복지사업법」에 따른 사회복지법인, 사회복지시설 또는 사회복지관 등을 지역노후준비지원센터로 지정 · 운영할 수 있다.

〈표 11-2〉 「노후준비 지원법」 중 노후준비지원센터 지정 · 운영에 관한 사항

조항	내용
제9조 (중앙노후준비 지원센터)	① 보건복지부장관은 국민의 노후준비에 필요한 다음 각 호의 사업을 수행하기 위하여 「국민연금법」에 따른 국민연금공단에 중앙노후준비지원센터(이하 "중앙센터"라 한다)를 지정 · 운영한다. 1. 노후준비서비스 제공자의 양성 · 관리 2. 노후준비서비스에 관한 조사 · 연구 · 교육 3. 노후준비서비스에 관한 홍보 및 국제협력 4. 노후준비서비스 프로그램 및 교육과정 개발 · 보급 5. 그 밖에 대통령령으로 정하는 노후준비 지원을 위하여 필요한 사업
제9조의2 (광역노후준비 지원센터)	① 시 · 도지사는 국민의 노후준비에 필요한 다음 각 호의 사업을 직접 수행하거나, 지방자치단체가 출연하거나 경비를 지원하는 법인 또는 「공공기관의 운영에 관한 법률」에 따른 공공기관(그 분사무소를 포함한다) 등을 광역노후준비지원센터(이하 "광역센터"라 한다)로 지정 · 운영할 수 있다. 이 경우 시 · 도지사는 광역센터를 복수로 지정 · 운영할 수 있다. 1. 지역 내 특화된 노후준비서비스 프로그램 개발 · 보급 및 기반조성 2. 지역노후준비지원센터에 대한 지원 및 협력에 관한 사항 3. 노후준비서비스 제공 및 연계 4. 노후준비서비스 홍보 및 노후준비 인식 제고 5. 그 밖에 대통령령으로 정하는 노후준비 지원을 위하여 필요한 사업
제10조 (지역노후준비 지원센터)	① 시장 · 군수 · 구청장(자치구의 구청장을 말한다. 이하 같다)은 국민의 노후준비에 필요한 다음 각 호의 사업을 직접 수행하거나, 지방자치단체가 출연하거나 경비를 지원하는 법인 또는 「공공기관의 운영에 관한 법률」에 따른 공공기관(그 분사무소를 포함한다), 「사회복지사업법」 제2조에 따른 사회복지법인, 사회복지시설 또는 사회복지관 등을 지역노후준비지원센터(이하 "지역센터"라 한다)로 지정 · 운영할 수 있다. 이 경우 시장 · 군수 · 구청장은 지역센터를 복수로 지정 · 운영할 수 있다. 1. 노후준비서비스 제공 및 연계 2. 노후준비서비스 홍보 및 노후준비 인식 제고 3. 그 밖에 대통령령으로 정하는 노후준비 지원을 위하여 필요한 사업

출처: 법제처 국가법령정보센터 사이트(www.law.go.kr).

이 법에 따라 국민연금공단에서는 '중앙노후준비지원센터(csa.nps.or.kr)' 운영을 통해 '노후준비서비스'를 제공하고 있다. 노후준비서비스는 재무, 건강, 여가, 대인관계의 4대 영역에 대한 진단, 상담, 교육, 관계기관 연계 및 사후 관리 등을 제공하는 서비스를 뜻하며, 연령에 관계없이 국민 모두가 이용할 수 있다.

지역노후준비지원센터(국민연금공단 지사, 국번 없이 1355)에서 '노후준비 종합진단지'를 통해 노후준비 상태를 종합적으로 진단받고, 노후준비에 대한 취약점 보완을 위해 재무영역과 비재무영역(건강, 여가, 대인관계)에 대한 맞춤형 상담을 받을 수 있으므로 은퇴상담 내담자들 중 노후준비와 관련한 어려움을 겪고 있거나, 관련 준비를 체계적으로 해 나가길 바라는 내담자들이 있다면 본 서비스를 이용하여 도움을 받을 수 있도록 지원하는 것이 필요하다.

[그림 11-1] 국민연금공단 중앙노후준비지원센터의 노후준비서비스 내용

출처: 국민연금공단 중앙노후준비지원센터 사이트(csa.nps.or.kr/ohkb/gdnc/UHKB0101M0.do).

(2) 「노인 일자리 및 사회활동 지원에 관한 법률」과 노인 일자리 및 사회활동 지원사업

「노인 일자리 및 사회활동 지원에 관한 법률」은 노인이 일자리와 사회활동을 통하여 활동적이고 생산적인 노후생활을 영위할 수 있도록 지원함으로써 노인의 건강과 복지를 증진하는 것을 목적으로 하는 법으로서, 2023년에 제정되었으며 소관 부처는 보건복지부이다. 이 법에서 말하는 '노인 일자리'란 사회적으로 유용한 가치를 창출하면서 노인의 능력과 적성에 맞으며 건강 증진, 사회참여 및 소득증대의 효과를 얻을 수 있는 재정지원 일자리를 뜻한다. 또한 '노인사회활동'이란 노인이 자기만족과 성취감 향상 및 지역사회 공익증진을 위하여 자발적으로 참여하는 봉사 성격의 활동을 의미한다.

「노인 일자리 및 사회활동 지원에 관한 법률」은 노인 일자리 및 사회활동 지원사업을 수행하기 위한 전담기관을 '노인인력개발기관', '노인일자리지원기관', '노인취업알선기관'으로 명시하고, 국가 및 지방자치단체는 노인일자리전담기관을 설치 · 운영하거나 운영의 전부 또는 일부를 법인 · 단체 등에 위탁할 수 있도록 하였다. 또한 이 법을 통해 한국노인인력개발원의 설립 근거를 마련하고 노인일자리전담기관 종사자의 양성 및 연수, 노인 일자리 및 사회활동 지원사업에 대한 지원 및 평가 등에 관한 사업을 수행하도록 하였다.

〈표 11-3〉「노인 일자리 및 사회활동 지원에 관한 법률」 중 관련 기관에 관한 사항

조항	내용
제9조 (노인일자리전담 기관)	① 노인의 능력과 적성에 맞는 노인 일자리 및 사회활동 지원사업을 전문적 · 체계적으로 수행하기 위한 전담기관(이하 "노인일자리전담기관"이라 한다)은 다음 각 호의 기관으로 한다. 1. 노인인력개발기관: 노인일자리개발 · 보급사업, 현장의견청취 · 조사사업, 교육 · 홍보 및 협력사업, 프로그램인증 · 평가사업 등을 지원하는 기관 2. 노인일자리지원기관: 지역사회 등에서 노인일자리의 개발 · 지원, 창업 · 육성, 안전관리 및 노인에 의한 재화의 생산 · 판매 등을 직접 담당하는 기관 3. 노인취업알선기관: 노인에게 취업 상담 및 정보를 제공하거나 노인일자리를 알선하는 기관
제24조 (한국노인인력 개발원의 설립 등)	① 노인의 능력과 적성에 맞는 노인 일자리 및 사회활동 지원을 전문적 · 체계적으로 수행하기 위하여 한국노인인력개발원(이하 "개발원"이라 한다)을 설립한다. ⑥ 개발원은 제9조 제3항의 업무와 다음 각 호의 사업을 수행한다. 1. 노인일자리전담기관 종사자의 양성 및 연수 2. 노인 일자리 및 사회활동 지원사업에 대한 지원 및 평가 3. 노인 일자리 및 사회활동에 관한 조사 및 연구 4. 노인 일자리 및 사회활동 지원사업 참여자 등에 대한 안전사고 예방 및 보상 5. 노인 일자리 및 사회활동 지원사업 참여자 보호를 위한 상담 및 법률적 지원 등 6. 제21조 제3항에 따라 위탁받은 정보시스템 및 노인인력 데이터베이스의 구축 및 운영 7. 보건복지부장관 또는 중앙행정기관의 장이 위탁하는 사업 8. 그 밖에 노인 일자리 및 사회활동 지원을 위하여 필요한 사업

출처: 법제처 국가법령정보센터 사이트(www.law.go.kr).

이 법에 따라 보건복지부는 노인 일자리 및 사회활동 지원사업을 추진하고 있다. 이 사업은 노인이 활기차고 건강한 노후생활을 영위할 수 있도록 공익활동, 일자리, 재능 나눔 등 다양한 사회활동을 지원하여 노인복지 향상에 기여하기 위한 목적을 가지고 있으며, 사업의 유형에 따라 연령(만 60세 이상 또는 만 65세 이상)이나 참여 자격을 제한하고 있다. 노인 일자리 및

사회활동 지원 사업 수행은 시 · 군 · 구(노인복지 담당과), 노인복지관, 시니어클럽, 대한노인회 취업지원센터, 종합사회복지관, 노인복지센터, 지역문화원, 지자체 전담기관(실버인력뱅크 등) 등에서 담당하고 있으며, 사업의 유형은 공공형, 사회서비스형, 시장형 등으로 구분된다. 은퇴상담 내담자들 중 일이나 사회활동을 지속하고자 하는 요구를 가진 내담자가 있다면 지역 내의 노인 일자리 및 사회활동 지원사업 수행기관에 대한 정보를 제공하고, 참여자 선발기준과 참여 방법을 안내하여 이용할 수 있도록 지원하는 것이 필요하다.

〈표 11-4〉 노인 일자리 및 사회활동 지원사업의 유형 및 내용

유형		정의	예시
공공형		노인이 자기만족과 성취감 향상 및 지역사회 공익 증진을 위해 자발적으로 참여하는 봉사활동	노노케어(취약노인 안부 확인) 취약계층 지원, 보육시설 봉사 등 공익 증진을 위한 프로그램
사회서비스형		노인의 경력과 활동 역량을 활용하여 사회적 도움이 필요한 영역(지역사회 돌봄, 안전 관련 등)에 서비스 제공	가정 및 세대 간 서비스, 취약계층 전문 서비스, 공공 전문 서비스(공공행정업무 지원) 등
사회서비스형 선도모델		지역사회가 보유한 자원과 기업 등의 외부자원을 활용하여 신규 노인 일자리 아이템 개발, 창출	돌봄, 안전, 환경문제 등 지역사회가 당면한 현안을 해소하는 일자리 등
시장형	시장형사업단	노인에게 적합한 업종 중 소규모 매장 및 전문 직종 사업단 등을 공동으로 운영하여 노인 일자리 창출	식품 제조 및 판매, 매장운영(실버카페), 운송(실버택배) 등
	취업알선형	일정 교육을 수료하거나 관련 업무능력이 있는 자를 수요처로 연계하여 근무 기간에 대한 일정 임금을 지급받을 수 있는 일자리	시험감독 보조, 경비원 시설관리자, 가사도우미 등
	시니어인턴십	노인에게 기업 인턴 연계 후 인건비 지원 계속 고용 시 기업에 인건비 추가 지원	한식조리, 매장관리원, 영화관 보조원, 자동차 검사대행원 등
	고령자친화기업	노인의 경륜을 활용하여 경쟁력을 갖추고 양질의 노인 일자리를 창출할 수 있는 기업의 설립 및 운영 지원	공모 심사에 따른 기업 모집

출처: 보건복지부 사이트(www.mohw.go.kr/menu.es?mid=a10712020100).

(3) 「고용상 연령차별금지 및 고령자고용촉진에 관한 법률」과 취업지원기관

「고용상 연령차별금지 및 고령자고용촉진에 관한 법률」은 합리적인 이유 없이 연령을 이유로 하는 고용차별을 금지하고, 고령자가 그 능력에 맞는 직업을 가질 수 있도록 지원하고 촉진

함으로써 고령자의 고용안정과 국민경제의 발전에 이바지하는 것을 목적으로 하는 법으로서, 1991년에 「고령자고용촉진법」으로 제정된 후 여러 차례의 타법 개정과 일부 개정을 거쳐 현재의 법률로 발전하였다. 소관 부처는 고용노동부이다.

「고용상 연령차별금지 및 고령자고용촉진에 관한 법률」에서 말하는 '고령자'란 인구와 취업자의 구성 등을 고려하여 대통령령으로 정하는 연령 이상인 사람을 뜻하며, '준고령자'란 대통령령으로 정하는 연령 이상인 사람으로서 고령자가 아닌 사람을 뜻한다. 고령인구 비율이 급속하게 증가하고 있는 상황을 고려하여 고령자, 준고령자를 특정 연령 이상으로 제시하지 않고, 인구와 취업자의 구성 등을 고려하여 대통령령으로 정하는 연령 이상을 대상으로 함을 명시하고 있다.

〈표 11-5〉「고용상 연령차별금지 및 고령자고용촉진에 관한 법률」 중 고령자 취업지원에 관한 사항

조항	내용
제5조 (구인 · 구집 정보수집)	고용노동부장관 및 특별시장 · 광역시장 · 도지사 · 특별자치도지사(이하 "고용노동부장관 등"이라 한다)는 고령자의 고용을 촉진하기 위하여 고령자와 관련된 구인(求人) · 구직(求職) 정보를 수집하고 구인 · 구직의 개척에 노력하여야 하며 관련 정보를 구직자 · 사업주 및 관련 단체 등에 제공하여야 한다.
제6조 (고령자에 대한 직업 능력 개발훈련)	① 고용노동부장관 등은 고령자의 고용을 촉진하고 직업능력의 개발 · 향상을 위하여 고령자를 대상으로 대통령령으로 정하는 바에 따라 직업능력 개발훈련을 실시하여야 한다.
제9조 (고령자의 취업알선 기능 강화)	① 정부는 고령자가 그 능력에 맞는 직업에 취업할 수 있도록 고령자에 대한 직업상담, 직업적성검사 등 적절한 직업지도와 취업알선 등을 하여야 한다. ② 정부는 고령자에 대한 직업지도와 취업알선 등을 위하여 관련 행정기구와 시설을 정비하도록 노력하여야 한다. ③ 고용노동부장관 등은 고령자의 직업지도와 취업알선 등을 담당하게 하기 위하여 소속 공무원 중에서 직업지도관을 지명한다. ④ 직업지도관의 자격 등 필요한 사항은 고용노동부장관이 정한다.
제10조 (고령자 고용정보 센터의 운영)	① 고용노동부장관 등은 고령자의 직업지도와 취업알선 등의 업무를 효율적으로 수행하기 위하여 필요한 지역에 고령자 고용정보센터를 운영할 수 있다. ② 고령자 고용정보센터는 다음 각 호의 업무를 수행한다. 1. 고령자에 대한 구인 · 구직 등록, 직업지도 및 취업알선 2. 고령자에 대한 직장 적응훈련 및 교육 3. 정년연장과 고령자 고용에 관한 인사 · 노무관리와 작업환경 개선 등에 관한 기술적 상담 · 교육 및 지도 4. 고령자 고용촉진을 위한 홍보 5. 그 밖에 고령자 고용촉진을 위하여 필요한 업무

조항	내용
제11조 (고령자인재은행의 지정)	① 고용노동부장관은 다음 각 호의 단체 또는 기관 중 고령자의 직업지도와 취업알선 또는 직업능력개발훈련 등에 필요한 전문 인력과 시설을 갖춘 단체 또는 기관을 고령자인재은행으로 지정할 수 있다. 1. 「직업안정법」 제18조에 따라 무료직업소개사업을 하는 비영리법인이나 공익단체 2. 「국민 평생 직업능력 개발법」 제16조에 따라 직업능력개발훈련을 위탁받을 수 있는 대상이 되는 기관 ② 제1항 제1호 및 제2호에 모두 해당하는 고령자인재은행의 사업범위는 다음 각 호의 사업 모두로 하고, 제1항 제1호에만 해당하는 고령자인재은행의 사업범위는 제1호, 제2호 및 제4호의 사업만으로 하며, 제1항 제2호에만 해당하는 고령자인재은행의 사업범위는 제3호 및 제4호의 사업만으로 한다. 1. 고령자에 대한 구인 · 구직 등록, 직업지도 및 취업알선 2. 취업희망 고령자에 대한 직업상담 및 정년퇴직자의 재취업 상담 3. 고령자의 직업능력개발훈련 4. 그 밖에 고령자 고용촉진을 위하여 필요하다고 인정하여 고용노동부장관이 정하는 사업
제11조의2 (중견전문인력 고용지원센터의 지정)	① 고용노동부장관은 퇴직한 고령자로서 경력 등을 고려하여 고용노동부령으로 정하는 사람(이하 "중견전문인력"이라 한다)의 직업지도와 취업알선 등을 전문적으로 지원하는 중견전문인력 고용지원센터(이하 "중견전문인력 고용지원센터"라 한다)를 지정할 수 있다. ② 중견전문인력 고용지원센터는 「직업안정법」 제18조에 따라 무료직업소개사업을 하는 비영리법인 또는 공익단체로서 필요한 전문인력과 시설을 갖춘 단체 중에서 지정한다. ③ 중견전문인력 고용지원센터는 다음 각 호의 사업을 한다. 1. 중견전문인력의 구인 · 구직 등록, 직업상담 및 취업알선 2. 중견전문인력의 중소기업에 대한 경영자문 및 자원봉사활동 등의 지원 3. 그 밖에 중견전문인력의 취업에 필요한 사업으로서 대통령령으로 정하는 사업

출처: 법제처 국가법령정보센터 사이트(www.law.go.kr).

이 법 제2장에서는 정부의 고령자 취업지원에 관한 사항을 제시하여 구인 · 구직 정보 수집, 고령자에 대한 직업능력 개발훈련, 고령자의 취업알선 기능 강화, 고령자 고용정보센터의 운영, 고령자인재은행의 지정, 중견전문인력 고용지원센터의 지정 등에 관한 제도적 근거를 마련하고 있다.

또한 이 법 제3장에서는 고령자의 고용촉진 및 고용안정에 관한 사항을 제시하여 사업주의 고령자 고용 노력 의무, 고용자 고용촉진을 위한 세제지원, 우선고용직종의 선정, 우선고용직종의 고용 등에 관한 제도적 근거를 마련하고 있다.

제4장에서는 정년에 관한 사항을 제시하여 정년연장에 따른 임금체계 개편, 정년퇴직자의 재고용, 퇴직예정자 등에 대한 취업지원서비스 지원 등에 관한 제도적 근거를 마련하고 있다.

〈표 11-6〉「고용상 연령차별금지 및 고령자고용촉진에 관한 법률」 중 고령자 고용촉진 및 고용안정에 관한 사항

조항	내용
제12조 (사업주의 고령자 고용 노력의무)	대통령령으로 정하는 수 이상의 근로자를 사용하는 사업주는 기준고용률 이상의 고령자를 고용하도록 노력하여야 한다.
제13조 (사업주의 고령자 고용현황의 제출 등)	① 제12조에 따른 사업주는 고용노동부령으로 정하는 바에 따라 매년 고령자 고용현황을 고용노동부장관에게 제출하여야 한다. ② 고용노동부장관은 제12조에 따른 사업주로서 상시 고용하는 고령자의 비율이 기준고용률에 미달하는 사업주에 대하여 고령자의 고용촉진 및 안정을 위하여 필요한 조치의 시행을 권고할 수 있다. ③ 고용노동부장관은 제2항의 권고에 따른 조치를 시행하는 사업주에게 상담, 자문, 그 밖에 필요한 협조와 지원을 할 수 있다.
제14조 (고령자 고용촉진을 위한 세제지원 등)	① 사업주가 제12조에 따른 기준고용률을 초과하여 고령자를 추가로 고용하는 경우에는「조세특례제한법」으로 정하는 바에 따라 조세를 감면한다. ② 고용노동부장관은 예산의 범위에서 다음 각 호의 구분에 따른 고용 지원금을 지급할 수 있다. 1. 고령자를 새로 고용하거나 다수의 고령자를 고용한 사업주 또는 고령자의 고용안정을 위하여 필요한 조치를 취한 사업주에게 일정 기간 지급하는 고용 지원금 2. 사업주가 근로자 대표의 동의를 받아 일정 연령 이상까지 고용을 보장하는 조건으로 일정 연령, 근속시점 또는 임금액을 기준으로 임금을 감액하는 제도를 시행하는 경우에 그 제도의 적용을 받는 근로자에게 일정 기간 지급하는 고용 지원금. 이 경우 "근로자대표"란 근로자의 과반수로 조직된 노동조합이 있는 경우에는 그 노동조합의 대표자를 말하며, 해당 노동조합이 없는 경우에는 근로자의 과반수를 대표하는 자를 말한다. 3. 고령자와 준고령자의 고용안정 및 취업의 촉진 등을 목적으로 임금체계 개편, 직무 재설계(고령자나 준고령자에게 적합한 직무를 개발하고 설계하는 것을 말한다) 등에 관하여 전문기관의 진단을 받는 사업주에게 지원하는 고용 지원금
제15조 (우선고용직종의 선정 등)	① 고용노동부장관은 고용정책심의회의 심의를 거쳐 고령자와 준고령자를 고용하기에 적합한 직종(이하 "우선고용직종"이라 한다)을 선정하고, 선정된 우선고용직종을 고시하여야 한다. ② 고용노동부장관은 우선고용직종의 개발 등 고령자와 준고령자의 고용촉진에 필요한 사항에 대하여 조사 · 연구하고 관련 자료를 정리 · 배포하여야 한다.

조항	내용
제16조 (우선고용직종의 고용)	① 국가 및 지방자치단체, 「공공기관의 운영에 관한 법률」 제4조에 따라 공공기관으로 지정받은 기관의 장은 그 기관의 우선고용직종에 대통령령으로 정하는 바에 따라서 고령자와 준고령자를 우선적으로 고용하여야 한다. ② 제1항에서 규정한 자 외의 사업주는 우선고용직종에 고령자와 준고령자를 우선적으로 고용하도록 노력하여야 한다.

출처: 법제처 국가법령정보센터 사이트(www.law.go.kr).

〈표 11-7〉 「고용상 연령차별금지 및 고령자고용촉진에 관한 법률」 중 정년에 관한 사항

조항	내용
제19조 (정년)	① 사업주는 근로자의 정년을 60세 이상으로 정하여야 한다. ② 사업주가 제1항에도 불구하고 근로자의 정년을 60세 미만으로 정한 경우에는 정년을 60세로 정한 것으로 본다.
제19조의2 (정년연장에 따른 임금체계 개편 등)	① 제19조 제1항에 따라 정년을 연장하는 사업 또는 사업장의 사업주와 근로자의 과반수로 조직된 노동조합(근로자의 과반수로 조직된 노동조합이 없는 경우에는 근로자의 과반수를 대표하는 자를 말한다)은 그 사업 또는 사업장의 여건에 따라 임금체계 개편 등 필요한 조치를 하여야 한다. ② 고용노동부장관은 제1항에 따라 필요한 조치를 한 사업 또는 사업장의 사업주나 근로자에게 대통령령으로 정하는 바에 따라 고용지원금 등 필요한 지원을 할 수 있다. ③ 고용노동부장관은 정년을 60세 이상으로 연장하는 사업 또는 사업장의 사업주 또는 근로자에게 대통령령으로 정하는 바에 따라 임금체계 개편 등을 위한 컨설팅 등 필요한 지원을 할 수 있다.
제20조 (정년제도 운영 현황의 제출 등)	① 대통령령으로 정하는 수 이상의 근로자를 사용하는 사업주는 고용노동부령으로 정하는 바에 따라 매년 정년 제도의 운영 현황을 고용노동부장관에게 제출하여야 한다. ② 고용노동부장관은 제1항에 따른 사업주로서 정년을 현저히 낮게 정한 사업주에게 정년의 연장을 권고할 수 있다.
제21조 (정년퇴직자의 재고용)	① 사업주는 정년에 도달한 사람이 그 사업장에 다시 취업하기를 희망할 때 그 직무수행 능력에 맞는 직종에 재고용하도록 노력하여야 한다. ② 사업주는 고령자인 정년퇴직자를 재고용할 때 당사자 간의 합의에 의하여 「근로기준법」 제34조에 따른 퇴직금과 같은 법 제60조에 따른 연차유급(年次有給) 휴가일수 계산을 위한 계속근로기간을 산정할 때 종전의 근로기간을 제외할 수 있으며 임금의 결정을 종전과 달리할 수 있다.
제21조의2 (정년퇴직자의 재고용 지원)	고용노동부장관은 제21조에 따라 정년퇴직자를 재고용하거나 그 밖에 정년퇴직자의 고용안정에 필요한 조치를 하는 사업주에게 장려금 지급 등 필요한 지원을 할 수 있다.

조항	내용
제21조의3 (퇴직예정자 등에 대한 재취업지원 서비스 지원)	① 사업주는 정년퇴직 등의 사유로 이직예정인 근로자에게 경력 · 적성 등의 진단 및 향후 진로설계, 취업알선, 재취업 또는 창업에 관한 교육 등 재취업에 필요한 서비스(이하 "재취업지원서비스"라 한다)를 제공하도록 노력하여야 한다. ② 제1항에도 불구하고 대통령령으로 정하는 수 이상의 근로자를 사용하는 사업주는 정년 등 대통령령으로 정하는 비자발적인 사유로 이직예정인 준고령자 및 고령자에게 재취업지원서비스를 제공하여야 한다. ③ 사업주는 재취업지원서비스를 대통령령으로 정하는 바에 따라 다음 각 호의 어느 하나에 해당하는 단체 또는 기관에 위탁하여 실시할 수 있다. 1. 「직업안정법」 제18조에 따라 무료직업소개사업을 하는 비영리법인이나 공익단체 2. 「직업안정법」 제19조에 따라 유료직업소개사업을 하는 법인 3. 「국민 평생 직업능력 개발법」 제16조 제1항에 따라 직업능력개발훈련을 위탁받을 수 있는 대상이 되는 기관 ④ 고용노동부장관은 사업주가 소속 근로자에게 재취업지원서비스를 제공하는 경우에 예산의 범위에서 필요한 지원을 할 수 있다. ⑤ 제1항 및 제2항에 따른 재취업지원서비스의 대상, 내용 및 방법 등에 필요한 사항은 대통령령으로 정한다.
제22조 (정년 연장에 대한 지원)	고용노동부장관은 정년 연장에 따른 사업체의 인사와 임금 등에 대하여 상담, 자문, 그 밖에 필요한 협조와 지원을 하여야 한다.

출처: 법제처 국가법령정보센터 사이트(www.law.go.kr).

이 법에 따라 운영되고 있는 고령자 및 준고령자 대상의 취업지원기관은 고령자인재은행, 중견전문인력 고용지원센터(중장년내일센터) 등이 있다. 이 중 중견전문인력 고용지원센터는 40세 이상 재직자 · 퇴직(예정)자 및 사업주에게 생애경력설계, 전직 스쿨, 재도약 프로그램 및 채용 수요 기반의 특화 서비스 등의 종합 고용서비스를 제공하여 중장년의 원활한 이 · 전직을 지원하기 위해 운영하는 사업이다. 고용노동부가 일정한 경력 및 필요한 전문인력 · 시설을 갖춘 단체를 중견전문인력 고용지원센터로 지정하여 운영하고 있으며, 2023년부터는 설치기관 명칭을 '중장년내일센터'로 변경하여 운영 중이다.

은퇴상담 내담자들 중 경력 재설계, 이 · 전직, 구직역량 향상 등의 도움을 필요로 하는 내담자들이 있다면 중견전문인력 고용지원센터의 프로그램을 안내하여 이용할 수 있도록 지원하는 것이 필요할 것이다.

〈표 11-8〉 중견전문인력 고용지원센터(중장년내일센터)의 주요 사업 수행 내용

구분	내용
생애경력설계 프로그램	참여자의 연령, 취업 여부, 종사업종 등을 고려하여 직업역량, 가치관 분석을 통한 미래 경력대안 탐색 등(6시간 이상) • (구직자) 일 개념의 확장(취 · 창업, 귀농 · 귀촌, 사회공헌 등)을 통해 인생 후반기 경력 설계 지원 • (재직자) 연령별(4 · 5 · 60대), 직종별(사무 · 생산 · 서비스직)로 주된 일자리에서 고용안정을 위한 역량개발, 미래 경력 준비, 일과 삶의 균형을 통한 미래 설계 등 지원
전직스쿨 프로그램	퇴직(예정)자 등의 실직 불안감 해소 및 전직에 대한 자신감을 고취하여 새로운 진로 탐색 및 원활한 이 · 전직 지원(4시간 이상)
재도약 프로그램	재취업에 필요한 구직기술 등을 습득할 수 있도록 구직역량 향상 프로그램 제공(20시간 이상)
특화 서비스	지역별 중점산업의 중장년 구인 수요를 발굴하여, 산업군별 인력 수요를 기반으로 직업정보 제공, 직무교육(필요시 교육훈련기관 연계), 동행면접 · 구인구직만남의 날 등 해당 산업(기업)에 필요한 채용지원서비스 지원

출처: 고용노동부(2025. 4. 7.).

(4) 「평생교육법」과 평생교육 제도

「평생교육법」은 모든 국민이 평생에 걸쳐 학습하고 교육받을 수 있는 권리를 보장함으로써 모든 국민의 삶의 질 향상 및 행복 추구에 이바지하는 것을 목적으로 하는 법으로서, 1983년에 「사회교육법」으로 제정된 후 여러 차례의 타법 개정과 전부 및 일부 개정을 거쳐 현재의 법률로 발전하였다. 소관 부처는 교육부이다.

이 법에서 말하는 '평생교육'이란 학교의 정규교육과정을 제외한 학력보완교육, 성인 문해교육, 직업능력 향상교육, 성인 진로개발역량 향상교육, 인문교양교육, 문화예술교육, 시민참여교육 등을 포함하는 모든 형태의 조직적인 교육활동을 뜻한다.

「평생교육법」은 평생학습도시의 지정, 평생교육이용권의 발급 및 사용, 국가평생교육진흥원의 설립, 노인평생교육시설 설치, 시 · 군 · 구 평생학습관 등의 설치 · 운영 등에 관한 제도적 근거를 마련하고 있다.

〈표 11-9〉 「평생교육법」 중 평생교육진흥기본계획에 관한 사항

조항	내용
제15조 (평생학습도시)	① 국가는 지역사회의 평생교육 활성화를 위하여 특별자치시, 시(「제주특별자치도 설치 및 국제자유도시 조성을 위한 특별법」 제10조 제2항에 따른 행정시를 포함한다. 이하 이 조 및 제15조의2에서 같다) · 군 및 자치구를 대상으로 평생학습도시를 지정 및 지원할 수 있다. 이 경우 이미 지정된 평생학습도시에 대하여 평가를 거쳐 재지정 여부를 결정할 수 있다. ② 제1항에 따른 평생학습도시 간의 연계 · 협력 및 정보교류의 증진을 위하여 전국평생학습도시협의회를 둘 수 있다. ③ 제2항에 따른 전국평생학습도시협의회의 구성 · 운영에 필요한 사항은 대통령령으로 정한다. ④ 제1항에 따른 평생학습도시의 지정, 지원 및 평가 등에 필요한 사항은 교육부장관이 정한다.
제16조의2 (평생교육이용권의 발급 등)	① 국가 및 지방자치단체는 모든 국민에게 평생교육의 기회를 제공할 수 있도록 신청을 받아 평생교육이용권을 발급할 수 있다. ② 교육부장관은 평생교육소외계층에게 우선적으로 평생교육이용권을 발급할 수 있도록 대통령령으로 신청자의 요건을 정할 수 있다. ③ 국가 및 지방자치단체는 평생교육이용권의 수급자 선정 및 수급자격 유지에 관한 사항을 확인하기 위하여 가족관계 증명 · 국세 및 지방세 등에 관한 자료 등 대통령령으로 정하는 자료의 제공을 당사자의 동의를 받아 관계 중앙행정기관의 장 또는 지방자치단체의 장에게 요청할 수 있다. 이 경우 요청을 받은 자는 특별한 사유가 없으면 이에 따라야 한다. ④ 국가 및 지방자치단체는 제3항에 따른 자료의 확인을 위하여 「사회보장기본법」 제37조에 따른 사회보장정보시스템을 연계하여 사용할 수 있다. ⑤ 지방자치단체는 평생교육이용권의 발급, 정보시스템의 구축 · 운영 등 평생교육이용권 업무의 효율적 수행을 위하여 대통령령으로 정하는 바에 따라 전담기관을 지정할 수 있다. ⑥ 그 밖에 평생교육이용권 발급에 필요한 사항은 대통령령으로 정한다.
제16조의3 (평생교육이용권의 사용 등)	① 평생교육이용권을 발급받은 사람(이하 이 조에서 "이용자"라 한다)은 평생교육프로그램을 제공하는 자에게 평생교육이용권을 제시하고 평생교육을 제공받을 수 있다.
제19조 (국가평생교육진흥원)	① 국가는 평생교육진흥과 관련된 업무를 지원하기 위하여 국가평생교육진흥원(이하 "진흥원"이라 한다)을 설립한다. ④ 진흥원은 다음 각 호의 업무를 수행한다. 1. 평생교육진흥을 위한 지원 및 조사 업무 2. 진흥위원회가 심의하는 기본계획 수립의 지원 2의2. 평생교육진흥정책의 개발 · 발전을 위하여 필요한 연구 3. 평생교육프로그램 개발(온라인 기반의 평생교육프로그램의 개발을 포함한다)의 지원

조항	내용
제19조 (국가평생교육 진흥원)	4. 제24조에 따른 평생교육사를 포함한 평생교육 종사자의 양성 · 연수 5. 국내외 평생교육기관 · 단체 간 연계 및 협력체제의 구축 6. 제20조에 따른 시 · 도평생교육진흥원에 대한 지원 및 시 · 도평생교육진흥원과의 협력 8. 「학점인정 등에 관한 법률」 및 「독학에 의한 학위취득에 관한 법률」에 따른 학점 또는 학력인정에 관한 사항 9. 제23조에 따른 학습계좌의 통합 관리 · 운영 10. 문해교육의 관리 · 운영에 관한 사항 11. 정보화 및 온라인 기반 관련 평생교육의 관리 · 운영에 관한 사항 12. 이 법 또는 다른 법령에 따라 위탁받은 업무 13. 그 밖에 진흥원의 목적수행을 위하여 필요한 사업
제20조의3 (노인평생교육시설 설치 등)	① 국가 · 지방자치단체 및 시 · 도교육감은 관할 구역 안의 노인을 대상으로 평생교육프로그램 운영과 평생교육 기회를 제공하기 위하여 노인평생교육시설을 설치 또는 지정 · 운영할 수 있다. ② 평생교육기관은 노인의 평생교육 기회의 확대를 위하여 별도의 노인 평생교육과정을 설치 · 운영할 수 있다. ③ 지방자치단체는 노인평생교육시설의 운영에 필요한 경비를 예산의 범위에서 지원할 수 있다.
제21조 (시 · 군 · 구 평생학습관 등의 설치 · 운영 등)	① 시 · 도교육감 및 시장 · 군수 · 자치구의 구청장은 관할 구역 안의 주민을 대상으로 평생교육프로그램 운영과 평생교육 기회를 제공하기 위하여 평생학습관을 설치 또는 지정 · 운영하여야 한다. ② 시 · 도교육감 및 시장 · 군수 · 자치구의 구청장은 평생학습관에 대한 재정적 지원 등 해당 지방자치단체의 평생교육을 진흥하기 위하여 필요한 사업을 실시할 수 있다. ③ 평생학습관은 다음 각 호의 사업을 수행한다. 1. 평생교육프로그램의 개발 · 운영 1의2. 장애인 대상 평생교육프로그램의 개발 · 운영 2. 평생교육 상담 3. 평생교육 종사자에 대한 교육 · 훈련 4. 평생교육 관련 정보의 수집 · 제공 5. 제21조의3에 따른 읍 · 면 · 동 평생학습센터에 대한 운영 지원 및 관리 6. 그 밖에 평생교육 진흥을 위하여 필요하다고 인정되는 사업

출처: 법제처 국가법령정보센터 사이트(www.law.go.kr).

「평생교육법」을 근거로 현재 여러 지방자치단체가 평생학습도시로 지정받아 관련 사업을 수행하고 있다. 지역 내 평생학습동아리 구성, 평생교육이용권 지원 사업 등을 추진하고 있으므로 은퇴상담 내담자들 중 학습에 대한 요구를 가지고 있는 내담자들이 적극적으로 이용할 수 있도록 안내해야 한다.

2) 정부 및 지자체의 은퇴자 지원 관련 정책

앞에서 살펴본 법령을 토대로 우리나라 정부 및 지방자치단체에서는 은퇴자 지원과 관련한 각종 정책을 펼쳐내고 있다. 은퇴자 지원을 위한 정책은 재무, 주거, 대인관계, 학습 및 자기개발, 취업 및 경력 개발, 사회참여와 봉사 등 은퇴자의 삶과 관련된 여러 영역에 걸쳐 개발, 시행되고 있으나 여기서는 은퇴자의 취업 및 경력 개발과 관련한 정책을 중심으로 살펴보겠다.

(1) 기업 재취업지원 서비스

정부는 급속한 고령화에 대비하여 노동시장에서 오랫동안 활동할 수 있는 제도적 기반을 조성하기 위하여「고령자고용법」개정('19. 4. 30.)을 통해 근로자 수 1,000명 이상 기업은 50세 이상 퇴직예정자에게 재취업지원서비스를 의무 제공하도록 하였다.

[참고] 「고령자고용법」제21조의3(퇴직예정자 등에 대한 재취업지원서비스 지원)에 근거하여 사업주는 정년퇴직 등의 사유로 이직예정인 근로자에게 경력 · 적성 등의 진단 및 향후 진로설계, 취업알선, 재취업 또는 창업에 관한 교육 등 재취업에 필요한 서비스(이하 "재취업지원서비스"라 한다)를 제공하도록 노력하여야 한다.

초고령화 사회에 대비하여 중장년들이 원활히 노동이동을 이행할 수 있도록 퇴직 전부터 진로 설계, 취 · 창업 교육 등 서비스를 제공하는 것은 매우 중요하므로, 고용보험 피보험자가 1,000명 이상인 사업장에서 1년 이상 재직한 50세 이상 근로자 중 비자발적 사유로 이직한 근로자를 대상으로 재취업지원 서비스를 제공하도록 한 것이다. 이직예정일 직전 3년 이내인 근로자 중, 경영상 이유로 퇴직한 근로자 중 이직 전 1년, 이직 후 6개월 이내에 생애설계 등 진로설계, 직업훈련, 취업알선 서비스 등을 제공받을 수 있으므로 은퇴상담 내담자 중 이 조건을 충족하는 내담자가 있을 경우 관련 내용을 안내하여 지원을 받을 수 있도록 도울 필요가 있다.

(2) 폴리텍 신중년 특화과정

폴리텍 신중년 특화과정은 고령사회 진입에 따른 생산 가능 인구 급감 및 디지털 전환 등 산업 변화에 대응하기 위해서는 공공직업훈련의 보다 적극적인 역할이 필요하다는 문제의식에서 비롯하여 마련된 직업기술 교육과정으로서, 중장년층을 대상으로 신중년 적합 직종 맞춤 기술교육을 통해 지속적인 능력개발 및 취업을 지원하는 것을 목표로 운영된다.

만 40세 이상의 미취업자 · 영세자영업자 등을 대상으로 하며, 자율주행자동차, 전기공사 등 신중년 특화 직종을 중심으로 6개월 과정이나 단기 모듈식 과정으로 운영한다. 모집 과정과 과정별 인원 확정은 한국폴리텍대학 학교법인에서 담당하며, 이후 교육생 모집, 교육훈련 프로그램 실시, 취업지원 등 사후관리는 한국폴리텍대학 전국 캠퍼스에서 담당하고 있다.

은퇴상담 내담자 중 직업훈련을 통해 기술을 습득하고 관련 분야로의 취업을 희망하는 내담자가 있다면 한국폴리텍대학 사이트를 통해 교육과정을 운영하는 캠퍼스 정보를 탐색하여 이용할 수 있도록 지원하는 것이 필요하다.

〈표 11-10〉 폴리텍 신중년 특화과정 직종 및 교육 내용(예시)

직종	교육 내용	취업 분야	관련 자격증
산업안전 과정	• 일반 산업안전 • 기계 안전 및 전기 안전 • 화학 안전 및 건설 안전	산업현장 안전관리자, 건설현장 안전감독, 제조업 안전보건 담당자	산업안전산업기사
산업설비 + 전기설비 과정	• 에너지 설비 유지보수 • 에너지 효율 관리 • 배관공사	건물 및 산업설비 유지보수, 에너지 설비 운용, 전기설비 점검/관리	에너지관리기능사, 전기기능사
ICT 기술영업	• ICT 테크니컬 마케팅 • 스마트 ICT 활용 전략	기술영업, 마케팅 기획, IT 서비스 홍보/영업	SMAT(서비스 경영자격), 네트워크관리사
PLC와 자동화설비	• PLC 시스템 제어 • PLC 자동화 설비 제어	생산자동화 시스템 유지 보수, 설비 엔지니어, 스마트 팩토리 운영관리	자동화설비기능사, 설비보전기능사
PLC제어 (주말)	• PLC 기초 및 응용	생산설비 제어, 자동화 설비 운용, 제어시스템 기술자	자동화설비기능사

출처: 한국폴리텍대학 서울정수캠퍼스 사이트(www.kopo.ac.kr/jungsu/content.do?menu=8437).

(3) 중장년 경력지원제

고용노동부는 주된 일자리에서 퇴직하고 경력 전환을 희망하는 중장년에게 일경험 기회를 제공하기 위해 2025년 3월부터 '중장년 경력지원제' 사업을 운영하고 있다. 이 제도는 주된 업무에서 퇴직한 중장년이 경력 전환에 도움이 되는 일경험을 통해 취업가능성을 높이도록 도와주는 취업지원 프로그램으로서, 퇴직 후 경력 전환을 희망하는 만 50세 이상의 중장년을 대상으로 1~3개월간 일경험 참여기업에서 직무교육과 현장직무를 수행할 수 있는 기회를 제공한다.

참여기업은 고용보험 피보험자 수가 10명 이상인 기업(기술 · 경영 혁신형 중소기업 등은 5인 이상 기업도 가능)으로서, 전기, 소방 · 시설, 산업안전, 사회복지사, 직업상담사 등 단순 직무를 제외한 숙련이 필요한 분야를 대상으로 한다. 참여자는 일경험 참여기업에서 소양 및 마인드셋, 디지털, 직무심화교육 등의 직무교육에 참여할 수 있으며, 전문컨설턴트를 통한 멘토링도 받을 수 있다. 참여자와 참여기업에게 참여수당과 운영수당을 지급하므로 퇴직 전 주된 일자리와는 다른 분야로의 경력 전환을 희망하는 은퇴(예정)자에게 이 제도를 안내하여 경력 전환에 도움을 받을 수 있도록 지원하는 것이 필요하다.

〈표 11-11〉 중장년 경력지원제 사업 주요 내용

구분	참여자	참여기업
지원 대상	퇴직 후 경력 전환을 희망하는 만 50세 이상 중장년* * ① 자격취득 또는 훈련 이수 ② 국취 IAP 수립 후 자격취득 또는 훈련 이수	고용보험 피보험자 수 10인 이상 기업 (단, 기술 · 경영혁신형 중소기업 등은 5인 이상 가능)
지원 내용	1~3개월간 직무교육과 현장직무 수행기회 제공 참여수당 월 최대 150만 원 지원	프로그램 운영지원금 1인당 월 최대 40만 원 지원
프로그램	① 1~3개월간 실무 수행: 전기, 소방 · 시설, 산업안전, 사회복지사, 직업상담사 등(단순직무 제외) ② 직무교육: 소양 · 마인드셋, 디지털, 직무심화교육 등 ③ 멘토링: 전문컨설턴트의 밀착상담, 취업지원	

출처: 고용노동부 홈페이지(www.moel.go.kr/local/seoul/news/notice/noticeView.do?bbs_seq=20250300905).

2 은퇴자 지원 기관 및 사이트

1) 은퇴자 지원 기관

은퇴자 지원을 위한 기관은 국가의 법령을 기반으로 특수한 목적으로 가지고 운영되는 기관과 고령자 또는 은퇴자의 권익 보호 등을 위해 민간에서 자생적으로 운영하는 기관 등으로 구분할 수 있으며 관련 기관은 다양하다.

이러한 기관들은 은퇴자 지원을 위해 노후준비 지원, 고용 및 재취업 지원, 평생 학습 지원 등 각 기관의 설립 목적과 역할에 맞는 연구와 사업을 추진하고 있으므로 은퇴상담자는 이러한 기관의 동향을 꾸준히 살펴 은퇴상담 과정에서 만나는 내담자를 지원할 수 있는 최신의 정보를 보유하는 것이 필요할 것이다.

〈표 11-12〉 은퇴자 지원 관련 기관 목록

구분	기관명	주요 역할 및 기능
은퇴자 및 노인 권익 보호 및 관련 연구 · 사업 수행	한국노인인력개발원	• 「노인 일자리 및 사회활동 지원에 관한 법률」에 근거하여 운영 • 노인 일자리 종합계획 수립 등의 관련 연구 수행 • 노인 일자리 및 사회활동 지원 사업 수행
	대한은퇴자협회	• 한국 사회의 장년문화 및 은퇴문화를 소개하고 정착시키는 데 역점을 둔 비영리국제단체 • 노인의 권익활동을 통한 제도 개선, 범사회적 캠페인 활동, 국내외 기구 연계 활동 등 수행
노후준비 지원	중앙노후준비지원센터	• 「노후준비 지원법」에 따라 국민연금공단에서 운영하는 기관 • 국민 모두가 체계적으로 노후를 준비할 수 있도록 재무, 건강, 여가, 대인관계 영역에 대한 진단, 상담, 교육, 관계기관 연계, 사후관리 서비스 등 제공
중장년 고용 및 재취업 지원	서울시50플러스재단	• 서울시 출연기관으로서, 서울시 중장년 세대의 경력설계, 직업교육, 취 · 창업 등 일자리 지원 • 서울시 중장년 일자리박람회, 중장년경력인재지원 등 일자리지원사업, 직업역량강화교육 등
	중견전문인력 고용지원센터 (중장년내일센터)	• 「고용상 연령차별금지 및 고령자고용촉진에 관한 법률」에 따라 운영되는 기관 • 고용노동부에서 사업수행 기관을 선정하여 운영 • 중장년층에게 생애경력설계 프로그램, 재취업 및 전직지원서비스 등을 제공
	노사발전재단	• 노동단체와 사용자단체가 고용노동부 장관의 허가를 받아 공동으로 설립한 기관 • 중장년고용과 관련하여 중장년근로자 지원, 중장년 고용사업주 지원, 중장년 경력지원제, 재취업지원서비스 기업 담당자 역량가화 지원 등의 사업 수행
평생학습 지원	국가평생교육진흥원	• 「평생교육법」에 근거하여 국민의 평생교육을 활성화하기 위해 설립된 기관 • 평생교육바우처제도, 온국민평생배움터, 학점은행제 사업 등을 통해 전 국민의 평생학습을 지원

2) 은퇴자 지원 사이트

은퇴자 지원을 위한 영역은 생애설계, 취업지원, 평생교육, 의료 건강 등 매우 다양하다. 국가기관이나 공공기관에서 운영하는 사이트 중 은퇴자 지원을 위해 핵심적으로 알고 있어야 할 사이트를 10가지 항목으로 구분하여 제시하였으므로 은퇴상담자는 해당 사이트를 숙지하고 관련 정보를 수시로 확인해 봄으로써 은퇴상담 내담자에게 필요한 정보와 서비스를 제공해야 할 것이다.

〈표 11-13〉 은퇴자 지원 영역별 관련 사이트 목록

구분	사이트명	사이트 주소
생애설계	중앙노후준비지원센터	csa.nps.or.kr
공적 연금 및 보험	국민연금공단 공무원연금공단 국민건강보험	www.nps.or.kr www.geps.or.kr www.nhis.or.kr
취업지원	고용24 지방공공기관 통합채용정보공개시스템 공공기관 채용정보시스템 인사혁신처 나라일터 서울시 일자리포털 서울시50플러스포털 경기도일자리재단	www.work24.go.kr job.cleaneye.go.kr job.alio.go.kr www.gojobs.go.kr job.seoul.go.kr www.50plus.or.kr www.gjf.or.kr
자격증	국가기술자격 큐넷 민간자격정보서비스	www.q-net.or.kr www.pqi.or.kr
직업훈련	한국산업인력공단 한국폴리텍대학	www.hrdkorea.or.kr www.kopo.ac.kr
평생교육	온국민평생배움터 평생교육이용권	www.all.go.kr www.lllcard.kr
귀농 · 귀촌	귀어귀촌종합센터 농사로(농촌진흥청 농업기술포털)	www.sealife.go.kr www.nongsaro.go.kr
창업	창업진흥원 중소벤처24 기업마당	www.kised.or.kr www.smes.go.kr www.bizinfo.go.kr
자원봉사	1365 자원봉사포털	www.1365.go.kr
의료 건강	가족센터 국민정신건강정보포털	www.familynet.or.kr www.mentalhealth.go.kr

* 은퇴자 지원을 위한 더 많은 사이트 정보는 부록에서 확인할 수 있다.

3) 은퇴자 지원 기관 및 사이트 활용 사례

(1) 국민연금공단 노후준비지원센터의 노후준비서비스 활용 사례

국민연금공단은 「노후준비 지원법」을 근거로 노후준비지원센터를 운영하고 있으며, 각 지사를 통해 노후준비를 필요로 하는 국민에게 노후준비 진단 및 상담, 교육 서비스 등을 제공하고 있다. 가까운 지역노후준비지원센터(국민연금 지사, 국번없이 1355번)에 문의하여 노후준비 종합 진단 서비스를 신청하고 이에 따른 맞춤형 상담과 교육, 관계기관 연계 서비스 및 사후관리 서비스를 이용할 수 있다.

진단서비스
'노후준비 종합진단지' 작성(37개 문항)을 통해 개인의 노후준비상태를 종합적으로 진단받을 수 있습니다.

상담서비스
노후준비에 대한 취약점 보완을 위해 재무영역과 비재무영역(건강, 여가, 대인관계)의 맞춤형 상담을 제공받을 수 있습니다.

교육서비스
국민연금공단의 노후준비 전문강사들이 제공하는 재무, 건강, 여가, 대인관계 등의 주제별 맞춤형 강의를 통해 노후준비에 관한 다양한 정보를 얻을 수 있습니다.

관계기관 연계 서비스
노후준비를 위해 타 기관에서 제공 중인 서비스의 이용이나 심층상담이 필요한 경우 해당기관으로 바로 연계하는 편리한 One-stop 서비스입니다.

사후관리서비스
상담 시 내가 계획한 실천사항의 준수 여부를 주기적으로 점검해 주므로 꾸준한 노후준비가 가능하고, 필요시 추가 상담과 정보도 제공받을 수 있습니다.

[그림 11-2] 국면연금공단 노후준비서비스 이용 절차

출처: 국민연금공단 중앙노후준비지원센터 사이트(csa.nps.or.kr/ohkb/gdnc/UHKB0301M0.do).

다음은 국민연금공단 중앙노후준비지원센터 사이트에서 소개하고 있는 50대 은퇴 예정자의 노후준비서비스 활용 사례이다. 노후준비자금 마련을 위해 서비스를 이용한 사례로서, 이 상담사례의 내용을 참고하여 은퇴상담 내담자와의 상담 시 해당 서비스를 안내하고 이용하도록 지원하는 것이 필요하다.

50대 남성 은퇴 예정자의 노후준비서비스 활용 사례

상담 전 고객상황

- 51세 은퇴 예정자(남성, 미혼), 2인 가구[본인, 어머니(요양병원 입원)]
- 은퇴 시기 고민으로 2021~2023년 세 차례 노후준비 전문 진단 상담 및 종합 재무설계
- 직장생활 스트레스로 건강에 위협을 느껴 조기 은퇴 희망
- 2023년 12월 은퇴 시점 확정. 은퇴를 앞두고 노후준비 4대 영역 점검 및 구체적인 계획 수립 희망
- 현 자산으로 은퇴 후 생활비 충당 가능한지 구체적 재무설계 희망
- 퇴직연금, 개인연금 운용 방법 및 인출 전략 설계 희망
- 비재무분야 노후준비가 부족하여 은퇴 후 생활에 대해 고민
- 1년차, 2년차 상담 과정을 통해 건강, 여가, 대인관계 보완을 위한 실천 중
  1) 건강: 1주일에 2회 이상 1시간 이상 운동
  2) 여가: 통기타 동호회 가입하여 1주일에 1회 참석
  3) 대인관계: 누나·조카와 보내는 시간 늘리기, 2주에 1회 친구 만나기

〈재무 상황〉

자산		부채
비상예비자금	2,780만 원	없음
저축성자산	7,000만 원	
DC형 퇴직연금	7,300만 원	
개인형 IRP	2,380만 원	
아파트	29,500만 원	

○ 은퇴(2023년 12월)까지 월 수입 810만 원(근로소득+기타소득)
○ 은퇴 후 생활비(월 253만 원) 확보 방안 설계 요청
○ 투자성향: 안정형

4대 영역별 목표

1. 재무

- 조기 은퇴 후 노후 현금흐름 확보(국민연금, 퇴직연금, 개인연금, 주택연금 등): 월 노후 생활비 253만 원, 기대수명 86세
- 의료비 비상자금(본인, 어머니): 8,000만 원(보험 제외)

2. 건강

- 은퇴 후 운동 루틴 만들기(헬스, 수영 등)
- 보장성 보험 가입 내역 점검 및 대비

3. 여가

- 은퇴 후 여가 루틴 만들기(통기타, 블로그, OTT서비스 구독 등)
- 여가활동 정부 지원 프로그램

4. 대인관계

- 가족과 주기적으로 시간 보내기
- 동호회 활동을 통해 마음에 맞는 친구 사귀기

설계 및 실천과제

1. 재무

* 은퇴 후 안정적 현금흐름을 위한 인출 계획의 중요성 안내

○ 비상예비자금 적정 규모, 파킹통장 또는 CMA 계좌 활용 안내 *예금자 보호 한도 안내

○ 노후 생활비 예산 항목별 구체화 안내(지출 점검)

○ 국민연금 늘리기(퇴직 후 임의가입 및 임의계속가입)

퇴직 후 납입 중단 시 예상연금액	월 납입액 (임의+임계)	추가납입액	예상연금액	증가 연금액
1,406,000원	90,000원	14,040,000원	1,607,000원	201,000원

* 지역 건강보험료 부과 기준 개정 사항(22. 9월) 및 기초연금과의 관계 안내

○ DC형 퇴직연금

- 은퇴 시점 8,000만 원 적립
- 55세부터 10년간 연금으로 수령 제안 → 월 70만 원

○ 개인형 IRP

- 연금계좌 절세 혜택 최대화 및 지역 건강보험료 부담 경감을 위해 연간 최대 납입 한도(1,800만 원) 활용 안내하고, 정기예금 만기 시 4년간 연 1,800만 원 납입하여 54세까지 총 9,600만 원 적립 제안
- 55세부터 10년간 연금으로 수령 제안 → 월 85만 원* 수령 시, 연간 수령액 1,200만 원 초과 시 16.5% 분리과세 또는 종합소득세 합산과세됨을 안내(세액공제 받은 납입액, 이자소득)

○ ISA 계좌 특징 및 절세 활용 방안 안내

- 3~5년 단위 운용하며 절세 혜택 활용
- 국민연금 개시 전 부족자금 ISA 계좌에서 순차적으로 인출하여 활용 제안

○ 주택연금

- 62세부터 종신형 수령 시 예상 연금액 안내 → 월 66만 원

○ 보장성 보험 가입내역 점검

- 보험별 납입 만기에 따른 노후 생활비 시기별 조정, 재무설계안에 반영

〈연도별 재무설계안 제공(소득, 지출, 자산, 인출 전략)〉

* 은퇴 후 수익률과 물가상승률 상쇄된다고 가정하는 요청에 따라, 현재 가치로 설계함

2. 건강

- 본인에게 맞는 구체적인 운동계획 수립(요일, 장소, 운동 종류, 운동시간)
- 식생활 평가 진단 후 실천과제 세 가지 설정
- 보장성 건강보험 가입 내역 정리

3. 여가

○ 여가 성향 진단: 취미형 능력개발형

- 여가 성향에 맞는 여가활동 종류 중 은퇴 후 실천할 여가활동 결정
- 연간 여가 계획 수립: 시기 및 여행지(연 2~3회 여행 계획) → 한국관광공사, 지방문화원 안내 여행 지원 프로그램 안내
- 일상 여가 포트폴리오 작성: 요일, 활동명, 시간 등(독서, 학습, 블로그 작성, 요리, OTT 서비스 외 여가활동 다양화 필요성 안내)
- 자원봉사 참고 기관 안내: 자원봉사센터, 아름다운가게
- 국가평생교육진흥원 평생교육 프로그램 안내

4. 대인관계

○ 대인관계 스타일 진단: 개방형

- 교류하는 가족(누나, 조카)과의 친밀한 관계 유지 독려
- 2022년 가입한 통기타 동호회 및 여가생활과 더불어 다양한 동호회 참여 독려
- 서울시50플러스센터 '50+커뮤니티' 활동(일, 학습, 문화, 사회공헌 분야) 소개

상담결과 및 행태변화

○ 이전 노후준비 진단 결과에 비해 4대 영역 진단 점수 총 7.7점 상승(69.2점 → 76.9점)

- 특히 건강(+14.4점), 여가(+8.5점) 영역 크게 개선됨

○ 재무

- 비상예비자금 권장 규모에 맞춰 파킹통장에 예치
- ISA 계좌 개설 후 연 납입 한도(2,000만 원) 납입, 고금리 정기예금 가입

- DC형 퇴직연금 계좌 및 개인형 IRP에 적립 시 보통예금으로만 단순 적립(기존) → 자기 주도적 운용의 필요성 절감하여 고금리 정기예금 상품 가입, 누적 수익률 상승(투자성향: 안정형)(변화)
- 개인형 IRP 계좌 연말정산 세액공제 용도로만 활용(기존) → 노후 현금흐름 확보 및 절세 혜택을 위해 납입액 상향(변화)
- 국민연금에 대한 신뢰 상승하여 퇴직 시 임의가입 및 65세까지 임의계속가입 신청 예정
- 노후 생활비 예산 항목별, 시기별 구체화(보험 납입 만기 반영 등)
- 연도별 현금흐름 설계로 은퇴 후 생활비에 대한 막연한 불안감 해소

출처: 국민연금공단 중앙노후준비지원센터 홈페이지(csa.nps.or.kr/ohkb/dscsngdnc/UHKB0501M0.do).

(2) 국가평생교육진흥원 평생교육이용권(바우처) 활용 사례

교육부와 국가평생교육진흥원은 「평생교육법」을 근거로 평생교육이용권(바우처) 사업을 운영하고 있다. 일반(지역특화형), 디지털형, 노인형으로 구분되며, 1인당 연간 35만 원을 지원한다. 주민등록주소지상의 광역지자체 홈페이지를 통해 평생교육이용권 안내 공고를 확인할 수 있으며, 본인인증 및 자격검증 절차를 걸쳐 신청서를 작성하여 제출하여 이용권을 신청할 수 있다.

다음은 평생교육바우처 홈페이지에서 소개하고 있는 평생교육바우처 이용 수기 공모전에 최우수작으로 당선된 사례이다. 이 사례의 내용을 참고하여 은퇴상담 내담자와의 상담 시 해당 서비스를 안내하고 이용하도록 지원하는 것이 필요하다.

평생교육이용권 활용 사례
- 수기공모전 최우수작 당선 -

나는 간절한 마음으로 2019년 평생교육바우처 이용자 모집에 신청했고, 그 간절함이 하늘에 닿았는지 선정자로 결정되어 35만 원을 지원받았다. 덕분에 학점은행제 기관에서 2학기 수강 예정인 7개 과목을 지원금으로 모두 신청할 수 있었고, 경제적 부담을 많이 덜 수 있게 되었다.

현재 나는 기존에 학점은행제로 전문학사 학위와 사회복지사 2급 자격증을 취득하였고, 사회복지사 1급 시험을 보기 위해서 사회복지 학사학위 과정을 진행 중이다. 그러던 중 평생교육바우처 제도를 알게 되어 학사학위 취득을 위한 과목을 무료로 수강할 수 있는 기회를 갖게 된 것이다.

'평생교육바우처' 지원사업은 나에게 시간과 비용을 많이 줄여 준 고마운 존재이다. 평생교육바우처 제도 덕분에 학위 취득에 필요한 7과목을 경제적 부담 없이 수강할 수 있었고, 이제 사회복지사 1급 시험 응시 자격이 주어져 자격시험 공부를 열심히 하는 중이다.

사실 나는 어렸을 때 소아마비를 앓아서 휠체어에 몸을 의지해야 하는 신체적 불편함이 있다. 그래서 검정고시 제도를 통해 고졸 학력을 갖춘 상태였다. 그러다 늦은 나이에 학점은행제를 알게 되어 사회복지사를 꿈꾸며 2017년부터 공부를 시작하였고, 사회복지사 2급 자격증을 취득한 후 올해부터 학사과정을 시작하게 되었다. 학기마다 들어가는 비용이 부담되기도 했는데, 평생교육바우처라는 제도의 도움을 받아 마침내 이루고 싶은 과정 중 하나를 마무리할 수 있게 되었다.

평생교육바우처 제도의 좋은 점을 실감한 나는 이제 주변 지인들에게 평생교육바우처 제도를 소개해 주며 함께 공부해 나가는 중이다. 어느덧 내가 평생교육바우처 홍보대사가 된 느낌이다. 1년에 35만 원이란 돈이 다른 사람에게는 적은 돈일 수 있겠지만, 경제적 어려움을 겪고 있는 사람들에게 평생교육바우처 제도는 하고 싶은 공부를 중단하지 않고 지속하게 해 주는 고마운 제도이다. 평생교육바우처 제도가 없었다면 학사학위 취득과 사회복지사 1급 자격시험의 꿈은 잠시 미루어야 했을지도 모른다. 앞으로 사회복지사 1급 자격을 취득하고 나면 대학원에 입학해서 사회복지 공부를 더 하고 싶다.

현장에서 어려운 이웃과 함께하는 것도 보람 있는 일이지만 사회복지 학문을 더 연구하며 사회의 변화를 이끄는 일도 보람 있지 않을까 생각한다. 평생교육바우처 제도! 내 꿈의 퍼즐을 맞추어 가는 힘이 되어 준 것에 감사한 마음을 보내며 마무리한다.

출처: 평생교육바우처 홈페이지(vch.lllcard.kr/cop/bbs/selectBoardArticle.do).

참고문헌

고용노동부(2025. 4. 7.). 중장년내일센터(중견전문인력 고용지원센터) 사업 수행기관 선정 공고.

고용노동부 사이트(www.moel.go.kr/local/seoul/news/notice/noticeView.do?bbs_seq=20250300905)

국민연금공단 중앙노후준비지원센터 사이트(csa.nps.or.kr/ohkb/gdnc/UHKB0101M0.do)

법제처 국가법령정보센터 사이트(www.law.go.kr)

보건복지부 사이트(www.mohw.go.kr/menu.es?mid=a10712020100)

평생교육바우처 홈페이지(vch.lllcard.kr/cop/bbs/selectBoardArticle.do)

한국폴리텍대학 서울정수캠퍼스 사이트(www.kopo.ac.kr/jungsu/content.do?menu=8437)

제12장

은퇴상담 프로그램

• 이영란

은퇴상담 프로그램은 은퇴 예정자나 은퇴자를 대상으로 비교적 구조화된 형태로 운영되고 있다. 다른 영역의 상담 프로그램과 달리 은퇴상담 프로그램의 경우 심리적인 영역에 국한되지 않고, 은퇴에 필요한 여러 자원을 체계적으로 조력하는 내용의 서비스를 담고 있다. 오히려 상담보다는 교육 프로그램에 가까운 형식으로 정서적 지원, 재취업 등의 일, 재무, 여가, 건강, 대인관계 등 은퇴 후 준비해야 할 영역별 정보 제공과 필요한 자원을 갖추는 것에 초점을 맞추고 있다. 프로그램의 시행 주체는 정부나 공공기관, 민간기관 등으로 나뉘어 있고, 직업군 특성이나 연령대, 수요자의 요구 수준 등을 반영하여 프로그램을 전체로 혹은 모듈식으로 나누어서 운영하고 있다.

1 은퇴상담 프로그램의 개요

은퇴상담 프로그램은 다양한 명칭으로 활용되어 왔기 때문에 먼저 기존 프로그램 명칭에 대한 분석을 통하여 특성을 이해할 필요가 있다. '은퇴상담'이라는 명칭으로 은퇴와 관련되어 구성된 프로그램은 거의 없다. 오히려 은퇴와 관련해서는 이전부터 '은퇴준비'라는 명칭을 붙어서 통상적으로 활용되고 있다. Glamser(1981)는 은퇴 프로그램들의 주제에 따라 은퇴적응(retirement adjustment), 은퇴계획(retirement planning), 은퇴준비(retirement preparation), 은퇴교육(retirement education), 은퇴 전 상담(preretirement counseling) 프로그램이라 지칭한다고 밝혔다(이예림, 2022).

기존 프로그램 명칭에서 퇴직과 은퇴의 개념을 혼용하여 사용하는 경우가 많고, 사용자에 따라서는 은퇴가 퇴직을 포함하는 광의의 개념으로도 이해할 수 있다(제1장의 '은퇴' 개념 참조). 퇴직/은퇴준비 프로그램, 퇴직/은퇴 전 교육, 퇴직/은퇴 전 상담프로그램 등의 용어를 포괄하는 개념으로 이 장에서는 은퇴준비 프로그램이라는 명칭으로 활용하고자 한다.

이와 더불어 은퇴 전 생활설계나 생애설계 프로그램 또한 은퇴준비 프로그램의 한 형태로 볼 수 있다. 은퇴 전 생활설계나 생애설계 프로그램은 은퇴를 직업생활에서 철수하는 단편적인 사건이 아니라 은퇴 전후로 여러 생활영역에서 변화가 일어나는 복합적인 전이과정으로 보며(홍성희 외, 2006), 은퇴상담 프로그램 방향이 심리적 문제를 포함하여 일, 재정과 건강, 여가, 대인관계 등의 삶의 전반을 다루는 생애설계적 접근을 갈수록 필요로 하고 있다.

2 은퇴상담 프로그램 유형 및 주요 내용

미국 등의 서구선진국에서는 이미 50년 전부터 은퇴와 관련된 여러 프로그램이 운영되고 있으며, 프로그램 운영이 은퇴준비와 은퇴 이후의 삶에 긍정적인 영향을 미친다는 연구결과가 뒷받침되면서 프로그램의 개발과 운영이 더욱 활성화되고 있다. 그간에 이루어진 프로그램을 살펴보면 〈표 12-1〉과 같이 네 가지 유형으로 나누어 설명할 수 있다. 첫 번째 유형은 일반적인 교육적 형태로서 은퇴생활의 어려움에 초점을 맞춰 정보와 자료를 제공하는 것이고, 두 번째 유형은 전문가의 교육이 중심이 되는 형태, 세 번째 유형은 상호작용 및 소통이 중심이

〈표 12-1〉 은퇴준비 프로그램의 유형

연구자(연도) / 프로그램 내용	Manion (1976)	Tiberi et al. (1978)	Giordano & Giordano (1983)
정보가 필요한 실질적인 주제	강의와 자료 중심 대처프로그램	자료 제공 중심 개별지원 모델	일반적 교육 중심 계획모델
	전문가 중심 교육적 프로그램	전문가 교육 중심 설명-교육모델	시청각 교육 중심 성인교육 모델
심리사회적 주제	상호작용 중심 반구조화 프로그램	집단 상호작용 중심 촉진-상호작용모델	참여자 소통 중심 상담모델
	문제해결 중심 통찰적 프로그램	사례 및 토의중심 격려 및 토론모델	과정 중심 인간발달모델

출처: 이예림(2022).

되는 형태, 네 번째 유형은 통찰 및 과정 중심의 형태로 정리할 수 있다(Giordano & Giordano, 1983: 이예림, 2022 재인용).

Cohen-Mansfield과 Regev(2018)는 은퇴준비 프로그램의 내용을 두 가지 영역으로 나누어 설명하였는데, 첫 번째 유형은 정보가 필요한 실질적인 내용이다. 은퇴 이후의 예산과 경제적 자원, 법적인 사안(유언장 및 유산), 건강보험, 연금, 세금과 관련된 주제, 여가활동(자원봉사단체, 공부 등), 거주형태에 관한 정보를 제공하는 것이다. 두 번째 유형은 심리사회적인 주제들의 논의이다. 이러한 주제들은 은퇴에 관한 불안을 극복하고 긍정적인 태도를 개발하여 은퇴자들이 더는 일을 인생의 가장 중요한 역할로 보지 않고 자기가치감과 만족감을 주는 다양한 활동으로 대신할 수 있도록 돕는다(이예림, 2022).

국내의 경우 운영하는 기관마다 프로그램의 성격과 운영 방법에 차이가 있기 때문에 표준화된 프로그램은 없는 실정이다. 그러나 은퇴준비에 필요한 것이 무엇인가를 기준으로 은퇴를 맞이하는 자세와 심리적 안정을 지원하는 내용의 프로그램, 재취업이나 창업 등 일의 영역을 조력할 수 있는 프로그램, 건강이나 여가활동, 대인관계 영역에서 도움을 줄 수 있는 프로그램, 은퇴 자금 마련이나 운용, 기타 은퇴재정 계획과 연결된 프로그램 등 다양하다고 할 수 있다. 허정무(1998)는 구체적인 프로그램의 주요 내용으로 소득대책, 건강관리대책, 고용대책, 여가활용, 법률정보, 주거대책, 심리 · 사회적 대책이라는 일곱 가지를 제시하였다.

이처럼 세부적인 명칭이나 내용은 다를지라도 은퇴 예정자나 은퇴자의 삶의 질과 은퇴 이후의 삶의 적응력을 높이고자 하는 목적은 같으며 핵심은 은퇴자가 자신의 미래에 관하여 잘 인식하고(Abdulkadir et al., 2018) 조력할 수 있도록 돕는다는 관점과 맥락을 같이한다.

3 은퇴상담 프로그램 사례

은퇴상담 프로그램과 관련해서는 정부 주도의 공공부분과 민간부분으로 나누어 설명할 수 있다. 우리나라는 정부 각 부처에서 퇴직지원 서비스를 확대해 나가고 있는데, 퇴직 전, 퇴직 직전 · 직후, 퇴직 후의 단계에 따라 단계별로 교육 및 프로그램을 제공하고 있다. 또한 민간부분에서는 2000년대 초반 대기업을 중심으로 은퇴 관련 준비 프로그램들이 하나둘씩 자체적으로 운영되기 시작하면서 이후 은퇴준비를 도울 수 있는 전문 프로그램 업체들이 생겨나고 기업과 업체 간의 MOU 방식을 통해 기업이 은퇴준비 조력 기관을 활용하고 있다.

1) 정부 및 공공기관 은퇴상담 프로그램

(1) 인사혁신처 및 공무원 연금공단

우리나라는 퇴직(예정)공무원이 은퇴 후 삶을 설계·준비할 수 있도록 돕고 재직 중 쌓은 전문성과 경륜을 활용한 새로운 사회적 기여활동을 할 수 있도록 지원하고 있으며, 퇴직준비 교육(공무원연금공단, 각급 교육훈련기관 등), 전직지원 컨설팅, 퇴직공무원 사회공헌 사업(Know-how+) 등을 통해 조력하고 있다(〈표 12-2〉 참조).

〈표 12-2〉 공무원 퇴직지원제도 및 프로그램

<table>
<tr><th>단계</th><th colspan="2">제도 및
프로그램명</th><th colspan="2">주요 내용</th></tr>
<tr><td rowspan="2">퇴직 전</td><td rowspan="2">퇴직준비
교육</td><td colspan="2">공무원
연금공단</td><td>• 웰에이징 아카데미
- 사회변화 트렌드, 건강관리, 은퇴설계 필요성 등 은퇴준비 기본교육
• 은퇴설계과정
- 일(work)을 주제로 자기탐색, 사고확장, 토론 등을 통한 개인별 계획 수립
• 사회공헌전문과정
- 사회공헌활동에 필요한 전문교육(해외협력, 재능나눔, 전문컨설팅 등)</td></tr>
<tr><td colspan="3">공무원교육기관(중앙, 지방)
※ 대상은 기관별로 상이</td></tr>
<tr><td>퇴직
직전·직후</td><td colspan="3">정년퇴직예정자
퇴직준비 교육
(각 부처 자율운영)
전직지원 컨설팅
(인사혁신처)</td><td>• 20년 이상 근속, 정년퇴직 6개월* 이내인 공무원 대상으로 사회적응능력 배양
* 중앙행정기관이 장이 필요하다고 인정할 경우 정년퇴직 6개월 초과 1년 이내
• 1:1 맞춤형 컨설팅을 통해 재취업, 사회적 기업 등 창업 등 지원</td></tr>
<tr><td rowspan="3">퇴직 후</td><td colspan="3">퇴직공무원 사회공헌사업
(Know-how+)
(인사혁신처)</td><td>• 퇴직공무원의 전문성을 국민안전, 사회통합·행정혁신, 경제 활성화 등 공공분야에 활용</td></tr>
<tr><td rowspan="2">사회참여
활동
지원사업
(공무원
연금공단)</td><td colspan="2">퇴직공무원
인력뱅크</td><td>일자리, 자원봉사, 교육 등 다양한 퇴직 후 정보 및 커뮤니티 서비스 제공(www.geps.or.kr/EXBUI/kgsIndex.html)</td></tr>
<tr><td colspan="2">상록봉사단</td><td>상록봉사단(퇴직공무원의 자생·자율·자발적인 지역사회 밀착형 봉사조직) 활동 지원 및 유관기관과의 협업을 통한 자원봉사 등 참여지원</td></tr>
</table>

단계	제도 및 프로그램명	주요 내용	
퇴직 후	사회참여 활동 지원사업 (공무원 연금공단)	연금아카데미	퇴직 공무원의 평생교육 지원, 퇴직 후 봉사활동 등과 연계
		퇴직공무원 지원센터	상담, 사회참여 활동정보 등 퇴직공무원 대상 맞춤형 서비스 제공(서울, 부산, 대전, 광주, 강원, 대구, 전북, 제주, 경인, 세종 등 10개소)

출처: 인사혁신처 홈페이지(www.mpm.go.kr/mpm/info/retireAnnuity/retireSupport/retireSupport01/).

(2) 중장년내일센터

은퇴 예정자 및 은퇴자 중 구직자를 위해 중장년내일센터는 생애경력설계 프로그램, 전직스쿨 프로그램, 재도약 프로그램 등을 지원하고 있다. 생애경력설계서비스를 통해 장년에 진입하는 40세부터 참여자 연령이나 취업 여부, 종사 업종 등에 따른 생애 과업 이해, 직업 역량, 가치관 분석 등을 통해 미래 경력 대안 탐색 등 체계적인 경력관리를 지원하고 있는데, [그림 12-1], 〈표 12-3〉과 같이 생애경력설계 서비스 내 생애경력설계 프로그램을 운영하고 있다. 고용24 홈페이지(www.work24.go.kr)를 통해 자세한 프로그램 내용을 알 수 있고, 신청 가능하다.

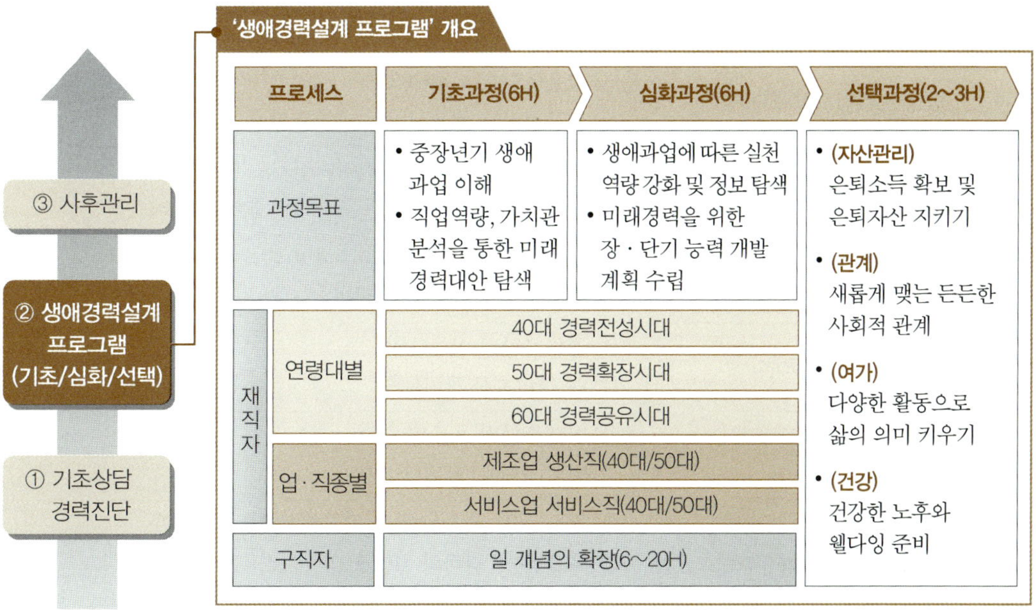

[그림 12-1] 생애경력설계 프로그램 개요

〈표 12-3〉 생애경력설계 프로그램 내용

프로그램		기초과정		심화과정		선택과정
재직자	연령대	3H	3H	3H	3H	2~3H
	40대 경력전성	경력관리	변화관리	평판 및 네트워킹 관리	성과관리	건강, 재무, 여가, 관계 등
	50대 경력확장	나의 생애 조망하기	직업역량 도출하기	경력대안 개발하기	평생경력계획 수립하기	건강, 재무, 여가, 관계 등
	60대 경력공유	능동적인 인생을 위한 숨고르기	삶의 가치 발견하기	삶의 균형 잡기	100세 인생 준비를 위한 뛰어들기	건강, 재무, 여가, 관계 등
구직자		1.5~5H	1.5~6H	1.5~3H	1.5~6H	2~3H
		인생 들여다보기	인생 되돌아보기	제2인생 계획하기	제2인생 실행하기	건강, 재무, 여가, 관계 등

전직스쿨 프로그램은 퇴직(예정)자의 실직 불안감 해소 및 전직에 대한 자신감을 고취하여 새로운 진로 탐색 및 원활한 이 · 전직을 지원하는 프로그램으로 최소 4시간 이상, 10개 모듈 22개 서브 모듈 중 구성반에 맞게 운영하고 있다.

〈표 12-4〉 전직스쿨 프로그램 구성 내용

10개 모듈	서브 모듈(22개)
중장년 취업시장 뽀개기(1)	① 고용동향의 이해(0.5H) ② 노동시장과 채용시장의 변화(1.5H)
고용복지서비스 활용(2)	① 실업급여 제도와 국민취업지원제도 활용(1H) ② 직업훈련제도와 중장년 고용지원제도의 활용(1H)
다양하게 일하기(3)	① 다양하게 일하는 방식의 이해(0.5H) ② 다양하게 일하는 방식 소개(1.5H)
경력자산정리(4)	① 경력자산의 이해(1H) ② 내 경력자산 찾기(1H)
내 일(My job) 아이디어 발견하기(5)	① 인생후반기 프로틴 경력(0.5H) ② 내일을 찾는 방법(1.5H)
경력 대안 탐색하기(6)	① 경력 목표 중요성 및 경력설계의 3요소(0.6H) ② 내게 맞는 최적의 일(0.8H) ③ 경력대안 선택하기(0.6H)

10개 모듈	서브 모듈(22개)
경력 목표 설정 및 실행전략(7)	① 장 · 단기 경력 목표 설정(0.5H) ② 내일 계획서(1H) ③ 목표실행을 위한 정보탐색(0.5H)
변화동기부여(8)	① 나만의 브랜드 만들기(0.8H) ② 라이프 포트폴리오(1.2H)
시간관리(9)	① 시간관리 매트릭스 이해(1H) ② 시간 관리 전략(1H)
성과관리(10)	① 성과에 대한 이해(1H) ② 역량진단 및 개발(1H)

재도약 프로그램은 재취업에 필요한 구직 기술 등을 습득할 수 있도록 구직역량 향상 프로그램을 제공하고 있다. 집체교육으로 이루어지며, 교육시간은 20시간으로 재도약 프로그램 수료 후 전직에 필요한 개별 컨설팅 진행, 취업동아리 연계 등의 활동을 제공하고 있다.

〈표 12-5〉 재도약 프로그램 구성 내용

모듈명	모듈 개요	세부 내용	시간
오리엔테이션	집단 만남의 구조화	프로그램 목적 및 취지 안내	2H
		자기소개 및 친교의 시간	
숨고르기	이전 삶 되돌아보기	이전의 삶 되돌아보고, 퇴직 후 변화관리와 실직충격 완화하기	3H
	성공적인 노후설계	인생설계 및 생애 속 직업의미 확인	
출발선 서기	직업적성흥미검사	직업 적성, 흥미, 가치관 등 검사	4H
	경력 및 이력 분석	구직계획 수립	
도움닫기	진로 설정	진로목표 설정	4H
	취업전략 수립	구직전략 수립	
발구르기	이력서, 자기소개서 작성	이력서, 자기소개서 작성	5H
	면접, 협상스킬	면접 이미지메이킹/면접 전략/실습	
도약하기	취업동아리 구성 및 구직 활동	동아리회장 선출 및 활동계획 공유	1H
착지	평가 및 사후관리	프로그램 참여과정 평가 및 마무리	1H
총 운영시간			20H

(3) 국민연금공단

국민연금공단은 고령화에 따른 사회적 비용을 절감하기 위해 마련된 제도적 장치인 「노후준비 지원법」이 2015년 시행됨에 따라 중앙노후준비지원센터라는 명칭의 노후준비서비스 홈페이지(csa.nps.or.kr)를 개설하여 재무, 건강, 여가, 대인관계 네 가지 영역의 교육 및 프로그램에 대한 정보를 제공하고, 전국 40개소에서 관련 교육 등을 들을 수 있는 온라인 신청 서비스를 마련하였다. 〈표 12-6〉에는 국민연금공단에서 실시한 노후준비 교육 생애주기별 현황 자료가 있다. 네 개의 영역(재무, 건강, 여가, 대인관계) 외에도 기타로 노후준비 일반, 국민연금제도에 대한 이해를 교육내용에 포함하고 있고, 특강이나 강좌, 아카데미 형태로 교육이 운영되고 있다.

〈표 12-6〉 노후준비 교육 생애주기별 현황 예시

지사명	교육 제목명	교육 형태	교육 구분	강의 분야
서울남부지역본부	노년기 행복과 인간관계	단기특강	수요처 요구형(비상설)	대인관계
영등포	노년기 행복과 인간관계	단기특강	수요처 요구형(비상설)	대인관계
북광주	단기취업특강	정기강좌	수요처 요구형(비상설)	기타(노후준비일반 등)
순천	취업특강 프로그램	정기강좌	수요처 요구형(비상설)	재무
종로중구	종로지역자활센터 게이트웨이(9월)	아카데미	수요처 요구형(상설)	여가
보령	단기특강	단기특강	수요처 요구형(비상설)	기타(국민연금제도)
아산	생애경력설계	정기강좌	수요처 요구형(비상설)	기타(국민연금제도)
광주지역본부	실업급여 대상자 취업특강	단기특강	수요처 요구형(비상설)	기타(국민연금제도)
전주완주	실업급여 수급자 취업특강	단기특강	수요처 요구형(비상설)	기타(노후준비일반 등)
강서	취업특강	정기강좌	수요처 요구형(비상설)	건강
원주	출소예정자국민연금강의	단기특강	수요처 요구형(비상설)	기타(국민연금제도)
광주지역본부	게이트웨이과정	단기특강	수요처 요구형(비상설)	기타(국민연금제도)
전주완주	실업급여 수급자 소양교육	단기특강	수요처 요구형(비상설)	재무
동래금정	국민연금과 함께 알아가는 노후준비 아카데미	아카데미	수요처 요구형(상설)	재무
서초	단기특강	단기특강	수요처 요구형(비상설)	대인관계
군포의왕	취업특강	정기강좌	수요처 요구형(비상설)	재무
광주지역본부	수강집행명령 대상자 교육	단기특강	수요처 요구형(비상설)	대인관계

지사명	교육 제목명	교육 형태	교육 구분	강의 분야
익산군산	실업급여 수급자 소양교육	정기강좌	수요처 요구형(비상설)	건강
부산지역본부	울산고용센터 취업 아카데미	단기특강	수요처 요구형(비상설)	대인관계
도봉노원	노원남부자활 게이트웨이(1월)	아카데미	수요처 요구형(상설)	대인관계
도봉노원	노원남부자활 게이트웨이(1월)	아카데미	수요처 요구형(상설)	재무
북광주	단기취업특강	정기강좌	수요처 요구형(비상설)	기타(사회보장과 공적연금)
익산군산	실업급여 수급자 소양교육 과정	정기강좌	수요처 요구형(비상설)	기타(노후준비일반 등)
대구지역본부	국민연금 특강	단기특강	수요처 요구형(비상설)	재무
동래금정	게이트웨이 과정	단기특강	수요처 요구형(비상설)	재무
동래금정	게이트웨이 과정(금정지역자활센터)	아카데미	수요처 요구형(상설)	재무
춘천	정기강좌	정기강좌	수요처 요구형(비상설)	기타(국민연금제도)
대전세종지역본부	취업지원 프로그램 참여자 교육	정기강좌	수요처 요구형(비상설)	재무
전주완주	오픈캠퍼스 노후준비지원 사업의 이해	단기특강	수요처 요구형(비상설)	기타(국민연금제도)
익산군산	실업급여 수급자 소양교육	정기강좌	수요처 요구형(비상설)	재무
대구지역본부	취업특강	단기특강	수요처 요구형(비상설)	건강
대구지역본부	취업특강	단기특강	수요처 요구형(비상설)	기타(노후준비일반 등)
부산지역본부	자활사업 참여자 특강 프로그램	단기특강	수요처 요구형(비상설)	기타(노후준비일반 등)
북부산	대인관계	단기특강	수요처 요구형(비상설)	재무
통영	통영고용센터 취업특강	정기강좌	수요처 요구형(상설)	재무
종로중구	종로지역자활센터 게이트웨이(9월)	아카데미	수요처 요구형(상설)	재무
도봉노원	노원북부자활 게이트웨이(1분기)	아카데미	수요처 요구형(상설)	건강
서울남부지역본부	단기특강	단기특강	수요처 요구형(비상설)	기타(국민연금제도)
양천	단기특강	단기특강	수요처 요구형(비상설)	재무

지사명	교육 제목명	교육 형태	교육 구분	강의 분야
원주	정기강좌	정기강좌	수요처 요구형(비상설)	기타(국민연금제도)
안산	재도약 프로그램	정기강좌	수요처 요구형(비상설)	재무
아산	생애경력설계	단기특강	수요처 요구형(비상설)	기타(국민연금제도)
광주지역본부	게이트웨이 과정	정기강좌	수요처 요구형(비상설)	기타(국민연금제도)
북광주	생애경력설계 프로그램	단기특강	수요처 요구형(비상설)	기타(노후준비일반 등)
전주완주	오픈캠퍼스 국민연금제도의 이해	단기특강	수요처 요구형(비상설)	기타(국민연금제도)
대구지역본부	취약계층 게이트웨이 과정	단기특강	수요처 요구형(비상설)	재무
부산지역본부	국민연금의 이해	단기특강	수요처 요구형(비상설)	기타(국민연금제도)
마산	창원교도소 인성 및 석방 전교육	단기특강	수요처 요구형(비상설)	기타(국민연금제도)
서울북부지역본부	출발 앱크리에이터	아카데미	수요처요구형(상설)	여가
구리양평	정기강좌	정기강좌	수요처 요구형(비상설)	대인관계

(4) 서울시50플러스재단

서울시50플러스재단에서는 은퇴를 준비 중인 구직자를 대상으로 '커리어를 찾는 여행'이라는 의미의 경력설계 프로그램 '경력설계 트립(T.R.I.P)' 과정을 운영하고 있다. 이는 커리어 준비의 필요성 인식을 시작으로 직업선호도 등 자기 분석을 통해 경력 목표를 수립하고 실제 재취업 및 경력 전환사례를 통해 대안과 사후 계획을 세우는 커리큘럼이다. 또한 취업지원 프로그램을 통해 신중년 채용트렌드 이해, 구직서류 작성법, 성공적인 재취업을 위한 강점 코칭, 성공적인 채용 접근법과 구직전략 등의 내용을 중심으로 한 프로그램을 운영하고 있다.

〈표 12-7〉 경력설계 프로그램 내용

교과명		목적	내용	
			경력 성장형	경력 전환형
T	① 변화관리 (Turn)	커리어 준비의 필요성 인식	• 미래변화, 상실에 대항 예측과 건강한 긴장감 부여 • 현재의 경력준비 정도 점검	• 연령에 대한 긍정적 인식 전환 및 자신감 형성 • 현재 찾아온 변화 수용
R	② 자기분석 (Recognize)	자기분석기반 경력 목표 수립	• 자신의 전문성, 경력, 가치(선호) 중심 '자기분석' • 경력모자이크 중심 관점 전환	• 자신의 선호, 보람, 의미, 선호 환경 중심 '자기분석' • 신직업트렌드 중심 관점 전환

교과명		목적	내용	
			경력 성장형	경력 전환형
I	③ 대안탐색 (Inspect)	실제 사례기반 대안탐색	• 사람책 멘토와 대화를 통해 실제 경력 전환 사례 공유 및 과정 이해 • 다양한 경력 전환 사례를 통해 대안 탐색	
P	④ 계획 수립 (Perform)	경력 실천계획 수립	• 경력 전환을 위한 구체적인 실천방법 안내 • 경력 목표에 맞는 경력 계획 수립	

〈표 12-8〉 취업지원 프로그램

분류	목적	내용
채용 트렌드	산업 및 직업 시장 동향 파악	• 중장년 신직업 트렌드 • 채용 시장 분석 등
구직 정보	효과적인 구직 활동을 위한 정보 습득	• 구직 사이트 활용법 • 일자리 정책 안내 등
강점 및 역량	개인 역량 확인 및 경력 설계 지원	• 자기 진단도구 활용 • 강점 기반 경력 설계 • 관련 직종 및 자격증 탐색 등
입사 서류	입사지원을 위한 서류 작성 능력 향상	• 이력서 항목별 작성 방법 • 경력기술서 작성 방법 • 자기소개서 작성 방법 등
면접	면접 준비 역량 강화	• 면접트렌드 이해

2) 민간기관 은퇴상담 프로그램

우리나라에서 대표적으로 운영되고 있는 몇몇 대기업 사례와 전문 프로그램 운영기관을 소개하면 다음과 같다.

삼성전자는 지난 2001년 경력개발센터(Career Development Center: CDC)를 설립하고 퇴직자 및 퇴직 예정자의 전직지원을 해 왔다. 그 후 2011년 경력컨설팅센터(Career Consulting Center: CCC)로 명칭을 변경하여 새롭게 개소해 다양한 프로그램을 운영하고, 재취업, 경력 전환 지원 등 체계적인 연계 서비스를 제공하기 위해 동종업종이나 다른 업종, 사회공헌형 일자리 등 5,000여 개의 중소기업과 협력 체제를 구축하고 있다. 은퇴준비 지원을 위해 컨설팅 제공, 전직지원 서비스 제공, 창업 교육 프로그램 운영, 퇴직연금 운용 상담 등을 진행하고 있다. 퇴직 예정자 연령대별로 계획적이고 전략적인 구직 활동을 통해 경력 목표를 달성할 수 있도록 조력하고, 새로운 직무나 경력, 라이프 스타일에 적응할 수 있도록 생애설계기반 프로그램을 운영하고 있다.

KT는 2005년부터 'Life plan' 프로그램을 운영하고 있는데, 재직기간부터 은퇴 후까지 미래 진로 계획과 제2인생의 안정적 정착을 체계적으로 지원하는 생애설계 프로그램이다. 2006년부터는 인재실 산하 '전직지원' 전담 조직을 운영하였고, 2018년부터는 전직지원센터로 명칭을 변경하여 운영하고 있다. KT 인재경영실 커리어디자인센터에서 시작된 이 프로그램은 현재 KT life plan 홈페이지를 통해 운영 중이다. 서비스 대상자는 재직자, 퇴직자, KT 가족이고, 생애설계 분야의 경우에는 만 45세 이상자가 신청 가능하며, 퇴직자의 경우 퇴직일로부터 3년 미경과자까지 가능하다. 20년 넘게 장기근속 후 정년퇴직을 앞둔 직원들을 대상으로 하는 전직지원 프로그램의 참여율은 90% 이상(2024년 1월 기준)으로, 전직지원 프로그램은 진로설계, 전직교육, 전직구체화, 일대일 컨설팅, 퇴직 워크숍, 실행 지원 등 6단계로 구성돼 있다. 대상자의 업무 경력을 점검해 개인별로 분석보고서도 제공하며 이후 필요한 자격증 취득과 이력서 작성, 면접 등에 대한 교육도 이어진다.

포스코는 2001년 '그린 라이프 서비스(green life service)' 과정을 개발하여 정년을 1년 앞둔 퇴직 예정자를 대상으로 퇴직에 따른 막연한 불안감을 해소하고 사회적응력을 배양하고자 서비스를 시행하고 있다. 생애설계 워크숍(life plan workshop)은 총 8일 동안 퇴직 이후 자신의 삶의 변화와 현재 자신에 대한 다양한 진단과 더불어 관련 목표를 수립하는 내용으로 구성되어 있다. 그린 라이프 서비스의 장점은 고용 환경 변화와 퇴직 이후를 대비한 생애 관리, 재취업, 창업, 재무 관리 네 개의 목표를 점검하는 기회를 제공하고 있다는 것이다. 재취업 희망자에게는 자신에게 적합한 취업처를 선택할 수 있도록 하고, 이에 필요한 다양한 지식을 습득할 수 있도록 교육한다. 은퇴와 관련하여 진로 · 자산 설계 등을 지원하는 GLD(그린 라이프 디자인, Green Life Design) 교육 과정은 퇴직을 앞둔 직원들의 심리적 안정과 생애설계 지원을 돕고자 설계되었는데, 실제 2024년 4월에 운영된 1박 2일 프로그램의 내용으로는 '나의 생애 조망하기', '세컨 커리어 만들기', '행복한 재무설계', '내게 맞는 귀촌 · 귀농', '수익형 부동산' 등이 있다.

우리나라에서 노사가 공동으로 시행한 국내 최초 사례인 A 사례와 프로그램 전문기관의 은퇴준비 프로그램을 순차적으로 안내하면 다음과 같다.

(1) A중공업

A중공업은 회사가 노동조합에 정년퇴직 지원 프로그램에 대한 교육을 제의하여 회사와 노동조합의 협의로 실시하였으며, 직원들의 니즈를 반영하여 노사공동으로 시행한 국내 최초의 사례이다. 교육 프로그램은 2015년 최초로 시행되었는데 교육의 목적은 정년퇴직을 맞는 기

술직 직원을 대상으로 정년퇴직 이후 예상되는 변화를 미리 이해하고, 재취업 및 창업 등 효과적으로 퇴직 이후 생애를 설계해 나갈 수 있도록 퇴직지원 프로그램을 개발, 시행하는 것이다. 또한 퇴직에 대한 시각을 긍정적으로 인식시키고, 은퇴 이후 변화에 대해 인지하고 은퇴설계를 선제적으로 준비하며, 퇴직 후 진로에 대해 다양하게 모색할 수 있도록 종합적인 정보를 교육 및 제공하는 것이다.

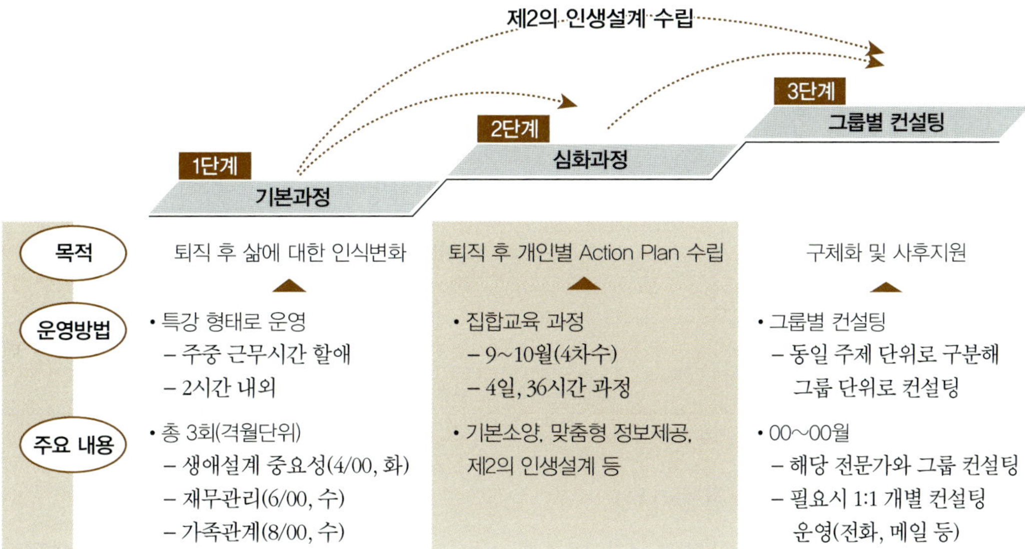

[그림 12-2] A사 퇴직 교육프로그램 내용

교육내용은 지금까지의 인생을 되돌아보기, 퇴직 전후의 삶의 변화, 나의 특성 발견하기, 퇴직 이후 자산관리를 통한 재무설계의 중요성을 이해하고, 무조건 아끼는 것보다는 잘 쓰는 것의 중요함을 인식하게 한다. 다음으로는 가장 중요한 인생의 동반자인 부부관계 회복을 위한 배우자 이해하기, 나와 배우자 간 성격의 차이점 이해, 부부간 의사소통하는 말하기, 듣기, 대화의 원칙과 방법 그리고 자녀와의 관계 회복을 위한 방법에 대하여 강의 및 실습을 진행하는 기본과정이다. 2단계는 심화과정으로 크게 기본소양, 맞춤형 정보제공, 제2의 인생설계 등의 세 가지 모듈로 4일(36시간) 과정으로 구성해, 퇴직 이후의 변화에 대해 인지하고, 퇴직 후 진로에 대해 다양하게 모색할 수 있도록 종합적인 정보를 제공하는 것이 목적이다. 구체적인 내용은 100세 시대 건강관리, 베이비부머 이해하기, 나의 인생 회고하기, 더 구체적인 재무설계, 은퇴 이후 생활을 위한 봉사활동, 창업, 귀촌/귀농 등 사회활동과 행복한 노후를 위한 가족관계 재정립과 인생 후반전 계획을 수립하는 것이다.

(2) B사(은퇴 프로그램 전문기관)

은퇴 관련 전문 프로그램 운영기관인 B사는 은퇴 시점(55/57/59세 등)에 연동하여 은퇴 프로그램을 운영하고 있다. 프로그램은 일일 특강, 1~3일 단기 과정, 일주일 전후의 중기 과정, 일주일 이상의 장기 과정으로 나누어 실시한다.

〈표 12-9〉 B사 은퇴 프로그램 유형 및 특징

유형	특징
일일 특강	2~3시간 특강 운영
	과거에 빈번히 활용된 형태
단기 프로그램	1~3일 과정
	적정한 기간, 가장 보편적인 형태
중기 프로그램	1주일 전후, 보통 합숙 형태
	최근 도입 사례 ↑
장기 프로그램	2주 이상~3, 4개월
	임금피크제 등 고용형태 변경 시점에 맞추어 운영 적합

(3) C사(은퇴 프로그램 전문기관)

정년을 맞이한 퇴직자가 퇴직에 따른 변화를 슬기롭게 극복하고, 제2의 인생을 보다 행복하게 살아갈 수 있도록 인생 6대 영역(재정, 직업, 여가, 건강, 관계, 나)에 대해 점검하고, 실질적인 탐색과정을 통하여 남은 인생 여정을 체계적으로 준비하여 출발할 수 있도록 지원한다. 참여자의 연령 및 경력 특성에 따라 탄력적으로 운영된다.

〈표 12-10〉 C사 집단상담 프로그램 내용(5일 버전 샘플)

1일차	2일차	3일차	4일차	5일차
• 오리엔테이션 • 정부지원 제도 이해 • 자기진단(MBTI) • 커리어 맵	• 근로기준법 • 생활법률 • 파워이력서 작성 • 여가관리 • 문화강좌	• 창업의 이해 • 창업자금 안내 • 이미지 메이킹 • 입사지원서 사진 촬영 • 인사 담당자 만남 • 직장 적응 전략	• 건강관리 • 퇴직으로 변화관리 • 커뮤니케이션 스킬 • 면접전략 • 잡서치 전략	• 재무진단과 자산 운동 • 생활과 세무 • 채용동향 따라잡기 • 힐링캠프

〈표 12-11〉 C사 퇴직(예정)자 대상 프로그램 내용(2일 버전 샘플)

1일차	2일차
• 오리엔테이션 • 변화관리 - 인생2막을 위한 삶의 재구성(2H) • 직업탐색 - 중장년을 위한 직업탐색(2H) • 자산관리 - 퇴직 후 현명한 자산관리 전략(2H) • 자기이해 - 긍정 에너지로 마인드 체인지(2H)	• 건강관리 - 중장년의 건강관리법(2H) • 4대보험 - 4대보험 이해와 정부지원제도(2H) • 경력대안 - 이력서 및 자기소개서 작성법(2H) • 진로설계 - 진로설계서 작성실습(2H)

(4) D사(은퇴 프로그램 전문기관)

D사는 전직지원서비스 전문기업으로 은퇴 예정자의 퇴직 후 변화를 잘 이해하고, 효과적인 제2의 인생을 준비하여 실행할 수 있도록 프로그램을 제공한다. 준비 단계부터 실전 단계까지 4단계로 구성되며, 자세한 교육 과정 및 내용은 [그림 12-3]과 같다.

퇴직 (STEP 3과 STEP 4 사이)

단계	STEP 1 준비	STEP 2 기본	STEP 3 전문	STEP 4 실전
대상	**만 55세, 퇴직 5년 전**	**만 59세, 퇴직 1년 전**	**만 60세, 퇴직 당해년**	**만 61세 이후, 퇴직 후 6개월**
목적	생애 계획 수립	경력 목표 설정	경력 목표 실행	경력 실천 공유
교육 과정	생애설계 준비 과정(공통) 변화관리 경력관리 재무 건강 여가 관계 계획 수립	생애설계 기본 과정(공통) 변화수용 대안탐색 재무 건강 여가 관계 직업 목표 설정	생애설계 전문과정(분반) 재무 창업 사회공헌 귀농귀촌 생애설계	생애설계 실전과정(특강) 경제 세무/부동산 재취업 자격 취득 건강/여가/관계/재무 인문학 변화관리
주요 내용	100세 시대 이해 생애설계 필요성 인식 생애 5대 영역 점검 재무/건강/여가/직업 생애 계획서 수립	퇴직에 대한 긍정 인식 재무진단 및 설계 생애설계 영역별 목표 수립 경력 대안 탐색 경력 목표별 액션 플랜 작성	경력 목표 구체화 퇴직 재무 실무(연금, 보험 등) 경력 분야별 핵심 정보 소개 경력 분야별 실전 실행 경력 실행 계획 수립	4대보험 특강 부동산/재무/세무 특강 이력서&면접 특강 자격증 취득 과정 경력별 특강
기간	1박 2일(6H)	3박 4일(30H)	2박 3일(22H)	수시
혜택	온라인 교육과정 및 상담센터 운영(전문 전직 컨설턴트 & 전문 생애설계 컨설턴트 상주) **생애전환 검진 무료 시행, 전문 컨설턴트 1:1 상담, 검진결과 위험항목 평가&처방**			

[그림 12-3] 생애교육 프로그램 교육과정 및 주요 내용

3) 은퇴상담 프로그램 개발 연구

(1) 은퇴 예정자를 위한 노후준비 프로그램

국민연금공단 · 국민연금연구원에서는 은퇴 예정자 만 40~50세의 대기업, 중견기업, 중소기업 500명을 표본으로 노후준비 교육 내용(일반적인 노후소득보장에 관한 정보, 전문적인 재무관리 지식, 건강관리, 노년기 가족관계와 사회관계, 여가활동과 자원봉사, 일자리 정보와 재취업 교육, 노년기 주거)에 대한 요구조사를 거쳐서, 교육프로그램을 세 가지 형태(강사용 콘텐츠, 강사용 교안, 수강자용 워크시트)로 구분하여 개발하였다.

총 9회기로 구성되며 1회기와 9회기는 50분, 그 외 회기는 100분으로 교육시간이 설정되어 있고, 9회기를 전부 실시할 수도 있고, 교육 대상과 목적에 따라 필요한 회기만 선택적으로 실시할 수 있도록 모듈식으로 구성하였다.

〈표 12-12〉 은퇴 예정자를 위한 노후준비 프로그램의 교육 내용

구분	교육 영역	교육 명칭 및 내용
1회기	노후준비의 필요성	• '생활의 변화와 적응' - 은퇴와 노화에 대한 생각 바꾸기 - 노후준비 필요성에 대한 공감대 형성 - 노후준비 수준의 평가
2회기	노후소득보장	• '든든한 노후기반 다지기' - 우리나라의 노후 소득보장 제도 - 국민연금제도의 장점 - 국민연금 수급에 대한 이해 - 국민연금을 더 받기 위한 방법은? - 그 외의 국민연금급여 - 퇴직연금의 활용
3회기	재무설계 1	• '재무상태 점검을 통한 재무목표 세우기' - 노후 재무설계의 중요성 - 재무상태 파악 및 목표 설정 - 노후 현금흐름 관리 - 노후 월소득 확보 - 노후 재무설계 상담 사례
4회기	재무설계 2	• '행복한 노후를 위한 자산과 보험관리' - 노후 자산관리의 원칙 - 노후 대비 금융 상품 - 노후 대비보험 - 상속과 증여

구분	교육 영역	교육 명칭 및 내용
5회기	건강 1	• '신체적 변화 극복하기' - 신체적 변화와 대처방안 - 식이 조절과 운동 - 건강한 물 마시기 - 건강생활계획 수립 및 실천 다짐
6회기	건강 2	• '정신적 건강과 품위 있는 노후' - 우울증과 스트레스 관리 - 치매예방 - 인간답게 죽을 권리 - 노인을 위한 의료복지제도와 활용
7회기	대인관계	• '노년기 행복과 인간관' - 은퇴 후 생활의 현주소 - 노년기 성격의 특성 - 은퇴 후 적응 유형과 부적응 원인 - 노년기 행복과 인간관계 - 부부 대화법
8회기	여가활동	• '여가활동과 삶의 보람' - 노년기 여가 필요성 - 노년기 여가활동 실태 - 여가활동과 성공적 노화와의 관련성 - 부부관계와 여가 - 나의 미래 여가 계획
9회기	노후준비의 실천	• '은퇴 이후의 미래상' - 은퇴 생활의 예측 - 은퇴 이후 미래상 그려 보기 - 노후준비 실천 다짐하기

(2) 사무직 베이비부머 퇴직 설계 프로그램

한국고용정보원에서는 사무직 베이비부머를 대상으로 퇴직 설계 프로그램을 실시하고자 퇴직지원 서비스 담당자에게는 심층면접을 통해, 퇴직 예정자 및 퇴직자를 대상으로는 초점집단면접 과정을 통해 요구조사를 실시하였다. 정서적 지지를 가장 기본으로 하되 커리어 방향성 수립, 장기적인 경력 목표 설정을 포함한 장·단기 취업 준비에 도움이 될 만한 프로그램 내용 구성에 대한 요구 수준이 높았다. 프로그램은 총 6개의 주제와 14개의 모듈로 구성되어 있고, 각 주제별 세부 내용은 〈표 12-3〉, 〈표 12-4〉와 같다.

〈표 12-13〉 사무직 베이비부머 퇴직지원 프로그램의 내용

주제	세부 내용
퇴직 및 재취업에 대한 인식 전환	• 잘 살아온 내 인생, 앞으로의 도전 • '내 일'을 찾는 새로운 시각
자기 이해	• 흥미 탐색하기 • 직무 전문성 정리하기 • 재능 찾기
노동시장 이해	• 사무직 퇴직자의 활동 현황 및 사례 • 다양하게 일하는 방식 알기
단기 및 장기 경력 목표 후보 탐색	• 단기 '내 일' 찾기 • 장기 '내 일' 찾기
경력 목표 설정을 위한 탐색	• 직업가치 파악하기 • 직업정보 탐색방법 알기
단기 및 장기 경력 목표 설정	• 장 · 단기 '내 일' 발표하기

〈표 12-14〉 프로그램 모듈별 세부 내용

일	모듈	모듈명	세부 내용	시간
1	1	프로그램 열기	진행자 및 프로그램 소개	1시간
			마음 열기	
			참가자 소개	
	2	잘 살아온 내 인생, 앞으로의 도전	한국 베이비붐 세대로서 '나의 삶' 이해하기	3시간
			나에게 주는 상장 만들기	
			베이비붐 세대의 새로운 도전	
	3	사무직, 퇴직자의 취업 현황 및 사례	사무직 퇴직자의 취업 현황	2시간
			사무직 퇴직자의 취 · 창업 성공 사례	
			사례 분석 및 적용	
2	4	'내 일'을 찾는 새로운 시각	일의 개념 확장하기	3.5시간
			퇴직을 '기회'로 만들기	
			퇴직 후 '내 일'을 찾기 위해 알아야 할 것들	
	5	흥미 탐색하기	자기 이해의 중요성	1.5시간
			흥미유형 파악하기	
			흥미주제 검토하기	

<table>
<tr><th>일</th><th>모듈</th><th>모듈명</th><th>세부 내용</th><th>시간</th></tr>
<tr><td rowspan="2">2</td><td rowspan="2">6</td><td rowspan="2">직무 전문성 정리하기</td><td>'내 일' 찾기에서 직무 전문성의 중요성</td><td rowspan="2">1시간</td></tr>
<tr><td>경력 분석을 통한 직무 전문성 찾고 정리하기</td></tr>
<tr><td rowspan="9">3</td><td rowspan="3">7</td><td rowspan="3">재능 찾기</td><td>'내 일' 찾기에서 재능의 중요성</td><td rowspan="3">2.5시간</td></tr>
<tr><td>재능 카드를 활용하여 재능 찾기</td></tr>
<tr><td>재능을 활용한 '내 일' 후보 찾기</td></tr>
<tr><td rowspan="3">8</td><td rowspan="3">다양하게 일하는 방식 알기</td><td>'내 일' 찾기에서 다양하게 일하는 방식 이해의 중요성</td><td rowspan="3">2시간</td></tr>
<tr><td>다양하게 일하는 방식 소개 I</td></tr>
<tr><td>다양하게 일하는 방식 소개 II</td></tr>
<tr><td rowspan="3">9</td><td rowspan="3">단기 '내 일' 찾기</td><td>'오픈 마인드'를 위한 '바보 젖소 게임' 하기</td><td rowspan="3">1.5시간</td></tr>
<tr><td>단기 '내 일' 후보 찾기</td></tr>
<tr><td>'내 일' 후보 발표와 공유하기</td></tr>
<tr><td rowspan="10">4</td><td rowspan="3">10</td><td rowspan="3">장기 '내 일' 찾기</td><td>새롭게 시도할 수 있는 '내 일' 찾기(중기)</td><td rowspan="3">2.5시간</td></tr>
<tr><td>'해방 시점' 정하기</td></tr>
<tr><td>장기적으로 도전할 수 있는 '내 일' 찾기(장기)</td></tr>
<tr><td rowspan="3">11</td><td rowspan="3">직업가치 파악하기</td><td>'내 일'을 선택하는 기준 이해하기</td><td rowspan="3">1.5시간</td></tr>
<tr><td>직업가치의 중요성</td></tr>
<tr><td>직업가치 파악하기 및 '내 일' 우선순위 정하기</td></tr>
<tr><td rowspan="4">12</td><td rowspan="4">직업정보 탐색방법 알기</td><td>'내 일' 검증에 있어서 직업정보 탐색의 역할</td><td rowspan="4">2시간</td></tr>
<tr><td>주요 직업 정보 탐색 방법의 이해</td></tr>
<tr><td>'눈'을 통한 정보 탐색 방법(키워드 검색)</td></tr>
<tr><td>사람을 통한 정보 탐색 방법</td></tr>
<tr><td rowspan="4">일주일 후</td><td>13</td><td>장 · 단기 '내 일' 발표하기</td><td>개인별 장단기 '내 일' Top5 발표하기</td><td>3.5시간</td></tr>
<tr><td rowspan="3">14</td><td rowspan="3">프로그램 닫기</td><td>소감 나누기</td><td rowspan="3">1시간</td></tr>
<tr><td>사후 설문지 작성하기</td></tr>
<tr><td>수료식</td></tr>
</table>

은퇴상담 관련 프로그램은 정부와 공공기관, 기업이 주도하여 프로그램을 개발 및 운용하고 있는데, 이후 은퇴 프로그램 전문기관들이 후발주자로 생겨나게 되면서 다양한 프로그램이 개발 · 진행되고 있다. 그러나 프로그램 내용이 정확하게 공개되지 않고, 어떻게 운영되고 있는

지에 대한 현황 조사가 이루어지지 않고 있기 때문에, 프로그램의 질을 보장받기 어려운 실정이다. 은퇴준비 프로그램의 필요성 및 참여의사는 매우 높은 반면(김숙희, 2013), 실제 개발된 프로그램은 학술 연구에서도 편수가 적은 실정이다. 따라서 향후 은퇴준비를 위해 연령대나 직군, 직급에 따라서 은퇴준비 프로그램을 개발하여 보급할 필요가 있다.

참고문헌

김숙희(2013). 중앙공무원의 퇴직준비교육제도 인식에 관한 연구. 중앙대학교 대학원 석사학위논문.

성혜영, 김아람(2016). 은퇴 예정자를 위한 노후 준비 프로그램 개발. 국민연금공단 · 국민연금연구원.

이예림(2022). 은퇴준비 프로그램에 관한 연구 동향 분석. **교육문화연구**, 28(5), 153-174.

장서영, 손유미, 이요행, 정시원(2013). 사무직 베이비부머 퇴직설계프로그램 개발 연구. 한국고용정보원.

허정무(1998). 퇴직자의 사회적응에 영향을 미치는 관련변인 탐색을 통한 퇴직준비교육프로그램. **한국노년학**, 19(3), 1-18.

홍성희, 김순미, 김혜연(2006). 남성 봉급생활자의 은퇴 전 생활설계프로그램-생활문제 인식 및 대처방안을 중심으로. **한국가정관리학회지**, 24(3), 95-116.

Abdulkadir, A., Rasaq, A. O., & Isiaka, G. (2018). Psychological effects of retirement of retirees: Implications for counselling. *Cypriot Journal of Educational Science*, *8*(1), 15-22.

Cohen-Mansfield, J., & Regev, I. (2018). Retirement preparation programs: An examination of retirement perceptions, self-mastery, and well-being. *Research on Social Work Practice*, *28*(4), 428-437.

Giordano, J. A., & Giordano, N. H. (1983). A classification of preretirement programs: In search of a new model. *Educational Gerontology*, *9*, 123-137.

Glamser, F. (1981). The impact of preretirement programs on the retirement experience. *Journal of Gerontology*, *36*, 244-250.

Manion, U. V. (1976). Preretirement counseling-the need for a new approach. *The Personnel and Guidance Journal*, *55*(3), 119-121.

Tiberi, D., Boyack, V., & Kerschner, P. (1978). A comparative analysis of four preretirement education models. *Educational Gerontology*, *3*, 355-374.

고용24 홈페이지(www.work24.go.kr)

서울시50플러스포털 홈페이지(50plus.or.kr)

인사혁신처 홈페이지(www.mpm.go.kr/mpm/info/retireAnnuity/retireSupport/retireSupport01/)

중앙노후준비지원센터 홈페이지(csa.nps.or.kr)

제 5 부

은퇴상담 과정별 개입 방법

은퇴상담의 이론과 실제

제13장

은퇴상담의 일반적인 과정

• 김이준 · 방혜진 · 이민아 · 이영란

은퇴상담은 은퇴자가 겪는 심리적 · 사회적 · 환경적 변화를 이해하고, 이에 효과적으로 적응할 수 있도록 지원하는 구조화된 과정이다. 초기 단계에서는 접수면접을 통해 내담자의 기본 정보를 파악하고, 관계 형성을 통해 상담자와의 신뢰를 구축한다. 이후 문제 탐색과 평가를 통해 정체성 변화, 역할 상실, 정서적 어려움 등 주요 과제를 이해하고, 내담자가 보유한 자원과 제약 등을 구체화한다. 이러한 평가를 바탕으로 현실적이고 의미 있는 상담 목표를 설정하고, 이에 부합하는 개입 계획을 수립한다. 중기 단계에서는 내 · 외적 자원을 활용하여 행동 변화를 유도하고, 상담 목표 달성을 촉진한다. 종결 단계에서는 상담 성과를 점검하고, 상담 이후에도 내담자가 주도적으로 삶을 설계해 나갈 수 있도록 추수 상담을 포함한 후속 지원을 제공한다. 이 일련의 과정은 은퇴 전환기를 겪는 내담자가 새로운 삶의 기반을 다지고, 심리적 안정성과 실천적 역량을 강화하는 데 그 목적이 있다.

1 내담자 맞이하기

1) 접수면접

접수면접은 기관이나 상담 과정의 특성에 따라 접수 상담, 초기상담, 첫 면접, 첫 상담, 첫 대면 등의 용어로 불린다. 접수면접은 기관의 규모나 형태에 따라 공식화된 곳도 있고, 그렇지 못한 기관들도 많이 있다. 실제 접수면접을 진행하고 있든, 진행하지 않고 있든 접수면접의 필요성에 대해서 상담전문가들은 접수면접의 고유기능을 고려하여 접수면접을 공식화하는 것이 바람직하다는 쪽에 무게가 실리고 있다. 박현주, 김광웅(2013)은, 첫째, 내담자가 상담자에게 갖는 치료적 저항을 줄이고, 둘째, 긍정적 치료관계를 형성하도록 돕기 위해, 셋째, 조기종결을 막기 위해 접수면접은 꼭 필요한 과정이고, 모든 과정에서도 가장 중요하고 어려운 과정이며, 중요한 만큼 상담자의 전문적인 교육이나 훈련이 반드시 필요하다고 하였다. 만약 기관이나 상담 과정의 특성상 접수면접과정을 거치지 않는 경우에는 첫 회기 상담에서 접수면접과 유사한 기능과 과정을 포함하여 진행하도록 안내하는 것이 바람직하다고 볼 수 있다.

상담 과정에서 언급한 접수면접에 포함되어야 할 내용은 다음과 같다(이규미, 2022).

첫째, 내담자의 주 호소내용을 듣고 문제 영역을 확인한다. 둘째, 내담자에 대한 기본정보를 수집하고, 셋째, 내담자에 대해 포괄적이고 객관적인 평가기회를 가지며, 넷째, 응급조치를 요하는 경우 즉각적으로 개입, 조치하고, 다섯째, 내담자에게 필요한 서비스가 현재의 기관이나 상담자들의 전문성에서 벗어나거나 외부 협력이 요구되는 경우 신속하게 이에 맞는 상담자와 연결해 주거나, 협력이 필요한 외부 기관과 연계할 수 있는 계획을 세운다. 공식적인 접수면접의 과정이 포함되어 있지 않은 소규모의 상담센터 또는 개업상담자 역시 첫 회기에는 이러한 몇 가지 주요사항을 점검하고 확인할 것을 다시 한번 강조한다. 다음의 사항은 접수면접에서 다루어야 할 구체적인 사항을 정리한 것이다.

〈표 13-1〉 접수면접에서 다루어야 할 사항

상담신청서 작성	• 기본적인 인적사항(성별, 학력, 결혼 상태 등) • 내방 경위 • 상담받고자 하는 문제(주 호소 문제) • 가족 사항 • 건강 상태 • 일 관련 경력 등
내담자 행동 중 특이사항 기록	• 특이한 말투나 옷차림, 행동 특징, 눈에 띄는 기분 상태 등
상담에 대한 기대와 동기 파악	• 상담에 대한 기대가 적절하지 않을 경우 상담에 대한 오리엔테이션 실시 • 상담에 대한 동기 수준 파악
동의서 작성	• 비밀보장의 한계 동의서 • 개인정보 제공 동의서 작성
자살 위험군이나 응급상황 평가	• 자살 징후 파악 및 필요한 경우 자살금지서약서 작성 • 정신질환, 공격 행동, 가정 폭력 등의 이슈가 있을 경우 다양한 응급상황별로 조치 방법 매뉴얼이나 자원 정보 필요

2) 관계 형성

상담이란 기본적으로 내담자와 상담자 간의 치료적 관계를 핵심으로 하여 내담자가 자신의 문제를 인식하고, 해결하며, 성장할 수 있도록 돕는 과정이기 때문에 상담자와 내담자와의 관계 형성은 매우 중요하다. 특히 상담효과를 높이는 데 가장 중요한 변인으로 상담자와 내담자의 치료적 관계를 꼽고 있기 때문에 아무리 강력한 치료적 기법을 상담 장면에서 활용한다고 할지라도 온정적이고 지지적인 상담관계에 밑바탕에 있어야 한다.

상담관계에서 Rogers는 세 가지 치료적 태도의 중요성을 언급하였는데, 첫째, 솔직성이다. 솔직성은 상담자로서 가져야 할 가장 중요한 태도로, 내담자와의 관계에서 느낀 감정과 태도를 긍정적이든 부정적이든 표현할 수 있어야 하고, 상담자가 자신의 부정적 감정을 표현할 뿐만 아니라 내담자가 표현하는 부정적인 감정을 받아들일 수 있을 때, 내담자와의 솔직한 의사 및 감정의 교류가 가능해진다(이장호, 2014). 둘째, 긍정적 존중이다. 내담자를 한 인간으로서 존중하며, 그의 감정이나 사고, 행동을 평가하거나 판단하지 않고 있는 그대로 받아들이는 것을 말하고, 이러한 태도는 '무조건적'이고 긍정적인 것이어야 한다(이장호, 2014). 셋째, 공감적 이해이다. 내담자의 경험과 감정을 상담자가 예민하고 정확하게 공감하고 이해하는 것으로, 공감은 동정과는 다르다. Germer와 Siegel(2012)은 공감과 혼돈되는 개념으로 측은지심(sympathy)과 동정심(pity), 연민심(compassion)을 언급하였는데, 측은지심은 내담자의 것이기보다 상담자의 경험에 기초한 반응이고, 동정심은 약간의 우월감을 가지고 타인의 역경을 염려하는 것을 말한다. 연민심은 모든 인간의 삶에 고통이 있음을 인정하고, 고통에 대해 공감하는 공감의 특수한 형태라고 할 수 있다(이규미, 2022).

상담관계의 시작인 첫 회기의 경우 녹음 동의 구하기와 상담 구조화에 대한 설명이 필요하다(이규미, 2022). 상담에 대한 수기 기록이나 녹음은 다양한 목적으로 진행하게 되는데, 상담과정에 대해 상담자가 다시 살펴본 이후 상담에 반영하기 위한 부분과 수퍼비전 자료로 활용하기 위한 목적, 이후 세부 내용에 대한 법적인 입증자료로 활용하기 위한 목적 등이 있다. 상담기록을 위해서는 내담자의 동의가 필요한데, 상담 내용 기록에 대해 충분히 안내하고, 녹음을 꺼리는 상황에서는 예외적으로 중지할 수 있는 부분까지 제안한다.

상담 구조화는 상담 환경의 구조화, 상담관계의 구조화, 비밀보장의 구조화를 포함한다(임수진 외, 2023). 상담환경의 구조화는 상담 시간과 장소 설정, 상담 회기 구성, 상담 비용 및 지불 방식, 상담 불참 시 연락 방법 등을 안내하는 것이다. 상담관계의 구조화는 상담자와 내담자의 관계에 대한 것으로, 내담자가 자신의 감정이나 생각을 자유롭게 표현할 수 있고, 상담자는 진실된 관심과 수용의 마음을 가지고 내담자를 대해야 한다. 이에 대해 Rogers는 상담관계에서 책임의 한계, 시간의 한계, 의존 및 공격적인 행동의 한계와 애정의 한계를 설정하는 것이 가치 있다고 하였다(임수진 외, 2023). 비밀보장은 내담자 입장에서 특히 중요한 부분인데, 내담자는 상담 내용의 비밀이 보장되는지, 상담 내용을 녹음하게 되면 어떻게 보관되는지 등을 궁금해한다. 비밀보장에 대한 구조화는 내담자의 궁금증과 불안을 해소하여 내담자가 보다 상담에 집중할 수 있도록 돕는 기능을 한다. 또한 비밀보장의 한계에 대해 내담자에게 설명하여야 한다. 자살이나 타살의 위험성이 있는 경우, 내담자가 폭력에 노출되어 있는 경우, 감염성이 있는 치명적인 질병이 있는 경우, 법적인 문제가 발생한 경우 등 비밀보장이 어렵다는 점을 명료화해야 한다.

2 내담자 이해와 상담 개입하기

1) 문제 탐색 및 평가

일반적으로 내담자와의 신뢰 관계가 형성된 이후, 상담은 내담자가 직면한 문제를 심층적으로 탐색하고 평가하는 단계로 진행된다. 이 단계의 핵심은 은퇴라는 중대한 생애 전환기를 맞은 내담자가 겪는 정체성 혼란, 정서 조절의 어려움, 사회적 역할 상실, 미래에 대한 불확실성 등 다양한 심리·사회적 문제를 정확히 이해하는 데 있다. 이를 위해 상담자는 면담 기법과 심리 평가 도구를 적절히 활용하여 내담자의 정서 상태, 인지적 반응, 관계 양상 등을 다각적으로 평가해야 한다. 이러한 내담자에 대한 탐색과 평가는 이후 상담 목표 수립과 개입 전략 설정의 토대를 제공한다(Krumboltz & Thoresen, 1976).

(1) 문제 탐색

일반적으로 상담의 주요 목적은 내담자가 호소하는 문제를 이해하고, 이를 해결할 수 있도록 지원하는 데 있다. 이를 위해서는 먼저, 내담자가 경험하는 문제가 무엇인지, 그 문제가 어떻게 형성되었는지, 그리고 그로 인해 발생한 심리적·정서적 반응은 어떠한지를 정확하게 이해하는 과정이 선행되어야 한다(권남희 외, 2020). 이러한 이해는 문제 탐색 과정을 통해 이루어지며, 특히 내담자가 겪는 변화의 양상과 심리적 고충을 명확히 파악하는 것이 첫걸음이다.

이 과정에서 상담자는 내담자가 자신의 주관적 경험을 자유롭게 표현할 수 있도록 지지하며, 이를 바탕으로 내담자가 직면한 핵심 문제와 그 근본 원인을 심층적으로 이해하고 평가해야 한다.

은퇴상담에서도 일반상담과 마찬가지로, 내담자가 직면한 문제를 심층적으로 탐색하는 과정은 필수적이다. 이 과정에서는 은퇴자가 겪는 정서적 반응, 사고 패턴, 역할 변화 등을 다양한 측면에서 이해하고 평가해야 한다. 예컨대, 은퇴 이후 직업 상실로 인한 상실감과 무력감을 호소하거나, 새로운 일자리를 찾는 데 어려움을 겪는 내담자의 경우, 자아정체성의 위기를 경험할 가능성이 높다. 이는 직업이 오랜 시간 동안 개인의 정체성을 형성하는 중심적인 역할을 해 왔기 때문이며, 그 상실은 곧 삶의 방향성과 존재 의미에 대한 혼란으로 이어질 수 있다.

다시 말해 은퇴 후 내담자가 직면하는 문제는 신체적 · 심리적 · 사회적 · 경제적 측면에서 복합적으로 나타날 수 있으므로, 이를 통합적으로 탐색하고 평가하는 접근이 요구된다(양명숙 외, 2013). 상담자는 특히 내담자의 일상생활과 현재 참여 중인 활동에 주목하여, 이러한 활동이 내담자에게 어떤 심리적 의미와 기능을 지니는지를 파악해야 한다. 예를 들어, 은퇴자가 자원봉사나 취미 활동을 통해 새로운 삶의 의미를 발견하고 있는지, 혹은 사회적 역할 상실 이후 점차 고립되어 가고 있는지를 확인하는 과정은 심층적 상담 개입의 중요한 단서가 될 수 있다.

특히 은퇴 이후 내담자에게 빈번하게 나타날 수 있는 불안, 우울, 소외감 등 주요 정서적 문제를 정확하게 진단하는 것은 필수적이다. 이를 위해 상담자는 내담자의 정서 상태를 면밀히 관찰하고, 불안, 무기력, 상실감과 같은 정서적 어려움이 존재하는지를 신중히 평가해야 한다(이호선, 2012). 아울러 내담자가 이러한 감정을 어떻게 인식하고 있으며, 어떤 방식으로 대처하고 있는지를 파악함으로써 정서 반응의 발생 요인과 그 심리적 배경을 심층적으로 이해할 필요가 있다. 이러한 과정은 내담자가 호소하는 문제의 본질을 명확히 규명하고, 이후 상담 목표 설정과 개입 방향을 수립하는 데 중요한 기초가 된다(윤순임, 2011).

은퇴 후 사회적 관계망의 축소는 은퇴자의 삶의 만족도를 저하시킬 뿐만 아니라, 정서적 문제를 심화시킬 수 있으므로, 내담자의 사회적 관계 변화 양상을 구체적으로 탐색하는 것이 중요하다. 특히 퇴직 전후의 관계 유형 변화를 정확히 파악하고, 내담자가 기존 관계를 유지하거나 새로운 사회적 관계를 형성할 수 있도록 지원하는 것은 상담 개입의 핵심 영역 중 하나이다. 따라서 상담자는 은퇴 이후 사회적 고립 여부를 점검하고, 관계망 재구축의 과정과 가능성을 함께 살펴봄으로써 은퇴자의 사회적 적응 수준을 보다 정확하게 이해할 필요가 있다.

(2) 문제 평가

은퇴는 개인의 삶 전반에 중대한 변화를 초래하는 시기로, 이 과정에서 기존의 역할 상실과 정체성 재구성이 동시에 일어나며, 일상생활의 구조, 인간관계의 양상, 재정 상황 등 다양한 생활 조건에도 큰 변화가 수반된다. 이에 따라 은퇴 내담자는 심리적 혼란이나 정서적 불안정은 물론, 사회적 관계의 약화와 삶의 의미 상실 등 복합적인 어려움을 경험할 수 있다(이장호 외 공역, 2008).

따라서 상담자는 내담자의 삶을 전체적으로 조망할 수 있는 통합적 시각을 지녀야 한다. 이는 단순히 내담자의 표면적인 호소나 증상에 주목하는 데 그치지 않고, 그 이면에 존재하는 구조적 요인, 심리적 갈등, 생활환경 전반을 심층적으로 이해하려는 노력이 요구된다(이규미, 2022). 특히 내담자가 이러한 전환기에 어떻게 반응하고 있는지, 어떤 정서적 · 인지적 대처 양상을 보이고 있는지, 그리고 그 과정에서 삶의 의미 체계를 어떻게 재구성하고 있는지를 면밀히 탐색하는 것이 중요하다.

특히 은퇴상담에서는 개인마다 변화의 방향과 속도가 상이하기 때문에, 상담자는 내담자의 주관적 경험에 세심하게 귀 기울이는 동시에, 변화에 대한 내적 수용력과 외부 지지체계를 함께 평가할 필요가 있다. 이를 위해 내담자의 사고방식, 정서적 반응, 신체 건강 상태, 사회적 자원, 경제적 여건 등 다양한 삶의 요소를 유기적으로 연결하여 통합적으로 이해해야 하며, 이러한 전반적 이해를 바탕으로 보다 실질적이고 효과적인 상담 계획을 수립할 수 있다(이장호 외 공역, 2008).

이와 같은 통합적 평가는 이후 상담 목표 설정과 개입 전략 수립의 핵심적 기반이 된다. 즉, 내담자가 겪는 문제의 긴급성과 심각성을 객관적으로 판단하고, 구체적이고 적절한 개입 방향을 설정하는 데 필요한 구조적 틀을 제공한다. 상담자는 내담자의 변화 가능성을 현실적으로 검토하며, 상담 전 과정을 통해 삶의 구조를 재정립하고 자아정체성을 회복할 수 있도록 지원해야 한다. 궁극적으로 이러한 평가 과정은 내담자가 은퇴 이후에도 삶의 만족도를 높일 수 있도록 하며, 실질적이고 효과적인 개입 전략을 수립하는 데 결정적인 토대가 될 수 있다(김동민 외, 2019).

내담자의 문제를 정확히 평가하는 단계에서는 상담 면담을 비롯한 다양한 검사와 기법이 활용된다. 이 중 상담 면담은 전통적으로 널리 사용되어 온 방식으로, 은퇴상담에서는 내담자의 문제를 정성적으로 탐색하는 데 핵심적인 도구이다. 특히 이 과정에서는 내담자의 언어뿐 아니라 목소리의 떨림, 표정, 태도, 정서적 반응 등 비언어적 단서까지도 세심하게 관찰할 수 있다(천성문 외, 2019). 무엇보다 초기 상담 단계에서는 상담자와 내담자 간의 신뢰 형성이 중요하며, 이를 위해 상담자는 경청, 재진술, 감정 반영, 요약 등의 기본적인 면담 기법을 적절히 활용하여 내담자가 자연스럽게 자신의 문제를 표현할 수 있도록 도와야 한다.

또 다른 효과적인 평가 방법으로는 자기보고식 검사 도구가 있다. 이러한 도구는 내담자의 심리적 특성과 정서 상태를 보다 객관적이고 체계적으로 파악하는 데 유용하며, 상담자가 내담자에 대한 이해를 심화시키고 상담 개입의 방향을 설정하는 데 중요한 기초 자료로 활용된다(김동민 외, 2019). 예를 들어, 생활 스트레스 척도, 우울 척도(PHQ-9), 불안 척도(GAD-7), 은퇴적응 척도 등은 내담자의 심리적 어려움과 정서적 반응을 수치화하여 변화 양상을 명확히 이해하는 데 도움이 된다.

생애사 관련 탐색 도구는 내담자의 삶의 흐름과 주요 전환점을 통합적으로 이해하는 데 유용한 방법이다. 예컨대, 전 생애 곡선은 개인의 주요 생애 사건들을 시각화함으로써, 긍정적·부정적 경험의 의미를 재조명하게 하고, 이를 통해 삶의 정서적 반응 양상과 반복되는 패턴을 파악하는 데 기초 자료를 제공한다. 또한 생애진로사정(Life Career Assessment: LCA)은 비교적 짧은 시간 내에 내담자의 진로 및 삶의 주제에 대한 구조화된 정보를 수집할 수 있는 효과적인 기법으로, 상담자가 핵심 질문을 통해 내담자의 생애 주제를 탐색하도록 돕는다(김봉환, 2019).

이 외의 가계도와 사회관계망도는 내담자 가족 관계의 역사적 맥락과 현재의 사회적 지지 체계를 시각적으로 구조화함으로써 현재 관계 문제의 양상과 사회적 고립의 위험 요인을 평가하는 데 유용한 도구이다. 이러한 기법들은 내담자의 대인관계 특성이나 활용 가능한 사회적 자원의 구성을 명확히 파악하게 해 주며, 상담자가 향후 건강한 관계 재구성과 지지 체계 강화를 위한 개입 전략을 수립하는 데 실질적인 정보를 제공한다.

앞서 살펴본 바와 같이, 내담자의 문제를 다차원적으로 이해하기 위해 다양한 평가 도구와 기법을 통합적으로 활용하는 것은 매우 중요하다. 이러한 통합적 접근은 표면에 드러난 내담자의 증상뿐 아니라, 그 이면에 내포된 복합적인 요인들과 이들 간의 상호작용 양상을 파악하는 데 효과적이다. 이를 바탕으로 상담자는 보다 구체적이고 체계적인 개입 전략을 수립할 수 있으며, 단순한 문제해결을 넘어 내담자의 삶의 맥락과 심리적 요구에 부합하는 개별적 지원 방안을 설계할 수 있다.

(3) 사례개념화

사례개념화(case conceptualization)는 상담자가 내담자의 문제를 단편적으로 파악하는 데 그치지 않고, 그 문제가 어떻게 발생하고 유지되는지를 설명하는 다양한 요인을 통합적으로 이해하는 과정이다. 이는 내담자의 호소 문제 이면에 작용하는 심리적·발달적·관계적·사회문화적 맥락을 종합적으로 탐색함으로써 내담자와 그의 삶을 보다 체계적이고 통합적인 틀 속에서 이해하는 데 목적이 있다(천성문 외, 2019). 이러한 관점에서 사례개념화는 내담자의 삶을 이해하기 위한 '마음의 지도'를 그리는 작업이자, 흩어진 정보 조각을 연결해 가는 '퍼즐 맞추기' 과정에 비유될 수 있다(이규미, 2022).

이를 위해 상담자는 내담자의 호소 문제를 비롯해 개인력과 발달력, 가족 및 사회적 관계, 인지적 · 정서적 특성, 강점과 자원 등 다양한 정보를 수집하고 분석한다. 이러한 자료를 바탕으로 내담자의 문제가 어떻게 시작되고, 어떤 요인에 의해 지속되고 있는지를 설명하는 가설을 수립하게 된다(이윤주, 2007). 이때 수립된 가설은 사례에 적합한 상담 목표를 설정하고, 이를 실현하기 위한 구체적인 계획과 개입 전략을 수립하는 핵심적인 토대가 된다. 또한 사례개념화 과정은 상담자가 내담자의 삶을 보다 깊이 있게 공감할 수 있는 기반을 제공하며, 동시에 내담자가 자신의 문제를 명확히 이해하고 변화에 대한 동기를 형성하는 데 중요한 역할을 한다.

사례개념화는 상담의 효과성과 직결되는 핵심 과정으로, 그 중요성은 다음과 같이 정리할 수 있다(이규미, 2022; 이윤주, 2016). 사례개념화는 내담자가 호소하는 문제의 표면적 현상 이면에 존재하는 심리적 갈등, 과거의 경험, 사회문화적 맥락 등을 통합적으로 이해함으로써, 문제의 본질을 심층적으로 파악하는 데 기여한다. 이는 내담자의 특성과 상황에 부합하는 상담 목표와 개입 전략을 수립하는 데 필수적인 기반이 되며, 문제 유형에 따라 차별화된 접근을 가능하게 한다. 또한 내담자의 심리적 상태와 삶의 맥락을 종합적으로 고려함으로써, 실현 가능하고 구체적인 상담 목표 설정과 상담의 방향성 확보에 중요한 역할을 수행한다. 궁극적으로 사례개념화는 상담자의 전문성을 강화하고, 내담자의 실질적인 변화를 촉진하는 데 기초가 되는 핵심 절차라 할 수 있다.

사례개념화의 필수 구성 요소에 대해서는 다양한 견해가 존재하지만, 상담자는 자신의 이론적 배경, 상담 경험, 그리고 내담자의 특성에 따라 각기 다른 방식으로 사례개념화를 구성할 수 있다(이규미, 2022). 이는 사례개념화가 정형화된 절차나 고정된 틀에 따르기보다는, 상담자의 이론적 관점과 실제 상담 장면의 맥락을 유기적으로 연결하여 유연하게 적용되는 과정임을 의미한다. 다시 말해 사례개념화는 내담자의 문제를 보다 깊이 있게 이해하고자 하는 통합적 접근으로, 다양한 요소를 종합적으로 고려하여 이루어진다. 이러한 통합적 이해를 가능하게 하는 주요 구성 요소는 〈표 13-2〉와 같다(이규미, 2022; 이윤주, 2016).

〈표 13-2〉 사례개념화 구성 요소

구성 요소	내용
현재 문제 및 양상	내방 계기, 주 호소 문제, 기타 증상, 핵심 문제 및 핵심 정서, 객관적 정보
역사적 배경	내담자 발달역사, 문제의 기원과 역사
개인적 요인	자아개념, 통찰 내용과 수준, 인지적 스타일 및 특징, 정서적 스타일 및 특징, 신체 · 생리 · 행동적 특징, 욕구, 기대, 바람(wants)
외부 상황 요인	문제를 지속시키는 상황적 요인
대인관계 특성	대인관계 패턴 및 관계 문제
자원 및 취약성	생물학적 특징 및 문제, 개인적 자원 또는 취약점, 주변 여건, 환경적 보호요인 및 위험요인
종합적 이해	내담자의 주 호소와 증상, 상담자의 전문적 판단에 근거해서 내담자의 문제를 확인하고, 내담자와 문제 상황에 대해 이해한 내용을 종합 · 정리
상담 목표 및 계획	상담 목표: 내담자 및 문제에 대한 종합적인 이해에 근거하여 상담을 통해 도달해야 하는 장 · 단기적 목표
	상담 계획: 상담의 초점 과제, 상담 목표에 도달하기 위한 구체적인 방법 및 전략

2) 상담 목표 및 상담 계획 수립

은퇴상담에서 상담 목표 및 계획의 수립은 상담의 방향을 설정하고 실행 과정을 체계화하는 단계이다. 이 과정은 내담자가 겪는 심리적 · 정서적 · 사회적 문제를 통합적으로 이해하고, 이에 대한 개입 전략을 구체적으로 설계하는 것을 포함한다(천성문 외, 2019). 특히 은퇴는 삶 전반에 걸친 구조적 변화를 수반하므로, 상담 목표는 내담자의 현재 상황과 욕구를 반영한 구체적이고 현실적인 내용이어야 한다. 상담 계획 또한 이러한 목표를 달성하기 위한 단계적 실행 방안을 포함하되, 내담자의 변화 양상에 따라 유연하게 조정될 수 있어야 한다. 이와 같은 상담 목표와 계획은 내담자에게는 변화의 방향성과 동기를 제공하고, 상담자에게는 개입의 기준과 평가 지점을 제공하는 실질적 지침이 된다.

(1) 상담 목표 설정

상담 목표는 상담 과정에서 상담자와 내담자가 협력적으로 설정하는 것으로, 도달하고자 하는 바람직한 상태 또는 문제해결의 지향점을 의미한다. 이는 상담의 출발점이자 동시에 전체 과정의 방향성과 구조를 제공하는 핵심 요소이다. 상담 목표는 단순히 '무엇을 해결할 것인가'에 대한 질문을 넘어서, 내담자의 심리적 안정, 행동 변화, 자아 성장 그리고 삶의 질 향상을 위해 상담이 나아가야 할 방향을 제시하는 역할을 한다(이규미, 2022).

상담 목표 설정은 상담의 방향성을 확보하고, 효과적인 개입을 가능하게 하는 핵심 과정이다. 상담 목표는 상담 과정을 조직화하고 구조화하는 틀을 제공함으로써, 문제해결의 초점을 명확히 하고 상담의 효율성을 높이는 데 기여한다. 또한 상담자와 내담자 간에 공동의 방향성과 기대를 형성하여, 상담 관계의 협력성과 몰입도를 증진시키며 내담자의 참여와 동기를 강화하는 데 중요한 역할을 한다. 특히 내담자가 목표 설정 과정에 적극적으로 참여할수록 상담에 대한 주도성과 책임감이 향상되고, 이는 상담 지속성과 변화에 대한 동기 촉진으로 이어질 수 있다(김봉환, 2019). 아울러 명확한 상담 목표는 상담 진행 상황을 점검하고 개입의 효과성을 평가할 수 있는 객관적 기준을 제공함으로써, 상담자에게는 전문적 개입의 타당성을 검토할 수 있는 틀을, 내담자에게는 자기 변화에 대한 실질적인 피드백을 제공하는 수단이 된다.

상담 목표를 설정할 때 고려해야 할 사항은 다음과 같다(권남희 외, 2020; 이규미, 2022; 이호선, 2012).

첫째, 상담 목표는 내담자의 현재 상황과 문제를 정확히 반영한 현실적이고 구체적인 내용이어야 한다. 지나치게 이상적이거나 추상적인 진술이 아닌, 내담자가 실천 가능한 행동 수준의 목표로 구체화되어야 하며, 이를 위해 상담자는 내담자가 무엇에 가장 불편함을 느끼고, 어떤 변화를 가장 절실히 원하는지를 구체적으로 탐색해야 한다.

둘째, 상담 목표는 구체적이고 측정 가능해야 하며, 이는 목표 달성 여부를 상담자와 내담자 모두가 명확히 판단할 수 있는 기준이 된다. 추상적 목표는 상담의 방향성을 흐리게 하고, 내담자의 변화 수준을 객관적으로 평가하기 어렵게 만든다. 반면, 양적인 용어가 포함된 상담 목표는 내담자 변화의 정도를 확인하고, 상담의 동기를 유지하는 데 효과적이다.

셋째, 상담 목표는 내담자와의 충분한 논의와 합의를 통해 설정되어야 하며, 이는 상담의 실천 가능성과 효과성을 높이는 핵심 요소이다. 일방적으로 설정된 목표는 내담자의 실행 의지를 저해할 수 있으므로, 상담자는 목표의 방향을 제시하되, 내담자의 의견을 충분히 경청하고 함께 조율하는 과정을 반드시 포함해야 한다.

넷째, 상담 목표는 상담 과정 중에 수정 또는 보완이 가능한 유동적인 개념이어야 한다. 초기 목표는 상담 진행 과정에서 드러나는 더 깊은 문제나 새로운 통찰에 따라 재조정될 수 있으며, 이는 자연스럽고 필요불가결한 과정이다. 따라서 상담자는 이러한 유연성을 유지하며, 내담자와 함께 역동적으로 상담 목표를 형성해 나가야 한다.

(2) 상담 계획 수립

상담 목표가 상담의 방향을 제시하는 나침반이라면, 상담 계획은 그 목표를 실현하기 위한 구체적이고 체계적인 실행 로드맵이라 할 수 있다. 상담 계획은 단순히 상담의 일정이나 개입 기법을 열거하는 데 그치지 않고, 설정된 목표를 달성하기 위해 어떤 주제에 초점을 둘 것인지, 어떤 방식과 순서로 개입을 진행할 것인지, 그리고 어떤 자원과 기법을 활용할 것인지에 대한 전략적 구조를 제공한다. 즉, 상담 계획은 상담자가 목표와 관련된 성과를 도출할 수 있다고 판단하여 수립하는 실행 중심의 개입 전략의 체계적 구성이라 할 수 있다(이규미, 2022).

상담자가 상담 계획을 수립할 때 고려해야 할 주요 사항은 다음과 같다.

첫째, 상담 개입은 반드시 설정된 상담 목표와 긴밀하게 연계되어야 한다. 즉, 상담 계획은 목표 달성을 중심축으로 삼아 각 개입 전략과 활동이 유기적으로 설계되어야 하며, 목표와 계획 간의 일관성이 확보되어야 한다(이규미, 2022). 만약에 상담 목표와 계획 사이에 불일치가 발생할 경우, 상담의 방향성이 흐려질 수 있으며, 이는 내담자의 참여 동기와 상담 효과에 부정적인 영향을 미칠 수 있다.

둘째, 상담 계획은 내담자의 변화 준비도와 동기 수준을 충분히 고려하여 수립되어야 한다. 내담자의 변화 수용 정도에 따라 개입의 강도, 내용, 순서 등을 조정함으로써 내담자가 감당 가능한 범위 내에서 변화가 이루어질 수 있도록 해야 한다. 예를 들어, 상담 초기에는 정서적 지지를 우선적으로 제공하고, 이후 내담자의 준비도가 향상됨에 따라 점진적으로 행동적 개입으로 확대해 가는 방식이 적절할 수 있다.

셋째, 내담자가 지닌 자원과 제약 요인을 구체적으로 파악하여 상담 계획에 반영하는 것이 필요하다. 여기서 자원이란 내담자의 개인적 강점뿐만 아니라, 가족, 사회적 지지, 경제적 조건 등 사회적 · 환경적 요소를 포함하며, 이러한 자원은 상담의 실천 가능성과 효과성을 높이는 요소로 작용한다(이규미, 2022). 반면, 시간적 제약, 건강 문제, 사회적 고립 등 현실적 제약 요인은 계획의 실행 가능성을 저해할 수 있으므로, 이를 충분히 고려하여 실현 가능한 계획을 수립해야 한다.

넷째, 상담 계획은 상담자의 이론적 배경과 전문성, 그리고 윤리적 기준을 반영하여 구성되어야 한다. 상담자는 자신이 활용하는 주요 이론이나 모델에 기반한 일관된 개입 방안을 설계해야 하며, 동시에 내담자의 문화적 배경과 가치 체계를 존중하는 윤리적 민감성을 갖추어야 한다. 즉, 상담자는 상담적 개입이 내담자에게 미칠 영향에 대해 성찰하고, 그에 부합하는 전략을 신중하게 계획해야 한다.

다섯째, 상담은 고정된 절차가 아닌, 내담자와의 상호작용 속에서 유동적으로 전개되는 과정임을 인식해야 한다. 따라서 상담 계획은 내담자의 변화 양상이나 새로운 정보에 따라 유연하게 수정 또는 보완될 수 있어야 한다. 이러한 구조적 유연성은 상담의 적절성과 효과성을 제고하는 동시에, 내담자의 자율성과 주체적 참여를 촉진할 수 있다.

3) 문제해결을 위한 개입

은퇴상담 과정에서 문제해결을 위한 개입 방법과 절차는 내담자가 처해 있는 은퇴상담의 맥락이나 호소 문제에 따라 다를 수 있고, 어떤 치료적 접근을 사용하는가에 따라서도 다를 수 있다. 그러나 내담자의 문제해결과 관련하여 상담이 진행되는 과정을 설명한 문헌을 살펴봄으로써 은퇴상담 과정에서 문제해결을 위한 개입의 방법과 절차를 구체화해 볼 수 있을 것이다.

이규미(2022)는 상담의 과정을 초기과정, 중간과정, 종결과정으로 제시하며 내담자와의 접수 면접과 첫 회기 상담을 통해 사례를 개념화하고, 상담 목표와 계획을 수립하는 등의 상담 초기과정을 거친 이후 상담의 중간과정이 시작된다고 하였다. 중간과정에 들어갔다는 것은 상담자와 내담자가 상담 작업을 효율적으로 해 나갈 수 있는 관계가 형성되어 상담자가 보다 확신을 가지고 내담자와 과제 및 문제해결에 초점을 두어 상담을 진행할 준비가 되었음을 의미한다. 중간과정이 성공적으로 이루어질 경우 일반적으로 상담자와 내담자가 경험하게 되는 몇 가지 과정과 과제는 다음과 같은 것들이 있다. 첫째, 있는 그대로 진솔한 내담자의 내면세계와 접촉하기 위해 더 깊은 탐색의 기회를 제공하고 이로써 내담자는 의미 있고 새로운 통찰 경험을 갖게 된다. 둘째, 상담자와 내담자는 변화의 필요성에 공감하고 이를 위한 새로운 대안을 발굴하고 실천하는 작업을 진행한다. 셋째, 상담자는 자신이 발견한 내담자의 감정, 사고, 행동양식의 특징에 따라 필요한 부분에 개입 기술을 활용하며, 이때 각 접근에서의 상담 기술이 활용되기도 한다. 넷째, 내담자는 자신과 중요한 타인들 그리고 주변 환경에 대한 보다 깊은 이해를 바탕으로 변화에 대한 동기와 자신감을 갖게 되며, 상담자는 내담자가 자신의 선택과 결정에 대해 책임감을 갖도록 자율적인 선택을 강조한다. 다섯째, 중간과정에서 내담자는 어느 정도 감정이 해소되고 자신에 대한 이해의 폭이 넓어지면서 사고나 감정의 경직성에서 벗어나 자기지도력을 나타내 보이는데, 상담자는 이를 격려함으로써 내담자의 변화를 촉진한다. 여섯째, 중간과정이 끝날 때쯤 내담자는 과거 자신을 붙잡고 있던 문제에서 벗어나 다른 주제로 옮겨 가고, 정서적으로도 여유가 생겼음을 느낀다. 이러한 과정과 경험을 이끌어 내기 위해서는 중간과정 질문, 정서 다루기, 피드백, 자기개방, 직면, 해석, 저항 다루기, 지시 및 과제 주기 등의 기법을 사용하는 것이 중요하다.

서현주 등(2018)은 상담 문제해결하기 과정을 문제해결 계획 수립, 문제해결 전략의 두 가지로 구분하여 제시하며, 이 과정의 주요 기능과 목표를 다음과 같이 네 가지로 설명하였다. 첫째, 내담자의 문제해결 가능성 탐색, 둘째, 문제해결에 활용할 수 있는 내담자의 자원 탐색 및 촉진, 셋째, 구체적인 문제해결 전략과 계획 세우기, 넷째, 내담자의 지식(자신, 직업, 의사결정), 의사결정, 실행 능력의 강화 및 확장이다. 이호선(2012)은 노인상담의 과정을 총 7개로 구체화했는데, 그중 문제해결과 관련해서는 '문제 명확히 하기', '대안 살피기', '결정 지지하기'의 세 가지 과정을 제시하였다.

이처럼 상담 과정에서 문제해결을 위한 개입은 상담의 대상이나 주제 등에 따라 다를 수 있지만 이상의 내용을 종합하여 은퇴상담 과정에서 문제해결을 위한 개입을 구체화해 보면 다음과 같다.

(1) 문제의 명료화

내담자가 은퇴와 관련하여 처해 있는 상황을 이해하고, 내담자가 상담을 통해 해결하고자 하는 바나 도움받고자 하는 바가 무엇인지를 명확히 하기 위해서는 문제를 명료화하는 것이 필요하다. 문제의 명료화란 내담자가 상담 장면에 가져온 문제가 무엇인지 구체적으로 확인하는 작업을 말하며, 이는 내담자가 호소한 문제를 분명하고 구체적으로 드러내고 상담에서 다룰 핵심 문제를 확인하여 상담의 방향과 내용을 구조화하기 위한 과정이다. 문제의 명료화가 효과적으로 이루어지면 내담자는 자신이 은퇴와 관련하여 가지고 있는 문제, 해결하고자 하는 과제가 무엇인지를 분명히 인식하는 데 도움이 된다.

(2) 문제해결을 위한 노력 확인 및 평가

내담자의 문제를 명확히 했다면 내담자가 그동안 이 문제를 해결하기 위해 어떠한 노력을 기울였는지 확인하는 것이 필요하다. 은퇴와 관련한 대부분의 문제는 내담자가 상담자를 만나러 오기 이전에 발생하여 일정 기간 지속되어 왔을 가능성이 있다. 대부분의 사람은 그들이 스스로 그들의 문제를 해결할 수 없을 때, 즉 그들이 해결해야만 하는데 해결이 어려운 문제가 있을 때 도움을 줄 사람을 찾게 된다(유성경 외 공역, 2003). 다시 말해 내담자들은 자신에게 일어난 문제를 스스로 해결하기 어려울 때 상담전문가를 찾게 되므로 은퇴상담 내담자가 자신의 문제를 인식한 후 상담자를 찾아오기 전까지 자신의 은퇴와 관련한 문제해결을 위해 어떠한 시도나 노력을 기울였는지 파악하는 것이 필요하다.

예를 들어, 곧 다가올 은퇴를 준비하는 내담자가 은퇴 이후의 경제적 어려움을 크게 고민하고 있다면 '은퇴 이후 경제적 여건이 나빠질 것을 상당히 염려하고 있는데, 이 문제에 대비하기 위해 현재 알아보고 있는 정보나 준비하고 있는 것이 있는지'를 확인해 볼 수 있다. 또는 은퇴 이후 가족과의 관계에서 심각한 갈등을 겪고 있는 내담자와의 상담에서는 '은퇴 이후 줄곧 가족들과의 갈등이 심하다고 했는데, 그 불편한 관계를 어떻게 견뎌 내고 있는지, 관계를 개선하기 위해 해 본 노력은 무엇인지' 등을 확인해 볼 수 있다.

이러한 탐색을 통해 내담자가 자신의 문제를 해결하기 위해 어떠한 자원을 이용하여 어떠한 방법을 시도하고 있는지 파악할 수 있어 향후 내담자에게 필요한 상담의 방향과 내용을 구체화하는 데 도움이 될 것이다. 만약 내담자가 자신의 문제를 인식은 하고 있지만 해결을 위한 시도를 하고 있지 않다면, 어떠한 시도도 하지 못하는 이유가 무엇인지, 문제해결을 위해 노력하는 과정에 방해가 되는 점이 무엇인지 파악하여 내담자가 문제를 해결하는 과정에서 가지는 어려움과 한계가 무엇인지 파악하는 것이 필요하다.

(3) 문제해결에 도움이 되는 정보 및 대안 탐색

다음으로는 내담자의 문제를 해결하는 데 도움이 되는 정보와 가능한 대안을 탐색한다. 상담 과정의 정보란 내담자가 자신의 문제를 해결하는 과정에서 어떤 문제로 인해 막혀 있거나 어떠한 방향으로 나가야 할지 막막해할 때 통찰을 유발하고 문제해결의 촉진제 역할을 할 때 그 의미가 있다. 따라서 은퇴와 관련한 문제를 가진 내담자가 가진 문제를 해결하는 데 도움이 되는 정보를 내담자와 함께 탐색하고, 해당 정보를 토대로 가능한 대안을 찾아 나갈 수 있도록 한다.

예를 들어, 은퇴 이후 새로운 일을 찾는 내담자에게 내담자가 희망하는 분야의 일자리 관련 정보를 소개하거나 일자리 정보를 검색할 수 있는 방법을 알려 주어 필요한 정보를 수집하도록 돕고, 새롭게 도전해 볼 수 있는 일이 무엇인지 여러 대안을 찾아 나갈 수 있도록 촉진할 수 있다.

(4) 문제해결을 위한 계획 및 전략 수립

문제해결에 도움이 되는 정보와 대안을 탐색하였다면 이를 토대로 문제를 해결하기 위한 구체적인 계획을 세울 수 있도록 돕는다. 예를 들어, 새로운 일자리를 찾기 위해 도전하는 내담자라면 지원서를 작성하고 면접을 준비하는 등 일련의 절차를 실행할 수 있도록 구체적인 일정과 방법을 계획할 수 있도록 돕는 것이 필요하다. 또는 근무지의 구조조정으로 인해 갑작스럽게 은퇴를 해야 하는 내담자라면 은퇴 이후에 일어날 수 있는 삶의 여러 문제를 해결하기 위해 현재 무엇부터 어떻게 대비해 나갈지 구체화할 수 있도록 조력해야 한다. 이처럼 각 내담자가 처한 상황 및 문제에 맞추어 해당 문제를 해결해 나가는 데 도움이 되는 구체적인 계획과 전략을 수립할 수 있도록 돕는 것이 필요하다.

(5) 훈습 및 긍정적 변화 촉진

마지막으로는 내담자가 자신의 문제를 해결하기 위한 계획을 실제로 실천하고 있는지 확인하고 긍정적인 변화를 이끌어 낼 수 있도록 조력한다. 예를 들어, 잔소리와 부정적인 언어 사용이 습관화되어 있어 은퇴 이후 오랜 시간을 함께 보내는 가족과의 관계에서 심각하게 갈등을 경험하는 은퇴자가 있다면 가족과의 관계 개선을 위해 대화 방식을 새롭게 학습하고, 이를 생활 속에서 꾸준히 실천할 수 있도록 조력하는 것이 필요할 것이다. 특히 사고, 정서, 행동의 변화는 오랜 기간에 걸쳐 꾸준히 반복적으로 노력했을 때 일어날 수 있으므로 은퇴상담 내담자가 자신의 문제를 해결하기 위한 노력을 꾸준히 실천하고 있는지 확인하고, 촉진적인 피드백을 통해 긍정적인 변화를 일으킬 수 있도록 조력하는 것이 바람직하다.

3 상담 후기

1) 종결하기

(1) 상담 종결의 시기

종결은 단순한 마무리가 아니라 내담자가 '상담이 없이도' 잘 기능할 수 있도록 돕는 중요한 과정이다. 상담자는 내담자와의 상담 초기부터 종결을 염두에 두고 준비하는 것이 바람직하며, 이는 상담의 유한성을 상기시켜 내담자의 참여 동기를 높이는 역할을 한다. 언제 상담을 종결해야 하는가라는 종결의 시기는 상담 초기에 내담자와 협의한 상담의 목표가 얼마나 달성되었는가를 살펴보면서 결정된다. 만약 내담자가 원했던 호소 문제가 해결되고, 당면했던 문제에 잘 대처할 수 있게 되었거나, 자신이 의미 있는 변화와 성장을 이루었다고 느낀다면 종결을 준비할 수 있다.

호소 문제의 해결로 인해 심리적 여유가 생긴 내담자는 상담 외적인 일상 이야기를 하거나, 상담에 대한 감사를 표현하고, 상담의 긍정적인 성과를 언급하면서 자연스럽게 종결의 신호를 보내기도 한다. 상담자는 이러한 신호를 민감하게 감지하면서 종결 시기를 결정할 수 있다. 또한 상담 초기에 설정한 목표가 충실히 이루어졌다고 판단될 경우, 상담자가 먼저 종결에 대한 이야기를 꺼내고 이에 대해 내담자와 논의할 수 있다.

일부 내담자들은 종결이 다가오는 것에 대해 불안감을 느끼거나 상담자와의 이별을 힘들어 하기도 한다. 종결을 앞두고 분리불안을 호소하거나 상담 없이 혼자 감당하기 어렵다고 말하는 경우, 상담자는 필요시 추후 다시 상담을 받을 수 있다는 점을 설명하면서 내담자와 종결을 준비할 수 있다.

종결 회기는 전체 상담 기간의 약 1/6 정도를 할애하는 것이 일반적인데, 만약 10회기 내외의 단기 상담이라면 보통 1~2회기를 종결 단계로 운영한다. 종결 후 혼자서 감당할 것이 두려운 내담자들은 이 시점에서 새로운 문제를 제시하며 상담을 계속하고 싶어 할 수 있다. 이때 상담자는 새롭게 제기된 문제가 종결을 미루고 목표를 재설정할 만큼 중요한 것인지, 아니면 종결에 대한 불안으로 나타난 일시적인 반응인지 신중히 검토한다. 만약 종결 시점이 적절하고 새로운 문제 제기가 분리불안에 기인한 것으로 판단된다면, 계획대로 종결을 진행하고 이후 필요 시 추수 상담을 활용할 수 있다.

예컨대, 퇴직을 앞둔 한 내담자가 혼란과 분노의 감정으로 상담을 시작해 총 10회기의 상담을 받았다고 하자. 이 내담자가 상담 과정에서 퇴직이라는 변화의 의미를 재구성하고, 이를 단순한 쇠퇴가 아니라 인생 2막의 기회로 인식하게 되었다면, 이는 상담의 긍정적 성과로 볼 수 있다. 퇴직 이후의 삶에서 자신이 중요하게 여기는 가치에 집중하고, 새로운 목표를 설정한 뒤 그에 필요한 정보와 기술을 습득하려는 방향으로 나아가고 있다면, 이는 종결을 고려할 수 있는 시점이다.

상담자는 내담자가 상담 과정에서 보인 자신감과 진로에 대한 통제감을 종결 단계에서 긍정적으로 피드백하며, 내담자가 상담을 통해 학습한 자원을 필요할 때마다 활용할 수 있도록 격려한다.

(2) 종결 단계에서 해야 할 일

① 상담 과정에 대한 평가

종결 단계에 이르면 상담자와 내담자는 그간의 상담 과정을 돌아보며 어떤 성과가 있었는지 평가한다. 상담을 통해 어떤 변화와 통찰이 있었는지, 내담자가 무엇을 배웠고 어떤 기술을 익혔는지 논의하면서, 향후 그것들을 어떻게 활용할 수 있을지를 검토한다. 또한 상담을 통해 여전히 해결되지 않은 부분이나 남은 과제를 점검하고, 처음 상담실에 왔을 때와 비교하여 내담자의 변화 양상을 체계적으로 되돌아본다.

② 이별의 감정 다루기

종결 단계는 상담 과정에서 매우 중요한 시기이다. 상담자와 내담자는 그동안 함께해 온 작업을 돌아보고, 형성된 특별한 관계를 의미 있게 마무리하게 된다. 따라서 아쉬움이나 슬픔 같은 감정을 느끼는 것은 자연스러운 일이다.

상담자는 내담자가 종결을 어떻게 느끼는지 표현할 수 있도록 돕고, 그동안 함께 보낸 시간의 의미와 배운 점을 내담자 스스로 성찰할 수 있도록 격려해야 한다. 상담자 또한 종결에 대한 자신의 감정을 솔직하게 표현하고, 상담 과정을 통해 자신이 얻은 배움이나 변화도 되돌아보는 태도가 필요하다.

③ 미해결 과제 확인

상담을 통해 내담자가 가져온 모든 문제가 단번에 해결되는 것은 아니다. 시간, 비용, 준비도 등의 제약으로 인해 다루지 못한 미해결 과제가 있을 수 있기에 종결 시에는 어떤 점에 성과가 있었고 어떤 점은 아직도 남아 있는지 점검해야 한다. 일부 문제는 어느 정도 성과가 있었으나 충분히 다루지 못한 경우일 수 있기 때문에 미해결된 과제는 향후 상담을 통해 이어지도록 정리한다.

(3) 조기 종결

조기 종결은 상담자가 종결을 준비하기도 전에 내담자가 일방적으로 상담을 중단하는 상황을 말한다. 많은 경우 단 1회기의 상담만으로 종결되는 경우도 많다. 조기 종결이 되는 이유는 다양하지만 내담자가 지니고 있는 상담 자체에 대한 불신, 변화에 대한 준비 부족, 자신의 문제가 드러날 것 같은 두려움 등 심리적 요인뿐 아니라 상담비를 내야 한다는 현실적인 부담도 조기 종결의 원인일 수 있다. 하지만 가장 중요한 것은 내담자가 애초에 가지고 있는 상담에 대한 기대에 미치지 못한 상담으로 인한 조기 종결도 있다. 상담 과정에 대한 불만이 쌓인 내담자는 갑자기 연락을 두절하거나 상담을 일방적으로 취소하면서 상담을 그만둘 수 있다. 또한 상담 과정에서 마주하는 내담자 자신의 모습에 대해 회피하고자 하여 조기 종결할 수도 있다. 이규미(2022)는 조기 종결이 일어나는 다양한 이유를 다음과 같이 설명하였다.

- 상담이 별 도움이 되지 않는다고 판단한 경우
- 상담자의 개입에 강한 저항을 느낄 때
- 상담으로부터 적절한 대우를 받지 못한다고 느낄 때

- 상담 중에 마주하게 되는 자신의 모습을 회피하고 싶을 때
- 상담비가 부담이 될 때 등

덧붙여 Brown과 Brooks(1991)는 조기 종결의 이유를 다음과 같은 네 가지로 제시하였다.

- 내담자가 상담을 통해 자신의 목표를 달성할 수 없다고 느낄 때
- 진로상담 경험이 기대에 못 미칠 때
- 상담을 통해 밝혀질 내용이 두려울 때
- 상담에 몰입하지 못할 때

만약 조기 종결이 불분명한 이유로 일어났다면, 상담자는 '내담자의 호소 문제에 민감하게 반응했는가?', '효과적인 작업동맹이 형성되었는가?', '내담자의 특성이나 문화적 배경으로 인해 관계 형성에 어려움이 있었는가?' 등을 성찰해 보아야 한다.

Gysbers 등(2014)은 예상치 못한 조기 종결 시 상담자가 내담자에게 문자나 전화 등으로 접촉을 시도할 수 있다고 하였으며, 이는 다음과 같은 장점이 있다고 하였다.

- 내담자에게 돌봄과 관심을 표현할 수 있다.
- 종결 이유에 대해 직접 물어볼 수 있다.
- 필요시 다른 전문가에게 의뢰할 수 있다.
- 추후 상담 재개 가능성을 안내할 수 있다.

만약 내담자와 연락이 닿는다면, 상담자는 최대한 개방적인 자세로 내담자의 감정과 종결 이유를 경청해야 한다. 이러한 진심 어린 태도는 상담 관계가 비록 종료되더라도 내담자에게 긍정적인 인상을 남길 수 있다. 그러나 내담자가 전화 통화조차 거부한다면, 내담자의 의사를 존중해 주어야 하며, 이전에 어느 정도 신뢰 관계가 형성된 경우에는 정중한 인사와 감사의 메시지를 문자나 이메일로 전달하는 것도 하나의 방법이 될 수 있다.

2) 마무리하기

Goodman(1992)은 내담자와의 상담을 마무리하는 방식으로 '치과 모델(dental model)'을 제

안하였다. 이 모델은 상담이 완전한 종결이 아니라, 치과 검진처럼 정기적인 점검과 유지 관리 차원에서 지속적으로 활용될 수 있다는 개념이다.

정기적인 만남을 통해 상담자는 내담자의 삶이 만족스럽게 유지되고 있는지를 점검하고, 필요시 적절한 지지를 제공할 수 있다. 내담자가 상담을 통해 배운 자원들을 얼마나 잘 활용하고 있는지도 확인할 수 있으며, 새로운 계획 수립에도 도움이 될 수 있다. 이러한 접근에서는 '완전한 종결'보다는 '점검을 위한 지속적 연결'이 강조되며, 상담이 생활 속에서 계속 활용되는 자원이 되도록 유도한다.

그러나 마무리 단계에서는 내담자가 이별에 대한 감정을 힘들어하거나 향후에도 지속적인 조언을 받고 싶어 하는 의존적 태도를 보일 수 있다. 이럴 경우 상담자는 상담 관계가 윤리적으로 제한된 관계임을 설명하고, 내담자가 상담 과정을 통해 얻은 성과를 토대로 독립적인 삶을 설계할 수 있도록 격려해야 한다.

이와 함께 상담자는 '상담은 종결되더라도 언제든 필요할 때 다시 시작할 수 있다'는 점을 분명히 하여 내담자가 상담 종결을 두려워하지 않도록 도와야 한다. 이는 내담자의 자기효능감을 높이고, 향후에도 스스로 도움을 요청할 수 있는 심리적 여지를 열어 두는 의미 있는 메시지이다.

종결 단계에서는 상담에서 배운 내용을 함께 정리하고, 앞으로 발생할 수 있는 문제에 대해 적절히 대처할 수 있는 전략을 강화하는 것이 바람직하다. 상담자와 내담자가 함께 상담의 성과를 점검하고 미래를 계획하며 종결에 임하는 경험은, 진로상담의 긍정적인 기억으로 남게 되고, 내담자에게는 자율적이고 주체적인 삶을 살아가는 데 도움이 된다.

또한 상담자는 종결 시 내담자에게 다음의 윤리적 사항들을 안내해야 한다. 상담과 관련된 기록과 자료 등에 대한 비밀보장의 범위, 추후 상담 재개 시 절차, 상담 이후 필요한 서비스나 자원에 대한 정보 제공 등이다. 이러한 안내는 상담자가 전문가로서 책임을 다하고 있음을 보여 주는 중요한 요소이며, 내담자에게 상담에 대한 신뢰를 지속시키는 역할을 한다. 특히 상담 이후 상담 기록의 보관 기간은 3년을 원칙(한국상담심리학회 윤리규정)으로 명시하고 있기에 상담자는 상담 기록의 안전과 비밀 보호에 책임을 진다.

상담자는 상담을 진행하면서 자신이 제공하는 상담이 내담자에게 더 이상 도움이 되지 않는다거나 기대에 미치지 못한다는 판단이 될 경우, 적절한 시점에 종결을 고려하거나 다른 전문가에게 의뢰할 책임이 있다. 이때에는 내담자와 솔직하게 대화하고, 상호협의하에 새로운 방향을 모색하는 것이 필요하다.

Gysbers 등(2014)은 종결 평가를 위한 다음의 일곱 가지 체크리스트를 제안하였다.

- 나는 진로상담에서 무엇이 일어났는지를 돌아보았다.
- 나는 상담 과정의 흐름을 되짚어 보았다.
- 나는 내담자의 강점을 확인하였다.
- 나는 상담의 긍정적 · 부정적 측면을 평가하였다.
- 나는 상담 중 말하지 못한 점들을 탐색하였다.
- 나는 상담관계의 종결에 대한 감정을 논의하였다.
- 나는 내담자의 다음 단계를 위한 명확한 구조를 제공하였다.

종결 시에 은퇴상담 현장에 따라 간단한 만족도 조사를 실시할 수 있다. 다음은 만족도 조사의 예시로 필자가 원문을 진로상담 장면에 맞게 일부 수정한 것이다.

〈표 13-3〉 상담 만족도 질문지

상담 만족도(Client Satisfaction Questionnaire: CSQ-8) (Larsen et al., 1979)

1. 전반적으로 귀하는 받은 서비스에 얼마나 만족하십니까?
   ① 매우 불만족 ② 불만족 ③ 만족 ④ 매우 만족

2. 귀하가 받은 서비스는 귀하의 필요를 얼마나 잘 충족시켰습니까?
   ① 전혀 충족되지 않음 ② 거의 충족되지 않음 ③ 대부분 충족됨 ④ 완전히 충족됨

3. 서비스를 통해 받은 도움에 대해 얼마나 만족하십니까?
   ① 전혀 만족하지 않음 ② 별로 만족하지 않음 ③ 만족함 ④ 매우 만족함

4. 동일한 도움이 다시 필요하다면, 이 기관을 다시 이용하시겠습니까?
   ① 절대 이용하지 않음 ② 아마도 이용하지 않음 ③ 아마도 이용함 ④ 확실히 이용함

5. 친구나 가족에게 이 기관의 서비스를 추천하시겠습니까?
   ① 절대 추천하지 않음 ② 아마도 추천하지 않음 ③ 아마도 추천함 ④ 확실히 추천함

6. 서비스의 질에 대해 어떻게 평가하십니까?
   ① 매우 나쁨 ② 나쁨 ③ 좋음 ④ 매우 좋음

7. 전반적으로 받은 서비스가 문제해결에 도움이 되었습니까?
   ① 전혀 도움되지 않음 ② 별로 도움되지 않음 ③ 도움이 되었음 ④ 매우 도움이 되었음

8. 전반적으로 귀하는 이 서비스를 얼마나 만족스럽게 느끼셨습니까?
   ① 매우 불만족 ② 불만족 ③ 만족 ④ 매우 만족

3) 추수 지도

추수 지도는 상담의 종결을 합의한 후 일정 기간(예: 3개월 또는 6개월)을 두고 내담자의 변화와 적응 과정을 점검하는 활동이다. 추수 지도 시에는 상담이 종결된 후 일정한 시기가 지난 뒤에 전화나 대면으로 추가적인 상담을 할 수 있다. 이때에는 건강이나 대인관계, 심리적 문제 등 다양한 생활 영역에서의 적응 상태를 살펴보고, 필요한 경우 보완적 지원을 제공한다.

참고문헌

권남희, 이혜경, 진은설(2020). **청소년심리 및 상담**. 서울: 학지사.

김동민, 강태훈, 김명식, 박소연, 배주미, 선혜연, 이기정, 이수현, 최정윤(2019). **심리검사와 상담**(2판). 서울: 학지사.

김봉환(2019). **진로상담의 이론과 실제**. 서울: 학지사.

김봉환, 강은희, 강혜영, 공윤정, 김영빈, 김희수, 선혜연, 손은령, 송재홍, 유현실, 이제경, 임은미, 황매향(2018). **진로상담**(2판). 서울: 학지사.

박현주, 김광웅(2013). 접수상담의 개념 및 내용에 관한 문헌고찰 연구. **한국놀이치료학회지, 16**(2), 107-123.

서현주, 김은석, 송스란, 이윤선(2018). 직업선택 및 취업계획 수립에 관한 직업상담 매뉴얼. 한국고용정보원.

양명숙, 김동일, 김명권, 김성회, 김춘경, 김형태, 문일경, 박경애, 박성희, 박재황, 박종수, 이영이, 전지경, 제석봉, 천성문, 한재희, 홍종관(2013). **상담이론과 실제**(2판). 서울: 학지사.

윤순임(2011). **현대상담 · 심리치료의 이론과 실제**(6판). 서울: 중앙적성출판사.

이규미(2022). **상담의 실제 과정과 기법**(2판). 서울: 학지사.

이윤주(2007). **상담사례개념화의 영역과 요소**. 경기: 한국학술정보.

이윤주(2016). 효율적인 상담사례개념화를 위한 상담사례개념도의 활용. **상담학연구: 사례 및 실제, 1**(2), 53-72.

이장호(2014). **상담심리학**(5판). 서울: 박영스토리.

이호선(2012). **노인상담**(2판). 서울: 학지사.

임수진, 김천수, 강영신, 김경은, 김동원, 박은민, 박주영, 박희성, 최희철(2023). **상담심리학**. 서울: 북앤정.

천성문, 박은아, 안세지, 박정미, 남기범(2019). **(초심상담자를 위한) 상담사례 이해와 슈퍼비전**. 서울: 학지사.

천성문, 이영순, 박명숙, 이동훈, 함경애(2021). **상담심리학의 이론과 실제**(4판). 서울: 학지사.

Anderson, M. L., Goodman, J., & Schlossberg, N. K. (2022). *Counseling adult in transition* (5th ed.). New York: Springer Publishing.

Brown, D., & Brooks, L. (1991). *Career choice and development*. San Francisco: Jossey-Bass.

Brown, S., & Lent, R. W. (2020). *Career development and counseling*. Hoboken, NJ: John Wiley & Sons.

Germer, C. K., & Siegel, R. D. (2012). *Wisdom and compassion in psychotherapy: Deepening mindfulness in clinical practice*. New York: Guilford Press. 서광, 김나연 공역(2014). **심리치료에서 지혜와 자비의 역할**. 서울: 학지사.

Goodman, J. (1992). The Dental model for couseling. *American Counselor, 1*, 27-29.

Gysbers, N., Heppner, M., & Johnston, J. A. (2014). *Career counseling: Holism, diversity, and strengths* (4th ed.). Hoboken, NJ: John Wiley & Sons. 김봉환 역(2017). **진로상담의 실제**. 서울: 학지사.

Krumboltz, J. D., & Thoresen, C. E. (Eds.). (1976). *Counseling methods*. New York: Holt, Rinehart & Winston.

Larsen, D. L., Attkisson, C. C., Hargreaves, W. A., & Nguyen, T. D. (1979). Assessment of client/patient satisfaction: Development of a general scale. *Evaluation and Program Planning, 2*(3), 197-207.

Niles, S. G., & Harris-Bowlsbey, J. (2009). *Career development interventions in the 21st century* (3rd ed.). Boston: Pearson.

Richardson, V. E. (1993). *Retirement counseling: A handbook for gerontology practitioners*. New York: Springer Publishing. 이장호, 김연진, 김현주, 여정숙, 오경민, 윤석주, 이은경, 이회란, 정선화, 조성자 공역(2008). **은퇴상담**. 서울: 학지사.

Thomas, M. S. (2000). *The resilient practitioner*. Boston: Allyn & Bacon. 유성경, 유정이, 이윤주, 김선경 공역(2003). **건강한 상담자만이 남을 도울 수 있다**. 서울: 학지사.

제14장

은퇴 단계별 상담 개입 전략

• 김이준 · 방혜진 · 이민아 · 이영란

은퇴는 생애 전환의 중요한 국면으로 단순히 직업 활동의 종료라는 의미를 넘어 개인의 정체성, 사회적 역할, 일상 구조 전반에 걸쳐 포괄적인 변화를 일으키는 과정이다. 이는 시간의 흐름에 따라 은퇴 전, 은퇴결정, 은퇴 이후라는 시기별로 각기 다른 심리적 · 사회적 요구와 과제가 수반된다. 따라서 은퇴상담은 일률적인 접근이 아닌 각 단계별로 내담자가 직면한 문제와 적응 과제에 맞추어 체계적이고 효과적으로 설계되어야 한다. 은퇴준비 단계에서는 은퇴준비와 은퇴 관련 인식의 변화가 필요하고, 은퇴결정 단계에서는 은퇴 의사결정을 위한 지원과 심리적 어려움의 완화를 도모해야 한다. 또한 은퇴 후 단계에서는 새로운 삶에 적응하고 삶의 질을 유지하는 데 집중해야 한다. 이와 같이 은퇴 단계별로 적합한 상담을 통해 은퇴(예정)자의 원활한 생애 전환과 긍정적인 적응을 도모해야 한다.

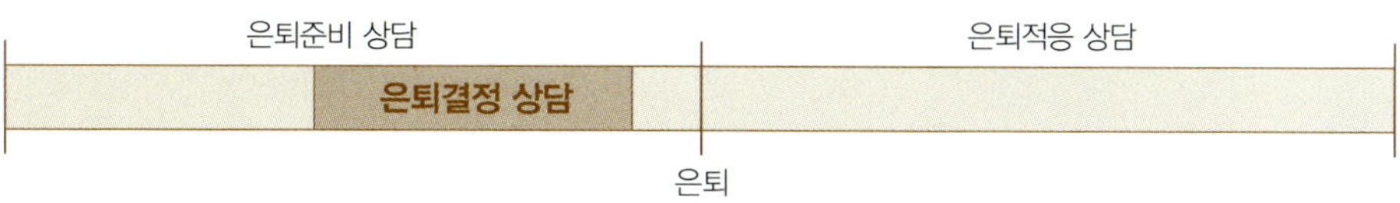

[그림 14-1] 은퇴 단계 구분

1 은퇴준비 상담

은퇴상담의 과정은 은퇴 단계별 상담 모형(이장호 외 공역, 2008)에 따라서 은퇴 전 단계, 은퇴결정 단계, 은퇴 후 적응단계 등의 세 단계로 나누어 볼 수 있다. 여기서 은퇴 전 단계는 은퇴를 준비하는 단계로 우리나라에서 '은퇴/퇴직 전'이라는 용어보다는 '은퇴/퇴직 준비'라는 용어가 통용되고 있기 때문에, 이 장에서는 은퇴준비라는 용어로 통일한다.

이 단계에 대해 김봉환(2014)은 직장인들이 은퇴활동에 참여하기 시작하는 단계에서의 상담으로 간주하고, 새로운 취미를 개발하고 재정 상태를 평가하는 것을 주요 상담 내용으로 삼아야 하며, 은퇴를 잘 준비한 사람들이 은퇴 이후에 보다 잘 적응하는 경향이 있다는 사실을 알리고, 은퇴준비를 회피하는 사람들에게 저항 없이 은퇴에 대비하도록 조력해야 한다고 하였다. 비슷한 맥락으로 적절한 은퇴준비를 하게 되면 불확실한 미래를 스스로 제어할 수 있다고 느끼고, 은퇴준비를 잘하게 되면 걱정과 불안이 감소하며, 은퇴준비와 은퇴 후의 삶과는 매우 관련이 높다고 보고하고 있다(Lachman & Burack, 1993; Quick & Moen, 1998).

은퇴준비를 언제부터 할 것인가에 대해서 학자들마다 이견이 있으나 Richardson(1993)은 적어도 은퇴 15년 전인 40세에서 60세 사이의 중년기에 은퇴 전 상담이 시작된다고 보고, 은퇴준비 상담에서는 중년 내담자의 문제를 적절히 상담하기 위한 개입 전략의 필요성을 강조하였다.

1) 내담자 특징

은퇴준비를 하는 대부분의 사람이 중년기(40~60세)에 가지는 심리적 · 생리적 변화에 대한 이슈를 가지고 있다. 중년기에는 직접적인 은퇴준비에 대한 이슈 외에도 노화와 신체적인 웰빙, 가족이나 일을 포함한 심리적인 영역에 대한 재평가를 하게 된다.

2) 주 호소 문제

(1) 사회적 지위와 존재 의미 상실 불안

언젠가는 내가 몸담아 온 조직에서 이탈되어 소속감을 잃게 되고, 지금까지 가졌던 지위도 상실하게 되는데 이에 따른 불안을 경험한다. Richardson(1993)은 이러한 내담자들의 상실을 현실로 받아들이는 것을 돕는 과정에서 Worden(2018)이 제시한 애도 상담에 빗대어 내담자들이 이전의 역할과 과거의 행동에 대한 불필요한 고통 없이 과거를 받아들이고, 미래에 대해 기대를 갖고 남은 삶에 대해 좀 더 의미 있게 생각할 수 있도록 도와야 한다고 주장하였다.

- "지금은 그래도 이사님 소리를 듣는데, 이후에는 사람들이 나를 아저씨라고 부르게 되겠죠?"
- "매일 출근하던 직장을 안 가게 되면 어떤 기분일지 상상이 안 가요."

(2) 노화로 인한 건강 불안과 분노

중년기 이후 점점 노화되면서 은퇴 이후에도 계속 일을 할 수 있을지에 대한 불안을 경험한다. 또한 젊음에 대한 상실감과 신체적인 변화에 대해 거부하고 분노한다(Richardson, 1993). 이러한 건강에 대한 복잡한 감정은 비단 신체적 건강뿐 아니라 심리적 건강까지 연결되어 있기 때문에, 신체적 · 심리적 건강에 대한 고려가 함께 이루어져야 한다.

- "아직 중년인데, 벌써 몸이 안 따라 줘서 은퇴 이후에도 계속 일을 하는 게 가능할지 모르겠어요."
- "예전에는 이러지 않았는데, 내 몸이 말을 안 들으니 화가 나요."
- "점점 늙어 가는 게 눈에 보이는데, 몸만 늙는 게 아니라 마음까지도 같이 늙어 가는 것 같아서 슬퍼요."

(3) 경제적 불안

현재의 소득 수준을 은퇴 후에 보장할 수 없기 때문에, 현재의 자산이나 퇴직금, 연금제도 등을 활용하면 은퇴 이후에도 지금과 같은 삶을 유지할 수 있는지에 대한 걱정이 있다.

- "지금은 월급으로 산다고 하지만, 이후 퇴직금이나 연금만으로 생활이 가능할지 벌써부터 걱정이에요."
- "경제적 빈곤에 시달리기 전에 미리 무엇을 준비해야 하는지 모르겠어요."
- "은퇴준비 이후에도 계속 일자리를 가져야 할 것 같은데, 얼마나 급여를 받을 수 있을지 모르겠어요."

(4) 은퇴 이후 역할에 대한 두려움

은퇴준비 단계에서 내담자들이 갖는 두려움은 앞으로 해야 할 새로운 행동과 익숙하지 않은 단계에 대한 두려움이며, 다음 단계에 대처할 지식과 기술을 습득할 수 있을지에 대한 것들이다. 내담자들의 10가지 걱정은 새로운 친구를 사귀는 것, 새로운 여가를 즐기는 것, 은퇴를 체계적으로 받아들이는 것, 은퇴한 사람들과 적응할 수 있는지 등이다(Richardson, 1993).

- "은퇴를 하고 집에 있으면 그 긴긴 시간을 뭘로 채워야 할지 모르겠어요."
- "그래도 돈벌이 할 수 있는 새 직장을 찾아야 할 것 같은데, 이제 와서 뭘 새로 배우는 게 될지 모르겠어요."

3) 핵심 고려사항

은퇴준비 상담에서는 내담자가 은퇴를 어떻게 준비하고 있는지 과정에 대한 탐색은 물론 은퇴준비 과정에서 겪는 심리적인 어려움을 공감하고, 효과적으로 은퇴를 준비할 수 있도록 조력하는 서비스가 필요하다.

(1) 은퇴준비를 맞이하는 태도 탐색

은퇴의 시점이 정해져 있다고 하더라도 은퇴를 받아들이는 정도는 개인마다 다를 수 있다. 이것은 곧 은퇴준비에 대한 긍정적인 혹은 부정적인 태도로 연결될 수 있고, 은퇴준비를 보다 유연하게 하기 위해서는 은퇴 자체에 대한 심리적인 부담감이나 어려움을 어느 정도 해소할 필요가 있기 때문에 내담자가 은퇴로 인해 가지는 심리적인 어려움뿐 아니라 부정적인 태도를 상담을 통해 다룰 필요가 있다.

(2) 은퇴준비 영역별 수준 확인

은퇴 과정에서 무엇을 준비할 것인가에 대한 영역별 탐색을 통해 내담자가 가질 수 있는 막연한 불안감을 해소하도록 도울 수 있다. 은퇴계획은 은퇴 이후의 삶에 대비하여 어느 정도의 확실하고 구체적인 계획을 세우고 준비하는가를 의미한다. 대부분의 많은 사람이 퇴직 이후의 삶에서도 현재 생활을 지속하면서 여가생활을 즐길 수 있기를 기대하고 있지만 실현 가능한 계획을 위해 필요한 활동들이 무엇인지 명확히 알지 못하고 있다(Turner et al., 1994). 이종찬(2020)은 은퇴준비를 여섯 가지(생애설계준비, 일준비, 건강준비, 재무준비, 관계준비, 여가준비)로 구분하였는데, 영역별 탐색뿐 아니라 은퇴준비와 관련하여 현재 수준을 파악하는 것이 향후 구체적인 은퇴준비에 도움이 된다.

① 생애설계준비

인간은 전 생애 기간 동안 계속 발달해 나가는데, 생애설계를 잘하기 위해서는 발달과업에 따라 각 단계별로 성취해야 할 목표와 계획을 잘 세워야 한다. 계획하기 과정이론(developmental psychology of planning)에 따르면 일반적으로 어떤 일을 할 때 계획을 세우고 당면한 상황에 대처하고 충격을 극복하거나 효과의 극대화를 꾀하는 것은 사람이 다른 동물들과 구별되는 특성 중 하나로 본다. 이 이론에 근거하면, 은퇴준비를 위해서는 은퇴에 대한 표상을 정립하여 자신에게 은퇴란 어떤 의미인지 확인하고 은퇴에 대한 구체적인 목표를 정립해야 한다(김연진, 2012).

② 일준비

은퇴설계에 있어 '일'과 '직업'은 생계수단으로서 중요한 의미도 있지만, 자아실현, 타인과의 관계 유지 및 소통, 사회 기여 등 사회적 존재 수단으로서도 매우 중심이 되는 이슈이다(이웅목, 2016). 또한 일의 의미란 '개인이 일에 대하여 갖는 신념, 가치, 동기, 중요성과 목적의 총체'를 말하며, 일을 통한 재미 추구, 역량 개발, 성장 기회의 획득 등을 포괄한다(탁진국 외, 2015).

③ 건강준비

은퇴준비에서 무엇보다 중요한 것이 신체적 · 심리적 건강이다(배문조, 2005). 신체적 건강뿐만 아니라 정신적인 건강 또한 성공적인 노화에 중요한 요소이다. 성공적 노화란 신체적 장애나 질병을 최소화하고 높은 단계의 신체적 기능과 인지적 구조를 유지하며 활동적인 대인 관계와 생산성 활동을 매개로 하여 열정적으로 삶에 동참하는 것으로, 개인적인 성취를 이룰 수 있는 상태라고 정의하였다(Rowe & Kahn, 1998).

④ 재무준비

심리상담에서 재무준비를 직접적으로 다루기는 어려우나 재무준비의 필요성에 대해서는 상담 과정에서 언급되어야 하고, 필요할 경우 다른 전문가를 통해서 이 부분에 대해 도움을 받도록 권해야 한다. 소득이 많은 사람이 노후에 경제적 준비를 잘하는 것으로 보아 경제적 변인, 즉 재무 상태가 노후생활 만족에 중요한 변인으로 작용한다(임지현 외, 2017).

⑤ 관계준비

사회적 관계, 즉 대인관계를 통해 개인은 필요시 도움이나 감정이입을 받을 수 있는데 이와 같은 지지는 인간이 가지고 있는 기본적인 욕구를 충족시켜 주고 우울을 예방하며 노인의 사회 · 심리적 능력에 영향을 미친다. 또한 스트레스나 주위의 해로운 영향을 감소시켜 생활 만족도를 높이는 역할을 하는 것으로 알려져 있다(김정엽, 이재모, 2010). 은퇴 후에는 사회적 관계가 줄어들 가능성이 크기 때문에 이를 보완하기 위해 기존의 관계를 잘 유지하거나 새로운 관계를 형성하려는 노력이 은퇴 후의 생활 만족도를 높이는 좋은 방안이 될 것이다.

⑥ 여가준비

활동적인 여가활동을 통해 사회적 욕구를 충족시킬 수 있는 새로운 친구를 만나고 협동적인 활동에 참여하며, 사회적인 관계를 유지하여 유대감을 쌓고 사회적 지지를 교환함으로써 사회적 이점을 얻을 수 있다(Boyes, 2013). 은퇴 후 삶의 만족도를 높이는 차원에서 적극적인 여가활동이 중요하며, 은퇴로 인해 상실된 역할을 대치할 만한 여가 등 다른 활동에 참여하는 것 또한 의미 있는 일이라 할 수 있다.

(3) 은퇴준비 수준을 고려한 맞춤형 접근

앞서 은퇴준비 수준을 확인하고 나면 개인마다 가진 자원의 정도와 향후 은퇴 이후의 삶을 어떻게 살고 싶은지에 따라 다른 준비 양상이 나타날 수 있다. 특히 은퇴준비 자체에 대한 심리적인 어려움을 호소할 수도 있고, 은퇴준비 영역 중 특정 영역(자격증 취득이나 재취업 등의 일 준비)의 욕구가 더 강할 수도 있기 때문에 내담자의 자원과 욕구 수준을 고려하여 이후 상담의 방향을 설정하는 것이 필요하다.

4) 은퇴준비 상담의 사례

은퇴준비가 막막하기만 한 나(이기범, 가명, 58세)

안녕하세요. 저는 한 기업에서 26년 근속을 하였고, 정년퇴직을 4년 앞두고 있습니다.

한 회사에서만 오래 근속한 탓에 마땅히 기술이 있는 것도 아니고, 그 흔한 자격증도 하나 없습니다.

가끔 TV에 퇴직 후의 현실에 대한 이야기가 나오면 겉으로는 의연한 척하지만 남 일이 아닌 것 같아서 밤잠을 설칠 때도 있습니다.

먼저 퇴직을 한 인생 선배들은 창업이나 재취업 등의 경험을 하는 것 같은데, 퇴직금을 다 털어서 창업을 한 선배들은 차라리 취업이 낫지 창업은 할 게 못 된다고 보수가 적더라도 취업이 낫다고들 합니다. 이것도 저것도 현실이 만만치 않아서 막막하기만 합니다.

퇴직을 하고 쉬기에는 자녀들이 아직 결혼 전이고, 퇴직 후에 연금과 퇴직금으로만 생활이 가능한지도 걱정입니다. 추가소득이 필요할 것 같은데, 지금 같은 급여 수준의 회사를 기대하기는 어렵다는 것은 알지만 어느 정도까지 눈높이를 낮추어야 하는지…….

경제적으로 퇴직 후 괜찮을지에 대한 현실적인 고민들과 갑자기 출근하던 회사가 어느 순간에는 없어진다는 불안감이 한 번씩 올라옵니다.

부인은 나를 어떻게 대할지, 아이들은 퇴직한 나를 어떻게 대접할지……. 취미생활도 변변치 않은 내가 퇴직하면 무엇을 하면서 긴긴 시간을 보낼 수 있을지 생각이 꼬리에 꼬리를 뭅니다.

아직 먼 얘기인 것 같지만 4년이라는 시간은 금방 흘러갈 것이고 남은 시간 동안 은퇴를 잘 준비하고 싶습니다. 현실적으로 자격증 준비라도 해야 하는 건지, 무엇을 해서 은퇴 후에 먹고 살 수 있는지, 은퇴 후 변화를 어떻게 맞이해야 할지 도움을 받고 싶습니다.

(1) 사례개념화

① 기본 정보

58세 남성으로 26년간 중견기업의 경영지원부서에서 근무하였다. 기혼으로 전업주부인 아내와 2녀를 두고 있으며 두 자녀 모두 현재 취업 준비 중이다. 한 직장에서 오래 근무하였기 때문에 성실성에 대한 인정을 받고 있다.

② 호소 문제

내담자는 퇴직준비에 대한 막연한 불안감을 가지고 있다. 무엇을 준비해야 하는 건지, 어떻게 준비하면 잘할 수 있는지 모르겠다. '은퇴준비는 어떻게 해야 잘하는 건가?', '이 직장을 관두게 되면 나는 어디로 출근할 수 있는가?', '은퇴 후에는 뭐를 먹고 살아야 하나?', '은퇴 후에는 그 긴긴 시간을 어떻게 보내야 하는 건가?'

③ 문제의 발생과 배경

내담자는 26년간 한 조직에서 열심히 일해 왔다. 퇴근 후 퇴직한 직장 선배를 만나서 퇴직 후 삶에 대한 이야기를 듣는데 아직 4년이나 남은 일이지만 선배의 고충이 남의 일 같지 않다. 그 선배 또한 나름 정년 퇴직 전부터 다양한 정보를 찾아보고 금전적인 준비도 잘한 것으로 들었는데 막상 퇴직해 보니 너무 막막하더라는 이야기를 한다. 그렇게 잘 준비한 선배도 힘들어

하는데 과연 퇴직준비라는 것을 어떻게 해야 하는지 내담자는 불안이 엄습해 온다.

④ 문제와 관련된 내담자의 사고, 정서, 행동(패턴) 이해

- 사고: 내담자는 퇴직 이후 생활을 하고 있는 선배들을 만나면서 자신이 무엇을 준비해야 하는지에 대한 계획이 구체적이지 않은 부분을 인지하고 있으며, 역할 상실에 대한 강박적인 사고를 보이고 있다.
- 정서: 내담자는 은퇴준비 및 은퇴 후 삶에 대한 두려움과 불안감을 주요 정서로 경험하고 있다. 특히 사회적 유대관계를 통해 얻게 되는 은퇴 후 소식들이 더욱 불안감을 가중시키고 있는 상황이다.
- 행동(패턴): 현재의 정형화된 패턴의 일상은 유지되고 있으나 여기서 추가로 무엇을 준비할 것인지에 대한 정보를 지인들을 통해 얻고 있는 상태이다. 지인들을 만나거나 TV를 통해 은퇴 관련 부정적인 뉴스를 들으면 종종 수면의 어려움을 호소하게 되고, 일 중심의 생활 패턴에서 가족이나 여가 등을 생각하지 못했기 때문에 가족과 시간을 함께 보내거나 여가를 즐기는 등의 활동이 현저히 부족하다.

⑤ 문제해결과 관련된 내담자의 자원 및 취약점

- 자원: 내담자는 한 직장에 오래 근속하면서 성실성을 쌓아 왔고 책임감이 강하다. 조직 운영과 인사 관리 경험을 통해 리더십을 쌓아 와서 후배 교육이나 컨설팅, 강의 등이 가능하다. 경제적 준비 정도는 중간 수준이고, 신체적으로 건강하고 은퇴 후 새로운 일에 도전할 의지가 있다.
- 제한점: 다른 직장을 가진다는 것에 대한 대안 없이 한 직장에 오래 근무하였기 때문에 새로운 직장을 갖는 것에 대한 불안이 클 수 있으며, 대안 탐색 경험이 적고 경직된 사고로 인해 향후 맞이해야 할 은퇴태도가 부정적이다. 일 중심의 생활 패턴으로 가족과의 정서적 친밀감, 여가에 대한 고려 등은 하지 않은 상태이다.

⑥ 내담자의 문제에 대한 종합적 이해

내담자는 은퇴를 앞두고 있는 시점에서 현재까지 살아온 삶의 패턴을 버리고 새로운 삶을 살게 되는 것이 불안하다. 특히 퇴직 후 삶을 살고 있는 선배들의 이야기를 통해 은퇴를 준비하는 것이 얼마나 어려운지를 절실히 경험하고 있고, 무엇을 준비해야 하는지에 대한 막연한 불안감이 있다. 내담자가 가진 성실성과 책임감, 리더 경험들, 정서적 지지를 보내고 있는 가족들이 있으나 일과 여가 등에 대한 대안 탐색이 부족한 상태로 이후 무엇을 준비하면 좋을지에 대한 종합적인 탐색이 필요한 상태이다.

(2) 심리적 개입 전략

① 상담 목표

내담자가 경험하는 미래에 대한 막연한 불안감을 줄이고 좀 더 자신감을 가지고 자신을 가꿀 수 있도록 돕는다.

② 개입 전략

- **막연한 불안감 해소**: 상담자는 내담자가 가지는 미래에 대한 막연한 불안감이 무엇인지 그 실체를 탐색할 수 있도록 돕는다. 불안의 영역을 유목화해서 살펴보고, 불안감을 해소하기 위해 정서적 조절력을 키울 수 있도록 도와야 한다. 경제적인 부분의 준비로 인한 불안감의 경우 재정 상담을 통해 해소할 수 있도록 관련 분야 전문가 상담을 추천한다.
- **중년기 이후 변화에 대한 이해와 수용**: 중년기 이후 신체적 변화에 대해 거부하거나 분노하는 태도를 버리고 자연스러운 삶의 현상으로 이해하고 수용할 수 있도록 돕는다.
- **자신감 향상**: 내담자가 현재까지 이어 온 경력이나 생활에 대해 무가치함을 느끼지 않고, 이후 은퇴준비 과정에서 그동안 해 왔던 이력이나 강점을 충분히 활용할 수 있도록 하기 위해 자신감 향상을 돕는다.

(3) 진로적 개입 전략

① 상담 목표

어떻게 은퇴준비를 할 것인가에 대한 은퇴계획을 세우고, 은퇴 이후의 생활을 탐색하고 준비할 수 있도록 돕는다.

② 개입 전략

- **은퇴계획 세우기**: 은퇴준비에 필요한 영역별로 내담자의 은퇴준비 정도를 체크하고 은퇴시기까지 미흡한 영역에 대해 구체적인 실천방안을 통해 준비할 수 있도록 도와야 한다.
- **은퇴 이후 직업 대안 탐색**: 내담자의 현재까지의 경력과 강점을 살려서 앞으로 할 수 있는 직업적 대안을 탐색하고, 디지털 리터러시 등의 직업교육이나 직업 선택에 필요한 자격증을 취득할 수 있도록 구체적인 실천계획을 세운다.

2 은퇴결정 상담

은퇴결정 상담(retirement decision counseling)이란 언제, 어떤 방법으로 은퇴를 할 것인가를 선택할 때 이루어지는 상담 활동을 의미한다(김춘경 외, 2016). Feldman과 Beehr(2011: 김봉환, 2014 재인용)는 은퇴결정의 3단계 모델을 제시하였는데, 1단계는 은퇴 가능성을 상상하는 단계이고, 2단계는 은퇴 시기를 평가하는 단계이며, 3단계는 은퇴계획을 세우고 이를 실행하는 단계이다. 이에 따르면 은퇴결정 상담은 은퇴 가능성과 여부를 판단하고 적절한 은퇴 시기를 선정하며, 은퇴와 관련한 계획을 세우고 이를 실행하는 과정을 조력하는 것이라 볼 수 있다. 김춘경 등(2016)은 은퇴결정을 고려하는 내담자는 생애전환기를 맞게 되는데 이러한 변화에 대한 불확실성으로 불안함과 슬픔 등의 부정적인 감정을 느끼므로 은퇴결정 상담의 목적은 비자발적으로 은퇴를 하더라도 스스로 선택하고 결정하여 주도적으로 이루어진 일이라고 인식하면서 최선의 선택을 할 수 있도록 도움을 주는 것에 있다고 하였다.

1) 내담자 특징

은퇴를 결정하는 데는 성별, 연령, 학력, 건강, 가족 구조, 거주지, 자산 · 주택 소유 여부, 직종 등 개인적 요인과 환경적 요인과 맥락이 영향을 미친다(권승, 황규선, 2004). 그럼에도 일반적으로 은퇴는 정년퇴직의 사유로 일어나는 경우가 많다고 인식되는 경향이 있다. 그러나 실제 은퇴는 정년퇴직 이외의 다양한 사유로 인해 발생하고 있다. 과거에 재직 경험을 보유하였으나 현재 퇴직이나 은퇴 상태에 있는 중장년을 대상으로 퇴직 사유를 조사한 결과에 따르면 건강상 이유, 자녀 돌봄, 부모 돌봄, 직장의 휴 · 폐업, 소속되었던 직장의 조건 불만족, 자아실현 및 자기개발에 도움이 되지 않음 등 다양한 사유가 존재한다(서울특별시50플러스재단, 2024. 4.). 따라서 은퇴결정 상담에서 만나게 될 내담자는 다음과 같은 특징을 보일 수 있다.

(1) 은퇴결정 사유와 은퇴 가능성의 판단

은퇴결정을 고려하는 데는 개인적이거나 자발적인 이유가 작용하기도 하고 환경적이거나 비자발적인 이유가 영향을 미치기도 한다. 일반적으로 개인적이거나 자발적인 은퇴 사유는 신체 · 정신의 건강 문제, 삶의 가치관 변화, 소속된 조직의 문화나 조건에 대한 불만족, 자아실현이나 자기개발을 위한 기회 탐색 등을 꼽을 수 있다. 환경적이거나 비자발적인 은퇴 사유는 가족 돌봄(부모, 자녀 등 가족의 질병, 출산, 육아 등으로 인한 돌봄), 근무처의 인력 감축(희망 퇴직, 명예퇴직 등 인력 감축을 위한 구조 조정), 직장의 휴업이나 폐업, 거주지 이전(가족의 근무지 이전 등에 따른 동반 이주) 등을 예로 들 수 있다.

그러나 이처럼 은퇴결정을 고려하게 하는 사유가 있다 하더라도 은퇴결정을 고민하는 모든 내담자가 은퇴를 실행에 옮기는 것은 아니다. 은퇴의 실행은 은퇴결정 사유뿐만 아니라 은퇴 준비 정도에도 상당한 영향을 받으므로 은퇴결정 내담자가 실제 은퇴를 할 가능성이나 적절한 은퇴 시기에 대한 판단은 각 내담자의 상황에 따라 다르게 나타날 수 있다.

(2) 은퇴결정에 대한 마음가짐

은퇴결정을 고민하는 맥락이나 사유가 개인마다 다르듯이 은퇴결정 문제를 대하는 내담자의 마음가짐도 서로 다를 수 있다. 다시 말해 은퇴결정 상담 내담자의 특징이나 상태는 은퇴를 개인적으로 바람직하게 보는가의 여부와 상당한 관련이 있다(박창제, 2013). 어떤 사람에게는 은퇴가 새로운 목표를 설정하고 새로운 활동을 시작하여 더 큰 생활 만족도를 달성할 수 있는 기회가 될 수 있지만(Calasanti, 1996; Maule et al., 1996: 박창제, 2013 재인용), 다른 사람에게는 삶의 변화에 대한 적응의 어려움, 스트레스 증가, 신체적 · 심리적 건강의 악화를 수반할 수 있다(Bosse et al., 1990: 박창제, 2013 재인용).

그러므로 은퇴결정 상담 과정에서는 내담자가 은퇴결정 문제를 어떠한 시각으로 바라보고 있는지를 파악하는 것이 중요하다. 자발적인 사유로 은퇴를 결정하는 내담자에게는 삶에 대한 새로운 계획을 세울 수 있도록 촉진하고, 비자발적인 사유로 인해 은퇴를 결정해야 하는 상황에 놓인 내담자라 하더라도 스스로 선택하고 결정하여 주도적으로 이루어진 일이라고 인식하면서 최선의 선택을 할 수 있도록 도움을 주어야 하기 때문이다. 특히 비자발적 사유로 인해 은퇴를 결정해야 하는 상황에 놓인 내담자들은 자발적 사유로 인한 내담자들에 비해 충격과 슬픔이 더 크고, 실의에 빠지거나 죄책감, 무기력감, 상실감을 더 많이 느낄 수 있으므로(김춘경 외, 2016) 심리, 정서적 상태를 적극적으로 살피고 삶의 큰 변화에 현명하게 대처할 수 있도록 조력하는 것이 필요하다.

2) 주 호소 문제

은퇴결정을 고려하는 내담자는 은퇴 가능성과 여부를 판단하고 적절한 은퇴 시기를 선정하며, 은퇴와 관련한 계획을 세우고 이를 실행하는 것과 관련한 문제를 고민할 수 있다. 이에 따라 예상되는 호소 문제는 다음과 같다.

(1) 은퇴 가능성 여부와 시기

은퇴결정을 고려하는 내담자가 가장 크게 고민하는 문제는 은퇴 가능성 여부와 은퇴 시기에 관한 내용이다. 자신이 처한 상황과 여건을 토대로 볼 때 은퇴를 결정하는 것이 바람직한 선택인지, 은퇴결정에 따른 득과 실은 무엇인지, 은퇴를 할 수 있는 준비가 어느 정도 되어 있는지 등을 따져 봄으로써 은퇴의 가능성 여부와 더불어 은퇴하기에 적절한 시기나 시점에 대해 고민할 수 있다.

- "제가 나이가 많아져서 지금까지 하던 일을 계속하기는 어려울 것 같아요. 아무래도 조만간 은퇴를 해야 할 것 같긴 한데 아직 돈 들어갈 곳이 많다 보니 은퇴를 하는 게 정말 맞는 것인지 모르겠어요."
- "지금 은퇴를 하는 게 좋을지 아니면 힘들더라도 조금 더 버텼다가 하는 것이 좋을지 정말 고민이 됩니다."

(2) 은퇴 의사결정에 대한 심리 · 생리적 반응

은퇴 의사결정을 앞둔 내담자들은 은퇴결정을 내려야 하는 상황 속에서 긴장, 불안, 초조 등의 심리 · 생리적 반응을 경험할 수 있다. 특히 비자발적 사유로 인해 은퇴를 결정해야 하는 내담자는 상실감이나 공허감, 무기력감 등의 정서 반응을 크게 느낄 수 있다. 또한 은퇴는 사회 · 경제적 지위와 역할 등에 큰 변화를 가져다주는 사건이므로 내담자는 은퇴 이후에 맞이할 삶의 변화를 예상해 보게 됨에 따라 이에 따른 다양한 심리적 · 정서적 어려움을 호소할 수 있다.

- "요즘 회사에서 명예퇴직 신청을 받고 있습니다. 명예퇴직금도 꽤 준다고 하더라고요. 몇 년 더 버텨 봐야 뭐하겠나 싶어 이참에 저도 명예퇴직 신청을 할까 하는데, 이게 정말 잘하는 결정인지 마음이 자꾸 불안하고 초조합니다."
- "어머니가 건강이 안 좋아지셔서 어머니를 돌볼 사람이 필요해요. 가족 중에 여력이 되는 사람이 저밖에 없는데, 한창 일할 나이에 이대로 은퇴를 하게 되면 제 남은 삶은 어떻게 되는 건지……. 너무 서러워서 자꾸 눈물이 쏟아집니다."

(3) 은퇴 이후의 계획 및 그에 대한 정보

은퇴 가능성 및 시기 등을 판단하는 것과 관련된 은퇴 의사결정은 현재 은퇴에 대한 준비가 어느 정도 되어 있는지뿐만 아니라 은퇴 이후의 삶에 대해 어느 정도 구체적이고 예측 가능한 계획을 가지고 있는가에 좌우된다. 은퇴 이후에는 수입이 감소하고 소속이 없어지며 사회적 관계나 일상생활 등에 상당한 변화가 일어나기 때문에 은퇴결정 상담 과정에서 내담자는 은퇴 이후의 삶을 살아 나가기 위한 계획을 세우고, 이를 실행하는 데 도움이 되는 정보나 조언을 요구할 수 있다.

- "제가 은퇴를 하고 나면 당장 수입이 없어지는데, 혹시 소일거리라도 할 만한 게 없을까요? 은퇴자 대상의 생계비 지원 같은 건 없나요?"
- "은퇴하고 나면 완전히 뒷방 늙은이가 되는 건데……. 저는 그렇게 살기는 싫어서 사회활동이라도 열심히 해 보려고 해요. 혹시 저 같은 사람에게 추천해 주실 만한 정보가 있을까요? 은퇴 이후에도 삶을 잘 살아 나가려면 제가 무엇을 새로 시작해 보면 좋을까요?"

3) 핵심 고려사항

은퇴결정 상담에서는 내담자가 은퇴결정을 고민하게 된 배경과 맥락을 탐색하고, 내담자가 경험하는 심리, 정서적 어려움에 공감하며, 은퇴결정에 따르는 변화를 예상하여 자신에게 도움이 되는 의사결정을 내릴 수 있도록 돕는 것이 필요하다.

김춘경 등(2016)은 은퇴결정 상담을 경청 단계, 평가 단계, 개입 단계로 구분하여 각 단계별로 다음의 사항에 중점을 두도록 하였다. 우선 경청 단계에서는 은퇴결정을 고민하는 과정에 경험하는 심리 · 정서적 고통과 그에 따른 여러 가지 부정적인 감정은 지극히 정상적인 반응이라는 것을 파악하도록 해 준다. 이 과정을 통해 내담자가 부정적 감정을 충분히 이해하고 수용하면 평가 단계로 넘어가는데, 평가 단계에서는 은퇴를 결정할 때 필요한 재정적 계획, 법률적 문제, 대인관계, 여가활동, 직업적 활동, 정서적 어려움 등에 관한 문제를 평가하고 검토한다. 마지막으로 개입 단계에서 상담자는 내담자의 은퇴 상황을 재해석하고 주도적으로 결정하여 통제하도록 도와준다. 이와 같은 내용을 토대로 은퇴결정 상담에서 핵심적으로 고려해야 할 사항을 구체적으로 살펴보면 다음과 같다.

① 은퇴결정을 고민하는 맥락과 사유 탐색

은퇴결정을 고민하게 되는 상황과 맥락은 각 내담자마다 다를 수 있다. 내담자가 은퇴결정을 고민하는 데 영향을 미친 요인이나 상황을 파악하고, 은퇴결정을 내리는 데 있어서 핵심적인 사유가 자발적인지 비자발적인지의 여부를 확인하는 것이 필요하다.

② 은퇴결정에 대한 내담자의 태도 탐색

은퇴결정에 대한 내담자의 태도는 내담자가 '은퇴를 개인적으로 바람직하게 보는가의 여부'와 상당한 관련이 있다. 은퇴를 긍정적으로 받아들이고 현재 시점에 꼭 필요한 결정이라고 보는 내담자와 은퇴를 원하지는 않지만 부득이한 상황에 떠밀려 어쩔 수 없이 해야 하는 결정이라고 보는 내담자에 대한 상담 개입은 분명히 달라야 할 것이다. 따라서 내담자가 은퇴결정이라는 문제를 어떠한 시각과 태도를 가지고 대하고 있는지를 분명히 파악하는 것은 은퇴결정 문제를 효과적으로 다루고 은퇴 이후의 적응 과정을 순조롭게 이끌어 가는 데 도움이 된다.

③ 심리 · 정서적 어려움의 여부와 정도 파악

은퇴결정이라는 문제를 다루며 심리 · 정서적으로 경험하고 있는 어려움이 있는지를 파악하여 만약 내담자가 부적응적 정서를 경험하고 있다면 적응적 정서로 전환할 수 있도록 돕는다.

④ 은퇴 이후 계획 여부와 준비 정도 분석 · 평가

은퇴 이후에 맞이하게 될 다양한 삶의 변화에 대비하기 위한 계획과 준비 정도를 분석함으로써 은퇴 의사결정의 여부 및 적합한 시기를 평가한다. 만약 은퇴 이후의 계획이 불분명하고 은퇴준비 정도도 미흡하다면 은퇴 이후의 삶을 준비하는 데 도움이 되는 정보와 조언을 제공하고 구체적인 계획을 수립해 나갈 수 있도록 조력하는 것이 필요하다.

⑤ 적절한 은퇴 시기 선정 및 구체적인 은퇴계획의 수립 · 실행 조력

내담자가 자신이 처한 상황과 은퇴준비 정도를 고려하여 적절한 은퇴 시기를 선정할 수 있도록 돕고, 그에 맞추어 은퇴계획을 세워 실행할 수 있도록 돕는다.

4) 은퇴결정 상담의 사례 1

은퇴, 해야 할까요? 말아야 할까요?(김성실, 가명, 여성, 만 51세)

저는 신제품 기획 업무를 하고 있는데 최근 들어 은퇴에 대해 심각하게 고민하고 있습니다. 직장생활은 대학을 졸업하고 바로 시작했으니 만 28년 됐습니다. 현재 직장에서 일한 지는 20년이 됐고요. 되돌아보면 저는 인생을 참 열심히 살았던 것 같아요. 결혼하고 아이 둘을 낳았는데 출산휴가 각각 3개월씩 쓴 것 이외에는 정말 쉬지 않고 일을 해 왔어요. 그 덕에 회사에서 인정도 받고, 나름대로 경력도 잘 쌓아 와서 스스로 자랑스러운 마음이 크긴 합니다.

그런데 제가 은퇴를 심각하게 고민하게 된 건 몇 년 전부터 일을 하는 게 너무 힘들다는 걸 느끼기 때문이에요. 신제품 개발 일을 하다 보니 새로운 아이디어를 끊임없이 내야 하고, 신제품 성공 여부가 인사고과에도 영향을 많이 미치니 업무 스트레스가 정말 많은 편입니다. 그래도 20년가량 해 오던 일이니 못할 건 없긴 한데, 그래도 2~3년 전부터 제가 느끼는 제 상태가 확실히 달라졌어요. 자신감이 부족해졌다고 할까요? 전에는 어떤 일이든 주어지면 '그래 까짓것 해 보자.' 이런 마음이었는데 40대 후반에 들어선 이후로는 새로운 일을 맡으면 일을 시작하기도 전에 자꾸 주저하게 되고 두려운 마음이 생기더라고요. 그래도 오랜 기간 해 오던 일이라 그런지 아직까지는 막상 시작하면 잘 해냈고 큰 문제 없이 계속해 오고 있긴 합니다. 그래서 회사의 다른 사람들은 제 상태를 잘 눈치채지 못하는 것 같아요. 그런데 저는 제가 전과 많이 다르다는 걸 느끼거든요. 주말 오후부터는 월요일에 다시 출근해야 한다는 생각에 온 마음이 막 짓눌리고, 회사에 가서 일을 할 때도 전보다 집중력도 떨어져서 그런지 일을 시작하기가 힘들어요.

그런데 막상 은퇴를 하면 경제적인 부분이 가장 걱정이 돼서 선뜻 마음을 먹질 못하겠어요. 맞벌이하면서 착실하게 돈을 모아 놓아서 그동안은 먹고 사는 데 크게 문제없이 평탄하게 살아오기는 했는데, 아이들이 아직 대학교, 고등학교에 다니고 있으니 앞으로 뒷바라지할 일이 많

이 남아 있거든요. 제가 은퇴를 하면 당장 수입이 절반으로 줄어들게 되니 그게 제일 부담이 됩니다. 그렇다고 정년까지 약 10년가량을 이 상태로 지내야 하나 그런 생각을 하면 진짜 너무 끔찍합니다. 아이들 뒷바라지할 생각을 하면 꾹 참고 다녀야 할 것 같은데, 제 마음의 소리는 '이건 정말 아니라고, 그만큼 했으면 됐으니 이제라도 자신을 위해 살라고' 합니다.

(1) 사례개념화

① 기본 정보

만 51세 여성으로 남편, 두 자녀와 함께 생활하고 있다. 신제품 기획자로 20년 이상의 직업생활을 유지해 오며 비교적 경제적 안정을 이루어 놓은 상태이다.

② 호소 문제

40대 후반부터 업무 능력의 감퇴를 지각하여 스트레스를 경험하고 있으며, 이로 인해 은퇴를 고려하고 있다. 그러나 은퇴 이후 경제적인 어려움을 겪을 것이 예상되어 결정하기 어려워하고 있다.

③ 문제의 발생과 배경

20년 이상 동일 직장에서 근무하며 끊임없이 새로운 아이디어를 내야 하는 높은 강도의 업무를 수행해 오고 있다. 중년의 연령대에 접어든 이후 체력 및 정신력의 감퇴를 경험하며 상당한 스트레스를 받고 있다.

④ 문제와 관련된 내담자의 사고, 감정, 행동(패턴) 이해

- 사고: 2번의 출산 이후 각각 3개월의 출산휴가를 사용한 것 이외에는 쉼 없이 직업생활에 전념해 왔으며, 직업생활에 최선을 다해 임해야 한다는 사명감과 높은 책임감을 가지고 있다. 직업생활을 유지하려면 높은 업무 능력을 보유해야 한다고 생각하고 있으며, 연령의 증가에 따라 신체 및 정신적 능력의 감소가 일어날 수 있음을 받아들이지 못하고 이를 직업생활을 유지하는 데 큰 결격 사유로 생각하는 경향이 있다.
- 정서: 자신이 보유한 높은 업무 능력을 통해 자신의 존재에 대해 스스로 만족하고 인정해 왔으나 최근 업무 능력이 감퇴하는 것을 느끼며 자신감이 낮아지는 반면, 전과 다르지 않게 지속적으로 성과를 내야 한다는 부담감을 느끼고 있다.

- **행동(패턴)**: 업무 능력에 대한 자신감 저하, 성과를 내지 못할 수 있다는 것에 대한 부담감으로 인해 출근 기피, 집중력 저하 등의 행동을 보이고 있다.

⑤ 문제해결과 관련된 내담자의 자원 및 취약점

- **자원**: 내담자는 오랜 기간 충실히 직업생활을 수행해 온 성실함과 책임감을 보유하고 있으며, 현재 직업생활을 유지하고 있는 배우자가 있어 비교적 안정적인 경제적 여건을 갖추고 있다.
- **제한점**: 자신의 업무 능력이 감소하는 것에 대해 압박감을 가지고 있으며 업무 능력이 줄어드는 것은 직업인에게 치명적인 단점이라고 인식하는 경향이 있다. 또한 은퇴 이후의 경제적 여건에 대해 비관적으로 전망하고 있어 은퇴결정에 따른 어려움을 크게 경험하고 있다.

⑥ 내담자의 문제에 대한 종합적 이해

중년기 직업생활의 목표와 기능에 대해 새롭게 이해하고, 중년기의 신체적 · 정신적 능력의 감퇴 현상과 그에 따른 역할 변화에 대해 적응적으로 받아들이는 것이 필요하다. 또한 중년 이후의 삶에 대해 조망해 보고 경제적 측면을 비롯한 다양한 여건을 구체적으로 분석하여 앞으로의 삶에 대비하는 것이 필요할 것으로 보인다.

- 내담자가 자신의 은퇴결정과 관련된 상황과 요구를 명확히 이해하고
- 은퇴결정 이후 일어날 변화를 예상하여
- 자신에게 도움이 되는 결정을 내릴 수 있도록 돕고
- 은퇴 의사결정 이후 일어날 변화에 대한 대처 방안을 찾도록 돕는다.

(2) 심리적 개입 전략

① 상담 목표

내담자가 자신이 현재 처한 상황을 분명하게 인식하고, 은퇴결정에 대해 경험하는 심리, 정서적 혼란을 줄여 나갈 수 있도록 돕는다. 이를 위해 세부적으로 다음과 같은 목표를 세우는 것이 필요할 것이다.

- 내담자가 은퇴를 고려하게 된 배경과 이유를 명확히 이해할 수 있도록 돕는다.

- 중년기의 신체적 · 정신적 기능의 변화에 대해 이해하고, 자연스러운 현상으로 받아들일 수 있도록 돕는다.
- 내담자가 자신의 지난 삶과 직업생활에 대한 긍정적인 해석을 통해 삶에 대해 충만한 감정을 가질 수 있도록 돕는다.

② 개입 전략

• 은퇴를 고민하게 된 이유와 배경 탐색

내담자가 은퇴를 고민하게 된 배경과 이유를 명확히 이해할 수 있도록 돕는다. "언제부터 은퇴에 대한 생각을 하게 되었나요?", "은퇴에 대한 생각을 갖게 된 시점에 자신에게 어떠한 변화가 있었나요?", "은퇴를 하기로 마음먹는 데 영향을 준 일이나 사건이 있었나요?" 등의 질문을 통해 은퇴에 대해 생각을 갖기 시작한 시점과 그 시점에 자신에게 어떤 변화가 있었는지를 상세하게 탐색한다.

• 중년기의 변화에 대한 이해와 수용 조력

내담자가 은퇴를 고민하게 된 데는 내담자가 가지고 있는 직업인의 바람직한 상(像)에 비해 자신의 현재 능력이나 상태가 그에 미치지 못한 것에 따른 압박감이 작용했을 가능성이 있다. 따라서 내담자의 감정과 행동에 영향을 미치는 사고나 신념이 무엇인지 확인하고, 은퇴결정 문제를 다루는 데 있어서 보다 도움이 되는 적응적 사고를 할 수 있도록 돕는다. "청년기의 직업생활과 중년기의 직업생활은 어떤 점이 다르다고 생각하시나요?", "20년 이상 한 분야에서 높은 전문성을 쌓아 오신 분에게 주위 사람들이 기대하는 바는 무엇일까요?" 등의 질문을 통해 중년기에는 신체적 · 정신적 기능에 여러 가지 변화가 생기고 이에 따라 직무의 수행 과정이나 결과가 이전과는 다를 수 있음을 받아들이도록 돕는 것이 필요하다.

• 그동안 충실히 수행해 온 직업생활에 대한 긍정적인 해석 조력

내담자가 자신의 지난 삶과 직업생활에 대해 긍정적으로 해석하고, 충만한 감정을 가질 수 있도록 돕는다. "자신의 직업생활을 스스로 평가해 본다면 10점 만점 중에 몇 점을 주실 건가요?", "자신에게 상을 준다면 어떤 이름의 상을 주실 수 있을까요?" 등의 질문을 통해 내담자가 자신의 현재 상태에 대해 재평가할 수 있는 기회를 제공한다.

(3) 진로적 개입 전략

① 상담 목표

내담자의 은퇴 의사결정 여부를 효과적으로 다루고 은퇴 이후의 삶과 진로 문제를 계획할 수 있도록 돕는다. 이를 위해 세부적으로 다음과 같은 목표를 세우는 것이 필요하다.

- 은퇴결정에 따른 변화를 예상하고, 장단점을 분석할 수 있도록 돕는다.
- 자신에게 도움이 되는 결정을 내릴 수 있도록 조력한다.
- 은퇴결정 여부에 따라 필요한 정보를 탐색하고, 구체적인 행동 계획을 세워 실천할 수 있도록 돕는다.

② 개입 전략

• 은퇴결정으로 인해 예상되는 변화 탐색

내담자는 은퇴 이후 경제적 여건이 나빠질 것을 우려하여 은퇴를 스스로 원하면서도 한편으로는 주저하고 있으므로 경제적 측면을 포함하여 은퇴 이후 내담자의 생활에 일어날 변화를 구체적으로 예상해 볼 수 있도록 돕는 것이 필요하다. "은퇴를 하게 되면 수입이 얼마나 줄어들게 되고, 현재 가정을 운영하는 데 있어서 어느 정도나 영향을 미치게 될까요?", "은퇴를 하면 달라질 것으로 예상되는 점은 어떤 것이 있나요?" 등의 질문을 통해 내담자가 예상하는 변화를 구체적으로 탐색해 볼 수 있다.

• 은퇴결정에 따른 장단점 탐색

내담자는 은퇴를 할 것인지 아니면 그대로 직업생활을 유지할 것인지 고민하고 있으므로 두 가지 선택지에 따른 장단점을 예상해 보고 은퇴결정 여부를 구체적으로 생각해 볼 수 있도록 돕는다. "만약 은퇴를 하게 된다면 어떤 점이 좋고, 어떤 점이 염려되나요?", "만약 은퇴를 하지 않고 직업생활을 유지한다면 어떤 점이 좋고, 어떤 점이 염려되나요?", "심리적 · 경제적 · 직업적 · 관계적 측면에서 은퇴를 하는 것과 직업생활을 유지하는 것 각각에 대한 장단점을 생각해 볼까요?"와 같이 은퇴결정에 따른 장단점은 심리적 · 직업적 · 경제적 · 사회적 측면을 두루 탐색할 수 있도록 한다.

• 자신에게 도움이 되는 결정 판단

은퇴결정과 직업생활 유지에 따른 장단점을 분석한 후에는 자신이 삶을 살아가는 데 있어 중요하게 생각하는 기준이 무엇인지를 토대로 자신에게 도움이 되는 결정을 내릴 수 있도록 돕는다. "지금까지 살펴본 내용을 토대로 은퇴를 결정하는 것과 직업생활을 지속하는 것 중에 자신에게 더 도움이 되는 것은 무엇이라 생각하나요?"와 같은 질문으로 내담자가 원하는 바를 탐색할 수 있다.

- **결정에 따른 정보 탐색 및 행동 계획 수립**

내담자가 은퇴를 결정할 경우 적절한 은퇴 시점을 예측해 보고, 은퇴 이후의 삶을 성공적으로 살아 나가기 위한 정보와 조언을 제공한다. "은퇴를 하기로 결정하셨는데, 앞으로 무엇을 어떻게 준비하면 좋을지 생각해 볼까요?"와 같은 질문을 토대로 내담자에게 필요한 정보와 실천계획이 무엇인지를 탐색해 나간다.

만약 내담자가 직업생활을 유지하기로 결정한 경우에는 중년기 이후 직업생활을 수행하는데 도움이 되는 방안을 탐색할 수 있도록 돕는다. "당분간 직업생활을 계속 하기로 결정하셨는데, 중년기 이후에 직업생활을 잘 해내기 위해서는 앞으로 무엇을 어떻게 해 보면 좋을지 이야기 나눠 볼까요?"와 같은 질문으로 구체화할 수 있다.

5) 은퇴결정 상담의 사례 2

갑작스러운 은퇴결정으로 막막한 홍길동 씨(가명, 남성, 만 54세)

저는 대학에서 국어교육과를 졸업한 후 군복무를 마치고 27세에 사회생활을 시작했습니다. 대기업은 아니었지만 국내에서 꽤 유명했던 중견 섬유회사에서 일하며 지난 28년 가까이 내수 및 수출을 총괄하는 의류 OEM 완제품 영업 및 생산관리를 맡아 왔습니다. 해외 판로를 개척하는 일이 쉽지 않았지만 당시에는 한국 섬유에 대한 수요도 높았고 무엇보다 제가 하는 일이 국가 경제에 이바지한다는 자부심도 있었기 때문에 정말 열심히 일해 왔습니다.

그런데 최근 들어 국가 간 무역전쟁이 심각해지면서 회사가 무척 어려워졌습니다. 중국에서 의류를 생산해 미국으로 수출하는 구조인데 중국산 의류에 대한 고율의 관세 부과로 인해 수익률이 급격히 하락하게 되어 회사 상황이 나빠졌습니다. 심지어 지난 5개월간은 마이너스 수익률을 기록하여 희망 퇴직 신청을 받는다는 이야기가 돌았습니다. 모두 언제 어떻게 될지 모른다는 생각에 살얼음판 같은 분위기였습니다. 서로가 눈치를 보며 누가 퇴직을 하게 될지 긴장하면서 지난 몇 달을 보냈던 것 같습니다.

저도 아직 아이들도 대학생이고 아내도 전업주부라서 일을 해야 하는 상황이긴 했지만 해외 영업이라는 업무 특성상 출장도 많고 경쟁도 치열해서 점점 힘에 부치기도 했습니다. 해외 영업팀의 구성원들도 젊은 친구들로 교체되었고 북미 시장 위주의 영업에서 남미 시장 방향으로 회사의 전략이 바뀌는 바람에 판로를 새로 개척해야 하는데 그게 너무 힘들었습니다. 무엇보다 남미 업체들과 시차가 크다 보니 자정을 넘겨서 일을 하거나 새벽에도 출근해야 하는 날이 많았습니다. 영어 위주로 업무를 해 오다가 스페인어까지 배워야 하는 상황에서 업무 스트레스가 너무도 심했어요. 실적도 있고 판로도 개척해야 하고 중국 공장도 관리해야 하고……. 최근에는 두통과 이명까지 생겨서 정신과에 가서 상담까지 받았습니다. '언제까지 이렇게 보내야 하나?' 생각해 봤을 때 나이도 있고 저의 건강으로는 계속 버티기 어려울 것 같다는 판단이 들더군요. 이런저런 고민 끝에 지난 달에 희망 퇴직을 신청해 두었습니다.

막상 은퇴결정을 하긴 했지만 퇴직 날짜가 다가오자 너무 불안하고 초조함이 밀려옵니다. 난생 처음으로 불면증에 시달리고 있습니다. 잘못된 결정을 한 것 같아 후회가 되다가도 이대로 유지한다는 것도 어렵고 어차피 언젠가는 은퇴를 하게 될 텐데 조금 일찍 나가서 경험해 보자는 생각으로 과감한 결단을 하긴 했지만 앞으로 무엇을 어떻게 해야 할지 전혀 감을 잡지 못하겠습니다. 쓸모없는 인간이 된 것 같기도 하고요. 무엇보다 회사에 모든 것을 쏟아부었고 제 인생의 전부가 일이었다는 생각도 드는데 막상 나가려고 하니 아쉬워하는 사람도 없고 얼른 나가 주기만을 기다리는 것 같아서 허무하기만 하고 이게 대체 뭔가 허탈하기도 합니다.

인터넷에서 '은퇴', '일자리', '퇴직' 등의 키워드를 검색해 보기도 하고 구직 포털 사이트를 둘러보기도 하지만 어디서부터 손을 대야 할지 막막합니다. 제 동료 중에는 동남아시아 현지 공장 관리자로 전직을 한 사람도 있지만 저는 이 나이에 해외에 나가 혼자 살 자신은 없습니다. 그렇다고 무턱대고 프랜차이즈 카페나 자영업을 시작하기엔 리스크가 너무 큰 것 같습니다. 퇴직금이 나오겠지만 그걸 쉽게 투자할 수도 없는 노릇이니까요.

직장생활 할 때는 늘 계획적이고 목표 지향적인 사람이었다고 생각했지만, 막상 퇴직을 앞두고 나니 무엇을 해야 할지, 방향을 잡기가 어렵습니다. 현실을 받아들여야 한다는 것을 알지만, 익숙한 환경을 떠난다는 게 쉽지 않네요. 매일 고민을 되풀이하고 있습니다. 막막합니다. 정말이지 제가 앞으로 어떻게 해야 할지 잘 모르겠습니다.

(1) 사례개념화

① **기본 정보:** 54세 남성으로, 대학생 자녀와 전업주부 아내를 둔 가장이다. 중견 섬유회사에서 28년간 근무하였다. 의류 OEM 해외 영업 및 생산관리 담당했으나 최근 회사 사정이

어려워져 희망 퇴직을 신청하였다.

② **호소 문제:** 퇴직을 앞두고 심리적 불안과 초조감, 허무함을 느끼며 두통, 이명, 불면증과 같은 건강 문제로 어려움을 겪고 있다. 예상보다 앞당겨진 은퇴 앞에서 생계에 대한 막막함, 진로 방향성 상실로 불안감을 호소하였다.

③ **문제의 발생과 배경:** 해외 영업을 위주로 하는 회사의 수익성 악화로 인한 조직개편이 발생하였고 내담자가 그간 해 왔던 해외 영업 업무 강도가 높아지며 장거리 출장, 시차로 인한 야간 업무, 언어 부담 등이 스트레스로 작용하였다. 조직 변화(젊은 인력 교체, 남미 중심으로의 새로운 판로 개척)로 정년까지 몇 년 남지 않은 상황에서 희망 퇴직을 결정하였다.

④ **문제와 관련된 내담자의 사고, 감정, 행동(패턴) 이해:** '이 나이에 다시 시작할 수 있을까?', '위험을 감수하기 어렵다.' 등의 걱정과 미래에 대한 불안, 초조 그리고 긴 직장생활에 대한 회의감과 무기력, 막막함을 호소하고 있다. 새로운 일을 구하기 위해 인터넷 검색을 하고 있으나 시간을 허비하는 느낌을 받고 있으며 퇴직 결정 이후 수면 장애와 이명 등으로 신체적인 문제가 발생하고 있다. 목표 지향적이고 늘 계획적으로 사는 편이라고 믿어 왔던 자기 성향에 대한 회의감까지 나타내고 있다.

⑤ **문제해결과 관련된 내담자의 자원 및 취약점:** 해외 영업 분야의 풍부한 실무 경험과 일에 대한 책임감, 계획적이고 성실한 성향, 가족의 지지가 있다. 그러나 노화와 스트레스로 인한 건강 문제, 변화에 대한 불안감, 자기효능감 저하, 해외 근무 거부감, 진로 목표 부재 등의 어려움이 있다.

⑥ **내담자의 문제에 대한 종합적 이해:** 업무환경과 국제적인 상황에 의한 산업 위기 등의 외부 구조적 변화와 내부적 자원 소진이 맞물리며 퇴직 결정을 내렸으나 올바른 판단이었는지 불확실한 상황이다. 은퇴결정이 예상보다 이른 시기에 결정되면서 다음 단계의 진로 목표를 위한 구체적인 방향 모색이 필요하다. 스스로 내린 은퇴결정이었으나 올바른 선택이었는가에 대한 양가감정을 들여다보고 자신의 자원을 정리하여 새로운 진로목표를 설정해 나갈 필요가 있다. 내담자 자신의 관점에서 지나온 시간을 돌아보며 향후 커리어 분야의 비전 설정과 자기 회복이 필요하다.

(2) 심리적 개입 전략

① 상담 목표

퇴직을 앞둔 내담자는 심리적으로 불안정한 상태이다. 여러 가지 가능성을 염두에 두고 희망 퇴직이라는 결정을 하였으나 과연 잘한 선택인가에 대해 양가감정이 있다. 수십 년간 이어온 직장을 그만두는 시점에서 상실감과 혼란감을 완화하고 현실을 수용하도록 도우며 희망을 고취한다.

② 개입 전략

• 정서적 접촉과 감정 타당화

정서적 안정과 불안 감소를 위해 정서적 접촉(emotional contact)이 중요하다. 내담자가 느끼는 불안, 초조, 무력감은 몸과 마음의 연결이라는 측면에서 스트레스로 인한 두통, 이명, 불면이라는 증상과도 관련될 수 있다. 내담자의 정서에 조율하여 불안, 우울, 초조함 등의 감정에 대한 타당화(emotional validation)를 하며 내담자가 느끼는 감정이 충분히 이해 가능한 것임을 인정하고 지지하는 자세가 필요하다(Greenberg, 2011). 상담자는 내담자의 말을 경청하고 "막막함이 공감이 됩니다. 그럴 수밖에 없었겠어요. 힘드셨겠네요."라는 말 등을 언급하면서 내담자의 감정에 공감해 주어야 한다.

• 내러티브 재구성

장기간 성실하게 일해 온 자세, 위기 속에서도 책임을 감당했던 모습, 새로운 업무에 적응하려 노력했던 태도는 내담자의 강점이다. 그간은 주목하지 않았던 부분을 재조명하며 새로운 시선으로 자신의 삶을 돌아볼 수 있게 하고 낙담한 마음을 회복해 나가도록 한다(Savickas, 2012).

• 스트레스 및 불안 관리

퇴직 결정을 내렸지만, 불확실한 미래는 지속적인 스트레스를 유발할 수 있다. 두통, 이명, 불면을 호소하는 내담자에게 상담자는 스트레스 다루기 전략으로 심호흡, 이완 훈련, 짧은 명상 등 실행 가능한 심신 안정 기술을 제시할 수 있다. 명상이나 이완 훈련에 익숙하지 않더라도 간단한 호흡이나 이미지 훈련 등을 통해 조금씩 시도해 볼 수 있게 도와준다.

• 통제 가능/불가능 요소 구분하기

불안은 종종 통제할 수 없는 것에 집착할 때 심화된다. 상담자는 내담자와 함께 통제 가능한 것과 그렇지 않은 것을 구분해 본다. 이러한 구분은 내담자에게 자율성과 심리적 안정감을 제공할 수 있다.

• **희망 부여하기**

퇴직은 끝이 아니라 또 다른 가능성의 문이기도 하다. 상담자는 모델링 기법을 활용해, 실제로 유사한 상황을 겪은 후 새로운 길을 찾은 사례를 소개할 수 있다. 희망 부여는 상황을 극복할 용기를 불어넣어 줄 수 있다(Niles, 2011).

• **동기 강화하기**

내담자는 예정된 퇴직 앞에서 불안이 클 수밖에 없다. 상담자는 동기강화 상담 기법을 활용하여, 변화해야 하는 상황이지만 "이 나이에 뭘 할 수 있을까요?"라고 하며 변화에 저항하고 싶은 내담자의 '양가감정'을 존중한다. 변화하고자 하는 마음과 동시에 망설이는 감정을 탐색하며, 현재의 상황에서 효과적인 대안을 함께 찾아본다(Miller & Rollnick, 2013). 이미 내린 퇴직 결정에 대한 확신을 심어 주는 방식보다는 내담자 스스로 변화의 이유를 찾고 스스로 수용할 수 있게 하며 퇴직 이후 삶을 '막연한 불안'이 아닌, '주도적으로 준비할 수 있는 삶'으로 재인식하도록 돕는 것이 필요하다.

(3) 진로적 개입 전략

① 상담 목표

심리적 안정이 어느 정도 확보된 이후, 본격적인 진로 개입을 도모할 수 있다. 구체적인 진로 방향 설정을 위한 전이 가능한 기술 정리, 의사결정 능력 향상, 강점 파악, 실천 전략과 계획을 수립하도록 조력한다.

② 개입 전략

• **전이 가능한 기술 탐색**

내담자가 기존에 쌓아 온 기술은 단순히 '해외 영업과 생산관리'에만 한정되지 않는다. 거래처 유지 및 관리 능력, 고객과의 계약 협상 능력, 커뮤니케이션 및 관계유지 능력, 리더십, 위기 대처 능력, 외국어 능력, 수출입 관련 프로세스 관리 등의 직무 역량은 다양한 맥락에서 활용 가능한 자산이다. 상담자는 이 기술들을 다른 분야에서 활용할 수 있는 전이 가능성을 함께 탐색한다.

• **의사결정 촉진(DECIDES 모델 적용)**

내담자가 앞으로의 삶에 대한 막막함을 호소하기 때문에 미래의 삶을 설계하는 데 필요한 진로 재탐색과 진로 의사결정이 요구된다. 이때에 Krumboltz와 Hamel(1977)의 DECIDES 모델을 적용해 다음과 같은 7단계를 함께 점검할 수 있다. 이 모델은 혼란을 구조화하고 자기 결정감을 회복하는 데 유용하다.

- **문제 정의하기(Define the problem)**: 막연한 불안이 아닌, 구체적으로 무엇이 문제인지 명료화(예: '앞으로 어떤 일을 할 수 있을지 모르겠고 불안하다. → 익숙한 조직 환경을 떠나고 새로운 직장을 찾아야 하는 것이 두렵다.'와 같이 문제를 명료화하기)
- **행동 계획 수립하기(Establish action plan)**: 정보 수집 및 탐색 목표 설정(예: 다음 주까지 고용복지플러스센터 상담 예약하기, 퇴직자 커뮤니티 알아보기 등 구체적인 행동 계획 설정해 보기)
- **가치 명료화(Clarify values)**: 가족, 안정, 성장 등 우선 가치 파악(예: '경제적인 안정이 중요한가? 주체적으로 일할 수 있는 환경이 더 중요한가?'와 같이 삶에서 중요하게 여기는 가치 파악하기)
- **대안 확인하기(Identify alternatives)**: 재취업, 자영업, 1인 창업, 자문, 비영리 참여 등 옵션 정리(예: 자영업, 비영리활동, 정규직, 창직 등 가능한 진로 및 경로의 목록화하기)
- **가능한 결과(Discover probable outcomes)**: 각 선택지의 장단점 검토(예: '자영업은 새로운 도전이 될 수 있지만 어떤 사업 아이템이 맞을지 확신하기 어렵고 사업을 한다는 것에 대한 두려움이 크다.'와 같이 대안의 장단점 검토)
- **대안 배제하기(Eliminate alternatives systematically)**: 비현실적 대안 배제(예: 해외에 나가서 일하는 것은 나이, 건강 등의 이유로 배제)
- **행동 취하기(Start action)**: 정보 탐색, 네트워크 연결 등 작은 실행 시작(예: 이력서 업데이트, 과거 동료들과 만나 커피 미팅, 관내 구청의 직업상담사와 상담 예약 등)

• 진로 장벽 분석과 해소

Lewin(1943)에 따르면, 인간 행동은 목표를 향한 '추진력(driving forces)'과 그것을 방해하는 '억제력(restraining forces)' 사이의 균형에 따라 결정된다고 하였다. 상담자는 내담자가 인식하는 억제력을 줄이고 추진력을 강화하기 위해 실천 전략을 제안할 수 있다. 강점은 더욱 강화해주고 장벽에 대처할 수 있는 전략을 모색한다.

- **추진력**: 경력, 책임감, 변화 욕구, 가족을 위한 실천 의지, 변화 필요성 인식
- **억제력**: 연령, 건강 문제, 실패에 대한 두려움, 정보 부족, 변화에 대한 두려움

• **정보 탐색과 실행 계획 수립**

상담자와 내담자는 현실적인 여러 대안을 살펴보고 정보를 탐색하며 점진적으로 실행 가능한 행동으로 전환해 나가야 한다. '바로 시작할 일'의 목록을 작성해 보고 실천 계획을 수립한다. 옛 동료 만나기, 구직 상담 요청하기, 고용복지 플러스 센터 방문하기, 은퇴자 커뮤니티 활동 시작하기 등의 행동은 막연한 불안감에서 벗어날 수 있게 도와주며 정확한 정보를 토대로 현실적인 계획을 세우는 데 유용한 실천 전략이다.

• **셀프 마케팅 및 네트워크 형성**

내담자의 자기표현의 연습 기회를 촉진하고 네트워킹 능력을 강화할 필요가 있다. 이력서를 정리한다거나 경력기술서 작성 및 서치펌 등의 기관에서 상담을 받아 볼 수 있으며 50플러스 센터와 같은 동년배들을 만날 수 있는 기관에 참여하여 네트워킹을 형성해 나가도록 돕는다.

3 은퇴적응 상담

은퇴적응 상담은 은퇴 이전 단계에서 이루어지는 상담과는 본질적으로 차이가 있다. 이 단계의 내담자는 이미 은퇴를 마친 상태이므로, 더 이상 은퇴결정이나 은퇴준비에 초점을 둘 필요가 없다. 대신 은퇴로 인한 삶의 변화를 수용하고, 새로운 생활 양식에 적응해 나가는 것이 주요한 상담의 주제가 된다. 즉, 이들에게는 은퇴로 인해 이미 발생한 다양한 변화를 수용하고, 새롭게 펼쳐진 은퇴 후 삶에 적응해야 하는 과제만이 남아 있다. 따라서 은퇴상담은 은퇴라는 전환에 대한 이해를 토대로 보다 효과적인 적응을 위한 조력에 초점을 맞추어야 한다.

은퇴 후 생활 양식의 급격한 변화와 더불어 경제적 · 사회적 · 심리적 자원의 축소로 인해 혼란이 가중되며, 이러한 전환기적 어려움은 특히 은퇴 직후 1년 이내에 집중적으로 나타나는 경향이 있다. Richardson과 Kilty(1991)의 연구에 따르면 은퇴 후 초기 6개월은 주관적 안녕감이 가장 크게 저하되는 시기로 확인되었으며, 이후 일부 은퇴자들은 점차 적응하여 삶의 만족을 회복하지만 그렇지 못한 경우에는 삶의 의욕과 심리적 안정이 지속적으로 저하되는 양상을 보였다.

이러한 맥락에서 보면 적응에 어려움을 겪는 은퇴자들이야말로 바로 은퇴적응 상담의 핵심적인 대상이라 할 수 있다. 따라서 상담자는 내담자가 경험하는 전환기적 특성과 주요 호소 문제를 심층적으로 탐색하고, 개인의 삶의 맥락에 적합한 상담 목표 및 개입 전략을 수립해야 한다. 이는 단순한 정보 제공이나 정서적 지지에 그치지 않고 구조화된 상담적 개입을 통해 내담자가 새로운 삶의 방식에 능동적으로 적응할 수 있도록 돕는 전문적 과정이어야 한다.

1) 내담자 특징

은퇴는 일 중심의 일상 구조가 해체되고 삶의 전반적 질서가 새롭게 구성되는 중대한 생애 전환기로 이해된다. 많은 사람은 오랜 시간 동안 직업을 통해 자아를 형성하고 사회적 역할을 수행해 왔으며, 이는 정체성 발달의 핵심 기반으로 기능해 왔다. 이러한 맥락에서 은퇴는 단순한 경제활동의 종료가 아니라 장기간에 걸쳐 형성된 자아 구조와 사회적 지위의 재조정을 요구하는 심층적인 변화 과정이라 할 수 있다.

즉, 은퇴 이후 은퇴자에게 정체성 혼란, 삶의 방향 상실, 관계망의 축소 등 다양한 심리사회적 불안정성이 나타나기 쉬우며, 특히 사회적 지위의 상실은 자존감 저하와 우울 증상 등 정서적 어려움을 유발하는 주요한 위험 요인으로 작용할 수 있다. 이러한 전환기적 혼란을 경험하는 은퇴 내담자가 상담 장면에서 보일 수 있는 주요 특성은 다음과 같다.

(1) 경력 및 역할의 상실

은퇴를 맞이한 내담자는 직장 내 직함과 역할을 통해 구축해 온 직업정체성을 상실하면서 심리적 혼란을 겪을 수 있다. 은퇴 후에는 소속감의 기반이 되었던 동료와의 관계, 일상적 업무 루틴 등이 사라지며 일상에 큰 변화가 일어난다. 과거에는 명함 하나로 자신을 설명할 수 있었지만, 이제는 '전 직원'이나 '퇴직자'라는 추상적 호칭만이 남는다. 경력과 사회적 역할의 상실은 삶의 방향 상실, 무의미감, 무가치감으로 이어지며, 특히 직업을 통해 자아를 형성해 온 개인일수록 이러한 정체성 혼란이 더욱 심화될 가능성이 크다(소연옥, 2023).

(2) 생활 양식의 변화

은퇴자가 직면하는 가장 두드러진 변화는 생활 양식의 변화이다. 매일 반복적인 출퇴근, 정해진 업무와 회의, 동료와의 상호작용 등으로 구성된 직장 중심의 일상 구조가 사라지면서 생활 리듬은 불규칙해지고, 갑작스럽게 증가한 여가 시간을 효과적으로 관리하는 데 어려움을 겪는 경우가 많다. 이처럼 과도한 여가 시간에 적절히 적응하지 못할 경우, 무기력감이 나타나고, 신체적 · 정신적 건강에 부정적인 영향을 미칠 수 있다(Richardson & Kilty, 1991). 따라서 은퇴 초기의 생활 구조를 재구성하고 여가를 의미 있게 활용할 수 있도록 지원하는 것은 은퇴적응 상담에서 반드시 다루어야 할 핵심 주제라 할 수 있다.

(3) 사회적 소속감의 변화

생활 양식의 붕괴는 단지 일상의 구조적 변화에 그치지 않고 그 속에서 자연스럽게 형성되었던 사회적 소속감에도 균열을 초래할 수 있다. 사회적 소속감이란 개인이 특정 집단에 속해 있다는 인식과 그 집단 내 상호작용을 통해 자신을 의미 있는 존재로 경험하는 심리적 상태를 의미한다(이은주, 2020). 이러한 소속감은 직장생활을 하는 중에는 동료, 상사, 부하 직원과의 관계를 통해 자연스럽게 형성되지만, 은퇴 후에는 대인관계와 공동의 목표가 사라지면서 기존의 소속감이 점차 약화된다. 따라서 은퇴자에게는 시간이 지남에 따라 소속감을 느낄 수 있는 환경이 줄어들고 고립감이 깊어지면서 자존감 저하와 우울 증상으로 이어질 가능성이 크다.

(4) 경제적 변화

은퇴는 개인의 경제적 생활 전반에도 중대한 영향을 미치는 전환점이다. 은퇴 이후에는 정기적으로 지급되던 급여인 주 수입원이 중단되면서 가계 수입이 급격히 줄어들 수 있고, 이에 따라 소비 형태 또한 현실에 맞게 조정될 수밖에 없다. 그러나 은퇴 후에도 기존의 생활 수준을 유지하거나, 자녀와 관련된 과다 지출 또는 증가하는 의료비 등으로 인해 재정적 부담이 가중될 수 있다. 이러한 경제적 변화 속에서 은퇴자들은 실질적인 재정적 어려움뿐 아니라 심리적 위축감을 경험하게 되며, 이는 보편적인 현상이다. 즉, 직장생활 동안 안정적으로 유지되던 소득원이 사라지면서 퇴직금, 연금, 저축 등 제한된 자원에 의존해야 하는 상황에 직면하게 되고, 이와 같은 경제적 불확실성은 은퇴자들의 심리적 스트레스와 불안을 유발하는 주요 요인으로 작용할 수 있다(정옥분, 2024).

(5) 신체적 변화

은퇴자가 겪는 신체적 변화는 단순히 생물학적 노화의 결과로만 설명되기 어렵다. 은퇴로 인한 생활 양식의 변화, 정서적 상태의 변화, 신체 활동량의 감소, 건강관리 방식의 변동 등 여러 요인이 복합적으로 상호작용하면서 신체적 퇴행이 가속화될 수 있다(정옥분, 2024). 특히 직장생활 중 자연스럽게 이루어지던 신체활동과 사회적 상호작용이 줄어들면서 근력 약화, 유연성 저하, 심혈관 기능 저하 등 생리적 기능의 쇠퇴가 더욱 뚜렷하게 나타날 수 있다. 아울러 갑작스럽게 증가한 여가 시간과 심리적 스트레스는 운동 부족, 수면 패턴의 불균형으로 이어지기 쉬우며, 이는 궁극적으로 대사 기능 저하와 면역력 약화를 초래할 가능성이 높다(이호선, 2012).

2) 주 호소 문제

은퇴 후 내담자는 과거의 직장생활과는 본질적으로 다른 환경과 역할에 직면하게 되며, 이로 인해 심리적 · 정서적 · 사회적 측면에서 다양한 변화를 경험한다. 이러한 변화는 종종 적응의 어려움으로 이어지며, 그 결과 은퇴 내담자는 여러 가지 심리적 · 사회적 문제를 호소할 가능성이 높다. 이에 따라 은퇴 이후의 상담 장면에서는 다음과 같은 주요 호소 문제들이 예상된다.

(1) 심리적 문제: 우울과 불안

은퇴 이후 내담자는 심리적 · 사회적 · 경제적 변화에 직면하면서 우울, 불안 등 다양한 심리적 어려움을 겪을 수 있다. 이 중 우울은 가장 빈번하게 나타나는 정서 반응 중 하나로, 일상에 대한 흥미 상실, 삶의 무의미감, 자기 비하 등의 문제로 드러나며, 식욕 부진, 수면 장애, 집중력 저하 등 신체적 · 인지적 증상으로도 나타난다(Atchley, 1982). 특히 삶의 방향성과 의미를 상실한 내담자는 부정적 사고에 쉽게 빠지고, 외부 활동을 회피하는 경향을 보이며, 이러한 사회적 위축은 다시 우울 증상을 심화시키는 악순환으로 이어질 수 있다(이장호 외 공역, 2008).

또한 은퇴로 인한 소득 감소와 경제적 불확실성은 은퇴자에게 지속적인 긴장감과 불안을 초래할 수 있으며, 이는 신체 건강에 대한 과도한 염려로 이어져 심계항진, 과호흡, 과민 반응 등의 신체화 증상으로 나타나기도 한다. 이러한 신체적 반응은 불면, 만성 피로, 지속적인 경계 상태를 동반하며, 결국 일상 기능의 저하를 초래할 위험이 있다(이장호 외 공역, 2008). 특히 은퇴 이후에 심리적 불안정성과 사회적 고립이 동시에 발생하게 된다면 내담자는 정서적 지지 부족과 심리적 자원의 소진을 경험하며, 이는 전반적인 정신건강에 부정적인 영향을 미칠 수밖에 없다(이호선, 2012).

- "아무것도 하기 싫고, 그냥 소파에 앉아 하루를 보내는 날이 많아졌어요."
- "퇴직 후 30년 가까운 시간이 남았다고 하는데, 이 긴 시간을 어떻게 보내야 할지 막막해요. 그 생각만 하면 답답하고, 심장이 심하게 뜁니다."

(2) 관계의 어려움: 사회적 고립과 외로움

은퇴 이후의 적응 과정에서 가장 구조적인 변화 중 하나는 직장이라는 강력한 사회적 네트워크의 해체로 인해 사회적 관계망이 급격히 축소된다는 점이다. 직장생활 동안 지속되어 온 직무 수행과 동료들과의 일상적 상호 교류는 개인에게 안정적인 소속감을 제공해 왔으며, 이러한 관계 기반이 상실되었을 때 은퇴자는 깊은 외로움과 상실감을 경험할 수 있다. 이는 심리적 스트레스의 증가와 더불어 신체 건강의 저하로 이어질 가능성이 높다(이예림, 2023).

또한 은퇴 이후 가정 내에서 함께 보내는 시간이 크게 증가하면서 부부 관계에도 새로운 긴장 요소가 발생할 수 있다. 은퇴 전까지 각자 독립적인 생활 패턴과 역할 분담을 유지해 오던 부부가 동일한 공간에서 장시간 함께 지내게 되면서 사소한 생활 습관의 차이조차 갈등의 원인이 될 수 있다. 예를 들어, 식사나 취침 시간, 여가 활용 방식 등의 차이로 부부간 정서적 불협화음을 초래할 수 있으며, 이는 정서적 거리감을 심화시키고 궁극적으로 전반적인 심리적 불편감을 가중시키는 요인으로 작용할 수 있다(이호선, 2012).

- "아내는 친구들과 잘 지내는데, 나는 만날 사람이 없어 너무 외로워요."
- "직장에서 후배들에게 조언해 주던 때가 그립네요. 이제는 대화 상대가 없어요."

(3) 정체성 혼란

직장생활은 개인의 자아정체성을 형성하는 데 핵심적인 기반이 되며, 직무 수행을 통해 얻는 성취감과 사회적 인정은 자아를 구성하고 개인의 존재 가치를 확인하는 데 중요한 요소로 작용한다(Atchley, 1989). 그러나 은퇴로 인해 절정에 달했던 일 역할이 상실되면서 은퇴자에게 장기간에 걸쳐 형성된 직업정체성에 대한 혼란이 초래될 수 있다. 이러한 정체성의 붕괴는 은퇴자에게 '이제 나는 누구인가?', '앞으로 어떤 역할을 수행해야 하는가?'와 같은 본질적인 질문에 직면하게 만든다.

이와 같이 새로운 삶의 의미와 목표를 재정립하는 과정은 한편으로는 새로운 정체성을 획득하는 계기가 되기도 하지만, 동시에 심리적 혼란을 동반할 수 있다. 특히 강한 직업정체성을 형성해 온 사람일수록 은퇴와 함께 일과 정체성 간의 연결고리를 잃게 됨으로써 일에서 소외되고, 더 이상 의미 있는 사회 구성원이 아니라는 인식으로 이어져 정체성 혼란과 불안을 더욱 심화시킬 수 있다(임숙희, 윤초희, 2021).

- “퇴직 이후, 내가 어떤 사람인지 정말 모르겠어요.”
- “일이 나의 전부였는데, 일이 없어진 지금의 나는 아무것도 아닌 사람인 것 같습니다.”

(4) 자존감 저하

은퇴로 인한 사회적 역할의 상실은 자아존중감 저하로 이어진다. 자아존중감은 개인이 자신을 가치 있고 유능하며 존중받을 만한 존재로 인식하는 정도를 의미하며, 직장생활 중에는 승진, 긍정적인 피드백, 조직 내 지위 등 외부의 평가가 이를 강화하는 주요 요인으로 작용한다. 그러나 은퇴 이후에는 이러한 사회적 인정의 기반이 사라지면서, 은퇴자는 더 이상 필요하지 않은 존재라는 소외감과 상실감을 경험하게 되며, 이는 은퇴자의 존재 가치에 대한 의구심을 증폭시키고, 자아존중감을 점차 약화시킨다(황은성, 2021).

- “예전에는 당당했는데, 스스로가 자랑스럽지 않으니 점점 자신감이 없어져요.”
- “사람들이 저를 대할 때도 그냥 퇴직한 노인으로만 보는 것 같아 속이 상합니다.”

(5) 건강 문제

은퇴는 신체적 · 정서적 · 사회적 측면에서 다양한 변화를 동반하며, 그중에서도 신체적 변화는 특히 주목할 만하다. 은퇴 시기는 자연스럽게 노화가 본격화되는 시기와 맞물려 있으며, 이로 인한 신체적 · 정신적 건강에 영향을 미칠 수 있다. 물론, 은퇴 자체가 건강 악화를 직접적으로 초래하는 것은 아니지만 은퇴 이후 나타나는 생활 습관의 불규칙성, 역할 상실, 수입 감소 등은 전반적인 건강 상태를 위협하는 요인으로 작용할 수 있다(정옥분, 2024).

실제로 은퇴자는 그동안 익숙했던 생활 리듬을 상실하게 되며, 불규칙한 식습관과 운동 부족 등으로 인해 만성질환이 발생하거나 스트레스와 우울 증상이 동반되는 경우가 많다. 특히 신체 기능의 변화에 대한 불안은 내담자의 정신건강에 부정적인 영향을 미칠 수 있으며, 일상 리듬이 흐트러지고 규칙적인 신체활동과 여가활동이 줄어들 경우 신체적 건강뿐만 아니라 심리적 안정성까지 약화될 가능성이 높다.

- “아프니까 몸만 아니라 마음도 같이 무너지는 것 같아요.”
- “일할 땐 바빠서 아픈지도 몰랐는데 지금은 사소한 통증도 크게 느껴져요.”

(6) 경제적 불안

은퇴자의 경제적 불안은 정기적인 급여가 중단되고 연금, 저축, 투자 수익 등에 의존해야 하는 현실적 부담이 급격히 증가하면서 발생한다. 이러한 재정적 불확실성은 예상치 못한 지출 증가나 자금 부족으로 인한 스트레스를 유발하며, 그 결과 우울감과 불안 수준을 높이는 주요한 심리 · 사회적 요인으로 작용한다. 특히 의료비, 자녀 지원, 주거 유지 비용 등 필수 지출에 대한 지속적인 걱정은 은퇴자의 전반적인 삶의 질을 심각하게 위협하는 요소가 된다(이예림, 2023; 이호선, 2012).

- “예전엔 월급만 있으면 모든 게 해결됐는데, 지금은 돈이 모이지 않으니 불안해요.”
- “언제 갑자기 무슨 일이 생길지 모르니까, 한 푼이라도 아껴야 한다는 생각에 머리가 아프고, 답답해요.”

3) 핵심 고려사항

은퇴 단계에 따라 내담자가 경험하는 심리적 반응과 주요 문제는 상이하므로 은퇴적응 상담에서는 다음과 같은 핵심 요소들을 종합적으로 고려해야 한다. 첫째, 상담자는 내담자의 은퇴 의사결정에 영향을 미친 개인적 · 사회적 요인을 면밀히 탐색해야 하며, 둘째, 은퇴자가 보유한 선행 자원의 지속 가능성을 평가할 필요가 있다. 셋째, 은퇴자가 현재 속해 있는 적응 단계 및 유형을 정확히 진단하는 것이 중요하다. 이러한 핵심 요소들을 통합적으로 반영함으로써 내담자에게 가장 적합한 상담전략을 체계적으로 수립하고 실행할 수 있다.

(1) 은퇴결정 과정 탐색

은퇴는 내담자에게 예기치 못한 심리적 변화를 초래할 수 있는 중대한 생애 전환점이므로 상담자는 내담자가 은퇴를 어떠한 방식으로 결정하게 되었는지, 그리고 그 결정에 영향을 미친 개인적 · 환경적 요인이 무엇이었는지를 구체적으로 탐색할 필요가 있다. 특히 은퇴결정 과정이 현재 내담자의 정서적 상태에 어떤 방식으로 작용하고 있는지를 파악하는 것이 중요하다. 이는 은퇴 시기와 결정의 배경이 은퇴 후 삶의 만족도와 정서적 안정성에 직간접적인 영향을 미치며, 이러한 맥락에 따라 상담의 개입 방향과 목표 설정이 달라질 수 있기 때문이다(박상우, 2020).

예를 들어, 자발적인 은퇴와 외부 요인에 의해 이루어진 비자발적인 은퇴는 내담자의 정서적 반응 및 적응 양상에서 뚜렷한 차이를 보인다. 일반적으로 비자발적으로 은퇴한 집단은 자발적으로 은퇴를 선택한 집단보다 적응에 큰 어려움을 겪는 것으로 보고되며, 외부의 압력에 의해 은퇴한 경우 우울감이나 자살 위험률에서도 유의미한 차이가 나타난 바 있다(이장호 외 공역, 2008). 따라서 상담자는 은퇴결정의 맥락을 깊이 이해하고, 그 과정에서 형성된 정서와 어려움을 공감적으로 수용하며 이에 적합한 상담 목표와 개입 전략을 설정해야 할 것이다.

(2) 은퇴 전 선행 자원의 유지 수준

은퇴 후의 적응은 은퇴 이전에 개인이 보유하고 있던 다양한 자원의 수준에 따라 현저하게 달라질 수 있다(이예림, 2023). 특히 은퇴자의 신체 건강, 경제적 안정성, 심리적 회복력, 사회적 지지망, 자존감 등은 은퇴 후 삶의 질과 정서적 안정을 좌우하는 핵심적인 자원으로 작용한다. 이러한 자원들은 은퇴자가 새로운 생활 양식에 효과적으로 적응하고 은퇴로 인한 사회적 역할 상실과 심리적 충격을 회복하는 데 있어 필수적인 심리적 · 사회적 기반을 제공한다.

경제적으로 안정되고 건강 상태가 양호한 은퇴자의 경우에는 여가활동이나 사회적 교류에 보다 적극적으로 참여할 수 있어 삶의 만족감과 긍정적인 정서를 유지하는 데 상대적으로 유리한 위치에 놓이게 된다. 반면, 자원이 부족한 은퇴자는 무기력감, 우울, 불안 등 정서적 취약성을 경험할 가능성이 높으며, 이는 부적응적인 대응 방식으로 이어질 위험을 내포하고 있다. 이에 따라 상담자는 내담자가 보유한 자원의 수준을 신체적 · 심리적 · 사회적 차원에서 다차원적으로 평가하고, 부족한 자원을 보완하거나 대체할 수 있는 개입 전략을 체계적으로 수립할 필요가 있다(양의주, 하정, 2020; 이예림, 2023).

(3) 은퇴 단계와 유형을 고려한 맞춤형 접근

은퇴적응 상담에서 은퇴자의 적응 단계와 유형을 고려하는 것은 상담의 효과성을 제고하기 위한 핵심 요소이다. 개인마다 은퇴에 대한 심리적 반응과 적응 양상이 상이하기 때문에 상담자는 내담자가 현재 어느 적응 단계에 있는지, 그리고 어떤 적응 유형을 보이는지를 정확히 파악하는 것이 중요하다. 이러한 이해를 바탕으로 내담자의 정서적 상태와 행동 특성에 부합하는 개입 전략을 설계할 수 있으며, 이를 통해 내담자의 심리적 고통을 경감시키고 보다 원활한 적응 과정을 촉진할 수 있다(Atchley, 1989).

또한 은퇴적응의 단계와 유형에 대한 체계적인 이해는 은퇴자를 위한 예방적 상담 개입의 핵심적 토대를 형성한다(정옥분, 2024). 이를 바탕으로 상담자는 은퇴자가 경험할 수 있는 잠재적인 정서적 갈등이나 적응상의 어려움을 조기에 파악하고, 선제적인 지원과 개입을 통해 은퇴적응 과정에서 발생할 수 있는 부정적인 결과를 예방할 수 있다. 따라서 상담자는 내담자의 적응 단계와 유형에 대한 정확한 평가와 해석을 바탕으로 상담의 방향성과 개입 목표를 명확히 설정해야 하며, 이는 성공적인 은퇴적응을 도모하는 데 필수적으로 고려되어야 할 요소이다(이장호 외 공역, 2008).

4) 은퇴적응 상담의 사례

은퇴 후 길을 잃어버린 나(김영수, 가명, 62세)

저는 대학을 졸업한 후 대기업에 입사해 약 30년간 한결같이 일하며 정년퇴직을 맞이한 사람입니다. 매일 아침 6시면 어김없이 출근해 밤늦게까지 일했고, 회사는 제 삶의 중심이자 전부였습니다. 조직에서 중간관리자로 일하며 팀원들의 신뢰와 존경을 받았고, 늘 바쁘게 일에 몰두해 왔습니다.

퇴직 이전에는 퇴직 후 여유롭고 안정된 일상이 펼쳐질 것이라 기대하였으나 막상 마주한 현실은 사뭇 달랐습니다. 무엇보다도 하루에도 수차례 연락을 주고받으며 긴밀히 소통하던 동료들과의 관계는 점차 멀어졌고 자연스럽게 거리감이 생기기 시작했습니다. 그 결과 저는 사회로부터 점점 잊혀 가는 듯한 소외감과 상실감이 느껴졌습니다.

가정에서도 어려움이 있었습니다. 가장의 책임을 다하느라 아내와 충분히 대화를 나눌 시간이 없었고 어느 순간 우리는 서로에게 낯선 존재가 되었습니다. 자녀들도 독립해 각자의 삶에 바빠 함께 시간을 보내기 어렵다 보니 혼자 남겨진 듯한 외로움이 점점 커집니다.

처음 퇴직하고 몇 달은 나름대로 여유롭다고 느꼈지만 시간이 흐를수록 하루하루가 공허하게 느껴졌습니다. 침대에서 일어나는 것조차 의미가 없었고, TV를 보거나 공원을 걷는 일상이 반복되면서 허무함이 밀려왔습니다. 예전에는 조직에서 인정받았고 역할이 분명했지만, 지금은 아무도 저를 필요로 하지 않는 것 같아 스스로가 무가치하게 느껴지는 날들이 많아졌습니다. 무기력감은 점점 심해졌고 밤에는 쉽게 잠들지 못했습니다. 이유 없이 불안한 감정이 밀려오고 가슴이 답답해지는 날이 많아졌으며 아침에 눈을 뜨는 것조차 버겁게 느껴졌습니다. 거울 속의 저를 보며 '이렇게 사는 게 무슨 의미가 있을까?', '그냥 사라지면 편하지 않을까?' 하는 생각이 스치듯 지나가기도 했습니다. 요즘은 작은 일에도 눈물이 나고 아무것도 하고 싶지 않은 마음이 듭니다.

최근 이런 변화를 알아챈 아내가 상담을 권유했고, 저 역시 이 상태를 더 이상 혼자 견디기 어렵다는 생각이 들어 상담을 신청하게 되었습니다. 제가 정말 괜찮은 건지, 현재의 힘든 상황이 과연 나아질 수 있을지 솔직히 걱정되고 두렵습니다.

(1) 사례개념화

① 기본 정보

62세 남성으로 대기업에서 약 30년 근무 후 중간관리자 직책으로 정년퇴직하였으며, 배우자, 1남 1녀 2명(독립)이 있다.

② 호소 문제

내담자는 퇴직 이후 극심한 외로움, 고립감, 무기력감, 공허함, 무가치감 등 복합적인 정서적 고통을 호소하였다. 이와 관련된 수면 장애, 불안, 가슴 답답함, 눈물, 활동 의욕 저하 등의 신체적 · 심리적 증상을 동반하며, 간헐적으로 자살 사고까지 나타나는 심각한 고통을 겪고 있다.

③ 문제의 발생과 배경

내담자는 평생을 조직에 헌신하며 직장 중심의 삶을 살아왔고, 오랜 시간 동안 아침 일찍 출근하고 밤늦게 퇴근하는 생활을 지속해 왔다. 중간관리자로서의 역할 수행과 조직 내 인정은 내담자에게 높은 자존감을 형성해 주었으나, 퇴직 이후 삶의 구조가 급격히 무너지고 사회적 관계망도 자연스럽게 축소되었다. 동료나 후배들과의 관계가 소원해지면서 내담자는 점차 사회적으로 잊힌 듯한 느낌과 함께 깊은 상실감과 무가치감을 경험하고 있다. 또한 가족과의 정서적 유대 역시 약화되어 있으며, 배우자와는 오랜 시간 진솔한 대화를 나눈 경험이 거의 없고 자녀들도 독립한 상태로, 대부분의 시간을 혼자 보내는 일상이 고립감과 외로움을 심화시키고 있다.

④ 문제와 관련된 내담자의 사고, 정서, 행동 패턴

- **사고**: 부정적 자동 사고('아무도 내가 필요하지 않다.'), 회귀적 사고(과거 직장에서의 인정과 역할에 대한 회상), 자기비하적 사고(스스로를 무가치하게 여김), 비관적 사고(현재의 힘든 상황이 나아질 수 없을 것이라는 우려)를 보인다.
- **정서**: 외로움, 고립감, 공허함, 무기력감, 무가치감, 불안, 두려움 등의 복합적인 부정적 정서 경험과 정서적 조절에서의 어려움이 나타난다.
- **행동**: 활동 위축 및 감소, 사회적 철회, 수면 문제와 함께 식사, 건강, 외모 관리 등 자기 돌봄의 부족함을 보인다.

⑤ 문제해결과 관련된 내담자의 자원 및 취약점

- **자원**: 과거의 개인적 강점(유능감, 리더십, 책임감, 성실성 등), 경제적 안정성(추후 확인 필요), 배우자의 존재는 관계 회복의 가능성을 내포하고 있으며, 내담자는 현재 상황을 위기로 인식하고 상담을 통해 문제를 해결하고자 하는 의지를 보이고 있다.
- **제한점**: 과도한 직업 동일시로 직업 상실을 자아 상실로 인식하며, 대인관계의 제한성, 새로운 역할 탐색의 어려움, 정서 표현의 어려움, 자기효능감 및 자존감 저하, 스트레스 관련 취약성이 있다.

⑥ 내담자의 문제에 대한 종합적 이해

내담자는 정년퇴직 이후 삶의 구조, 사회적 관계, 그리고 정체성의 중심이었던 '일'의 상실로 인해 존재적 위기와 심리적 고통을 겪고 있다. 오랜 시간 직장 중심의 삶을 통해 자존감과 안정감을 형성해 왔으나, 지나치게 일 중심적이었던 삶의 결과, 퇴직 이후에는 무기력, 우울, 외로움, 무가치감이 심화된 상태이다. 현재 내담자는 자신이 사회와 가족 모두로부터 단절된 존재라고 인식하고 있으며, 삶의 의미와 의욕이 전반적으로 저하되어 있다. 정서적으로는 불안과 허무감이 지배적이며, 행동적으로는 사회적 철회와 반복적이고 무의미한 일상이 지속되고 있다. 그럼에도 과거 조직 내에서의 신뢰와 존중, 책임감 있는 태도, 그리고 배우자의 관심과 우려 등 정서적 보호 요인은 내담자의 회복 가능성을 시사한다. 이러한 자원을 기반으로 심리적 · 진로적 개입이 이루어진다면 새로운 삶의 방향을 재정립하고 은퇴 이후의 삶에 성공적으로 적응할 수 있는 잠재력이 충분한 내담자로 이해된다.

(2) 심리적 개입 전략

① 상담 목표

내담자가 경험하는 우울과 불안 등 부정적 정서를 완화하고 정서적 안정감을 회복하며, 자신의 가치를 재인식하도록 돕는다.

② 개입 전략

• 부정적 사고의 전환

상담자는 내담자가 반복적으로 떠올리는 '나는 이제 아무 쓸모 없는 사람이다.'와 같은 자동적 사고를 인식하고, 그 이면에 자리한 상실감과 정체성의 혼란을 공감적으로 탐색한다. 이러한 부정적 사고와 관련된 핵심 정서를 함께 다루며 내담자가 과거의 성취뿐 아니라 현재의 자원과 잠재 가능성에도 주목할 수 있도록 돕는다. 이를 통해 '성과 중심의 자기 가치'에서 벗어나 '존재 자체의 의미'를 재구성하고, 보다 긍정적인 자기 인식을 형성해 나가도록 개입한다.

• 감정 표현 및 정서 조절력 향상

상담자는 내담자가 억눌러 온 감정을 편안하게 표현할 수 있도록 신뢰를 바탕으로 한 상담 관계를 형성하고, 현재 경험하는 주요 부정적 정서에 접촉하여 이를 명확히 인식할 수 있도록 돕는다. 더불어 이러한 정서가 삶의 전반에 미치는 영향을 탐색하도록 지원하며, 이완 훈련, 호흡 조절, 신체 감각 인식 등 정서 조절 기법을 통해 내담자가 감정을 적절하게 표현하고 조절하는 방법을 익히도록 한다. 이후 이러한 기법이 실제 생활에 적용될 수 있도록 지속적인 격려와 지지를 제공한다.

• 관계 개선 전략

상담자는 내담자가 가족과의 소원한 관계를 회복할 수 있도록 감정 표현과 효과적인 소통 방식을 함께 탐색하고, 일상에서 실천이 가능한 행동 계획(예: 하루 한 번 대화 나누기 등)을 세운다. 아울러 내담자가 관심을 가질 수 있는 지역 커뮤니티 또는 모임을 함께 찾아보며 새로운 사회적 관계망을 형성해 나갈 수 있도록 참여를 격려한다. 이러한 과정을 통해 내담자가 타인과의 관계 속에서 소속감과 정서적 지지를 경험할 수 있도록 돕는다.

(3) 진로적 개입 전략

① 상담 목표

은퇴 이후의 삶에서 새로운 진로 목표를 설정하고, 삶의 의미를 재발견할 수 있도록 돕는다.

② 개입 전략

• 새로운 역할 찾기

내담자가 과거의 직장 경험과 축적된 역량을 토대로 은퇴 후에도 사회적 역할을 지속할 수 있는 방안을 함께 탐색할 필요가 있다. 예를 들어, 전직 분야의 전문성을 활용한 멘토링 참여나 지역 도서관, 평생교육원 등에서의 강사 활동 등이 고려될 수 있으며, 이는 자존감 회복과 삶의 의미 확장에 긍정적으로 기여할 수 있다.

• 은퇴 후 직업 탐색

내담자가 은퇴 후에도 직업을 찾아 자신의 역량을 발휘할 수 있도록 초기에는 비영리 단체에서의 자발적 봉사활동을 통해 사회적 소속감과 자존감을 회복하고, 이후 해당 경험을 기반으로 관련 분야의 파트타임, 계약직, 유급 컨설팅직 등으로 점차 연결될 수 있도록 구체적인 목표 설정과 실행 전략을 함께 수립한다.

• 의미 있는 활동 목표 찾기

내담자가 이전에 '하고 싶었던 일 리스트'를 구체적으로 작성하도록 하여 이 중 현실적으로 실천이 가능한 목표를 선별하고 이를 실행에 옮길 수 있도록 돕는다. 예를 들어, 블로그 운영, 글쓰기, 여행기 기록 등 소규모 프로젝트를 통해 성취감을 경험하고, 이러한 활동이 지속될 수 있도록 상담자가 정서적 지지와 실천 전략을 함께 제공한다.

참고문헌

권승, 황규선(2004). 노년층의 은퇴 결정요인에 관한 연구: 성별, 거주지별 차이분석을 중심으로. **한국노년학, 24**(3), 69-90.

김봉환(2014). 은퇴상담의 현황과 전망. **상담학연구, 15**(1), 301-320.

김연진(2012). 한국형 은퇴준비 척도 타당화 연구. 단국대학교 대학원 박사학위논문.

김정엽, 이재모(2010). 노인교육이 생활만족도에 미치는 영향: 사회적 지지와 자아존중감의 영향력을 중심으로. **노인복지연구, 48**, 7-30.

김춘경, 이수연, 이윤주, 정종진, 최웅용(2016). **상담학사전**. 서울: 학지사.

박상우(2020). 중장년의 비자발적 퇴직경험과 진로대처행동에 관한 연구: 근거이론의 적용. 경기대학교 대학원 박사학위논문.

박창제(2013). 은퇴결정 형태와 노후준비가 은퇴 고령자의 생활만족도에 미치는 효과, **노인복지연구**, 59, 115-138.

배문조(2006). 개인적, 심리적, 직업관련 변인이 은퇴기대와 은퇴준비에 미치는 영향. 경북대학교 대학원 박사학위논문.

서울특별시50플러스재단(2024.4.). **중장년 정책** Insight info. 5호.

소연옥(2023). 신중년 은퇴 남성의 성역할 변화 과정 연구. 백석대학교 대학원 박사학위논문.

양의주, 하정(2020). 60대 은퇴 남성의 역경대처 경험: 경제적 어려움을 중심으로. **한국 심리학회지: 상담 및 심리치료**, 32(1), 173-196.

이은주(2020). 사무직종사자의 퇴직으로 인한 심리적 상실감 극복 과정에 관한 내러티브 탐구. 숭실대학교 대학원 석사학위논문.

이웅목(2016). 퇴직한 중년남성의 재취업과정 탐색. 숭실대학교 대학원 박사학위논문.

이종찬(2020). 중소기업 사무직 중고령자의 은퇴준비도 검사도구 개발. 서울대학교 대학원 박사학위논문.

이예림(2023). 은퇴적응 척도 개발 및 타당화. 숙명여자대학교 대학원 박사학위논문.

이호선(2012). **노인상담**. 서울: 학지사.

임숙희, 윤초희(2021). 은퇴를 앞둔 중등여교사의 자아정체성 재탐색에 관한 연구. **학습자중심교과교육연구**, 21(3), 759-786.

임지현, 권인탁, 임영희(2017). 예비퇴직자의 은퇴기대와 노후만족예측의관계에서 퇴직준비와 재무교육의 매개효과. **교육종합연구**, 15(4), 285-307.

정옥분(2024). **성인 · 노인심리학**(제4판). 서울: 학지사.

탁진국, 서형준, 김혜선, 남동엽, 정희정, 권누리, 김소영, 정일진(2015). 일의 의미 척도개발 및 타당화. **한국 심리학회지: 산업 및 조직**, 28(3), 437-456.

황은성(2021). 공무원의 은퇴설계가 개인 삶의 질에 미치는 영향: 심리적 안녕감과 자아존중감의 매개효과. 서울벤처대학원대학교 박사학위논문.

Atchley, R. C. (1982). Retirement: Leaving the world of work. *The Annals of the American Academy of Political and Social Science, 464*(1), 120-131.

Atchley, R. C. (1989). A continuity theory of normal aging. *The Gerontologist, 29*(2), 183-190.

Bosse, R., Aldwin, C. M., Levenson, M. R., & Workman-Daniels, K. (1990). Differences in social support among retires and workers: Findings from the normative aging study. *Psychology and Aging, 5*, 41-47.

Boyes, M. (2013). Outdoor adventure and successful ageing. *Ageing & Society, 33*(4), 644-665.

Calasanti, T. M. (1996). Gender and life satisfaction in retirement: An assessment of the male model. *Journal of Gerontology: Social Sciences, 51*, S18-S29.

Feldman, D. C., & Beehr, T. A. (2011). A three-phase model of retirement decision making. *American Psychologis, 66*(3), 193-203.

Greenberg, L. S. (2011). *Emotion-focused therapy*. Washington, DC: American Psychological Association.

Krumboltz, J. D., & Hamel, D. A. (1977). *Guide to career decision making skills*. New York: College Entrance Examination Board.

Lachman, M. E., & Burack, O. R. (1993). Planning and control processes across the life span: An overview. *International Journal of Behavioral Development, 16*(2), 131-143.

Lewin, K. (1943). Defining the "field at a given time." *Psychological Review, 50*(3), 292-310.

Maule, A. J., Cliff, D. R., & Tayor, R. (1996). Early retirement decisions and how they affect later quality of life. *Ageing and Society, 16*, 174-204.

Miller, W. R., & Rollnick, S. (2013). *Motivational interviewing: Helping people change* (3rd ed.). New York: Guilford Press.

Niles, S. G. (2011). Career flow: A hope-centered model of career development. *Journal of Employment Counseling, 48*(4), 173-175.

Quick, H. E., & Moen, P. (1998). Gender, employment and retirement quality: A life course approach to the differential experiences of men and women. *Journal of Occupational Health Psychology, 3*(1), 44-64.

Richardson, V. E. (1993). *Retirement counseling: A handbook for gerontology practitioners*. New York: Springer Publishing. 이장호, 김연진, 김현주, 여정숙, 오경민, 윤석주, 이은경, 이회란, 정선화, 조성자 공역(2008). **은퇴상담**. 서울: 학지사.

Richardson, V. E., & Kilty, K. M. (1991). Adjustment to retirement: Continuity vs. discontinuity. *International Journal of Aging and Human Development, 33*, 1-169.

Rowe, J. W., & Kahn, R. L. (1998). *Successful aging*. New York: Pantheon/Random House.

Savickas, M. L. (2012). Life design: A paradigm for career intervention in the 21st century. *Journal of Counseling & Development, 90*(1), 13-19.

Turner, M. J., Bailey, W. C., & Scott, J. P. (1994). Factors influencing attitude toward retirement and retirement planning among midlife university employees. *Journal of Applied Gerontology, 13*(2), 143-156.

Worden, J. W. (2018). *Grief counseling and grief therapy: A handbook for the mental health practitioner*. New York: Springer Publishing Co.

제 6 부

은퇴상담의 동향과 과제

은퇴상담의 이론과 실제

제15장

은퇴상담 연구 동향

• 김이준 · 육정원 · 이민아 · 이영란

이 장에서는 2000년 이후 발표된 국내 은퇴 관련 연구를 은퇴적응, 은퇴요인, 은퇴 척도 및 프로그램 개발, 은퇴만족도, 은퇴준비, 은퇴정책 · 제도 및 기타 연구 여섯 가지로 구분하여 기술하였다. 먼저 '은퇴적응 동향'에서는 다양한 대상의 은퇴 이후 삶의 경험을 분석하였고, '은퇴요인 동향'에서는 은퇴결정과 적응에 영향을 미치는 심리 · 사회 · 진로 요인을 정리하였다. '은퇴 척도 및 프로그램 개발 동향'에서는 진단도구와 개입 프로그램 개발의 흐름을, '은퇴 만족도 연구 동향'에서는 삶의 질을 구성하는 만족 요인을 검토하였다. 이어서 '은퇴준비 동향'에서는 은퇴 전 계획과 준비 행동에 대한 연구들을, '은퇴 정책, 제도, 연구 및 기타 연구 동향'에서는 제도적 기반과 정책 방향, 기타 특수 주제 연구를 정리하였다. 이 장은 은퇴상담이 다루어야 할 주제들이 어떻게 축적되고 있는지를 통합적으로 조망하며, 향후 연구와 실천의 방향을 제안하고자 하였다.

1 은퇴적응 연구 동향

1) 개요

은퇴는 단순한 직업의 종료가 아니라 삶의 구조, 정체성, 관계망에 중대한 변화를 초래하는 전환기적 사건이다. 특히 베이비붐 세대의 은퇴가 본격화되면서, 은퇴 이후 삶에 대한 관심과 함께 적응 연구의 중요성이 커지고 있다. 특히 고령화 사회로 진입한 한국에서는 퇴직 후 삶의 변화, 주된 일자리 이후의 새로운 진로전환, 부부나 가족과의 관계의 변화 등 다양한 측면에서 은퇴적응을 살펴볼 필요가 있다.

은퇴적응은 연구자마다 다양한 관점에서 정의하고 있으나 김나연 등(2023)은 은퇴적응이란 은퇴 후 정서적으로 안정된 상태에서 다양한 활동을 경험하며 삶에 만족을 느끼는 과정이라 하였다. 이는 은퇴자가 은퇴 후 능동적이고 주체적으로 은퇴 생활에 적응한다는 의미를 갖고 있어 긍정적인 관점으로 이해하고 있으나, 은퇴적응 자체를 비자발적 은퇴로 인한 위기 상황으로 보는 관점도 존재한다(박경애, 백지은, 2018).

은퇴적응 관련 논문의 추이를 보기 위해 DBpia, KISS에서 '은퇴(자)', '퇴직(자)', '적응'을 주요 키워드로 검색하였으며 2004년부터 2024년까지 발표된 102편의 학위논문과 학술논문을 추출하였다. 102편의 논문 중 질적 연구가 79편, 양적 연구가 18편, 문헌 연구 · 개념도 연구 · 메타 분석 등 기타유형이 5편이었다.

은퇴적응과 관련된 연구들은 은퇴적응에 영향을 미치는 요인(김지경, 송현주, 2010; 이수진 외, 2018)과 은퇴 노인의 일 경험(이윤진 외, 2013), 은퇴 후 적응과정(강지숙, 2008; 김경희, 2022; 김나연 외, 2007; 남순현, 2017; 이가옥, 이지영, 2005; 이은진, 김성원, 2021), 은퇴 부부의 적응과정(이주연, 김득성, 2015), 비자발적 퇴직 이후의 심리적 어려움(구자복, 정태연, 2019), 은퇴 후 삶과 일의 의미(박경애, 백지은, 2018) 등이다.

이 장에서는 은퇴적응과 관련된 논문의 초록을 분석대상으로 하여 주제별 분류를 실시하고, 최종적으로 다섯 가지 주제를 도출하여 은퇴적응 연구의 흐름을 살펴보고자 한다. 분석은 초록 내 키워드를 기반으로 하였으며, 다음과 같은 다섯 가지로 정리하였다. 첫째, 대상별 은퇴적응, 둘째, 일과 재취업 경험, 셋째, 부부관계 및 가족 내 역할 변화, 넷째, 사회참여 활동과 학습경험, 다섯째, 정체성 재구성과 의미 부여이다.

2) 은퇴적응 주제별 동향

(1) 대상별 은퇴적응

은퇴적응은 은퇴자의 직업에 따라 시기, 방식, 준비 수준에서 차이를 보이며, 이로 인해 적응 양상 또한 다양하게 나타난다. 최근 연구들은 교사, 공무원, 간호사, 체육인, 장교, 임원 등 특정 직업군을 중심으로 한 은퇴자의 경험을 조명하고 있다. 이들 직업군은 대부분 공공성과 전문성을 기반으로 하여 정해진 시기에 은퇴하는 경향이 있지만, 은퇴 전후의 준비와 적응 과정은 일률적이지 않다는 점에서 차별적인 특성을 보인다.

예를 들어, 백준현(2015)은 은퇴한 체육 교사가 스포츠 활동에 적극적으로 참여하며 생활 리듬을 유지하고, 익숙한 활동을 통해 적응의 실마리를 찾아가는 과정을 보여 주었다. 김향란

(2021)의 중등학교 남성 교사의 은퇴 후 삶의 경험에 대한 현상학적 연구에서 은퇴 후 2~3년이 지난 63~67세 연령대의 은퇴자 7명을 대상으로 은퇴 후 삶에서 무엇을 경험하는가와 같은 경험의 본질적 의미를 탐구하였다. 연구 결과 '내가 없어져 버린 혼란과 상실감을 느낌', '사회에서 잘 섞이지 못하고 표류됨', '아직도 남아 있는 짐을 해결하기 위해서 고군분투함', '새로운 삶의 방식을 수용함'을 경험하는 것으로 나타났다. 은퇴 후 삶의 경험이 나타내는 본질적 의미는 '은퇴 후 부적응' 과정에 있다가 '고군분투'를 통해서 '새로운 삶의 수용'을 얻는 것이라고 하였다. 심푸른(2024)은 정년 퇴직한 교장을 대상으로 한 연구에서, 은퇴 후에 삶이 '만개'의 시간이 될 수 있음을 보여 주며, 노년의 삶이 도약과 성장을 포함할 수 있음을 현상학적으로 탐색하였다. 김미애(2021)는 교장 퇴직자의 적응 요인을 회복탄력성(resilience) 측면에서 분석하며 은퇴 이후에도 행복한 삶으로 전환해 가는 적응적 요인을 제시하였다.

교정공무원을 대상으로 한 장선숙과 안윤정(2019)의 연구에서는 공공기관의 특수성으로 인해 빠르게 변화하는 사회에 적응하기 어려운 공무원들이 퇴직 후 외부 환경에 적응하는 데 심리적 · 환경적 장벽을 경험할 수 있음을 지적하였다. 그러나 이들은 전직 경험, 일 경험과 자기 탐색, 진로목표 수립을 통해 순조로운 인생 2막을 비교적 원활히 열어 가는 모습도 보여 주었다.

간호사를 중심으로 한 여성 은퇴자의 적응 양상도 주목할 만하다. 김미혜(2016)는 간호사 출신 여성들이 은퇴 후 돌봄 노동에서 해방감을 느끼기도 하지만, 가정 내 역할 변화와 시간 활용 방식에 적응하는 데 일정 시간이 필요하다고 하였다. 이들의 적응 과정은 '해방기', '탐색기', '몰입기', '행복기'의 4단계로 나타났으며, 직업과 직장, 일을 내려놓음으로써 자유로움과 여유로움을 느끼기도 하지만 동시에 막막함이나 무기력함, 정체성을 잃어버리는 등의 부정적 경험도 보고하였다. 그러나 이러한 양가감정에도 불구하고 이들은 직업이 아닌 새로운 활동 영역을 찾아 나서며 노년을 살아갈 준비를 시도하고 의미 있는 일들을 찾아가며 자연스럽게 주어진 상황에 순응해 가는 모습을 보여 주었다. 기업 임원과 같은 고위직 관리자의 경우 은퇴를 하나의 '이동' 또는 '변화의 기회'로 인식하는 경향도 나타났다. 구자복(2020)은 대기업 고위 임원의 비자발적 퇴직을 연구하였는데, 퇴직 통보라는 예기치 못한 충격과 임원이라는 자부심의 상실, 분노와 위축 등의 부정적 감정을 경험하지만, 퇴직 후 4~5년간의 심리적 · 사회적 대처 과정을 통해 점진적인 적응을 이루는 모습을 보여 주었다. 이러한 연구들은 직업군에 따라 은퇴자의 적응 양상이 단순히 은퇴 시점이나 제도에 의해 결정되지 않으며, 개인의 생애 경력, 일에 대한 태도, 일상 회복 능력 등이 복합적으로 작용한다는 점을 시사한다.

(2) 일과 재취업 경험

은퇴 이후 다시 일터로 나아가거나 새로운 경제활동을 시도하는 사람들이 점차 늘고 있다. 이 같은 흐름은 단순한 생계유지를 넘어서, 은퇴자들이 자신만의 삶의 구조를 재정립하고, 사회와의 연결을 유지하며, 일상의 활력을 불어넣으려는 시도로 해석된다. 최근의 은퇴 관련 연구들에서도 이러한 '일을 통한 재적응'에 주목한 다양한 사례가 나타나고 있다.

현영섭(2024)의 퇴직자의 가교 일자리 취업 과정과 경험 연구는 퇴직자들이 경험하는 가교 일자리 준비와 진출 과정, 고민과 성찰, 학습과 쉼, 그리고 가교 일자리를 통해 얻은 새로운 경험과 위로를 다루며 일의 의미와 자기 이해의 가치를 조명하였다.

이창헌과 이성엽(2021)은 대기업 퇴직자가 정년 전에 조기퇴직을 경험한 후 새로운 직업을 탐색하는 과정을 분석하였다. 연구 참여자는 퇴직 이후 상실감과 두려움 등 여러 어려움을 극복하고, 이러한 도전을 통해 내재적 가치를 발견해 나가는 전환학습의 의미를 보여 주고 있다. 전환학습의 과정은 단순한 직무 이동을 의미하는 것이 아니라 삶 전체의 의미를 재구성하는 자기 주도적 여정이며, 삶의 방향성을 재정립해 나가는 의미 있는 변화 과정이라고 할 수 있다. 퇴직한 중년 남성들의 재취업 과정을 근거 이론의 방법으로 탐색한 이응목과 유기웅(2017)의 연구에서는 퇴직을 체계적으로 준비한 사람들은 퇴직준비, 도전, 재취업, 안정 단계로 나아간 반면, 체계적으로 준비하지 못한 사람들은 위기, 성찰, 도전, 좌절, 재취업, 안정 단계로 나아갔으며, 성찰, 도전, 좌절 단계를 여러번 반복하였다. 연구의 결과에서 도출된 결론은 퇴직과 재취업 과정에서 경험하는 불안, 위기, 어려움은 퇴직준비가 얼마나 체계적으로 이루어졌는가에 따라 달라졌으며 퇴직준비와 재취업이 밀접하게 연계됨을 보여 주었다.

박태정(2016)은 베이비부머 세대들의 삶을 통해, 베이비부머의 일의 경험, 베이비부머 세대에 대한 자기인식, 은퇴를 바라보는 관점을 생애사적 관점에서 풀어내었다. 우리나라 베이비부머들은 오랜 시간 가족 부양과 책임 중심의 삶을 살아온 만큼 '의무와 욕구의 균형'을 찾아가며 은퇴는 끝이 아닌 또 다른 삶의 연속임을 밝히고 있다.

반면, 일과 재취업 관련 연구에서 주목할 점은 비자발적 퇴직자에 관한 연구가 활발히 이루어지고 있다는 점이다. 박상우(2020)의 「중장년의 비자발적 퇴직경험과 진로대처행동에 관한 연구: 근거이론의 적용」과 구자복(2020)의 「한국 대기업 임원들의 비자발적 퇴직에 대한 적응 과정 연구」, 송희영(2016)의 「비자발적 퇴직 후 재취업에 성공한 베이비붐 세대 중년남성의 학습경험 연구: 금융권 종사경험자를 중심으로」 등은 비자발적 퇴직으로 인한 충격과 상실을 견디며 재취업이나 주체적인 학습과정을 통해 인생 후반기에 대한 새로운 조망과 의미를 정립해 나가는 과정을 보여 주고 있다. 은퇴 후의 일 경험은 생계 유지, 사회적 연결, 자기 실현이라는 복합적 요소를 포함하고 있다.

은퇴적응 연구에서 일 경험과 재취업 등의 경제적 활동은 은퇴 이후 삶의 질과 직접적으로 연결되는 핵심 주제이며, 소득 감소, 경제적 불안, 은퇴 스트레스를 감소시키는 데 있어 그 의미는 매우 크다고 할 수 있다.

(3) 부부관계 및 가족 내 역할 변화

은퇴는 개인의 일과 소득 구조에만 영향을 미치는 것이 아니라, 가정 내 역할 재조정과 관계 변화까지도 동반한다. 특히 오랜 시간 함께 살아온 배우자와의 관계 변화는 은퇴자의 정서적 적응에 결정적인 영향을 미치며, 새로운 가족 역동의 형성을 요구하게 된다.

이주연과 김득성(2015)은 남편의 은퇴 이후 부부가 겪는 관계 재조정의 과정을 깊이 있게 다루었다. 연구에 따르면, 은퇴는 부부 일상에 새로운 균형을 요구하며, 기존에 분리되어 있던 공간과 시간이 공유되면서 위기와 갈등이 발생할 수 있다. 그러나 상호 이해와 역할 조정이 일어나면서 부부는 해결방안을 찾고 자기 성찰의 태도를 견지하면서 새로운 방식으로 관계를 재구성하고 적응해 간다. 반면에 부부관계가 재적응으로 나아가지 못해 해결되지 않은 갈등을 갖고 생활하게 되거나 홀로 노력하는 등 은퇴 후 부부의 관계가 재적응에 실패하는 사례도 존재한다.

성영모와 오제은(2014)은 은퇴 이후 부부관계의 주요 변화 양상과 상호작용 특성을 바탕으로 일곱 가지 구성요소로 분류하였다. 각각의 요소는, 첫째, 애물단지가 된 듯한 남편과 못마땅한 아내, 둘째, 상실감으로 괴로운 남편과 위로해 주기 싫은 아내, 셋째, 보상을 기대하는 남편과 간섭으로 느끼는 아내, 넷째, 체념하는 남편과 내버려두는 아내, 다섯째, 혼자 해결하는 남편과 귀찮게 여기는 아내, 여섯째, 관계 회복을 위해 애쓰는 남편과 아내, 일곱째, 자신과 배우자의 내면을 재인식하는 남편과 아내로 나타났다. 은퇴자 부부들의 부부관계 상호작용 패턴을 분석하여 다섯 가지 유형으로 분류하였는데 유형 1은 의존형과 돌봄형, 유형 2는 쫓아가는 형과 거리두기형, 유형 3은 각자 따로형, 유형 4는 거부형과 포기형, 유형 5는 통제형과 순응형으로 구분하였다. 각 유형은 은퇴로 인한 경제적 상황의 변화, 부부 권력 구조의 변화, 가사노동 분담의 변화, 성생활의 변화 등 다양한 요소에 의해 형성되었다. 은퇴로 인한 성역할 변화과정(소연옥, 2023)도 이전의 양상과는 다르다. 은퇴 후 일의 상실로 위축되고 아내와의 소통 갈등이 지속되며 가장으로서의 체면 손상으로 위축됨이 드러나기도 하였으나 점차 관계 증진을 위한 탈권위적 역할 실천과 가사 역할에 대한 적극적인 참여, 배움을 통한 자기관리, 교류적 사회관계 확장을 통해 남성다움의 당위적 성역할에서 유연한 성역할을 거쳐 통합적 성역할

안정화 단계로 발전해 나갔다.

또한 은퇴자의 성별에 따른 가족 내 역할 변화도 주목할 만하다. 이성목(2014)은 소득이 안정된 배우자의 은퇴 이후 여성의 가족 내 상호작용 및 개인적 변화 양상을 분석하였다. 연구에 따르면 은퇴 전에는 남편에 대한 고마운 마음과 긍정적 인식이 있었으나 은퇴 후 변해 버린 남편의 성격 변화와 간섭, 역할 재분배로 인한 갈등이 발생하면서 상호작용이 줄어들고 축소되는 모습이 나타났다.

이러한 연구들은 공통적으로 은퇴 후 부부 관계가 변화하며 갈등과 적응이 반복된다는 점을 보여 준다. 특히 부부는 은퇴 시기에 정서적 재연결을 해야 하며, 새로운 관계 질서를 형성하는 과제를 안게 된다. 은퇴 이후의 적응은 개인을 넘어 부부와 가족 전체가 함께 만들어 가는 심리 · 사회적 전환과정이며, 이에 대한 은퇴자 부부 모두의 준비와 소통이 필요하다고 할 수 있다.

(4) 사회참여 활동과 학습경험

은퇴 이후의 삶은 새로운 실천과 시도를 통해 삶의 기회를 확장해 나가는 과정이다. 최근 연구들은 자원봉사, 사회공헌활동, 문화활동, 멘토링과 같은 참여적 삶의 방식을 통해 은퇴자가 사회적 연결과 심리적 안정감을 회복하는 과정을 보여 주고 있다. 이러한 실천은 단순한 소일거리를 넘어서, 은퇴자의 삶을 재구성하는 적극적인 전략이라 할 수 있다.

김진아와 조민호(2024)는 은퇴 이후 문화관광해설사 자원봉사를 하는 연구 참여자들을 대상으로 은퇴자들이 자원봉사를 통해 타인과의 관계를 확장하고, 자신이 가진 지식과 경험을 사회에 환원하는 방식으로 살아가고 있음을 보여 준다. 문화관광해설 봉사활동 경험을 통해 삶의 변화로 도출된 주제는 '지식을 연마하는 즐거운 노력', '다양한 경험으로 가득한 풍요로운 삶', '자긍심은 돈으로는 살 수 없는 보물', 그리고 '존경받는 삶'으로 나타났다. 참여자들은 자원봉사를 통해 '이타심', '세상을 변화시키는 빛', '자부심 가득한 나의 역사', '역사의 진실을 전하는 것은 우리의 의무', '문화유산 전승의 사명감', 그리고 '나는 대한민국을 대표하는 민간 외교관이자 무형유산'이라는 상징적 의미를 경험하며, 자원봉사를 자기 삶의 중요한 가치로 통합해 나가고 있었다.

이은진과 김성원(2021)의 「도시 거주 남성 노인의 은퇴 후 지역사회 적응 경험」 연구에서는 은퇴 후에 지역사회의 구성원으로 적응해 가는 과정을 탐색하며 이와 관련된 사회복지적 · 정책적 함의를 제시하였다. 또한 은퇴 후 제2의 삶을 사는 사람들의 삶의 유형과 공통점 분석(김진한, 2015)에서는 은퇴 이후 제2의 삶을 살아가는 사람들의 유형을 크게 네 가지로 제시하였으며 이들의 공통점은 배움과 나눔이었다.

반면, 윤혜순(2021)의 연구에서는 퇴직 이후 은퇴자들은 사회공헌 활동에 대한 관심과 욕구는 높지만 참여율은 낮은 것으로 나타났다. 이는 사회공헌 활동에 대한 홍보 부족과 전반적인 인식 부족이 원인으로 지적되었다. 이러한 점에서 은퇴노인 멘토와의 멘토링에서 청소년 멘티의 변화과정에 관한 질적연구(유영주, 2017)의 결과는 주목할 만하다. 이 연구는 은퇴한 노인과 청소년 멘티와의 만남으로 세대 간 상생의 관계를 형성해 내려는 시도를 통해 사회공헌 활동의 선택지를 넓히고 은퇴 후 성공적인 노후를 준비하는 사례를 보여 준다.

한편, 사회참여 활동뿐 아니라 여가활동도 은퇴적응 과정에는 중요하다. 박미석(2004)은 우리나라 노인의 은퇴 후 여가선용에 관한 연구를 통해 은퇴자의 여가생활 실태와 여가생활 불만족의 이유를 분석하고 사회 인구학적 특성에 따라 여가활동 유형을 제시하였으며, 남순현(2024)은 은퇴노인의 여가 참여는 건강 수준을 증진시켜 삶의 만족도를 높인다는 것을 확인하였다. 이처럼 은퇴 후 자원봉사, 사회공헌 활동, 여가활동 등은 단순한 시간 소비가 아니라, 삶에 활력을 불어넣고 외부 세계와의 재연결을 가능하게 하며, 자기 인식과 삶의 만족도를 높이는 데 기여한다.

(5) 정체성 재구성과 의미 부여

은퇴는 단순히 일터를 떠나는 사건이 아니라, 오랜 시간 형성되어 온 자기 정체성과 삶의 의미를 재구성해야 하는 생애사건이다. 많은 은퇴자는 기존의 역할과 사회적 지위를 내려놓는 과정에서 정체성의 공백을 경험하며, 이를 수용하고 새로운 삶의 방향을 모색하는 다양한 내면적 조정 과정을 겪는다.

최근의 은퇴적응 연구들은 이와 같은 정체성 재구성과 의미 형성 주제에서 '실존', '정체성' 등의 개념을 중심으로 탐구를 이어 가고 있다. 김미혜와 홍서연(2024)은 60대 여성 은퇴자의 운동과 실존적 주체로서의 삶의 의미를 탐구하며 여성 은퇴자가 신체활동을 통해 자기 실현을 넘어 자기 초월의 과정에 이르는 의미를 살펴보고 있다. 또한 은퇴를 앞둔 중등 여교사의 정체성 위기와 대처에 관한 현상학적 연구(임숙희, 2020)는 중년 여성 교사들이 겪는 가치 혼란, 역할 변화, 삶의 방향 상실을 다루었으며, 윤선숙(2023)은 내러티브 방법으로 퇴직 교원이 삶의 의미를 재발견하고 통합감을 느끼며 삶의 정체성을 찾아가는 이야기를 통해 노년기의 지혜와 완성이라는 덕목을 형성해 가는 과정을 보여 준다.

구자복(2020)은 한국 대기업 임원들이 비자발적인 퇴직 초기에는 억울함, 분노, 수치심 등을 느꼈으나 새로운 활동을 시도하며 정체성 변화가 이루어지면서 적응에 이르는 과정을 보여 주었다. 연구 참여자들은 정해진 길에서 벗어나 현실을 수용하고, 스스로 새로운 길을 만드는 과정에서 점차 새로운 자아상을 구축하며, 자기 주도적 전환을 이루어 가는 모습을 나타내었다. 고학력 중산층 베이비부머 은퇴 남성의 내러티브 정체성(김경희, 정혜정, 2017)을 탐구한 연구에서는 남성 은퇴자들이 삶의 의미를 어떻게 재구성하는지를 보여 준다. 이들은 단순히 경제적 활동의 중단을 넘어서, 자신에게 중요한 가치를 재정의하고, 일상 속에서 새로운 삶의 방향을 모색하려는 의지를 나타내었다. 심리적 불안을 안고 있음에도 불구하고 각자가 선택한 새로운 활동들을 수행하며 자아정체성을 재정립해 나가는 과정은 은퇴가 인지, 정서, 행동 차원에서의 부조화를 극복해 가는 일련의 서사적 여정임을 보여 준다.

이처럼 은퇴 후의 정체성 변화와 의미 부여는 단순히 은퇴 이후 적응을 위한 적응적 전략을 넘어서 자기 삶을 통합하려는 의지이자 재해석이며 환경과의 새로운 관계 맺기를 통한 복합적 심리 과정이라 할 수 있다. 정체성을 재구성하고 삶에 의미를 부여하는 과정은 곧 자율성과 회복력을 높이는 경로가 되며, 이는 은퇴자의 장기적인 적응과 심리적 안녕을 결정짓는 중요한 요소라 할 수 있다.

2 은퇴요인 동향

1) 개요

평균 수명의 증가로 은퇴 이후의 삶이 길어지면서, 이에 대한 고민 또한 깊어지고 있다. 이러한 변화 속에서 은퇴 관련 연구가 점차 활발해지고 있으며, 특히 은퇴에 영향을 미치는 요인에 대한 선행 연구에서는 다양한 요인이 논의되어 왔다. 기존 연구들은 은퇴결정 및 적응에 영향을 미치는 요인을 개인적 · 가족적 · 사회적 요인으로 분류하거나(한혜경, 2003), 인구학적 요인, 직업, 거주지 특성, 심리적 요인 등으로 구분하기도 하였다(권승, 황규선, 2004). 이에 이 장에서는 은퇴에 영향을 미치는 요인을 인구사회적 요인, 심리 · 정서적 요인, 진로 관련 요인, 관계적 요인으로 구분하여 살펴보고, 각 요인에 대한 선행 연구를 간략히 검토하고자 한다.

2) 은퇴에 영향을 미치는 요인 동향

(1) 인구사회적 요인

은퇴와 관련된 연구에서 주로 언급되는 인구사회적 요인들은 은퇴자의 성별, 연령, 학력, 혼인 상태 등이다. 이러한 인구사회적 요인들은 크게 '밀기 요인', '당기기 요인'으로 구분되기도 한다. 여기에서 '밀기 요인'이란 질병, 해고 등의 발생으로 인해 노동시장에 남아 있을 수 없어 중·고령 근로자가 조기 은퇴를 결정하는 것과 관련이 있으며, '당기기 요인'은 근로자 자신의 효용을 극대화하면서 은퇴를 결정하는 것과 관련이 있다. '밀기 요인'에는 연령, 교육 수준, 인종, 건강 상태, 직업만족도, 직업으로 인한 스트레스 등이 포함되고, '당기기 요인'에는 연금 급여수준 및 개시연령, 사회보장제도, 여가활동에 대한 인식 등이 포함된다(현옥주, 2023).

먼저, 인구학적 요인들은 은퇴결정에 영향을 미치는 것으로 나타났는데 연령, 학력, 건강 상태, 재정 상태, 산업 및 직종 등이 은퇴결정에 영향을 미치는 중요한 요인으로 언급된다. 관련 연구 결과들을 살펴보면, 연령이 증가할수록 고령자의 은퇴 연령 시점은 증가하고(조동훈, 2014), 월평균 소득과 근로시간이 많을수록, 건강에 문제가 있을수록 희망 은퇴 연령이 높아지는 것으로 나타났다(송지영, 박보람, 2024). 또한 인구사회적 특성은 은퇴 이후 삶에 대응하고 적응하는 태도에 영향을 미치는 것으로 보고되고 있는데 은퇴자 연령, 건강 수준, 교육 수준, 재정 상태, 은퇴 전 근로 형태, 은퇴 시기 등이 은퇴 후 삶의 만족도와 관련이 있는 것으로 보고되었다(김은영, 2014).

인구학적 요인과 은퇴의 관계를 다룬 연구들에서는 상반된 결론이 도출되는 경우들이 있는데, 특히 성별과 관련된 연구에서 일관되지 않은 결과들이 보고되고 있다. 해외 연구에서는 여성이 남성보다 노동시장에서 우위에 있지 않아 은퇴 후 일을 지속하는 것이 쉽지 않을 수 있지만(Flynn, 2010), 여성의 기대수명이 남성보다 길어 은퇴를 미루고 더 오랫동안 일하려 한다는 결과가 있다(Adams & Rau, 2004; Wang et al., 2008). 그리고 국내 연구에서는 일하지 않는 남성이 일하는 남성보다 결혼 만족도와 자녀 관계 만족도가 낮아졌고 이는 일하지 않는 남성들의 심리적 복지감을 낮추었으나, 완전히 은퇴한 여성은 현재 일하는 여성보다 결혼 만족도가 높았고 이는 은퇴 여성의 심리적 복지감을 증진시켰다는 결과를 제시하였다(한경혜, 손정연, 2012). 성별 외에도 교육 수준과 은퇴의 관계에 관한 연구에서 상반된 결과가 나타났다. 예를 들어, 해외 연구에서는 교육 수준이 높을수록 은퇴 확률이 낮다는 결과(Flippen, 2005)가 보고된 반면, 국내 연구에서는 교육 수준이 높을수록 은퇴 확률이 높다는 결과가 보고되었다(김원섭, 우해봉, 2008).

인구사회적 변인에 관한 선행 연구를 살펴보면, 일관되지 않은 결과가 제시되는 경우가 있다. 이는 성별, 연구 대상자의 특성, 교육 수준 등 다양한 인구사회적 변인들이 상호 복합적으로 작용하기 때문인 것으로 판단된다.

(2) 심리 · 정서적 요인

은퇴란 사람들에게 기존의 일, 역할, 책임에서 벗어나 새로운 도전과 활동을 하게 한다는 면에서 긍정적으로 볼 수 있지만(원병수, 2020), 많은 퇴직자는 퇴직을 사회에서의 퇴출로 인식해 적대감, 불안감, 소외감, 낮은 자신감과 자아존중감, 우울 등의 심리적 변화를 겪게 된다(유재송, 2017). 이에 최근에는 은퇴불안, 은퇴 후 삶의 만족도, 적응 등과 같은 심리 · 정서적 요인에 대한 연구가 활발히 이루어지고 있는데, 특히 은퇴불안, 우울, 상실감 등 부정적 정서에 영향을 미치는 요인과 이를 완화할 수 있는 변인을 분석하는 연구들이 점차 증가하고 있다.

관련 연구를 좀 더 살펴보면 은퇴 후 우울감 발생 기간에 영향을 미치는 요인으로 자녀와의 동거, 정서폭력, 방임, 종교활동, 생산노무직(이성진 외, 2017)이, 중년기 남성 직장인의 퇴직 불안에 영향을 미치는 요인으로 경제적 여유, 근무 연수, 재취업 계획, 종교가 제시되었다(백승률, 정소희, 2022). 한혜경(2003)은 연구에서 50대 조기 퇴직자의 우울감에 영향을 미치는 변인을 개인적 · 가족적 · 환경적 차원으로 구분하여 분석하였다. 그 결과, 개인적 차원의 요인으로는 일상생활 만족도와 자존감이, 가족적 차원의 요인으로는 배우자와의 의사소통 빈도 및 대화 만족도가, 환경적 차원의 요인으로는 경제적 어려움, 사회적 지지에 대한 인식 정도, 일하고 싶은 정도, 무료함의 정도, 교육 프로그램 참여 여부, 퇴직준비 여부 등이 확인되었다.

우울에 관한 연구 외에도 은퇴불안과 위기감을 구체화하여 살펴본 논문들도 존재한다. 남희경과 한정란(2020)은 은퇴불안을 경제적 불안, 신체적 불안, 사회적 불안, 심리적 불안으로 구분하여 살펴보았으며, 변영인과 남영분(2009)은 조기 남성 퇴직자의 심리사회적 위기를 목표상실 위기, 자아존중감 위기, 과거수용 위기, 개성화과정 위기로 구분하여 살펴보았다.

흥미로운 점은, 남성에게 은퇴가 가장으로서의 지위와 권위 상실이라는 중대한 사건으로 인식될 수 있어 은퇴를 앞둔 중년기 남성들이 심리적 위기에 놓일 수 있음에도 불구하고 여성의 우울, 불안을 살펴본 선행 연구(백미영, 2017; 허수진, 2017)들이 보다 많이 진행되었다는 것이다. 이는 은퇴로 인해 심리적 어려움을 경험할 가능성이 높은 남성들을 대상으로 한 심리 · 정서적 요인에 대한 연구가 더욱 필요함을 시사한다.

(3) 진로 관련 요인

선진국보다 상대적으로 낮은 정년 연령, 사회복지제도의 미비 등으로 인해 우리나라 노인의 은퇴 후 삶은 안정적이지 못해 고령의 은퇴자들이 다시 노동시장으로 진입하는 경우들이 늘어나고 있다. 은퇴 후에도 노동에 참여하는 사람들이 생기면서 부분 은퇴, 완전 은퇴를 주제로 한 연구들이 진행되었다.

부분 은퇴, 완전 은퇴에 영향을 미치는 요인에 관한 연구를 살펴보면, 먼저 완전 은퇴에 영향을 미치는 요인으로는 일자리의 취업 형태, 취업제한으로 인한 구직 어려움, 연령, 미취업자의 일자리에 대한 주관적 기대감, 친한 사람들과의 만남 빈도가 제시되었다. 반면, 가교 일자리나 직무 이동을 통해 노동을 이어 가는 부분 은퇴에 영향을 미치는 요인으로는 일자리에 대한 주관적 기대감, 고령 노동자에 대한 사내 분위기, 업무내용 만족도, 지난해 가구 총소득, 건강 상태 만족도, 가족관계 만족도 등이 언급되었다(김현정 외, 2015).

또한 평균 은퇴 연령이 낮아지면서, 은퇴 이후 재취업에 대한 논의가 활발해지고 있다. 이에 따라 은퇴(예정)자 및 근로자를 대상으로 창업 의도, 재취업 의도, 구직 효능감 등 일과 관련된 변인을 분석하는 연구들이 이루어지고 있다. 관련 연구들을 살펴보면, 긍정심리자본이 중년과 신중년들의 재취업 의지에 긍정적 영향을 미치는 것으로 나타났다(권혁채, 2021; 이한석, 이영균, 2019). 이러한 결과는 자기효능감, 복원력, 낙관주의 그리고 희망이 재취업 의지를 높이는 데 중요한 요인임을 시사한다. 또한 양태완(2019)의 연구에서는 공기업 퇴직 예정 직장인의 창업 의지에 영향을 미치는 요인으로 네트워크, 사회적 지지, 전직 프로그램, 창업 교육 등이 도출되었다. 이러한 결과는 직장인이 퇴직 이전에 자신의 역량을 강화하고, 네트워크 및 사회적 지지 기반을 확장하는 것이 필요함을 시사한다. 또한 공기업 차원에서도 퇴직준비 기간 동안 원활한 사회 적응을 지원하기 위해 전직 프로그램, 창업 교육, 사내벤처 육성 등과 같은 교육 제공이 필요함을 보여 준다.

(4) 관계적 요인

은퇴 후에는 사회활동의 중심이 되는 직업이 사라지면서, 많은 은퇴자의 사회적 네트워크가 변화하게 된다. 이에 따라 은퇴 전후의 사회적 관계망을 분석하는 연구들이 활발히 진행되었다. 강애연과 황인옥(2020)은 베이비붐 세대의 노후준비와 행복감의 관계에서 사회적 자본의 매개효과를 확인하는 연구를 진행하였는데, 이 연구를 통해 베이비붐 세대의 노후준비에서 행복감으로 가는 직접경로와 노후준비가 사회적 자본을 매개로 하여 행복감으로 가는 간접경로를 확인하였다. 또한 홍성철(2022)의 연구에서는 은퇴자의 사회적 자본이 삶의 만족도에 미치는 영향을 분석하고, 사회적 지지의 매개효과를 확인하였다. 연구 결과, 은퇴자의 사회적 자본인 신뢰, 네트워크, 규범, 참여가 증가할수록 삶의 만족도가 높아지는 것으로 나타났으며, 사회적 자본과 삶의 만족도 간의 관계에서 사회적 지지가 매개 역할을 수행함이 확인되었다. 이와 같은 결과들은 은퇴자의 삶의 만족도를 향상시키기 위해 사회적 지지 강화 및 사회적 자본 확충을 위한 다양한 정책적 지원이 필요함을 시사한다.

사회적 관계망은 은퇴자의 우울감을 완화하는 데 영향을 미치는 주요 변인으로 자주 언급된다. 중년층의 은퇴가 우울에 미치는 영향에서 사회적 지지의 조절효과를 검증하는 연구가 진행되었는데, 그 결과 정서적 지지와 평가적 지지를 많이 받을수록 우울 수준이 낮아지는 것으로 나타났다(최정은, 2018). 또 다른 연구에서 은퇴한 남성 노인은 은퇴하지 않은 남성 노인보다 우울감이 통계적으로 유의미하게 높게 나타났고, 은퇴한 노인의 사회접촉이 높을수록 우울감은 낮아지는 것으로 나타났다(엄사랑 외, 2020). 이와 같은 결과들은 은퇴자의 부정적 정서를 완화하기 위해 사회적 관계망을 적극적으로 활용할 수 있도록 돕는 것이 필요함을 시사한다.

은퇴는 은퇴자의 사회적 관계 중 가장 밀접한 관계인 부부관계에 다양한 영향을 미친다. 이러한 이유로 은퇴 관련 연구에서는 부부관계와 관련된 연구가 지속적으로 이루어지고 있다. 예를 들어, 고대영과 임현승(2015)은 은퇴 공무원의 부부관계 만족도와 사회적 관계망이 생활 만족도에 미치는 영향을 분석하였다. 연구 결과, 부부관계 만족도의 하위 변인 중 사회심리적 동질감, 결혼생활 불만족, 부부관계 불만족이 생활 만족도에 유의한 영향을 미치는 것으로 나타났다.

배우자의 은퇴로 인해 부부가 함께 보내는 시간이 증가하면서 친밀감이 향상될 수도 있지만, 반대로 갈등과 긴장이 발생할 가능성도 존재한다. 따라서 은퇴자들의 부부관계 갈등을 해소하고 원활한 의사소통을 증진할 수 있도록 돕는 개입이 상담 과정에서 제공될 필요가 있다.

3 은퇴 척도 및 프로그램 개발

1) 개요

은퇴의 중요성이 점점 부각되면서 은퇴와 관련된 다양한 척도와 프로그램이 개발되기 시작하였다. 척도의 경우 은퇴준비와 관련된 영역의 척도가 가장 많이 개발되었고, 다른 심리적 요인들(은퇴적응, 은퇴불안 등)에 대한 척도도 소수 개발되었다. 은퇴 관련 프로그램 연구는 은퇴(퇴직) 예정자 또는 은퇴자에게 어떤 교육 프로그램을 구성하여 실시할 것인가를 결정하기 위해 대상과 시기를 고려한다. 은퇴 전과 은퇴 후로 구분하여 프로그램 내용을 구성하거나, 은퇴자 전체를 대상으로 하거나, 특수 집단(공무원, 교원, 간호사, 산업체 남성 근로자 등)을 대상으로 하여 교육 프로그램을 구성한다.

은퇴 척도 및 프로그램 관련 논문의 동향은 DBpia, KISS 데이터베이스에서 '은퇴(자)', '퇴직(자)', '척도', '프로그램', '은퇴 생애설계', '퇴직준비 교육'을 검색어로 활용하여 2004년부터 2025년까지 발표된 총 40편의 학위논문 및 학술논문을 분석하였다. 이 장에서는 은퇴 척도와 은퇴 프로그램을 구분하여 동향을 제시하고자 한다.

2) 은퇴 관련 척도 및 프로그램 주제별 동향

(1) 은퇴 관련 척도 연구 동향

은퇴 관련 척도 개발 및 타당화와 관련된 연구는 은퇴(퇴직)준비 관련 척도가 대부분이고, 은퇴적응, 퇴직의도, 은퇴불안 관련된 척도가 있다. 은퇴준비 척도는 한국인 전체를 대상으로 한 연구와 사무직 종사자, 중고령자, 중소기업 사무직 중고령자 등 특정 대상으로 중심으로 한 연구로 나뉜다. 은퇴를 위해서 무엇을 준비해야 하는가는 척도를 개발한 학자마다 다르게 구성하고 있는데, 큰 틀에서는 심리적 준비, 경제적 준비, 신체적 준비, 사회적 준비로 구분할 수 있다. 김연진 등(2012)은 심리사회, 재정, 생활양식, 미래시간조망, 건강 등 다섯 가지를, 이종찬, 정철영(2022)은 생애설계, 일, 건강, 재무, 관계, 여가 등 여섯 가지를, 이수연(2014)은 퇴직계획 준비와 가교고용 준비 척도는 문제이해 및 목표 설정, 결정지연, 효능감, 전략실행의 네 가지, 퇴직적응 준비는 문제이해, 목표 설정, 결정지연, 효능감, 전략실행의 다섯 가지로 제시하고 있다.

김연진 등(2012)은 우리나라 상황에 맞게 한국판 은퇴준비 척도(Korea-The Process of Retirement Planning Scale: K-PRePS)를 개발하였다. 한국 근로자 246명을 대상으로 탐색적 요인분석을 실시하고, 근로자 600명을 대상으로 확인적 요인분석을 실시하여 K-PRePS의 총 29문항을 구성하였다. 하위 요인은 심리사회, 재정, 생활양식, 미래시간조망, 건강 등 5요인이다. 요인 중 기존 은퇴준비 척도에는 포함되지 않았던 '미래시간조망'(예시 문항: '나의 은퇴 후, 재정을 미리 생각하는 것은 시기상조다.')을 새롭게 포함하였는데, 이는 서구 사회의 은퇴에 대한 개념이나 태도가 한국인들과는 다르다는 것을 보여 준다.

은퇴적응과 관련된 대표적인 척도로는 이예림, 김봉환(2023)이 개발하고 타당화한 것으로, 은퇴적응 척도가 있다. 50세 이상 은퇴자 272명을 대상으로 탐색적 요인분석을 실시하고, 427명의 은퇴자를 대상으로 확인적 요인분석을 실시하였으며, 그 결과 최종 6요인(신체, 재정, 사회, 정서, 동기, 가족관계)의 27문항의 척도가 개발되었다. 은퇴적응을 '과정'적 관점으로 바라보고, 한국 은퇴자가 직면한 사회문화적 특수성을 반영하여 개발하였다는 점에서 의의가 있다. 이후 강정희(2024)는 자원기반 동적 모델을 중심으로 은퇴적응성의 개념을 가지고, 수용적응성, 가족관계 적응성, 사회관계 적응성, 가치추구적응성, 실행 적응성, 재정 자원 적응성, 신체 자원 적응성 7개 요인, 31개 문항으로 구성된 은퇴적응성 척도를 개발하였다.

은퇴불안과 관련하여 이은주, 이지연(2015)은 자녀교육 및 가족부양의 경제적 부담과 노화로 인한 신체적 변화, 사회적 변화를 겪는 시기인 한국의 중년층(40~65세) 남녀 694명을 대상으로 예비검사와 본검사를 실시하여 4개의 심리적 요인, 신체적 요인, 경제적 요인, 사회적 요인으로 구성된 18개 문항의 중년기 은퇴불안 척도를 개발하였다. '중년기 은퇴불안'을 성인이 자발적 또는 비자발적으로 생산 활동을 그만두게 될 미래에 대한 불안으로 정의하면서, 은퇴가 자발적이든 비자발적이든 간에 상관없이 은퇴불안을 경험하게 된다고 보고하고 있다. 이 연구에서는 남성이 여성보다 은퇴불안이 높은 것으로 나타났는데, 이후 성별 간의 비교 연구를 통해 확인할 필요가 있고, 은퇴불안을 낮추기 위한 변인(사회적 지지와 긍정적인 은퇴태도와 준비, 자기효능감 등)들 간의 상호작용 연구들도 추후 필요함을 시사하고 있다.

(2) 은퇴 관련 (교육) 프로그램 연구 동향

은퇴 프로그램 개발 연구 동향 분석을 위해 이예림(2022)의 논문에서 분석한 분석틀을 활용하여 주제별로 제공하고자 한다. 첫 번째 주제 영역은 은퇴 프로그램과 관련된 인식 연구이다. 은퇴를 준비해야 한다는 필요성에 대해서는 시간이 지남에 따라 증가하고 있는 추세이다. 박근수(2014)는 베이비붐 세대 지방공무원을 대상으로 프로그램 참여 의사를 살펴본 결과 69.4%가 참여하고 싶은 것으로 나타났고, 이 중 참여하고 싶은 프로그램 내용으로는 취미/여가/여행 93.3%, 건강 89.9%, 자기개발 및 평생교육 88.0%, 사회 이웃 등과의 인간관계 84.1%, 사회봉사 83.7%, 문화예술 78.4%, 부동산 등 재산 72.1%, 재취업 55.8%, 창업 41.3%, 귀농 등 기타 7.7% 순으로 나타났다. 공무원을 대상으로 한 안경진(2018)의 연구에서는 재정관리, 건강관리, 재취업 · 창업, 취미 여가, 퇴직 후 심리 · 사회적 적응 순으로 확인되었다. 이처럼 프로그램 내용에 대한 참여자의 요구가 다양하기 때문에 개인의 요구가 반영된 맞춤형 은퇴 프로그램을 개발할 필요가 있고, 정책적 차원에서 체계적이고 단계적인 다양한 프로그램 개발이 필요함을 시사한다.

두 번째 주제 영역은 은퇴 관련 프로그램 개발 연구이다. 최보아, 지영숙(2004)의 연구와 안기선, 김윤정(2007)의 연구에서는 프로그램 개발에서 효과성 검증까지 프로그램 개발 연구의 결과를 제시하였다. 최보아, 지영숙(2004)은 은퇴한 지 5년 미만의 은퇴자를 대상으로 4회기(1회당 120분) 프로그램 내용으로 1회기-생활설계기초, 자원관리, 2회기-신체 · 심리건강, 3회기-가족관계, 의사소통, 4회기-역할 찾기, 노년상 정립이라는 주제를 토대로 구성하였다. 효과검증 결과 은퇴 후 생활 이해 수준이 향상되었으며, 프로그램 종료 후 한 달까지 효과가 지속된 것으로 나타났다. 안기선과 김윤정(2007)의 연구에서는 산업체 근로자를 대상으로 정서적 은퇴준비, 신체적 은퇴준비, 경제적 은퇴준비도 향상을 목표로 6회기(1회기당 3시간)로 구성하였다. 프로그램은 노년기 특성에 대한 이해, 노년기 가족관계에 대한 이해, 노년기 노인성 질환과 예방에 대한 이해, 노년기의 식생활과 운동, 노후를 대비한 저금리 고령화 시대의 자산설계 및 재정관리, 고령자를 지원하고 돕는 제도와 서비스에 대한 이해로 구성하였다. 효과성 검증 결과 은퇴준비를 조력하는 데 도움이 된 것으로 나타났다. 이예림(2022)은 은퇴를 어느 한 시점이 아닌 과정적 측면으로 이해하면서 은퇴 프로그램도 생애과정 관점에서 개발 및 운영되어야 하며, 은퇴 프로그램의 대상을 은퇴 예정자에 국한하는 것이 아니라 사회 초년생부터 각 연령대나 직급에 따라 차별적인 프로그램이 마련되어야 한다고 강조하고 있다.

세 번째 주제 영역은 은퇴 프로그램 효과분석 연구이다. 은퇴 프로그램 효과 검증으로 사용된 주요 변인으로는 성공적 노후, 사회활동 참여, 생활 만족도 등이 있고, 참여 경험을 질적으로 분석한 연구들도 있다. 김길동(2018)의 연구에서는 프로그램 참여 수준이 높을수록 성공적 노화를 높게 인식하는 것으로 나타났고, 서정욱과 조덕호(2019)의 연구에서 퇴직준비 프로그램 참여자는 경제활동이나 자원봉사활동 참여도가 높아지고, 생활 만족도가 높게 나타났다. 홍효정 등(2020)은 은퇴 프로그램에 참여한 대상자의 경험에 대해 자신에 대한 성찰의 시간을 갖고, 자신감을 회복하고 두려움을 극복하며, 새로운 도전의 발판으로 삼는 계기가 되었다고 기술하였다. 이후 교육 참여자 배경별로 구분지어서 프로그램을 운영하는 것이 바람직하며, 은퇴 후에도 학습을 지속하고 능동적으로 삶의 변화에 대처할 수 있도록 실질적인 자료를 제공해야 한다고 제언한다.

4 은퇴 만족도 연구 동향

1) 개요

은퇴 만족도는 은퇴 후 삶에서 은퇴자가 경험하는 주관적인 행복감이나 만족 수준을 의미하는 개념으로, 경제적 안정, 심리적 안녕, 사회적 관계, 여가 및 활동 수준, 삶의 의미 등 다양한 측면에 대한 만족을 포괄적으로 평가한다(백은영, 2009). 이러한 만족도는 개인이 각 영역에서 자신의 기대나 기준을 얼마나 충족하느냐에 따라 달라지며, 은퇴 이후 삶의 질을 결정짓는 핵심적 요인이다.

이는 단순히 퇴직 후의 경제적 안정이나 물리적 조건에 국한되지 않고, 생애주기의 주요 전환기에서 나타나는 심리적 · 사회적 상태를 반영하는 지표로 작용한다. 즉, 은퇴는 단순한 직업 활동의 종료를 넘어서는 의미를 지니며, 이 과정에서 나타나는 다양한 심리적 · 사회적 변화는 은퇴자의 삶의 만족도에 중요한 영향을 미친다(성지미, 2011). 따라서 은퇴 만족도에 대한 연구는 경제적 요인에만 초점을 맞출 것이 아니라, 심리적 · 사회적 맥락까지도 포괄하는 통합적인 접근이 요구된다.

은퇴 만족도에 관한 연구 동향을 파악하기 위해 DBpia와 KISS 데이터베이스를 활용하여 '은퇴(자)', '퇴직(자)', '만족(도)'를 주요 검색어로 설정하고, 2001년부터 2024년까지 발표된 총 111편의 학위논문 및 학술논문을 분석하였다. 이 절에서는 이들 논문을 토대로 은퇴 만족도 연구가 어떤 방향으로 발전해 왔는지를 고찰하고자 한다. 이를 위해 각 논문의 초록에 나타난 핵심어를 중심으로 주요 연구 주제를 다음의 다섯 가지 범주로 분류하였다. 첫째, 은퇴 후 경제적 준비 및 재무 계획에 관한 연구, 둘째, 은퇴자의 심리적 자원 및 정서 요인에 관한 연구, 셋째, 특정 직업군 또는 조직 특성이 은퇴 만족도에 미치는 영향에 관한 연구, 넷째, 은퇴자의 사회적 관계 및 사회적 지원체계에 관한 연구, 다섯째, 은퇴 이후 삶의 의미를 탐색하는 연구이다.

2) 은퇴 만족도 연구 주제별 동향

(1) 경제적 안정 및 재무 계획

은퇴 후 삶의 질과 만족도를 단지 재정적 지표만으로 완전히 설명할 수는 없지만, 경제적 안정은 여전히 핵심적인 영향 요인으로 작용한다. 선행연구에 따르면, 퇴직 전 재무교육 경험과 재무 준비 행동은 은퇴자의 삶에 실질적인 영향을 미치며, 재무 준비 수준, 자산 관리 방식, 소득 구조 등은 은퇴 만족도, 전반적 삶의 질, 주거 만족도, 심리적 안녕감 등에 통계적으로 유의한 영향을 미치는 요인으로 확인되었다(김남원, 장성철, 2016; 김선화, 2017; 김현란, 2015; 서경숙, 2023; 조영순, 박남태, 2023).

권인탁(2017)의 연구는 재무교육 참여 경험이 있는 퇴직예정자 547명을 대상으로, 은퇴기대, 재무교육, 퇴직준비가 노후 재무 만족도에 미치는 영향을 분석하였다. 연구 결과, 은퇴기대는 퇴직준비, 재무교육, 노후 재무 만족도에 유의한 영향을 미쳤으며, 퇴직준비와 재무교육은 은퇴기대와 노후 재무 만족도를 매개하는 것으로 나타났다. 특히 퇴직준비는 재무교육보다 더 강력한 매개효과를 보여 퇴직 전 사전 준비와 교육 참여의 순차적 실행의 중요성을 강조하였다. 이 연구는 은퇴기대 형성과 준비 과정이 노후 재무적 만족에 있어 핵심적 기제로 작용함을 강조한다.

한편, 서경숙(2023)의 연구에 따르면, 직장인의 은퇴준비와 자산 운용 전략은 심리적 · 정서적 안정감에 긍정적인 영향을 미치며, 직무 만족도, 업무 생산성, 삶의 질 향상으로 이어지는 것으로 나타났다. 특히 은퇴준비 수준과 자산 운용 방식에 따라 이들 변수 간 유의한 차이가 확인되었으며, 재무 준비가 단순한 경제적 대비를 넘어 전반적인 삶의 질을 좌우하는 핵심 요인임을 보여 주었다.

김선화(2017)의 연구는 은퇴예정자를 대상으로 은퇴 후 기대심리와 노후준비금 비중이 은퇴준비에 미치는 영향을 분석하였다. 연구 결과, '계속적인 일에 대한 기대'와 '노후준비금 비중'은 경제적 · 신체적 · 심리적 준비에 모두 정(+)의 유의미한 영향을 미쳤으나, 여가 중심의 휴식 기대와 소외감은 유의하지 않았다. 직업만족은 신체적 · 심리적 준비에는 부분적인 조절효과를 보였지만 경제적 준비에는 영향이 없었다. 이는 재취업 의지와 재정적 대비가 은퇴준비의 핵심 요인임을 시사하며, 재취업 촉진 및 노후자산 확보를 위한 정책적 · 제도적 지원 강화의 필요성을 제기한다.

(2) 심리적 자원과 정서 요인

은퇴(예정)자가 지닌 심리적 자원은 개인이 삶의 어려움에 직면했을 때 정신적 건강을 유지하고 적응을 촉진하는 핵심 요소로 작용한다. 개인의 성격 강점, 자기효능감, 회복탄력성, 그릿(Grit)과 같은 심리적 자원은 은퇴라는 인생의 중요한 전환기에 보호 요인으로 작용하며, 전반적인 삶의 질과 정서적 안정에 긍정적인 영향을 준다(김길옥, 윤천성, 2016; 김선영, 윤혜영, 2013; 김현란, 2015; 황예은, 2020). 특히 자기효능감과 회복탄력성은 은퇴 이후의 불확실성이나 정체성의 혼란을 극복하는 데 핵심적인 기제로 작용하며, 심리적 자원의 강화가 성공적인 은퇴적응을 위하여 필수적인 역할을 수행함을 시사한다.

김선영과 윤혜영(2013)의 연구는 은퇴한 남성을 대상으로 은퇴스트레스가 우울에 미치는 영향을 분석하고, 이 관계에서 성격 강점과 결혼 불만족이 어떠한 역할을 하는지를 규명하였다. 연구 결과, 은퇴스트레스는 우울에 정(+)적인 영향을 미치는 위험 요인으로 작용하였으며, 성격 강점은 이러한 부정적 영향을 완화하는 조절 요인으로 밝혀졌다. 반면, 결혼 불만족은 스트레스 수준을 증폭시켜 우울을 심화시키는 것으로 나타났다. 이는 심리적 자원으로서의 성격 강점이 은퇴 전후 정서적 건강을 보호하는 데 핵심적인 역할을 수행하는 한편, 관계적 갈등 요인인 결혼 불만족은 정서적 취약성을 심화시킬 수 있음을 나타내는 연구 결과이다.

또한 은퇴는 심리적 위기를 수반하는 경우가 많으며, 정서적 요인은 이러한 위기를 완화하거나 심화시키는 핵심 변수로 작용한다. 특히 직업 만족도, 여가활동 참여 정도, 결혼 불만족과 같은 요인들은 개인의 정서 상태에 중대한 영향을 미치며, 은퇴 후 삶의 만족도와 심리적 안녕감도 이에 따라 달라질 수 있음을 나타내었다(김선영, 윤혜영, 2013; 윤지선, 2013). 따라서 은퇴자들의 정서적 요인들을 적절히 관리하고 긍정적으로 조절하는 것은 삶의 질을 제고하고, 심리적 회복력과 정서적 안정성을 확보하는 데 중요한 기제로 작용할 수 있다.

(3) 특정 직업군 및 조직별 영향

은퇴와 관련하여 퇴직 공무원, 군인, 경찰, 간호사 등 특정 직업군을 대상으로 수행된 연구들은 은퇴 만족도에 영향을 미치는 주요 요인이 성격, 건강, 자아존중감 등 개인의 내적 특성에만 한정되지 않음을 보여 주었다. 특히 이들 연구는 조직 문화, 근무 환경, 퇴직지원 제도와 같은 외재적·구조적 요인들이 은퇴 전후 삶의 만족도에 결정적인 영향을 미친다는 점을 강조하고 있다(이상엽, 2011; 장연주, 서지원, 2011; 황은성, 변상해, 2021). 예컨대, 공무원의 경우 상대적으로 안정적인 연금제도와 체계적인 사전 퇴직 교육 프로그램의 지원을 통해 타 직업군에 비해 은퇴 후 재취업에 대한 부담이나 사회적 역할 변화에 따른 심리적 압박이 낮게 나타나는 경향을 보인다. 이는 직업 특성과 조직 차원의 제도적 지원이 은퇴적응과 삶의 질 유지에 있어 중대한 영향을 미친다는 점을 입증하는 결과로 해석할 수 있다(황은성, 변상해, 2021).

정경화(2021)는 중년 직장인을 대상으로 퇴직에 대한 인식이 퇴직준비 수준과 직무 만족도에 미치는 영향을 검증하였다. 연구 결과, 퇴직을 '강요된 좌절'로 인식하는 집단은 재정적 준비와 가족 관련 퇴직준비 수준이 낮은 반면에, 퇴직을 '새로운 출발'로 인식하는 집단은 모든 영역에서 퇴직준비도가 높은 것으로 나타났다. 또한 퇴직을 '노년기의 휴식' 또는 '새로운 출발'로 인식하는 집단일수록 현재 직무 만족도가 유의미하게 높은 경향을 보였다. 이는 중년 직장인의 퇴직에 대한 긍정적인 인식이 준비행동과 직무 만족 모두에 긍정적 영향을 미친다는 점을 시사한다.

한복동 등(2017)은 은퇴 또는 은퇴 예정인 IT전문가를 대상으로 재취업 교육이 고용효능감과 삶의 질에 미치는 영향을 분석하였다. 연구 결과, 은퇴 대비 재취업 교육은 전반적으로 고용효능감을 높이고 삶의 질 향상에 긍정적 영향을 미치는 것으로 나타났다. 이는 IT전문가의 조기 은퇴에 대비한 체계적인 재취업 교육의 필요성과 효과를 제시하며, 관련 정책 및 프로그램 개발에 기초자료로 활용될 수 있다. 특히 빠르게 변화하는 기술 환경 속에서 IT전문가의 역량 유지를 위한 지속적인 교육이 은퇴 후 삶의 주체성 확보와 사회적 역할 유지에 중요한 자원으로 작용함을 보여 준다. 따라서 이러한 교육 프로그램은 단순한 직업훈련을 넘어 전 생애 설계 차원에서 접근되어야 함을 강조하였다.

한편, 박지운(2014)은 퇴직을 앞둔 교사들의 진로미래 태도와 그에 영향을 미치는 심리적 요인들을 분석하여, 은퇴 후 삶의 질 향상 방안을 탐색하였다. 특히 교사들의 진로적성 일치도, 직무만족도, 여가만족도가 진로낙관성과 적응성에 어떤 영향을 미치는지를 실증적으로 확인하였다. 그 결과, 직무만족도가 진로미래 태도에 가장 큰 영향을 미쳤으며, 여가만족도와 적성일치도도 유의미한 영향을 주는 것으로 나타났다. 이는 교사들이 퇴직 이후에도 의미 있는 삶을 살아가기 위해 직무와 여가의 질적 관리가 중요함을 시사하며, 홀랜드 이론의 중 · 노년층 적용 가능성과 생애 이행기 진로지원의 필요성을 시사하는 결과이다.

기존 연구 결과들을 종합해 보면, 다양한 직업군에서의 조직 내 역할 기대, 업무 스트레스 수준, 퇴직 전후 제공되는 지원 시스템, 그리고 사회적 인식 등은 은퇴 후 삶의 만족도와 적응 수준에 복합적으로 영향을 미치는 것으로 나타났다. 특히 퇴직(예정)자의 삶의 질에 영향을 미치는 요인을 체계적으로 규명하는 작업은 개인의 성공적인 노후 적응을 지원할 뿐만 아니라, 조직 차원의 인적 자원 개발과 퇴직 전환 지원 전략 수립을 위한 핵심적인 기초자료로 활용될 수 있다. 나아가 이러한 선행연구 결과는 정책 수립 과정에서 직업군별 특성과 현실적 조건을 반영함으로써 정책의 타당성과 실효성을 높이는 데 기여할 수 있으며, 궁극적으로는 특정 조직과 직무 환경에 적합한 맞춤형 대응 전략 마련의 중요성을 강조한다.

(4) 사회적 관계 및 지원체계

은퇴자의 사회적 관계와 지원체계는 은퇴 만족도에 결정적인 영향을 미치는 핵심 요인으로 작용하며, 이는 경제적 불안, 역할 상실, 정체성 위기 등 은퇴 과정에서 경험할 수 있는 심리적 스트레스를 완화하는 보호 요인으로 기능한다(김순분, 이재모, 2021; 김의태, 2023; 정우진, 2014). 특히 신중년 세대의 은퇴준비 요인이 자아존중감에 미치는 영향을 분석한 김종태(2021)의 연구에 따르면, 은퇴준비는 자아존중감에 직접적인 영향을 미치며, 이 관계에서 삶의 만족도와 가족지지가 유의한 매개역할을 수행하는 것으로 나타났다. 이러한 결과는 자아존중감 향상을 위해 삶의 만족과 가족지지의 중요성이 강조되어야 함을 보여 주며, 신중년층의 삶의 질 제고를 위해 은퇴준비 교육의 체계적 강화와 가족 기반의 사회적 지지체계 구축이 정책적으로 뒷받침되어야 함을 시사한다.

노인의 사회적 관계망과 자아존중감이 삶의 만족도에 미치는 영향에 관한 연구(김순분, 이재모, 2021)에서는 노인들은 은퇴 이후에도 사회적 관계망을 확장하려는 적극적인 노력을 기울이며, 자아존중감이 높을수록 삶의 만족도 또한 유의하게 높은 경향을 보이는 것으로 나타났다. 특히 사회적 관계망의 하위 요인인 자기개발 활동, 가정 내 활동, 사회참여 활동이 활발할수록 삶의 만족도가 높았으며, 자아존중감의 하위 요인 중 자아가치가 높을수록 삶의 만족도 역시 유의미하게 증가하는 것으로 분석되었다. 이는 노인의 삶의 만족도 향상을 위해 사회적 관계의 활성화와 자아존중감 증진이 중요한 전략적 과제임을 보여 주는 결과이다.

정우진(2014)의 연구는 신체적 · 인지적으로 건강한 은퇴 고령자를 대상으로, 가족 내외의 상호제공적 지지가 주관적 삶의 질에 미치는 영향을 분석하였다. 그 결과, 자녀의 금전적 지원, 배우자와의 관계 만족, 자녀와의 연락 빈도, 친구와의 교류는 삶의 질에 긍정적인 영향을 미친 반면, 고령자가 수행하는 돌봄 제공은 오히려 부정적인 영향을 미치는 것으로 나타났다. 또한 경제 수준과 성별 간 상호작용에 따라 삶의 질에 미치는 영향력이 달라졌으며, 자녀와의 동거 여부는 유의미한 영향을 보이지 않았다. 이러한 결과는 은퇴 고령자에 대한 돌봄에 있어 일방적인 제공보다 경제적 및 심리사회적 자원의 상호작용이 삶의 질 향상에 보다 핵심적인 역할을 함을 시사하며, 향후 복지정책은 수혜자의 자립성과 상호성을 증진하는 방향으로의 전환이 요구됨을 강조하고 있다.

경기지역에 거주하는 만 60세 이상의 은퇴 공무원을 대상으로 생활 만족도에 영향을 미치는 요인을 분석한 고대영과 임현승(2015)의 연구에 따르면, 주택 소유 여부, 교육 수준, 경제적 안정성, 결혼 상태의 유지가 생활 만족도에 유의미한 영향을 미치는 것으로 나타났다. 또한 부부간의 사회심리적 동질감과 가족 및 친구와의 사적 대화 가능성과 같은 사회적 관계망 역시 중요한 요인으로 확인되었다. 이 연구는 은퇴 공무원의 삶의 질 향상을 위한 맞춤형 지원 프로그램 개발과 관련 정책 수립에 실증적 근거를 제공하였다.

한편, 권은비와 이정화(2011)의 연구는 은퇴한 남성의 삶의 만족도에 영향을 미치는 요인을 분석하고, 특히 부부관계의 질이 미치는 상대적 영향을 규명하고자 하였다. 이를 위해 375명의 은퇴 남성을 대상으로 실시한 연구 결과, 학력, 주거 형태, 자녀 교육 수준, 주관적 건강 인식, 월소득, 은퇴준비 정도, 직무 만족도, 은퇴 사유 등 다양한 요인이 삶의 만족도에 유의미한 영향을 미쳤으며, 특히 부부관계의 질이 높을수록 삶의 만족도도 높게 나타났다. 위계적 회귀분석 결과에서는 건강 인식, 은퇴준비, 월소득, 교육 수준, 자녀 교육 수준, 주거 형태, 부부관계의 질이 주요 예측 변수로 확인되었다. 이는 은퇴 후 심리적 안정과 삶의 질 유지를 위해 배우자와의 관계 및 사회적 연결망이 중요한 보호 요인임을 보여 준다.

(5) 삶의 의미 탐색

은퇴는 생애주기상 중대한 전환점으로, 개인의 자아정체성과 존재의 의미에 구조적인 변화를 초래할 수 있는 중요한 사건이다. 이에 따라 최근 학계의 관심은 은퇴 이후 개인이 겪는 삶의 의미 상실과 그 회복 과정에 대한 이해에 집중되고 있다. 이러한 변화는 개인의 심리적 안녕감과 전반적인 삶의 질에 직접적인 영향을 미치며, 특히 주관적인 의미 부여 과정은 은퇴 이후의 적응적 생활을 영위하는 데 핵심적인 역할을 수행하는 것으로 볼 수 있다.

주된 일자리에서 퇴직한 신중년 남성들을 대상으로 한 개념도 연구(강미경 외, 2023)는 직업 안녕감을 구성하는 주요 요소로 일의 의미, 자기존중감, 사회적 유대감, 생활 만족감을 도출하였다. 연구 결과에 따르면, 은퇴한 신중년 남성들은 여전히 일과 다양한 활동을 통해 자아를 실현하고 존재의 가치를 느끼며, 자신이 사회적으로 존중받는 존재라는 인식을 통해 삶의 안정성을 유지하고자 하는 경향을 보였다. 이는 퇴직 이후에도 개인이 의미 있는 사회적 역할을 지속하는 것이 심리적 안녕과 삶의 질 유지에 있어 핵심적인 요소임을 보여 준다.

또한 중년 남성을 대상으로 한 연구(이동인 외, 2019)는 55세에서 64세 사이의 중년 남성을 대상으로, 일의 의미가 은퇴불안을 매개로 심리적 안녕감에 미치는 영향을 분석하였다. 연구 결과, 경제적 이득이나 사회적 인정 등으로 구성된 일의 의미는 은퇴불안을 매개로 심리적 안녕감에 부정적인 영향을 미치는 것으로 나타났다. 특히 취업 중인 집단에서는 은퇴불안이 심리적 안녕감에 미치는 부정적인 영향이 더욱 크게 나타났다. 이러한 결과는 은퇴적응 과정에서 개인이 인식하는 일의 의미가 중요한 심리적 변수로 작용함을 시사하며, 은퇴 전후의 심리적 변화 과정을 정밀하게 파악하기 위한 종단적 연구 접근의 필요성을 강조한다.

또한 황예은(2020)의 연구는 중년기 근로자의 정신적 안녕감에 영향을 미치는 요인을 분석하는 데 있어, '그릿(Grit)'을 중심으로 삶의 의미와 은퇴불안의 매개효과를 규명하고자 하였다. 연구 결과를 살펴보면, 그릿은 정신적 안녕감에 직접적으로 긍정적인 영향을 미칠 뿐 아니라, 의미발견을 통해 은퇴불안을 낮추고 안녕감을 증진시키는 간접 경로 또한 유의미하게 작용하였다. 반면, 삶의 의미를 추구하는 경향은 오히려 은퇴불안을 증가시키는 요인으로 작용하였으며, 이는 삶의 의미에 대한 인식 유형에 따라 중년기의 심리적 적응 양상이 달라질 수 있음을 시사한다. 본 연구 결과는 중년기 근로자의 심리적 회복탄력성을 강화하고, 은퇴 전환기에서의 불안을 완화하기 위한 실천적 개입 방향을 제시하였다는 점에서 의의를 지닌다.

한편, 정년은퇴 시기의 평생학습 참여자들을 대상으로 평생학습 참여동기가 삶의 행복감에 미치는 영향을 분석한 천갑원(2020)의 연구에 따르면, 일반적인 배경 특성은 참여동기에는 유의한 영향을 미치지 않았으나, 은퇴 여부에 따라 삶의 행복감에는 통계적으로 유의미한 차이가 나타났다. 학습지향, 활동지향, 목표지향과 같은 동기들은 자아실현, 자신감, 몰입감, 쾌락적 즐거움 등에 긍정적인 영향을 주었으며, 이 가운데 자아실현의 영향력이 가장 높게 나타났다. 이러한 결과는 평생학습이 단순한 여가나 취미활동에 그치지 않고, 은퇴 이후 삶의 방향성과 정체성을 재정립하고 상실된 의미를 회복하는 데 중요한 역할을 수행함을 보여 준다. 따라서 퇴직을 앞둔 시기의 교육과 상담은 단순한 정보 전달이나 기술 습득만이 아닌 삶의 본질적 가치와 목적을 성찰할 수 있도록 체계적으로 설계되어야 할 필요가 있다.

이러한 연구를 종합해 보면 은퇴 시기에 삶의 의미를 어떻게 인식하고 구성하는가는 개인의 심리적 안정, 자아정체성의 유지, 그리고 전반적인 삶의 질에 중대한 영향을 미치는 것으로 나타난다. 특히 은퇴(예정)자가 일의 의미를 재정립하고 자아실현을 도모하며, 삶의 목적성을 회복하는 과정은 은퇴 이후 삶의 질을 좌우하는 핵심 요인으로 작용하고 있음이 확인되었다.

5 은퇴준비 연구 동향

1) 개요

미래 사회의 불확실성이 증가하고 고령화시대를 맞이하여 은퇴준비에 대한 관심이 높아지고 있다. 특히 베이비붐 세대의 은퇴가 본격화되면서 은퇴준비에 어려움을 겪거나 은퇴 이후 경제적 · 심리적 · 사회적 어려움에 직면하고 있다는 연구 결과들을 통해 볼 때 은퇴준비의 중요성이 날로 부각되고 있다.

많은 연구에서 은퇴준비는 주로 은퇴자금과 관련한 경제적인 준비의 측면에서 이루어졌으나 경제적인 측면 외 신체적인 측면(건강 등), 정서적인 측면(가족, 친구들과의 관계), 여가활동과 관련된 사회활동 측면 등 다방면의 준비가 요구되고 있다. 이렇게 은퇴준비는 단순히 경제적 재정 준비를 넘어서 심리적 · 사회적 · 교육적 측면까지 포함하여 포괄적으로 준비해야 하는 것(윤선명, 전주성, 2025)이라는 인식이 확산되면서, 은퇴준비와 관련하여 다양한 연구가 진행되고 있다.

은퇴준비 관련 논문의 동향을 파악하기 위해 DBpia, KISS 데이터베이스에서 '은퇴(자)', '퇴직(자)', '준비'를 주요 검색어로 활용하여 2003년부터 2025년까지 발표된 총 96편의 학위논문 및 학술논문을 분석하였다. 이 절에서는 은퇴준비와 관련하여 두 가지 큰 맥락의 주제를 다루고 있는데, 첫째, 대상별 은퇴준비에 대한 연구, 둘째, 은퇴준비에 영향을 미치는 요인 연구이다.

2) 은퇴준비 연구 주제별 동향

(1) 대상별 은퇴준비

은퇴준비는 특수 직업군(경찰공무원, 경찰, 교정공무원, 공무원 등)이나 연령(중년, 베이비부머, 고령근로자 등)에 따라 은퇴준비의 의미와 은퇴준비 정도에 차이를 보이고 있다. 최은영(2015)은 1, 2차 베이비붐 세대를 대상으로, 변혜원(2021)은 밀레니얼 세대를 대상으로 각각 은퇴준비 현상을 양적 연구를 통해 살펴보았다. 특히 윤선명, 전주성(2025)은 베이비부머 세대는 교육 수준과 도전적 성향이 높은 집단이기 때문에 경제적 준비뿐만 아니라 심리적 · 사회적 안정에도 관심이 많으며, 이러한 현상을 반영하여 이들에게 맞춘 은퇴준비 교육 프로그램을 제공하거나 사회적 관계망을 구축하고 건강 관리 시스템을 제공하는 등 정책적 노력의 필요성을 제기하였다.

장선숙 등(2017)은 교정공무원을 대상으로 퇴직준비의 의미에 대해 살펴본 결과 4개 범주와 11개의 하위 범주가 도출되었는데, 4개의 범주는 '퇴직준비의 의미와 현실', '퇴직준비를 위한 개인적 자원', '퇴직을 위한 구체적인 준비행동'과 '퇴직준비를 위한 대안'이다. 교정공무원들이 퇴직 후에도 일을 하려는 이유는, '퇴직 후 건강한 삶을 살기 위해', '사회에 기여함으로써 삶의 보람을 느끼기 위해', '이루지 못한 꿈과 유사한 일을 하기 위해'서인 것으로 나타났다. 그러나 재직 중 퇴직준비의 어려움은 경제 사정과 근무 환경으로 나타났고, 현직에서의 업무 경험은 퇴직 후 진로전환에 크게 도움이 되지 않는 것으로 나타났다. 이 연구에서는 특수한 환경에서 근무하는 교정공무원들의 특성과 요구를 반영한 실질적인 퇴직준비의 필요성을 제기하였고, 이후 연령별, 직급별 단계적인 생애설계 교육 프로그램이나 시스템 도입이 절실함을 강조하였다.

기존 연구 결과들을 종합해 보면, 대상과 연령은 다양하지만 현실적인 은퇴준비의 수준이 높지 않은 것으로 분석되며, 은퇴준비는 은퇴만족도에 직간접적으로 영향을 미치기 때문에 은퇴를 체계적으로 준비해야 할 필요성에 대해서는 여러 논문에서 언급되고 있는 바이다. 특히 대상 특수성의 요구분석 등을 거쳐 맞춤형 은퇴준비 프로그램을 제공하거나, 은퇴준비 영역(재무, 건강, 여가, 대인관계 등)별 다각도의 지원이 제도적 · 정책적으로 필요함이 지속적으로 제기되고 있다.

(2) 은퇴준비에 영향을 미치는 요인

은퇴준비에 영향을 미치는 요인들은, 첫째, 성별, 연령, 교육 수준, 학력 등의 인구사회학적 요인, 둘째, 소득수준이나 경제능력, 주택소유 등의 경제적인 요인, 셋째, 내외통제성, 자기효능감, 사회참여, 자존감, 역할수행, 소속감 등의 개인 심리적 · 직업적 요인 등이 있다. 각 영역별로 특징을 살펴보면 다음과 같다.

첫째, 인구사회학적 요인이다. 주재영(2011)의 연구에서는 소득과 학력이 은퇴준비에 영향을 미친다고 보고되었고, 여윤경 등(2007)은 주관적 은퇴준비 충분성을 인구학적 특성에 따라 분석하였는데, 가구주의 교육 수준과 직업, 재직기간이 유의한 영향을 미치는 것으로 나타났다. 교육 수준이 높을수록, 전문관리직에 종사할수록, 재직기간이 길수록 은퇴준비가 충분하다고 인식하는 경향이 있는 것으로 나타났다. 한지형 등(2022)은 연령대별로 은퇴준비에 영향을 미치는 요인이 다름을 밝혀냈다. 특히 20대가 포함된 밀레니얼 세대는 고수익 · 고위험의 자산을 선호하는 것과 동시에 자산을 축적하고 은퇴 이후의 삶을 준비하는 데 큰 관심을 갖고 있으나 상대적으로 은퇴와는 심리적 거리가 먼 관계로 은퇴준비 수준은 낮은 것으로 파악되었다. 반면, 40대와 50대에서 은퇴준비를 더 빠른 시점부터 준비해야 한다고 생각하는 경우에는 그렇지 않은 경우보다 은퇴준비를 더 잘하고 있는 것으로 나타났다. 종합해 보면, 은퇴준비에 영향을 미치는 요인으로 전통적으로 다양한 인구사회학적 특성이 주로 다루어져 왔는데, 그중에서 연령, 성별, 학력(교육 수준), 소득 등이 은퇴준비에 영향을 미치는 중요한 요인임이 밝혀졌다.

둘째, 경제적인 요인이다. 앞서 살펴본 인구사회학적 특성에 소득이 포함되어 있기는 하지만, 특히 많은 연구에서 은퇴준비를 위해서 가장 중요한 첫 단계로 재정적 측면의 진단을 제시하고 있다. 은퇴준비에 있어서 소득이나 금융자산, 부동산자산 등 경제적 변수가 유의한 영향을 미치고 있고, 재정적인 측면에서 보면 은퇴준비의 가장 큰 장애 요인은 자녀 양육비와 자녀 교육비인 것으로 나타났다(백은영, 정순희, 2012; 여윤경 외, 2007; 최혜지, 이영분, 2005). 재정적 준비가 막연하고 비체계적으로 이루어지고 있는 현 상황과 은퇴 이후의 삶에 대한 질적 보상, 노인 빈곤 예방 등을 고려해 볼 때, 최혜지, 이영분(2005)은 적극적이고 계획적인 재정적 준비행동과 재무계획을 수립하거나 수정하게 함으로써 은퇴 후의 재정적 안정감을 달성할 수 있도록 돕는 체계적인 재정 교육의 필요성을 강조하였고, 양질의 정보를 제공하기 위한 프로그램이나 사회적 장치가 마련되어야 한다고 주장하였다.

셋째, 개인 심리적 · 직업적 특성 요인이다. 자기효능감, 사회참여, 자기통제, 자존감, 역할수행, 소속감, 은퇴나 여가에 대한 태도, 직업특성 등이 이에 해당된다. 주재영(2011)은 사회참여와 자기효능감이 은퇴준비에 영향을 미친다고 하였고, 은퇴준비에서 자신감과 의욕 · 결단력이 높은 사람보다는 사회참여 활동을 하면서 다른 사람들과 은퇴준비에 대한 정보를 공유하는 경우에 은퇴준비도가 높아짐을 확인하였다. 김경희 등(2018)은 은퇴에 대한 태도가 긍정적일수록 은퇴준비도가 낮다고 보고하고 있는데, 은퇴에 대한 태도가 긍정적이라는 것이 반드시 은퇴준비에 있어서 좋은 결과로 이어지는 것이 아니며, 은퇴준비를 잘할 수 있게 하기 위해서는 현실에 대한 감각을 높여 주거나 낙관적 경향을 경계해야 한다고 강조하였다.

나혜림, 최현자(2013)의 연구에서는 자기통제, 금융이해력 및 은퇴목표의 명확성과 은퇴준비행동의 관계를 분석해 본 결과, 자기통제가 은퇴준비행동에 직접적인 영향을 미치는 것으로 밝혀졌고, 금융이해력과 은퇴목표의 명확성을 매개로 하여 영향을 미치는 간접효과 또한 존재하는 것으로 나타났다. 은퇴준비를 좀 더 적극적으로 하기 위해서는 개인의 사회 · 경제적 특성 외에 인지적인 요인과 동기적인 요인을 모두 고려한 다차원적 접근이 필요하다는 점을 시사한다. 또한 은퇴설계나 은퇴 교육을 진행할 때, 자기통제의 수준에 따라 은퇴준비 실천계획의 방법이나 강도를 달리 설정하는 것이 요구됨을 강조하고 있다.

배문조, 전귀연(2004)은 은퇴준비 영역을 경제적 준비, 심리적 준비, 신체적 준비로 구분하여 은퇴준비에 영향을 미치는 요인을 살펴보았다. 경제적 준비에 영향을 미치는 요인은 소득과 여가의 필요성 인식 순이었다. 즉, 소득 수준이 높고 여가가 필요하다고 인식할수록 경제적 준비를 잘하는 것으로 나타났다. 여가활동을 중요하게 여기는 사람들이 은퇴 이후 여가생활을 위해서 더 적극적으로 경제적 준비를 하고 있다고 볼 수 있다. 심리적 준비에 영향을 미치는 요인으로는 여가 필요성 인식이 가장 큰 영향을 미쳤고, 직업에 대한 태도가 다음으로 긍정적인 영향을 미쳤다. 신체적 준비에 가장 큰 영향을 미치는 요인으로는 연령, 자아존중감, 내외통제성, 여가 필요성 인식 순이었다. 자아존중감이 높을수록 신체적 준비를 잘하고 있고, 내적통제가 강할수록 신체적 준비를 잘하지 않는 것으로 나타났다.

신계수, 조성숙(2011)은 은퇴준비 영역을 신체적 · 심리적 · 사회적 · 경제적 수준으로 나누어 직업특성과 활동특성이 은퇴준비에 미치는 영향을 살펴보았다. 그 결과 공무원이나 전문직에 종사하면서 연령이 높고 건강이 좋은 경우 월평균 소득이 낮을수록 신체적 준비를 잘하고 있었으며, 특히 공무원이나 전문직 종사자들은 직업이 안정되어 있어 활발한 여가활동을 하면서 신체적 준비를 하는 것으로 나타났다. 또한 직장동료와 관계가 원만하고 직업에 대한 태도가 긍정적일수록 신체적 준비가 높게 나타났다. 직업특성의 직장동료 관계, 직업 태도와 활동특성의 여가활동이 중년층의 심리적 은퇴준비에 통계적으로 유의미한 영향을 주는 것으로 파악되었으며 사회활동과 여가활동이 중년층의 사회적 은퇴준비에 통계적으로 유의미한 영향을 주었다. 기혼이면서 학력이 높고 자녀의 수가 많을수록 은퇴시기를 늦추면서 사회적 준비를 하는 것으로 나타났다. 이러한 결과는 직업군별로 은퇴준비 영역에 대한 다른 접근이 필요함을 시사하고 있다. 특히 전문직종에 종사하지 않거나 월평균 소득이 낮을 경우 기업이나 국가 차원에서 구체적인 정책과 프로그램을 다양하게 준비할 필요가 있음을 시사한다. 또한 직업에 대한 긍정적인 태도뿐 아니라 원만한 직장 동료관계를 유지하는 방법, 다양한 여가를 즐기는 방법 등에 대한 기업과 국가의 적극적인 지원책 마련도 필요함을 강조하고 있다.

6 은퇴 정책, 제도, 연구 및 기타 연구 동향

1) 개요

은퇴는 단순한 개인의 문제가 아닌, 경제적 · 사회적 · 문화적 변화와 밀접하게 연관된 복합적인 현상으로, 개인적 삶의 경험뿐만 아니라 사회 구조 및 제도적 요인들의 영향을 함께 받는다. 이에 따라 복합적인 은퇴 문제에 효과적으로 대응하기 위해서는 정책적 · 제도적 접근이 필수적이며, 이를 바탕으로 은퇴 이후 삶의 질 향상을 위한 다양한 방안을 모색해야 한다.

은퇴에 대한 지속적인 학문적 탐구는 은퇴(예정)자들이 겪는 심리적 안정, 경제적 준비, 그리고 사회 공동체의 일원으로서의 통합을 실질적으로 지원하는 데 중요한 역할을 담당한다. 즉, 은퇴와 관련된 문제를 해결하기 위해서는 개인, 사회, 제도 각 차원의 상호 연관성을 종합적으로 고려해야 하며, 이를 바탕으로 보다 실효성 있는 정책 수립과 구체적인 지원 방안의 제시가 요구된다.

은퇴 관련 정책, 제도 및 연구의 동향을 파악하기 위해 DBpia와 KISS 데이터베이스를 활용하여 '은퇴(자)', '퇴직(자)', '정책', '제도', '연구' 등을 주요 검색어로 설정하고, 2001년부터 2022년까지 발표된 총 38편의 학위논문 및 학술논문을 분석하였다. 각 논문의 초록에 나타난 핵심어를 중심으로 주요 연구 주제를 다음의 세 가지 범주로 분류하였다. 첫째, 은퇴 정책 및 제도와 관련된 연구, 둘째, 은퇴와 관련한 동향을 다룬 연구, 셋째, 이 두 항목에 포함되지 않는 기타 주제의 연구이다.

2) 은퇴 정책, 제도, 연구 주제별 동향

(1) 은퇴 정책 및 제도

은퇴와 관련된 문제는 단순히 개인의 노화나 직장 퇴직이라는 생애사적 사건에 그치는 것이 아니라, 사회 전반의 제도적 틀과 정책적 대응을 요구하는 구조적인 과제이다. 이러한 관점에서 은퇴 문제를 다룬 정책 및 제도 영역의 연구들은 은퇴자의 경제적 안정, 사회적 안전망 구축, 노동시장과 복지 체계의 연계 등 다각적인 접근을 시도하고 있다.

관련 연구로, 은퇴자를 위한 경제적 지원 제도에 관한 연구(성영애, 2011)는 은퇴 이후 은퇴자들이 직면하는 다양한 경제적 어려움을 조명하고, 소득 공백 문제를 해결하기 위한 정책적 지원이나 대응 방안을 모색하였다. 이미리(2014)는 서울시 소방공무원의 퇴직 관리 실태와 정책적 지원 방안 연구에서 특정 직종의 퇴직 전후 지원 제도를 분석하였으며, 공공 영역에서의 제도적 보완의 필요성을 강조하였다. 또한 국내 은행들이 매년 명예퇴직을 확대 시행하는 현실을 비판하며, ESG 및 지속가능경영 원칙에 부합하기 위해서는(이영민, 정선아, 2014) 해외 영업 확대와 전문인력 육성, 교육훈련체계 강화 및 전문직군 양성, 기존 인력의 역량 강화 그리고 신시장 개척을 통한 인력 유지 전략 등을 제안하였다.

베이비붐 세대 은퇴 후 사회참여 지원 정책에 관한 한국과 일본 비교연구(변루나 외, 2011)에서는 일본의 사회참여 정책 사례를 통해 은퇴자 지원체계의 효율성에 주목하였다. 이 연구에 따르면, 일본은 통합적인 관리 채널을 통해 다양한 지원 프로그램을 체계적으로 운영함으로써 지원 중복이나 누수 현상을 최소화하고 있다. 반면, 한국은 다양한 프로그램이 존재하지만, 운영 주체와 전달 경로가 분산되어 있어 은퇴자들이 필요한 정보를 제때 얻거나 참여하기 어려운 구조라는 점을 지적하였다.

소방공무원을 대상으로 한 퇴직 관리에 관한 실증연구(류상일 외, 2017)에 따르면, 퇴직 후 재취업이나 사회적 역할전환이 원활히 이루어지기 위해서는 단순한 정보 제공뿐 아니라 체계적인 은퇴자 프로그램의 개발과 함께 퇴직 및 전직을 전문적으로 지원할 수 있는 조직과 네트워크의 활성화가 필수적이라는 점이 강조되었다. 특히 소방공무원과 같은 특수 직종 종사자들의 경우에는 은퇴 이후의 직업정체성 변화와 심리적 적응이 중요한 문제로 부각되므로, 이들을 위한 맞춤형 지원체계 구축과 재취업 제도 정착이 시급하다는 점을 주장하였다.

은퇴와 관련된 정책 및 제도 연구는 단순히 개인의 생애 전환기를 지원하는 것에 그치지 않고, 고령사회에 효과적으로 대응하기 위한 국가적 전략 수립의 중요한 토대가 될 수 있다. 그러나 기존 연구 동향을 살펴보면, 주요 연구들이 2010년대에 집중되어 있어 최근의 급변하는 사회적 환경과 은퇴 양상이 충분히 반영되지 못하고 있다. 은퇴 이후의 삶은 경제적 안정, 사회적 참여, 건강 관리, 심리적 적응 등 다양한 과제를 포함하고 있으므로, 이러한 다층적인 요구를 포괄할 수 있는 보다 적극적이며, 시의성을 갖춘 연구의 지속적인 축적이 요구된다.

(2) 은퇴 관련 동향 연구

은퇴와 관련된 학술적 연구는 은퇴 현상의 구조적 특성을 심층적으로 이해하고 그 실태를 체계적으로 파악하는 데 기초자료를 제공한다. 특히 은퇴 교육 및 상담 프로그램의 효과성, 재취업 경로, 경력 개발의 현황 등을 다각도로 분석함으로써, 은퇴 이후 삶의 질을 향상시키기 위한 실천적 전략 수립에 필요한 이론적 기반을 마련해 준다. 이러한 연구 성과는 향후 은퇴 관련 정책과 제도 설계를 위한 핵심 자료로 활용될 수 있다.

먼저, 김봉환(2014)은 은퇴가 개인의 삶에 중대한 전환을 가져오는 사건이며, 이에 성공적으로 적응하는 것이 노후 삶의 질을 좌우한다고 보았다. 특히 상담은 은퇴를 앞둔 이들이 삶을 설계하고 심리적 안정을 도모할 수 있도록 돕는 중요한 전문영역임에도 불구하고, 은퇴상담은 대상의 특수성으로 인해 아직 연구와 실천 양면에서 충분한 관심을 받지 못하고 있다고 지적하였다. 이 연구는 우리나라 은퇴상담의 현황을 공공부문과 민간부문으로 구분하여 분석하고, 국내외 연구 동향 및 향후 여건과 전망을 고찰하였다. 이를 바탕으로 은퇴상담의 이론적 기반을 강화하고 제도적 · 실천적 발전을 위한 과제를 제시함으로써 향후 연구와 실천 방향 설정에 유의미한 시사점을 제공하였다.

은퇴자 적응 연구 동향을 분석한 연구(이자명, 2020)에서는 2000년부터 2019년까지 발표된 국내 연구를 바탕으로 은퇴자의 적응과 관련된 연구 경향을 정리하고 실천적 시사점을 도출하였다. 이 연구는 은퇴 후 개인들이 겪는 심리적 · 사회적 · 경제적 변화에 대한 다양한 연구를 종합하여 실용적인 지원 전략을 제시하였다. 또한 은퇴준비 프로그램에 관한 선행연구 동향을 분석한 이예림(2022)의 연구에서는 1990년부터 2021년까지 발표된 국내 논문 70편을 분석하여 주요 변수와 영향 요인을 정리하고, 효과적인 프로그램 개발을 위한 기초자료를 제시하였다. 연구 결과, 은퇴준비 프로그램에 대한 연구는 점차 증가하고 있으며, 양적 연구가 다수를 차지하였다. 연구 대상은 주로 공무원이었고, 주제는 프로그램에 대한 인식 분석이 절반 이상을 차지했다. 이 연구는 은퇴준비 프로그램의 개선과 후속 연구 방향을 제시하며, 실천적 · 정책적 대응을 위한 기초자료로서 의의를 지닌다.

중장년층을 대상으로 한 서지원과 김남희(2022)의 연구는 2000년부터 2021년까지 발표된 국내 중장년층 재취업 관련 학술논문 50편을 분석하여 연구 동향을 살펴보았다. 분석 결과, 교육학, 복지, 정책 등 다양한 분야에서 주로 양적연구 중심으로 수행되었으며, '은퇴/퇴직'과 '심리적 요소'가 핵심 주제로 다루어졌다. 다수의 연구는 재취업의 영향 요인, 교육, 정책 관련 내용을 중심으로 구성되었는데, 이를 바탕으로 학문적 · 실천적 시사점과 후속 연구 방향을 제안하였다.

또한 서예린(2020)은 한국노동패널조사 자료를 활용하여 중고령 남성의 주된 일자리 퇴직 이후 10년간의 경력경로를 유형화하고 그 특성을 분석하였다. 분석 결과, 완전 은퇴형, 단기 재취업형, 단순노무 임금근로형 등 여섯 가지 유형이 도출되었으며, 출생 연도, 건강 상태, 퇴직 연령이 주요한 구분 요인으로 나타났다. 이 연구에서는 이러한 결과를 바탕으로 시간축 기반 연구 설계와 경력경로 특성 분석의 필요성을 제언하였다.

마지막으로, 이주영(2020)은 중 · 고령자의 주된 일자리 퇴직과 재취업의 동향을 분석한 연구에서, 1997년 외환위기와 연공서열제 등의 구조적 요인이 퇴직 및 재취업에 미치는 영향을 고찰하였다. 분석 결과, 외환위기 이후 주된 일자리에 진입한 중 · 고령자는 퇴직 시점이 앞당겨지고 재취업은 지연되는 경향을 보였으며, 특히 여성, 고학력자, 장기 재직자의 경우 재취업이 더욱 어려운 것으로 나타나 이들을 위한 정책적 지원의 필요성이 부각되었다.

(3) 기타

앞서 살펴본 연구 이외에도 은퇴자를 위한 재취업과 관련된 실천적 연구들이 진행되었다.

먼저, 김서호와 변상해(2015)의 연구에서는 실제 재취업교육 프로그램에 참여한 은퇴자를 대상으로 그 효과를 실증적으로 분석하였다. G교회의 은퇴자 67명을 실험집단과 통제집단으로 나누어 14회기 재취업교육을 실시한 결과, 실험집단은 통제집단에 비해 취업불안과 취업스트레스가 유의미하게 감소하고, 진로신념은 향상된 것으로 나타났다. 이는 재취업교육이 은퇴자의 심리적 안정과 진로 확신에 긍정적인 영향을 줄 수 있음을 시사한다.

신계수와 조성숙(2011a)은 베이비붐세대의 직업만족도와 경제적 은퇴준비 실태를 분석하여 성공적인 노후준비를 위한 기초자료를 제시하고자 하였다. 연구 결과, 이들은 주로 공적연금, 퇴직연금, 개인연금을 중심으로 은퇴를 준비하고 있었으나, 자녀 교육비와 부모 부양이라는 이중 부담으로 인해 추가 소득을 위한 일자리를 희망하는 비율이 높게 나타났다. 이는 베이비붐세대가 경제적 자립과 가족 부양이라는 복합적 현실 속에서 은퇴를 준비하고 있음을 보여주며, 이들의 안정적인 노후를 위해 가족 부양 부담 완화와 일자리 지원을 포함한 통합적 은퇴정책의 필요성을 강조하였다.

또한 이수정 등(2019)의 한국 중 · 고령자의 직업교육요구 실태에 관한 연구에서는 은퇴 후 계속 일하기를 희망하는 55~74세 중 · 고령자를 대상으로 직업교육에 대한 수요를 실태조사 방식으로 분석하였다. 본 연구는 고령층의 직업교육에 대한 인식, 필요성, 선호 분야 등을 다각적으로 파악함으로써 은퇴 이후 생애설계 및 재취업 지원을 위한 정책 수립의 기초자료로서 의의가 있다. 아울러 중 · 고령자의 노동시장 재참여를 효과적으로 지원하기 위해 수요자 중심의 직업교육 체계 정비가 시급하다는 점을 강조하였다.

지금까지 논의된 연구들은 은퇴자의 심리적 · 사회적 적응, 재취업 가능성과 직업교육 수요 등 다양한 측면을 실증적으로 분석함으로써 은퇴에 대한 학문적 · 실천적 이해를 확장하는 데 기여하고 있다. 이러한 연구들은 은퇴 현상의 다면적 파악은 물론, 효과적인 개입 전략과 정책

설계를 위한 실질적인 기초자료로서 중요한 의의를 지닌다. 궁극적으로 이는 은퇴자들이 자신의 삶을 능동적으로 재구성하고, 보다 안정된 노후를 준비할 수 있도록 돕는 지원체계 구축에 핵심적인 기반이 될 수 있다.

7 논의

지금까지 발표된 국내 은퇴 관련 연구를 살펴본 결과, 은퇴를 둘러싼 공통된 흐름과 과제가 드러난다. 먼저 은퇴적응 연구에서는 은퇴가 단순히 일의 종료가 아니라, 정체성과 삶의 구조 전반을 다시 구성해 나가는 과정이라는 점이 강조되었다. 역할 상실로 인한 정서적 혼란을 거쳐 삶을 통합해 나가는 과정은 시간에 따라 달라지며, 개인의 자원과 주변 환경의 상호작용 속에서 이루어지고 있었다.

은퇴요인에 대한 연구에서는 성별, 건강, 재정 상태, 진로 태도, 사회적 관계 등 다양한 심리사회적 변인이 은퇴의 시기와 방식, 이후의 적응 수준에 영향을 미친다는 점이 확인되었다. 은퇴는 개인의 내부 요인뿐 아니라 가족과 사회 환경이 함께 작용하는 복합적인 결정이라는 점을 알 수 있다. 은퇴 척도 및 프로그램 개발 동향에서는 퇴직 이후의 삶을 보다 구체적으로 이해하고 개입하기 위한 다양한 진단 도구들이 개발되어 왔다. 적응, 불안, 준비도를 측정하는 척도들은 현장 상담이나 교육 프로그램의 기초 자료로 활용될 수 있으며, 일부 연구에서는 프로그램 효과까지 검증하고자 하는 시도가 이루어졌다. 은퇴 만족도에 관한 연구들은 만족을 결정짓는 요인이 단순히 경제적 안정에만 있지 않음을 보여 준다. 심리적 안녕, 가족과의 관계, 여가활동, 사회적 지지 등이 함께 작용하며, 은퇴 이후의 삶을 구성하는 복합적인 요소들이 삶의 질에 영향을 미친다는 점이 반복적으로 드러났다. 은퇴준비 동향에서는 사전 준비의 유무가 은퇴 이후의 삶에 큰 차이를 만든다는 사실이 강조되었다. 특히 경제적 계획뿐 아니라 심리적 · 사회적 측면의 준비, 관계 조정, 생애설계 차원의 접근이 함께 이루어질 때 보다 안정된 은퇴 이후 삶으로 이어지는 경향이 나타났다.

마지막으로 정책 · 제도 및 기타 연구 동향에서는, 현재의 은퇴 관련 지원이 특정 직업군이나 대상에 편중되어 있거나 단기적 개입에 그치는 한계가 지적되었다. 보다 지속적이고 통합적인 정책, 다양한 집단을 포괄할 수 있는 제도적 기반의 필요성이 제기되고 있으며, 생애주기 전반을 아우르는 접근에 대한 논의도 이루어지고 있다.

이상의 흐름을 바탕으로 할 때, 은퇴상담은 단절이 아닌 전환의 과정으로 이해될 필요가 있으며 은퇴 진단과 준비, 사회적 참여, 관계 재구성까지 포괄하는 다층적 지원이 요구된다. 은퇴자의 삶의 맥락을 고려한 정서적 지지와 생애설계 지원이 병행되어야 하며, 일 · 관계 · 의미를 연결하는 지속가능한 은퇴상담 지원체계가 마련되기를 기대한다.

참고문헌

강미경, 김모란, 안윤정(2023). 주된 일자리에서 퇴직한 신중년 남성의 직업안녕감에 대한 개념도 연구. **취업진로연구**, 13(3), 151-180.

강애연, 황인옥(2020). 베이비붐 세대의 노후준비와 행복감의 관계에서 사회적 자본의 매개효과. **상담심리교육복지**, 7(2), 171-183.

강정희(2024). 은퇴적응성 척도 개발 및 타당화. 인제대학교 일반대학원 석사학위논문.

강지숙(2008). 노인의 은퇴 적응과정에 대한 근거이론적 접근. **한국노년학**, 28(3), 477-496.

고대영, 임현승(2015). 은퇴공무원의 부부관계 만족도와 사회적 관계망이 생활만족도에 미치는 영향. **한국사회복지교육**, 30, 87-109.

구자복(2020). 한국 대기업 임원들의 비자발적 퇴직에 대한 적응 과정 연구. 중앙대학교 대학원 박사학위논문.

구자복, 정태연(2019). 대기업 임원들이 비자발적 퇴직 이후 겪는 심리적 어려움에 대한 질적 연구. **한국심리학회지: 문화 및 사회문제**, 25(4), 249-277.

권승, 황규선(2004). 노년층의 은퇴 결정요인에 관한 연구: 성별, 거주지별 차이분석을 중심으로. **한국노년학**, 24(3), 69-90.

권은비, 이정화(2011). 은퇴한 남성의 생활만족도에 영향을 미치는 변인 연구: 은퇴관련변인과 부부관계의 질을 중심으로. **한국가족관계학회지**, 15(4), 73-92.

권인탁(2017). 퇴직예정자의 은퇴기대와 노후 재무만족도 예측의 관계에서 퇴직준비 및 재무교육의 매개효과. **한국열린교육학회**, 25(4), 171-190.

권혁채(2021). 경력코칭 기반 긍정심리자본이 은퇴 이후의 재취업의도에 미치는 영향에 관한 연구. 숭실대학교 대학원 박사학위논문.

김경희(2022). 여성 베이비부머의 은퇴 적응 과정: 자기배려의 삶으로 돌아가기. **질적탐구**, 8(1), 199-230.

김경희, 김주현, 이동숙, 윤성자, 장경실, 이선기(2018). 간호사들의 은퇴준비도에 은퇴태도와 은퇴스트레스가 미치는 영향. **스트레스 研究**, 26(1), 18-24.

김경희, 정혜정(2017). 베이비부머 은퇴 남성의 내러티브 정체성 탐구: 고학력 중산층 은퇴자를 중심으로. **가족과 가족치료**, 25(4), 839-862.

김길동(2018). 정년퇴직 프로그램의 특성과 개인 특성이 프로그램 효과에 미치는 영향. 경남대학교 대학원 박사학위논문.

김길옥, 윤천성(2016). 중년기의 성격특성(Big Five Types)에 따른 삶의 질의 관계에서 사회활동 매개효과에 관한 연구. 인문사회 21, 7(2), 561-590.

김나연, 강정희, 조항(2023). 은퇴 적응 과정에 관한 질적 메타분석. 취업진로연구, 13(4), 21-45.

김나연, 김성희, 정은아(2007). 남성노인의 은퇴 후 삶의 과정에 대한 근거이론적 접근-새로운 삶의 의미를 찾아서. 한국가족복지학, 21, 1-35.

김남원, 장성철(2016). 은퇴 및 노후생활 인식, 은퇴준비 행동, 은퇴만족도 사이에서 경제적 은퇴준비 상황의 조절효과. 한국콘텐츠학회논문지, 16(7), 522-531.

김미애(2021). 은퇴한 교장 생애에 나타난 역경과 개인 및 가족 레질리언스 행복에 관한 현상학적 연구. 울산대학교 대학원 박사학위논문.

김미혜(2016). 여성 은퇴자의 삶의 적응 과정: 간호사를 중심으로. 한양대학교 대학원 박사학위논문.

김미혜, 홍서연(2024). 60대 여성 은퇴자의 운동과 실존적 주체로서의 삶의 의미. 한국사회체육학회지, 96, 369-380.

김봉환(2014). 은퇴상담의 현황과 전망. 상담학연구, 15(1), 301-320.

김서호, 변상해(2015). 은퇴자를 위한 재취업교육의 효과분석. 한국산학기술학회논문지, 16(4), 2548-2555.

김선영, 윤혜영(2013). 은퇴 남성의 은퇴스트레스, 성격 강점, 결혼불만족이 은퇴 후 우울에 미치는 영향. 한국심리학회지: 문화 및 사회문제, 19(4), 553-576.

김선화(2017). 은퇴예정자의 은퇴 후에 대한 기대심리 및 환경이 노후준비 수준에 미치는 영향 연구: 직업만족의 조절효과를 중심으로. 호서대학교 벤처대학원 박사학위논문.

김순분, 이재모(2021). 사회적 관계망과 자아존중감이 노인의 삶의 만족도에 미치는 영향. 대한정치학회보, 29(1), 113-135.

김연진, 김병석, 김은실(2012). 한국판 은퇴 준비 척도(Korea-The Process of Retirement Planning Scale: K-PRePS) 타당화. 상담학연구, 13(5), 2099-2117.

김원섭, 우해봉(2008). 국민연금이 중고령 남성의 은퇴에 미치는 효과와 정책적 함의. 사회복지정책, 35, 111-139.

김은영(2014). 은퇴 전후 세대 재정안정성 노년기 삶의 수준에 대한 기대와 지원. 한국사회복지학, 66(1), 61-85.

김의태(2023). 은퇴자가 지각한 우울이 삶의 만족도에 미치는 영향에서 사회적 관심의 매개효과. 호남신학대학교 특수대학원 석사학위논문.

김종태(2021). 신중년 세대의 은퇴 준비가 자아존중감에 미치는 영향: 삶의 만족도와 가족지지의 다중 매개효과를 중심으로. 중부대학교 대학원 박사학위논문.

김지경, 송현주(2010). 중고령 은퇴자들의 은퇴 후 경과기간별 은퇴생활적응의 영향요인. 대한가정학회, 48(6), 83-101.

김진아, 조민호(2024). 은퇴 이후 문화관광해설사의 자원봉사 경험에 대한 현상학적 연구: 서울시 문화관광해설사 중심으로. 관광진흥연구, 특집호, 41-72.

김진한(2015). 은퇴 후 제2의 삶을 사는 사람들의 삶의 유형과 공통점 분석. 평생교육 · HRD연구, 11(2), 57-81.

김향란(2021). 중등학교 남성 교사의 은퇴 후 삶의 경험에 대한 현상학적 연구. 한세대학교 대학원 박사학위논문.

김현란(2015). 베이비부머 세대의 소득수준이 삶의 만족도에 미치는 영향: 은퇴준비의 매개효과와 자기효능감의 조절효과를 중심으로. 한세대학교 대학원 박사학위논문.

김현정, 서여주, 임은정(2015). 한국 중 · 고령자의 은퇴 유형별 요인도출을 위한 종단적 연구. **2015년 고용패널학술대회**, 257-274.

나혜림, 최현자(2013). 자기통제가 은퇴준비행동에 미치는 영향 연구. *Financial Planning Review, 6*(1), 27-60.

남순현(2017). 노인의 은퇴 후 삶의 적응에 대한 Glaser의 근거이론적 접근. **한국사회복지질적연구**, **11**(1), 5-19.

남순현(2024). 은퇴 노인의 여가참여 빈도, 건강수준과 삶의 만족도 간의 종단적 관계: 잠재성장모형 분석. **노인복지연구**, **79**(1), 9-32.

남희경, 한정란(2020) 베이비부머 공무원의 은퇴 태도 및 은퇴 불안. **노년교육연구**, **6**(1), 45-62.

류상일, 장정우, 조성, 이민규(2017). 소방공무원 퇴직관리에 대한 실증연구. **위기관리이론과 실천**, **13**(7), 67-76.

박경애, 백지은(2018). 남성 고위직 관리자의 은퇴 후 삶과 일의 의미에 대한 해석현상학적 분석. **진로교육연구**, **31**(2), 193-221.

박근수(2014). 베이비붐 세대의 퇴직기대 유형과 퇴직준비교육-A지방자치단체 공무원을 중심으로. **한국지방자치학회보**, **26**(3), 21-42.

박미석(2004). 우리나라 노인의 은퇴 후 여가선용에 관한 연구. **대한가정학회지**, **42**(12), 107-122.

박상우(2020). 중장년의 비자발적 퇴직경험과 진로대처행동에 관한 연구: 근거이론의 적용. 경기대학교 대학원 박사학위논문.

박지운(2014). 교사들의 직업적성 일치도, 직무만족도, 여가만족도와 은퇴 후 진로미래 태도와의 관계. 이화여자대학교 대학원 석사학위논문.

박태정(2016). 베이비부머세대의 자기인식 연구: 퇴직 후 생활세계 형성과정을 중심으로. **사회보장연구**, **32**(2), 87-108.

배문조, 전귀연(2004). 은퇴에 대한 태도 및 은퇴준비에 영향을 미치는 요인. **대한가정학회지**, **42**, 89-102.

백미영(2017). 중년여성의 가족 사별 스트레스와 우울의 관계: 외상 후 성장의 조절 효과. 가톨릭대학교 대학원 석사학위논문.

백승률, 정소희(2022). 중년기 남성 직장인의 퇴직불안에 영향을 미치는 요인. **인문사회 21**, **13**(6), 2369-2384.

백은영(2009). 은퇴자의 은퇴만족도에 영향을 미치는 요인 분석. **사회복지학**, **44**, 345-372.

백은영, 정순희(2012). 베이비부머의 재정현황과 주택자산이 은퇴준비 정도에 미치는 영향. **소비문화연구**, **15**(1), 141-160.

백준현(2015). 교직 은퇴 후 스포츠 활동에 열중하는 전직 교사의 사중고 극복 방안 연구: 74세 체육인의 생애사를 중심으로. 연세대학교 교육대학원 석사학위논문.

변루나, 김영숙, 현택수(2011). 베이비붐 세대 은퇴 후 사회참여 지원정책에 관한 한 · 일 비교연구. **보건사회연구**, **31**(4), 315-344.

변영인, 남영분(2009). 조기 퇴직자의 심리사회적 위기에 영향을 미치는 변인과 교회의 역할. **복음과 상담**, **13**, 96-117.

변혜원(2012). 밀레니얼세대의 은퇴준비. KIRI 리포트(포커스), 524, 8-13.

서경숙(2023). 직장인의 은퇴준비와 자산운용이 삶의 질에 미치는 영향. 서울벤처대학원 대학교 대학원 박사학위논문.

서예린(2020). 중고령 남성의 주된 일자리 퇴직 후 경력경로 유형 연구. 서울대학교 대학원 석사학위논문.

서정욱, 조덕호(2019). 퇴직공무원 생활만족 결정요인에 관한 탐색적 연구: 퇴직준비교육, 자원봉사활동, 경제활동을 중심으로. 한국지방자치연구, 21(2), 73-94.

서지원, 김남희(2022). 중장년층 재취업에 관한 연구동향: 국내 학술지 게재 논문을 중심으로. HRD연구, 24(1), 301-328.

성영모, 오제은(2014). 은퇴자 부부들의 부부관계에 대한 질적 연구. 노인복지연구, 65, 251-280.

성영애(2011). 은퇴자를 위한 경제적 지원제도. 한국노년학회 학술대회 자료집, 45-69.

성지미(2011). 중고령자의 은퇴만족도에 대한 연구. 한국경제연구, 29(2), 175-212.

소연옥(2023). 신중년 은퇴 남성의 성역할 변화 과정 연구. 백석대학교 기독교전문대학원 박사학위논문.

송지영, 박보람(2024). 2차 베이비붐 세대의 희망은퇴연령 결정요인 분석. 노인복지연구, 79(3), 9-37.

송희영(2016). 비자발적 퇴직 후 재취업에 성공한 베이비붐세대 중년남성의 학습경험 연구: 금융권 종사경험자를 중심으로. 서강대학교 교육대학원 석사학위논문.

신계수, 조성숙(2011a). 베이비붐세대의 직업만족도와 경제적 은퇴준비 실태 분석. 한국엔터테인먼트산업학회논문지, 5(3), 41-50.

신계수, 조성숙(2011b). 중년층의 직업특성과 활동특성이 은퇴준비에 미치는 영향. 한국콘텐츠학회논문지, 11(11), 296-312.

심푸른(2024). 정년퇴직한 교장의 생활적응에 관한 질적 연구. 전남대학교 대학원 박사학위논문.

안경진(2018). 공무원의 퇴직준비교육과 퇴직에 대한 태도 및 노후준비도: 당진시를 중심으로. 한서대학교 일반대학원 박사학위논문.

안기선, 김윤정(2007). 산업체 남성 근로자를 위한 은퇴준비프로그램 개발 및 효과성 평가. 한국가족관계학회지, 12(1), 95-120.

양태완(2019). 공기업 퇴직예정 직장인의 창업의지에 영향을 미치는 요인에 대한 연구: K-공기업 직원을 중심으로. 중앙대학교 산업창업경영대학원 석사학위논문.

엄사랑, 김수경, 김지원, 신혜리, 김영선(2020). 남성 노인의 은퇴와 우울과의 관계: 사회접촉의 매개효과와 전자기기 활용능력의 매개된 조절효과 분석. 보건사회연구, 40(3), 248-285.

여윤경, 정순희, 문숙재(2007). 한국가계의 은퇴준비에 관한 연구-중산층 가계의 주관적 은퇴준비 충분성을 중심으로-. 소비문화연구, 10(3), 129-155.

원병수(2020). 중장년 은퇴진로준비행동과 은퇴불안의 관계: 사회적지지와 성별의 조절효과. 한양대학교 대학원 석사학위논문.

유영주(2017). 은퇴노인 멘토와 멘토링에서 청소년 멘티의 변화과정에 관한 질적연구. 청소년문화포럼, 50, 59-89.

유재송(2017). 퇴직과 심리적 변화: 사회적 인식과 정서적 영향. 한국사회심리학회지, 29(2), 85-102.

윤선명, 전주성(2025). 키워드 네트워크 분석을 활용한 은퇴준비 관련 연구동향 분석. 인문사회과학연구, 26(1), 335-361.

윤선숙(2023). 내러티브 방법으로 조명한 퇴직 교원의 삶과 정체성. 삼육대학교 대학원 박사학위논문.

윤지선(2013). 중년기 은퇴불안이 심리적 안녕감에 미치는 영향: 심리적 수용과 인지적 정서조절 전략의 조절효과를 중심으로. 광운대학교 대학원 석사학위논문.

윤혜순(2021). 퇴직 후 공무원의 사회공헌활동에 관한 인식 조사. 한국교원대학교 교육정책전문대학원 석사학위논문.

이가옥, 이지영(2005). 남성 연소노인의 은퇴 후 적응과정과 노년기 조망에 대한 연구. **한국사회복지학**, 57(1), 93-120.

이동인, 최혜라, 김환(2019). 중년 남자의 일의 의미가 은퇴불안과 심리적 안녕감에 미치는 영향. **인간발달연구**, 26(1), 135-156.

이미리(2014). 서울시 소방공무원의 퇴직관리: 실태와 정책적 지원. **지방행정연구**, 28(3), 129-153.

이상엽(2011). 은퇴예정 지방자치단체 공무원의 심리적 안녕감과 은퇴설계방안에 관한 연구. **한국비교정보학보**, 15(3), 145-176.

이성목(2014). 소득이 안정된 배우자의 은퇴에 따른 여성의 삶의 변화 연구. 성균관대학교 대학원 석사학위논문.

이성진, 윤기혁, 이진열(2017). 노인의 은퇴 이후 우울발생까지의 기간에 영향을 미치는 요인. **인문사회 21**, 8(5), 905-926.

이수연(2014). 사무직 종사자의 퇴직 준비 척도 개발 및 타당화 연구. 성균관대학교 대학원 박사학위논문.

이수정, 김윤정, 김민정(2019). 한국 중 · 고령자의 직업교육요구 실태에 관한 연구: 은퇴 이후 일하기를 희망하는 중 · 고령자를 대상으로. **예술인문사회 융합 멀티미디어 논문지**, 9(8), 219-228.

이수진, 이해랑, 최현자, 김난도, 나종연(2018). 우리나라 은퇴자의 은퇴 적응 유형과 영향요인에 관한 연구: Wang의 자원중심동적관점(Resource-Based Dynamic Perspective)을 중심으로. **한국FP학회**, 31(2), 31-66.

이영민, 정선아(2014). 국내 은행의 명예퇴직과 인적자원관리 대안모색에 대한 탐색적 연구. **경영컨설팅연구**, 21(4), 409-420.

이예림(2022). 은퇴준비 프로그램에 관한 연구 동향 분석. **교육문화연구**, 28(5), 153-174.

이예림, 김봉환(2023). 은퇴적응 척도 개발 및 타당화. **상담학연구**, 24(5), 159-182.

이윤진, 김남숙, 기영화, 홍성화(2013). 사회적 일자리를 통한 은퇴 고령자 일경험의 의미: Modified Ground Theory. **직업교육연구**, 32(6), 133-156.

이은주, 이지연(2015). 중년기 은퇴불안 척도개발 및 타당화. **상담학연구**, 16(4), 435-458.

이은진, 김성원(2021). 도시 거주 남성 노인의 은퇴 후 지역사회 적응 경험. **미래사회복지연구**, 12(1), 197-228.

이웅목, 유기웅(2017). 퇴직한 중년남성의 재취업과정 탐색. **사회과학연구**, 28(2), 59-78.

이자명(2020). 은퇴자 적응 연구 동향 분석: 2000-2019년 발간 국내 학술지를 중심으로. **심리유형과 인간발달**, 21(1), 129-146.

이종찬, 정철영(2022). 중고령자 은퇴준비도 진단도구 개발. **취업진로연구**, 12(4), 115-141.

이주연, 김득성(2015). 남편의 은퇴 이후 중노년기 부부의 적응과정에 관한 질적 연구. *Family and Environment Reasarch*, *53*(2), 179-193.

이주영(2020). 중 · 고령자의 주된 일 퇴직과 재취업 동학 분석-1997년 외환위기와 연공효과를 중심으로. 한국정책학회보, 29(3), 29 - 62.

이창헌, 이성엽(2021). 대기업 퇴직자의 새로운 직업찾기 과정에 나타난 전환학습 경험 내러티브 탐구. 교육컨설팅코칭연구, 5(1), 25 - 44.

이한석, 이영균(2019). 신중년의 긍정심리자본이 재취업의지에 미치는 영향. 디지털융복합연구, 17(5), 33 - 40.

임선영, 김태현(2002). 노년기 부부 스트레스와 결혼불안정성. 한국노년학, 21(3), 111 - 128.

임숙희(2020). 은퇴를 앞둔 중등여교사의 정체성 위기와 대처에 관한 현상학적 연구. 동국대학교 교육대학원 석사학위논문.

장선숙, 안윤정(2019). 교정공무원의 퇴직 후 진로전환경험에 관한 근거이론적 분석. 교정담론, 13(3), 59 - 85.

장선숙, 염인숙, 박상우(2017). 교정공무원의 퇴직준비에 관한 질적 연구. 교정연구, 27(3), 89 - 112.

장연주, 서지원(2011). 은퇴자의 경제적 만족도에 대한 사회자본의 효과. 가족자원경영과정책, 15(1), 29 - 49.

정경화(2021). 중년직장인의 퇴직태도가 퇴직준비와 직무만족도에 미치는 영향. 산업진흥연구, 6(1), 43 - 53.

정우진(2014). 상호제공적 가족내 지지와 가족외 지지가 은퇴고령자의 주관적 삶의 질에 미치는 영향. 서울대학교 대학원 석사학위논문.

조동훈(2014). 고령자 은퇴시점 결정요인 분석: 세대별 요인을 중심으로. 산업관계연구, 24(1), 47 - 66.

조영순, 박남태(2023). 직장인의 노후생활 인식 및 재무설계상담이 재무적 · 비재무적 은퇴 만족예측정도에 미치는 영향. 한국FP학회, 16(3), 35 - 61.

조용호, 신재한(2016). 뇌교육 기반 퇴직준비프로그램 개발을 위한 요구분석: K공사 임금피크제 대상 직원을 중심으로. 인문사회 21, 7(4), 975 - 991.

주재영(2011). 베이비붐 세대의 자기효능감과 사회참여가 은퇴준비에 미치는 영향. 고려대학교 대학원 석사학위논문.

천갑원(2020). 정년은퇴시기 평생학습자의 평생학습 참여동기가 삶의 행복감에 미치는 영향. 부경대학교 대학원 석사학위논문.

최보아, 지영숙(2004). 은퇴자의 생활설계를 위한 교육 프로그램 개발. 한국가정관리학회지, 22(6), 47 - 61.

최은영(2015). 1, 2차 베이비붐 세대의 은퇴 준비에 관한 연구. 이화여자대학교 대학원 박사학위논문.

최정은(2018). 중년층의 은퇴가 우울에 미치는 영향: 사회적지지의 조절효과 검증. 연세대학교 사회복지대학원 석사학위논문.

최혜지, 이영분(2005). 사회.심리적 패러다임에 의한 고령자의 은퇴에 대한 재정적 준비행동에 관한 연구. 한국사회복지학, 57(3), 415 - 435.

한경혜, 손정연(2012). 베이비붐 세대의 은퇴 과정, 경제적,관계적 자원과 심리적 복지감: 남녀차이를 중심으로. 한국가족복지학, 38, 291 - 330.

한복동, 최성규, 이남용(2017). IT전문가의 은퇴 대비 재취업교육이 고용효능감과 삶의 질에 미치는 영향에 관한 실증적 연구. 한국IT정책경영학회 논문지, 9(3), 393 - 399.

한지형, 고대균, 최현자(2022). 연령대별 은퇴준비에 관한 영향요인 차이 분석: 은퇴에 관한 태도와 심리적 거리를 중심으로. 금융소비자연구, 12(1), 47 - 72.

한혜경(2003). 조기퇴직자의 우울감과 영향요인 연구. 한국가족복지학, 11, 81 - 101.

허수진(2017). 중년여성의 긍정정서와 우울 및 불안의 관계-문화성향의 조절효과를 중심으로. 상담학연구.

18(2), 375-391.

현영섭(2024). 퇴직자의 가교일자리 취업을 위한 과정과 경험. **HRD연구, 26**(2), 127-158.

현옥주(2023). 중 · 고령 근로자의 조기은퇴 결정요인: 양극단 직업군 비교를 중심으로. **한국노년학, 43**(2), 191-212.

홍성철(2022). 은퇴자의 사회적 자본이 삶의 만족도에 미치는 사회적 지지의 매개효과 연구_의정부시 중심으로. 중부대학교 대학원 박사학위논문.

홍형득, 이광훈, 김원석(2021). 공직 은퇴생활자의 은퇴준비 및 관리와 만족도 관계분석. **한국공공관리학보, 35**(3), 95-116.

홍효정, 이재경, 윤희정(2020). 공공기관 퇴직예정자의 퇴직준비 교육 참여경험 탐색. **평생교육학연구, 26**(4), 61-88.

황예은(2020). 중년 근로자의 그릿과 정신적 안녕감: 삶의 의미와 은퇴불안의 매개효과. 이화여자대학교 대학원 석사학위논문.

황은성, 변상해(2021). 공무원의 은퇴설계가 개인 삶의 질에 미치는 영향: 심리적 안녕감의 매개효과. **인문사회 21, 12**(2), 2745-2760.

Adams, G. A., & Rau, B. L. (2004). Job seeking among older workers: Examining the role of retirement attitudes, job search self-efficacy, and job search intensity. *Journal of Vocational Behavior, 65*(1), 1-24.

Blinder, A. S., Gordon, R. H., & Wise, D. E. (1980). Reconsidering the work is incentive effects of social-security. *National Tax Journal, 33*(4), 431-442.

Flippen, C. A. (2005). Minority workers and pathways to retirement. In R. Hudson (Eds.), *The new politics of old age policy* (pp. 129-157). MD: Johns Hopkins University Press.

Flynn, M. (2010). Who would delay retirement? Typologies of older workers. *Personnel Review, 39*(3), 305-319.

Gallo, W. T., Bradley, E. H., Dubin, J. A., Jones, N., Falba, T. A., Teng, H., & Kasl, S. V. (2006). The persistence of depressive symptoms in older workers who experience involuntary job loss. *Journal of Gerontology, 61*(4), 221-228.

Noone, J. H., Stephens, C., & Alpass, F. M. (2010). The process of retirement planning scale(PRePS): Development and validation. *Psychology Assessment, 22*(3), 520-531.

Pattani, S., Constantinovici, N., & Williams, S. (2004). Predictors of re-employment and quality of life in NHS staff one year after early retirement because of ill health; a national prospective study. *Occup Environ Med, 61*(7), 572-576.

Quinn, J. F., & Kozy, M. (1996). The role of bridge jobs in the retirement transition: Gender, race, and ethnicity. *The Gerontologist, 36*(3), 363-372.

Wang, M., Zhan, Y., Liu, S., & Shultz, K. S. (2008). Antecedents of bridge employment: A longitudinal investigation. *Journal of Applied Psychology, 93*(4), 818-830.

제16장

은퇴상담의 과제와 전망

• 김봉환

은퇴상담의 필요성과 중요성에 대해서는 꽤 오래전부터 강조되어 왔다. 그러나 이론적인 측면이나 연구의 측면 그리고 실제적인 측면에서의 발전은 기대에 미치지 못하고 있다. 이 장에서는 먼저 다양한 양태로 나타나는 변화하는 은퇴환경을 베이비부머의 은퇴, 마처세대, 재취업 노마드족, 은퇴 후 창업과 귀농 · 귀촌 등의 측면을 중심으로 살펴볼 것이다. 그리고 은퇴상담이 바람직한 방향으로 발전하기 위하여 해결해야 할 과제는 무엇인지 몇 가지 측면에서 알아볼 것이다. 이어서 은퇴상담의 전망을 다양한 영역으로 구분하여 조망할 것이다.

1 변화하는 은퇴환경

대한민국의 인구 고령화는 매우 빠른 속도로 진행되고 있다. 통계청(2023)에서 발표한 ‘장래인구추계(2022-2072)’와 UN(2024)의 ‘세계인구전망 2024(World Population Prospects 2024)’를 바탕으로 볼 때 우리나라의 65세 이상 고령인구 비중은 2050년 40.1%로 전 세계 236개국 중 홍콩에 이어 두 번째로 높은 수준이 된다. 대한민국은 전 세계에서 고령화 속도가 가장 빠르게 진행되는 나라임에 틀림없다.

국가통계연구원(2025)에서 발간한 ‘한국의 SDG 이행보고서 2025’에 의하면 66세 이상 은퇴연령인구의 상대적 빈곤율은 39.8%로, 이는 OECD 국가 중 단연 높은 수준이다. 미래에셋은퇴연구소(2019)에서 발표한 중고령층의 퇴직과 재취업에 대한 연구에 의하면 중고령 취업자의 상당수는 60세 정년 의무화에도 불구하고 주된 일자리에서 퇴직 후 다른 일자리에 종사하고 있으며, 노후자금 부족으로 인해 계속해서 노동시장에 참여하고 있다. 중고령 취업자에게 재취업은 이전의 주된 일자리에 버금가는 중요성을 갖지만, 퇴직 후 얻게 되는 일자리는 퇴직 전

만큼 안정적이지 않고 근로 여건도 좋지 않은 경우가 많다.

통계청(2024a)의 경제활동인구 고령층 부가조사에 의하면 고령층 취업자의 직업별 비중은 단순노무종사자(23.6%), 서비스종사자(13.8%)가 높고 관리자(2.1%), 사무종사자(7.4%)는 낮았으며, 15세 이상 취업자 비중과 비교했을 때, 단순노무종사자(9.3%p), 농림어업숙련종사자(6.7%p) 비중이 더 높고, 전문가 및 관련 종사자(-11.7%p), 사무종사자(-10.1%p) 등은 더 낮았다. 일자리 질 저하로 인한 고령자의 노동소득은 낮은 수준에 머물고 있다. 고령자의 규모와 특성이 변화하는 가운데 고령자 일자리 정책의 다양화, 재취업 지원 및 평생교육 체계 확립, 기업의 고령화 채용 등 국가적인 개입이 요구되고 있다.

1) 베이비부머 세대의 1, 2차에 거친 은퇴

베이비부머의 고령화는 한국의 초고령사회 진입 속도를 가파르게 올린 요인이다(황보연, 2025). 이들은 2025년 현재 51~70세로 전체 인구의 31.7%에 달하는 거대인구 집단이며, 인구 규모만으로 사회·경제적 영향력이 크다는 의미에서 '인구 쓰나미'라는 말까지 나왔다.

이재호 등(2024)의 베이비부머의 은퇴에 따른 경제적 영향에 관한 연구에 의하면, 1955년부터 1963년에 해당하는 705만 명의 1차 베이비부머 세대가 2015년부터 은퇴하기 시작했고, 이 영향으로 연간 경제성장률이 0.33% 하락했다. 1964년부터 1974년에 해당하는 954만 명의 2차 베이비부머 세대가 2024년부터 법정 은퇴 연령인 60세에 진입했고, 이로 인해 2024년부터 2034년까지 연간 경제성장률이 0.38%까지 하락할 것으로 예측된다. 그러나 연구자들은 이 세대가 근로의지가 높고, 교육 수준이 높아 정책적 지원이 뒷받침된다면 재취업에 성공할 것으로 여겨지며 경제성장률의 하락을 막을 수도 있을 것이라고 강조한다.

2) 마처세대

'마처세대'는 부모를 부양하는 마지막 세대이자, 자녀로부터 부양받지 못하는 처음 세대를 일컫는다. 이는 최근 한국에서 주목받고 있는 사회적 신조어로, 주로 1955년부터 1963년 사이에 태어난 1차 베이비부머 세대 중에서 '마음은 청춘이지만 처지는 은퇴자'인 사람들을 일컫는다. 아직 활기차고 일할 의지도 있지만 나이와 건강, 사회적 여건으로 인해 은퇴 혹은 반은퇴 상태에 놓인 상황을 반영하며, 경제적·사회적으로는 퇴직자나 은퇴자 위치에 있지만 여전히 사회활동이나 경제활동 의지가 강한 중장년층을 의미한다. 이들은 과거와 달리 평균 수명이 늘어난 시대에 제2의 삶, 즉 '인생 2막'을 준비해야 하는 당면과제를 떠안게 된다.

(1) 마처세대의 특징

'마처세대'는 단순히 나이 든 세대를 의미하지 않고, 고령화 사회에서 은퇴 이후 삶의 질을 고민하는 새로운 세대상을 상징한다. 이들은 과거 은퇴자와는 다르게 능동적으로 제2의 삶을 설계하려는 세대로 다음과 같은 특징을 지닌다.

① **고학력 · 고소득 경험자**: 경제 성장기 동안 안정적인 직장생활을 했던 경우가 많음
② **노후 대비 미흡**: 부모 부양, 자녀교육 · 결혼 등에 집중하며 자신의 노후준비는 부족함
③ **재취업 또는 창업 의지**: 퇴직 후에도 일을 계속하려는 경향이 강함
④ **사회활동 욕구**: 문화생활, 자원봉사, 지역 커뮤니티 등에서 활발히 활동함
⑤ **디지털 격차**: 디지털 환경 적응에는 어려움을 겪으나 배우려는 의지가 강함

(2) 마처세대의 사례

○○자동차 ○○공장의 김규원(61) 씨는 지난 2일부터 촉탁계약직으로 일하고 있다. 그는 1986년 ○○자동차에 입사해 40년 가까이 근무했다. 지난 연말 정년퇴직을 맞았지만 일을 그만둘 수는 없었다. 규원 씨와 같은 1964년생이 국민연금을 타려면 63세가 될 때까지 기다려야 한다. 그는 자신의 노후만 걱정할 처지가 아니다. 두 자녀의 결혼에 보태야 하는 비용이 만만치 않고 연로하신 부모님도 돌봐야 한다. 그나마 ○○자동차에서는 정년퇴직 뒤에도 본인이 원하면 2년을 더 촉탁계약직으로 일할 수 있다. 그가 속한 부서 직원 약 310명 가운데 지난달 정년퇴직한 이들은 33명에 이른다. 임금이 신입사원 수준으로 깎이지만 건강 등 특별한 사정이 없는 대부분이 '계속고용'을 택했다고 한다. 규원 씨는 좀 더 안정적인 소득원을 찾으려고 블루베리 농사를 지을 계획도 세우고 있다. 그는 "재고용 제도가 없을 때도 퇴직하고 나면 열에 예닐곱은 중소 하청업체로 옮겨 가서 일을 계속해 왔다."고 말한다. 기업 규모가 작은 곳일수록 고령자의 취업 문턱은 낮다. 일손을 구하기 어려운 탓이다. 최근 정년을 채우고 퇴직한 ○○자동차의 기술직(생산직) 사원은 연간 2천 명 규모이다. ○○자동차의 한 임원은 "현장 기술직의 경우 절반 이상이 50대 이상인 역피라미드 인력구조"라며 "2030년까지는 퇴사자 규모가 계속 늘어 연간 3천 명까지 올라갈 것"이라고 전했다. ○○자동차의 국내 임직원 7만 3,015명(2023년 기준) 중 50세 이상은 2만 8,877명에 이른다. 전체의 40%에 이르는 큰 비중이다(황보연, 2025).

공적연금만으로 안정적인 노후생활을 유지하기 어려운 중장년층은 고령층 진입 후에도 노동시장에 잔류하는 경향을 보인다. 실제로 통계청(2024b)의 2024년 11월 고용동향에서 연령별 취업자 현황을 살펴보면 60대 이상의 증가세가 두드러진다. 60세 이상 취업자 수는 677만 8천 명으로 전체 취업자의 23.5%에 달한다. 두 달 전인 9월부터 50대 취업자를 제치고 가장 큰 비중으로 올라섰다. 취업자 수는 60세 → 50세 → 40세 → 30세 → 20세 차례로, 전체 인구 구조의 변화(청년층 인구 감소, 중장년층 인구 증가)를 그대로 따라가고 있다.

(3) 새롭게 떠오르는 '액티브 시니어'

신한은행(2010)에서는 새롭게 떠오르는 뉴시니어 세대로 '액티브 시니어'를 소개한다. 모든 고령층이 이에 속하는 것은 아니지만 이들은 분명 기존의 고령층과 차이를 보인다. 기존 시니어 세대가 노년을 인생의 황혼기로 여기고 다소 보수적인 태도를 지녔다면, 이들은 적극적이고 독립적인 태도를 지니며 노년을 새로운 인생의 시작으로 바라본다. 액티브 시니어는 젊게 사는 태도와 다양한 취미를 지니고 있으며 여가에 가치를 둔다. 노후준비에 있어 자녀세대에 의존하기보다는 스스로 노후를 준비한다. 이들은 졸업정원제로 대학 진학률이 높았던 세대로 주체적이고 다양한 방식으로 자기만의 독창적인 노후생활을 보내려 한다(김경록, 2024).

〈표 16-1〉 액티브 시니어의 특성

구분	기존 시니어	액티브 시니어
대상	1950년대 이전 출생	1955~1963년 출생
세대특성	수동적, 보수적, 동질적	적극적, 다양성, 미래지향적
경제력	의존적, 경제력 보유층 적음	독립적, 경제력 보유층 두터움
노년의식	인생의 황혼기	새로운 인생의 시작
가치관	본인을 노년층으로 인식	실제 나이보다 5~10년 젊다고 생각
소비관	검소가 미덕	합리적인 소비 생활
취미활동	취미 없음, 동일 세대 간 교류	다양한 취미, 다른 세대 간 교류
레저관	일 중심, 여가 활용에 미숙	여가에 가치를 두며 생활
여행	단체여행 선호, 효도여행 중심	여유 있는 부부여행, 자유여행
금융경험	예금 위주	펀드 등 다양한 금융상품
재테크	지식 수요 미약	높은 관심
노후준비	자녀세대에 의존	스스로 노후준비
보유자산	자녀에게 상속	자신의 노후준비를 위해 사용

출처: 김경록(2024).

3) 재취업 노마드족

미래에셋은퇴연구소(2019)는 5060세대의 퇴직과 재취업 과정에 대한 연구에서 '재취업 노마드족'을 소개한다. 재취업 노마드족은 은퇴 후에도 경제활동을 지속하려는 중장년층 이상 세대를 지칭하는 신조어로 하나의 직장에서 평생을 일하던 전통적인 경로에서 벗어나 여러 직장을 옮겨 다니며 일하는 유목민(nomad)처럼 살아가는 은퇴자들을 의미한다.

이 연구에 따르면 60세 정년 이후 임금피크제가 있지만, 임금피크제를 적용받은 경우는 6.1%에 불과했다. 임금피크제를 적용받지 않은 이유로는 '임금피크제를 선택할 수 없었다'(54.9%)의 답변을 제외하고 '명예퇴직의 조건이 더 좋아서 임금피크제를 선택하지 않았다'(42.2%)가 가장 많았고, '퇴직금 감소가 싫다'(21.1%), '임금피크제 적용 후 맡을 직무가 싫었다'(20.3%)는 의견도 적지 않았다. 5060 세대가 생애 주된 일자리에서 퇴직한 나이는 평균 54.5세였으며, 이직을 위한 퇴직은 24.2%에 불과했다. 퇴직자의 2/3는 갑작스럽게 퇴직을 하게 된다. 이들은 퇴직교육을 받지 못한 채, 예측하지 못했던 시기에 회사를 나오게 된다. 주변 친구들이나 먼저 퇴직한 선배를 보며 재취업을 준비해야 한다는 마음을 갖지만, 개인적인 여력부족과 정보부족이 이들의 발목을 잡는다. 이들은 생애 주된 일자리에서 퇴직한 후 이전 직장과 다른 가교 일자리를 거쳐 점진적인 은퇴 과정을 밟게 된다(신동균, 2009). 점진적 은퇴란 근로자가 주된 일자리 퇴직 후에도 일자리 시장을 완전히 떠나지 않고, 기존 일자리보다 급여나 근로시간이 적은 일자리를 거치며 서서히 은퇴 단계로 이행하는 것을 말한다.

4) 은퇴 후 창업현황

(1) 소자본 창업, '프랜차이즈 사업'

은퇴 후 소자본 창업은 퇴직 이후 새로운 삶의 방향을 모색하는 중장년층에게 현실적인 대안으로 주목받고 있다. 창업에 나서는 고령층이 많아지면서 2022년, 60세 이상 고령층이 창업한 기업 수가 사상 최대를 기록했다. 중소벤처기업부(2024)에서 주관한 '중소기업 기본통계' 결과(2022년 기준)를 보면 2023년 60세 이상이 창업한 기업은 12만 9,384개로, 통계 작성이 시작된 2016년(7만 3,471개)보다 76.1% 늘어난 역대 최고치이다. 한편, 이러한 현상에 김성모와 강우량(2023)은 양적으로 늘어난 실버 창업 이면에 생계유지를 위해 등 떠밀린 창업이 많아 정작 노후생활에 실질적인 도움이 되지 못하고 있음을 역설한다. 실버창업자들은 노후준비가 덜 된 상황에서 기술 없이도 적은 돈으로 창업할 수 있는 프랜차이즈 업종을 선택하게 되지만, 프랜

차이즈 업종은 본부와 이익을 나눠야 하는 구조이기 때문에 점주에게 오는 순이익이 적으며, 이는 '저소득으로의 악순환'으로 이어지게 된다는 설명이다. 창업을 준비하는 은퇴자들에게 각자의 커리어 및 경제적 상황에 맞는 현실적인 교육과 통합적인 지원이 필요하다.

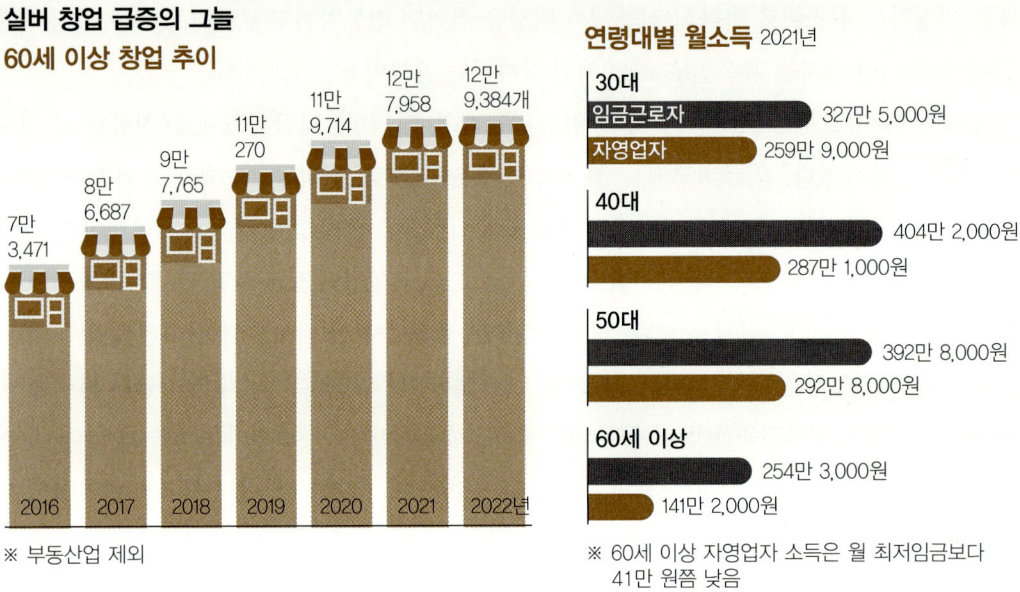

[그림 16-1] 실버 창업 급증의 그늘

출처: 김성모, 강우량(2023).

(2) 지금까지의 경험을 바탕으로 '기술창업'

경험과 전문성을 가진 중장년층이 제2의 커리어로 도전하는 창업형태를 '기술창업(tech-based startup)'이라고 말한다. 단순 소상공업이 아닌 자신의 경력과 기술을 활용하는 것으로 기술력 · 아이디어 · 전문성을 바탕으로 한 창업을 의미한다. IT개발, 인공지능, 바이오헬스 등의 영역뿐만 아니라 과거의 제조업 · 건축 · 기계설계 · 교육분야에서의 경험을 살린 창업도 포함된다. 예를 들면, 의학 분야에 오래 몸담았던 간호사가 건강 상태를 관리하는 모니터링 기기를 개발할 수 있으며, 오랫동안 교육에 몸담았던 초등학교 교사가 AI 기반의 학습 앱을 개발할 수도 있다. 30~40년간 쌓은 직무 경험을 기반으로 특정 대상 혹은 기업에 필요한 지식 및 서비스를 제공하는 것이다. 이는 무엇보다도 자신이 많이 알고 있고, 잘할 수 있는 분야에서 정년 없이 일하는 것을 가능하게 한다.

은퇴 후 기술창업은 단순히 돈을 벌기 위한 수단이 아니라, 삶의 경험을 바탕으로 사회와 다시 연결되고, 스스로의 가치를 실현하려는 새로운 커리어 전환으로 제시된다. 중장년층은 다양한 경험에 따른 노하우와 통찰, 인맥을 가지고 있으나, 최신 기술(트렌드 및 디지털, 마케팅)에 대한 이해가 부족하다는 한계가 있다.

양현봉과 김정호(2022)가 발표한 '시니어 기술창업 실태와 활성화 방안'에 따르면, 중장년층의 창업자들은 기업에서 취득한 기술 · 지식을 바탕으로 퇴직 이후 창업에 도전하고 있으나, 체계화된 지원제도 · 창업생태계 조성 등이 뒷받침되지 못한 것으로 조사되었다. 연구자들은 시니어의 기술창업 및 일자리 창출을 위해서 시니어 친화적 창업환경 조성, 체계적인 시니어 창업 지원제도 마련, 중장년기술창업센터 운영의 실효성 제고 등이 필요하다고 강조한다.

5) 은퇴 후 귀농 · 귀촌 현황

귀농 현상은 도시에서 농촌으로 이주하여 농업에 종사하는 인구가 증가하는 사회적 흐름을 의미한다. 이러한 현상은 고령화, 도시 생활의 피로, 자연 친화적 삶에 대한 갈망 등 다양한 요인에 의해 촉진되었다. 농림축산식품부(2023)에서 발표한 '2022년 귀농 · 귀촌 실태조사'에 의하면, 귀농 인구 중 50대 이상이 약 60%를 차지하며 은퇴 후 귀농이 주요한 추세임을 보여 준다. 귀농 · 귀촌 유형은 농촌에서 태어나 도시생활 후 다시 연고가 있는 농촌으로 돌아오는 U형 귀농 · 귀촌 경향이 지속되고 있다. 귀농의 이유는 자연환경(32.4%), 농업의 비전 및 발전 가능성(21.0%), 가업승계(20.0%) 순으로 조사되었으며, 귀촌은 농산업 외 직장 취업(22.6%), 자연환경(14.1%), 정서적 여유(13.2%) 순이었다. 귀농의 이유를 연령대별로 살펴보면 50대 이상은 모두 자연환경이 1순위로 나타났다.

하지만 통계청(2024c)의 '2023년 귀농어 · 귀촌인 통계'에 따르면, 귀농 · 귀촌 · 귀어 가구는 총 31만 7,464가구로 전년 대비 4.4% 감소했다. 귀농 가구는 17.0%, 귀촌 가구는 3.9%, 귀어 가구는 24.7% 줄어들며, 귀농어 가구의 감소율은 사상 최대치를 기록했다. 이러한 현상은 은퇴한 50 · 60대 인구가 귀농 대신 도시 재취업을 선택하는 경우가 늘어나면서 나타났다(김인숙, 2024).

농사와 어업은 경험과 기술이 필수적인 고강도 직업이라 은퇴 후 시작하기에는 체력적 부담이 크고, 농어촌 지역은 폐쇄적 지역사회로 이주민에 대한 경계심이 크다. 또한 병원, 교통, 문화시설 등 생활 기반 인프라가 부족한 것도 만성질환 관리가 필요한 중장년층에게는 큰 불안 요소가 되는 것으로 여겨진다. 은퇴한 중장년층의 귀농 · 귀촌 흐름을 살리기 위해서는 여러 가지 정책적인 지원이 뒷받침되어야 할 것으로 보인다.

6) 사회 · 경제적 시스템의 불균형

어느 나라에서든 베이비붐 세대가 주목받는 것은 거대인구 집단을 이루고 있는 이들의 생애주기에 따라 사회가 받는 파장이 적지 않기 때문이다. 이들이 한창 핵심 생산인구(25~49세)로 있을 때는 경제에 활력을 주지만 점차 부양 인구로 편입되어 갈수록 복지 수요가 빠르게 증가한다. 기존 인구 구조에 맞춰져 있는 사회 · 경제 시스템에 심각한 불균형이 올 수 있다. 특히 베이비붐 세대는 이전 산업화 세대보다 상대적으로 덜 빈곤하지만 세대 내 격차가 크고 돌봄 부담의 정점에 있다. 급속하게 고령화가 진행될수록 정책적 지원이 뒷받침되어야 하는 맥락이다. 많은 전문가는 당장은 고령자 고용률이 높지만, 앞으로 10년 뒤에는 베이비부머의 고령화로 발생할 사회 각 분야의 충격이 가시화될 것이라며 노동시장의 고령 인력 활용 방안과 함께 수요가 커질 의료와 돌봄 서비스를 어떻게 지원할 것인지에 대비해야 한다고 제안하고 있다.

2 은퇴상담의 과제

고령사회로의 진입은 단순히 인구 구조의 변화만을 의미하지 않는다. 이는 곧 개인의 생애주기에서 '은퇴'라는 결정적 전환점이 대규모로, 동시다발적으로 발생한다는 것을 뜻한다. 은퇴는 경제활동의 종료를 넘어 정체성의 변화, 사회적 역할의 재편성, 관계의 재구성 등 삶 전반의 재정비를 요구하는 사건이다. 이러한 생애전환기의 충격을 완화하고 새로운 삶을 설계할 수 있도록 돕는 것이 바로 '은퇴상담'의 본질이다. 그러나 현실 속 은퇴상담은 여러 한계와 과제를 안고 있으며, 이에 대한 체계적 접근과 대응이 절실하다.

1) 제도적 기반의 빈약

우리나라에서 상담은 법적 제도화에 있어 비교적 늦은 출발을 했다. 2000년대 이후 학교상담과 청소년상담이 법적으로 제도화되었고, 최근에는 정신건강과 관련된 상담도 공공 영역으로 일부 흡수되고 있다. 그러나 은퇴상담은 아직 그 경계조차 명확하지 않다. 법령상 정의나 기준이 없으며, 관련 정책 문서에서도 명시적으로 다뤄지는 경우는 드물다.

예를 들어, 노인복지관이나 고용복지플러스센터 등 일부 공공기관에서 제공되는 상담은 주로 일자리 정보나 복지제도 안내에 국한되어 있다. 심리 · 정서적 문제, 인간관계 재정립, 자아 정체성 혼란 등 은퇴자가 실제로 겪는 핵심적 어려움을 포괄하지 못한다. 이런 상황은 은퇴상담이 공공 지원 대상에서 배제되고 있다는 인식을 강화시키며, 제도 밖 사각지대에 은퇴자들이 방치되는 결과를 초래한다.

또한 지방자치단체 단위의 은퇴자 지원정책도 상당수는 '노인복지'의 틀에 국한되어 있다. 아직 은퇴 초기 단계의 중장년을 위한 상담 서비스는 극히 드물며, 퇴직 직후 겪는 충격이나 갈등을 예방하기 위한 체계적 서비스가 부족하다. 장기적으로는 '은퇴 전후 통합상담지원체계' 구축이 필요하며, 이는 관련 법제화와 행정적 예산 지원이 뒷받침되어야 가능하다.

2) 은퇴상담 관련 연구의 빈약

은퇴상담의 발전을 위해 가장 시급한 과제 중 하나는 이 분야에 대한 연구의 양적 · 질적 확장이다. 학문적으로 은퇴는 사회복지, 노년학, 노동경제 등 다양한 영역에서 다루어지고 있으나, '상담학'의 관점에서 은퇴를 심층적으로 탐구한 연구는 상대적으로 적다. 이로 인해 상담 현장에서 사용할 수 있는 평가도구, 상담기법, 개입모델 등이 체계적으로 정립되어 있지 않다.

예컨대, 중장년층이 겪는 심리적 갈등이나 정체성 위기는 청소년기와는 전혀 다른 특성을 지니고 있지만, 현장의 많은 상담자는 기존 상담이론을 그대로 적용하거나, 상담 대상자의 생애주기적 특성을 간과하는 경우가 많다. 이로 인해 상담의 효과가 제한되며, 은퇴상담에 대한 부정적 인식을 강화시키는 요인으로 작용할 수 있다.

또한 국내외 비교 연구도 부족하다. 이미 은퇴상담이 제도화된 선진국들(예: 독일, 네덜란드, 일본 등)은 생애설계 상담(life planning counseling) 또는 전환상담(transition counseling)이라는 이름으로 다양한 정책과 프로그램을 운영하고 있다. 이들 국가의 정책과 상담모델을 비교 · 분석하고 국내 현실에 맞게 적용하는 실증연구가 필요하다. 나아가 다문화가정, 비정규직 은퇴자, 장기실업자 등 다양한 집단별 은퇴 경험의 특성을 반영한 맞춤형 상담 접근법 개발도 요구된다.

3) 전문가 양성 체계의 미비

상담의 질은 곧 상담자의 전문성에 달려 있다. 하지만 은퇴상담의 특수성과 복합성을 이해하고 이를 통합적으로 다룰 수 있는 전문가는 매우 드물다. 현재 상담 관련 학위과정이나 민간 자격과정에서도 은퇴상담을 독립된 영역으로 다루는 경우는 거의 없다.

중장년 이후의 상담은 단순한 문제해결을 넘어, 존재적 불안, 상실의 경험, 죽음에 대한 인식 등 보다 깊은 심리적 주제를 포함한다. 이에 따라 상담자는 상담이론뿐 아니라 생애발달심리학, 노인심리학, 가족체계이론, 사회정책 등 다양한 영역에 대한 통합적 이해를 갖추어야 한다. 그러나 현재의 교육과정은 이런 요구를 충족시키기에 부족하며, 현장 실습 또한 청소년이나 성인 중심으로 편중되어 있다.

향후에는 은퇴상담을 하나의 전문영역으로 규정하고, 이에 특화된 교육과정과 인증제도를 개발해야 한다. 예를 들어, '생애전환상담사', '은퇴설계상담사'와 같은 국가 공인 자격을 도입하거나, 기존 상담사에게 은퇴상담 전문과정을 이수하도록 하는 제도적 장치가 필요하다. 이러한 제도가 마련된다면 은퇴자에 대한 상담의 질적 수준도 한층 높아질 것이다.

4) 은퇴자 개인의 인식 부족

많은 은퇴자는 상담이라는 개념 자체에 익숙하지 않다. 특히 베이비붐 세대 이후의 세대는 '상담'을 개인적 약점이나 정신적 문제로 연결짓는 경향이 강하다. '상담은 문제가 있는 사람들이 받는 것'이라는 편견이 여전히 널리 퍼져 있으며, 남성일수록 감정 표현이나 도움 요청에 소극적인 경향이 있다.

이러한 인식은 상담 접근성의 장애물이 된다. 실제로 은퇴 직후의 우울감이나 무기력증, 가족 갈등 등의 문제를 겪으면서도 상담을 고려조차 하지 않거나, 스스로 해결하려다 더 큰 문제로 발전하는 경우가 많다. 따라서 상담이 '문제를 해결하는 것'만이 아니라 '새로운 삶을 설계하고 준비하는 과정'이라는 인식을 확산시키는 노력이 필요하다.

또한 직장 내에서도 퇴직 예정자들을 위한 생애설계 교육은 일방적 정보 제공에 그치는 경우가 많다. 실질적인 정서적 준비나 관계 정비에 관한 내용은 거의 다루어지지 않으며, 상담으로 연계되는 구조도 부재하다. 퇴직 전부터 사전 상담이나 집단 프로그램을 통해 은퇴에 대한 인식을 개선하고, 상담을 일상적인 지원 시스템으로 인식시킬 필요가 있다.

5) 통합적 접근의 결여

은퇴는 단지 심리적 변화만을 수반하지 않는다. 경제적 재구성, 건강관리, 사회적 역할의 전환, 여가 활용 등 다양한 삶의 영역에서 동시다발적인 변화가 요구된다. 따라서 은퇴상담 역시 다학제적 · 통합적 접근이 필요하다. 그러나 현실 속 상담은 단일 영역에 국한되는 경우가 많고, 서비스 간 연계도 미비하다.

예컨대, 은퇴자에게 재정문제는 큰 스트레스 요인이지만, 상담자는 금융지식이 부족한 경우가 많고, 재무상담사는 정서적 지지에 대한 전문성이 부족하다. 이런 상황에서는 각 전문가가 협업하는 '통합상담 네트워크'가 필요하다. 심리상담사, 재무설계사, 직업상담사, 건강관리사, 법률 전문가 등이 유기적으로 연계되어 한 사람의 은퇴 과정을 다각도로 지원해야 한다.

이를 위해서는 공공기관 또는 민간단체 차원의 통합 플랫폼 구축이 요구된다. 일본의 '생애설계지원센터'나 독일의 '전환상담 네트워크'처럼, 은퇴 이후 삶 전반을 아우르는 종합 지원 시스템은 우리 사회에도 도입이 시급하다.

은퇴상담은 단순한 일자리 알선이나 노후설계 교육을 넘어, 인간의 생애주기에서 가장 중요한 전환기의 '심리적 재구성'을 지원하는 전문적인 과정이다. 그러나 현재 우리 사회는 제도, 연구, 인력, 인식, 서비스 체계 등 거의 모든 영역에서 은퇴상담의 기반이 취약하다. 이러한 과제를 극복하기 위해서는 다층적이고 통합적인 접근이 필요하며, 정책적 의지와 사회적 인식 변화가 함께 이루어져야 한다. 은퇴가 끝이 아니라 새로운 삶의 시작이 될 수 있도록, 은퇴상담은 지금보다 훨씬 더 주목받고, 뿌리내려야 할 분야이다.

3 은퇴상담의 전망

은퇴는 더 이상 일부 개인의 문제도, 노후의 부수적 현상도 아니다. 고령화가 급속히 진행되고, 기대수명이 길어지는 사회에서 은퇴는 누구나 반드시 마주하게 될 삶의 전환점이다. 특히 베이비붐 세대의 대규모 퇴직 이후, 중장년층과 노년층이 사회의 주체로 재편되고 있는 지금, 은퇴 이후 삶에 대한 지원은 선택이 아닌 필수가 되었다. 이런 변화 속에서 은퇴상담은 그 필요성과 중요성이 날로 부각되고 있으며, 앞으로의 발전 가능성 또한 크다. 제도, 사회문화, 정책, 수요 측면에서 은퇴상담의 전망은 여러 방향에서 밝게 열려 있다.

1) 고령사회 구조 속 필연적 수요 확대

우리나라는 이미 고령사회에 진입했고, 2025년에는 전체 인구 중 65세 이상 인구가 20%를 넘는 초고령사회에 도달할 것으로 예측되어 왔다. 하지만 이는 단지 인구 구조의 고령화를 의미하는 것이 아니라, 수많은 사람이 일상적으로 '은퇴'라는 전환기를 겪게 된다는 의미이다. 특히 산업화 시대를 거쳐 온 베이비붐 세대의 은퇴가 본격화되면서, 우리 사회는 대규모 은퇴자의 사회적 · 심리적 안정을 지원할 필요에 직면하게 되었다.

이러한 현실은 은퇴상담의 수요 기반이 이미 탄탄하다는 것을 보여 준다. 퇴직 후 무기력, 우울, 정체성 상실을 호소하는 이들이 늘어나고 있으며, 가족 내 갈등이나 사회적 고립도 함께 증가하고 있다. 게다가 은퇴 시점이 점차 앞당겨지고, 재취업 시장의 불안정성이 커지는 상황은 더 많은 중장년층에게 심리적 불안을 안겨 주고 있다. 이러한 맥락에서 은퇴상담은 단순한 선택지가 아니라, 보편적 복지의 한 축으로 자리매김할 가능성이 크다.

2) '웰다잉'에서 '웰에이징'으로의 인식 변화

과거에는 노년기에 대한 담론이 주로 '웰다잉(well-dying)'에 집중되어 있었다. 어떻게 죽음을 맞이할 것인가, 말기 치료와 호스피스에 초점이 맞춰졌던 것이다. 그러나 최근 들어서는 노년기 자체를 더욱 의미 있고 가치 있게 살아가려는 움직임, 즉 '웰에이징(well-aging)'에 대한 관심이 커지고 있다.

은퇴상담은 바로 이 웰에이징의 출발점이다. 단지 은퇴 후의 '생존'을 넘어 '삶의 질'을 고려하는 사회 분위기 속에서, 정서적 회복, 자기이해, 인간관계 재구성, 사회적 기여 등의 가치를 추구하는 은퇴상담의 필요성이 더욱 부각되고 있다. 개인이 스스로 자신의 삶을 설계하고, 주도적으로 인생 후반기를 살아갈 수 있도록 돕는 은퇴상담의 역할은 앞으로 더욱 중요해질 것이다.

3) 정책적 관심과 제도화 가능성의 확대

최근 들어 정부 차원의 중장년 정책은 점차 생애주기적 접근으로 확대되고 있다. 고용노동부는 50+세대를 위한 생애설계 교육을 확대하고 있으며, 보건복지부는 지역 커뮤니티 중심의 고령자 지원 정책을 강화하고 있다. 이와 함께 일부 지방자치단체는 '전환기 상담', '퇴직자 프로그램' 등을 시범적으로 운영하며 은퇴자 지원 모델을 실험하고 있다.

비록 아직 은퇴상담이 별도의 법제화나 자격 제도까지는 이루어지지 않았지만, '생애설계', '중장년 맞춤 서비스', '사회적 일자리' 등의 정책 흐름 속에서 은퇴상담의 제도화 가능성은 점차 현실화되고 있다. 특히 다양한 행정기관이 통합적으로 접근하는 사례가 늘어나면서, 상담이 단일 서비스가 아닌 다층적 지원 시스템으로 확장될 기반도 마련되고 있다. 이러한 정책 환경은 은퇴상담의 제도화를 위한 디딤돌이 될 것이다.

4) 디지털 기술과 상담 방식의 진화

비대면 문화와 디지털 기술의 발전은 상담 영역에도 새로운 가능성을 열어 주고 있다. 특히 은퇴자 가운데 상당수는 장거리 이동이 어렵거나, 낯선 공간에서의 대면상담에 부담을 느끼는 경우가 많다. 이런 점에서 온라인 기반 상담, 모바일 앱, AI 챗봇 등을 활용한 디지털 은퇴상담은 접근성과 효율성을 크게 높일 수 있는 대안이다.

이미 몇몇 민간 기업과 지방자치단체에서는 중장년 대상 생애설계 온라인 플랫폼을 운영하고 있으며, 일부 기관에서는 은퇴 후 재취업이나 창업을 위한 상담을 온라인으로 제공하고 있다. 향후에는 생애전환기의 심리적 어려움을 관리할 수 있는 정서적 지원 앱, 은퇴준비 자가진단 도구, 맞춤형 상담 연계 서비스 등 다양한 형태로 디지털 은퇴상담이 확대될 것으로 전망된다. 특히 디지털 리터러시가 높은 신중년 세대(60대 초반)는 이러한 디지털 기반 서비스를 적극 활용할 가능성이 높다.

5) 전문상담 인력 수요의 지속적 증가

은퇴상담의 중요성이 사회적으로 확산될수록 전문상담 인력에 대한 수요는 기하급수적으로 증가할 것이다. 기존의 청소년상담, 가족상담, 진로상담과는 차별화된 영역으로서 은퇴상담은 고유한 지식과 기술을 요구하며, 생애말기 지원, 재정 불안, 관계의 재조정, 자기실현 등 통합적 문제를 다룰 수 있는 역량이 요구된다.

이러한 변화는 상담 관련 학과, 평생교육기관, 직업훈련기관 등에서 은퇴상담 과정을 개설하게 하는 동기가 될 수 있다. 더불어 국가 자격제도나 민간자격 인증제도 역시 점차 정비될 가능성이 있다. 장기적으로는 '생애전환상담사', '노년기전문상담사', '50+생애설계상담사' 등의 자격이 보편화되며, 상담전문가들이 은퇴자를 위한 맞춤형 경력 경로를 설계할 수 있는 환경이 마련될 것이다.

또한 심리학, 사회복지학, 상담학, 교육학, 간호학, 노인학 등 다양한 학문 영역 간 융합을 통해 보다 복합적인 전문성과 실천력을 갖춘 은퇴상담 전문가 양성 체계가 구축될 가능성도 크다. 이는 단순한 전문인력 확대를 넘어 상담의 질적 수준을 끌어올리는 계기가 될 것이다.

6) 상담 문화 확산과 사회적 수용성 증대

과거에는 상담을 회피하거나 부정적으로 인식하는 문화가 강했다. 그러나 최근 들어 상담에 대한 사회적 수용성이 눈에 띄게 높아지고 있다. 학교에서의 또래상담, 기업에서의 심리상담 프로그램, 정신건강 캠페인 등은 상담을 보다 자연스럽고 친숙한 활동으로 변화시키고 있다. 이러한 변화는 은퇴상담이 사회적으로 정착하는 데에도 긍정적인 영향을 미친다.

특히 베이비붐 세대 이후의 세대는 감정 표현과 자기 탐색에 보다 익숙하며, 심리적 성장을 위한 상담을 적극적으로 수용하는 경향이 있다. 이들은 은퇴 이후에도 '배움', '성장', '관계'를 중시하며, 자신의 삶을 돌아보고 재설계하는 과정으로서 상담을 받아들일 가능성이 크다. 이는 상담이 단순히 문제해결을 넘어 '삶의 전환을 동반하는 성장'의 도구로 자리 잡는 데 중요한 기반이 될 수 있다.

은퇴상담은 단지 고령자를 위한 서비스가 아니다. 그것은 우리 사회가 한 개인의 삶 전반에 대해 얼마나 깊이 있게 이해하고 존중하느냐를 보여 주는 거울과도 같다. 고령화는 피할 수 없는 시대적 흐름이며, 그 흐름 속에서 은퇴상담은 더욱 본질적인 역할을 하게 될 것이다.

앞으로 은퇴상담은 단지 '필요한 서비스'를 넘어서, '보편적 권리'로 자리매김할 수 있다. 수요 기반은 이미 충분하고, 사회적 인식도 변화하고 있으며, 정책적 환경과 기술적 여건도 점차 정비되고 있다. 이 모든 요소는 은퇴상담의 미래가 밝다는 강력한 증거이다. 우리는 이제 은퇴상담의 가능성을 단순히 논의하는 수준을 넘어, 그 비전을 실현하기 위한 구체적 실행의 단계로 나아가야 한다.

참고문헌

국가통계연구원(2025). 한국의 SDG 이행보고서 2025. 국가통계연구원.
김경록(2024). 60년대생이 온다. 서울: 비아북.

김성모, 강우량(2023). "밤 10시까지 가게 지켜도, 수중엔 월 30만 원" 퇴직 창업자들의 눈물: ['실버 창업 붐'의 그늘] [上] 등 떠밀려 개업, 소득은 쥐꼬리. 조선일보. 2023년 5월 10일.

김인숙(2024). 은퇴 후 도시로 돌아가는 5060세대, 귀농 · 귀어 인구 2년 연속 감소. 서울매일. 2024년 6월 28일.

농림축산식품부(2023). 2022년 귀농귀촌 실태조사 결과보고서. 농림축산식품부.

미래에셋은퇴연구소(2019). **5060 일자리 노마드族이 온다**. 서울: 미래에셋은퇴연구소.

신동균(2009). 중고령 남성근로자들의 점진적 은퇴행위에 대한 연구. **노동정책연구**, 9(2), 1-41.

신한은행(2010). 뉴시니어 세대분석. 신한은행.

양현봉, 김정호(2022). 시니어 기술창업 실태와 활성화 방안: 베이비부머의 기술창업 촉진을 중심으로. 산업연구원.

이재호, 강영관, 조윤해(2024). **2차 베이비부머의 은퇴연령 진입에 따른 경제적 영향 평가 (BOK 이슈노트 제2024-17호)**. 한국은행.

중소벤처기업부(2024). 2022년 기준 중소기업 기본통계 결과발표. 보도자료.

통계청(2023). 장래인구추계: 2022-2072년. 통계청.

통계청(2024a). 2024년 5월 경제활동인구조사 고령층 부가조사 결과. 통계청.

통계청(2024b). 2024년 11월 고용동향. 통계청.

통계청(2024c). 2023년 귀농어 · 귀촌인 통계. 통계청.

황보연(2025). [황보연의 초고령사회의 질문들] ④ 누가 초고령사회를 앞당겼나. 한겨레신문. 2025년 1월 9일.

United Nations, Department of Economic and Social Affairs, Population Division. (2024). *World Population Prospects 2024: Summary of Results*. New York: United Nations.

부록

은퇴자 지원 관련 사이트 목록

1. 채용 정보

연번	사이트명	사이트 주소	비고
1	고용24	www.work24.go.kr	종합 일자리
2	지방공공기관 통합채용정보공개시스템	job.cleaneye.go.kr	공공기관, 시간제, 임원
3	잡알리오	job.alio.go.kr	공공기간 일자리
4	인사혁신처 나라일터	www.gojobs.go.kr	공공기관 일자리
5	서울시50플러스포털	www.50plus.or.kr	서울시 중장년 일자리
6	서울시 일자리포털	job.seoul.go.kr	종합 일자리
7	경기도 일자리재단	www.gjf.or.kr	종합 일자리
8	교차로	www.icross.co.kr	상조, 식당, 택배, 일용직
9	굿잡	good-job.co.kr	종합 일자리
10	링크드인	www.linkedin.com/jobs	종합 일자리
11	벼룩시장	www.findjob.co.kr	요리, 서빙, 생산, 기술, 건설, 운전, 배달
12	복지넷	www.bokji.net	아동, 청소년, 어르신, 장애인, 복지관, 봉사
13	알바몬	www.albamon.com	아르바이트, 단기, 물류, 사무보조, 현장직
14	알바천국	www.alba.co.kr	아르바이트, 단기, 물류, 사무보조, 현장직
15	영업나라	www.youngup.kr	영업, 제약영업, 자동차영업, 기타 영업
16	워크위즈	www.workwiz.co.kr	시니어, 종합 일자리
17	원티드	www.wanted.co.kr	스타트업

연번	사이트명	사이트 주소	비고
18	월드잡	www.worldjob.or.kr	해외, 해외인턴, 해외취업
19	인디드	kr.Indeed.com	종합 일자리
20	인재채움뱅크	matchingbank.career.co.kr	대체인력 취업 희망자
21	잡플래닛	www.jobplanet.co.kr	종합 일자리
22	캐치	www.catch.co.kr	대기업 공고 모음
23	클린아이 잡플러스	job.cleaneye.go.kr	지방공공기관 취업희망자
24	탤런트뱅크	www.talentbank.co.kr	전문계약직, 전문직
25	피플앤잡	www.peoplenjob.com	외국계기업

2. 4060 일자리 정보

연번	사이트명	사이트 주소	비고
1	산림청 산림일자리	www.forest.go.kr	산림일자리
2	한국사회적기업진흥원	www.socialenterprise.or.kr	만 50세 이상 퇴직 전문 인력 경영 멘토링, 지역/협력지원
3	워크위즈	www.workwiz.co.kr	4050 경력직 일자리
4	올워크	www.allwork.co.kr	중소기업취업, 중장년(40세) 이상 채용플랫폼
5	일다오	ildao.com/home	현장 일자리
6	잡카	www.jobcar.co.kr	운전, 운송 관련 일자리
7	시설잡	www.sisuljob.com	시설관리(유료사이트)
8	미디어잡	www.mediajob.co.kr	매스컴, 미디어매체
9	대한주택관리사협회	www.khma.org	주택관리사
10	건설워크넷	cworknet.kocea.or.kr	건설일자리
11	샵마넷	www.shopma.net	판매, 매장관리
12	보육교사구인구직	boyuk.guinnet.com	보육교사
13	푸드앤잡	www.foodnjob.com	외식업
14	한국경비지도사협회	www.ksia.kr	경비지도 일자리
15	도농인력중개플랫폼	www.agriwork.kr	도농중개
16	노인일자리 여기	seniorro.or.kr:4431	노인일자리

연번	사이트명	사이트 주소	비고
17	고경력과학기술인	www.reseat.or.kr	50세 이상, 중소기업, 청소년 기술 멘토링
18	KDB시니어브리지센터	seniorbridge.or.kr	시니어브리지 아카데미, 사회공헌 인턴십, 단체활동, 공간지원
19	퇴직공무원 인력뱅크 G-시니어	www.geps.or.kr	퇴직공무원 사회봉사활동 교육정보

3. 고급경력자 취업정보

연번	사이트명	사이트 주소	비고
1	월드프렌즈 코이카 자문단	kov.koica.go.kr	KOICA해외봉사단 홈페이지 통해 참여
2	정보통신산업진흥원 NIPA	www.nipa.kr	인공지능, 정보통신, 산업기술, 에너지 · 자원
3	월드프렌즈 NIPA자문단	senior.nipa.kr	정보통신산업진흥원 해외 파견
4	특허청 심사관	www.kipo.go.kr	반도체 심사관 등
5	하이브레인넷	www.hibrain.net	산학협력중점교수(연구직, 강사, 교수)
6	대한민국 산업현장교수	meister.hrdkorea.or.kr	산업현장교수
7	고경력과학기술인	www.reseat.or.kr/	50세 이상, 중소기업, 청소년 기술 멘토링
8	한국산업기술진흥협회	www.koita.or.kr	고경력 연구, 신진 연구인력 채용
9	한국연구재단	www.nrf.re.kr	전문경력인사 초빙활용 지원사업
10	한국기술교육대학교 능력개발교육원	hrdi.koreatech.ac.kr	직업 훈련교사(만 40~70세 미만, 고숙련자)
11	비즈니스피플	www.bzpp.co.kr	고급경력직, 임원급
12	탤런트뱅크	www.talentbank.co.kr	온라인자문, 전문가매칭 플랫폼
13	숨고	soomgo.com	프리랜서, 전자책
14	리멤버	career.rememberapp.co.kr	프로필 등록, 헤드헌팅
15	원티드	www.wanted.co.kr	스타트업, IT, 인사 등
16	잡코리아_헤드헌팅	www.jobkorea.co.kr/headhunting/home	헤드헌팅, 전무

연번	사이트명	사이트 주소	비고
17	올워크	www.allwork.co.kr	중소기업취업, 중장년(40세) 이상 채용플랫폼
18	워크위즈	www.workwiz.co.kr	4050 경력직 일자리
19	오렌지레터	orangeletter.stibee.com	캠페인, 후원, 커뮤니티, 교육, 지원, 채용, 행사
20	잡알리오	job.alio.go.kr	공공기관 일자리
21	클린아이잡플러스	job.cleaneye.go.kr	공공기관 일자리
22	나라일터	www.gojobs.go.kr	국가직
23	서울일자리포털	job.seoul.go.kr	공공일자리, 뉴딜일자리, 각종채용 정보
24	경기도일자리재단	www.gjf.or.kr	경기도 5060이음일자리, 중소기업 3개월 인턴십 연계사업

4. 경력 전환 여성 취업 및 자격취득 정보

연번	사이트명	사이트 주소	비고
1	엔젤시터	angelsitter.co.kr	취약계층 노인맞춤돌봄서비스
2	장애인활동지원사	www.ableservice.or.kr	장애인 활동 보조
3	복지용구 상담사	www.kr-kafa.org	노인장기요양보험 대상자에게 일상생활 및 신체활동지원에 필요한 용구 제시
4	환경 교육사	www.keep.go.kr	국가전문자격. 교육, 체험 시설에서 환경교육관련운영자 또는 전문강사활동
5	서울우먼업	www.seoulwomanup.or.kr	여성인력 취업정보

5. 사회공헌 및 교육 정보

연번	사이트명	사이트 주소	비고
1	1365 자원봉사포털	www.1365.go.kr	자원봉사 포털사이트
2	V세상플랫폼	www.volunteer.seoul.kr	서울시자원봉사센터
3	한국사회적기업진흥원	www.socialenterprise.or.kr	만 50세 이상 퇴직 전문 인력 경영 멘토링, 지역/협력지원
4	제주국제자유도시개발센터	www.jdcenter.com	제주 자연환경보전 및 증진, 오름 매니저 활동
5	신나는 조합	joyfulunion.or.kr	은퇴시니어 정보통신, 산업기술, 에너지자원 공공서비스 활동
6	(사)부산문화콘텐츠개발원	bccdi.or.kr	경상, 대구, 울산, 부산 고용노동부 사회공헌사업 운영
7	(사)가경사회서비스지원센터	kkwc.or.kr	경상, 대구, 울산, 부산 고용노동부 사회공헌사업 운영
8	한국지역사회교육협의회	kace.or.kr	지역사회 사회공헌활동, 시민공동체 양성 교육/활동
9	베이비부머 사회공헌활동 지원사업	seniormanse.org	신중년 사회공헌활동 지원사업
10	KDB시니어브리지센터	seniorbridge.or.kr	시니어브리지 아카데미, 사회공헌 인턴십, 단체활동, 공간지원
11	퇴직공무원 인력뱅크 G-시니어	www.geps.or.kr	퇴직공무원 사회봉사활동 교육정보
12	소상공인 행복드림센터	www.uhdc.kr:449/main/	10년 이상 금융기관 근무자 대상 금융컨설팅, 신용설계 등
13	노노스쿨	nonoschool.org	식문화과정, 사회공헌과정, 교양/현장학습(동영상, 도시텃밭 등)
14	희망친구 기아대책	hope.kfhi.or.kr	기아대책, 아동 교육봉사 활동
15	시니어클럽	silverpower.or.kr	시니어 교육, 봉사활동
16	한국폴리텍대학 신중년 특화과정	ipsi.kopo.ac.kr/index.do	기술분야 교육훈련

6. 창업 관련 도움 기관 정보

연번	사이트명	사이트 주소	비고
1	서울신용보증재단 (소상공인 창업지원)	www.seoulshinbo.co.kr	소상공인 창업지원센터, 소상공인 종합지원센터 운영, 자세한 상담은 전화번호 1577-6119
2	중소벤처기업진흥공단 (청년창업사관학교)	www.kosmes.or.kr	청년 예비 창업자에게 창업 교육과 자금 지원을 제공하는 프로그램, 정부 지원
3	창업진흥원 (예비창업패키지)	www.kised.or.kr	예비 창업자에게 교육, 멘토링, 자금 지원을 통해 창업을 촉진하는 종합 지원 프로그램, 전화번호 1357
4	서울경제진흥원(SBA) (서울창업허브)	www.sba.seoul.kr	서울시 지원, 창업자에게 입주 공간 제공 및 멘토링, 투자 연계, 글로벌 진출 지원을 제공하는 종합 지원 센터, 각 산업에 맞춤형 지원 가능
5	서울시 캠퍼스타운 (캠퍼스타운 창업 지원 프로그램)	campustown.seoul.go.kr	서울시 내 대학교와 협력하여 청년 창업자에게 창업 공간, 멘토링, 네트워킹 기회 제공, 푸드테크 관련 창업 인프라 제공
6	서울시 청년몽땅정보통 (청년쿡 푸드테크 센터)	youth.seoul.go.kr	푸드테크 관련 창업을 지원하며 창업 인프라와 멘토링 제공, 공식 홈페이지 통해 사전등록 후 참여 가능, 다양한 글로벌 투자자 및 창업가들과 네트워킹 지원
7	서울시(Try Everything 2024)	www.tryeverything.or.kr	전 세계 스타트업과 투자자를 위한 네트워킹 및 멘토링 기회를 제공하는 글로벌 축제
8	스파크랩(액셀러레이터 프로그램)	www.sparklabs.co.kr	스타트업에 투자 및 멘토링을 제공하며, 글로벌 시장 진출을 돕는 프로그램
9	패스트파이브(창업지원 프로그램)	www.fastfive.co.kr	공동 사무실 제공과 창업에 필요한 네트워크 및 비즈니스 지원 서비스 제공

7. 교육사이트 · 국가자격시험 정보

연번	사이트명	사이트 주소	비고
1	경기도평생학습포털	www.gseek.kr	경기도에서 제공하는 학습 사이트
2	서울시평생학습포털	sll.seoul.go.kr	서울시에서 제공하는 학습 사이트
3	Q-net	www.q-net.or.kr	자격증 정보 및 시험 사이트

찾아보기

인명

내용

저자 소개

김봉환(Kim, Bongwhan)
서울대학교 대학원 상담교육 전공(교육학 박사)
현 숙명여자대학교 교육학부 특임교수

김은희(Kim, Eunhee)
숙명여자대학교 대학원 상담교육 전공(교육학 박사)
현 고려대학교 사범대학 겸임교수

김이준(Kim, Yijun)
숙명여자대학교 대학원 상담교육 전공(교육학 박사)
현 숙명여자대학교 인적자원개발대학원 커리어개발학과 조교수

김효정(Kim, Hyojeung)
숙명여자대학교 대학원 상담교육 전공(교육학 박사)
현 삼성전자(주) 열린상담센터 수석상담사

방혜진(Bang, Hyejin)
숙명여자대학교 대학원 상담교육 전공(교육학 박사)
현 한국직업능력연구원 국가진로교육연구센터 전문연구원

육정원(Yook, Jungwon)
숙명여자대학교 대학원 상담교육 전공(교육학 박사)
현 마음새움심리상담연구소 소장

이민아(Lee, Minah)
숙명여자대학교 대학원 상담교육 전공(교육학 박사)
현 숙명여자대학교 교육대학원 강사

이영란(Lee, Youngran)
숙명여자대학교 대학원 상담교육 전공(교육학 박사)
현 서강대학교 미래교육원 강사

정희숙(Jeong, Heesook)
숙명여자대학교 대학원 상담교육 전공(박사과정 수료)
현 한국폴리텍대학 광주캠퍼스 교양학과 교수

주수현(Joo, Soohyun)
숙명여자대학교 대학원 상담교육 전공(교육학 박사)
현 서강대학교 교육대학원 겸임교수

은퇴상담의 이론과 실제

Theory and Practice of Retirement Counseling

2025년 9월 20일 1판 1쇄 인쇄
2025년 9월 25일 1판 1쇄 발행

지은이 • 김봉환 · 김은희 · 김이준 · 김효정 · 방혜진
육정원 · 이민아 · 이영란 · 정희숙 · 주수현

펴낸이 • 김진환

펴낸곳 • (주) 학지사

04031 서울특별시 마포구 양화로 15길 20 마인드월드빌딩

대표전화 • 02)330-5114 팩스 • 02)324-2345

등록번호 • 제313-2006-000265호

홈페이지 • http://www.hakjisa.co.kr

인스타그램 • https://www.instagram.com/hakjisabook

ISBN 978-89-997-3525-7 93180

정가 26,000원